까다로운 주체

The Ticklish Subject
by Slavoj Žižek

Copyright ⓒ 1999 by Slavoj Žižek
Korean translation copyright ⓒ 2005 by b-books

This Korean edition was published by arrangement with Verso
through GUY HONG AGENCY
All rights reserved.

이 책의 한국어판 저작권은 기홍에이전시를 통한
저작권자와의 독점계약으로 도서출판 b에 있습니다.
신저작권법에 의해 한국 내에서 보호를 받는 저작물이므로
무단 전재와 복제를 금합니다.

까다로운 주체
―정치적 존재론의 부재하는 중심

슬라보예 지젝 지음
이성민 옮김

도서출판 b

차 례

□서문□ 하나의 유령이 서구의 학계를 배회하고 있다······ ——— 9

제 I 부 '세계의 밤'

1장 초월적 상상력의 곤궁, 혹은 칸트 독자로서의 마르틴 하이데거 —— 19
        하이데거의 정치적 (탈)연루 ————————— 23
        왜 『존재와 시간』은 미완성으로 남아 있는가? ——— 42
        초월적 상상력에 있어서의 곤란 ————————— 52
        광기의 통과 ——————————————————— 62
        상상력의 폭력 ————————————————— 75
        기괴성 ————————————————————— 82
        칸트를 데이빗 린치와 함께 ——————————— 90
        칸트의 비우주론 ————————————————— 105

2장 헤겔의 까다로운 주체 ————————————————— 117
        '부정의 부정'이란 무엇인가? ——————————— 117
        변증법적 왜상 ————————————————— 127
        3, 4, 5 ———————————————————— 132
        실체와 주체의 사변적 동일성 ——————————— 146
        헤겔적인 강요된 선택 ————————————— 151
        '구체적 보편성' ———————————————— 166
        '아무것도 원하지 않기보다는……' ——————— 175
        '나를 밖에서 포함시켜라!' ——————————— 184
        유물론적 은총 이론을 향하여 ——————————— 192

제II부 분열된 보편성

3장 진리의 정치, 혹은 성 바울의 독자로서의 알랭 바디우 ——— 205
    진리사건…… ——— 208
    …… 그리고 그것의 결정불가능성 ——— 219
    진리와 이데올로기 ——— 228
    성 바울을 바디우와 더불어 ——— 236
    두 죽음 사이에서 ——— 247
    라캉적 주체 ——— 258
    주인인가 분석가인가? ——— 265

4장 정치적 주체화와 그것의 부침 ——— 275
    바디우, 발리바르, 랑시에르 ——— 275
    헤게모니와 그 증상들 ——— 281
    주체 속으로 들어가라 ——— 295
    지배적 관념들은 왜 지배하는 자들의 관념이 아닌가? – 298
    정치적인 것과 그에 대한 부인들 ——— 303
    외양의 (오)사용들 ——— 312
    후-정치 ——— 323
    진보적 유럽중심주의라는 것이 있는 것인가? ——— 334
    세 개의 보편자 ——— 347
    다문화주의 ——— 351
    법의 좌파적 중지를 위해서 ——— 361
    배설물적 동일화의 애매성 ——— 374
    행위를 감싸 안기 ——— 380

제III부 복종에서 주체적 궁핍으로

5장 정치적 열정적 (탈)애착들, 혹은 프로이트 독자로서의 주디스 버틀러 395
- 왜 도착은 전복이 아닌가? ——————— 395
- 이데올로기적 호명 ——————————— 413
- 저항에서 행위로 ———————————— 418
- '환상의 횡단' ————————————— 426
- 우울증적 이중-속박 —————————— 433
- 성적 차이의 실재 ——————————— 440
- 마조히즘적 기만 ——————————— 452
- 욕망에서 충동으로…… 그리고 거꾸로 ——— 470

6장 오이디푸스는 어디로? ——————————— 501
- 세 명의 아버지 ———————————— 501
- 상징적 유효성의 서거 ————————— 518
- 위험 사회와 그 적들 —————————— 540
- 위험 사회 속의 불안 —————————— 551
- 그것은 '정치'경제학이다, 멍청아! ———— 561
- 실재 속의 회귀 ———————————— 582
- 빈 법 ———————————————— 592
- 남근에서 행위로 ——————————— 600
- 선을 넘어서 ————————————— 615

옮긴이 후기 ——————————————————— 641
찾아보기 ———————————————————— 645

□서문□

하나의 유령이 서구의 학계를 배회하고 있다……

…… 데카르트적 주체라는 유령이. 모든 학술 권력들은 이 유령의 성스러운 사냥을 위하여 동맹하였다. (새로운 전체론적holistic 접근법을 지향하면서 '데카르트 패러다임'의 권좌를 노리는) 뉴에이지 반계몽주의자와 (데카르트적 주체를 담론적 허구이자, 탈중심화된 텍스트적 기제들의 효과라고 보는) 후근대적 해체주의자. (데카르트의 독백적 주체성으로부터 담론적 간주체성으로의 이동을 역설하는) 하버마스적 의사소통 이론가와 (작금의 약탈적 허무주의에서 절정에 이르는 근대적 주체성의 지평을 '횡단'해야 할 필요성을 강조하는) 존재의

사유에 대한 하이데거적 지지자. (자아의 고유한 무대라는 것은 결코 없으며 단지 경쟁하는 힘들의 복마전이 있을 뿐임을 경험적으로 증명하려고 노력하는) 인지과학자와 (무자비한 자연 착취의 철학적 기반을 제공했다는 이유로 데카르트의 기계론적 유물론을 비난하는) 심층 생태론자. (부르주아적인 사고하는 주체의 환영적 자유는 계급 분할에 그 뿌리를 두고 있다고 주장하는) 비판적 (후-)마르크스주의자와 (이른바 무성적 코기토라는 것이 사실 남성의 가부장적 형성물임을 강조하는) 여성주의자. 자신의 적들로부터 데카르트적 유산과의 인연을 아직 철저하게 끊지 못했다고 비방을 받지 않았을 학술적 정향이 어디 있는가? '반동적' 적들에 대해서뿐만 아니라 보다 '급진적' 비판가들에 대해서도 데카르트적 주체성이라는 낙인을 찍으며 비난을 되돌리지 않았을 학술적 정향이 어디 있는가?

이로부터 두 가지 결론이 나온다.

1. 데카르트적 주체성은, 모든 학술 권력들에 의해, 강력하고도 여전히 활동적인 지적 전통으로서 계속 인정받고 있다.
2. 지금이야말로 데카르트적 주체성의 파당들이 전세계 앞에 자신의 견해와 자신의 목적과 자신의 지향을 표명하여, 데카르트적 주체성의 유령이라는 소문에다 데카르트적 주체성 자체의 철학적 선언을 대치시킬 절호의 시기다.

그리하여 이 책은 데카르트적 주체를 재단언하기 위해 노력하는바, 데카르트적 주체의 거부는 오늘날 학계의 모든 투쟁적 당파들의 암묵적 협정을 형성하고 있다. 비록 이 모든 정향들이 공식적으로는 사활이 달린 전투에 연루되어 있다고는 하지만(하버마스주의자 대 해체주의자, 인지과학자 대 뉴에이지 반계몽주의자……), 데카르트적 주체를 거부함에 있어서는 모두가 단일을 이룬다. 물론 요점은, 코기토라는 개념이 근대 사유를 지배해왔던 그 가장 속에서의 코기토(자기-투명한 사고하는 주체)로 되돌아가는 것이 아니라, 그것의 잊혀진 이면을, 코기토의 과잉적이고 불승인된 핵심을 백일하에 드러내는 것인데, 이는 투명한 자아라는 안심되는 이미지와는 거리가 먼 것이다. 이 책의 세 부는 주체성이 걸려 있는 오늘날의 세 가지 주요 영역—독일 관념론 전통, 후-알튀세르적 정치철학, **주체**Subject로부터 다수의 주체-자리들과 주체화들로의 '해체주의적' 이동—에 초점을 맞춘다.[1] 각 부는 데카르트적 주체성에 대한 전형적 비판을 대표하는 저술을 쓴 핵심 저자에 대한 장으로 시작한다. 그리고 나서 두 번째 장은 전前 장의 기저에 놓인 근본적 개념(독일 관념론에서의 주체성, 정치적 주체화, 주체 출현의 정신분석학적 설명으로서의 '오이디푸스 콤플렉스')의 부침을 다룬다.[2]

1부는 근대 데카르트적 주체성의 지평을 횡단하려는 하이데거의 노력과의 상세한 대결과 더불어 시작한다. 몇 번이고, 주체성의 진정한 철학자들의 철학적 기획이 갖는 내속적 논리는 그들로 하여금 코기토에 내속된 어떤 '광기'의 과잉적 계기(칸트에게 있어서의 악마적인 악, 헤겔에게 있어서의 '세계의 밤' 등등)를 표명하지 않을 수 없도록 했는데, 그리고 나서 그들은 즉시 그것을 '재정상화'하기 위해 노력했다. 그리고 하이데거의 문제는 그의 근대적 주체성 개념이 이런 내속

---

[1] 데카르트적 주체성에 대한 인지과학의 비판적 거부와의 상세한 대결에 대해서는 Slavoj Žižek, 'The Cartesian Subject versus the Cartesian Theatre', in *Cogito and the Unconscious*, ed. Slavoj Žižek, Durham, NC: Duke University Press, 1998 참조.

[2] 흥미롭게도 이 세 개의 부는 독일 관념론, 프랑스 정치철학, 영미 문화 연구라는 독일/프랑스/영미 전통의 지리학적 삼인방에 상응한다.

적 과잉을 설명하지 못한다는 것이다―그것은 라캉이 코기토는 무의식의 주체라고 주장하게 된 이유였던 코기토의 바로 그 측면을 전혀 '커버'하지 못한다. 하이데거의 치명적 결함은 칸트에 대한 독해의 실패에서 분명하게 알아볼 수 있다. 초월적 상상력에 초점을 맞추면서 하이데거는 상상력의 핵심적 차원을 놓치고 만다. 즉 자유의 심연에 대한 또 다른 이름인바, 상상력의 파멸적이고 반종합적인 측면을 말이다. 이 실패는 또한 하이데거의 나치 연루라는 오랜 물음에 새로운 빛을 던진다. 그래서, 이 대결 이후에 2장에서는 헤겔에게 있어서의 주체성의 지위를 면밀히 검토하고자 하는데, 이때 철학적 반성 개념이 무의식의 (히스테리적) 주체를 특징짓는 반성적 전회와 맺고 있는 연관성에 초점을 맞출 것이다.

2부는 이런 저런 방식으로 알튀세르를 자신들의 출발점으로 삼았으나 이후에 알튀세르 비판을 경유하여 정치적 주체성에 대한 자신들 고유의 이론을 전개한 네 명의 철학자와의 체계적 대결을 담고 있다. 라클라우의 헤게모니 이론, 발리바르의 평등자유*égaliberté* 이론, 랑시에르의 불화*mésentente* 이론, 바디우의 진리사건에 대한 충실성으로서의 주체성 이론. 첫 장은 오늘날의 해체주의적이고/이거나 후근대적인 자세를 침식시킬 수 있는 '진리의 정치'를 정식화하려는 바디우의 노력에 초점을 맞춘다. 성 바울에 대한 그의 개척적인 독해에 대한 특별한 강조와 더불어 말이다. 비록 나는 자본주의적 범역주의의 참된 반대로서 보편성의 차원을 재역설하려는 바디우의 노력과 연대하고 있지만, 그의 라캉 비판―즉 정신분석은 새로운 정치적 실천의 토대를 제공할 수 없다는 테제―은 거부한다. 다음 장은 이 네 저자들이, 각자 자신들 고유의 정치적 주체화 판본을 배치하면서 오늘날의 범역적 자본주의의 정치적 양태인 주도적인 '후-정치적' 자유민주주의적

자세와 맞붙는 방식들을 분석한다.3)

3부는 (초월적) **주체**의 유령에 대항해서 다양한 주체성의 형태들—여성, 동성애자, 소수민족 등등—의 해방적 증식을 역설하고자 하는 오늘날의 '후근대적' 정치사상의 여러 경향들을 다룬다. 이런 정향에 따른다면, 우리는 범역적 사회 변형이라는 불가능한 목표를 포기해야 하며, 대신 우리의 복잡하고 분산된 후근대적 세계에서 자신의 특수한 주체성을 주장하는 다양한 형태들에 관심을 집중해야 하는바, 이러한 세계 안에서는 문화적 인정이 사회경제적 투쟁보다 더 중요한—즉 문화 연구들이 정치경제학 비판을 대체한—것이다. 실천적으로는 다문화적 '정체성 정치'로 표현되는 이런 이론들의 가장 대표적이면서도 설득력 있는 판본은 주디스 버틀러의 수행적 젠더 형성 이론이다. 그래서 3부의 첫 장에서는 버틀러의 작업과 상세하게 대결할 것인데, 이때 그것의 여러 측면 가운데 라캉적 정신분석과의 생산적 대화를 가능하게 하는 것들(그녀의 '열정적 애착'이라는 개념, 그리고 주체성에 대해 구성적인 반성적 전회라는 개념)에 초점을 맞출 것이다. 그러고 나서 마지막 장에서는 '오늘날의 오이디푸스'라는 핵심적 쟁점과 직접 대결한다. 이른바 주체화의 오이디푸스적 양태(부성적 법 속에 체화된 상징적 금지의 통합을 통한 주체의 출현)는 오늘날 정말로 쇠퇴하고 있는가? 그리고 만일 그렇다면 무엇이 그것을 대체하고 있는가? '제2의 근대화'의 주창자들(기든스, 벡)과 대결하면서 나는 '계몽의 변증법'의 지속적 현실성을 주장할 것이다. 오늘날 우리가 목격하

---

3) [역자는 통상 '세계적'이나 '지구적'으로 번역되는 'global'을 일관되게 '범역적'으로 번역했다. 또한 같은 노선에서, 'globalization'은 '범역화'로, 'globalism'은 '범역주의'로 옮겼다. 이 책을 처음부터 끝까지 읽는 독자는 이 결정이 탁월한 결정인 것이 아니라 오히려 어찌해볼 수 없었던 결정임을 발견할 수 있을지도 모른다.]

고 있는 상징적 질서의 작동 양태에서의 전례 없는 변동은, 우리를 가부장적 전통의 제약들로부터 단순히 해방시키기는커녕, 그 자체의 새로운 위험과 위협을 낳는다.

비록 이 책이 기본적 취지에서 철학적이긴 하지만 그럼에도 그것은 무엇보다도 먼저 하나의 정치적 개입이며, 범역적 자본주의와 그것의 이데올로기적 보충물인 자유민주주의적 다문화주의 시대에 어떻게 좌파적, 반자본주의적 정치적 기획을 재정식화할 것인가라는 화급한 물음을 던진다. 명백히 1997년의 바로 그 사진들 가운데 하나는 거주지를 파괴하는 거대한 불길을 진화하기 위해 비닐봉지로 물을 나르는 보르네오의 어떤 토착 부족민들의 사진이었다. 그들의 안쓰러운 노력의 터무니없는 부적절함은 자신들의 생활세계가 통째로 사라지는 것을 보고 있는 전율과 짝을 이루고 있었다. 신문 보도에 따르면 인도네시아 북부, 말레이시아, 필리핀 남부의 전역을 뒤덮은 거대한 연기구름은 자연 그 자체를, 자연의 정상적 순환을 궤도에서 이탈하게 만들었다(지속되는 어둠 때문에 벌들은 식물의 생물학적 재생산에서 맡고 있는 역할을 수행할 수 없었다). 여기서 우리는 자연의 바로 그 현실을 교란시키는 범역적 자본의 무조건적 실재의 한 사례를 본다. 여기서 범역적 자본을 지칭할 필요가 있는 것은 그 화재가 단순히 지역 목재상과 농부들의 '탐욕'이 부른 결과가 아니라, 엘니뇨 효과로 인해 이상 가뭄이 그와 같은 화재를 때맞추어 진화해주곤 하는 비로 이어지지 않았다는 사실과 엘니뇨 효과가 **범역적**이라는 사실의 결과이기도 했기 때문이다.

그리하여 이런 재앙은 우리 시대의 실재를 체현한다. 인류의 생존 자체를 위협하면서 특수한 생활세계를 무자비하게 무시하고 파괴하는 자본의 추동. 하지만 이런 재앙의 함축은 무엇인가? 우리는 단지 자본의 논리를 다루고 있는 것인가, 아니면 이 논리는 단지 자연에 대한 기술적 지배와 착취라는 근대적인 생산주의적 태도의 지배적 추동인 것인가? 아니면 더 나아가 바로 이 기술적 착취는 근대적인 데카르트적 주체성 자체의 가장 심원한 잠재력의 궁극적 표현이며 그 실현인 것인가? 이 딜레마에 대한 저자의 답은, 데카르트적 주체를 위한 단호한 항변으로서의 '무죄!'이다.

버소 출판사에 보낸 내 원고를 신중하게 교정한 질리언 보먼트는 정기적으로 내 (지적인) 팬츠를 내려버리곤 했다. 그녀의 응시는 사유 노선의 반복들, 엉터리 같은 논변상의 모순들, 교양 교육의 결핍을 드러내는 잘못된 저자 표시와 참고 문헌 표시들을 틀림없이 식별해냈다. 문체의 어색함은 말할 것도 없이 말이다……. 어떻게 내가 부끄러움을 느끼지 않을 수 있으며, 따라서 그녀를 증오하지 않을 수 있겠는가? 다른 한편으로 그녀에게는 나를 증오할 만한 충분한 이유가 있다. 나는 뒤늦은 삽입이나 원고 수정으로 그녀를 끊임없이 포격했으며, 따라서 나는 그녀가 나의 부두교 인형을 갖고 있으면서 저녁이 되면 거대한 바늘로 찌르고 있는 모습을 쉽게 상상할 수 있다. 서로간의 이런 증오는, 고전적 할리우드의 좋았던 옛 시절에 사람들이 그렇게 표현했듯이, 아름다운 우정의 시작을 나타내는 신호이며, 따라서 나는 이 책을 그녀에게 바친다.

제 I 부
'세계의 밤'

1장

초월적 상상력의 곤궁, 혹은 칸트 독자로서의 마르틴 하이데거

데리다에서 프레드릭 제임슨에 이르기까지 '진보적인' 후근대주의적 사고의 불가사의한 특징들 가운데 하나는 하이데거 철학에 대한 그 애매한 관계에 있다. 하이데거는 응당 존경으로써 대접받는바, 논쟁의 여지가 없는 권위자를 참조할 때처럼 자신의 입장을 밝히지 않는 방식으로 종종 참조되곤 한다. 하지만 동시에 결코 완전하게 드러나지 않는 불편함이 그의 입장에 대한 완전한 승인을 가로막는다. 일종의 보이지 않는 금지라도 있어서, 하이데거에게 있어서 (아직) 그게 무언지를 결정할 위치에 있지는 않지만 그럼에도 틀림없이 무언가가 근본적으로 잘못되어 있다는 것을 말해주기라도 하는 양 말이다. (데리다의 『정신에 관하여』에서처럼[1]) 저자들이 하이데거와의 전면적인 대결을 참으로 무릅쓰는 때조차도 일반적으로 그 결과는 애매하다. 즉 하이데거와 일정한 거리를 두려 애쓰지만, 어쩐지 그의 행로 위에 머물러 있다(하이데거는 근원들의 형이상학적 논리를 '해체'하기 위해 최선을 다했지만 여전히 근원들과 본래적 현전의 철학자로 남아 있다……). 다른 한편으로 두 극단적 입장들 가운데 하나를 택하여, (라이너 쉬르만의 '무정부적' 독해처럼[2]) 하이데거에 대한 정치적으로 '진보적인' 전유를 필사적으로 시도하거나 아니면 (아도르노[3]나 리오타르[4]처럼) 그의 사상에 대한 철저한 거부를 꾀하는 사람들은 하이데거 자신의 철학적 엄중함에 미치지 못하는 단순화된 하이데거 이미지를 다루고 있다는 납득할 만한 이유로 기각당할 수 있다. 하이데거에 대한 해체주의적 참조가 처하게 되는 이러한 곤궁의 윤리-정치적 뿌리들은 어쩌면 장-뤽 낭시와의 인터뷰에서 데리다에 의해 가장 잘 정식화된 것인지도 모른다.

> 눈앞에 있는 *vorhanden* 존재의 특색들로 아직은 너무 표시되어 있으며 따라서 시간에 대한 하나의 해석으로 표시되어 있는 그리고 그 존재론적 구조에 있어서는 불충분하게 질문된 주체 개념을 하이데거가 현존재 *Dasein*라는 어떤 개념으로 **대체한** 행위가 갖는 힘과 필요성(따라서 어떤

---

1) Jacques Derrida, *De l'esprit. Heidegger et la question*, Paris: Galilée, 1987을 볼 것.
2) Reiner Schürmann, *Heidegger on Being and Acting*, Bloomington: Indiana University Press, 1987을 볼 것.
3) Theodor W. Adorno, *The Jargon of Authenticity*, London: New Left Books, 1973을 볼 것.
4) Jean-François Lyotard, *Heidegger et 'les Juifs'*, Paris: Galilée, 1988을 볼 것.

불가역성)을 나는 믿습니다. …… 이런 전치轉置의 시간과 공간은 하나의 틈새를 열어 놓았으며, 하나의 틈새를 표시했습니다. 그 시간과 공간은 민주주의의, 그리고 온갖 형태의 국가사회주의('최악의' 것들이나 아니면 하이데거나 여타의 사람들이 어쩌면 반대할 생각을 해볼 수도 있었을 것들)에 맞세울 수 있는 모든 담론의 윤리적·법적·정치적 기반들을 허약하게 만들어 놓거나 그 기반들의 본질적인 존재론적 허약함을 상기시켰습니다. 이런 기반들은 주체의 철학 속에 본질적으로 봉인되어 있었으며 지금도 여전히 봉인된 채로 남아 있습니다. 우리는 과제이기도 할 물음을 재빨리 지각할 수 있습니다. 즉 우리는 실존론적 분석론의 필요성과 그것이 주체 속에서 분쇄시키는 그 무엇을 고려에 넣을 수 있는가, 그리하여 내가 좀 전에 아주 재빨리 '최악의' 것이라고 불렀던 것에 대항하는 방위책인 하나의 윤리학, 하나의 정치학(이런 단어들이 아직도 적절한가?), 실로 하나의 '다른' 민주주의(아직도 그것이 민주주의일 것인가?)를 향해서, 혹은 여하간 또 다른 유형의 책임을 향해서 방향 선회를 할 수 있는 것인가? …… 우리들 가운데 바로 이를 위해 일하고 있는 일정한 수의 사람들이 있다고 생각합니다. 그리고 그것은 단지 길고도 느린 궤도를 경유해서만 일어날 수 있습니다.[5]

그것은 끔찍한 곤궁이다. 주체성의 형이상학에 대한 하이데거의 '해체'를 승인한다면, 그로써 20세기의 전체주의적 공포에 대한 철학적으로 근거지어진 민주주의적 저항의 바로 그 가능성을 침해하는 것이 아니겠는가? 이 물음에 대한 하버마스의 대답은 확정적이면서도 애처로운

---

[5] '"Eating Well", or the Calculation of the Subject: An Interview with Jacques Derrida', in *Who Comes After the Subject*, ed. Eduardo Cadava, Peter Connor and Jean-Luc Nancy, New York: Routledge 1991, p. 104.

'그렇다!'이다. 그리고 그 이유 때문에 그는 또한 아도르노와 호르크하이머의 『계몽의 변증법』에 반대했는데, 이 책은—하이데거와 전적으로 다르지만은 않은 방식으로—'전체주의적' 공포의 뿌리를 서구적 계몽의 기본적 기획 속에 위치시키고 있다. 물론 하이데거주의자라면 민주주의적 주체성을 그것의 '전체주의적' 과잉과 단순히 대립시킬 수 없다고 응수할 것이다. 후자는 전자의 '진리'라는—다시 말해서, '전체주의' 같은 현상은 사실상 근대적 주체성에 근거를 두고 있다는—이유에서 말이다. (좀 단순화해서 말하자면, 바로 이런 방식으로 하이데거 자신은 그의 짧은 나치 연루를 해명한다. 즉 『존재와 시간』 기획은 초월적 접근으로부터 아직 완전히 자유롭지 않았다는 사실을 가지고서 말이다.)

이와 동일한 애매성이 또한 라캉 자신의 하이데거에 대한 (종종 비일관적인) 참조를 규정하고 있는 것처럼 보인다. 그의 하이데거에 대한 참조는 그가 찾고 있던 정신분석을 위한 토대를 제공하는 바로서 몇몇 핵심적인 하이데거의 용어를 전유하는 것과, 말년에 지나가면서 던지는 일련의 거부적 언급들(예컨대 초기의 하이데거에 대한 참조들의 성격을 순전히 외적이고 교육적인 것으로 제한하는 언급들) 사이에서 동요한다. 이런 뒤얽힌 사정을 배경으로 하여 우리의 테제는 하버마스와 여타 디터 헨리히를 포함한 '주체 옹호자들'이 실패하는 곳에서 라캉이 성공하고 있다는 것이 될 것이다. 독일 관념론에서의 주체성이라는 문제틀에 대한 라캉적 (재)독해는 근대적 주체성에 내속된 허무주의라고 하는 하이데거적 개념의 틀에 들어맞지 않는 주체성 개념의 윤곽들을 그릴 수 있게 해줄 뿐 아니라, 또한 나치 연루의 궁극적인 철학적 뿌리라고 하는 빈번히 논의되는 문제에 이르기까지 하이데거 철학 체계의 내속적 실패 지점을 확인할 수 있게 해준다.

하이데거의 정치적 (탈)연루

니체의 바그너 비판에서 시작해보자. 이 비판은 데카르트적 주체성의 지평 내에 여전히 머무르고 있는 일체의 주체주의 비판들(예컨대, 주체성의 '전체주의적' 과잉에 대한 자유민주주의적 비판들)에 대한 전형적 거부로서 하이데거에 의해 전유되었다. 니체는 삶에의 의지에 대한 부정을 설교하는 현자의 배후에서 좌절당한 의지의 원한*ressentiment*을 간파할 수 있도록 해주는 정확한 본능을 소유했다. 쇼펜하우어나 그와 유사한 무리들은 자신들의 무능력한 시샘과 삶을 역설하는 창조성의 결핍을 체념적 지혜의 자세로 개조하고 고양시킨 희극적 인물들이다. (니체의 진단은 또한 인간중심주의를 버린다거나 고대 문화로부터 겸허하게 배운다고 하는 등의 새로운 전체론적 태도를 통해 데카르트적 지배 패러다임을 '극복'하려는 오늘날의 시도들에 대해서도 적용되는 것이 아니겠는가?)

형이상학의 '극복'이라는 기획에서 하이데거는 형이상학에서 벗어나는 빠르고 쉬운 탈출구에 대한 니체의 이와 같은 거절을 전적으로 승인한다. 형이상학적 폐쇄를 깨뜨릴 유일한 실제적 방법은 형이상학의 가장 위험한 형태 속에서 '그것을 통과하는' 것이며, 가장 극단에서 형이상학적 허무주의의 고통을 견뎌내는 것이다. 그리고 그것은 일체의 거짓 진정제들, (기독교에서 동양사상에 이르기까지) 전근대적인 전통적 지혜로의 회귀를 통해 근대 기술의 광적인 악순환을 중지시키려는 일체의 직접적 시도들, 근대 기술의 위협을 어떤 존재적ontic 사회적 잘못(자본주의적 착취, 가부장적 지배, '기계주의적 패러다임' 등)의 결과로 환원하려는 일체의 시도들을 쓸데없는 것으로 거부해야 함을 의미한다. 이런 시도들은 단지 무효한 것뿐만이 아니다. 진정한 문제는 그런 시도들이, 보다 깊은 층위에서는, 맞서 싸우고 있는 그 해악을 가일층 부추긴다는 점이다. 여기서 더할 나위 없는 사례는 생태 위기이다. 우리가 그것을 자연에 대한 과잉적인 기술적 착취가 야기한 교란들로 환원하는 그 순간 우리는 그 해결책이 기술적 혁신에 다시 의존하는 것임을 이미 말없이 짐작하고 있는 것이다. 자연 과정과 인적 자원을 통제하는 데 있어서 보다 효과적이고 범역적인 새로운 '녹색' 기술 말이다. 그리하여, 우리의 자연 환경 상태를 개선하기 위해 기술을 변화시키려는 모든 구체적인 생태론적 관심과 기획은 문제의 바로 그 장본인에 의존하고 있는 것으로서 평가 절하된다.

하이데거의 입장에서 진정한 문제는, 범역적 재앙의 가능성을 포함한 그 존재적 차원에서의 생태 위기(오존층의 구멍, 만년빙의 녹아내림 등)가 아니라, 우리 주변의 존재자들과의 그 기술적 양태의 관계맺음이다. 이 진정한 위기는 예기된 재앙이 일어나지 않을 때 한층 더 근본적으로 우리에게 들이닥칠 것이다. 즉 중대 국면을 기술적으로 '정복'하는 데 인류가 실제로 성공을 거둔다면 말이다……. 바로 그런 이유로 하이데거는 또한 '열린' 사회와 '닫힌' 사회 사이의 긴장이라는, 혹은 인권과 자유를 존중하는 민주주의적 자본주의 체계의 '정상적인' 작동과 그것의 (파시즘적이거나 공산주의적인) 전체주의적 '과잉들' 사이의 긴장이라는 표준적인 자유주의적 문제틀의 철학적 적실성을 부인한다. 적어도 암묵적으로 하이데거는 체계를 제약하려는—체계의 '인간적 얼굴'을 유지하려는, 체계가 민주주의와 자유의 기본 규칙들을 존중하도록 강제하려는, 인간적 연대를 부양하려는, 체계가 어느새 전체주의적 과잉으로 빠져드는 것을 막으려는—시도를 그러한 과잉들 속에서 지각 가능해지는 체계의 내적 진리로부터의 도피라고 평가 절하한다. 체계를 제어하려는 그런 열정 없는 시도들은 체계의 지평 내에 머무는 최악의 방식이다. 우리는 여기서 볼셰비키에까지 이르는 근대의 '급진적' 정치 담론에서 '히스테리'라는 기표가 수행한 핵심적인 전략적 역할을 상기해야 한다. 볼셰비키는 민주적 가치들의 필요성, 인간성에 대한 전체주의적 위협 등을 놓고 불평했던 반대파들을 '히스테리 환자'라고 하면서 몰아냈다. 동일한 선상에서 하이데거 또한 '인간의 얼굴을 한 자본주의'에 대한 자유-인도주의적 요구들을 비난했다. 세기적 진리를 그 일체의 견디기 힘든 근본성에서 대면하길 주저한다고 하면서 말이다. 볼셰비키와의 평행성은 전적으로 들어맞는다. 즉 하이데거가 혁명적 마르크스주의자들과 공유하는 것은 체계의 진리가 그 과잉에서 출현한다는 생각이다. 다시 말해서, 마르크스주의자들뿐만 아니라 하이데거에게 있어서도 파시즘은 자본주의의 '정상적' 발전의 단순한 이탈이 아니라, 그 내적 동학의 필연적 결과물이다.

하지만 여기서 문제가 복잡해진다. 좀더 자세히 들여다보면 하이데거의 논변 전략이 이중적임이 곧 분명해진다. 한편으로 그는 민주주의와 인권에 대한 일체의 관심을 본연의 철학적·존재론적 물음을 던질 가치가 없는 순전히 존재적인 문제로 거부한다. 민주주의, 파시즘, 공산주의, 이 모두는 서구의 세기적 운명과 관련해 결국 동일한 것이다. 다른 한편 민주주의가 기술의 본질에 가장 적합한 정치 형태라고 확신하지 않는다는 그의 주장은,[6] 그럼에도 불구하고 이런 존재론적 본질에 더 적합한 또 다른 정치 형태가 있음을 암시한다. 얼마동안 그는

---

6) 『슈피겔』과의 인터뷰에서 하이데거는 어떤 정치 체계가 현대의 기술에 가장 적합한가 하는 질문을 받았을 때 '나는 민주주의가 그 대안이라고 확신하지 않는다'고 대답했다. *The Heidegger Controversy: A Critical Reader*, ed. Richard Wollin, Cambridge, MA: MIT Press, 1993, p. 104.

그것을 파시즘의 '총동원'에서 발견했다고 생각했다(그렇지만 의미심장하게도 공산주의는 결코 아닌데, 그에게 공산주의는 아메리카니즘과 세기적으로 동일한 것이다……). 물론 하이데거는 어떻게 나치즘의 존재론적 차원이 존재적 이데올로기-정치적 질서로서의 나치즘과 등치될 수 없는 것인지를 되풀이해서 강조한다. 예컨대 『형이상학입문』에 나오는 잘 알려진 구절에서 그는 나치의 생물학적 인종 이데올로기를 근대적 인간과 기술의 조우라는 나치 운동의 '내적 위대함'을 전적으로 놓치고 있는 것으로서 거부한다.[7] 그럼에도 불구하고 하이데거가 예컨대 자유민주주의의 '내적 위대함'에 대해서는 말하지 않는다는 사실은 여전히 남는다. 마치 자유민주주의는 한낱 그뿐인 것인 양, 자신의 세기적 운명을 떠맡는 어떠한 심층적 차원도 없는 표면적 세계관인 것인 양 말이다……[8]

바로 이 점과 관련하여, 나 자신과 하이데거의 최초의 충돌이 일어난다(사실 나는 하이데거주의자로 시작했다. 처음 출간된 나의 책은 하이데거와 언어에 관한 것이었다). 젊은 시절 내가 하이데거의 나치

---

[7] '오늘날 국가사회주의의 철학이라는 이름 아래 유포되고 있는 것들은…… 이 운동의 내적 진리와 위대함(즉 지구전체를 지배하는 기술과 근대적 인간의 조우)과는 아무런 상관도 없는 것이다.' Martin Heidegger, *An Introduction to Metaphysics*, New Haven, CT: Yale University Press, 1997, p. 199. [국역본: 마르틴 하이데거, 『형이상학입문』, 박휘근 옮김, 문예출판사, 1994, 318쪽.]

[8] 스탈린주의와 파시즘이라는 짝에서 하이데거는 파시즘의 우선권을 말없이 승인한다. 그리고 이 점에서 나는 하이데거와 다르며 알랭 바디우를 따른다(Alain Badiou, *L'Éthique*, Paris: Hatier, 1993 참조). 바디우의 주장에 따르면 스탈린주의적 공산주의는 그것을 위해 자행된 공포들에도 불구하고 (혹은 오히려, 그런 공포들의 특별한 형식을 위해 자행된 공포에도 불구하고) 하나의 진리사건(10월혁명)에 내속적으로 연관되어 있었던 반면에 파시즘은 유사-사건이었으며, 본래성을 가장한 거짓이었다. Slavoj Žižek, *The Plague of Fantasies*, London: Verso, 1997, 제2장 참조. [국역본: 슬라보예 지젝, 『환상의 돌림병』, 김종주 옮김, 인간사랑, 2002. 특히 120쪽(원서의 pp. 58-59)에 (거의) 동일한 구절이 있다.]

연루에 대한 공식적인 공산주의 철학자들의 이야기들로 폭탄 세례를 받았을 때, 나는 그들의 말에 다소 냉담했었다. 나는 확실히 유고슬라비아 하이데거주의자들 편에 더 가까웠다. 하지만 갑자기 나는 이 유고슬라비아 하이데거주의자들이 자주-관리라는 유고슬라비아 이데올로기에 대해서, 하이데거 자신이 나치즘에 대해 했던 것과 똑같은 일을 하고 있음을 깨닫게 되었다. 구 유고슬라비아에서 하이데거주의자들은 공산주의 체제의 공식 이데올로기인 사회주의적 자주-관리에 대해 똑같이 애매하게 단정적인 관계를 유지했다. 즉 그들이 보기에 자주-관리의 본질은 바로 근대적 인간의 본질이었으며, 그 때문에 자주-관리라는 철학적 개념은 우리 세기의 존재론적 본질에 적합한 것인 반면, 체제의 표준적 정치 이데올로기는 자주-관리의 이런 '내적 위대함'을 놓치고 있다는 것이다⋯⋯. 그리하여 하이데거주의자들은 세기적인 존재론적 진리에 가장 근접할 어떤 실정적, 존재적 정치 체계를 찾고 있다. 불가피하게 오류로 귀결될 전략(물론 이 오류는 언제나 소급적으로만, 사후적으로만, 연루의 재앙적 결과 이후에만 인정된다).

하이데거 자신의 말대로, 존재론적 진리에 가장 가까이 간 자들은 존재적 층위에서 오류를 저지를 운명이다⋯⋯. 무엇에 관한 오류? 바로 존재적인 것과 존재론적인 것의 분리선에 관련된 오류. 과소평가하지 말아야 할 역설은, 존재론적 차이[9]의 수수께끼에 자신의 관심을 집중했던—어떤 존재적 내용에 존재론적 존엄성을 부여하는 형이상학적 잘못(예컨대, 지고의 존재자로서의 신)을 저지르는 것에 대해

---

9) [존재적(ontic) 층위는 존재자들의 층위이며, 존재론적(ontological) 층위는 존재 그 자체의 층위이다. 하이데거에게 존재론적 차이(ontological difference)란 이 두 층위의 간극을 가리킨다.]

되풀이해서 경고했던—바로 그 철학자가 근대적 인간의 본질에 적합함이라는 존재론적 존엄을 나치즘에 부여하는 덫에 빠졌다는 것이다. 하이데거의 나치 경력에 대한 비난에 맞선 표준적인 하이데거 옹호론은 두 가지로 이루어진다. 즉 그의 나치 연루는 그의 철학적 기획에 어떤 식으로도 내속적으로 연관되어 있지 않은 단순한 개인적 실수(하이데거 자신의 표현대로라면, 어리석음Dummheit)였다는 것뿐만이 아니다. [하이데거를 옹호하는] 주된 대항 논변은, 근대적 전체주의의 진정한 세기적 뿌리를 식별할 수 있도록 해주는 것이 다름아닌 하이데거의 철학이라는 것이다. 그렇지만 여기서 사유되지 않은 채 남아 있는 것이 있다. 즉 모두가 동일한 근대 기술의 지평에 속하는 한에서의 구체적 사회체계들(자본주의, 파시즘, 공산주의)에 대한 존재론적 무차별과 어떤 구체적인 사회정치적 모델(하이데거에게 있어서 나치즘, 어떤 '하이데거주의적 마르크스주의자들'에게 있어서 공산주의)을 우리 세기의 존재론적 진리에 보다 근접한 것으로 은밀하게 특권화하는 것 사이에 숨겨져 있는 공모 말이다.

여기서 우리는 하이데거의 옹호자들을 사로잡은 덫을 피해야 한다. 그들은 하이데거의 나치 연루를, 존재론적 지평을 존재적 선택들과 혼동하지 말라고 가르치는 그의 사상과 뻔하게 모순되는 단순한 변칙이자 존재적 층위로의 추락에 불과한 것으로 처리해버렸다(이미 보았듯이 하이데거는 근대의 기술적 세계에 대한 생태론적 반대나 보수적 반대 등등이 보다 구조적 층위에서 어떻게 이미 자신들이 거부하고자 하는 지평 속에 삽입되어 있는가를 보여줄 때 가장 강력하다: 자연의 기술적 착취에 대한 생태론적 비판은 궁극적으로는 보다 '환경적으로 안전한' 기술로 귀결된다 등등). 하이데거는 자신의 존재론적인 철학적 접근에도 '불구하고'가 아니라 그것 때문에 나치의 정치적 기획에 가담했다. 이 연루는 그의 철학적 층위 '아래에' 있지 않았다. 오히려 반대로 우리가 하이데거를 이해하고자 한다면, 존재적 관심사들 너머로의 고양과 나치에 대한 열정적인 '존재적' 정치적 연루 사이의 공모(헤겔식으로는, '사변적 동일성')를 포착하는 것이 관건이다.

이제 우리는 하이데거를 사로잡은 이데올로기적 덫을 볼 수 있다. 나치 운동의 진정한 '내적 위대함'을 위해서 나치 인종주의를 비판할 때 그는 이데올로기적 텍스트에 대해 내적 거리를 유지하는 초보적인 이데올로기적 제스처를 반복한다. 그 배후에 무언가가 더 있다고, 비이데올로기적 핵심이 있다고 주장하는 제스처를 말이다. 우리가 고수하는 대의가 '단지' 이데올로기적이지만은 않다는 바로 이러한 주장을 통해 이데올로기는 우리를 장악하는 것이다. 그래서 덫은 어디에 있는가? 실망한 하이데거가 나치 운동에 대한 적극적인 연루에서 등을 돌릴 때 그가 그렇게 하는 이유는 나치 운동이 그 '내적 위대함'의 수준을 유지하지 못하고 부적절한 (인종주의) 이데올로기를 통해 스스로를 정당화했기 때문이다. 다시 말해서 그가 그 운동에서 기대했던 것은 그것이 '내적 위대함'에 대한 직접적 자각을 통해 스스로를 정당화해야 한다는 것이었다. 그리고 문제는 바로 그런 기대, 즉 자신의 역사-존재론적 토대에 직접 준거하게 될 정치 운동이 가능하다는 기대에 있다. 이런 기대는, 하지만, 그 자체로 매우 형이상학적이다. 운동에 대한 직접적 이데올로기적 정당화를 운동의 '내적 위대함'(운동의 역사-존재론적 본질)으로부터 분리시키는 틈새가 **구성적**이며, 운동의 '작동'을 위한 적극적 조건이라는 것을 깨닫고 있지 못하는 한에서 말이다. 후기 하이데거의 용어를 사용하자면, 존재론적 통찰은 필연적으로 존재적 맹목과 오류를 함축하며, 그 역도 마찬가지다. 다시 말해서 존재적 층위에서 '효과적'이기 위해서 우리는 우리 활동의 존재론적 지평을 무시해야만 한다. (이런 의미에서 하이데거는 '과학은 사고하지 않는다'는 것과 이런 무능은 과학의 한계이기는커녕 과학적 진보의 바로 그 원동력이라는 것을 강조한다.) 다시 말해서, 하이데거가 승인할 수 없는 것처럼 보이는 것은, 어떤 구체적인 정치적 연루가 그것의 필수적이며 구성적인 맹목을 수용하는 것이다. 존재론적 지평에 대한 자각을 존재적 연루로부터 분리시키는 틈새를 우리가 인정하는 순간 그 어떤 존재적 연루든 그 가치가 떨어지고 본래의 존엄을 상실하기라도 하는 양 말이다.

동일한 문제의 또 다른 국면은 『존재와 시간』에서 '손 안에 있음'에서 '눈앞에 있음'으로의 이행이다. 하이데거는 손 안에 있는 어떤 것으로서 주변 대상들에 관계하는 유한한 연루된 행위자가 주변 환경에 능동적으로 몰입하고 있는 상태를 출발점으로 삼는다. 대상들을 눈앞에 있는 것으로서 냉정하게 지각하는 것은 사물들이 갖가지 방식들로 '오기능'할 때 점차로 이런 연루로부터 생겨나는 것이며, 따라서 그것은 파생적 현존 양태이다. 물론 하이데거의 요점은, 현존재가 세계 안에 있는 방식을 온당하게 존재론적으로 기술하려면 가치와 사실이라는 근대적인 데카르트적 이원성을 포기해야만 한다는 것이다. 주체는 눈앞에 있는 대상들과 조우하고 그런 다음에 그것들에 자신의 목적을 투사하고 그에 따라 그것들을 이용한다는 생각은 사물 본연의 상태를 왜곡하는 것이다. 즉 세계 속의 연루된 몰입이 원초적이며 대상들의 다른 모든 현존 양태들은 그로부터 파생되는 것이라는 사실을 왜곡하는 것이다.

그렇지만 좀더 면밀히 들여다보면 그림은 다소 흐릿해지면서 더 복잡해진다. 『존재와 시간』에서의 문제는 일련의 대립쌍들을 어떻게 조정할 것인가이다: 본래적 실존 대 '그들'*das Man*, 불안 대 세속적 활동 속의 몰입, 진정한 철학적 사유 대 전통적 존재론, 분산된 근대 사회 대 자신의 운명을 떠맡는 민족⋯⋯. 이 연쇄 속의 쌍들은 단순히 중첩되는 것이 아니다. 전통적 삶의 방식을 따르는 전근대적 장인이나 농부가 그의 세계 속에 포함된 손 안에 있는 대상들과 매일 매일의 관계에 몰입되어 있을 때, 확실히 이런 몰입은 근대 도시 거주자의 '그들'이라는 것과는 동일하지 않다. (바로 이 때문에 그 유명한 「우리는 왜 시골에 머물러야 하는가?」에서, 베를린에 와서 가르쳐 달라는 초빙을 수락할지 여부를 놓고 확신이 서지 않아서 이에 대해 열심히 일하는 지역 농부인 친구에게 묻자 그가 단지 말없이 고개를 저었다는 이야기를 하이데거 스스로가 들려주고 있는 것이다. 그 즉시 하이데거는 이를 자신의 곤경에 대한 진정한 답으로 받아들였다.) 따라서, 이 대립되는 두 개의 몰입 양태―손 안에 있는 것과의 본래적 관계맺음과 '그들'의 흐름에 자신을 내맡기는 근대적 양태―와는 대조적으로, 거리를 획득하는 두 개의 대립되는 양태―우리의 삶의 방식 속으로의 전통적 몰입 밖으로 우리를 내모는 파열적인 실존적 불안 체험과, 마치 밖으로부터인 양 세계를 '표상들' 속에서 지각하는 중립적 관찰자의 이론적 거리―가 있는 것이 아니겠는가? '세계-내-존재'의 몰입과 불안 속에서의 그것의 중지 사이의 이런 '본래적' 긴장은 마치 '그들'과 전통적인 형이상학적 존재론이라는 '비본래적' 짝에 의해 재배가되는 것처럼 보인다. 따라서 네 개의 자리가 있게 된다. 본래적 세계-내-존재와 '그들' 사이의, 일상적 삶에서의 긴장. 그리고 일상적인 흐름 밖으로 우리를 끌어내는 두 가지 양태―본래적인 실존적 결단성과 전통적인 형이상학적 존재론―사이의 긴장. 이는 우리에게 일종의 하이데거적인 기호학적 사각형을 제공하지 않는가?

하이데거는 일상적 생활세계 속의 몰입을 규제하는 규범들을 적법화하는 (헤겔적) 문제에 관심이 없다. 그는 매일 매일의 삶 속의 직접적 (선-반성적) 몰입과 이런 틀이 붕괴된 심연('절대적 부정성'과의 조우에 관한 하이데거식 판본) 사이에서 왔다갔다 한다.10) 그는 어떻게 우리의 일상적 삶이 어떤 연약한 결정에 근거하고 있는가를—우리가 우연적 상황 속에 돌이킬 수 없는 방식으로 내던져져 있긴 하지만, 그렇다고 이것이 우리가 단순히 그것에 의해 규정되어 있으며 동물처럼 그 속에 사로잡혀 있다는 것을 의미하지는 않는다는 것을—예리하게 자각하고 있다: 원래의 인간 조건은 탈구되어 있음의 조건, 심연과 과잉의 조건이며, 매일 매일의 삶 거주지로의 그 어떤 관계맺음도 그에 대한 결단적 수용의 행위에 달려 있는 것이다. 매일 매일의 거주지와 과잉은 단순히 대립되는 것이 아니다. 거주지 그 자체는 근거 없는 결단의 '과잉적인' 제스처 속에서 '선택된' 것이다. 이런 폭력적 부과 행위는 생활세계 맥락 속으로의 완전한 맞추어 들어감과 추상적인 탈맥락화된 이성이라는 양자택일을 침식하는 '제3항'이다: 그것은 유한한 맥락을 깨뜨리고 나가는 폭력적 제스처, 즉 관찰하는 이성을 특징짓는 중립적 보편성의 입장 속에서 아직 '안정화'되어 있지 않고, 키에르케고르식으로 말하자면 일종의 '생성 속의 보편성'으로 머물러 있는 제스처에 놓여 있다. 그리하여 '특별히 인간적인' 차원은 유한한 생활세계 맥락에 사로잡힌 연루된 행위자의 차원도 아니며, 생활세계로부터 면제된 보편적 이성의 차원도 아니며, 오히려 이 둘 간의 바로 그 불일치, 그 '사라지는 매개자'이다.

이런 폭력적 부과 행위에 대한 하이데거의 명칭인 기획투사*Ent-Wurf*는, 주체가 내던져져*geworfen* 있으며 또한 방향을 잡지 못하고 길을

---

10) Robert Pippin, *Idealism as Modernism*, Cambridge: Cambridge University Press 1997, pp. 395~414를 볼 것.

잃은 상황을 '뜻이 통하게'―즉 그 상황의 좌표를 획득하게―해주는 근본적 환상을 가리키고 있다.[11] 여기서 문제는 하이데거가 유한하고 우연적인 상황 속으로의 '내던져짐'*Geworfenheit*이라는 개념을 사용하고, 그러고 나서는 자신의 길을 본래적으로 선택하는 행위라는 기획투사 개념을 사용하는데, 그것이 개별적 층위와 집단적 층위라는 그 연관성이 숙고되지 않은 두 층위에 걸쳐 있다는 것이다. 개별적 층위에서, '언제나 오로지 나만의 것'인 죽음과의 본래적 조우는 나로 하여금 나의 미래를 본래적 선택 행위 속에 투사할 수 있게 해준다. 하지만 그러고 나서 공동체 역시 자신의 운명을 선택해야-떠맡아야 하는 우연적 상황 속으로 내던져져 있는 것으로서 규정된다. 하이데거는 **반복**이라는 개념을 통해 개별적 층위에서 사회적 층위로 이행한다. '존재해온 실존가능성―현존재가 자신의 영웅을 선택할 수 있는 가능성―의 본래적인 반복은 실존론적으로 앞질러 달려가 보는 결단성에 근거하고 있다.'[12] 여기서의 배경은 틀림없이 키에르케고르적이다: 참된 기독교적 공동체는 그 구성원 각자가 자신들의 영웅인 예수가 자유롭게 떠맡은 실존 양태를 반복해야만 한다는 사실에 근거하고 있다.

앞질러 달려가 보는 결단의 행위에서 본래적 존재 양태를 획득하고 '자신의 운명을 자유롭게 선택하는' 개별적 현존재의 '내던져진 기획투사'로부터 과거의 가능성의 반복으로서의 앞질러 달려가 보는 결단의 집단적 행위 속에서 자신의 역사적 운명을 역시 본래적으로 떠맡는 민족이라는 인간 공동체로의 이와 같은 이행은 현상론적으로 적합한

---

11) 여기서 나는 에릭 샌트너(Eric Santner)와 나누었던 대화에 의거하고 있다.
12) Martin Heidegger, *Being and Time*, Albany, NY: SUNY Press, 1996, p. 437. [국역본: 마르틴 하이데거, 『존재와 시간』, 이기상 옮김, 까치 1998, 504쪽. 지젝이 인용하는 영역과 이기상의 번역 사이에는 메울 수 없는 간극이 있는데, 역자는 영역에 준해서 옮겼다.]

방식으로 근거지어지지 않았다. 집단적 (사회적) 거기-있음의 매개는 온당하게 배치되지 않았다. 즉 하이데거가 놓치고 있는 것처럼 보이는 것은 다만 헤겔이 '객관적 정신'이라고 칭했던 그것, 상징적 큰 타자, 상징적 위임들의 '객관화된' 영역 등등인데, 이는 아직 '비인칭적' *das Man*이 아니지만 또한 더 이상 전통적 삶의 방식으로의 전근대적 몰입도 아니다. 개별적 층위와 집단적 층위의 이런 위법적 단락은 하이데거의 '파시스트적 유혹'의 뿌리에 있으며, 바로 이 점에서 『존재와 시간』의 암묵적 정치화는 가장 강력하다. 일상적 관심사를 따르느라 분주한 근대적이고 익명적이고 분산된 '그들'의 사회와 자신의 운명을 본래적으로 떠맡는 민족간의 대립은 광란적 거짓 활동의 퇴폐적 근대적 '미국화된' 문명과 그것에 대한 보수적인 '본래적' 반응간의 대립과 공명하지 않는가?

이는 본래적인 앞질러 달려가 보는 기획투사와 일치하는 바로서의 역사적 반복이라는 하이데거 개념이 본보기적 분석 사례가 아니라고 주장하는 것이 아니다. 본연의 역사성에 대한 하이데거의 분석에서 놓쳐서는 안 될 핵심은 시간성의 세 가지 탈자태들extases의 상호연관성이다. 그가 '내던져진 기획투사'에 대해서 말할 때 이는 단순히 유한한 행위자가 자신의 선택항들을 제한하는 상황 속에 처해 있음을 발견한다는 것을, 그리고 그런 다음에 그는 자신의 조건인 이 유한한 상황에 의해 허용된 가능성들을 분석하고, 자신의 관심에 가장 잘 맞는 가능성을 선택하고 그것을 자신의 기획으로서 떠맡는다는 것을 의미하는 것만은 아니다. 요점은 미래가 우선권을 갖는다는 것이다. 행위자가 그 안에 내던져져 있는 전통에 의해 열려진 가능성들을 식별해낼 수 있으려면 기획 속에 자신이 연루되어 있음을 이미 인정해야만 한다. 다시 말해서 반복의 운동은, 말하자면, 그것이 반복하는 것을 사후적으로 드러낸다(그리고 그로써 완전하게 현실화한다).

이런 이유 때문에 하이데거의 '결단'은, 앞질러 달려가 보는 결단성 *Ent-Schlossenheit*이라는 바로 그 의미에서, **강제된 선택**의 지위를 갖는다. 즉 반복으로서의 하이데거적 결단은 통상적인 의미에서의 '자유로운 선택'이 아니다. (선택적 가능성들을 놓고 자유롭게 선택한다는 그런 관념은 하이데거에게는 전혀 이질적인 것이다. 그는 그것을 표피적인 미국화된 자유주의적 개인주의에 속하는 것으로서 기각해버린다.) 오히려 그것은 근본적으로는 자신에게 부과된 운명을 '자유롭게 떠맡는' 선택이다. 선택의 자유라는 통속적인 자유주의적 관념을 피하기 위해서는 필수적인 이 역설은 예정과 은총이라는 신학적 문제틀을 가리킨다. 진정한 결단/선택(나의 주체적 입장은 건드리지 않은 채 이루어지는 일련의 대상들 사이에서의 선택이 아닌, 내가 '나 자신을 선택하게' 되는 근본적인 선택)은 '나 자신이 선택되도록 함'이라는 수동적 태도를 내가 취한다는 것을 전제한다―요컨대, **자유로운 선택과 은총**은 엄밀히 등치인 것이다. 혹은, 들뢰즈의 표현대로, 우리는 선택되는 때에만 실제로 선택한다. '*Ne choisit bien, ne choisit effectivement que celui qui est choisi.*'[13]

---

13) Gilles Deleuze, *Image-temps*, Paris: Éditions de Minuit 1985, p. 232. 이를 또 다른 방식으로 표현하자면, 선택은 언제나 메타-선택이다. 선택은 선택하거나 하지 않을 선택을 포함한다. 예를 들어 매춘은 단순한 교환이며, 남자는 여자에게 섹스의 대가를 지불한다. 다른 한편 결혼은 두 층위를 포함한다. 남자가 밥벌이를 하는 전통적 결혼에서, 남편은 여자에게 훨씬 더 많은 것을 지불하는데(아내로서의 그녀를 부양한다), 이는 그녀에게 (섹스에 대해) 지불할 필요가 없도록 하기 위함이었다. 따라서 돈을 보고 하는 결혼의 경우 우리는 남편이 아내에게 지불하는 목적은 그녀가 자신의 몸뿐만이 아니라 영혼까지도 팔도록―즉 그녀가 사랑 때문에 자신을 남편에게 제공하는 것인 체하도록―하기 위함이라고 말할 수 있다. 하지만 다른 식으로 이를 표현해서, 매춘부에게는 섹스를 하기 위해 지불하는 것인 반면에 아내는 섹스를 하지 않을 경우 (아내가 만족하지 못하게 되며, 따라서 다른 방식으로, 즉 후한 선물로써 그녀를 달래야만 하기 때문에) 한층

여기서 반계몽주의적-신학적 문제틀을 다루고 있는 것이라는 생각을 물리치기 위해서, 프롤레타리아 계급 호명이라는 보다 뚜렷한 좌파적 사례를 들어보자. 어떤 주체가 자신을 프롤레타리아 혁명가로서 인지할 때, 그가 혁명의 과제를 자유롭게 떠맡고 그것과 동일화할 때, 그는 이 과제를 수행하도록 역사에 의해 선택된 것으로서 스스로를 인지한다. 일반적으로 이데올로기적 호명이라는 알튀세르적 개념은 불가피한 것을 자유롭게 선택하는 행위로부터 주체가 출현하게 되는 ─즉 그/녀가 올바른 선택을 한다는 조건에서 그/녀에게 선택의 자유가 주어지는─ '강제된 선택'의 상황을 내포한다. 어떤 개인이 호명될 때 그/녀는 '초대가 제안되기 이전에 이미 주체가 초대에 응답한 것처럼 보이지만 동시에 거절할 수도 있었을 그와 같은 방식으로 어떤 역할을 수행하라는 초대를 받는 것이다.'[14] 바로 여기에 인지recognition의 이데올로기적 행위가 있는 것인데, 그런 행위에서 나는 '언제나-이미' 나 자신을 내가 호명되는 바로서의 그것으로서 인지한다. 나 자신을 X로서 인지할 때 나는 내가 언제나-이미 X였다는 사실을 자유롭게 떠맡는다-선택한다. 예컨대 내가 어떤 범죄로 기소를 당하고 나 자신을 변호하는 데 동의할 때, 나는 나의 행위에 법적으로 책임을 지는 자유로운 행위자로서의 **자신을 전제한다**.

에르네스토 라클라우와의 인터넷 토론에서 주디스 버틀러는 결단과 관련하여 훌륭한 헤겔적 논점을 제시했다. 즉 어떠한 결단도 절대적 진공 속에서 내려질 수 없는 것이고, 모든 결단은 맥락화되어야 하며 맥락-속의-결단인 것일 뿐만 아니라, 맥락들 자체는

더 많은 것을 지불해야 하는 매춘부라고 말할 수 있을 것이다.
14) Mark Poster, *The Second Media Age*, Cambridge: Polity Press, 1995, p. 81.

어떤 면에서는 결단들에 의해 산출되는 것이다. 다시 말해서…… 결단내 리기의 어떤 재배가하기가 있다. 우선, [어떤 주어진 정치 조직체 속에 어떤 종류의 차이들이 포함되어서는 안 되는가에 대한] 그와 같은 결단이 내려질 그 맥락을 지정하거나 한계짓는 결단이 있으며, 그리고 나서 어떤 일정한 종류의 차이들을 허용불가능한 것으로서 구획하기가 있다.

여기서 결정불가능성은 근본적인 것이다. 즉 우리는 결단에 앞선 '순수한' 맥락에 결코 다다를 수 없다. 모든 맥락은 '언제나-이미' 어떤 결단에 의해 사후적으로 구성된다(이는 어떤 일을 해야 할 이유들의 경우와 마찬가지인데, 그런 이유들은 언제나 그 이유들이 근거를 제공하는 결단의 행위에 의해 적어도 최소한으로 사후적으로 정립된다. 믿어야 할 이유들은 우리가 일단 믿기로 결단을 내린 이후에야 우리에게 신빙성이 있는 것이 된다. 그 역인 것이 아니라 말이다). 이 동일한 논점의 또 다른 측면은, 배제 없는 결단이란 없을 뿐만 아니라(즉 모든 결단은 일련의 가능성들을 배제시킬 뿐만 아니라) 결단의 행위 그 자체가 어떤 종류의 배제에 의해 가능해진다는 것이다. 우리가 결단을 내리는 존재자가 되기 위해서는 뭔가가 반드시 배제되어야 하는 것이다.

'강제된 선택'이라는 라캉의 개념은 이런 역설을 설명할 한 가지 방법이 아니겠는가? 결단(즉 선택)을 근거짓는 원초적 '배제'가 가리키는 것, 그 선택이 어떤 근본적인 층위에서 강제된 것이며—올바른 선택을 한다는 조건에서만 나에게 (자유로운) 선택이 있는 것이며—따라서 이 층위에서 우리가 자신의 메타-선택과 겹치는 역설적 선택과 조우하게 된다(나는 내가 무엇을 자유롭게 선택해야만 하는지를 이야기 듣는다)는 것 아니겠는가? …… '강제된 선택'이라는 이 층위는,

'정념적인(혹은, 정치적으로 "전체주의적인") 왜곡'이기는커녕, 바로 정신증적 위치가 결여하고 있는 것이다. 정신증적 주체는 '시종일관' 진정으로 자유로운 선택을 하는 것인 양 행동한다.

따라서 자신의 운명을 자유롭게 떠맡는 앞질러 달려가 보는 결단에 대한 하이데거의 서술을 보수적 유사-혁명의 코드화된 서술이라고 처리해버리기 전에 잠시 멈추어 서서 진정한 좌파가 어떤 면에서 자유민주주의자보다는 오늘날의 신보수적 공동체주의자에 훨씬 더 가깝다는 프레드릭 제임슨의 단언을 상기해야 한다. 즉 진정한 좌파는 자유민주주의에 대한 보수적 비판을 승인하며, 또한 **본질적인 것을 제외하고는**, 즉 때로는 작지만 그럼에도 모든 것을 변화시키는 한 가지 특질을 제외하고는 사실상 모든 것에서 보수주의자와 일치한다는 것이다. 반복으로서의 본래적 선택이라는 하이데거의 개념을 보자면, 「역사철학 테제」15)에서 표명된바 반복으로서의 혁명이라는 벤야민의 개념과의 평행성은 두드러진다. 여기서도 혁명은 과거의 은폐된 가능성을 실현하는 반복으로서 개념화되며, 따라서 과거에 대한 올바른 견해(과거를 사실들의 닫힌 집합으로서가 아니라 열린 것으로, 즉 그 현실성에서 실패했거나 억압되어 있었던 어떤 가능성을 내포하는 것으로 바라보는 견해)는 현 상황에 연루된 행위자의 관점에서만 열리는 것이다. 현재의 혁명은, 노동계급을 해방하려는 그 시도 속에서, 해방을 위한 과거의 모든 실패한 시도들을 또한 사후적으로 구원한다. 다시 말해서, 혁명적 기획에 연루된 현재의 행위자의 관점은 사실성에 속박된 객관주의적/실증주의적 역사 편찬이 정의상 볼 수 없는 것을

---

15) Walter Benjamin, 'Theses on the Philosophy of History', in *Illuminations*, New York: Schocken Books, 1969를 볼 것. [국역본: 「역사철학테제」, 『발터 벤야민의 문예이론』, 민음사, 1983, 343~356쪽.]

—즉 지배세력들의 승리의 행진에 의해 분쇄되었던 해방의 은폐된 잠재성들을—갑자기 보이게 만든다.

이런 방식으로 읽을 때, 하나의 기획을 실연하는 앞질러 달려가 보는 결단 속에서 과거를 반복함으로써 그 과거를 전유하는 것은—운명과 자유의 이와 같은 동일화, 자신의 운명을 (강제된 것임에도 불구하고) 지고의 자유로운 선택으로서 떠맡는 이와 같은 동일화는—과거에 대한 가장 중립적인 서술조차도 어떤 권력-정치적 기획의 현 목적들에 이바지한다는 단순한 니체적 요점을 내포하고 있지 않다. 여기서 우리는 지배하는 자들의 관점에서의 과거의 전유(자신들의 승리로 귀결되며 그 승리를 합법화하는 진화 과정으로서의 과거 역사의 내러티브)와 과거에는 유토피아적이고 실패한 ('억압된') 잠재성으로 남아 있었던 과거의 전유 사이의 대립을 강조해야만 한다. 그리하여 하이데거의 서술이 결여하고 있는 것은—직접적이고도 다소 거친 방식으로 표현하자면—이제까지의 모든 공동체적 삶의 방식이 지닌 근본적으로 적대적인 본성에 대한 통찰이다.

그리하여 하이데거의 존재론은 사실상 (하이데거에 대한 부르디외의 책 제목을 참조하자면16)) '정치적'이다. 전통적 존재론을 돌파하려는, 그리고 유한한 역사적 상황 속으로의 '내던져짐'을 능동적으로 떠맡는 하나의 '기획'을 채택하는 인간의 결단을 '존재의 의미'에 대한 열쇠로서 단언하려는 그의 시도는 역사-정치적 결단 행위를 존재론 그 자체의 바로 그 신장부에 위치시킨다. 현존재의 역사적 형식에 대한 바로 그 선택이 어떤 의미에서 '정치적'인 것인바, 그것은 그 어떤

---

16) [Pierre Bourdieu, *L'ontologie politique de Martin Heidegger*, Paris: Minuit, 1988. 영역본: *The Political Ontology of Martin Heidegger*, Standford, Calif.: Standford University Press, 1991.]

보편적 존재론적 구조에도 기반하고 있지 않은 심연적 결단에 있는 것이다. 그리하여, 하이데거의 파시스트적 유혹의 원천을 그의 '비합리적' 결단주의에, 정치적 활동에 대한 여하한 보편적인 합리적-규범적 기준에 대한 그의 거부에 위치시키는 표준적인 하버마스적 자유주의적 논증은 요점을 완전히 놓친다. 이런 비판이 원原-파시즘적 결단주의로서 거부하는 그 무엇은 바로 **정치적인 것**의 기본 조건인 것이다. 그러므로 하이데거의 나치 연루는, 도착적 방식에서, '올바른 방향으로의 한 걸음'이었으며, 존재론적 보증의 결여의 결과들을, 즉 인간적 자유의 심연의 결과들을 공공연하게 인정하고 완전히 떠맡는 쪽으로의 한 걸음이었다.17) 알랭 바디우의 말대로, 하이데거의 눈에 나치 '혁명'은 본래적 정치-역사적 '사건'과 형식적으로 구별불가능한 것이었다. 혹은—또 다른 방식으로 표현하자면—하이데거의 정치적 연루는 상징계에서 끝까지 가보기를—『존재와 시간』에서 시도한 돌파의 이론적 결과들에 대해 숙고하기를—그가 거부했다는 사실을 증언하고 있는, 일종의 실재 속에서의 행위로의 이행*passage à l'acte*이었다.

하이데거에 관한 표준적 이야기는, 『존재와 시간』의 원 기획이 어떻게 다시 초월적 주관주의로 귀결되는가를 자각하게 된 후에 그가 전회 *Kehre*를 이루었다는 것이다. 즉 주관주의(결단주의 등등)의 반성되지 않은 잔여물로 인해 하이데거는 나치 연루의 유혹에 빠져들었으며, 하지만 어떻게 그로 인해 자신이 '뜨거운 맛을 봤는지' 깨닫게 되었을 때 그는 주관주의의 잔여물을 깨끗이 청소했고, 존재 자체의 역사적-세기적 성격에 대한 관념을 발전시켰다는 것이다. 우리는 이 표준적

---

17) 프레드릭 제임슨은, 하이데거의 1933년의 공공연한 정치적 연루가 통탄할 만한 변칙이기는커녕 공감을 불러일으키는 유일한 정치적 제스처라는 논쟁적 주장으로 이미 정곡을 찔렀다.

이야기를 전도시키고만 싶다. 즉 하이데거 I과 하이데거 II 사이에는 일종의 '사라지는 매개자', 즉 자신의 대립물과 일치하는 근본화된 주체성의 자리—즉 텅 빈 제스처로 환원되는바, 하이데거 I의 '결단주의'와 그의 후기 '숙명론'(존재의 사건은 인간에게 '일어나는' 것이며, 인간은 그 사건의 양치기로서 봉사한다……) 사이의 불가능한 교차—가 있다. 하이데거의 나치 연루는, 이 근본화된 주체성의 '실천적 결과'이기는커녕, 그것을 회피하려는 필사의 시도였다……. 다시 말해서, 나중에 하이데거가 『존재와 시간』의 주관주의적 초월적 접근의 잔여물이라고 기각했던 것은 그가 고수해야 했던 것이다. 하이데거의 궁극적 실패는 그가 초월적 주체성의 지평에 여전히 붙잡혀 있었다는 데 있는 것이 아니라 그 지평의 내속적 가능성들을 모두 숙고해보기 전에 너무 성급하게 그것을 포기했다는 데 있다. 나치즘은 '근대적 주체성의 허무주의적이고 광란적인 잠재성'의 정치적 표현이었던 것이 아니라 오히려 그 정반대, 즉 이런 잠재성을 회피하려는 필사적인 시도였다.

이런 '잃어버린 고리'의 논리는, 셸링에서 프랑크푸르트 학파에 이르기까지, 사유의 역사에 종종 등장한다. 셸링의 경우 그가 쓴 『세계의 나이』 초고들의 거의 견딜 수 없는 긴장, 그것들의 궁극적 실패가 있다. 『세계의 나이』를 뒤따르고 있는 셸링의 후기 철학은 이 견딜 수 없는 긴장을 효과적으로 해결하지만, 잘못된 방법으로 해결한다. 즉 그 안에서 가장 생산적이었던 바로 그 차원을 상실함으로써 말이다. 우리는 하버마스의 기획이 아도르노와 호르크하이머의 '계몽의 변증법'과 관계하는 방식에서 동일한 '거짓 해결'의 절차와 만난다. 후자 역시 자멸적 기획이며 거대한 실패다. 그리고 다시금 하버마스가 하고 있는 일은 '계몽의 변증법'의 견딜 수 없는 긴장을 생산과 상징적 상호작용이라는 두 차원의 구분, 즉 일종의 '분업'을 도입함으로써 해결하는 것이다(즉 '부정적' 철학과 '긍정적' 철학의 구분을 도입함으로써 『세계의 나이』의 긴장을 해결하는 셸링과 엄밀한 상동관계를 이루면서 말이다). 우리의 요점은 하이데거 후기의 '존재의 사유'가 『존재와 시간』의 원 기획이 지닌 내속적 곤궁에 대한 이와 유사한 거짓 해결을 실연하고 있다는 것이다.[18]

왜 『존재와 시간』은 미완성으로 남아 있는가?

왜 하이데거의 『칸트와 형이상학의 문제』[19]가 여기서 중요한가? 알다시피 『존재와 시간』이 미완성이라는 단순한 사실을 상기해보자. 하이데거가 이 책으로 출판한 것은 제1부의 첫 두 편으로 이루어져

---

18) 여기서 우리는 스타일의 층위 또한 고려해야 한다. 하이데거 I은 '기술적technical'이며 '비-음악적'인바, 새롭고 난해한 기술적 구분들을 도입하며, 새로운 용어들을 주조하며, 윤리적 함축을 지닌 범주들에서 그 구체적 연관들을 박탈하는 등등을 한다. 반면에 하이데거 II는 '음악적'인바, 시적 매개를 위해 엄격한 개념적 구분을 포기하며, 사유선의 길고 체계적인 전개(『존재와 시간』에서 절들paragraphs을 이용하고 있는 것을 생각해보기만 하면 된다)를 짧고 순환적인 시적 반추들로 대체한다. 물론 우리는 이 양자택일의 두 항 모두에서 배제된 것에 관심을 집중해야 한다. 둘 모두는 '치명적으로 진지하다'. 전자는 개념적 구분들을 다루기 위해 새롭게 주조된 용어들을 층층이 쌓아 올리는 바 그 강박적 기술적 방식에서 그러하며, 후자는 운명의 신비에의 시적 투항이라는 점에서 그러하다. 둘 모두에 빠져 있는 것은 니체 스타일의 아주 근본적인 특징인 즐거운 반어법이다. (니체가—『바그너의 경우』에서—잔인해보일 정도로까지 바그너를 거부한 것을 하이데거가 사상가로서의 니체의 성숙에 있어 중대한 것으로서 칭송할 때, 이런 거부가 갖는 심원한 반어법과 애매성을 그가 얼마나 철저하고도 명백하게 놓치고 있는가를 기억하라.)

19) Martin Heidegger, *Kant and the Problem of Metaphysics*, Bloomington: University of Indiana Press, 1997을 볼 것. [국역본: 마르틴 하이데거, 『칸트와 형이상학의 문제』, 한길사, 2001.]

있다. 그 기획은 불가능한 것으로 판명되었으며, 이런 실패로부터 나온 것은, (좋았던 옛날의 구조주의적 어투를 사용하자면)『존재와 시간』의 잃어버린 마지막 부분의 결여를 메운 것은, 그 유명한 전회 이후 하이데거의 저술의 풍작이었다. 물론 우리의 요점은 단순히『존재와 시간』의 완성된 판본을 상상하는 것이 아니다. 하이데거를 멈추게 만든 장애는 내속적이었다. 좀더 면밀히 검토할 때 상황은 더 복잡하다. 한편으로—적어도 원고의 차원에서 보면—『존재와 시간』의 전체 기획은 성취되었다. 기획된 제2부의 첫 편을 포괄하는『칸트와 형이상학의 문제』가 있을 뿐 아니라, 1927년 마르부르크에서 이루어진 하이데거의 강의들(나중에『현상학의 근본문제들』로 출판되었다)[20]은『존재와 시간』의 원 기획의 정확히 나머지 편들(존재 물음의 지평으로서의 시간, 그리고 제2부에서 계획된 두 번째와 세 번째 편인, 데카르트적 코기토와 아리스토텔레스적 시간 개념)을 느슨하게 포괄하는 것이 사실이다. 따라서 이 세 권의 출판된 책들을 모으면 우리는 참으로『존재와 시간』전체 기획이 대강 실현된 판본을 갖게 되는 것이다. 더군다나, 어쩌면 한층 더 수수께끼인 것은, 비록『존재와 시간』의 출판된 판본이 전체 기획의 제1부조차 완전하게 포괄하고 있지 못하고 단지 첫 두 편(존재 물음을 위한 초월적 지평으로서의 시간의 해명인 제3편은 빠져 있다)만을 포괄하고 있지만, 그럼에도 그것은 사실상 어떤 것도 빠져 있지 않은 것인 양 어쩐지 '완전한' 것으로서, 유기적 전체로서 우리에게 다가온다는 사실이다. 그리하여 여기서 우리가 다루고 있는 것은 존속하는 개방성(비확정성)을 은폐하거나 '봉합'하는

---

[20] [Martin Heidegger, *Das Grundprobleme der Phänomenologie*, 1927. 이 강의는 하이데거가 사망하기 전 해인 1975년부터 시작된 전집 간행의 첫 권으로 출간되었다. 국역본: 마르틴 하이데거,『현상학의 근본문제들』, 문예출판사, 1994.]

'폐쇄'라는 표준적 개념과는 정반대의 것이다. 『존재와 시간』의 경우, 출판된 책이 단지 미완성본에 불과하다는 하이데거의 주장은 오히려 그 책이 닫혀 있으며 완성된 것이라는 사실을 감추는 것만 같다. 우리는 (역사성에 관한) 마무리 장들이, 원 기획에서 어떠한 고유한 자리도 주어지지 않은 또 다른 차원(역사성의 집단적 형식들의 차원)을 지정하기 위해 급조된 시도를 그 폐쇄에 첨부하려는 듯 인위적으로 덧붙여진 것이라는 인상을 받지 않을 수 없다……[21]

출판된 『존재와 시간』이 혹시라도 원 기획의 1부 전체를 포괄하는 것이라면 아직 여하튼 이런 전체성에 대한 지각을 정당화할 수 있을지도 모르겠다. (실로 우리는 '체계적' 부분은 다 얻었다. 빠져 있는 것은 단지 '역사적' 부분, 즉 아리스토텔레스, 데카르트, 칸트라는 서구 형이상학 역사의 세 핵심적 계기들―그것들의 근본화된 '반복'이 바로 하이데거 자신의 현존재 분석론이다―에 대한 해석이다.) 하지만 분명 내속적 장애가, 기획의 완성을 방해하는 장벽이 이미 제1부의 마지막 편에 영향을 미치고 있다. 제2부의 나머지 두 편들을 포괄하는 텍스트들(강의록들)의 미출판이라는 문제(카스토리아디스가 입증하는 것처럼 그것은 아리스토텔레스에게 있어서의 상상력의 수수께끼 같은 지위, 즉 존재론적 체계를 파열시키는 그 지위와 상관이 있는 것인가? 아니면 '세계의 밤'에 대한 최초의 공언으로서 데카르트적 코기토가 함축하고 있는 동일한 반反-존재론적 추동과 상관이 있는 것인가?)를

---

[21] 보다 일반적 차원에서, 초기 헤겔에서 미셸 푸코(<성의 역사>의 첫 권에서 푸코는 나중에 제2권과 3권으로서 실제로 출판된 것과는 근본적으로 다른 전체 기획을 선언한다)에 이르기까지, 미완된 철학적 기획이라는 개념을 재공해보는 것도 흥미로울 것이다. 이런 미완성은 자신들의 체계를 정초하는 원리들을 확립하는 것 이상으로 결코 나아가지 않았던―즉 똑같이 토대적이고/거나 서론적인 텍스트를 반복해서 (다시) 썼던―(피히테에서 후설에 이르는) 저 철학자들의 절차의 이면이다.

제쳐놓는다면 수수께끼는 이런 것이다. 왜 하이데거는 존재의 지평으로서의 시간에 대한 자신의 매우 체계적인 탐구를 완수할 수 없었는가? 표준적인 '공식적' 대답은 잘 알려져 있다. 즉 모든 존재자들 가운데 현존재의 유일무이한 지위를 지탱해주는 바로서의 시간적인 존재의 열림에 곧바로 접근하기보다는 현존재로부터 존재의 물음으로 나아가는 『존재와 시간』의 접근이 아직 너무 형이상학적/초월적이고 '방법론적'이라는 것이 그에게 분명해졌기 때문이라는 것이다. 하지만 이 지점에서 하이데거가 마주친—그리고는 뒷걸음질친—또 다른 곤궁, 또 다른 종류의 심연이 있었다면 어찌할 것인가? 따라서 우리는 이 장애에 대한 '공식' 판본(하이데거는 『존재와 시간』의 기획이 존재의 의미의 '가능성의 조건들'을 현존재의 분석을 통해 우선적으로 확립하는 초월적-주관주의적 절차에 아직 붙잡혀 있었다는 것을 깨닫게 되었다)에 반대되는 주장을 하고자 한다. 『존재와 시간』의 탐구에서 하이데거가 실제로 마주친 것은 칸트의 초월적 상상력에서 언명되는 근본화된 주체성의 심연이었으며, 그는 이런 심연으로부터 뒷걸음질 쳐서 존재의 역사성에 대한 사유로 빠져든 것이다.

하이데거에 대한 이런 비판은 전혀 새로운 것처럼 보이지 않는다. 예컨대 코르넬리우스 카스토리아디스가 이미 그런 비판을 한 적이 있다. 그는 칸트의 (우주질서Cosmos라는 표준적인 '폐쇄된' 존재론적 이미지를 침식하는 바로서의) 상상력 개념이 『영혼에 관하여』(III, 7과 8)에 나오는 유일무이한 한 구절('영혼은 심상 없이는 결코 사고하지 않는다')에서 이미 언명되고 있다고 주장하며, 이를 일종의 '아리스토텔레스적 도식론'(우리가 사고를 할 때, 모든 추상적 개념—예컨대, 삼각형의 개념—에는 신체적이지는 않더라도 감각적인 심상적 표상이 동반되어야 한다. 우리가 삼각형에 대해 생각할 때 우리는 마음속에 구체적인 삼각형의 이미지를 갖는다)으로 한 층 더 전개한다.[22] 심지어 아리스토텔레스는 인간 경험의 능가할 수 없는 지평으로서의 칸트적 시간 개념을 언명하기까지 한다. 즉 그는 '시간 안에 있지 않은 것을 시간 없이 생각하는 것은 불가능하다'(『기억에 관하여』, 449~450) 고 주장한다. 시간 안에 있지 않은 것을 생각하기 위해서는 시간적인 어떤 것에서 일종의 형상을 찾아야 한다는 것이다(예컨대, '영원히 지속하는' 것). 카스토리아디스는 이런 상상력 개념을, 『영혼에 관하여』 (앞서의 구절을 제외한)에서나 이후의 형이상학적 전통 전체에서 우세를 점하고 있는 표준적 개념과 대립시킨다: 이 근본적인 상상력 개념은 수동적-수용적이지도 않으며 그렇다고 개념적이지도 않다─즉 그것은 존재론적으로 온전하게 정위할 수가 없는데, 왜냐하면 그것은 존재의 존재론적 체계 그 자체에 있는 어떤 틈새를 가리키기 때문이다. 그리하여 카스토리아디스의 다음과 같은 주장에는 충분한 정당성이 있는 것처럼 보인다:

> 초월적 상상력의 발견이 열어 놓은 '바닥 없는 심연'에 직면했을 때 하이데거가 칸트에게 전가시키는 '뒷걸음질'과 관련하여, 칸트에 대한 책을 쓴 후에 정작 '뒷걸음질치는 사람은 다름아닌 하이데거 자신이다. 상상력의 문제에 대한 새로운 망각, 은폐, 말소가 끼어드는 것인데, 왜냐하면 이후의 어느 저작에서도 더 이상 그 문제의 흔적이 발견되지 않을 것이니 말이다. 이 문제가 모든 존재론을 상대로 (그리고 모든 '존재에 대한 사고'를 상대로) 뒤흔들어 놓는 그 무엇에 대한 어떤 억누름이 있다.[23]

---

22) Cornelius Castoriadis, 'The Discovery of the Imagination', *Constellations*, vol. 1, no. 2 (October 1994)를 볼 것.
23) 같은 글, pp. 185~186.

카스토리아디스는 또한 이로부터 정치적 결론들을 이끌어낸다. 즉 '전체주의적' 정치적 폐쇄에 대한 하이데거의 수용을 정당화하는 것이 바로 상상력의 심연으로부터의 그의 뒷걸음질인 반면에, 상상력의 심연은 민주주의적 개방성을 위한 철학적 토대를—역사적 상상력의 집단적 행위에 근거하는 사회라는 개념을—제공한다는 것이다. '근본적 상상력에 대한 온전한 인식은 근본적 상상력의 다른 차원, 사회-역사적 상상력의 차원에 대한 발견과 함께 할 때에만 가능한 것이다. 이러한 상상력을 통해 사회는 스스로를 역사로서 배치하는 존재론적 창조의 원천으로서 설립된다.'[24] 하지만 상상력에 대한 카스토리아디스의 개념은, 일체의 실정적 존재를 초월하는 상상력의 행위 속에 자신의 '본질'을 투사하는 존재로서의 인간의 실존주의적 지평 내부에 머물러 있다. 따라서 이에 대한 최종 판단을 내리기 전에, 칸트 자신에게 있어서의 상상력의 윤곽들을 면밀하게 살펴보는 것이 적절할 것이다.

자발성으로서의 초월적 상상력의 불가사의는 현상계와 예지계의 쌍과 관련하여 그것을 적절하게 위치시킬 수 없다는 사실에 있다. 칸트 자신은 여기서 치명적 곤궁과/이나 애매성에 붙들려 있다. 한편으로 그는 초월적 자유('자발성')를 예지적인 것으로 생각한다. 즉 현상적 존재자로서 우리는 인과적 연관들의 그물 속에 붙잡혀 있는 반면에 우리의 자유(도덕적 주체로서 우리가 자유로운, 자기-기원적 행위자라는 사실)는 예지적 차원을 가리킨다는 것이다. 이런 방식으로 칸트는 이성의 역학적 이율배반을 해결한다: 두 명제 모두 참일 수 있다—다시 말해서 모든 현상들은 인과적으로 연계되어 있으므로 현상적

---

[24] 같은 글, p. 212.

존재자로서의 인간은 자유롭지 않지만, 예지적 존재자로서 인간은 도덕적으로 한 명의 자유로운 행위자로 행위할 수 있다……. 이 분명한 그림을 흐려놓는 것은 예지계로의 직접적 접근의 재앙적 결과에 대한 칸트 자신의 통찰이다: 만일 이런 일이 일어난다면 인간은 도덕적 자유와/나 초월적 자발성을 잃게 될 것이고, 생명 없는 꼭두각시가 되고 말 것이리라. 다시 말해서 '인간의 실천적 사명에 현명하게 부합하는 인간 인식능력들의 조화'라는 불가사의한 제목이 붙은 『실천이성비판』의 한 하위 장에서 칸트는 만일 우리가 예지계에, 사물 자체에 접근하게 된다면 우리에게 어떤 일이 일어날 것인가라는 물음에 다음과 같이 답한다.

> …… 지금 도덕적 소질이 경향성들과 해야만 하는 싸움, 즉 초반에 얼마간의 패배가 있더라도 점차로 마음의 도덕적 힘이 얻어질 수 있을 싸움 대신에 **신과 영원성이 그 두려운 위엄과 함께** 끊임없이 **우리 눈앞**에 놓일 것이다. …… 그리하여 대부분의 합법칙적인 행위들은 공포에서 생길 것이고, 아주 소수만이 희망에서 생길 것이나, 의무로부터는 전혀 아무런 행위도 생기지 않을 것이다. 그리하여 행위들의 도덕적 가치—최고 지혜의 눈으로 볼 때 인격의 가치와 심지어 세계의 가치는 바로 그것에 달려 있는 것인데—는 전혀 실존하지 않을 것이다. 그리하여 인간의 자연본성이 지금 그대로인 한 인간의 태도는 한낱 기계성으로 변환될 것이다. 거기에서는 꼭두각시놀이에서처럼 모든 것이 잘 **연출될** 터이지만, 배역들 중에서 **단 하나의 생명도** 발견될 수 없을 것이다.[25]

---

25) Immanuel Kant, *Critique of Practical Reason*, New York: Macmillan, 1956, pp. 152~153. [국역본: 칸트, 『실천이성비판』, 백종현 옮김, 아카넷, 2002, 302~303쪽.]

그리하여 어떤 의미에서 초월적 자유와/나 자발성 그 자체는 현상적이다. 즉 그것은 예지계가 주체에게 접근불가능한 것인 한에서만 발생한다. 이 개재자in-between—예지적이지도 현상적이지도 않으며, 오히려 이 양자를 분리시키며 어떤 면에서는 그것들에 선행하는 틈새—는 다름아닌 주체다. 따라서 주체가 실체로 환원될 수 없다는 사실은 정확히 다음과 같은 것을 의미한다: 초월적 자유는 현상적이지 않지만(즉 모든 현상들이 종속되어 있는 인과 사슬을 깨뜨리지만)—즉 자신의 진정한 예지적 원인을 모르고 있는 어떤 결과(내가 '자유롭다고 느끼는' 것은 단지 나의 '자유로운' 행위를 결정하는 인과성을 볼 수 없기 때문이다)로 환원될 수 없지만—또한 예지적이지도 않으며 예지계에 직접 주체가 접근하는 경우 사라질 것이다. 현상계/예지계의 쌍과 관련해 초월적 자유/자발성을 위치짓는 일이 이처럼 불가능하다는 사실은 왜 칸트가 그토록 당혹해 했던가를, 왜 칸트가 초월적 자발성의 정확한 존재론적 지위를 규정하려는 시도들에서 계속해서 비일관성에 빠지게 되었는가를 설명한다.[26] 그리고 초월적 상상력의 불가사의는 궁극적으로 이와 같은 자유의 심연의 불가사의와 일치한다.

하이데거의 위대한 업적은 그가 칸트의 이런 곤궁을 분명하게 지각했으며, 이를 칸트가 초월적 주체의 유한성으로부터 일체의 결과를 이끌어내기를 주저했다는 사실과 연계시켰다는 데 있다: 일체의 현상들을 묶는 인과적 제약들에 종속되지 않는 예지적 측면을 주체가 가지고 있다는 증거로서 초월적 통각의 자발성을 해석하는 순간 칸트는 전통 형이상학으로 '퇴행'한다. 칸트적 주체의 유한성은 인간의 인식을 신뢰할 수 없고 기만적인 성격의 것으로 간주하는 표준적인 회의주의

---

26) 로버트 피핀(Robert Pippin)이 *Idealism as Modernism*의 제1장에서 입증하는 것처럼.

적 단언(인간의 인식은 덧없는 감각적 현상들에 제한되어 있기 때문에 인간은 결코 지고의 실재성의 불가시의를 꿰뚫을 수 없다 등등)에 해당하는 것이 아니다. 그것은 훨씬 더 근본적인 자세를 내포한다: 주체의 유한한 시간적 경험의 지평 내부에서 볼 때 도달할 수 없는 예지적 너머Beyond의 흔적으로서 주체에게 나타나는 바로 그 차원은 이미 유한성의 지평에 의해 표식되어 있다―그것은 예지적 너머가 **주체의 유한한 시간적 경험 내부에서 주체에게 나타나는 방식**을 가리킨다.

이 모든 것이 시간성과 영원성의 관계에 미치는 근본적 결과는, 시간성이 영원성의 결핍적 양태이지 않다는 것이다. 반대로 주체의 시간적 (자기-)경험의 특수한 변용으로 간주되어야 할 것이 바로 '영원성' 그 자체다. 요컨대 진정한 분리는 현상계(시간적이고/이거나 감성적인 경험의 영역)와 예지계 사이에 있지 않다. 오히려 그 분리는 예지계 자체의 정중앙을 가로지른다. 예지적 즉자가 **주체에게 나타나는** 방식과 주체와 무관한 (군더더기 없는) 그것의 '불가능한' 즉자 사이의 분리라는 형태로 말이다. 물론 최고선의 이념을 체현하는 지고의 존재인 신은 예지적 존재자를 지칭한다(우리는 우리의 시간적 경험의 대상으로서는 신을 일관된 방식으로 파악할 수 없다). 하지만 그것은 '우리에 대한For-us'이라는 양태에서의 예지적 존재자를 지칭한다. 즉 그것은 유한한 이성적 존재자(인간)가 그 예지적인 지고의 존재를 스스로에게 표상하는 그 불가피한 방식을 지칭한다. 혹은, 현상학적 용어로 표현하자면, 지고의 존재로서의 신은 비록 감성적·시간적 경험의 대상이라는 의미에서 하나의 현상일 수는 없지만 그럼에도 불구하고 보다 근본적인 의미에서―즉 의식과/이나 자유의 능력을 부여받은 유한한 존재에게 **나타나는** 존재자로서만 유의미한 어떤 것이라는 의미에서―하나의 '현상'이다. 어쩌면, 우리가 이 신성에 너무 가까이 접근한다면, 지고의 선함이라는 이 숭고한 성질은 견딜 수 없는 기괴성으로 변할지도 모른다.

여기서, 1929년의 그 유명한 다보스 논쟁에서 카시러의 칸트 독해를 지독히도 혐오했던 하이데거에게는 충분한 정당성이 있다.[27] 카시러는 인간 조건의 시간적 유한성(이 층위에서 인간은 자신의 행위가 상이한 인과관계 집합들에 의해 설명될 수 있는 경험적 존재자들이다)을 윤리적 행위자로서의 인간의 자유와 단순히 대조시킨다. 상징적 활동 속에서 인류는 사실들과 그 사실들의 상호연관의 영역으로 환원될 수 없는 (혹은 그 영역에 대한 참조를 통해 설명될 수 없는) 가치들과 의미들의 세계를 점진적으로 건설한다. 인간의 상징적 활동에 의해 정립되는 이 가치와 의미의 세계는 플라톤의 영원한 이념의 왕국에 대한 근대적 판본이다. 다시 말해서 그곳에서는 생성과 부패라는 생의 역동적 순환의 차원과는 다른 어떤 차원 — 인간의 현실적 생활세계 외부에 존재하지는 않지만 그럼에도 그 자체로 '불멸적'이며 '영원한' 차원 — 이 뚫고 들어와 존재하게 된다. '상징적 동물'로서의 능력에서 인간은 유한성과 시간성의 한계를 초월한다……. 이런 구분에 맞서 하이데거는, 경험적으로 주어진 실정적 사실들의 층위로 환원불가능한 가치와 의미의 상징 체계의 '불멸성'과 '영원성'이라는 것이 어떻게 해서 자신의 유한성 그 자체에 관계할 수 있는 어떤 유한한 사멸적 존재의 실존의 일부로서만 출현할 수 있는 것인가를 입증한다: '불멸적' 존재들은 상징적 활동에 관여하지 않는데, 왜냐하면 그들에게 사실과 가치의 간극은 사라지기 때문이다. 따라서 카시러가 답하지 않은

---

[27] 'Appendix V: Davos Disputation', Heidegger, *Kant and the Problem of Metaphysics*, pp. 193~207을 볼 것. [국역본:「부록 IV: 에른스트 카시러와 마르틴 하이데거의 다보스 논쟁」, 마르틴 하이데거, 『칸트와 형이상학의 문제』, 한길사, 2001, 359~385쪽.]

바, 핵심적 물음은 이렇다: 인간 실존의 **시간성**의 특수한 구조는 도대체 무엇이길래, **의미**의 출현을 허용하는 것인가—즉 인간 존재는 자신의 실존을 유의미한 전체 속에 삽입된 것으로서 경험할 수 있는 것인가?

이제 우리는 왜 하이데거가 초월적 **상상력**에 초점을 맞추는가를 분명히 볼 수 있다: 상상력의 유일무이한 특성은 그것이 (현상적 인과 망에 붙잡혀 있는 경험적 존재로서의 인간의) 수용성/유한성과 자발성(즉 자유로운 행위자, 예지적 자유의 담지자로서의 인간의 자기-기원적 행위)의 대립을 침식한다는 사실에 있는 것이다. 상상력은 수용적인 동시에 정립적이며, '수동적'(상상력에서 우리는 감각적 이미지들에 의해 촉발된다)인 동시에 '능동적'(주체 자신이 이런 이미지들을 자유롭게 낳으며, 따라서 이 촉발은 자기-촉발이다)이다. 그리고 하이데거가 강조하는 것은 어떻게 자발성 자체가 인간의 유한성을 특징짓는 수동적 수용성이라는 환원불가능한 요소와의 이와 같은 통합을 통해서만 파악될 수 있는가 하는 것이다. 만일 주체가 수용성을 제거해서 예지계 그 자체에 직접 접근하는 데 성공한다면, 주체는 자신의 실존의 바로 그 '자발성'을 잃게 될 것이리라……. 그리하여 칸트의 곤궁은 초월적 자유의 자발성을 예지적인 것으로서 오독(혹은, 거짓 동일화)한 데서 응축된다. 초월적 자발성은, 정확히, 예지적인 것으로서 파악될 수 없는 어떤 것이다.

초월적 상상력에 있어서의 곤란

다음 단계로 우리는 칸트의 상상력 개념이 지닌 근본적 애매성에 초점을 맞추어야 한다. 잘 알려진 것처럼 칸트는 지성의 종합적 활동(synthesis intellectualis)과 감성적 직관에 의한 다양의 종합을 구분한다. 후자 역시 절대적으로 '자발적인'(생산적이고, 자유로우며, 경험적 연합 법칙들에 종속되지 않은) 것이기는 하지만 그럼에도 불구하고 직관의 층위에 머물며, 감각적 다양을 지성 활동의 사전 관여 없이 한데 모은다. 이 두 번째 종합은 **상상력의 초월적 종합**이다. 이 구분을 논하면서 해석가들은 으레 초월적 분석론 제1편 제1장의 조밀하면서도 애매한 마지막 절(「지성의 순수한 개념, 혹은 범주에 관하여」)에 초점을 맞춘다. 여기서 칸트는 종합을 '서로 다른 표상들을 상호 결합하고 그것들의 다양을 하나의 인식에서 파악하는 작용'[28)]으로서 정의한 후에, 계속해서 종합이란

> 한낱 상상력—이는 맹목적이지만 불가결한 마음의 기능인바, 그것 없이는 어떠한 인식도 없을 것이지만 그것에 대해 우리는 거의 의식조차 못하고 있다—의 작용이다. 그러나 이런 종합을 개념으로 화하는 것은 지성의 기능인데, 이를 통해서 우리는 비로소 진정한 의미에서의 인식을 획득한다.[29)]

라고 주장한다. 이렇게 해서 우리는 고유한 인식에 이르는 세 단계 과정을 얻는다:

모든 대상들에 대한 선험적 인식을 성취하기 위해 우리에게 주어져야

---

28) Immanuel Kant, *Critique of Pure Reason*, London: Everyman's Library, 1988, p. 78. [국역본: I. 칸트, 『순수이성비판』, 박영사, 1986, p. 111.]
29) 같은 곳. [국역본: p. 112.]

하는 첫 번째 것은 순수한 직관의 다양이다. 이런 다양을 상상력에 의해 종합하는 것이 두 번째다. 하지만 이 다양의 종합은 아직 인식을 주지는 않는다. 이런 순수한 종합에 통일을 주는…… 개념들은 대상의 인식을 위한 세 번째 요건을 제공하며, 이런 개념들은 지성에 의해 제공된다.30)

하지만 '일반적으로 표상된바 순수한 종합이 우리에게 지성의 순수한 개념을 [주는]'31) 한에서 애매성은 분명하게 식별가능하다: '일반적으로 말해서 종합은…… 한낱 상상력의 작용'32)인 것이어서 이차적 능력으로서의 지성은 상상력이 이미 자신의 소임을 다한 뒤에야 개입하는 것인가, 아니면 '일반적으로 표상된바 순수한 종합은 우리에게 지성의 순수한 개념을 [주는]' 것이어서 상상력의 종합은 단순히 더 낮은, 더 원초적인, 선인식적 차원에서의 지성의 종합적 능력의 적용인 것인가? 혹은, 이를 유와 종을 가지고서 표현하자면: 상상력은 초월적 자발성의 침투불가능한 궁극적 신비이며, 주체성의 뿌리이며, 포괄하는 유인 것이라서 이 유로부터 그것의 추론적 인식적 종별화로서 지성이 자라 나오는 것인가, 아니면 포괄하는 유는 지성 그 자체인 것이고 상상력은 지성에 의해 보다 낮은 직관의 층위에 사후적으로 투사된 일종의 그림자인 것인가—혹은 헤겔적으로 표현하자면, 상상력의 종합은 지성 안에서 '그 자체로서' '대자적으로' 정립되는 어떤 힘의 미전개된 '즉자'인 것인가? 하이데거의 독해의 요점은 상상력의 종합을 추론적 지성의 뿌리에 있는 근본적 차원으로서 규정해야 하며, 따라서 지성의 범주들과는 무관하게 독립적으로 분석되어야 한다는 것이다.

---

30) 같은 곳.
31) 같은 곳.
32) 같은 곳.

즉 칸트는 바로 이 근본적 단계에서 뒷걸음질쳤던 것이며, 상상력을 직관의 순수 감각적 다양과 지성의 인지적 종합 활동 간의 한낱 매개하는 힘으로 환원시켰다는 것이다.

이런 접근과는 달리 우리는 어떤 다른 측면을 강조하고 싶다. 즉 칸트의 상상력 개념은 상상력의 핵심적인 '부정적' 특징을 말없이 간과한다는 사실 말이다. 종합하려는, 즉 직관에 주어진 흩어진 다양을 한데 모으려는 시도에 실로 사로잡혀 있었던 칸트는 헤겔이 이후에 강조한 상상력의 정반대 능력―즉 어떤 유기적 전체의 일부로서만 유효하게 존재하는 것을 하나의 분리된 존재자로서 취급하는 '분해 활동'으로서의 상상력―을 침묵 속에서 간과하고 마는 것이다. 이 부정적 힘 또한 지성과 상상력으로 이루어지는데, 이는 헤겔의 두 핵심 구절을 함께 읽을 때 분명해진다. 덜 알려진 첫 번째는 『예나의 실재철학』 수고 중 '세계의 밤'에 관한 것이다.

> 인간은 이런 밤, 즉 모든 것을 단순한 상태로 포함하고 있는 이 텅 빈 무이다. 무수히 많은 표상들, 이미지들이 풍부하게 있지만, 이들 중 어느 것도 곧장 인간에게 속해 있지 않다―혹은 현전해 있지 않다. 이런 밤, 여기 실존하는 자연의 내부―순수 자기self―는 환영적 표상들 속에서 주변이 온통 밤이며, 그때 이쪽에선 피 흘리는 머리가, 저쪽에선 또 다른 허연 환영이 갑자기 튀어나왔다가는 또 그렇게 사라진다. 무시무시해지는 한밤이 깊어가도록, 인간의 눈을 바라볼 때, 우리는 이 밤을 목격한다.[33]

---

33) G.W.F. Hegel, 'Jenaer Realphilosophie', in *Frühe politische Systeme*, Frankfurt: Ullstein, 1974, p. 204. 번역[영역]은 Donald Phillip Verene, *Hegel's Recollection*, Albany, NY: SUNY Press, 1985, pp. 7-8에서 인용.

연속적 현실을 '부분 대상들'— 현실에서는 보다 큰 유기체의 일부로 서만 유효한 어떤 것의 유령 같은 환영들—의 혼란한 다양으로 해체하는 힘인바 그 부정적·파열적·분해적 측면에서의 상상력에 대해 이보다 더 나은 어떤 묘사를 제공할 수 있겠는가? 궁극적으로 상상력은 직접적 지각이 한데 모아놓는 것을 절단하는, 어떤 공통의 개념[을 추상하는 것]이 아니라 어떤 특징을 다른 특징들로부터 '추상'하는 우리 마음의 능력을 나타낸다. '상상한다'는 것은 몸체 없는 부분 대상을, 모양 없는 색깔을, 몸체 없는 모양을 상상하는 것이다: '이쪽에선 피 흘리는 머리가, 저쪽에선 또 다른 하얀 환영이.' 그리하여 이 '세계의 밤'은 가장 원초적이면서도 폭력적인 지점에서의 초월적 상상력이다. 거기서 상상력의 폭력이, 즉 모든 객관적 연계를, 사물 자체에 기반하는 모든 연관을 분해하는 상상력의 '공허한 자유'가 무제약적으로 군림한다. '여기서 대자적으로*for itself*란 임의적 자유이며, 아무런 제약 없이 이미지들을 찢고 재연결할 자유이다.'34) 모두가 알고 있으며 자주 인용되거나 해석되고 있는 또 다른 구절은 『정신현상학』 서설에 나오는 것이다:

> 하나의 표상을 그 근원적인 요소들로 쪼개는 것은 그것의 계기들로 되돌아가는 것인데, 이 계기들은 적어도 주어진 표상의 형식을 갖는 것이 아니며 오히려 자기the self의 직접적 소유물을 이룬다. 물론 이런 분석은 그 자체 익숙하고 확고부동한 규정들인 **사상들**에 도달할 뿐이다. 그러나 이처럼 **분해된** 것, 비현실적인 것 자체가 하나의 본질적인 계기이다. 왜냐하면 구체적인 것은 오로지 자신을 분할하고 비현실적인 것으로 만든다

---

34) Hegel, 'Jenaer Realphilosophie', pp. 204~205.

는 이유에서만 스스로 운동하는 것이 되기 때문이다. 분해 활동은 **지성**의 힘이자 작업이며, 가장 놀라우면서도 가장 강력한 권능, 아니 오히려 절대적 권능인 것이다. 내적으로 완결되어 머물러 있으며 실체처럼 자신의 계기들을 한데 유지하고 있는 원환은 직접적인, 따라서 전혀 놀랍지 않은 관계이다. 그러나 둘레에서 떨어져 나온 우연적인 것 그 자체, 또는 속박되어 있기에 오직 타자와의 관련 속에서만 현실적인 어떤 것이 그 자신만의 현존재와 별도의 자유를 획득한다는 것, 이것은 부정의 막강한 권능이다. 이것이 바로 사유의, 순수한 자아의 에너지이다. 저러한 비현실성을 죽음이라 부르고 싶다면, 죽음은 가장 두려운 것이며, 죽은 것을 꽉 붙잡는 데에는 막대한 힘이 필요하다. 아무 힘이 없는 아름다움은 지성을 증오하는데, 왜냐하면 지성은 아름다움이 행할 수 없는 그것을 아름다움에게 요구하기 때문이다. 그러나 죽음을 무서워하고 파괴되는 것을 철저히 막는 생이 아니라, 죽음을 감내하고 그 속에서 자신을 유지하는 생이야말로 정신의 생인 것이다. 정신은 오직 절대적으로 찢겨져 있는 가운데서 자기 자신을 발견함으로써만 자신의 진리를 획득한다. 정신은, 어떤 것에 대해 우리가 '이것은 아무것도 아니거나 거짓이다. 이제 이로써 이것에 대해서는 다 마쳤다'라고 말하고서 그로부터 다른 어떤 것으로 넘어갈 때처럼, 부정적인 것을 외면하는 긍정적인 것으로서의 이런 권능이 아니다. 오히려 정신은 오직 부정적인 것을 대면하고 부정적인 것과 함께 머물기로써만 이러한 권능인 것이다. 이 머무름은 부정적인 것을 존재로 바꿔놓는 마력이다—이 마력이란 앞에서 주체라고 일컬어졌던 것과 동일한 것이다.35)

---

35) G.W.F. Hegel, *Phenomenology of Spirit*, trans. A.V. Miller, Oxford: Oxford University Press, 1977, pp. 18-19. [국역본: 『정신현상학1』, 한길사, 2005, 70-71쪽. 이 인용문 및 다음절에 나오는 '자아'는 독일철학적 맥락에서의 (독일어) 'Ich'에 대한 번역이다. 이

여기서 헤겔은 우리가 기대하듯 사변적 이성을 칭송하는 것이 아니라 세계에서 가장 강력한 힘으로서의 지성을, 자연적으로 한데 속하는 것을 찢어 놓고 분리된 것으로 취급하는 '허위'의 무한한 힘으로서의 지성을 칭송한다. 이는 감히 '선종합적 상상력'이라고 부를 만한 것의 기본적인 부정적 제스처에 대한, 모든 유기적 통일체를 침식하는 그것의 파괴적 힘에 대한 정확한 묘사가 아니겠는가? 따라서 인용된 두 구절36)이 대립되는 현상들(처음 것은 순수하게 주관적인 내부로의 선합리적/선추론적인 혼란한 몰입, 두 번째는 유기적 통일체의 모든 '심원'을 분리된 요소들로 분해하는 지성의 추상적 추론적 활동)에 대해 말하고 있는 것처럼 보일지라도, 다음과 같이 그것들은 함께 읽혀질 수 있는 것이다: 양자 모두는 '가장 강력한 힘'을, 즉 실재의 통일을 파열시키고 흩어진 사지*membra disjecta*의 영역, 가장 근본적인 의미에서의 **현상들***phenomena*의 영역을 폭력적으로 설치하는 힘을 지칭한다. 사지가 절단되고 연결이 끊긴 '환영적 표상들'이 나타났다 사라지는 '순수 자기'의 '밤'은 '둘레에서 떨어져 나온 우연적인 것 그 자체, 또는 속박되어 있기에 오직 타자와의 관련 속에서만 현실적인 어떤 것이 그 자신만의 현존재와 별도의 자유를 획득'하게 해주는 부정의 힘에 대한 가장 기본적인 현시이다. 『순수이성비판』에서 칸트는 모든 주관적 활동의 신비하고 헤아릴 길 없는 뿌리로서, 선험적 범주들을 통한 감각 자료의 합리적 종합에 선행하여 감각 인상들을 연결하는

'자야'는 피히테를 다루는 곳에서도 나온다. 나머지 경우에서의 '자야'는 라캉적 의미에서의 'ego'의 번역어이다.]

36) 내가 쓴 거의 모든 책들에서 나 스스로 이 구절들을 반복해서 참조한 바 있다. [사실, 두 번째 인용문에 있는 '부정적인 것과 함께 머물기'라는 표현은 그의 책의 제목이 되기도 했다. '나눌 수 없는 잔여'라는 셸링의 표현이 또한 또 다른 그의 책의 제목이 되었던 것처럼 말이다.]

'자발적' 능력으로서, '초월적 상상력'이라는 개념을 세공한다. 인용된 두 구절에서 헤겔이 종합적 상상력의 한층 더 신비한 어떤 이면을, 감각적 요소들을 맥락 밖으로 **찢어놓고** 유기적 전체의 직접적 경험을 **사지절단하는** '선종합적 상상력'의 한층 더 원초적인 힘을 가리키고 있는 것이라면 어찌할 것인가? 따라서 이 '세계의 밤'을 신비적 체험에서의 공空과 동일화한다면 너무 성급한 일이 될 것이다: 오히려 그것은 정반대를, 즉 신비학에서 이야기하는 공의 균형과 내적 평화를 교란시키고 탈구시키는 원초적 빅뱅, 폭력적 자기대립을 가리킨다.

그리하여, 칸트가 상상력의 심연으로부터 뒷걸음질쳤다는 하이데거의 주장에 어떤 진실이 들어 있다면, 칸트의 뒷걸음질은 무엇보다도 상상력을 그 부정적/파열적 차원에서, 직관의 연속적 직조를 파열시키는 힘으로서 드러내기를 거부하는 것과 관련이 있다. 칸트는 직관의 다양은 직접 주어진 것이며 따라서 주체의 중심적 활동은, 가장 원초적인 상상력의 종합으로부터 지성의 범주들의 종합 활동을 거쳐 이성의 규제적 이념에 이르기까지, 이 다양을 한데 묶고 상호 연관된 전체로 조직하는 것(우주에 대한 우리의 전 경험을 합리적인 유기적 구조로 통일하려는 불가능한 과제)에 제약된다고 너무 빨리 자동적으로 가정하고 있다. 칸트가 간과하는 것은 상상력의 원초적 형태가 이런 종합 활동의 정반대라는 사실이다. 상상력은 우리로 하여금 현실의 직조를 파열시킬 수 있도록 해주며, 살아 있는 전체의 한낱 구성성분에 불과한 어떤 것을 유효하게 존재하는 것으로서 취급할 수 있도록 해준다.

그렇다면 상상력과 지성 간의 대립은 어떻게 종합과 (직관의 원초적 직접적 통일성을 파열시키고 분해한다는 의미에서의) 분석의 대립에 관계하는가? 이 관계는 양 방향 모두로 작용하는 것으로 생각할 수 있겠다. 우리는 상상력을 감각적 다양을 통일된 대상들과 과정들의 지각으로 자발적으로 종합하는 힘으로 규정할 수 있으며, 이 경우 대상들과 과정들은 이후에 추론적 지성에 의해 파열되고, 분해되고, 분석되는 것이다. 혹은 상상력을 분해와 파열의 원초적 힘으로 규정할 수 있으며, 이 경우 지성의 역할은 이후에 이런 흩어진 사지를 새로운 합리적 전체로 한데 묶는 것이다. 두 경우 모두 상상력과 지성 간의 연속성은 붕괴된다: 둘 사이에는 내속적 적대가 있다—상상력이 입힌 상처를 그 흩어진 사지를 종합하면서 치료하는 것이 바로 지성인 것이거나, 아니면 지성이 상상력의 자발적이고 종합적인 통일을 파괴하고 조각들로 파열하는 것이다.

이 지점에서 하나의 소박한 물음이 꽤나 적절하다. 그 두 축 가운데, 그 두 관계 가운데 어느 것이 더 근본적인가? 물론 여기서의 기저 구조는 악순환이나 상호함축의 구조이다: '상처는 상처를 입힌 창에 의해서만 치료될 수 있다'—즉 상상력의 종합이 한데 모으려 하는 다양은 이미 상상력 자체의, 상상력의 파열적 힘의 결과이다. 그럼에도 불구하고 이런 상호함축은 상상력의 '부정적'이고 파열적인 측면에 우선권을 준다. 요소들이 우선 분할된 연후에야 그것들을 다시 한데 묶기 위한 노력의 공간이 열린다는 분명한 상식적 이유에서뿐만이 아니라, 보다 근본적인 이유에서, 즉 주체의 환원불가능한 유한성 때문에 '종합'의 바로 그 노력이 언제나 최소한은 '폭력적'이고 파열적이라는 이유에서 말이다. 다시 말해서, 주체가 종합적 활동을 경유해 감각적 다양에 부과하려는 통일성은 언제나 변칙적이고 비정상적이고 불균형적이고 '불건전'하며, 그 다양에 외적이고 폭력적으로 부과된 어떤 것이며, 결코 흩어진 사지들 간의 내속적인 숨은 연관들을 식별하는 단순하고 태연한 행위인 것이 아니다. 바로 이런 의미에서 모든 종합적 통일성은 '억압'의 행위에 기초하며, 따라서 어떤 불가분의 잔여를 낳는다. 즉 그것은 '대칭을 깨뜨리는' 어떤 '일방적' 계기를 통합적 자질로서 부여한다. 어쩌면 이것은 바로 영화 예술의 영역에서 에이젠슈타인의 '지적 몽타주' 개념이 겨냥하고 있는 것일지도 모른다: 지적인 활동은 상상력에 의해 고유의 맥락으로부터 찢겨져나간 조각들을 한데 묶는바, 그것들을 예기치 않은 새로운 의미를 낳는 새로운 통일체로 재구성한다.

따라서 칸트가 이전의 합리주의적/경험주의적 문제틀과 결별하고 있는 지점을 정확히 위치시킬 수 있다. 이러한 문제틀과는 대조적으로 칸트는 우리의 정신에 의해 가공되는 어떤 선종합적 영-토대 요소들을 더 이상 인정하지 않는다. 정신에 의해 합성될 (로크가 말하는 기본적인 감각적 '관념들' 같은) 어떠한 중립적인 기본 재료도 없다. 다시 말해서 정신의 종합 활동은, '현실'과의 가장 기본적인 접촉에서조차도, 언제나-이미 작동하고 있다.[37] 선종합적 실재는, 최소한의 초월적 상상력에 의해서도 아직 종합되지 않은 그것의 순수하고도 미조형된 '다양'은 엄밀한 의미에서 **불가능하다**: 사후적으로 전제되어야 하지만 결코 현실적으로 **조우할** 수 없는 층위. 하지만 우리의 (헤겔적) 요점은 이런 신화적인/불가능한 출발점이, 상상력의 전제조건이, 이미 상상력의 파열적 활동의 산물이며 결과라는 것이다. 요컨대 상상력에 의해 아직 영향받지/조형되지 않는 그 신화적이고 접근불가능한 순수한 다양의 영-층위는, 선상징적인 '자연적' 실재의 관성inertia의 연속성을 파열시키는 활동인바, 다름아닌 **순수한 상상력** 그 자체, 가장 폭력적인 지점에서의 상상력인 것이다. 이 선종합적 '다양'은 헤겔이 '세계의

---

[37] 이 핵심적 요점에 대해서는, Zdravko Kobe, *Automaton transcendentale* I, Ljubljana: Analecta, 1995를 볼 것.

밤'이라고, 즉 현실을 흩어진 사지의 분산된 표류 속으로 폭력적으로 폭발시키는 주체의 심연적 자유의 '제어불능'이라고 묘사하는 것이다. 그리하여 '원을 .닫는' 것은 결정적이다: 우리는 결코 상상력의 원을 빠져나갈 수 없는데, 왜냐하면 종합적 상상력의 바로 그 영-층위의 신화적 전제조건이, 상상력의 작용이 미치는 그 재료가 다름아닌 가장 순수하고 가장 폭력적인 지점에서의 상상력 그 자체, 즉 부정적이고 파열적 측면에서의 상상력이기 때문이다.[38]

광기의 통과

헤겔은 이 '세계의 밤'을 선존재론적인 것으로서 명시적으로 정립한다. 상징적 질서, 말의 우주, 로고스의 우주가 출현하는 것은 오직 순수 자기의 이 내향성이 '또한 현존하게 되어야 하며, 대상이 되어야 하고, 이 내면성이 역으로 외화되어야 [할 때이다]. 즉 존재로 회귀해야 [할 때이다]. 이는 이름을 부여하는 능력으로서의 언어이다……. 이름을 통해 존재자로서의 대상이 자아로부터 태어난다.'[39]

따라서 명심해야 할 것은, 대상이 '자아로부터 태어나기' 위해서는 말하자면 백지 상태에서 출발하는 것이—'세계의 밤'을 통과함으로

---

[38] 물론 여기서 우리는 칸트의 사물 자체와 관련해 헤겔이 성취하고 있는 반전을 반복하고 있는 것이다. 우리의—주체적—정립/매개의 이 순수한 전제는, 우리에게 작용하지만 아직은 주체의 반성적 활동을 거치지 않은 이 외적 사물은 현실적으로 그것의 정반대인 것으로 판명된다: 순수하게 정립된 어떤 것, 극도의 정신적 추상의 결과물, 순수한 사고 사물(Gedankending). 마찬가지로 상상력의 선종합적 실재적 전제는 이미 가장 순수한 상상력의 산물이다.

[39] Hegel, 'Jenaer Realphilosophie', p. 206. 번역[영역]은 Verene, p. 8에서 인용.

써, '자아로부터 태어난' 것이 아직 아닌 한에서의 현실 전체를 지워버리는 것이―필요하다는 점이다. 이로써 마침내 우리는 주체성의 개념 그 자체에 내속된 철학적 개념으로서의 광기에 이르게 된다. 셸링의 기본적 통찰―이에 따르면, 주체는 자신을 합리적 말의 매체로서 단언하기 이전에 순수한 '자기의 밤'이며, '존재의 무한한 결여'이며, 자기 밖의 모든 존재를 부정하는 폭력적인 모순의 제스처다―은 또한 헤겔의 광기 개념의 중핵을 형성한다. 헤겔이 광기를 현실 세계로부터의 철회로서, 영혼이 자기 안으로 문닫고 들어가는 것으로서, 영혼의 '수축'으로서, 외부 현실과 맺고 있는 연결고리의 절단으로서 규정할 때, 그는 너무 성급하게 이런 철회를 자연 환경에 여전히 파묻혀 있으며 자연의 리듬(밤과 낮 등등)에 의해 규정된 '동물적 영혼' 층위로의 '퇴행'으로서 간주한다. 오히려 반대로 이런 철회는 환경*Umbelt*과의 연결고리의 절단을, 주체가 직접적 자연 환경에 몰입된 상태의 종결을 가리키는 것이 아닌가? 그리고 그러한 것으로서 그것은 '인간화'를 토대 짓는 제스처이지 않은가? 이런 자기-안으로의-철회는 모든 것에 대한 의심과 코기토로의 환원―이것 또한, 데리다가 「코기토와 광기의 역사」에서 지적한 것처럼,[40] 근본적 광기의 계기를 통과하는 과정을 내포한다―속에서 데카르트가 성취한 것 아닌가?

여기서 우리는 헤겔의 계몽 전통과의 단절이 어떻게 주체의 은유 그 자체의 반전에서 식별될 수 있는가를 놓치지 않도록 신중해야 한다. 주체는 불투명하고 침투불가능한 (자연이나 전통 등의) 질료에 대립되는 이성의 빛이 더 이상 아니다. 주체의 바로 그 중핵은, 즉 로고스의 빛을 위한 공간을 여는 그 제스처는 절대적 부정성이며, '세계의 밤'이

---

40) Jacques Derrida, 'Cogito and the History of Madness', in *Writing and Difference*, Chicago: University of Chicago Press, 1978을 볼 것.

며, '부분 대상들'의 유령 같은 환영들이 정처 없이 떠도는 절대적 광기의 지점이다. 따라서 이 철회의 제스처 없이는 어떠한 주체성도 없다. 그리고 바로 그 때문에, 헤겔이 광기로의 추락·퇴행이 어떻게 가능한가라는 표준적 물음을 역전시킨 것은 전적으로 정당하다. 오히려 진정한 물음은 주체가 어떻게 광기로부터 기어올라와 '정상성'에 이를 수 있는가이다. 다시 말해서, 자기-안으로의-철회, 환경과의 연결고리의 절단에는, 직접적 선상징적 실재의 상실을 보상할 용도로 정해진 대체-형성물로서 주체가 현실 위에 투사하는 상징적 우주의 구성이 뒤따른다. 하지만 다니엘 폴 슈레버에 대한 분석에서 프로이트 자신이 주장한 것처럼, 현실의 상실을 주체에게 보상해줄 대체-형성물의 제조는, 자신의 우주의 붕괴를 스스로 치유하려는 주체의 노력으로서의 편집증적 구성에 대한 가장 간명한 정의가 아닌가?

요컨대 '광기'의 존재론적 필요성은 자연적 생활세계에 몰입된 순전히 '동물적인 영혼'으로부터 상징적 우주 안에 거주하는 '정상적' 주체성으로 곧바로 이행하는 것이 가능하지 않다는 사실에 있는 것이다. 그 둘 사이의 '사라지는 매개자'는, 현실의 상징적 (재)구성을 위한 공간을 열어놓는바, 현실로부터의 근본적 철회라는 '광기적' 제스처다. 헤겔은 이미 '내가 생각하는 것, 내 사유의 산물은 객관적으로 참이다'라는 진술의 근본적 애매성을 강조했다. 이 진술은 '가장 저급한 것', 즉 자신의 자기-폐쇄적 우주 안에 갇혀 있으며 현실에 관계할 수 없는 광인의 이상한 태도를 표현하는 **동시에** '가장 고급한 것', 즉 사변적 관념론의 진리, 사유와 존재의 동일성을 표현하는 사변적 명제이다. 그러므로, 만일 바로 이런 의미에서—라캉의 말대로—정상성 그 자체가 정신증의 한 양태이자 하위종이라면, 즉 '정상성'과 광기의 차이가 본래 광기에 내속된 것이라면, '광적인' (편집증적) 구성물과 '정상적인'(사회적) 현실 구성물 간의 이 차이는 무엇으로 이루어지는 것인가? '정상성'은 궁극적으로 광기의 좀더 매개된 형태에 불과한 것인가? 혹은, 셸링의 말대로, 정상적 이성은 '규제된 광기'에 불과한 것인가?

헤겔의 간결한 묘사—'이쪽에선 피 흘리는 머리가, 저쪽에선 또다른 하얀 환영이'—는 '조각난 신체'(le corps morcelé)라는 라캉의 개념과 완벽하게 조응하지 않는가? 헤겔이 '세계의 밤'이라고 부르는 것(부분 충동들의 환영적, 선상징적 영역)은 주체의 가장 근본적인 자기-체험의 부인할 수 없는 구성성분이며, 또한 예컨대 이에로니무스 보쉬의 유명한 그림들에 의해 예시된다. 어떤 면에서 일체의 정신분석적 체험은 이 '세계의 밤'으로부터 우리의 '일상적' 로고스 우주로의 외상적 이행의 흔적들에 초점을 맞춘다. 그리하여 내러티브적 형식과 (주체에 대해 구성적인 자기-안으로의-철회로서의) '죽음 충동' 사이의 긴장은 '자연적' 환경으로부터 '상징적' 환경으로의 이행을 설명하고자 할 때 전제되어야 하는 잃어버린 고리이다.

그리하여 요점은 '자연'으로부터 '문화'로의 이행이 직접적이지 않다는 것이며, 연속적인 진화적 내러티브 안에서 그것을 설명할 수 없다는 것이다. 무언가가 둘 사이에 끼어들어야 한다. 자연도 문화도 아닌 일종의 '사라지는 매개자'가 말이다. 이 개재자는 모든 진화적 내러티브에서 말없이 전제된다. 우리는 관념론자가 아니다. 즉 이 개재자는 호모 사피엔스에게 마법처럼 부여되어 그로 하여금 가상적, 상징적 보충 환경을 형성할 수 있게 해주는 로고스의 불꽃인 것이 아니라, 오히려 더 이상 자연이 아니기는 해도 아직 로고스이지 않으며 로고스에 의해 '억압'되어야 하는 바로 그 어떤 것이다. 물론 이 개재자에 대한 프로이트적 이름은 죽음 충동이다. 이 개재자에 대해 이야기할 때, 어떻게 '인간의 탄생'에 대한 철학적 내러티브들이 인간

(이 될 그 무엇)이 더 이상 한낱 동물이 아니면서도 동시에 아직은 상징적 법에 속박된 '언어의 존재'가 아닌 그와 같은 인간의 (선)역사의 한 계기를 가정할 수밖에 없는 것인가에 주목하는 것은 흥미롭다. 아직 문화가 아닌, 철저히 '전도된', '탈자연화된', '탈선된' 자연의 한 계기. 칸트는 교육학적 저술들에서 인간 본성에 내속되어 있는 것처럼 보이는 섬뜩한 '제어불능'—어떤 대가를 치르더라도 자신의 의지를 완강하게 고집하려는 야생의 제약되지 않은 성벽—을 길들이기 위해서 인간 동물에게는 훈육적 압력이 필요하다는 것을 강조했다. 이런 '제어불능' 때문에 인간 동물에게는 그를 훈육시켜줄 주인이 필요하다. 즉 훈육의 표적은 이런 '제어불능'인 것이지, 인간 안의 동물적 본성인 것이 아니다.

> 인간이 동물적 충동들 때문에 자신의 정해진 목표인 인간다움으로부터 벗어나는 것을 막아주는 것은 바로 훈육이다. 예컨대 훈육은 인간이 야생적이고도 무분별하게 위험을 무릅쓰는 일을 못하게 해야 한다. 그리하여 훈육은 단지 부정적인 것이며, 그것의 작용은 인간의 자연적 제어불능을 막아내는 것이다. 교육의 긍정적 부분은 가르침이다.
> 　제어불능은 법으로부터의 독립에 있는 것이다. 훈육에 의해 인간은 인류의 법에 종속되며 법의 제약을 느끼게 된다. 하지만 이는 초기에 성취되어야 한다. 예컨대 어린아이를 학교에 보내는 것은 뭔가를 배우려는 목적에서가 아니라 조용히 앉아서 시키는 그대로 행동하는 데 익숙해지기 위해서다. ……
> 　자유에 대한 사랑은 인간에게 있어서 자연적으로 너무나 강력한 것이어서 일단 자유에 익숙하게 성장하게 되면 자유를 위해 모든 것을 희생할 것이다. …… 자유에 대한 자연적 사랑 때문에 인간의 자연적인 거친

상태를 순화시키는 것이 필요한 것이다. 동물들의 경우에는 그들의 본능이 이를 불필요하게 만든다.41)

이 놀라운 텍스트 안에 모든 것이 있다. 그 어떤 긍정적 가르침에도 선행하는 바로서의 훈육적 미시-실천이라는 푸코적 모티프에서, 알튀세르식으로 자유로운 주체를 법에 대한 주체의 복종과 등치시키는 것에 이르기까지 말이다. 하지만 그럼에도 불구하고 근본적 애매성은 식별가능하다. 한편으로 칸트는 훈육이 인간 동물을 자유롭게 만들고 자연적 본능의 손아귀에서 해방시키는 절차라고 생각하는 것처럼 보인다. 다른 한편으로 훈육의 표적은 직접적으로 인간의 동물적 본성인 것이 아니라 자유에 대한 과도한 사랑, 천성적 '제어불능'임이 분명한데, 이는 동물적 본능에 따르는 것을 훨씬 뛰어넘는 것이다. 즉 이 '제어불능' 속에서, 고유하게 예지적인 또 하나의 차원이, 즉 인간이 자연적 인과율의 현상적 연결망에 얽매여 있는 상태를 중지시키는 차원이, 폭력적으로 출현하는 것이다. 그리하여 도덕성의 이야기는 자연 대 문화라는, 즉 도덕 법칙이 우리의 자연적인 '정념적' 쾌락추구 성벽을 제약한다는 표준적 이야기가 아니다. 반대로 투쟁은 도덕 법칙과 비자연적인 난폭한 '제어불능' 간에 있는 것이며, 이 투쟁에서 인간의 자연적 성벽들은 오히려 인간의 안녕을 위협하는 '제어불능'의 과잉에 대항하여 도덕 법칙의 편에 서 있다(인간이 '자유에 익숙하게 성장하게 되면 자유를 위해' 자신의 안녕을 포함한 '모든 것을 희생할 것이다'!). 헤겔의 『역사철학 강의』에서 '니그로'에 대한 언급은 유사한 역할을 수행한다. 의미심장하게도 헤겔은 '니그로'를 (고대 중국에서

---

41) *Kant and Education*, London: Kegan Paul, French, Trubner & Co., 1899, pp. 3~5.

시작하는) 본 역사 앞에서, 즉 '자연적 맥락, 혹은 세계사의 지리학적 토대'라는 제목의 절에서 다룬다. '니그로'는 '자연 상태'에서의 인간 정신을 나타낸다. 그들은 소박한 동시에 극도로 타락한, 도착적이고 기괴한 아이들로서—다시 말해서, 인류 타락 이전의 순수한 상태에 살아가지만 바로 그런 것으로서 가장 잔인한 야만인으로서, 자연의 일부이지만 철저히 탈자연화된 것으로서, 원시적 무술巫術을 통해 자연을 무자비하게 조작하지만 동시에 맹렬한 자연적 힘들로 인해 겁에 질리는 것으로서, 분별없이 용감한 겁쟁이로서—묘사된다.42)

좀더 면밀하게 읽는다면, 초월적 자발성으로서의 상상력의 문제를 숭고의 두 형식에서 선언된 그것의 실패 지점과 연계시켜야 한다. 이 두 형식은 바로 상상력이 그 종합적 활동을 성취하는 데 실패하는 두 양태이다. 자콥 로고진스키는 일종의 기본적 폭력이 이미 순수 이성 속에서, 가장 기본적인 상상력의 종합(기억, 보유, 시간성) 속에서 작동하고 있는 방식에 주목했다. 다시 말해서 칸트가 감지하는 데 실패하고 있는 것은, '정상적' 현실에 대해 구성적인 이런 종합이, 주체의 종합적 활동에 의해 인상들의 이질적 잡다함에 질서를 부과하는 것인 한에서, 어느 정도로까지 이미—전대미문의 의미에서, 그리고 동시에 가장 근본적인 의미에서—'폭력적'인 것인가 하는 것이다.43) 덧붙이자면, 이런 종합의 폭력은 어쩌면 이미 보다 근본적인 사지절단의 폭력에 대한, 즉 경험의 자연적 연속성을 찢어놓는 폭력에 대한 응답일 것이다. 상상력의 종합이 틈새 없이 성공하기만 한다면 우리는 자기-충족적이고 자기-완결적인 완벽한 자기-촉발을 이룰 수 있으리라.

---

42) G.W.F. Hegel, *Lectures on the Philosophy of World History, Introduction: Reason in History*, Cambridge: Cambridge University Press, 1975, pp. 176~190을 볼 것.
43) Jacob Rogozinski, *Kanten*, Paris: Éditions Kimé, 1996, pp. 124~130.

하지만 상상력의 종합은 필연적으로 실패한다. 그것은 두 가지 상이한 방식에서 어떤 비일관성에 붙잡혀 있다.

- 첫째로는 내적 방식으로, 포착과 총괄의 불균형을 통해서인데, 이는 수학적 숭고를 낳는다. 종합적 총괄은 주체에게 퍼부어지는 포착된 지각들의 크기를 '붙잡을' 수가 없으며, 종합의 바로 이런 실패야말로 그것의 폭력적 본성을 드러내 보인다.

- 그 다음으로 외적 방식으로, 또 다른 차원인 예지계의 차원을 선언하는 (도덕) 법칙의 개입을 통해서: 주체는 (도덕) 법칙을, 상상력의 자기-촉발의 부드러운 자기-충족적 흐름을 방해하는 폭력적 침범으로서 경험한다.

그리하여, 선행하는 초월적 상상력 자체의 폭력에 대한 일종의 응답으로서 출현하는 폭력의 이 두 경우들에서 우리는 수학적 이율배반과 역학적 이율배반의 모체와 만난다. (철학적인) 유물론과 관념론의 적대를 칸트 철학에서 식별할 수 있는 것은 바로 이곳이다. 그것은 그 두 이율배반들 간의 관계에서 우선성의 물음과 관련되어 있다. 관념론은 역학적 이율배반에, 즉 초감성적 법칙이 현상적 인과사슬을 초월하고/거나 외부로부터 중지시키는 방식에 우선성을 부여한다. 이 관점에서 보면 현상적 비일관성은 예지적 너머가 현상적 영역 안으로 스스로를 기입하는 방식에 불과한 것이다. 반면에 유물론은 수학적 이율배반에, 즉 현상적 영역의 내속적 비일관성에 우선성을 부여한다. 수학적 이율배반의 궁극적 결과물은 '비일관적 전부'의 영역, '현실'의 존재론적 일관성이 결여된 다양의 영역이다. 이런 관점에서 보면 역학적 이율배반 그 자체는 수학적 이율배반의 내속적 곤궁을 두 구분되는 질서인 현상계와 예지계의 공존으로 이항함으로써 해결하려는 시도로서 나타난다. 다시 말해서 수학적 이율배반(즉 상상력의 내속적 실패 혹은 붕괴)은 기괴한 실재의 방향으로 현상적 현실을 '분해하는' 반면에, 역학적 이율배반은 상징적 법칙의 방향으로 현상적 현실을 초월한다―그것은 현상적 영역에 대한 일종의 외적 보증물을 제공함으로써 '현상들을 구출한다.'[44]

레닌이 이미 강조한 바 있듯이, 철학의 역사는 유물론과 관념론의 차이를 끊임없이 반복적으로 밟아가는 것으로 이루어진다. 덧붙여야 하는 것은 일반적으로 이런 구분이 우리가 그 구분이 작동할 것이라고 분명히 기대할 곳에서 작동하지 않는다는 것이다―종종 유물론적 선택은 겉보기에 이차적인 양자택일에서 우리가 어떤 결정을 내리는가에 달려 있다. 지배적인 철학적 통념에 따르면 칸트의 유물론의 마지막 흔적은 사물 자체에 대한, 즉 주체의 반성적 (자기)정립 활동 속에서 분해되는 것을 영원히 거부하는 외적 타자에 대한 그의 강조에서 찾을 수 있다. 그리하여 피히테는 칸트적 사물 자체에 대한 거부 속에서―다시 말해서, 주체의 자기-정립의 절대적 행위라는 개념 속에서―칸트의 체계에서 유물론의 마지막 흔적을 제거하며, 그리하여 일체의 현실을 절대 주체의 개념적 자기-매개의 외화로 환원하는 헤겔의 '범논리주의적' 환원을 위한 길을 열어놓는다……. 레닌 자신에 의해 부정확하게 지지된 이런 지배적 통념과는 반대로, 칸트의 '유물론'은 오히려 수학적 이율배반의 우선성을 역설함에 있으며, 또한 역학

---

[44] 칸트의 이율배반들과 라캉의 비-전체의 연관에 대한 더 상세한 설명은 Slavoj Žižek, *Tarrying With the Negative*, Durham, NC: Duke University Press, 1993의 제2장을 볼 것. [이 2장 전체는 지젝 외, 『성관계는 없다』(도서출판b, 2005)의 제3장에 해당한다.]

적 이율배반을 이차적인 것으로서, 현상들의 구성적 예외로서의 예지적 법칙을 통해 '현상들을 구출'하려는 시도로서 파악하는 데 있다.

다시 말해서, 상상력의 가장 거대한 시도와 범위를—그리고 동시에 그것의 궁극적 실패를—예지적 차원을 현전하도록 만들지 못하는 그것의 무능력에 위치시키는 것은 너무나도 손쉬운 것이다(여기에 숭고의 교훈이 있다: 예지계를 표상하려는—즉 예지계와 상상된 현상계의 틈새를 메우려는—시도는 실패하며, 그 결과 상상력은 예지적 차원을 그 실패를 경유하여 단지 부정적 방식으로만, 상상력의 가장 거대한 시도조차도 피해가는 것으로서만 드러낼 수 있다). 이와 같은 틈새와 실패의 경험 이전에, 이미 '상상력'은 예지계와 현상계의 바로 그 틈새를 열어놓고 지탱하는 폭력적 제스처에 대한 이름이다. 진정한 문제는 양자를 분리시키는 틈새에 어떻게 교량을 놓을 것인가가 아니라 오히려 어떻게 이런 틈새가 우선적으로 출현하게 되었는가 하는 것이다.

그리하여 지성의 구성적 범주들의 차원에 선행하면서 그 차원을 토대짓는 바로서의 초월적 상상력을 강조할 때 하이데거는 일면 옳았다. 더욱이 바로 이 동일한 우선성은 이성의 이념들의 불가능한 도식으로서의 숭고에 대해서도 유효하다. 여기서 우리는 단지 표준적 개념을 역전시키고/거나 치환하기만 하면 되는데, 이 개념에 따르면 숭고한 현상들은 바로 그것들의 실패에 의해서 부정적 방식으로 또 다른 차원, 즉 이성의 예지적 차원을 증언한다. 하지만 오히려 그 반대다. 숭고는 그 극단에서, 즉 기괴함에 접근함에 있어서, 이성의 이념들에 의해 이미 은폐되어 있으며 '상류화된gentrified' 어떤 심연을 가리킨다. 다시 말해서, 숭고의 경험에서 상상력이 이성의 초감성적 차원을 적절히 도식화/시간화하는 데 실패하는 것이 아니라, 오히려 이성의 규제적 이념들이 궁극적으로는 초월적 상상력의 실패 속에서 공표되는 기괴함의 심연을 덮어버리고 지탱하려는 이차적 시도에 다름아닌 것이다.

이 점을 더 명확히 하기 위해서 우리는 여기서 도식과 상징의 구분을 도입해야 한다. 도식은 지성의 개념의 직접적, 감각적 현시를 제공한다. 반면에 상징은 상징 너머의 무언가를 단지 암시만 하면서 일정한 거리를 유지한다. 그리하여 시간적 지속성은 실체 범주의 적합한 도식이다. 반면에 아름다움, 아름다운 대상은—칸트의 말대로—'선의 상징'이다. 다시 말해서 그것은 지성의 범주가 아닌 이성의 이념으로서의 선의 도식이 아닌 상징적 표상이다. 그리고 여기서 숭고와 관련하여 사태는 복잡해진다. 숭고는 선의 상징이 아니다. 따라서 어떤 면에서 그것은 도식에 더 가까우며 이성의 이념을 '도식화'하려는 상상력의 시도를 나타낸다. 하지만 그것은 실패한 도식론이라는, 바로 그 실패를 통해서만 성공하는 도식이라는 이상한 경우이다. 이와 같은 실패-속의-성공 때문에 숭고는 쾌락과 고통의 이상한 혼합을 내포한다. 그것은 고통에 대한, 상상력의 고통스러운 실패에 대한, 포착과 총괄의 고통스러운 간극에 대한 바로 그 경험에 의해 제공되는 쾌락이다. 여기서 다시 우리는 오로지 부정적으로만, 비가시적 공백의 윤곽으로서만 그 윤곽이 식별될 수 있는, 고통-속의-쾌락으로서의 '쾌락 원칙 너머의' 향유라는—오로지 부정적 방식으로만 경험될 수 있는 사물*das Ding*이라는—프로이트/라캉적 역설과 조우하는 것이 아닌가? 이와 유사하게 (도덕) 법칙 그 자체는, 그것 또한 주체가 자신의 의무를 다했다는 심오한 만족감과 혼합된 굴욕과 자기-비하의 고통스러운 감정을 이끌어내는 한에서, 하나의 숭고한 사물인 것이 아닌가?

최초의 부정적이고 고통스러운 숭고의 경험 시간에 우리는 칸트가

'혼돈한 집합'이라고, 어떠한 법칙에도 종속되어 있지 않은 잔인한 어머니로서의 자연인 '계모적 자연'이라고 지칭하는 것에 다가간다. 로고진스키가 보여주었듯이, *das Ungeheure*(섬뜩함, 기괴성)로서의 '혼돈한 집합'이라는 이 개념은 칸트적 윤리에서의 '악마적인 악diabolical Evil'과 동일한 역할을 수행한다. 즉 필연적으로 일깨워지지만 그러고 나서 즉각 폐기되고 '길들여지는' 어떤 가설의 역할 말이다. 여성성에 대한 이와 같은 지칭은 결코 우연적이거나 중립적이지 않다. 잘 알려진 것처럼 『판단력비판』의 「숭고의 분석론」에서 칸트는 이시스(신성한 어머니 자연)의 신전에 새겨진 '나는 있으며, 있었으며, 있을 모든 것이니 죽음을 면치 못하는 어떠한 인간도 나의 베일을 벗긴 적이 없노라'라는 문구를 모든 진술들 가운데 가장 숭고한 것으로서 일깨운다. 시간적 기술이 분명하게 가리키고 있듯이, 우리는 여기서 그 불가능한 총체에서의 자연을, 우리의 유한한 경험으로는 결코 접근할 수 없는 현상들의 총체로서의 자연을 다루고 있다. 하지만 2년 뒤에 'Your Great Master'에서 그 베일 배후에 있는 비밀을 드러내길 원하거나 자칭 드러낼 것이라고 하는 자들에 대한 논박에서 칸트는 베일 배후의 비밀에 대해 남성적 비틀림을 제공한다: '우리가 그 앞에 무릎을 꿇는 베일씌워진 여신은 우리 안에 있는 도덕 법칙 이외의 어떤 것도 아니다.'45) 여기서 문자 그대로 여성(원초적 어머니 자연)은 '아버지의 이름 가운데 하나'(라캉)로 나타난다: 그녀의 참된 비밀은 부성적인 도덕 법칙이다. 여기서 우리는 현상들의 총체를 다루고 있는 것이 아니라 현상들 너머에 있는 것을, 예지적 법칙을 다루고 있는 것이다. 물론 베일의 배후에 있는 그 무엇의 이 두 판본은 숭고의 두 양태(수학적/역

---

45) Rogozinski, *Kanten*, p. 118에서 인용.

학적)를 가리키며, 그에 상응하는 두 유형의 이성의 이율배반을 가리
킨다. 그리하여 두 개의 결론을 이끌어낼 수 있겠다.

1. 칸트 자신은, 비록 암묵적으로이긴 하지만, 첫 번째 (수학적) 유형의
   이율배반을 낳는 현상들의 총체를 기괴하고 순수하고 혼돈한 다양
   이라는 '여성적' 원리와 연계시키고 두 번째 (역학적) 유형의 이율
   배반을 도덕 법칙이라는 '남성적' 원리와 연계시키는 한에서, 실로
   그 두 이율배반을 이미 성별화했다.

2. 숭고의 경험 속에서의 고통에서 쾌락으로의 이행 역시 암묵적으로
   성별화되어 있다. 그것은 우리가 어떻게 현상들의 혼돈한 집합의
   공포 배후에 도덕 법칙이 있는 것인가를—즉 그것이 여성적 기괴
   성으로부터 남성적 법칙으로의 '마법적' 이행을 내포한다는 것을
   —자각하게 될 때 발생한다.

다시 여기서 모든 것은 우리가 어디에 강세를 두는가에 달려 있다.
관념론적 선택에서, 현상들의 혼돈한 집합의 기괴성은 단지 상상력의
극단에 불과한 것이어서 여전히 도덕 법칙의 고유한 예지적 차원을
전달하지 못하는 것인가? 혹은—유물론적 선택에서—그와는 정반
대인 것이어서 도덕 법칙 그 자체가 바로 그 숭고한 성질에 있어서
'기괴성을 덮는 최후의 베일'인 것이며, 우리 유한한 주체가 상상불가
능한 사물을 지각할 수 있는 (그리고 견딜 수 있는) 방식인 것인가?

상상력의 폭력

따라서 칸트가 상상력의 영역 너머로 움직여 초감성적 이성적 이념들을 인간 존엄을 설명하는 그 무엇으로서 표명하고자 시도할 때, 하이데거는 이런 움직임을 상상력의 심연으로부터의 '후퇴'로 해석한다. 사실상 칸트가 예지적 지위를 갖는 이성적 이념들의 체계 속에서 상상력을 토대지으려 시도하고 있는 한에서 하이데거는 옳다. 하지만 이는 종합적 상상력을 구성하는 자기-촉발의 폐쇄를 깨고 나올 유일한 길인가? 존재의 나타남/드러남의 능가할 수 없는 지평으로서의 종합적 상상력에 대한 바로 그 강조야말로, 우리를 시간적 자기-촉발의 폐쇄 내부에 가둠으로써 그 자체로는 예지체noumena의 형이상학적 차원이 아닌 상상불가능성의 심연을 차폐하는 장본인이라면 어찌할 것인가? 다시 말해서, 칸트가 초월적 상상력의 최소한의 종합이 없다면 고유한 의미에서의 어떠한 '현상'도 없을 것이며 단지 '표상들의 맹목적 놀음, 즉 꿈보다도 못한 것'만 있을 것이라고 주장할 때, 그는 이로써 숭고 경험의 배경을 형성하는 그 기괴한 '혼돈한 집합', '아직 아님의 세계', '선존재론적 코라chora'를 불러내고 있는 것 아닌가?

숭고의 경험은 감각들의 이와 같은 '혼돈한 집합'의 바로 그 경계에 도달한다. 그로부터 예지적 법칙의 초감성적 차원으로 후퇴하기 위해서 말이다. 세 번째 『비판』의 숭고의 변증법에서 명시적으로 주제화되는 기괴성은 첫 번째 『비판』의 초월적 감성론의 바로 그 심장부에서 이미 작용하는 것 아닌가? (그 종합적 기능에서의) 초월적 상상력은 이미 이런 혼돈한 집합에 대항한 방어가 아닌가? '세계의 밤'에 대한 인용 문구에서 헤겔이 언급한 부분 대상들의 유령 같은 출현은 바로 '꿈보다도 못한' 그와 같은 선종합적이고 선존재론적인 '표상들의 맹목적 놀음'인 것 아닌가? 칸트적 숭고에 걸려 있는 내기는 초월적 상상력의 시간적 자기-촉발에 의해 성취되는 존재론적 종합이 아닌 또 다른 종합이 우리를 상상력의 실패의 이와 같은 심연으로부터 구출할 수 있다는 것이다.

숭고에서 상상력의 폭력은 이중적이다. 그것은 상상력 자체의 폭력(우리의 감각들은 그 극한으로까지 팽창되며 극도로 혼돈한 이미지들로 폭탄 세례를 받는다)이며, 또한 이성에 의해 상상력에 가해지는 폭력(이로 인해 상상력은 전력을 다하지 않을 수 없지만 그런 다음에 이성을 총괄할 수 없으므로 비참하게 실패하고야 만다)이다. 모든 상상은 이미 그 자체에 있어서 포착(*Auffassung*)과 총괄(*Zusammenfassung*)의 긴장이라는 가장 속에서 폭력적이다: 후자는 전자를 결코 완전하게 따라잡을 수 없다. 따라서 시간성 그 자체, '그 자체로서의' 시간성은 분산된 다양의 포착과 이 다양의 통일을 총괄하는 종합적 행위 사이의 틈새를 내포한다. 우리의 상상력은 대상이 너무 클 때—즉 '수학적 숭고'의 경우에—이런 통일을 성취하는 데 실패한다: '충분한 시간이 없다', 우리가 종합하기에는 너무 많은 요소들이 있다. 이 '충분치-않은-시간'은 부차적 결핍이 아니며, 시간의 개념 그 자체에 속한다. 다시 말해서, '충분한 시간이 없다'는 한에서만 '시간이 있다.' 그 자체로서의 시간성은 포착과 총괄의 틈새에 의해 지탱된다: 이런 틈새를 닫고 포착된 다양을 완전히 총괄할 수 있는 존재는 시간성의 한계에 의해 더 이상 제약받지 않는 예지적인 원형적 지성(*archetypus intellectus*)일 것이다. 그렇다면 총괄의 종합의 이 폭력에는, 시간 흐름에 거스르려고 하고 달아나는 것을 가두려 하고 시간적 배수排水에 저항하려 하는 보유의 종합이라는 폭력이 뒤따르는 것이다.

이런 이중적 틈새와/나 폭력(포착에 대한 총괄의, 시간 흐름에 대한 보유의)에 대한 로고진스키의 결론은 시간 그 자체와 자기-촉발의 종합적 활동에서의 초월적 상상력이 곧바로 동일하지는 않다는 것이다. 후자는 이미 순수한 시간적 분산에 대해 **폭력**을 행사하고 있으니까 말이다. 이런 폭력이 없다면 현실 그 자체는 그 최소한의 존재론적 일관성도 보유하지 못할 것이리라. 그리하여 초월적 도식론은 순수한 선종합적 시간적 분산을, 이미 선추론적이고 순수 직관적인 시간 경험의 층위에서, 주체의 종합 활동—그것의 결정적 형태는 지성의 추론적 범주들을 직관에 적용하는 것이다—에 폭력적으로 종속되게 하는 절차를 가리킨다. 도식론은 우리의 시간 경험을 과거와 미래가 (과거를 보유하고 미래를 선언하는) 현재에 종속되는 등질적 선형적 계기 succession로 벼려낸다. 즉 초월적 도식론이 우리로 하여금 생각하지 못하게 하는 것은 바로 무로부터의 창조 *creatio ex nihilo*라는 역설인 것이다.

도식화된 시간 속에서는 진정으로 **새로운** 그 어떤 것도 출현할 수 없다. 모든 것은 언제나-이미 거기에 있으며 그것의 내속적 잠재성만을 전개한다.46) 반면에 숭고는 무로부터 어떤 것—기존에 있는 정황들의 연결망을 참조함으로써 설명될 수 없는 새로운 어떤 것—이 출현하는 계기를 표시한다. 여기서 우리는 또 다른 시간성을, 자유의 시간성을, (자연적이고/거나 사회적인) 인과관계 사슬의 근본적 파열의 시간성을 다루고 있는 것이다. 예컨대 숭고의 경험은 정치에서 언제 발생하는가? 사람들이 '자신들의 더 나은 판단에 거슬러서' 손익

---

46) 절대자의 세 '나이'로서의 과거, 현재, 미래라는 셸링의 개념이 이룬 위대한 업적은, 현재를 지배적인 것으로 하는 칸트의 시간적 도식론의 제약을 깨뜨린 것이었다: 셸링이 실재의 심연이라는 가장 속에서 주체화하는 것은, 시간의 맨 처음부터 과거이기 때문에 결코 현재인 적이 없었던 과거의 윤곽들이다. 이를 보완하는 것은 현재의 한낱 부족한 양태에 불과한 것이 아니라 언제나 '도래할' 것으로 남아 있는 미래 개념이다.

대차대조표를 무시하면서 '자유를 감행할' 때. 바로 그 순간, 말 그대로 '정황들'로는 '설명될' 수 없는 무언가가 기적적으로 '가능해진다'.[47] 숭고의 감정은 상징적 인과성의 연결망을 순간적으로 중지시키는 어떤 사건에 의해 일깨워진다.

자유가 이와 같은 인과성의 중지를 나타내는 고유 명사인 한에서, 우리는 여기서 '개념파악된 필연성'이라고 하는 자유에 대한 헤겔적 정의를 새롭게 조명해볼 수 있다. 즉 이로부터 귀결되는 주관적 관념론이라는 개념은 우리로 하여금 이 테제를 역전시켜서 **필연성을 개념파악된 자유**(이외에는 궁극적으로 어떤 것도 아닌 것)로서 파악하지 않을 수 없도록 한다. 칸트의 초월적 관념론의 중심 교의는, 감각들의 혼돈된 흐름을 필연적 법칙들을 따르는 '현실'로 바꾸어 놓는 것은 초월적 통각이라는 주체의 '자발적' (즉 근본적으로 **자유로운**) 행위라는 것이다. 이 점은 도덕 철학에서 한층 더 분명하다. 칸트가 도덕 법칙은 우리의 초월적 자유의 인식 근거(*ratio cognoscendi*)라고 주장할 때, 그는 말 그대로 필연성은 개념파악된 자유라고 말하고 있는 것 아닌가? 다시 말해서: 우리가 우리의 자유를 인식하게 (개념파악하게) 될 유일한 길은 도덕 법칙의, 그것의 **필연성**의 견딜 수 없는 압력이라는 사실을 경유하는 것인데, 이는 우리로 하여금 정념적 추동들의 강박에 대항해서 행위하도록 명령한다. 가장 일반적인 층위에서 우리는 '필연성'(우리의 삶을 규제하는 상징적 필연성)이 주체의 심연적 자유 행위에, 주체의 우연적 결단에, 혼돈을 새로운 질서로 마법적으로 바꾸어 놓는 누빔점(*point de capiton*)에 의존한다는 점을 정립해야

---

47) 여기서 우리는 현존하는 원인들의 연결망으로는 설명할 수 없는 새로운 어떤 것의 뜻하지 않은 출현으로서의 바디우의 진리사건 개념과의 연관성을 확립하고 싶어진다. (3장을 볼 것.)

한다. 필연성의 거미줄에 아직 붙잡혀 있지 않은바 이런 자유는 '세계의 밤'의 심연이 아닌가?

그렇기 때문에, 피히테가 칸트를 근본화한 것은 일관된 것이며, 한낱 주관주의적 괴팍함에 불과한 것이 아니다. 피히테는 주체성의 바로 그 심장부에 있는 섬뜩한 우연성에 초점을 맞춘 최초의 철학자였다. 피히테적 주체는 부풀려진 자아=모든 현실의 절대적 근원으로서의 자아가 아니라, 영원토록 지배를 벗어나는 우연적 사회적 상황 속에 내던져지고 붙잡혀 있는 유한한 주체이다.[48] *Anstoss*, 즉 처음에 텅 비어 있는 주체의 점진적인 자기-제한과 자기-한정을 작동시키는 원초적 충격은, 단지 기계적인 외적 충격에 불과한 것이 아니다. 즉 그것은 그것의 자유의 심연 가운데서 나로 하여금 나의 자유를 제한/특화하도록 강제하는, 다시 말해서 추상적 이기적 자유로부터 합리적 윤리적 우주 속의 구체적 자유로의 이행을 달성하도록 강제하는 요청(*Aufforderung*)으로서 기능하는 또 다른 주체를 가리킨다. 아마도 이런 간주체적 *Aufforderung*은 단지 *Anstoss*에 대한 이차적 특화에 불과한 것이 아니라 그것의 전형적 원사례일 것이다.

독일어에서 *Anstoss*의 두 주요한 의미를 염두에 두는 것이 중요하다. 저지, 방해, 장애, 우리의 분투의 무한한 확장에 **저항하는** 어떤 것, 그리고 추진력, 자극, 우리의 활동을 불러일으키는 어떤 것. *Anstoss*는 절대 자아가 자기의 활동을 자극하기 위해 스스로에게 정립하는 장애물—즉 저 유명한 도착적인 금욕주의 성자가 새로운 유혹들을 계속해서 발명해내고 그런 다음 그것들에 성공적으로 저항하여 자신의 힘을

---

[48] Daniel Breazeadale, 'Check or Checkmate? On the Finitude of the Fichtean Self', in *The Modern Subject. Conceptions of the Self in Classical German Philosophy*, ed. Karl Ameriks and Dieter Sturma, Albany, NY: SUNY Press, 1995, pp. 87~114를 볼 것.

확증함으로써 자신을 상대로 벌이는 게임처럼, 절대 자아가 자기-정립된 장애물을 극복함으로써 자신의 창조적 힘을 역설하게 된다는 그 장애물—에 불과한 것이 아니다. 칸트적인 *Ding an sich*가 프로이트-라캉의 사물에 조응한다면, *Anstoss*는 대상 *a*에, 주체의 '목구멍에 걸려 있는' 원초적 외래적 신체에, **주체를 분열시키는** 욕망의 대상-원인에 더 가깝다. 피히테 스스로 *Anstoss*를 텅 빈 절대 주체와 비-자아에 의해 제한된 유한하고 한정된 주체로 주체를 분열시키는 동화될 수 없는 외래적 신체로서 정의한다. 그리하여 *Anstoss*는 '뛰어듦'의 순간을, 위험한 충돌의 순간을, 절대 자아의 관념성 한복판에서의 실재의 조우를 가리킨다. *Anstoss* 없이는, 환원불가능한 사실성과 우연성의 요소와의 충돌 없이는 어떠한 주체도 없다—'자아는 자기 안에서 외래적인 어떤 것과 조우할 것으로 가정된다.' 그리하여 요점은 '자아 그 자체 안에 환원불가능한 타자성, 절대적 우연성과 총괄불가능성의 영역이 있음'을 인정하는 것이다······. '궁극적으로, 앙겔루스 실레시우스의 장미뿐 아니라 여하간 모든 *Anstoss*에는 이유가 없다(*ist ohne Warum*).'[49]

우리의 감각들에 작용하는 칸트적인 예지적 *Ding*과는 명백히 대조되게도, *Anstoss*는 밖으로부터 오지 않으며 엄밀한 의미에서 **외밀적** *ex-timate*이다: 주체의 바로 그 중핵에 있는 동화될 수 없는 외래적 신체. 피히테 자신이 강조하는 것처럼, *Anstoss*의 역설은 그것이 '순수하게 주관적'이면서 **동시에** 자아의 활동에 의해 산출되지 않는다는 것이다. 만일 *Anstoss*가 '순수하게 주관적'이지 않다면, 만약 그것이 이미 비-자아이며 객관성의 일부라면, 우리는 다시 '독단론'에 빠지게

---

49) 같은 글, p. 100.

될 것이다—다시 말해서, Anstoss는 사실상 칸트적 Ding an sich의 잔영에 불과한 것이 될 것이고 그리하여 피히테의 보잘것없는 성과만을 증언할 것이다(피히테에 대한 통상적 비판). 또한 만약 Anstoss가 단순히 주관적이라면, 그것은 주체가 자기 자신과 공허하게 놀음하는 경우를 제시할 것이며 우리는 객관적 현실의 층위에 결코 도달하지 못할 것이다—즉 피히테는 사실상 유아론자가 될 것이다(피히테의 철학에 대한 또 다른 통상적 비판). 핵심적인 요점은 Anstoss가 '현실'의 구성을 작동시킨다는 것이다. 시초에, 동화될 수 없는 외래적 신체를 심장부에 지니고 있는 순수 자아가 있다. 그리고 주체는, 형태 없는 Anstoss의 실재에 거리를 취하고 그것에 객관성의 구조를 부여함으로써, 현실을 구성한다.[50]

칸트의 Ding an sich가 피히테의 Anstoss가 아닌 것이라면 그 둘의 차이는 무엇인가? 혹은 다르게 표현하자면, 우리는 피히테의 Anstoss를 예고하는 어떤 것을 칸트의 어디에서 실로 발견하는가? 우리는 칸트의 Ding an sich와 '초월적 대상'을 혼동하지 말아야 하는데, '초월적 대상'은 (칸트 자신에게서 발견되는 몇몇 혼동스럽고 오도적인 정식화들과는 달리) 예지적인 것이 아니다. 오히려 그것은 객관성[대상성]objectivity—(유한한) 주체에 맞서 있는 것—의 지평의 '무'이자 공백이며, 주체가 세계 안에서 조우하는 그 어떤 실정적 한정적 대상

---

[50] 여기서 부각되는 것은, 한편으로 피히테의 Anstoss와 다른 한편으로 원초적 Ich(Ur-Ich)와 그것의 한가운데 있는 대상, 외래적 신체의 관계에 대한 프로이트-라캉의 도식 사이의 평행성이다. 이 대상은 원초적 Ich의 나르시시즘적 균형을 교란시키며, 이 내적 장애의 점진적 배제expulsion와 구조화structuration의 긴 과정을 작동시키는데, 이를 통해 '외부의 객관적 현실'(로서 우리가 경험하는 것)이 구성된다(Slavoj Žižek, *Enjoy Your Symptom!*, New York: Routledge, 1993[국역본: 슬라보예 지젝, 『당신의 징후를 즐겨라!』, 한나래, 1997]의 제3장을 볼 것).

도 아직 아닌 저항의 최소 형식이다. 칸트는 독일어 표현 *Dawider*를 사용하는데, 이는 '저 밖에서 스스로를 우리에게 대립시키면서 우리에게 맞서 있는' 것이다. 이 *Dawider*는 사물의 심연이 아니다. 그것은 상상불가능한 것의 차원을 가리키지 않는다. 반대로 그것은 바로 객관성을 향해 열려있음의 지평인바, 이 지평 속에서 특수한 대상들objects은 유한한 주체에게 나타나는 것이다.

기괴성

피히테는 이론 이성보다는 실천 이성이 우선하는 철학자였다. 따라서 우리는 이제 또한 칸트에 대한 우리의 독해가 어떻게 윤리적 문제들에 대한 칸트적 접근에 영향을 주는가를 보여줄 수 있는 위치에 있다. 『칸트와 형이상학의 문제』에서 하이데거는 도덕 법칙 그 자체—즉 실천 이성의 문제틀—를 순수한 자기-촉발로서의, 능동성(자발성)과 수동성(수용성)의 통일로서의 상상력의 종합이라는 동일한 모델에 따라서 생각하려고 한다: 도덕적 경험 속에서 주체는 외적이지 않은 스스로 정립한 어떤 법칙에 자신을 종속시키며, 따라서 도덕 법칙의 부름에 의해 촉발됨은 자기-촉발의 궁극적 형태이다. 자율적 주체성을 특징짓는 법칙에서만이 아니라 도덕 법칙에서도 자율성과 수용성은 일치한다. 이는 하이데거의 독해가 지닌 모든 역설들의 원천이다. 하이데거는 우선 시간성과 법칙을 주체의 순수한 자기-촉발로 환원시키며 그런 다음에 다름아닌 바로 그 이유로—즉 그것들이 주체성의 제약들 내부에 머물러 있다는 이유로—그것들을 거부한다. 요컨대 하이데거는 나중에 가서 칸트를 거부할 때 참조하는 칸트에 대한 그

'주관주의적' 독해를 스스로 만들고 있는 것이다…….

하이데거가 『칸트와 형이상학의 문제』에서 칸트의 실천 철학을 평가절하고 있는 것은, 하인리히 하이네와 포이어바흐에서 시작하여 『계몽의 변증법』에서의 아도르노와 호르크하이머에 이르는 장구한 비판 노선에 속하는 것이다. 이들은 『실천이성비판』이 『순수이성비판』의 전복적 반-형이상학적 잠재력을 배반했다고 비판한다. 즉 윤리적 사유에서 칸트는 자유와 도덕 법칙을 유한한 주체(인간)가 현상적 경험에 제약되지 않도록 해주는 어떤 것으로서—즉 시간 너머에 있거나 시간 밖에 있는 순수 이성적인 예지적 영역(말 그대로, 형이'상'학 meta-physics의 영역)에 대한 창으로서—단언한다는 것이다. 이에 대한 대가로 칸트는 초월적 상상력과 그것의 시간화 운동의 범위와 정초적 역할을 제한해야 한다: 자유와 도덕 법칙의 경험은 시간적 자기-촉발에 뿌리를 두고 있지 않다. 하이데거에 따르면 시간적인 것과 영원한 것 사이의 형이상학적 대립으로 이처럼 '퇴행'하게 되는 궁극적 원인은 현재의 지배하에 있는 순간들의 선형적 계기繼起로서의 시간이라는 칸트의 형이상학적 개념에 놓여 있는 것이다. 그리하여 칸트는, 도덕적 행위자로서의 주체에 대한 개념에서 시간적 한정들을 불러내지 않을 수 없지만(도덕성은 무한한 시간적 전진을 내포한다, 시간 속에 거주하는 유한한 존재만이 의무의 부름에 촉발될 수 있다 등등), 그럼에도 불구하고 결국에는 자유의 사실을 오로지 시간 외부의 영역(예지적 영원성)을 가리키는 어떤 것으로만 파악할 수 있는 것이다. 또 다른 보다 근원적인 비-선형적 양태의 시간성의 탈자태로서가 아니라 말이다.

칸트의 윤리적 의무와 하이데거의 양심의 부름 사이에는 아무런 현실적 연결고리도 없는 것인가? 하이데거의 양심의 부름이라는 개념은 통상 그것의 형식적 결단주의 때문에 비판을 받는다: 이 목소리는 순전히 형식적인 것이며, 주체가 본래적 선택을 확인할 수 있게 해주는 아무런 구체적 기준도 제공하지 않으면서 현존재에게 본래적 선택을 하라고 말한다. (이 부름의 위치는 라캉적 의미에서 외밀적이다. 하이데거가 강조하듯, 이 부름은 또 다른 현존재에 의해 혹은 신성한 작인에 의해 언명/발화되지 않는다. 그것은 밖으로부터 오지만 동시에 그것은 아무 곳도 아닌 곳Nowhere으로부터 출현하는 어떤 것이다. 왜냐하면 그것은 현존재의 바로 그 심장부의 목소리이며, 현존재에게 바로 현존재 자신의 고유한 잠재성을 상기시키기 때문이다.) 하이데거는 이런 양심의 부름을 죄라는 모티프와 연계하는데, 죄는 현존재 자체의 선험적인 (실존적) 형식적 특징으로서 파악된 것이다. 그것은 어떤 한정된 행위나 비-행위와 관련된 구체적 죄가 아니다. 오히려 그것은―현존재의 경우, 현존재 자신의 유한성과 내던져져 있음 때문에 그리고 그와 동시에 미래를 향해 열려 있는 현존재의 앞질러 달려가 보는 투사 때문에, 잠재성이 현존재의 한정된 실존의 현실화를 언제나 선험적으로 앞지른다고 하는―형식적 행위의 표현이다. 여기서 통상적 지적은 하이데거가 '프로테스탄트적인 죄 개념을 인간 실존 그 자체와 공실체적인 것으로 세속화'하며, 그것을 순전히 형식적 방식으로 재정의함으로써 그것의 실정적 신학적 토대를 박탈한다는 것이다.

하지만 그럼에도 불구하고 여기서 하이데거는 변호되어야 한다. 이런 비판은, 계급 없는 사회로 인도하는 공산주의 혁명에 대한 마르크스주의적 내러티브는 타락과 구원이라는 종교적 내러티브의 세속화된 판본이라고 하는 표준적 비판보다 더 나은 근거를 지니고 있지 않다. 두 경우 모두 응답은 이러해야 한다: 왜 우리는 비판의 방향을 틀어서 후자인 이른바 '세속화된' 판본이야말로 참된 판본이며 종교적 내러티브는 그에 대한 신비화된 소박한 예기豫期에 불과하다고 주장해서는 안 되는가? 게다가 죄와 양심의 부름이라는 이런 하이데거적 개념들은 칸트적 윤리에서부터 엄밀히 프로이트적인 초자아 개념에 이르기까지 전형적으로 근대적인 전통에 의존하고 있지 않은가? 다시 말해서, 첫 번째로 주목할 것은 양심의 부름의 형식적 성격과 보편화된 죄는 엄밀히 동일하며 동전의 양면이라는 점이다: 현존재가 자기 고유의 의무를 완수했음을 결코 확신할 수 없는 것은—죄가 현존재와 공실체적인 것은—정확히 현존재가 양심의 부름으로부터 어떠한 긍정적 명령도 받지 못하기 때문이다. 여기서 우리가 다루고 있는 것은 칸트의 정언명령에 대한 재정식화화인바, 정언명령 역시 동어반복적으로 공허한 것이다: 그것은 주체에게 무엇이 의무인지를 일일이 열거함 없이 의무를 행하라고 말하며 그리하여 의무의 내용을 결정하는 짐을 전적으로 주체에게로 이동시킨다.

그리하여 하이데거가 2년 뒤에 (인간 자유의 본질에 대한 1930년 강의에서) 칸트의 도덕 명령을 『존재와 시간』의 용어를 통해—즉, '그들'*Das Man* 속으로의 몰입, '이것은 **그것이 행해지는** 방식how *it is done*, 사람들이 그것을 행하는 방식how *one does it*이다'라는 비본래적인 존재적 도덕 속으로의 몰입으로부터 우리를 산산이 흩뜨려 놓고 추방하는 양심의 부름으로서—해석함으로써 칸트의 『실천이성비판』을 구하려는 시도에 잠시 몰두했던 것은 전적으로 정당한 것이었다: 칸트의 실천 이성은 전통적인 형이상학적 존재론의 제약들 너머에 있는 (혹은 오히려 그런 제약들 아래에 있는) 자유의 심연에 대한 일별—瞥을 제공한다. 『실천이성비판』에 대한 이런 참조는 최고선의 형이상학적 윤리와 단절을 이루는 칸트의 근본적인 윤리적 혁명에 대한 정확한 통찰에 근거하고 있다. 그리고 하이데거는, 초월적 상상력이라는 칸트적 문제틀 속에 잠복해 있는 상상불가능한 기괴성의 심연으로부터 뒷걸음질쳤던 것과 마찬가지로, 또한 자신의 전회 이후에 칸트를 위해 더 이상 예외적 역할을 남겨두지 않았을 때 칸트의 '윤리적 형식주의'에서 식별할 수 있는 기괴성으로부터 뒷걸음질쳤던 것이다. 1930년대 중반부터 계속해서, 우리의 일상 경험에서 윤리적 명령으로서 간주될 수 있는 것의 역사적/세기적 법칙/척도를 제공하는 것은 다름 아닌 존재의 진리의 사건이며, 그것의 닫힘/열림(dis)closure이다. 그로써 칸트는 플라톤의 최고선 이념(이는 이미 존재를 최고선에 종속시킨다)에서 시작해서 '가치들'에 대한 근대적 허무주의적 중얼거림에까지 이르는 노선에 있는 한 인물로 환원된다. 심지어 그는 존재 그 자체의 질서 속에 내속한 바로서의 선이라는 개념으로부터 인간이 '객관적' 현실에 부과하는 '가치들'이라는 주관주의적 개념으로의 근대적 전회를 위한 토대를 놓으며, 따라서 그의 윤리적 혁명은 플라톤주의로부터 가치에 대한 근대적 허무주의에 이르는 노선에서 핵심적 고리를 제공하기까지 한다. 칸트는 의지를 의지에의 의지로서 단언한 최초의 인물이었다: 그 일체의 목표에 있어서 의지는 **그 자체를** 의지하며, 바로 여기에 허무주의의 뿌리가 놓여 있다. 도덕 법칙의 자율성은 이 법칙이 **자기-정립된** 것임을 의미한다: 나의 의지가 자신의 부름을 따를 때, 그것은 궁극적으로 **그 자체를** 의지하는 것이다.[51]

---

51) 로고진스키는 이런 독해에 칸트 그 자신 안에 있는 또 다른 '지하의' 경향을 대립시킨다. 이에 따르면 칸트의 정언 명령은, 그 자체의 유한성의 시간성(자유의 사건들의 시간성, 무로부터 출현하는 파열들의 시간성이기 때문에 '지금들'의 선형적 계기繼起의 제약을 깨뜨리는 시간성)을 내포할 뿐만 아니라 또한 더 이상 의지 속에 근거하지 않는 법이기도 한 타자성의 부름을 나타낸다: 카프카의 『심판』에 나오는 법원의 수수께끼 같은 법처럼, 도덕 명령은 '당신으로부터 아무것도 원하지 않는' 법이다. 인간사에 대한 이

그리하여 하이데거는 칸트의 윤리적 혁명, 즉 법이란 어떠한 실정적 내용에 의해서도 규정되지 않은 빗금쳐진/공허한 것이라는 칸트의 단언(칸트의 실천 철학은 프로이트의 정신분석 창안에서 절정에 이르는 계보의 출발점이라는 라캉의 테제는 바로 이런 특징에 근거하고 있다)이 지닌 진정으로 전복적인 잠재력을 일절 부인한다. 로고진스키가 입증한 것처럼, 여기서의 핵심은 미/숭고/기괴성이라는 삼항조의 운명이다. 하이데거는 숭고를 모른 체한다. 즉 그는 미를 곧바로 기괴성과 연계시킨다(이는 『형이상학입문』에 나오는 『안티고네』에 대한 독해에서 가장 분명하다[52]). 미는 기괴성의 출몰 양태이다. 그것은 일상적인 사태 흐름에 대한 우리의 몰입을 산산이 흩뜨려 놓는 진리사건의 양상들 가운데 하나를 지칭한다. 즉 그것은 '그들'('그것이 행해지는'[53] 방식) 속으로의 우리의 몰입을 탈선시킨다. 숭고에 대한 이와 같은 간과는 최고선의 플라톤적 계보에 칸트를 삽입하는 것과—하이데거가 칸트의 윤리적 혁명을 기각하는 것과—직접적으로 연관된다. 칸트의 말대로 미가 선의 상징이라면, 숭고는 정확히 윤리적 **법칙**의 실패한 도식이다. 그리하여 하이데거가 미를 기괴성에 이렇듯 직접 연계시키는 것에 걸려 있는 것은 겉보기보다 더 중대한 것이다. 칸트에 대한 하이데거의 독해에서 숭고가 사라진다는 것은 법칙의 **순수 형식**이라는 칸트적 모티프에 대한 그의 무시의 이면이다. 칸트의 도덕 법칙이 '텅 빈' 것이며 순수 형식이라는 사실은 기괴성의 지위에 근본적인 영향을 미친다. 어떻게?

근본적 무관심 속에 법의 궁극적 수수께끼가 놓여 있다.

52) Heidegger, *An Introduction to Metaphysics*, pp. 146~165를 볼 것. [국역본: 『형이상학입문』, 박휘근 옮김, 문예출판사, 1994, 제52절 참조.]
53) [즉, '사람들이 그것을 행하는']

1장 초월적 상상력의 곤궁, 혹은 칸트 독자로서의 마르틴 하이데거

물론 하이데거는 기괴성(혹은, 오히려, 『안티고네』의 첫 번째 합창에 나오는 '두려운' 것에 대한 그의 번역인 섬뜩함*das Unheimliche*)을 주제화한다.54) 『형이상학입문』에 나오는 이 합창에 대한 상세한 독해에서 그는 자연과 대지의 압도적인 폭력뿐 아니라 언어 속에 거주함으로써 사건들의 자연적 과정을 '탈선'시키며 자신의 목적을 위해 그것을 착취하는 인간의 폭력의 윤곽들을 배치한다. 그는 인간의 '탈구적' 성격을 되풀이해서 역설한다. 자연의 힘들에 대항한/자연의 힘들과의 그의 싸움이 '탈선적'이라는 것뿐만이 아니다. 폴리스라는 공동체적 질서의 바로 그 제도가 심연적 결단에 근거하는 폭력적 부과의 행위로서 특징지어진다. 따라서 하이데거는 친숙한 일상적 우주 속의 거주가 모두 자기 운명을 단호하게 결단내리는/떠맡는 폭력적/기괴한 행위 속에 근거하고 있음을 잘 알고 있다. 인간이 원초적으로 '탈구적'이기 때문에 '고향집(*heim*)'의, 공동체적 거주지인 폴리스의 바로 그 부과가 섬뜩한*unheimlich* 것이며 과잉적/폭력적 행위에 의존하고 있다는 것을 말이다. 문제는 그에게 이 섬뜩한 것들의 영역이 존재의 역사적 형태가 열리는, 침투불가능한 대지에 기반하고 있으며 인간이 역사적으로 거주하고 있는 세계가 열리는, 혹은 대지(자연적 환경)와 인간의 공동체적 존재 형태 사이의 긴장이 열리는 바로 그 영역으로 남아 있다는 것이다. 그리고 역사적 존재의 특수한 형태가 '미'인 한에서, 우리는 하이데거에게서 미와 기괴성이 상호의존적이라는 것의 정확한 의미를 알 수 있다.

하지만 칸트적/라캉적 기괴성은 또 다른 차원을 내포한다. 즉 아직 세속적이지 않으며, 존재론적이지 않으며, 존재의 공동체적 운명의

---

54) [소포클레스, 『소포클레스의 비극』, 천병희 옮김, 단국대학교 출판부, 2001, 105쪽.]

역사적 형태의 열림이 아닌, 오히려 부분 대상들이 이에로니무스 보쉬의 (근대적 주체성의 출현에 정확히 상관적인) 그림들에 나오는 것처럼 여하한 종합에도 선행하는 상태로 떠도는 '세계의 밤'의 선존재론적 우주의 차원을 말이다. 부정 판단과 무한 판단을 구분함으로써 칸트 그 자신이 이런 섬뜩한 선존재론적인 유령성의 영역을, '산죽은 undead' 환영들의 영역을 열어 놓는다.55) 이 영역은 기괴한 존재자들이 거주하는 범역적 우주 질서의 어둡고 더 아래쪽에 있는 지층들로서의 예전의 전근대적 '지하'가 아니라 엄밀한 의미에서 비우주적acosmic인 어떤 것이다.

다시 말해서, 하이데거가 놓치고 있는 것은 칸트 철학의 근본적인 반-존재론적 (혹은 오히려, 반-우주론적anti-cosmological) 추동이다. 칸트를 역사-문화주의적으로나 인식론적으로 오독하는 신칸트학파와 대비했을 때, 칸트의 『순수이성비판』이 어떻게 유한성과 시간성의 새로운 존재론을 위한 토대를 제공하는가를 강조하고 있는 하이데거는 정당하다. 하이데거가 놓치고 있는 것은, 주체의 유한성에 대한 칸트의 강조로 인해 생겨난 순수이성의 이율배반들이 세계 전체로서의, 환경의 유의미한 해석학적 총체로서의, 역사적 민족이 거주하는 **생활세계**로서의 바로 그 우주질서라는 개념을 침식한다는 사실이다. 혹은—또 다른 방식으로 표현한다면—하이데거가 놓치고 있는 것은 궁극적 (불)가능성으로서의, 주체성의 가장 근본적 차원으로서의 세계(-내-존재) 차원의 중지, 즉 정신증적 자기-철회인바, (신)질서의 폭력적·종합적 부과는—존재의 역사적 열림의 사건은—바로 그것에 대항한 방어책인 것이다.

---

55) Žižek, *Tarrying With the Negative*의 3장을 볼 것.

그리고 이는 다시금 우리를 하이데거가 칸트 독해에서 빠뜨렸던 숭고의 문제로 데리고 온다. 칸트의 숭고 개념은 이런 존재론/우주론의 실패에 엄밀히 상관적인 것이다. 그것은 우주 개념을 위해 필요한 지평의 폐쇄를 초래할 수 없는 초월적 상상력의 무능을 가리킨다. 그리하여 칸트가 (계모 자연의 혼돈한 집합에서 악마적인 악에 이르기까지) 다양한 가장 속에서 개념화하고 있는 기괴성은 하이데거가 말하고 있는 기괴성과는 전적으로 양립불가능하다. 그것은 존재의 새로운 역사적 형태를 폭력적으로 부과하는 것의 바로 그 이면에 있는 것, 즉 세계-열림 차원의 중지라는 바로 그 제스처이다. 그리고 윤리적 법칙은 그것의 '원억압된' 내용이 바로 '세계의 밤'이라는 심연인 한에서, 어떠한 법칙에 의해서도 아직 묶이지 않은 자발성—프로이트 용어로는, 죽음 충동—의 기괴성인 한에서, 텅빈/숭고한 것이다.

칸트를 데이빗 린치와 함께

그리하여 현실의 초월적 구성이라는 칸트의 개념은 특별한 '제3의 영역'을 열어 놓는데, 이는 현상적이지도 예지적이지도 않으며 엄밀한 의미에서 선존재론적이다. 데리다의 용어로 우리는 그것을 유령성이라 칭할 수도 있을 것이다. 라캉식 용어로라면 이를 환상이라 칭하는 것은 너무 성급하고 부적절한 것이 될 것인데, 왜냐하면 라캉에게 있어 환상은 현실의 편에 있기 때문이다. 즉 환상은 주체의 '현실감'을 지탱하기 때문이다. 환상적 틀이 붕괴할 때 주체는 '현실의 상실'을 겪으며, 현실을 어떠한 확고한 존재론적 토대도 지니지 않은 '비현실적' 악몽 같은 우주로서 지각하기 시작한다. 이 악몽 같은 우주는 '순수 환상'이 아니라 오히려 반대로 환상 속의 지탱물이 박탈된 이후에 현실에 남아 있는 것이다.

따라서 슈만의 <사육제>가—'진짜 사람들' 간의 교제가 미친 듯 우리를 비웃고 있는 가면 뒤에 무엇이 혹은 누가 숨어 있는지(어떤 기계인지, 점액성 생체인지, 혹은 분명 가장 소름끼치는 것으로, 단순히 가면 그 자체의 '진짜' 분신인지)를 결코 알지 못하는 일종의 가장무도회로 대체되는 꿈같은 우주로 '퇴행'하면서—호프만의 『기괴함』을 음악화할 때, 그것은 '순수한 환상의 우주'가 아니라 오히려 환상-틀의 해체에 대한 유일무이한 예술적 묘사인 것이다. <사육제>에서 음악적으로 묘사되는 캐릭터들은, 뭉크의 유명한 그림들에 나오는 창백한 얼굴을 한, 연약하지만 이상하게도 강렬한 빛의 원천(바라보는 눈을 대체하는 대상으로서의 응시를 나타내는)을 눈 속에 지닌 오슬로 중심가를 따라 떠도는 소름끼치는 환영들과도 같다: 탈주체화된 산송장, 물질적 실체가 박탈된 연약한 유령들. 바로 이러한 것을 배경으로 하여 우리는 '환상의 횡단(통과)'이라는 라캉적 개념에 접근해야 한다. '환상의 횡단'은 그 용어가 상식적 접근법에서 암시하는 바를 가리키지 않는다. 즉 그것은 '환상들을 제거하고, 현실을 바라보는 우리의 시각을 왜곡하는 환상적 편견들을 제거하고, 마침내 현실을 있는 그대로 받아들이는 것을 배우는 것'을 가리키지 않는다. '환상의 횡단' 속에서 우리는 우리의 환상적 생산을 중지시키는 법을 배우는 것이 아니다. 정반대로 우리는 '상상력'의 작업과 한층 더 근본적으로, 그것의 일체의 비일관성 속에서—즉 그것이 현실에로의 접근을 보장하는 환상적 틀로 변형되기 이전에—동일화한다.[56]

---

56) 따라서, 남성적 주체성보다 여성적 주체성이 더 쉽게 환상의 지배를 깨뜨릴 수 있고 더 쉽게 근본적 환상을 '횡단'할 수 있다는 사실은 여성이 상징적 유사물들/허구들의

견딜 수 없는 이런 '영-층위'에는, 유령 같은 '부분 대상들'—이 대상들은 정확히 라캉적 라멜르의, 산죽은 대상-리비도의 예시들이다—의 다양에 직면한 주체성의 순수한 공백만 있을 뿐이다.57) 혹은 다른 식으로 말하자면, 죽음 충동은 선주체적 예지적 실재 그 자체가 아니라 '주체성의 탄생'이라는, 현실을 흩어진 사지로 대체하고 '불멸의' 리비도를 나타내는 일련의 기관들로 대체하는 위축/철회의 부정적 제스처라는, 불가능한 계기이다. 이성의 이념들에 의해 은폐된 기괴한 실재는 예지적인 것이 아니라 '야생적' 선종합적 상상력의 이 원초적 공간이며, 어떠한 자기-부과된 법칙에도 종속되기 이전의 그 순수한 상태에서의 초월적 자유/자발성의 불가능한 영역이며, 이에로니무스 보쉬에서 초현실주의에 이르는 후-르네상스 예술의 다양한 '극단적' 지점들에서 잠깐 일별되는 영역이다. 이 영역은 상상적이지만, 아직 주체가 어떤 고정된 이미지와 거울 동일화되는 바로서의 상상적인 것은 아니며, 다시 말해서 자아에 대해 형성적인 바로서의 상상적 동일화에 선행하는 것이다. 따라서 칸트의 위대한 암묵적 업적은 초월적으로 구성된 현상적 현실과 초재적transcendent 예지적 영역 간의 틈새에 대해서가 아니라 이 양자 사이의 '사라지는 매개자'에 대해 주장한 것이다:

우주에 대해 냉소적 거리를 두는 태도를 유지한다는 것을 의미한다('나는 남근이, 상징적 남근적 힘이 한낱 유사물에 불과하다는 것을 알고 있으며, 유일하게 중요한 것은 향유의 실재이다'—상징적 허구, 이상, 가치들의 주문을 쉽게 '투시'할 수 있으며, 실제로 중요한 딱딱한 사실들, 즉 숭고한 유사물의 진정한 탈승화된 지탱물인 딱딱한 사실들—섹스, 권력 등등—에 초점을 맞출 수 있는 주체로서의 여성에 관한 잘 알려진 상투적 생각)는 테제를 옹호함에 있어 아주 신중해야 한다. 이와 같은 냉소적 거리는 '환상의 횡단'에 해당하지 않는다. 그것은 환상을 '현실 그대로의' 현실에 대한 접근을 왜곡하는 환영들의 장막으로 은연중에 환원시킨다. 거짓 증거와 더불어 돌출하는 결론과는 달리, 우리는 냉소적 주체란 환상의 지배로부터 가장 덜 자유로운 자라고 주장해야 한다.

57) 이 라멜르 개념에 대해서는, Jacques Lacan, *The Four Fundamental Concepts of Psycho-Analysis*, New York: Norton, 1979, pp. 197~198을 볼 것.

그의 사유선을 그 결론으로까지 끌고 갈 때 우리는, 직접적 동물성과 법칙에 종속된 인간적 자유 사이에, 부분 대상들의 유령적 환영들을 생성하는 '미쳐 날뛰는' 선종합적 상상력의 기괴성을 전제해야만 한다. 오로지 이런 층위에서만 우리는, 부분 리비도-대상들의 가장 속에서, 주체의 절대적 자발성의 순수한 공백과 상관적인 불가능한 대상과 조우하는 것이다. 이 부분 대상들('이쪽에선 피 흘리는 머리가, 저쪽에선 또 다른 하얀 형상이')은 불가능한 형태들이다. 절대적 자발성으로서의 주체는, 그 불가능한 형태들의 가장 속에서, '대상들 가운데서 그 자신과 조우한다'.

라캉과 관련하여, 상상적 동일화에 대한 그의 고전적 설명이 상상적 동일화에 의해 채워질 그 틈새를 이미 전제한다는 것이, 즉 흩어진 '신체 없는 기관들', 조각난 몸(*le corps morcelé*), 자유롭게 이리저리 떠도는 그것의 흩어진 사지에 대한 소름끼치는 경험을 이미 전제한다는 것이 종종 주목되곤 한다―바로 이 층위에서 우리는 가장 근본적 지점에서의 죽음 충동과 조우한다. 그리고 다시금, 하이데거가 칸트를 현존재 분석의 전개에서 중심적 참조점으로서 유지한다는 생각을 포기했을 때 그는 바로 이런 선환영적 선종합적 상상력의 차원으로부터 뒷걸음질친 것이다. 게다가 동일한 움직임이 간주체성의 층위에서 반복되어야 한다: 하이데거의 공동존재*Mit-Sein*, 즉 현존재의 세계-내-존재가 언제나-이미 다른 현존재들과 관계하고 있다는 사실은, 일차적 현상이 아니다. 그에 앞서서, 아직 온당히 '주체화되지' 않았으며 담론적 상황 속의 파트너가 아닌, 오히려 우리에게 절대적으로 가까이 있는 외밀적 외래적 신체로서의 '이웃'으로 남아 있는 또 다른 주체에 대한 관계가 있다.[58] 프로이트와 라캉에게 있어서 '이웃'은 명백히 섬뜩한 것*das Ungeheure*의, 기괴한 것의 이름들 가운데 하나이다: '오이디푸스화' 과정에, 부성적 법칙의 지배를 확립하는 과정에 걸려 있는 것은 정확히 이런 기괴한 타자성을 '상류화'하고 그것을 담론적 소통의 지평 내부에 있는 파트너로 변형시키는 과정이다. 오늘날, 기괴한 선존재론적 차원에서의 상상력에 실로 사로잡혀 있는 예술가는 데이빗 린치이다. 그의 첫 영화인 <이레이저헤드>의 출시 이후에 그것의 외상적 충격을 설명하기 위해 이상한 소문이 떠돌기 시작했다.

> 그 당시에, 영화의 사운드트랙에서 나오는 초단파가 관객의 무의식적인 정신에 영향을 주었다는 소문이 떠돌았다. 사람들은 이 소음이 들을 수는 없어도 불안감과 심지어 메스꺼움을 불러일으킨다고 말했다. 그것은 이제 10년도 더 지난 일인데, 그 영화의 이름은 <이레이저헤드>였다. 지금 와서 되돌아보면, 데이빗 린치의 첫 장편 영화는 시청각적으로 너무나도 강렬한 경험이었던 것이어서 사람들은 설명을 발명해낼 필요가 있었던 것이라 말할 수도 있을 것 같다. …… 들을 수 없는 소리를 들었다고 할 만큼 말이다.59)

아무도 지각할 수 없지만 그럼에도 불구하고 우리를 지배하고 물질적 효과(불안과 메스꺼움의 느낌)를 산출하는 이 목소리의 지위는 라캉적 의미에서 **실재적이다**. 불가능하다. 이 들을 수 없는 목소리를 정신증적 환각의 대상인 목소리와 구분하는 것은 매우 중요하다. 정신증(편집증)에서 '불가능한' 목소리는 존재하는 것으로, 그 효력을 발휘하는 것으로 전제되는 것만이 아니다. 주체는 그것을 실제로 들으려고

---
58) 다시 Žižek, *Tarrying With the Negative* 3장을 볼 것.
59) Yuji Konno, 'Noise Floats, Night Falls', in *David Lynch: Paintings and Drawings*, Tokyo: Tokyo Museum of Contemporary Art, 1991, p. 23.

한다. 이와 동일한 목소리의 또 다른 사례는 (어쩌면 뜻밖에도) 사냥에서 발견된다. 잘 알려진 것처럼, 사냥꾼들은 그들의 개들에게 연락을 하기 위해서 조그만 금속성 호각을 사용한다. 고주파수 때문에 개들만이 그 소리를 듣고 반응할 수 있다. 그리고 물론 그 때문에, 우리 인간 역시 (의식적 지각의 문턱 아래에서) 이 호각 소리를 부지불식간에 듣고서는 그것에 복종한다는 영속적 신화가 생겨나는 것이다—인간이 비가시적인/지각불가능한 매개물에 의해 조종될 수 있다는 편집증적 관념의 완벽한 사례.

존 카펀터의 과소평가된 영화 <그들이 산다>(1988)는 이런 개념에 직접적인 이데올로기 비판적 비틀림을 부여한다. 한 외로운 떠돌이가 로스앤젤레스에 도착하여 우리의 소비주의 사회가 외계인들에 의해 지배되고 있음을 발견한다. 그 외계인들이 인간으로 위장하고 있는 모습과 의식의 문턱 아래에 있는 그들의 선전 메시지들은 특별한 안경을 통해서만 볼 수 있다. 이 안경을 쓰는 순간 주변에서 온통 '이것을 사라!', '이 가게로 들어가라!'와 같은 명령들을 볼 수 있다. 안경을 쓰지 않을 경우 알아차리지 못한 채 복종하게 되는 명령들을 말이다. 다시금 이런 생각의 매력은 바로 그 소박함에 있다: 가시적으로 존재하는 차원을 넘어선 이데올로기적 메커니즘의 잉여 그 자체가 비가시적인 또 다른 차원에 체현되어 있으며 그리하여 특별한 안경을 쓰고서 말 그대로 '이데올로기를 본다'고 할 수 있는 것인 양 말이다.[60]

말 그 자체의 층위에, 원-말proto-speech 혹은 '즉자적 말'이라 부르고만 싶은 어떤 것을 명시적 상징적 등록인 '대자적 말'과 영원히 분리시키는 어떤 틈새가 있다. 예컨대 오늘날의 성 심리학자들은, 어떤

---

[60] 물론 의식의 문턱 아래에 있는 광고의 경우 이런 편집증적 개념이 실로 어느 정도로까지 정당화되는 것인가 하는 물음은 여전히 열려 있다.

커플이 동침에 대한 자신들의 의향을 명시적으로 진술하기 전이라고 해도 모든 것이 이미 간접적 암시, 몸 언어, 눈짓 교환 등의 수준에서 결정된다고 말한다. 여기서 피해야 할 덫은 이 '즉자적 말'을 경솔하게 **존재론화**하는 것이다. 마치 말이라는 것이 일종의 온전히-구성된 '말 이전의 말로서 사실상 스스로에 선재先在하기라도 하는 양—마치 이 '명칭 이전의 말speech avant la lettre'이 또 다른 보다 근본적인 온전히 구성된 언어로서 현실적으로 존재하여 정상적인 '명시적' 언어를 그것의 이차적인 표면 반영으로 환원시키고, 그리하여 모든 것은 명시적으로 말해지기 이전에 이미 진정으로 결정되어 있는 것인 양—말이다. 이런 망상에 빠지지 않기 위해 언제나 염두에 두고 있어야 하는 것은, 이 또 다른 원-말이 잠재적virtual 상태로 머물러 있다는 것이다. 그것은 그것의 영역이 명시적 말로 봉인되고 '그 자체로서' 정립될 때에만 현실적이 된다. 이를 가장 잘 입증하는 것은, 이 원-언어가 돌이킬 수 없을 정도로 애매하며 결정불가능하다는 사실이다. 그것은 '의미를 수태하고' 있지만, 이때의 의미란 현실적 상징화에 의해 결정적 스핀이 부여되기를 기다리는 일종의 특화되지 않은 자유부유하는 의미인 것이다⋯⋯. 버트란트 러셀은, 오톨라인 모렐 여사에게 보내는 편지의 유명한 한 구절—거기서 그는 그녀에 대한 사랑 고백의 정황을 상기하고 있다—에서 원-말이라는 애매한 영역을 상징적 떠맡음이라는 명시적 행위로부터 영원히 분리시키는 이 틈새를 정확히 지적한다: '나는 당신을 사랑하는지 몰랐습니다. 나 자신이 당신에게 그렇게 말하고 있는 것을 듣게 될 때까지는 말입니다. 일순간 나는 "큰일이다, 내가 무슨 말을 한거지?"라고 생각했으나 그러고 나서 나는 그것이 진실임을 알았습니다.'[61] 그리고 다시금, 즉자로부터 대자로의 이와 같은 이행을, 마치 마음 깊숙한 곳에서 러셀이 '그녀를 사랑하는지를 이미 알고 있었다'는 식으로 읽는 것은 잘못이다. 이 언제나-이미의 효과는 엄밀히 말해서 사후적이다. 그것의 시간성은 전미래*futur antérieur*의 시간성이다. 다시 말해서 러셀은 그녀를 사랑한다는 것을 알지 못하면서 내내 그녀를 사랑하고 있었던 것은 아니다. 오히려 그는 그녀를 사랑하고 있었던 것이 될 것이다(he will have been in love with her).

철학사에서 이 섬뜩한 선존재론적이고 아직-상징화되지-않은 관계들의 직물에 최초로 접근한 사람은 다름아닌 플라톤 자신이었다. 그는 후기 대화편 『티마이오스』에서, 자신만의 우연적 규칙들에 지배되는 모든 한정된 형태들의 일종의 모체-수용자(*chora*)를 가정해야 할 필요성을 느낀다―이 코라를 아리스토텔레스의 질료(*hyle*)와 너무 성급하게 동일시하지 않는 것은 핵심적이다. 그렇지만 현실의 존재론적 구성에 앞서며 그것을 회피해가는 유령적 실재의 이 선존재론적 차원에 대한 정확한 윤곽을 그린 것은 독일 관념론의 위대한 돌파였다(독일 관념론자들은 모든 현실을 개념Notion의 자기-매개의 산물로 '범-논리주의적으로' 환원하는 것을 옹호했다는 판에 박힌 표준적인 설명과는 반대로 말이다). 칸트는 현실의 존재론적 건축물에 나 있는 이런 균열을 간파한 최초의 인물이었다: 만약 '객관적 현실'(로서 우리가 경험하는 것)이 단순히 주체에 의해 지각되기를 기다리면서 '저기 밖에' 주어진 것이 아니며 주체의 능동적 참여를 통해―즉 초월적 종합의 행위를 통해―구성되는 인위적 합성물이라면, 다음과 같은 질문이 조만간 제기된다: 초월적으로 구성되는 현실에 **선행하는** 그 섬뜩한 X의 지위는 무엇인가? 셸링은 실존의 근거('신 자신 속에서 아직 신이 아닌' 것)라는 개념에서 이 X에 대한 가장 상세한 설명을

---

61) R.W. Clark, *The Life of Bertrand Russell*, London: Weidenfeld & Nicolson, 1975, p. 176에서 인용.

제공했다: '신성한 광기', '충동들'의 어두운 선존재론적 영역, 결코 '그 자체로서' 파악될 수 없으며 그것의 철회의 바로 그 제스처에서만 일별될 수 있는 난포착적인 이성의 근거로 영원토록 남아 있는 선 논리적 실재……62) 비록 이 차원은 헤겔의 '절대적 관념론'에 전적으로 이질적인 것처럼 보일지 모르겠지만, 그럼에도 『예나의 실재철학』에서 인용된 구절에서 그것에 대한 가장 통렬한 묘사를 제공했던 이는 다름아닌 헤겔 자신이었다. '이쪽에선 피 흘리는 머리가, 저쪽에선 또 다른 하얀 형상이 갑자기 튀어나왔다가는 또 그렇게 사라지[는]' '세계의 밤'이라는 선존재론적 공간은 린치의 우주에 대한 가장 간명한 묘사가 아닌가?

이 선존재론적 차원은 인식론적 한계를 존재론적 결함으로 치환하는 핵심적인 헤겔적 제스처를 통해 가장 잘 식별된다. 다시 말해서: 헤겔이 하고 있는 전부는, 어떤 면에서, 현실의 초월적 구성이라는 칸트의 유명한 모토('우리의 인식의 가능성의 조건은 동시에 우리의 인식 대상의 가능성의 조건이다')를 그것의 부정─우리의 인식의 한계(우리 인식이 존재 전체를 파악하지 못함, 우리 인식이 모순과 비일관성에 사정없이 뒤얽혀져 있는 그 방식)는 동시에 인식의 바로 그 대상의 한계이다, 즉 현실에 대한 우리의 인식에 있는 틈새와 공백은 동시에 '실제적' 존재론적 건축물 자체에 있는 틈새와 공백이다─으로 보충하는 것이다. 여기서 헤겔은 칸트의 정반대인 것처럼 보일지도 모른다: 우주를 전체로서 파악하는 것은 불가능하다는 칸트의 주장에 명백히 대조되게도 헤겔은 존재의 총체성이라는 최후의 가장 야심적인 범역적 존재론적 체계를 배치하고 있는 것 아닌가? 하지만 이런

---

62) 상세한 설명은 Slavoj Žižek, *The Indivisible Remainder. An Essay on Schelling and Related Matters*, London: Verso, 1996을 볼 것.

인상은 오도적이다. 즉, 어떻게 변증법적 과정의 가장 깊숙한 '원동력'이 인식론적 장애와 존재론적 곤궁의 상호작용인 것인가에 주목하지 못하고 있다. 변증법적 반성적 전회 과정에서 주체는 현실과 관련한 자신의 인식이 지닌 불충분성이 현실 그 자체의 보다 근본적인 불충분성을 신호한다고 가정하지 않을 수 없다(예컨대 '이데올로기 비판'에 대한 표준적인 마르크스주의적 개념을 보자. 그것의 기본 전제는 사회적 현실에 대한 이데올로기적으로 왜곡된 바라봄이 단순한 인식론적 착오인 것이 아니라, 동시에, 우리의 사회적 현실 그 자체에 무언가가 끔찍이도 잘못된 것임에 틀림없다는 훨씬 더 괴로운 사실을 신호한다는 것이다. 즉 오로지 그 자체에서 '잘못된' 사회만이 그 자신에 대한 '잘못된' 인식을 생성한다는 것이다). 여기서 헤겔의 요점은 매우 정확하다: 우리 인식의 내속적 비일관성과 모순들은 그것이 현실에 대한 '진정한' 인식으로서 기능하는 것을 막지 않을 뿐만 아니라, 개념의 영역이 자기부터 소외되고 어떤 근본적 곤궁에 의해 분열, 횡단되고, 어떤 쇠진시키는 비일관성에 사로잡혀 있는 한에서만 '현실'('한낱 관념들'에 대립되는 '딱딱한 외부 현실'이라는 그 가장 통상적인 의미에서의)이라는 것이 있는 것이다.

이 변증법적 소용돌이에 대한 대강의 관념이라도 얻기 위해, 빛에 대한 상호 배타적인 두 개념의 고전적 대립을 상기해보자: 입자로 구성되는 바로서의 빛과 파동으로 이루어지는 바로서의 빛. 양자물리학의 '해결책'(빛은 동시에 둘 다이다)은 이 대립을 '사물 자체' 속으로 옮겨 놓으며, 그 필연적 결과로서 '객관적 현실' 그 자체는 온전한 존재론적 지위를 상실하게 된다. 즉 그것은 존재론적으로 불완전한 어떤 것이 되며, 궁극적으로 잠재적인 지위를 지닌 존재자들로 이루어진 어떤 것이 된다. 아니면, 우리가 소설을 읽는 동안 마음속에 재구성하는 우주가 어떻게 온전히 구성되어 있지 않고 '구멍들'로 가득한가를 생각해보자. 코난 도일이 셜록 홈즈의 아파트를 묘사할 때, 선반 위에 정확히 얼마나 많은 책이 있었는지를 질문하는 것은 무의미하다. 작가는 마음속에서 그에 대한 정확한 생각을 단지 하지 않은 것이다. 하지만 만약―적어도 상징적 의미의 층위에서―**현실 그 자체**에 대해서도 마찬가지라면 어찌할 것인가? '모든 사람들을 얼마 동안 속일 수 있고, 어떤 사람들을 언제나 속일 수 있지만, 모든 사람들을 언제나 속일 수는 없다(You can fool all the people some of the time, and some of the people all the time, but you cannot fool all the people all of the time)'라는 아브라함 링컨의 유명한 말은 논리적으로 애매하다. 그것은 언제나 속일 수 있는 그 어떤*some* 사람들이 있다는 것을 의미하는가, 아니면 모든 경우에 **누군가는***someone or other* 반드시 속게 되어 있다는 것을 의미하는가? 그렇지만 '링컨이 정말로 의미했던 것이 무엇인가?'라고 묻는 것이 잘못이라면 어찌할 것인가? 이 수수께끼에 대한 가장 개연성 있는 답은 그가 이 애매성을 의식하지 않았다―그는 단지 재치 있는 말을 하길 원했던 것이며, 그 구절은 '그럴듯하게 들렸던' 까닭에 '그의 입에서 나왔다'―는 것 아닌가? 그리고 하나의 동일한 **기표**(여기서는: 동일한 행)가 기의 내용의 층위에서 존속하는 근본적 애매성과 비결정성을 '봉합'하는 그와 같은 상황이 '현실'이라 불리는 것에도 또한 해당된다면 어찌할 것인가? 우리의 사회적 현실 또한 이러한 근본적인 의미에서 '상징적으로 구성되어' 있으며 그리하여 일관성의 외양을 유지하려면 어떤 텅 빈 기표(라캉이 주인기표라 부르는 것)가 그 존재론적 틈새를 덮고 은폐해야만 하는 것이라면 어찌할 것인가?

따라서 (상징적으로 매개된, 즉 존재론적으로 구성된) **현실**의 영역을 그것에 선행하는 난포착적이고 유령적인 실재로부터 영원히 분리시키는 그 틈새는 핵심적이다: 정신분석이 '환상'이라고 부르는 것은 선존재론적 실재를 단지 또 다른 '보다 근본적인' 현실의 층위로서 (오)지각함으로써 이 틈새를 막으려는 시도이다―환상은 선존재론적 실재 위로, 구성된 현실의 형식을 투사한다(초감각적인 또 다른 현실이라는 기독교적 개념에서처럼). 린치가 가진 대단한 장점은, 이 선존재론적 현상들과 현실의 층위 사이의 틈새를 닫으려는 이 고유하게 형이상학적인 유혹에 저항한다는 것이다. 실재의 유령적 차원을 전달하기 위한 그의 주요한 시각적 처리 방식(묘사되는 대상에 대한 과도한 클로즈업―이는 그 대상을 비현실적이게 만든다) 말고도, 우리는 그가 위치를 알 수 없는 섬뜩한 소리를 이용하는 방식에 초점을 맞추어야 한다. 예컨대 <엘리펀트 맨>의 악몽 장면에는 내부와 외부를 가르는 경계를 초월하는 것처럼 보이는 어떤 이상한 진동 소음이 동반된다: 마치 이 소음 속에서 기계의 극단적 외부성*externality*이 신체적 내부의 극단적 내밀성*intimacy*과, 고동치는 심장의 리듬과 일치하기라도 하는 것 같다. 주체의 존재의, 주체의 생-실체의 바로 그 중핵이 기계의 외부성과 이처럼 일치하는 것은 외-밀성*ex-timacy*이라는 라캉적 개념에 대한 완벽한 사례를 제공하는 것 아닌가?

말의 층위에서, 이 틈새의 아마도 가장 좋은 사례는 린치의 <사구>에 나오는 장면일 것이다. 황제와의 대면에서 스페이스 길드 대표는 마이크로폰을 통과해야만―라캉적 용어로는, 큰 타자의 매개를 통해서만―분절적 말로 변형되는, 이해할 수 없는 말을 속삭인다. <트윈 픽스>에서도 역시, 붉은 오두막의 난쟁이는, 자막의 도움을 받아야만 이해할 수 있는, 알아들을 수 없는 뒤틀린 영어를 말하는데, 이 자막은 여기서 마이크로폰의 역할을, 즉 큰 타자의 매개 역할을 맡고 있다……. 두 경우 모두 린치는 선존재론적인 원-말을, 이런 '실재의 중얼거럼'을 온전히 구성된 로고스로부터 영원히 분리시키는 틈새를 보여준다.

여기서 우리는 변증법적-유물론적 존재론의 근본적 특징에 이르게 된다. 즉 '즉자적' 사건을 그것의 상징적 기입/등록으로부터 영원히 분리시키는 최소 틈새, 지연. 이 틈새는 다양한 가장들 속에서 식별될 수 있다. 예컨대 양자 물리학(사건은 그것의 환경 속에 등록됨으로써만—즉 그것의 환경이 그것을 '기록하는' 순간에야—'그 자신이 되며' 온전히 현실화된다)에서, 고전적 할리우드 코미디의 '더블 테이크 double take' 방식(사기꾼이나 사고의 희생양은 그에게 재앙을 의미하는 사건이나 진술을 처음에는 태연하게, 심지어 빈정대면서, 그것의 결과를 모르는 채로 지각한다. 그러다가 최소의 시간이 경과한 후에 갑자기 그는 벌벌 떨거나 뻣뻣해진다—결혼하지 않은 순결한 딸이 임신을 했다는 것을 알게 되었을 때 처음에는 태연하게 '괜찮아, 별일 아니야!'라고 말하고, 그런 연후에서야, 몇 초 후에, 창백해져서 소리치기 시작하는 아버지처럼 말이다)에 이르기까지 말이다. 여기서 우리가 다루고 있는 것은—헤겔식으로 말하자면—즉자와 대자 사이의 최소 틈새이다. 데리다는 선물 개념과 관련하여 이 틈새를 묘사했다: 선물이 선물로 인지되지 않는 한 그것은 온전한 선물이 아니다; 선물이 선물로 인지되는 순간 그것은, 교환의 순환 속에 이미 붙잡혀 있기 때문에, 더 이상 순수한 선물이 아니다. 또 다른 전형적 사례는 이제 싹트고 있는 어떤 사랑 관계 속의 긴장일 것이다. 우리 모두는, 그 마법적 침묵이 깨어지기 바로 전까지는, 그 상황의 매혹을 알고 있다. 두 연인은 이미 그들이 서로 끌리고 있음을 확신하고 있으며, 에로틱한 긴장이 감돌고 있으며, 상황 그 자체는 의미를 '수태'할 것처럼, 말을 향해 자신을 재촉하는 것처럼, 말을 기다리고 있는 것처럼, 명명할 말을 찾고 있는 것처럼 보인다. 하지만 일단 말이 발음되고 나면, 그것은 결코 완전하게 맞아떨어지지 않으며, 필연적으로 실망스런 결과를 낳으며, 매혹은 상실되며, 의미의 모든 탄생은 유산이다.

이 역설은 카오스 이론과 양자 물리학에서 가장 분명하게 지각할 수 있는 (그리고 아마도 우리가 '포스트모더니즘'이라고 부르는 것을 정의하는) 변증법적 유물론의 핵심 특징을 가리킨다: 세부를 무시하는 피상적 접근은 상세한 접근, 지나치게 근접한 접근으로 도달할 수 없는 특징을 드러낸다(혹은 심지어 생성한다). 잘 알려진 것처럼, 카오스 이론은 측정 도구의 불완전함에서 태어났다. 동일한 컴퓨터 프로그램에 의해 반복해서 처리되는 동일 자료가 근본적으로 다른 결과를 낳았을 때 과학자들은 너무나도 소소해서 주목되지 않았던 자료상의 차이가 최종 결과에 엄청난 차이를 낳을 수 있음을 알게 되었다······. 동일한 역설이 양자 물리학의 바로 그 토대에서 작동한다: '사물 자체'와의 거리(측정의 구성적 부정확성, 즉 동시에 상이한 측정을 수행할 수 없게 하는 '상보성'의 장벽)는 '사물 자체'의 일부인 것이며, 우리의 인식론적 결함에 불과한 것이 아니다. 즉 '현실'(이라고 우리가 지각하는 것)이 나타나기 위해서는 그것의 특징들 가운데 어떤 것이 '명기되지 않은' 상태로 남아 있어야만 한다.

양자 잠재태의 층위와 그것에 현실성을 부여하는 '등록'의 계기 사이의 이런 틈새는 어떤 면에서 '더블 테이크'의 논리와—사건 그 자체(아버지가 딸의 임신에 대한 소식을 듣게 됨)와 그것의 상징적 등록(그 과정이 '스스로에게 외양하는', 그것이 등록되는 순간) 사이의 틈새와—상동적이지 않은가? 여기서 핵심적 중요성을 갖는 것은, 문제의 그 사실에 '사실 이후에after the fact' 현실성을 부여하는 '상징적 등록'이라는 이런 변증법-유물론적 개념과 *esse=percipi*라는 관념론적 등식 사이의 차이이다. (상징적) 등록 행위는, 그 '두 번째 테이크'는 언제나 최소한의 지연 이후에 오며, 영원히 불완전하고 피상적인 것으로서, 그것을 등록된 과정의 즉자로부터 분리시키는 틈새로서 남아 있다—하지만 바로 그런 것으로서 그것은 '사물 자체'의 일부이다, 마치 문제의 그 '사물'은 그 자신과 관련하여 최소한의 지연에 의해서만 그 존재론적 지위를 온전히 실현할 수 있는 것인 양 말이다.

그리하여 역설은 '거짓' 외양은 '사물 자체' 속에 포함되어 있다는 사실에 놓여 있다. 그리고 부수적으로, 바로 그곳에 변증법적인 '본질과 외양의 통일'이 놓여 있다. 어떻게 '본질은 외양해야만 하는가'에 관한 교과서적 상투어들은 이 점을 완전히 놓치고 있지만 말이다. 일체의 세부를 무시하고 스스로를 '한낱 외양에만 한정시키는 대략적인 '멀리서부터의 봄'은 가까이에서의 응시보다 더 '본질'에 가깝다. 그리하여 사물의 '본질'은, 역설적이게도, 다름아닌 그 직접성에 있어서의 실재로부터 '거짓' 외양을 떼어놓는 것을 통해 스스로를 구성한다.63) 그리하여 우리는, 본질과 그것의 외양함뿐만이 아닌, 세 개의 요소를 갖는다. 첫째로, 현실이 있다. 현실 내부에, 외양들의 '인터페이스'-스크린이 있다. 끝으로 이 스크린 위에서 '본질'이 외양한다. 그리하여 함정은 외양이 말 그대로 본질의 외양함/출현함—즉 본질이 거주할 유일한 장소—이라는 것이다. 그 자체로서의, 그 전체성에 있어서의 현실을 어떤 은폐된 본질의 한낱 외양으로 환원시키는 표준적인 관념론적 방식은 여기서 어긋나고 만다. '현실' 그 자체의 영역 내부에, '날' 현실을 현실의 은폐된 본질이 외양하게 되는 스크린으로부터 분리시키는 선이 그어져야 하며, 그리하여 우리가 이 외양의 매개를 제

---

63) 칸트의 도덕 법칙에 대해서도 마찬가지다. 그것에 너무 가까이 접근하면 그것의 숭고한 장대함은 갑자기 주체를 삼키려 위협하는 사물의 끔찍한 심연으로 변한다.

거한다면 우리는 그 속에서 외양하는 바로 그 '본질'을 잃게 되는 것이다.

칸트의 비우주론

이런 유리한 지점으로부터 우리는 칸트가 초월적 상상력의 심연으로부터 '뒷걸음질'치는 곳을 분명하게 볼 수 있다. 예지적 영역으로, 사물 자체로 진입하게 된다면 우리에게 어떤 일이 일어날 것인가라는 물음에 대한 칸트의 대답을 기억하자: 신성한 존재 자체의 기괴성에 대한 직접적 통찰로 인해 생명 없는 꼭두각시로 변하는 인간에 대한 이 관점이 칸트 주석가들에게 그토록 불안감을 야기했다는 것은 놀랄 일이 아니다(통상 그것은 침묵 속에서 못 본 채 간과되거나 아니면 어떤 섬뜩한, 제자리에서 벗어난 신체로서 기각되고 만다). 칸트가 이야기하는 것은 우리가 칸트적인 **근본적 환상**이라고 부르고만 싶은 것에 다름아닌 것으로서, 자유의 다른 장면Other Scene, 자발적이고 자유로운 행위자의 다른 장면, 자유로운 행위자가 도착적 신의 처분으로 생명 없는 꼭두각시로 변하는 장면이다. 물론 그것의 교훈은 능동적이고 자유로운 행위자가 존재하기 위해서는 이런 환상적 지탱물이, 그가 **타자**에 의해 전적으로 조종당하는 이 다른 장면이 반드시 있어야 한다는 것이다. 요컨대 예지적 영역에의 직접적 접근에 대한 칸트적 금지는 재정식화되어야 한다: 우리에게 접근불가능한 것으로 남아 있어야 하는 것은 예지적 실재가 아니라, 바로 우리의 **근본적 환상**이다 ─주체가 이 환상적 핵심에 너무 가까이 가게 되는 순간 그는 그의 실존의 일관성을 잃게 된다.

따라서 칸트로서는, 만일 우리가 예지적 영역에 직접 접근한다면 우리는 초월적 자유의 핵심을 형성하는 바로 그 '자발성'을 빼앗길 것이리라. 즉 그것은 우리를 생명 없는 자동기계로, 혹은 오늘날의 용어로 표현하자면 컴퓨터로, '생각하는 기계'로 변화시킬 것이리라. 하지만 이런 결론은 참으로 불가피한 것인가? 의식의 지위는, 기본적으로, 근본적 결정론의 체계 안에 있는 자유의 그것인가? 우리는 우리를 결정하는 원인들을 인지하지 못하는 한에서만 자유로운 것인가? 우리를 이런 곤경으로부터 구하기 위해 우리는 다시금 존재론적 장애를 긍정적인 존재론적 조건으로 치환시켜야 한다. 다시 말해서: (자기)의식을 오인, 인식론적 장애와 동일시하는 것의 잘못은 그런 동일시가 존재의 긍정적 질서로서의 현실이라는 표준적, 전근대적, '우주론적' 개념을 은밀히 (재)도입한다는 것이다: 그처럼 완전하게 구성된 긍정적인 '존재의 사슬' 속에는 물론 주체를 위한 어떠한 자리도 없으며, 따라서 주체성의 차원은 존재의 진정한 긍정성에 대한 인식론적 오인과 엄밀히 상호의존하는 어떤 것으로서만 이해될 수 있다. 결론적으로, (자기)의식의 지위를 유효하게 설명할 유일한 방법은 **'현실' 그 자체의 존재론적 불완전함**을 주장하는 것이다: '현실'은 바로 그 핵심에 존재론적 틈새, 균열이—즉 외상적 과잉, 그것 내부로 통합될 수 없는 외래적 신체가—있는 한에서만 존재한다. 이는 우리를 '세계의 밤'이라는 개념으로 되돌아오게 한다: 현실의 긍정적 질서가 이처럼 순간적으로 정지될 때, 우리는 '현실'이 결코 완전하고 자기완결적인 긍정적인 존재의 질서가 되지 못하게 만드는 존재론적 틈새와 마주한다. 오로지 현실로부터의 정신증적 철회에 대한, 절대적인 자기-위축에 대한 이와 같은 경험만이 초월적 자유라는 신비한 '사실'—현실적으로 '자발적'인 (자기)의식, 그 자발성이 어떤 '객관적' 과정에 대한 오인의 결과이지 않은 (자기)의식—을 설명할 수 있다.

오로지 이런 층위에서만 우리는 헤겔의 놀라운 성취를 알아볼 수 있다. 헤겔은 칸트의 비판으로부터 뒷걸음질쳐서 우주cosmos의 합리적 구조를 표현하는 선비판적 형이상학으로 물러서기는커녕 칸트의 우주론적 이율배반들의 결과를 완전히 받아들인다(그리고 그로부터 결론들을 이끌어낸다)—실로 어떠한 '우주'도 없으며, 존재론적으로 온전하게 구성된 긍정적 총체성이라는 바로 그 우주라는 개념은 비일관적이다. 바로 이런 이유로 헤겔은 또한, 신성한 존재 자체의 기괴성에 대한 직접적 통찰 때문에 생명 없는 꼭두각시로 변하는 인간에 대한 칸트의 관점을 거부한다: 그와 같은 관점은 무의미하고 비일관적인 것인데, 왜냐하면 이미 우리가 지적한 것처럼 그것은 존재론적으로 온전하게 구성된 신성한 총체성을 은근슬쩍 재도입하고 있기 때문이다. 오로지 실체로서만 파악되고, 또한 주체로서도 파악되지는 않은 세계를 말이다. 헤겔에게 있어서, 그처럼 인간이 기괴하고 신성한 의지(혹은 변덕)의 생명 없는 꼭두각시-도구로 변형된다는 환상은, 비록 겉보기에 끔찍한 것 같아도, 진정한 기괴성—그것은 자유의 심연의, '세계의 밤'의 기괴성이다—으로부터의 뒷걸음질을 신호하는 것이다. 그리하여 헤겔이 하는 일은, 선존재론적 자유의 심연을 메우는 이 환상의 기능을 입증함으로써—즉 주체가 긍정적 예지적 질서 속에 삽입되어 있는 긍정적 장면을 재구성함으로써—환상을 '횡단'하는 것이다.

바로 이것이 로고진스키와 우리의 궁극적 차이이다. 즉 '종합적 상상력 너머에 무엇이 놓여 있는가? 이 궁극적 심연은 무엇인가?'라는 질문에 대해 상이하게 답변한다는 것 말이다. 로고진스키는 비폭력적 선종합적 선상상적인 다양성-속의-통일을, '사물들의 비밀스런 연계'

를, 현상적 인과적 연결고리 너머의 유토피아적인 비밀의 조화를, 순수한 다양성의 시공간적 비폭력적 통일로서의 신비한 우주의 삶을, 말년(『유고집』)에 칸트를 괴롭힌 수수께끼를 탐색하고 있다. 하지만 우리의 관점에서 볼 때 이 비밀의 조화는, 바로, 저항해야 할 유혹이다: 우리의 문제는, 주체성의 정초적 제스처를, '수동적 폭력'을, (아직 상상력이 아닌) 추상의 부정적 행위를, '세계의 밤'으로의 자기-철회를 어떻게 파악할 것인가이다. 이 '추상'은 존재론적 종합에 의해—현실에 대해 구성적인 초월적 상상력에 의해—은폐되는 심연이다. 그런 것으로서 그것은 초월적 '자발성'의 불가사의한 출현의 지점이다.

따라서 하이데거의 문제는 그가 도식론의 분석을 초월적 분석론에 (지성에, 현실에 대해 구성적인 범주들에) 한정시키며, 도식론의 문제틀이 어떻게 『판단력비판』에서 다시 출현하는가에 대한 고려를 소홀히 한다는 점이다. 『판단력비판』에서 칸트는 숭고를 정확히 이성의 이념들 그 자체를 도식화하려는 시도로서 파악한다: 숭고는 우리를 상상력의 실패와, 영원히 선험적으로 상상불가능한 것으로 남아 있는 것과 대면하게 만든다—그리고 바로 여기서 우리는 부정성의 공백으로서의 주체와 조우한다. 요컨대, 도식론의 분석을 초월적 분석론에 한정시키고 있다는 바로 그 이유 때문에 하이데거는 주체성의 과잉적인 차원을, 주체성의 내속적 광기를 다룰 수 없는 것이다.

그리하여 우리의 관점에서 볼 때 하이데거의 문제는 종국에는 다음과 같다: 라캉적 독해는, 데카르트적 주체성 안에서, 과잉의 계기(칸트의 '악마적인 악', 헤겔의 '세계의 밤'……)와 이 과잉을 상류화하고 길들이고 정상화하려는 뒤따르는 시도 사이의 내속적 긴장을 발굴할 수 있게 해준다. 몇 번이고, 데카르트 이후 철학자들은 자신들의 철학적 기획의 내속적 논리에 의해 코기토에 내재한 어떤 '광기'의 과잉적인 계기를 표명하지 않을 수가 없는데, 그러고 나면 그들은 그것을 즉각 '재정상화'하기 위해 노력한다. 그리고 하이데거에게 있어 문제는 그의 근대적 주체성 개념이 이런 내속적 과잉을 설명할 수 없는 것처럼 보인다는 것이다. 요컨대 이 개념은 라캉으로 하여금 코기토는 무의식의 주체라고 주장하게끔 만드는 코기토의 바로 그 측면을 단순히 '커버'하고 있지 못하는 것이다.

혹은, 다른 식으로 표현하자면, 라캉의 역설적 성취 ─ 이는 보통은 그의 지지자들 가운데서조차 주목되지 않은 채 간과되고 만다 ─ 는 그가 다름아닌 정신분석을 위하여 근대로, 즉 주체에 대한 '탈맥락화된' 합리주의적 개념으로 되돌아간다는 것이다. 다시 말해서: 하이데거에 대한 오늘날의 미국적 전유의 진부함은, 세계로부터 배제되어 있고 감각을 통해 제공되는 자료를 컴퓨터와 같은 방식으로 처리하는 자율적 행위자로서의 합리주의적 주체 개념을 제거할 수 있게 해주는 개념적 틀을 하이데거가, 비트겐슈타인이나 메를르-퐁티 등과 더불어, 어떻게 세공했는가를 강조하는 데 있다. '세계-내-존재'라는 하이데거의 개념은 우리가 어떤 구체적이면서 궁극적으로 우연적인 생활세계 속에 되돌이킬 수 없고도 극복할 수 없는 방식으로 '파묻혀 있음'을 가리킨다. 우리는 언제나-이미 세계 속에 있다. 우리는 언제나-이미, 우리의 포착을 피해서 달아나며 또한 유한한 존재로서의 우리가 [그 속에] '내던져져 있는' 불투명한 지평으로서 영원토록 남아 있는 어떤 배경에 마주하여, 하나의 실존적 기획투사에 연루되어 있다. 그리고 의식과 무의식의 대립을 동일한 선상에서 해석하는 것은 관례적이다: 탈체화된 자아는 합리적 의식을 나타내며, 반면에 '무의식'은 우리가 언제나-이미 그것의 일부이며 그것에 붙잡혀 있으므로 결코 완전하게 지배할 수 없는 불투명한 배경과 동의적이다.

하지만 라캉은, 전에 없던 제스처로, 정반대를 주장한다: 프로이트의 '무의식'은 배경의, 즉 언제나-이미 연루된 행위자들인 우리가 삽입되어 있는 삶-맥락의, 구조적으로 필연적이고 환원불가능한 불투명성과는 아무 상관도 없다. 오히려 '무의식'은 주체의 생활세계의 요구들과는 무관하게 자신의 길을 따르는 탈체화된 합리적 기계이다. 그것은, 근원적으로 '탈구되어' 있고 자신의 맥락화된 상황과 불일치하는 한에서의 합리적 주체를 나타낸다. '무의식'은 주체의 원초적 자세를 '세계-내-존재'가 아닌 어떤 것이게 하는 균열이다.

이런 방식으로 우리는 또한, 주체가 어떻게 스스로를 자신의 구체적 생활세계로부터 탈연루시키고 스스로를 탈체화된 합리적 행위자로서 (오)지각할 수 있는가라는 오래된 현상학적 문제에 대한 새롭고도 예기치 않은 해결책을 제공할 수 있다. 이런 탈연루는 바로 그 처음부터 주체 안에 주체가 생활세계 맥락으로 완전히 포섭되는 것에 저항하는 '어떤 것'이 있기 때문에만 발생할 수 있다. 그리고 이 '어떤 것'이란, 물론, '현실 원칙'의 요구들을 무시하는 심적 기계로서의 무의식이다. 이것은, 연루된 행위자로서의 세계 속의 몰입과 불안 속에서의 이런 몰입의 순간적 붕괴 사이의 긴장 속에, 어떻게 무의식을 위한 그 어떤 자리도 없는가를 보여준다. 역설적이게도 자기의식의 데카르트적 합리적 주체를 던져버리고 나면 무의식을 잃게 되는 것이다.

아마도 이는 또한—하이데거는 현상학적 판단중지*epochē*의 고유하게 초월적인 자세를 놓치고 있으며 궁극적으로는 다시금 현존재를 세속적 존재자로서 파악하고 있다고 주장하면서—『존재와 시간』을 포용하는 데 저항하는 후설에게 있어서의 진리의 순간이기도 하다. 비록 이런 비난이 엄밀한 의미에서 표적을 놓치고 있기는 하지만, 그럼에도 그것은 데카르트적 주체성을 특징짓는 '광기'의 지점, 코기토의 자신 안으로의 자기-철회, 세계의 은멸eclipse이 세계-내-존재라는 하이데거의 개념에서 어떻게 사라지는가에 대한 파악을 실로 보여주고 있다. 철학의 커다란 추문은 우리의 대상 표상으로부터 대상 자체로의 이행이 온당하게 증명되지 않았다는 것이라는 그 유명한 칸트의 진술을 어떻게 하이데거가 피해 갔는가는 잘 알려져 있다. 즉 하이데거가 보기에 이 이행이 도대체 하나의 문제로서 지각된다는 것이 진짜 추문인 것인데, 왜냐하면 세계-내-존재로서의, 언제나-이미 대상들에 연루되어 있는 바로서의 현존재의 근본적 상황이 그와 같은 '문제'의 정식화 그 자체를 무의미한 것으로 만들기 때문이다. 하지만 우리의 관점에서 볼 때 그 '이행'(즉 주체가 세계 속으로 입장하는 것, 주체가 자신이 내던져져 있는 현실 속에 연루된 행위자로서 구성되는 것)은 적법한 문제일 뿐만 아니라 더 나아가 정신분석의 바로 그 문제인 것이다.64) 요컨대 나는 '무의식은 시간 밖에 있다'는 프로이트의 진술을 존재의 경험의 존재론적 지평으로서의 시간성temporality에 대한 하이데거의 테제라는 배경에 맞대어 읽어내려고 한다: 정확히 무의식이 '시간 밖에' 있는 한에서 무의식(충동)의 지위는 (라캉이 『세미나 XI』에서 이야기하는 것처럼) '선존재론적'이다. 선존재론적인 것은 '세계의 밤'의 영역이며, 그 속에서 주체성의 공백은 '부분 대상들'의 유령 같은 원-현실과 직면하게 되고 조각난 몸le corps morcelé의 이 환영들로 폭탄 세례를 받는다. 여기서 우리가 조우하는 것은 선-시간적 공간

---

64) 이런 관점에서 볼 때, 후설 사후에 <후설전집>*Husserliana* 속에 출판된 '수동적 종합'에 관한 후설의 후기 수고들을, 하이데거를 피해간—다시 말해서 하이데거나 뒷걸음질 친—이 영역을 지적하고 있는 것으로서 재독해하는 것은 매우 중요하다. 아마도 후기의 후설이 『존재와 시간』이라는 위대한 돌파에 의해 진부한 것이 되어버린 철학적 기획에만 골몰한 것은 아닐 것이리라. Edmund Husserl, *Analysen zur passiven Synthesis*, Husserliana, vol. XI, The Hague: Martinus Nijhoff, 1966을 볼 것.

성으로서의 순수하고 근본적인 환상의 영역이다.

 직관적*eidetic* 환원과 **현상론적-초월적 환원**에 대한 후설의 구분은 여기서 핵심적이다. 현상론적-초월적 환원에서 잃는 것은 아무것도 없으며, 현상들의 전 흐름이 보존되며, 변화하는 것은 오로지 그것들을 대하는 주체의 실존적 자세뿐이다. 현상론적 환원은 현상들의 흐름을 세계 속 저기 밖에 '즉자적으로' 존재하는 것들(대상들 및 사물들의 상태들)을 지시하는 것으로서 받아들이지 않으며 오히려 그것들을 '탈현실화'시키며, 순수한 비실체적 현상적 흐름으로서 받아들인다(아마도 이런 전환은 몇몇 불교 종파에 근접하는 것이다). 현실로부터의 이와 같은 '탈연계'는 '세계 내(에 내던져져 있는) 존재'라는 하이데거의 현존재 개념에서는 상실된다. 다른 한편으로, 비록 후설의 현상론적-초월적 환원이 칸트의 초월적 차원(경험의 선험적 조건들의 차원)의 정반대인 것처럼 보일지라도, 칸트와의 예기치 않은 연결고리가 있다. 「칸트의 유물론」이라는 미출판 수고에서 폴 드 만은 칸트의 유물론의 중심 자리로서 숭고라는 칸트적 문제틀에 초점을 맞춘다.

> 칸트가 세계를 단지 인간이 세계를 보는 대로[*wie man ihn sieht*] 바라보는 것은 그 어떤 지칭 혹은 기호과정*semiosis* 개념도 받아들이지 않는 절대적이고 근본적인 형식주의이다. …… 숭고의 역학 속에서 심미적 판단에 생기를 불어넣는 그 근본적 형식주의는 유물론이라 불리는 것이다.[65]

이를 하이데거의 용어로 옮기면, 숭고의 경험은 우리가 세계 속에 연루되는 것의 중지를 내포한다. 즉 우리가 대상들을, 생활세계의 직조를

---

65) [Paul de Man, *Aesthetics Ideology*, University of Minnesota Press, 1996.]

형성하는 의미들과 사용들의 복잡한 연결망에 붙잡혀 있는, '손 안에 있는' 것으로 취급하는 것의 중지를 내포한다. 그리하여 드 만의 역설적 주장은 표준적 테제와 반대되는데, 이 표준적 테제에 따르면 유물론은 텅 빈 형식적 틀을 채우는 어떤 실정적, 한정적 내용의 층위에 위치하고 있어야 하며(유물론에서는 내용이 형식을 생성하고 결정하는 반면에 관념론은 형식이 포함하는 내용으로 환원불가능한 형식적 선험성을 정립한다), 또한 대상들의 수동적 관조에 대립되는바 대상들과의 실천적 연루의 층위에도 위치하고 있어야 한다. 우리는 이런 역설을 또 다른 역설로 보충하고 싶다: 칸트의 유물론은 궁극적으로 **상상력의 유물론**이며, 일체의 존재론적으로 구성된 현실에 선행하는 *Einbildungskraft*의 유물론이다.

물론 세계에 대해 이야기할 때 우리는 세계의 두 구분되는 개념을 다루고 있다는 것을 염두에 두어야 한다: (1) 인간이 그 안에서 존재자들 가운데 하나로서의 어떤 특수한 자리를 차지하게 되는, 모든 존재자들의 총체로서의, 질시집힌 '거대한 존재의 사슬'로서의 세계라는 전통적인 형이상학적 개념, (2) 고유하게 하이데거적이며 현상학적으로 근거지어진, 존재의 열림의—어떤 구체적 상황에 내던져져 있다는 배경에 맞서 자신의 미래를 기획투사하는 역사적 현존재에게 존재자들이 스스로를 제시하는 방식의—유한한 지평으로서의 세계라는 개념. 따라서 우리가 먼 역사적 과거의 어떤 대상—예컨대, 중세의 도구—과 조우할 때 그것을 '과거의' 것으로 만드는 것은, 그것의 나이 자체가 아니라, 그것이 직접적으로 '우리의 것'이 더 이상 아닌 세계의 (존재의 열림의 역사적 양태의, 의미작용들과 사회적 실천들의 상호연관적 직조물의) 흔적이라는 사실이다.

이제 순수 이성의 이율배반들에서 칸트가 세계 개념(의 존재론적 타당성)을 침식했다고 우리가 주장할 때, 이 주장은 (가능한 경험의 지평을 사실상 넘어서는) 모든 존재자들의 총체로서의 세계라는 전통적인 형이상학적 개념에 한정되는 것 아닌가? 더 나아가, 데카르트적인 물리주의적 내포들(자연적인 눈앞에 있는 대상들의 표상들을 과학적으로 총괄할 개념적 틀로서의 지성 범주들)을 그것에서 제거하고 나서 그것을 유한한 연루된 행위자의 의미 지평 속으로 이항시키기만 한다면, (예지적 초월성에 대립되는 바로서의) 초월적 지평은 존재의 열림의 유한한 역사적 지평으로서의 세계라는 하이데거적 개념을 이미 가리키고 있는 것이 아닌가? 어쩌면 우리는 또 다른 세계 개념을 목록에 더해야만 할 것이다. 즉 전근대적이며 '인간중심적'이지만 아직 주체적이지 않은 견해에서 바라본 코스모스로서의 세계, 지구를 중심에 두고 그 위에 별들이 있는 유한하고 질서지어진 '거대한 존재사슬', 좀더 심오한 의미를 증언하는 어떤 질서를 갖는 세계 등등. 비록 (오늘날 다양한 '전체론적' 접근에서 재단언되는) 이 질서지어진 우주 또한 고유하게 근대적인 공백과 원자의 무한하고 무의미한 '고요한 우주'와 근본적으로 다르긴 하지만, 그럼에도 그것은 존재자들이 유한한 행위자에게 열리는 방식을 결정하는 의미 지평으로서의 현상론적-초월적 세계 개념과 혼동되지 않아야 한다.

그렇다면 이 모든 것은, 칸트가 순수 이성의 이율배반들을 경유하여 세계 개념을 파괴하는 것이, 연루된 행위자에게 존재자들이 열리는 유한한 지평으로서의 세계에 영향을 미치지 않는다는 것을 의미하는가? 우리는 영향을 미친다는 데 내기를 건다: 프로이트가 무의식, 죽음 충동 등등으로 지칭한 차원은 바로 세계 속으로의 우리의 연루된 몰입에 틈새를 주입하는 선존재론적 차원이다. 물론 연루된 행위자의 세계 속의 몰입이 어떻게 산산이 흩뜨려질 수 있는가에 대한 하이데거의 이름은 '불안'이다. 『존재와 시간』의 중심 모티프들 가운데 하나는 그 어떤 구체적 세계-경험이라도 궁극적으로는 우연적인 것이며, 바로 그런 것으로서 언제나 위협을 받고 있다는 것이다. 동물과는 달리 현존재는 결코 자신의 환경에 완전하게 맞추어 들어갈 수가 없다. 자신의 한정된 생활세계 속으로의 몰입은 언제나 불확실하며 그 허약함과 우연함에 대한 갑작스런 경험에 의해 침식될 수 있다. 따라서 핵심적 물음은 이렇다: 현존재를 우연적 삶의 방식 속으로의 몰입 바깥으로 내모는 불안의 이처럼 산산이 흩뜨려 놓는 경험은 주체성을 토대짓는 제스처로서의 '세계의 밤'에 대한, 광기의 지점에 대한, 근본적 위축에 대한, 자기-철회에 대한 경험과 어떻게 관계하는가? 어떻게 하이데거의 죽음을-향한-존재는 프로이트의 죽음 충동과 관계하는가? 그것들을 동일시하려는 (1950년대 초의 라캉 저작에서 발견되는) 몇몇 시도들과는 반대로, 우리는 그것들의 근본적 양립불가능성을 강조해야 한다: '죽음 충동'은 '산죽은' 라멜르를, 존재의 존재론적 열림에 선행하는 충동의 '불멸'의 주장insistence을 가리키는 반면에, 인간 존재는 '죽음을-향해-있음'의 경험 속에서 존재의 유한성과 대면한다.

2장

헤겔의 까다로운 주체

'부정의 부정'이란 무엇인가?

'고대 세계의 잃어버린 지혜의 재발견'(책의 부제)이라는 주제에 관한 뉴에이지 공항 포켓북 변종들의 끝없는 시리즈물 가운데 하나인 콜린 윌슨의 『아틀란티스에서 스핑크스까지』[1]는 결론을 내리는 장에서 두 유형의 앎을 대립시킨다: 현실의 근원적 리듬을 직접 경험케

---

1) Colin Wilson, *From Atlantis to the Sphinx*, London: Virgin Books, 1997.

해주는 '고대'의 직관적이고 포용적인 앎('우뇌의 인식')과 자의식적이며 현실을 이성적으로 해부하는 근대적 앎('좌뇌의 인식'). 고대의 집단적 의식意識의 마법적 힘들에 대한 격찬이 모두 끝나고 그 작가는 다음과 같은 인정을 한다. 즉 비록 이런 유형의 앎이 엄청난 이점을 지니고 있기는 하지만 '그것은 본질적으로 제한되어 있었다. 그것은 너무 쾌적하고 너무 느슨했다. 그리고 그것이 성취한 것들은 공동체적 경향이 있었다.'[2] 따라서 인간의 진화는 이런 상태로부터 벗어나 합리적인 기술적 지배라는 보다 능동적인 태도로 나아가는 것이 필요했다. 물론 오늘날 우리는 그 두 절반을 재결합할, 근대적 성취들과의 결합을 통해 '잃어버린 지혜를 회복할' 가망성과 마주하고 있다(현대 과학 그 자체가 어떻게 그 가장 근본적인 성취들—양자 물리학 등등—에서 이미, '생명의 춤'의 숨겨진 패턴에 의해 지배되는 전체론적 우주라는 방향으로, 기계주의적 관점의 자기-지양을 향하고 있는가에 대한 평범한 이야기).

하지만 여기서 윌슨의 책은 예기치 않은 전환을 취한다. 즉 어떻게 이 종합이 발생할 것인가? 윌슨은 지배적인 두 견해 모두를 거부할 만큼 충분히 영리하다. 그 하나는 전근대적인 것인데, 이에 따르면 '합리주의적 서구'의 역사는 한낱 탈선이었으며, 우리는 다만 옛 지혜로 되돌아가야 하는 것이다. 다른 하나는 그 두 정신적 원리들 간의 균형을 여하튼 유지시켜주고, 그리하여 우리가 양 세계의 최선을 간직할 수 있도록 해줄—잃어버린 통일을 되찾으면서도 그것의 상실에 기반을 둔 성취들(기술적 진보, 개인주의적 역동성 등등)을 유지할 수 있도록 해줄—의사-헤겔적 '종합'의 개념이다. 이 두 판본 모두에

---

[2] 같은 글, p. 352.

반대하여 윌슨은 서구의 합리주의적/개인주의적 자세의 제한을 극복하는 그 다음 단계가 여하튼 이 서구적 자세 내부로부터 출현해야만 한다는 점을 강조한다. 그는 그것의 원천을 상상력에 위치시킨다. 자의식과 개인화라는 서구적 원리는 또한 우리의 상상력을 놀랄 만큼 고양시켜 놓았으며 만약 우리가 이 능력을 그 극한까지 개발한다면 그것은 새로운 수준의 집단적 의식과 **공유된** 상상력에 이르게 될 것이다. 그리하여 그 놀라운 결론은 이렇다. 인간 진화에서 애타게 갈구된 그 다음 단계는, 자연과 전체로서의 우주로부터의 소외를 넘어선 그 단계는 '이미 발생했다. 그것은 과거 3500년 동안 계속해서 발생하고 있었다. 이제 우리가 할 일은 그것을 깨닫는 일이다'(이 책의 마지막 문장).3)

그래서 3500년 전에 어떤 일이 일어났는가? 즉 기원전 1500년경에 말이다.4) 고대 지혜의 최고 성취물인 이집트 고왕국이 쇠퇴하고 근대 유럽적 의식의 발생 원천인 새로운 폭력적 문화들이 등장했다. 요컨대, 타락 그 자체, 즉 '생명의 춤'과의 직접직 접촉을 유지할 수 있게 해주었던 고대 지혜의 숙명적 망각. 우리가 이러한 진술들을 말 그대로 받아들일 경우, 불가피한 결론은 다음과 같다: 타락(고대 지혜의 망각)의 계기가 그것의 정반대와, 애타게 갈구된 진화의 다음 단계와 일치한다. 여기서 우리는 고유하게 헤겔적인 발전의 모체를 갖게 된다. 타락은 이미 **즉자적으로** 그 자신의 자기-지양이다. 상처는 이미 즉자적으로 그 자신의 치료이며, 따라서 우리가 타락을 다루고 있다는 지각은 궁극적으로 오지각이며, 우리의 비뚤어진 관점의 효과이다. 우리가 단지

---

3) 같은 글, p. 354.
4) [원문에 '기원전 2000년경'이라고 되어 있는 것을 저자의 동의하에 국역본에서 바로잡았다.]

할 일은 즉자에서 대자로의 이행을 성취하는 것이다. 즉 우리의 관점을 바꾸어서 어떻게 애타게 갈구된 반전이 현재 진행 중인 것 속에서 이미 작동하고 있는가를 깨닫는 것이다.

하나의 단계에서 또 다른 단계로 운동하는 내적 논리는 하나의 극단에서 정반대의 극단으로, 그러고 나서 그것들의 더 높은 통일로 운동하는 그런 것이 아니다. 오히려 두 번째 이행은, 단순히, 첫 번째의 근본화이다. '서구적 기계주의적 태도'의 문제는 고대의 전체론적 지혜를 망각・억압했다는 것이 아니라 **충분히 철저하게 그것과 단절하지 않았다**는 것이다. 그것은 (논증적 자세로) 새 우주를 여전히 옛 것의 관점에서, '고대 지혜'의 관점에서 지각했다. 그리고 물론 이런 관점에서 새로운 우주는 '타락 이후에' 오는 재앙적 세계로서 나타나지 않을 수 없다. 우리는 타락의 효과들을 원상태로 무효화함으로써가 아니라, 타락 그 자체에서 그 애타게 갈구된 해방을 깨달음으로써 타락으로부터 다시 일어선다.

웬디 브라운은 『상처의 국가』[5])에서 동일한 변증법적 과정의 논리를 참조한다. 즉 거기서 그녀는 어떻게 억압에 대한 피억압자들의 최초 반응이 그들에게 억압을 행사하는 **타자**가 단지 제거된 세계를 상상하는 것인지를 강조한다(여성은 남성 **없는** 세계를, 아프리카계 미국인은 백인 **없는** 세계를, 노동자는 **자본가 없는** 세계를 상상한다). 그와 같은 태도의 잘못은, 그것이 '너무 근본적'이어서 **타자**를 변화시키는 대신에 절멸시키려 한다는 데 있는 것이 아니라, 오히려 충분히 근본적이지 않다는 데 있다. 그런 태도는 어떻게 자신의 위치 그 자체의 정체성(노동자, 여성, 아프리카계 미국인 등등의 정체성)이 타자에 의

---

5) Wendy Brown, *States of Injury*, Stanford, CA: Stanford University Press, 1996, p. 36을 볼 것.

해 '매개된' 것이며(생산 과정을 조직하는 자본가 없이는 어떠한 노동자도 없다 등등), 따라서 억압적 타자를 제거하려 할 경우에 자신의 위치 그 자체의 내용을 실질적으로 변형시킬 수밖에 없는 것인가를 고찰하지 못한다. 이는 또한 조급한 역사화의 치명적 결함이기도 하다. '죄책감과 불안의 오이디푸스적 짐에서 벗어난 자유로운 성욕'을 원하는 자들은 자본가 없이 **노동자로서** 살아남기를 원하는 노동자와 동일한 방식으로 나아간다. 그들 또한 자신들의 입장 그 자체가 어떻게 타자에 의해 '매개된' 것인가를 고려하지 못한다. 남태평양의 자유롭고 금지 없는 성이라는 그 유명한 미드-말리노프스키 신화는 그와 같은 '추상적 부정'의 전형적 사례를 제공한다. 그것은 우리 자신의 역사적 맥락에 뿌리를 둔 '자유로운 성'의 환상을 '원시 사회'라는 공간적-역사적 타자 속으로 단순히 투사한다. 그런 점에서 그것은 충분히 '역사적'이지 않다. 그것은 다름 아닌 '근본적' 타자성을 상상하려는 시도 속에서, 우리 자신의 역사적 지평의 좌표 속에 여전히 붙잡혀 있다. 간단히 말해서, 반-오이디푸스는 궁극의 오이디푸스 신화이다……

 이런 잘못은 헤겔적 '부정의 부정'에 대해 많은 것을 말해준다. 그것의 모체는 상실과 만회의 모체가 아니라 단순히 상태 A에서 상태 B로 이행하는 과정의 모체이다. A에 대한 최초의 직접적 '부정'은 A의 입장을 부정하면서도 여전히 그것의 상징적 경계 내에 머물러 있으며, 따라서 또 다른 부정이 그것에 뒤따라야 하는데 이때 이 부정은 A와 그것의 직접적 부정에 공통인 상징적 공간 그 자체를 부정한다(한 종교의 통치는 우선은 신학적 이설의 가장 속에서 전복된다. 자본주의는 우선은 '노동의 통치'라는 이름으로 전복된다). 여기서, 부정되는 체계의 '실제' 죽음을 그것의 '상징적' 죽음으로부터 분리시키는 틈새는 핵심적이다: 체계는 두 번 죽어야 한다. 마르크스는 『자본』에서 사회주의에서의 '수탈자의 수탈'과 관련해 '부정의 부정'을 단 한 번 사용하는데, 그때 그는 정확히 이와 같은 두 단계 과정을 염두에 두고 있는 것이다. (신화적) 출발점은, 생산자들이 그들의 생산수단을 소유하고 있는 상태이다. 첫 번째 단계에서 수탈의 과정은 **생산수단의 사적 소유권의 틀 내에서** 발생한다. 즉 다수에 대한 수탈은 (자본가라는) 소수 계급으로 생산수단의 소유권이 전유되고 집중되는 것에 해당한다. 두 번째 단계에서 이런 수탈자들 자신이 수탈되는데, 왜냐하면 사적 소유권이라는 바로 그 형식이 폐지되기 때문이다……. 여기서 흥미로운 것은 마르크스의 눈에 **자본주의 그 자체가**, 바로 그 개념에서, 보다 '안정된' 두 생산 양태들 사이의 이행 지점으로서 파악되고 있다는 것이다. 자본주의는 그 자신의 기획의 불완전한 실현을 바탕으로 살아간다(후에 들뢰즈는 동일한 지적을 했는데, 그는 자본주의가 그 스스로 풀어주는 '탈영토화'의 바로 그 힘들에 대해 어떤 제약을 가한다는 점을 강조했다).6)

헤겔적 3중성의 동일한 모체는 또한 당 지배에 반대하는 투쟁의 경험을 구조화했다. 슬로베니아에서 이 투쟁은 세 단계로 나아갔다. 첫 번째는 내속적 반대의 단계였으며 체제를 체제 자체의 가치들의

---

6) 악명 높은 '헤겔적 3중성'의 모체는 두통과 섹스의 관계에서 발생한 두 가지 변동에 의해 제공된다. 좋았던 옛 선-여성주의 시절에, 성적으로 억압당하던 아내는 남편이나 남자의 접근을 거절하기 위해서 '두통 때문에 오늘밤은 안 되겠어!'라고 말했다고 한다. 성적으로 해방된 1970년대에 여성들이 섹스를 부추기는 능동적 역할을 하는 것이 받아들일 수 있는 일이 되었을 때, 여자의 접근에 발뺌하기 위해 동일한 변명을 이용한 것은 대개 남자였다: '오늘밤은 두통 때문에 하고 싶지 않아!' 하지만 치료학의 시대인 1980년대와 1990년대에, 여성들은 다시금 두통을 논거로 이용하지만 정반대의 목적을 위해서다: '두통이 있어. (내가 다시 기운을 차릴 수 있도록) 그거 하자!' (어쩌면, 두 번째와 세 번째 국면 사이에 절대적 부정성이라는 또 하나의 짧은 단계를 삽입해야 할 것이다. 이 단계에서 두 파트너는, 다만, 둘 다 두통이 있기 때문에 그걸 하지 말아야겠다는 데 동의한다…….)

이름으로 비판하는 단계였다: '우리가 갖고 있는 것은 진정한 사회주의가, 진정한 사회주의적 민주주의가 아니다!' 이 비판은 '선헤겔적'이었다. 즉 그것은 기존 체제가 자신의 개념을 실현하는 데 실패한 것이 이 개념 자체의 불충분성을 신호한다는 사실을 고려에 넣지 않았다. 이런 이유 때문에 이 비판에 대한 체제의 응답은 엄밀히 말해서 정확했다. 그에 따르면 그 비판은 추상적이었다. 그것은, 그것이 비판하는 현실 속에서, 그 현실에 반대해 그것이 옹호하는 이상들의 유일하게 역사적으로 가능한 실현을 지각할 수 없는 아름다운 영혼의 입장을 드러냈다.

반대파가 이 진리를 받아들인 순간 그들은 다음의 두 번째 단계로 이행했다: 정치 권력의 공간에 외부적인 것으로서 구상된 자율적 '시민 사회'의 공간을 구축하기. 이제 태도는 이러했다: 우리는 권력을 원하지 않는다, 우리는 단지 정치권력의 영역 밖에서 그 권력을 찬탈함 없이 우리의 예술적, 시민권적, 정신적 등등의 관심들을 표명할 수 있으며, 권력을 비판할 수 있으며, 권력의 한계들에 대해 반성할 수 있는 자율적 공간을 원한다. 물론 다시금 이런 태도에 대한 체제의 근본적 비판('권력에 대한 당신들의 무관심은 거짓이며 위선적이다—당신들이 실제로 추구하는 것은 권력이다')은 정확했으며, 그리하여 마지막 세 번째 단계로의 이행은 바로 우리의 용기를 불러 모아서, 우리의 손은 깨끗하며 우리는 권력을 원하지 않는다고 위선적으로 주장하는 대신에, 우리의 입장을 반전시켜 권력의 비판에 대해 단호히 동의하는 것이었다: '그래, 우리는 **정말로** 권력을 원한다. 왜 그러면 안 된다는 말인가? 왜 그것이 당신을 위해 예약되어 있어야 하는가?'

첫 두 단계에서 우리는 인식과 진리의 분열에 마주친다. 체제 옹호자들의 입장은 거짓이었지만 그들의 비판에는 어떤 진리가 있었으며,

반면에 반대자는 위선적이었다(비록 이 위선이 체제 그 자체에 의해 부과된 제약들에 의해 조건지어진 것이었으며, 따라서 그 반대자의 위선 속에서 체제는 그 자신의 담론의 거짓에 관한 진리를 수취하는 것이었지만 말이다). 세 번째 단계에서 위선은 마침내 체제 그 자체 쪽에 있게 되었다. 다시 말해서, 체제 반대자들이 마침내 자신들이 권력을 추구하고 있다는 것을 인정했을 때, 자유주의적이고 '문명화된' 당원들은 그 반대자들이 권력에 대한 야수적 정욕에 사로잡혀 있다고 비판했다―물론 이 비판은, 절대 권력을 사실상 (여전히) 붙잡고 있었던 자들에 의해 언표된 것이었으므로, 순전한 위선이다. 다른 핵심적 특징은 첫 두 단계에서 실제로 문제가 되었던 것은 **형식 그 자체**라는 것이었다: 내용에 관해서라면, 기존의 권력에 대한 실정적 비판에는 적실성이 없었다(거의 내내 그 비판은 시장 개혁의 출현을 거부하는 것이었으며, 그러고 나면 곧바로 당 강경파들의 술수에 놀아나고 말았다)―일체의 핵심적 요점은 그것의 언표행위 자리였으며, 다시 말해서 비판이 **바깥으로부터** 정식화되었다는 사실이었다. 두 번째 단계인 자율적 시민 사회의 단계에서 이 바깥은 단지 '대자적인for itself' 것이 되었다. 즉 핵심 차원은 다시금 순전히 형식적인 것이었으며, 제한적 의미에서의 정치적 영역으로 권력을 한정시키는 것의 차원이었다. 오로지 세 번째 단계에서만 형식과 내용은 일치했다.

즉자에서 대자로의 이행의 논리는 여기서 핵심적이다. 애인이 자기 파트너를 찰 때, 그 버림받은 주체로서는 둘 사이를 갈라놓은 제3의 인물에 대해 알게 되는 것이 언제나 외상적이다. 하지만 만약 **아무도 없었다는** 것을 그가 알게 된다면, 아무런 외면적 이유 없이 파트너가 자신을 찬 것임을 알게 된다면 이는 훨씬 더 나쁘지 않겠는가? 그와 같은 상황에서 그 파렴치한 '제3의 인물'은 그 연인이 이전의 파트너를 차버리게 한 원인인 것인가, 아니면 이 제3의 인물은 한낱 구실로서 기능하는 것이어서 거기 이미 존재했던 관계의 불만에 몸통을 제공할 따름인 것인가? '즉자적으로' 그 관계는 연인이 새로운 파트너를 만나기 이전에 끝났지만, 이 사실은 새로운 파트너와의 만남을 통해서만 '대자적'이 되었으며 관계가 끝났다는 자각으로 화하였다. 따라서 어떤 의미에서 그 새로운 파트너는 관계의 불만에 몸통을 제공하는 '부정적 크기negative magnitude'이다. 하지만 정확히 그런 것으로서, 그/녀는 이 불만이 '대자적'이 되려면, 그것이 스스로를 현실화하려면, 필요한 것이다. 그리하여 즉자에서 대자로의 이행은 반복의 논리를 내포한다. 어떤 것이 '대자적'이 될 때 현실적으로 그 안에서 어떠한 것도 바뀌지 않는다. 그것은 단지 그것이 이미 즉자적으로 그러했던 것을 반복해서 단언할('재-표시할re-mark') 뿐이다.7) 그리하여 '부정의 부정'은 가장 순수한 지점에서의 반복 이외에 어떤 것도 아니다: 첫 번째 조처에서 어떤 제스처가 성취되고 실패한다, 그러고 나서 두 번째 조처에서 이 동일한 제스처가 단순히 **반복된다**. 이성이란, 이성에게서 초감각적인 비합리적 너머라는 초과 수하물을 박탈하는 지성의 반복 이외에 어떠한 것도 아니다. 예수는 아담에 대립되는 것이 아니라 단순히 두 번째 아담인 것처럼 말이다.

---

7) 이런 이유 때문에, 정신분석적 치료에서 환상의 횡단*la traversée de fantasme*은 이중적이다. 즉 두 개의 횡단이 있으며, 분석 본연은 '그 두 횡단 사이에 놓인' 거리를 메운다. 첫 번째 횡단은 분석자analysand의 일상적 실존의 환상적 지탱물의 붕괴인데, 이는 정신분석에 참여하겠다는 그의 요구를 유지시켜 준다. 무언가가 뒤틀려 돌아가고 있어야 하며, 그의 일상적 삶의 패턴이 붕괴되고 있어야 한다. 그렇지 않다면 분석은 어떠한 근본적인 주체적 결과도 갖지 못하는 공허한 잡담으로 머물고 만다. 예비 담화의 요점은 진정한 분석을 위한 이와 같은 기본적 조건이 갖추어져 있는가를 확정하는 것이다. 그리고 나면 환상을 '통과하기' 위한 작업을 한다. 다시금 이런 틈새는 즉자와 대자 사이의 틈새이다. 첫 번째 횡단은 '즉자적'이며, 두 번째만이 '대자적'이다.

이 이행의 자기-지칭성을 가장 잘 포착한 것은, 이집트인들의 비밀은 이집트인들 자신에게도 또한 비밀이었다는 헤겔의 언명에 대한 자기 나름의 판본을 제공하고 있는 필즈의 위대한 재담이다: **당신은 사기꾼만을 속일 수 있다**. 즉 당신의 속임수는 희생양 자신의 속이려는 성향을 동원하고 조작하는 한에서만 성공할 것이다. 이 역설은 모든 성공적 사기꾼에 의해 확인된다. 그것을 적절하게 수행할 방법은 장차의 희생양에게 절반쯤 합법적인 방식으로 빨리 돈을 벌 기회를 묘사해 주고 그리하여 그 희생양이 제3자를 속이자는 당신의 제안에 자극을 받아서 **자신을 속은 자로 만들** 진짜 함정을 깨닫지 못하도록 하는 것이다……. 혹은, 헤겔식으로 말하자면, 희생양에 대한 당신의—사기꾼의—외적 반성은 이미 희생양 그 자신의 내적 반성적 규정이다. 나의 '부정'—존재하지 않는 제3의 희생양의 속임—에서 나는 사실상 '나 자신을 부정'하며, 속이는 당사자가 속임을 당한다(바그너의 <파르지팔>에 나오는 '구원자의 구원'에 대한 일종의 조롱 섞인 반전으로 말이다).

그렇다면 바로 이와 같은 방식으로 헤겔의 '이성의 간지'는 작동하는 것이다. 즉 그것은 그것의 희생양 속에 있는 자기중심적/기만적 추동들에 기댄다. 다시 말해서 헤겔의 '역사 속의 이성'은 희생양들의 비열한 특성을 조작함으로써 그들을 사취하는 유명한 미국 사기꾼과도 같다. 분명 이런 반전 속에는 일종의 시적 정의[인과응보]poetic justice가 있다. 사기당한 사람은 사기꾼으로부터 자기 자신의 메시지를 그것의 참된/역전된 형태로 받는다. 즉 그는 진짜 사기꾼의 검은 외부 음모의 희생양인 것이 아니라 오히려 그 자신의 비뚤어짐의 희생양이다. 하지만 동일한 반전의 또 다른 사례는 노골적인 **정치의 도덕화**가 필연적으로 그 정반대로—즉, 못지않게 급진적인 **도덕의 정치화**로

―끝을 맺는 방식에 의해 제공된다. 자신들이 관여하고 있는 정치적 적대를 도덕적 항목들(선과 악의 투쟁, 부패 대 정직함의 투쟁)로 곧바로 번역하는 사람들은 조만간 도덕 영역의 정치적 도구화를 실행하지 않을 수 없게 된다. 즉 자신들의 도덕적 평가들을 자신들의 정치 투쟁의 현실적 필요들에 종속시키지 않을 수 없게 된다. '나는 X가 도덕적으로 선하기 때문에 X를 지지한다'는 부지불식간에 '나는 X를 지지하기 때문에 X는 반드시 선하다'가 되어버린다. 이와 유사하게 젠더의 좌파적 직접적 정치화('개인적인 것은 정치적이다', 즉 정치적 권력 투쟁을 위한 투기장으로서의 성 개념)는 불가피하게 정치의 성별화로 바뀌고 만다(정치적 억압을 성적 차이라는 사실에 직접 토대짓기. 이는 조만간 정치를 여성적 원리와 남성적 원리 간의 투쟁으로 변형시키는 뉴에이지식의 어떤 판본으로 끝을 맺고 만다……).

변증법적 왜상

마지막 두 예는 절대자를 '실체로서 뿐만 아니라 또한 주체로서' 개념파악하라는 헤겔의 요청이 어떻게 그것의 외관상의 의미(절대 주체가 자신의 매개적 활동을 통해 실체적 내용 전체를 '삼켜버리는'―통합해버리는―것)의 정반대를 지시하는가를 분명하게 보여준다. 헤겔의 『정신현상학』은 주체가 자신의 기획을 사회적 실체 속에서 실현하고 자신의 전망을 사회적 우주에 부과하려는 시도가 반복해서 실패한다는 동일한 이야기―어떻게 '큰 타자'인 사회적 실체가 그의 기획을 되풀이해서 방해하며 그것을 뒤집어엎는가에 대한 이야기―를 되풀이해서 우리에게 이야기하지 않는가? 그리하여 『현상학』에 나오는 두 분리된 '의식 형태들'('심정의 법칙'과 '아름다운 영혼')을 혼동하는 라캉의 실수는 적어도 부분적으로는 눈감아 줄 수 있는 것이다. 그것들이 공유하는 것은 어쩌면 '불행한 의식'보다도 한층 더 『현상학』의 기본적 작동을 응축하고 있는 동일한 모체이다. 즉 두 경우 모두에서 주체는 자신의 특수한 올바른 태도를 단언하려 하지만, 그의 태도에 대한 현실적인 사회적 지각은 그의 자기-지각의 정반대이다—사회적 실체에게 주체의 올바름은 범죄에 필적하는 것이다.

여기서 하나의 분명한 반론이 나선다: 현상학적 과정에서 여전히 우리는 자신의 나르시시즘적인 제한적 틀 속에 붙잡혀 있으며, 따라서 자신의 궁극적 사망으로써 그 대가를 치러야 하는 주체를 다루고 있는 것이다; 현실적 보편적 주체는 그 과정의 끝에서야 출현하며 더 이상 실체에 반대되는 것이 아니라 참으로 실체를 감싸안는 것이다······. 이런 비판에 대한 고유하게 헤겔적인 대답은 '**절대적 주체**' 같은 것은 **단지 존재하지 않는**다는 것이다. 헤겔적 주체란 일방적 자기-기만의 바로 그 운동, 자신을 자신의 배타적 특수성 속에 정립하는 오만*hubris*의 바로 그 운동—이는 필연적으로 스스로에 반하여 돌아서며 결국 자기-부정으로 끝난다—이외의 어떤 것도 아닌 것이니까 말이다. '주체로서의 실체'는 바로 이런 자기-기만의 운동—이 운동에 의해 어떤 특수한 측면은 그 자신을 보편적 원리로서 정립한다—이 실체에 대해 외부적인 것이 아니라 실체에 대해 구성적이라는 것을 의미한다.

이런 이유 때문에 헤겔의 '부정의 부정'은 분열과 소외의 고통스러운 경험에 뒤이은 동일성에로의 마술적 회귀가 아니라, 탈중심화된 **타자**가 주체의 무례함에 대해 가하는 바로 그 앙갚음이다: 첫 번째 부정은 사회적 실체에 반하는 주체의 조치에(실체적 균형을 교란시키는 주체의 '범죄적' 행위에) 있으며, 뒤이은 '부정의 부정'은 실체의 앙갚음 이외에 어떤 것도 아니다(예컨대 정신분석에서 '부정'은 주체가 자신의 존재의 어떤 실체적 내용을 무의식으로 억압하는 것인 반면에, '부정의 부정'은 억압된 것의 회귀이다). 다시금 아름다운 영혼이라는 진부한 사례를 참조해보자. '부정'은 사회적 환경에 대한 아름다운 영혼의 비판적 태도이며, '부정의 부정'은 아름다운 영혼 그 자체가 어떻게 자신이 거부하고자 꾀하는 사악한 우주에 의존하고 있는가—그리하여 그곳에 완전하게 참여하고 있는가—에 대한 통찰이다. '부정의 부정'은 어떠한 마법적 반전도 전제하지 않는다. 그것은 단순히 주체의 목적론적 활동이 불가피하게 전치되거나 훼방당한다는 것을 신호할 뿐이다. 바로 그런 이유로 인해, 어떻게 부정의 부정 또한 실패할 수 있는가를 강조하고, 어떻게 분열이 또한 '자기에로의 회귀'로 뒤이어지지 않을 수 있는가를 강조하는 것은 과녁을 놓치는 것이다: 부정의 부정은 주체의 기획의 필연적 실패의 바로 그 논리적 모체이다—다시 말해서, 자기-연관적 부정이 없는 부정이라고 한다면 바로 주체의 목적론적 활동의 **성공적** 실현이 될 것이리라.

이 핵심적 측면은 또한 데이빗 린치가 영화에서 이룩한 혁명의 가장 중요한 측면들 가운데 하나에 대한 참조를 통해 분명히 보여줄 수 있을 것이다. 하나의 지배적인 주체적 관점이 내러티브 공간을 조직화하는(예컨대 필름 누아르에서 주인공 자신의 관점이 그런데, 그의 보이스오버voice-over는 극중 행위에 대한 해설을 제공한다) 영화의 전全 역사와는 대조적으로 린치는 다중적 관점을 제시하려 한다. <사구>에서 그가 적용하는 (부당하게도 많은 비평가들이 우스꽝스럽기까지 한 비영화적 소박성에 의거하고 있다는 이유로 기각했던) 방법은 행위에 대한 **다중적** 보이스오버 해설을 사용하고 있는데, 더구나 그것은 상상된 미래 장소로부터 말하는(플래시백에서 과거 사건을 기억하는 주인공) 해설이 아니라, 주체의 의심, 불안 등등을 표현하는 가운데 그것이 해설하는 그 사건과 동시적인 그런 해설이다. 주인공의 보이스오버는 묘사된 상황을 에워싸지 않으며, 오히려 그 자체가 상황의 일부로서 상황 속에 삽입되어 있으며, 주체가 그 상황에 연루되어 있음을 표현한다.

그렇다면 이런 방법이 오늘날의 관객에게 우스꽝스러운 인상을 준다고 해서 결코 놀라운 일이 아니다—섬뜩하게도 그것은 또 다른 주요한 할리우드 제스처와 유사한 것이다: 스크린에 나오는 한 인물이 (어처구니가 없다거나 믿기지가 않는 등등으로 해서) 그를 깜짝 놀라게 하는 무언가를 듣거나 볼 때 대개 그의 시선은 경직되며, 머리를 약간 기울여서 카메라를 똑바로 바라보고 '뭐라고?'라든가, 이와 유사한 어떤 말을 동반한다. 그 장면이 텔레비전 시리즈물에 나오는 것이라면 이 제스처에는 통상 녹음된 웃음소리가 동반된다. <내 사랑 루시>의 경우 규칙적으로 그러했던 것처럼 말이다. 이런 바보 같은 제스처는 등록의 반성적 순간을 신호한다. 내러티브적 현실 속으로의 배우의 직접적 몰입은 순간적으로 교란된다. 배우는, 말하자면, 내러티브 맥락 밖으로 그 자신을 끄집어내어 자기 자신의 곤경에 대한 관찰자의 자리를 차지한다……. <사구>와 <내 사랑 루시> 두 경우 모두, 겉보기에 이렇듯 천진난만한 방법은 표준적인 존재론적 건축물의 바로 그 토대를 위협한다. 그것은 '객관적 현실'의 바로 그 심장부에 주관적 관점을 기입한다. 다시 말해서 그것은 소박한 객관주의와 초월적 주관주의 간의 대립을 침식한다. 우리는 미리 주어진 '객관적 현실'과 그것에 대한 왜곡된 바라봄을 제공하는 다양한 주관적 관점들을 갖는 것도 아니며, 또한 그것의 초월적 반대 지점, 즉 현실 전체를 에워싸고 구성하는 통일된 주체를 갖는 것도 아니다. 우리에게 주어지는 것은 현실 속에 **포함된**, 현실 속에 삽입된, 하지만 그럼에도 불구하고 현실에 대한 자신들의 관점이 현실에 대해 구성적인 다중적 주체들의 역설이다. 린치가 예시하려 애쓰고 있는 것은, 정확히 하나의 환영(현실에 대한 왜곡된 바라봄)으로서 현실을 구성하는 주체적 환영의 애매하고 섬뜩한 지위인 것이다. 우리가 만일 현실로부터 그것에 대한 환영적 관점을 뺀다면, 우리는 현실 그 자체를 잃는다.

철학적 층위에서 이런 섬세한 구분은 우리로 하여금 헤겔이 칸트의 관념론과 단절하고 있는 지점을 파악할 수 있게 해준다. 물론 헤겔은 칸트의 초월적 관념론의 가르침(주체의 '정립하는' 활동에 앞서는 어떠한 현실도 없다)을 배웠다. 하지만 그는 주체를, 현실을 직접 구성하는 중립적-보편적 작인으로서 끌어올리길 거부했다. 이를 칸트적 용어로 옮긴다면: 헤겔은 주체 없이 어떠한 현실도 없다는 것을 인정하면서도 주체성은 본래 '정념적'이다(편향되어 있으며, 전체에 대한 왜곡되고 불균형적인 관점에 제한되어 있다)라고 주장했다. 그리하여 헤겔의 업적은, 전에 없는 방식으로, **주체 활동의 존재론적으로 구성적인 성격을 주체의 환원불가능한 정념적 편향과 결합시킨 것이었다**. 이 두 특징이 함께 사고되고 상호의존적인 것으로서 생각되어질 때, 우리는 '현실' 그 자체에 대해 구성적인 정념적 편향이라는 개념을 얻는다.

현실에 대해 구성적인 이 정념적 편향에 대한 라캉의 이름은 물론 **왜상**anamorphosis이다. 예컨대 홀바인의 <대사들>에서 왜상은 실제로 무엇에 해당하는가? 지각되는 장면의 일부는, 그것이 어떤 특별한 관점으로부터만, 즉 그 관점에서 보면 나머지 현실이 흐려지는 그런 특별한 관점으로부터만 그 고유의 윤곽들을 획득하게 되는 그런 방식으로 왜곡되어 있다. 우리가 얼룩을 해골로 분명히 지각할 때, 그리하여 '정신은 뼈이다'의 지점에 도달할 때, 현실의 나머지는 더 이상 식별할 수 없다. 그리하여 우리는 현실이 이미 우리의 응시를 내포한다는 것을, 이 응시가 우리가 관찰하고 있는 장면 속에 **포함되어 있다는** 것을 깨닫게 되며, 이 장면이 이미—카프카의 『심판』에서, 법의 문은 오직 그 '시골에서 온 남자'만을 위해서 거기 있다는 바로 그 의미에서—'우리를 응시한다'는 것을 깨닫게 된다. 다시금 우리는 라캉을 '주체적 구성'이라는 표준적인 관념론적 개념(이에 따르면 그 자체로서의 현실reality as such, 현실 전체는 esse=percipi라는 일반적 의미에서, 주체의 응시를 위해서만 '거기에 있음'이라는 일반적 의미에서, '왜상적'이다)으로부터 영원히 분리시키는 사소하고도 지각불가능한, 하지만 그럼에도 불구하고 핵심적인 틈새를 식별할 수 있다: 현실 속의 맹점이라는 라캉의 개념은 **왜상적 왜곡을 현실 자체 속으로 도입한다**. 현실이 주체를 위해서만 거기 있다는 사실은 왜상적 얼룩이라는 모습으로 현실 속에 기입되어야만 한다—이 얼룩은 **타자**의 응시를, 대상으로서의 응시를 나타낸다. 다시 말해서 왜상적 얼룩은 눈과 응시의 틈새를 묘사함으로써 표준적인 '주관적 관념론'을 교정한다: 지각하는 주체는 언제나—이미 그의 눈을 벗어나는 지점으로부터 응시당한다.

3, 4, 5

'주체로서의 실체'라는 헤겔적 개념은 통상 변증법적 과정의 3중적 형식과 동일시된다: '실체는 주체다'는 그것이 자기-전개하는 존재자인바, 스스로를 외화하며, 자신의 타자성을 정립하며, 그러고 나서 자신을 그것과 재결합한다는 것을 의미한다……. 이런 상투적인 이야기와는 달리 우리는 주체성의 현실적 차원이 정확히 3중성의 곤궁들 속에서, 즉 헤겔이 동요하면서 4중적 형식이나 심지어는 5중적 형식을 제시하는 저 장소들에서 식별가능하다고 주장할 수도 있을 것이다. 그렇다면 3중적 형식은, 즉 헤겔적 과정의 악명 높은 3중적 '리듬'은 얼마나 적절한 것인가? 이런 고려들은 비록 최악의 의미에서 순전히 형식적인 것처럼 보이지만 그럼에도 불구하고 우리를 **주체성**의 체계로서의 헤겔적 체계의 가장 깊숙한 긴장과 불안정성에 즉각 대면시킨다.

헤겔의 『대논리학』을 결론 맺고 있는 '방법론적' 언급들에 들어 있는 유명한 구절에서 시작해보자. 거기서 헤겔 스스로가 3중성 또는 4중성에 대해 이야기한다. 어떤 과정의 중간 계기, 즉 출발로서의 직접성과 결론으로서의 매개된 직접성 사이에 있는 중간 계기—다시 말해서, **부정**의 계기—는 두 번 셈될 수 있다. 즉 직접적 부정으로서와/나 자기-연관적 부정으로서 말이다. 따라서 전체 과정은 셋 또는 넷의 계기로 이루어진다. 자연 철학에서 헤겔이 정신의 기본 형식은 3중성이며 자연의 기본 형식은 4중성이라고 주장할 때 그는 이런 형식적 선택성에 실정적인 존재론적 토대를 제공하는 것처럼 보인다: 자연은 외부성의 왕국이므로, 논리적 계기들 각각은 거기서 별도의 실정적 존재를 획득해야만 한다. (헤겔의 표준적인 남성 지배적 관점에서 남자와 여자가 문화와 자연으로서 연관되어지는 한에서, 헤겔이 4중성을 자연에 배당한 것은 동양적 사고에 있는 '남성적' 숫자와 '여성적' 숫자로서의 3과 4의 전통적 대립을 가리키고 있다고 주장하고 싶은 마음이 생기기조차 한다.[8])

---

8) 그렇지만 그 동요는 3중성과 4중성 사이에서의 동요인 것만이 아니다. 역사적 변증법은 종종 5중성을 가리키는 것처럼 보이기도 한다. 헤겔의 『현상학』에서 서구 역사의 이상적 3중성이라고 한다면 그리스적 인륜성Sittlichkeit(직접적인 윤리적 실체성과 유기적

하지만 또 다른, 훨씬 더 실질적이고도 적실한 4중성 논리의 예시가 존재한다. 이념―즉 논리학의, 순수 개념적 규정들의, '창조의 행위 이전의 신'의 왕국―은 두 가지 방식으로 부정될 수 있다: 자연의 가장 속에서, 그리고 유한한 정신의 가장 속에서. 자연은 이념의 직접적 부정이다. 자연은 그 무심한 공간적 외부성 속에서 이념을 대신한다. 유한한 정신, 활동적 주체성은 이와는 아주 구별되는데, 그것은 자신의 무한한 권리를 주장하며 스스로를 보편자에 대립시키는바, 보편자의 유기적 균형을 교란시키며 전체의 이익을 자신의 이기주의에 종속시킨다. 이 부정은 자기-연관적이며, '악'이며, 타락의 계기이다 (자연의 무구함과는 대조적으로 말이다). 이 두 번째 부정의 역설은 그것이 더 근본적이며 무한한 고통과 자기-소외의 계기이지만, 바로 그런 이유 때문에 화해에 더 가까이 있다는 것이다: 유한한 자기의 경우에 총체성으로부터의 타락은 자기-연관적이며 바로 그런 것으로서 정립되기 때문에, 그것은 또한 잃어버린 총체성과의 재결합을 갈망

통일성의 세계), 근대의 공리주의에서 절정에 달하는바 중세 우주 속에서의 인륜성의 소외, 그리고 윤리적 실체와 근대적 합리적 국가 속의 자유로운 개체성individuality의 궁극적 화해일 것이리라. 그렇지만 그 두 이행들(실체적 통일성에서 그것의 소외로의 이행, 그리고 철저한 소외로부터 화해로의 이행) 각각에 있어서 섬뜩한 중간 계기가 개입한다. 그리스의 실체적 통일성과 중세의 소외 사이에, 추상적 개인주의individualism 의 로마 시기가 있다(이 시기에 그리스의 실체적 윤리적 통일성은 이미 상실되었지만, 소외는 아직 발생하지 않았다―로마인들은 아직은 자신들의 현실 세계를 초재적 신성의 단순한 반영으로서 생각하지 않았다). 공리주의적 시민 사회와 근대적 합리적 국가 사이에는 절대적 자유의, 혁명의 외상적 공포의 짧은 시기가 있다(이것은 이미 소외를 대체하지만 직접적 방식으로 대체하며, 따라서 진정한 화해를 가져오는 대신에 전적인 자기파괴적 광포함으로 끝을 맺는다). 흥미로운 점은, 이처럼 두 개의 중간 단계의 개입을 통해 3중성이 5중성으로 바뀌는 것과 동일한 과정을 통해 표준적인 역사유물론적 3중성―부족적 선-계급 사회, '소외된' 계급 사회, 그리고 다가오는 후-계급 사회주의 사회―또한 교란되는 것처럼 보인다는 것이다. 부족적 선-계급 사회와 계급적 노예 사회 사이에 '동양적 전제국가'가 개입하며, 그러고 나서 그것은 다시금 스탈린주의적 전제 국가라는 모습으로 자본주의와 '진정한' 사회주의 사이에 재개입한다.

하는 것으로서 현존한다……. 비토리오 회슬레의 생각에 따르면, 유한한 정신의 계기를 뒤따라야 하는 화해의 계기는 다름아닌 '객관적' 정신인 것인데, 거기서 자연과 유한한 정신이라는 두 분리된 계기는 화해를 이룬다: 인간의 '제2의 자연'으로서의 간주체적 인륜성Sittlichkeit의 총체성.[9] 그리하여 전체 체계는 네 개의 계기로 구성되는 것일지도 모른다: 논리적 이념, 자연 속에서의 그것의 직접적 외화, 자연에 대립하는 유한한 주체 속에서의 그것의 추상적 '자기 회귀', 그리고 네 번째 계기로 자연과 유한한 정신의 화해로서의 '제2의 자연'인 윤리적 실체. 회슬레에 의하면 헤겔이 4중성에 반하여 3중성을 고집한 것은, 단자적 주체와 대립되는 간주체성의 논리학 및 대상을 향한 그것의 변증법적 운동을 적절히 포착하지 못하는 데 따른 것이다.

이런 문제들은 논리학의 상이한 전체적 구조들 사이에서의 헤겔의 동요를 중층결정하고 있을 뿐만 아니라, 논리학 자체와 『실재철학』의 상이한 상관 관계들 사이에서의 헤겔의 동요를 중층결정하고 있다. 헤겔의 논리학에서, 존재 본질-개념의 3중 분절은 '객관 논리학'(존재와 본질)과 개념의 '주관 논리학'으로의 2중적 분리와 이상하게 중첩된다. 이는 변증법적 과정의 전체적 분절과 대조적인데, 거기서 주체성[주관성]은 두 번째로 오며 분리·부정성·상실의 계기를 나타낸다. '대안적 역사들'과 게임을 벌이는 것이, 즉 헤겔 체계의 상이한 가능 판본들과 게임을 벌이는 것이 어떻게 해서 심오하게 생산적인가를 마땅히 강조한 바 있는 회슬레가 보기에, 그 증상적 약점은, 즉 논리학 전체를 결론 맺는 계기로서의 '주관 논리학'의 문제적 성격을 폭로하는 그 실패 지점은, 주관 논리학의 첫 번째 부분에서 '객관성'으로 이행

---

9) Vittorio Hösle, *Hegels System: Der Idealismus der Subjektivität und das Problem der Intersubjektivität*, vols 1 and 2, Hamburg: Felix Meiner Verlag, 1988 참고.

하고 있는 지점인데, 이는 우리를 다시금 본질(인과적 메커니즘들)의 영역에 마땅히 속하는 구조들로, 자연(화학 작용, 유기체)의 철학으로, 혹은 유한한 정신(외부적 목적론)의 철학으로 되던져 놓는다. 헤겔은 주관 논리학 본연을 객관성으로 '외화'시키는 이런 제스처를 성취해야만 하며, 그리하여 그런 다음에야 그는 절대 이념을, 주관 논리학과 객관성의 종합을, 제3의 계기로서 제안할 수 있는 것이다.

그리하여 '주관 논리학'(개념-판단-추론)을 전체의 3중적 구조의 두 번째 부분으로서 설정하고, '주관 논리학 본연(개념 논리학의 첫 번째 부분)에 제3의 논리학을, 즉 '객관' 논리학(이는 선주체적 현실의 범주적 구조를 존재에서 시작해서 본질을 통과해서 기술하며, 현실성 개념, 즉 자기 원인 *causa sui*으로서의 실체 개념 및 그것의 주체로의 이행에서 결말을 맺는다)과 '주관 논리학'(이는 유한한 주체의 추리의 범주적 구조를 기술한다—바로 이곳에서 우리는 전통적 '논리학'의 내용을 발견한다)의 종합을 더한다면 훨씬 더 일관적이었을 것이다. 이 제3의 논리학은 객관적 계기와 주관적 계기의 통일로서의 정신적 실체인 '제2의 자연'의 범주적 구조를 기술할 것이리라—즉 그것은 간주체성 *inter*subjectivity의 범주적 구조를 규정할 것이리라. 그리고—시대착오적으로 앞당겨서 덧붙이고만 싶은 것인데—라캉이 상징적 질서를 객관적인 것으로도 주관적인 것으로도 규정하고 있지 않고 정확히 간주체성의 질서로서 규정하는 한에서, 이런 제3의 간주체성 논리학을 위한 완벽한 후보는 주체가 주체의 상징적 실체로서의 **타자**에 대해, 즉 주체가 다른 주체들과 상호작용하는 공간으로서의 **타자**에 대해 맺고 있는 관계의 그 이상한 구조를 배치하는 정신분석적 '기표의 논리학'이 아닌가? 우리는 이미 이런 논리학의 단편들을 다음과 같은 다양한 영역들과 모습들 속에서 소유하고 있지 않은가? 즉 주체성(관찰자의 자리, 양자 잠재성으로부터 현실적 존재로의 이행)을 구조적으로 내포하고 있는 원자 물리학의 논리적 구조에서; 내적 목적론을 이미 드러내 보이는 생의 '자기생산autopoiesis'에서; 라캉의 '논리적 시간' 개념에서; 그리고 (윤리적 실체를 거스르는) 죄와 그에 대한 용서라는, 죄인이 소원해진 공동체와 화해함이라는 헤겔의 간주체적 변증법—거기서 하버마스는 간주체적 의사소통 과정의 모델을 보았다—에서.

하지만 여전히 우리는 사회적 실체가 정말로 자연과 유한한 정신 사이에서 성취된 화해인 것인가라는 물음과 직면해야만 한다: 하나의 틈새가 '제1의' 자연과 '제2의' 자연 사이에 영원히 존속하는 것은 아닌가? '제2의 자연'은 외부적 우연성(지구와 충돌하는 전설적인 혜성)에 의해서건 아니면 전쟁이나 생태적 재앙을 통한 인류의 자기파괴에 의해서건 여하한 순간에라도 파괴될 수 있는 불안한 균형 상태인 것이 아닌가? 게다가 정신분석의 대상은, 정확히, 첫 번째와 두 번째 자연 사이의 이런 틈새—첫 번째 자연에서 발판을 잃은 후로 두 번째 자연에서 결코 완전한 편안함을 느낄 수 없는 인간 주체의 불안정한 위치: 프로이트가 *das Unbehagen in der Kultur*[문명 속의 불안]라고 불렀던 것, 첫 번째 자연에서 두 번째로의 이행이 잘못 나아갈 수 있는 그 각이한 방식(정신증, 신경증……)—이지 않은가? 그리하여 주체가 그의 제2의 자연과 완전하게 화해하는 것에 저항하는 어떤 중핵이 있다: 이 중핵에 대한 프로이트의 이름은 충동이며, 그에 대한 헤겔의 이름은 '추상적 부정성'(혹은, 젊은 헤겔의 보다 시적인 용어로는, '세계의 밤')이다. 헤겔이 전쟁의 필요성을 강조하는 것은 바로 이 때문이지 않겠는가? 이따금씩 전쟁은 주체로 하여금 추상적 부정성을 다시 맛보게 해주고, '제2의 자연'으로서의 사회적 실체의 구체적 총체성에 완전히 몰입하고 있는 주체를 흔들어 놓아야 한다는 것이다.

이 틈새 때문에 논리학의 전체적 구조는, 오히려, 4중적이었어야 한다: (선주체적 현실의 범주적 구조들을 기술하는) '객관 논리학'과 (개념에서 추론에 이르기까지, 유한한 주체의 추리reasoning를 기술하는) '주관 논리학'을 '간주체적 논리학'이, 더 나아가 (간주체적 실체는 여전히 그 자체와 객관성 간의, 첫 번째와 두 번째 자연 간의 틈새를 메우지 아니하므로) '절대 논리학'이 뒤따라야 한다. 라캉적 용어로, 간주체적 논리학은 욕망의 구조를 다루는 기표의 논리학인 반면에 절대 논리학은 실재의 논리학, 충동의 논리학이다. 그리고 사실상 논리학 결론 부분에서, 진眞의 이념과 선善의 이념의 종합에 대한 탐색에서, 헤겔은 충동의 핵심적 역설을 기술하는 것처럼 보인다: 수동성(진에 대한 관조)과 능동성(선을 실현하려는 시도) 간의 긴장에 대한 해결책은, 주체가 자신의 윤리적 시도 속에서 불가능한 이상을 실현하려 헛되이 분투하고 있는 것이 아니라는, 그것을 실현하려는 바로 그 반복되는 시도들을 통해 이미 현실적인 무언가를 실현하고 있다는 사실을 파악하는 것이다. 이는 나중에 라캉이 충동의 목적과 목표를 구분하면서 정의하는 역설(충동의 진정한 목적은 그 목표 실현의 바로 그 반복된 실패 속에서 실현된다)이지 않은가?

논리학 자체와 『실재철학』의 관계에 대하여, 회슬레는 다시금 어떻게 그 양자의 평행성이 결코 완전하지도 안정적이지도 않은가를 지적한다. 헤겔 체계의 표준적 형식(논리학-자연-정신)에서, 논리학의 3중성(존재-본질-개념)은 『실재철학』의 단순한 2중성(자연-정신) 속에 적절하게 반영되지 않고 있다. 하지만 만약 우리가 『실재철학』을 자연-유한한 정신-객관적/자연화된 정신의 3중성으로 변형시킨다면, 그 체계의 전체 구조는 더 이상 3중적이 아니라 4중적이 된다. 그리하여 우리는 전체적 3중성을 갖되 논리학과 『실재철학』의 완전한 평행성을 잃는 것이거나, 아니면 완전한 3중적 평행성을 갖되 논리학과 『실재철학』이 전체적으로 2중적으로 분리되어 있거나이다⋯⋯.

그리고—추가로 덧붙이고 싶은 것인데—이념이 자연으로부터 '자기 회귀'한 바로서의 정신을 추가적인 나사 조이기를 통해서 자연 그 자체와 화해시키는 데 이처럼 실패하고 있는 헤겔의 모습은 성욕에 대한 그의 환원주의적 개념 속에서 또한 식별가능하다. 다시 말해서 헤겔은 성욕의 '문화화'라는 것을, 문명화된 사회-상징적 결혼 형태로 그것을 단순히 '지양'하는 것으로서 이해한다. 헤겔은 자신의 자연 철학에서 성욕을 인간 사회의 단순한 자연적 토대와 전제로서 취급하는데, 거기서 자연적 짝짓기는 결혼이라는 정신적 결합 속에서 '지양'되며 생물학적 출산은 성姓에 의해 표시되는 상징적 대이음 속에서 '지양'되며 등등이다. 물론 헤겔은 이런 '지양'이 또한 자연적 필요들을 충족시키는 형식에 영향을 주고 그 형식을 변화시킨다는 것을 잘 알고 있지만(짝짓기에 앞서 유혹의 과정이 선행한다, 그것은 동물에게서처럼 뒤에서 *a tergo* 행해지는 것이 아니라 보통은 정상 체위로 행해진다 등등), 그럼에도 그는 이 상징적-문화적 '지양'이 자연적 필요들을 충족시키는 형식을 변화시킬 뿐만 아니라 여하간 그 필요들의 바로 그 실체에 영향을 미친다는 것을 고려에서 빠뜨린다. 즉 궁정풍 사랑 같은 성적 강박 속에서, 궁극적 목적인 충족 그 자체는 그 자연적 토대로부터 단절되며, 필요와 필요의 충족이라는 자연적 순환 너머에 존속하는 치명적 정념으로 변화한다는 것을 말이다.

요점은 인간이 동물보다 더 교화된 방식으로 (혹은, 물론 비교할 수 없을 정도로 더 잔인한 방식으로) 섹스를 한다는 것뿐만이 아니라, 인간이 성행위를 인간의 전 삶이 종속되는 절대적 목적으로 고양시킬 수 있다는 것이다—헤겔은 짝짓기라는 생물학적 필요가 이처럼 고유하게 '형이상학적인 정념'으로서의 충동으로 변화하는 것을 무시하는 것처럼 보인다. 트리스탄과 이졸데를 예로 들어보자: 헤겔의 체계 속에서, 이런 치명적 정념을 위한, 자기 자신을 향유의 밤으로 빠뜨리고 상징적 속박들의 일상적 우주를 떨구어버리려는 이런 의지를 위한—문화도 자연도 아닌 이 무조건적 충동을 위한—자리는 어디인가? 비록 이런 정념은 문화(상징적 속박들 등등)의 영역을 중지시키고자 분투하지만, 그것은 본능적 자연으로의 회귀와는 아무런 관련도 없다. 오히려 그것은 자연적 본능의 가장 근본적인 도착을 내포하며, 따라서 역설적이게도 우리로 하여금 이런 '비자연적' 정념의 치명적 소용돌이를 회피할 수 있게 해주고 또한 본능적 필요들의 안정적인 자연적 균형을 그것들의 상징화된 형식 속에서 되찾을 수 있도록 해주는 것은 문화의 질서에 대한 바로 그 의존이다.10) 또 다른 방식으로 말하자면, 헤겔이 고려에서 빠뜨리고 있는 것은 '성적 관계는 존재하지 않는다'는 사실이다: 문화는 성욕에 교화된 형식을 부여할 뿐만이 아니라 그것을 철저하게 탈선시키며, 그리하여 인간이 '그것을 할 수 있는, 그것을 즐길 수 있는, 유일한 길은 어떤 저마다의 '도착적' 환상적 시나리오에 의지하는 것이다—궁극적인 인간적 도착은 이른바 '자연적' 본능적 성적 만족이 계속 작동하기 위해서는 문화적인 보철물을, 일종의 상징적 목발을 필요로 한다는 것이다. 바로 이런 층위에서만, 성적 충동

---

10) 헤겔의 실패를 보여주는 또 다른 지시물은 그가 자신의 '인류학'에서 광기를 취급하는 방식인 것 같다. 그는 광기를 특징짓는 공적 사회적 우주로부터의 철회를 '동물적 영혼'으로의 퇴행으로 환원한다. 정신증 속에서 회귀하는 그 '세계의 밤'은 동물적 우주가 아니라 오히려 살아 있는 존재의 자연 환경 속으로의 몰입이 부정되고 중지되는 것이다. *Hegel's Philosophy of Mind*, Oxford: Clarendon Press, 1992의 408번째 절(para.)을 볼 것.

그 자체의 '도착적' 문화화 속에서만, 우리는 자연과 정신의 현실적 '화해'를 이룰 수 있는 것이다.[11]

이런 노선을 따라서 우리는 또한 헤겔 『현상학』의 사실상의 이분적 구조의 '비밀'을 설명할 수 있다: 『현상학』의 전개가 명백히 갈라지는 두 부분—의식-자기의식-이성이라는 '공시적' 3중성과 정신-종교-철학(즉 절대지)이라는 '역사적' 3중성—에 대한 논리적 대응물은 '순수' 철학의 두 부분으로서의 논리학과 형이상학이라는 (예나 시절까지의) 초기 헤겔에게 있어서의 2중성인데, 그러고 나서 (나중의 자연과 정신의 철학에 상응하는) 『실재철학』이 이를 뒤따른다. 논리학과 본연의 형이상학을 구분하는 것은, 관계들/매개들의 연결망에 속에 붙잡혀 있는 유한한 현실에만 접근할 수 있는 주관적·반성적 이성과 (주체와 대상, 사유와 존재, 이성 자신과 직관 등등의) 모든 반성적 대립들 너머로 절대자 그 자체를 파악하는 (혹은, 오히려, 그것과 직접 동일화하는) 한에서의 인간 정신을 구분하는 것과 일치한다. 물론 이런 구분은 여전히 셸링적이다: 헤겔은 유한자의 반성적 대립과 모순 너머에/위에 어떠한 절대자도 없다는 것을 받아들일 때 '헤겔이 되었다'—절대자는 이 유한한 규정들의 자기-지양 운동 이외에 어떤 것도 아닌

---

11) 그리하여 피임에 반대하는 가톨릭 교회의 표준적 논변(출산이라는 고귀한 목적을 빼앗긴 섹스는 동물적 간음으로 전락하고 만다)은 명백히 요점을 놓치고 있다. 출산—즉 생물학적 재생산—에 이바지하는 섹스야말로 동물적인 것 아닌가? 성행위가 그 '자연적' 목표로부터 분리되어 그 자체로 목적이 될 수 있다는 것이야말로 엄밀히 말해서 인간적인 것 아닌가? 혹은, 이를 남성-쇼비니즘적 표현으로 옮기자면: 동물적 세계에서 '창녀'와 '어머니'의 대립을 상상하는 것이 가능하겠는가? 자연의 관점에서 볼 때 '정신'이란 무의미한 지출을, 목적이 억제된 *zielgehemmtes* 본능을—즉 그 '자연적' 목적과 관련하여 가로막혀 있으며 그 때문에 충동의 끝없는 반복 운동에 붙잡혀 있는 본능을—지칭한다. 만약—라캉이 반복해서 강조한 것처럼—탁월한 상징적 제스처라는 것이 공허하고/거나 저지된 제스처, 성취되지 않도록 의도된 제스처라면, 성욕은 출산이라는 자연적 운동에 맺고 있는 그 연결고리를 잘라냄으로써 스스로를 '인간화'하는 것이다.

것이다; 그것은 반성 너머에 있지 않으며, 오히려 절대적 반성 그 자체이다. 헤겔이 일단 이런 통찰을 획득한 후로, 논리학과 형이상학의 구분은 무너져야만 했다: 논리학 자체는 '형이상학'과, 즉 생각해볼 수 있는 모든 현실 형태를 결정하는 내속적 범주적 연결망에 대한 철학적 학문과 동일시되어야만 했다.

이는 변증법적 '진보'의 전형적 경우이다. 우리가 (외적 반성적 대립들을 다루는, 자신의 대상인 존재와 대립되는 바로서의 추리reasoning를 다루는) 논리학으로부터 (절대자의 구조를 직접 기술하는) 형이상학으로 이행하는 것은 어떠한 종류의 '진보'에 의해서도, 어떠한 종류의 논리학의 대변환에 의해서도 아니다. 오히려 그것은, 절대자에 대한 우리의 파악—즉 본연의 형이상학—을 위한 한낱 오르가논 *organon*으로, 서론적 도구들로, 예비적 단계로 우리가 (오)지각한 것이 어떻게 절대자의 구조를 이미 기술하고 있는가를 자각하게 됨으로써이다. 다시 말해서, 정확히 우리의 유한한 반성된 추리의 영역 말고도 파악되어야 할 어떤 절대자가 있다고 계속해서 전제하는 한에서, 우리는 절대자를 파악하는 데 실패한다. 우리가 외적 반성의 한계를 현실적으로 극복하는 것은 어떻게 이 외적 반성이 절대자 그 자체에 내속하는가를 단순히 자각하게 됨으로써이다. 바로 이것이 칸트에 대한 헤겔의 근본적 비판이다: 칸트가 지성의 외적 반성을 극복하는 데 실패하고 있다는 것이 아니라, 그가 지성의 파악을 벗어나는 어떤 너머가 있다고 계속해서 생각한다는 것. 칸트가 보지 못하고 있는 것은 미래 형이상학에 대한 비판적 '프롤레고메나'로서의 『순수이성비판』이 이미 유일하게 가능한 형이상학이다는 것이다.

이런 구분과 중첩되는 것이, 현실의 존재론적 구조를 파악할 수 있게 도와주는 개념적 도구들(개념 형성의 규칙들과 판단·추리의 형식들)을 제공하는 (전통적인 아리스토텔레스적) 오르가논이라는 의미에서의 '논리학'과 (존재론적 구조를 직접 기술하는) '형이상학'의 구분이다: 『현상학』의 첫 번째 3중성은 '논리학'의 층위에 머물며, 유한하고 고립된 주체가 사회를 파악할 수 있게 해주는 상이한 양태들의 현상적 연쇄를 제공한다; 반면에 두 번째 3중성은 절대자 그 자체의 현실적인 역사적 형태들/형상들의 현상적 연쇄를 직접 기술한다. (그리하여 초기 헤겔의 '논리학'은 성숙한 헤겔의 '주관 논리학'의 첫 번째 부분에 느슨하게 들어맞는데, 이는 선주체적 현실의 존재론적 구조를 배치시키는 '객관' 논리학을 뒤따른다.) 이런 정확한 의미에서, 헤겔의 『현상학』은 이행의 작업이라고—즉 그것은 그것의 충족된 자기-배치와 더불어, 본연의 체계에 대한 (아직) 서론적인 전주곡으로서, 반성과 변증법적 반전들의 '미친 춤'에 매혹되어 있다는 점에서, 여전히 초기 헤겔의 흔적들을 드러내고 있다고—정당하게 주장할 수 있다. 다시 말해서 『현상학』은, 정확히 그것이 여전히 자신의 역할을 본연의 체계에 대한 '서론'의 역할로서(비록 동시에 그것의 첫 번째 부분으로 서기는 하지만—바로 이 점이 그것의 해결되지 않은 궁극적 애매성의 원천이다) 파악하고 있는 한에서, 아직은 '진정으로 헤겔적인' 것이 아니다.

헤겔에게 있어서 이성은 '추상적' 지성의 능력보다 '더 높은' 또 하나의 능력이 아니다. 지성을 정의하는 것은, 지성 너머에 지성의 추론적 파악을 벗어나는 또 다른 영역(말로는 표현할 수 없는 신비성이건 아니면 이성이건)이 있다는 바로 그 환영이다. 요컨대 지성에서 이성에 이르기 위해서 어떠한 것도 더할 필요가 없으며 오히려 반대로 무언가를 **빼야** 한다: 헤겔이 '이성'이라고 부르는 것은 지성 너머에 무언가가 있다는 환영이 제거된 **지성 그 자체**이다. 바로 이 때문에,

지성과 이성 가운데서의 단도직입적 선택에서 우리는 우선 지성을 선택해야 한다: 자기 눈가림이라는 어리석은 게임(절대 주체는 우선 자신을 소외시켜야 하고 외적 현실을 자신으로부터 독립된 것으로서 정립해야 하는데, 이는 소외 속에서 자기 자신의 산물을 인지함을 통해서 소외를 폐기/지양하기 위해서이다)을 하기 위해서가 아니라, 지성 밖이나 너머에 아무것도 없다는 단순한 이유 때문이다. 첫째로 우리는 지성을 선택한다. 그리고 나서 두 번째 차례가 되면 우리는 다시 **지성을 선택한다**, 이번에는 그것에 어떠한 것도 더하지 않고서 (즉 그것 너머에나 아래에 또 다른 '더 높은' 능력이 있다는—비록 이 '더 높은' 능력을 이성이라 부르기는 하지만—환영 없이) 말이다. 그리고 지성 너머에 무언가가 있다는 환영이 박탈된 이 지성이 바로 이성이다.

이로써 우리는 칸트와 헤겔의 관계에 대한 해묵은 물음에 어떤 새로운 빛을 던질 수 있다. 칸트에 대한 헤겔의 비판(예컨대 『정신현상학』에 나오는, '도덕적 세계관'에서 드러나는 비일관성과 전치들에 대한 헤겔의 상세한 검토)에 대한 오늘날 칸트주의자들의 가장 설득력 있는 응답은 간단하다: 그래서 뭐? 헤겔이 비일관성이라고 비판하는 것들(칸트의 도덕 이론이 윤리적 활동의 **필연성**을 정립하는 동시에 참된 윤리적 행위를 **성취 불가능한** 것으로 만들고 있다는 사실 등등)은 실로 칸트의 본래적 입장의 역설이다……. 이에 대한 헤겔적 응답은 이러할 것이리라: 맞다, 하지만 칸트는 자신의 철학적 체계의 바로 그 핵심을 제공하는 이런 역설들을 **인정할** 수가, **공공연하게 진술할** 수가 없다. 칸트에게 무언가(예컨대, 예지계와 현상계, 자유와 필연 등등의 칸트적 대립들 너머로 나아갈 수 있는 이성이라는 '더 높은' 능력)를 더하는 것과는 거리가 멀게도, 헤겔의 비판은 칸트의 입장을 구성하는 역설들을 단순히 공공연하게 진술하며 떠맡는다. 본질과 그 외양의 관계를 언급하는 것으로 충분하다: 물론 칸트는 현상적 현실 너머에 있는 예지적 본질은 초월적 즉자에 불과한 것이 아니라 또한 여하튼 바로 이 현실 속에서 외양해야만 한다는 것을 이미 '암묵적으로' 알고 있다(예지적 자유의 표지로서의 열광이라는 칸트의 잘 알려진 사례를 볼 것. 프랑스 혁명이 유럽 전역의 계몽된 목격자들에게 불러일으킨 열광 속에서, 예지적 자유는 말하자면 무로부터 *ex nihilo* 출발하는—인과적 의존성들의 사슬을 중지시키고 자유를 실현하는—역사적 행위의 가능성에 대한 믿음으로서 외양했다). 하지만 예지적인 것과 외양 간의 이런 궁극적 동일성은 칸트에게 있어 '즉자'로 남아 있었다. 그의 체계 내에서, 예지적 자유는 현상적 현실 내부의 파열—현상적 현실 내부에서 외양하는 또 다른 차원의 전조—이외에 어떤 것도 아닌 것이라고 명시적으로 진술하는 것은 가능하지 않았다.12)

---

12) 철학적 전통의 위대한 텍스트들을 해석함에 있어 가장 교묘한 절차는 저자가 맹렬히 거부하는 어떤 논제나 개념을 정확히 배치시키는 것이다: 이 지점에서 제기될 물음은 언제나 '저자는 또 다른 저자의 개념을 단지 거부하는 것인가, 아니면 그것을 거부하는 바로 그 가장 속에서 그는 실제로 이 관념을 끌어들이고 있는 것인가?'이다. '악마적인 악'(도덕적 의무로까지 고양된, 즉 '정념적' 동기에서가 아니라 단지 '그 자체를 위해서' 행해진 악)이라는 개념에 대한 칸트의 거부를 예로 들어보자: 여기서 칸트는 바로 자기 자신의 철학 체계에 의해 그 개념적 공간이 열렸던 어떤 개념을 거부하고 있는 것 아닌가?—다시 말해서 그는 다름아닌 자기 자신의 철학의 가장 내밀한 결과와, 그것의 참을 수 없는 과잉과 싸우고 있는 것 아닌가? (익익이 비교를 해본다면 칸트는, 자신에게 추근대고 있다고 남편의 가장 친한 친구를 비난하고 그로써 그에 대한 자기 자신의 부인된 성적 욕망을 무심코 드러내는 잘 알려진 아내의 경우와 좀 비슷하게 행동하고 있지 않은가?) 철학사에서 '진보'의 모체 가운데 하나는 나중의 철학자가, 앞선 철학자의 제자가 자신의 스승이 논쟁적 거부라는 가장 속에서 실제로 끌어들인 개념을 공공연하게 떠맡고 온전히 표명하는 것이다. 예컨대 칸트와의 관계에서, 악의 이론을 펼친 셸링의 경우가 그러했다.

실체와 주체의 사변적 동일성

따라서, 헤겔에 대한 회슬레의 기본적 비판으로 돌아가 보자. 그에 따르면 헤겔은 자연과 (자연이 그것의 외부성으로부터 그 자신에게로 되돌아온 바로서의) 정신의 제2의 화해에 대한 필요성을 놓치고 있다. 이는 헤겔이 *Er-Innerung*(외적인 것의 내부화, 필연적-우연적인 것으로서 단순히 주어진 것의 내부화)의 운동이 외부화, 갱신된 '자연화'라는 정반대의 운동과 엄밀히 상관적이라는 사실이 초래하는 일체의 결과들을 배치하는 데 실패하고 있기 때문이다. 헤겔은 정신이 자연의 외부성으로부터 '그 자신에게로 되돌아옴'이라는 *Er-Innerung*의 측면을 언제나 강조하는 반면에, 외부화라는 정반대 운동을 충분히 고려에 넣지 않는다. '자연으로부터 그 자신에게로 되돌아오는' 정신은 여전히 자연에 추상적으로 대립되는 유한한 정신이며 그런 것으로서 이제 또 다른 변증법적 나사 조이기를 통해서 다시금 자연과 화해를 맺어야 한다는 사실을 말이다……. 그럼에도 불구하고 여기서 회슬레는 고유하게 헤겔적인 조치를 놓치고 있다. 이 조치 속에서 '추상적' 내부화(사유 내부로의 철회)는 주체에 추상적으로 대립하는 무의미한 외부성의 단언에 의해 동반된다(혹은 그런 단언의 또 다른 측면이다). 물론 고전적인 정치적 사례는 로마 제국의 사례이다. 거기서 주체는 그리스적 폴리스의 인륜성으로부터 추상적인 내적 자유로 철회한다. 그리고 바로 그 때문에 외부성은—주체가 그 안에서 더 이상 자신의 윤리적 실체를 알아보지 못하는 외부적 권력으로서 주체에 의해 경험되는 제국의 국가 권력이라는 가장 속에서—자신의 권리를 단언한다.

물론 정신이 외화되는 가장 기본적인 형태는 언어다. 헤겔이 몇 번이고 강조하듯, 우리의 내부 경험이 외부 감각들의 흔적들을 벗어내고 순수한 사유 형태를 획득할 수 있는 것은 오로지 무의미한 기호 속에서 다시 외화됨으로써만이다. 우리는 오로지 말 속에서만, 언어 속에서만 **생각한다**. **관습** 일반에 대해서도 마찬가지다. 관습은 필수적 배경을, 우리의 사회적 자유의 공간을 형성한다. 그리고 사회적 실체 그 자체에 대해서도, 인륜성의 실정적 질서에 대해서도, 라캉적 '큰 타자'에 대해서도 마찬가지인바, 그것은 바로 우리의 '제2의 자연'이다: '객관적 정신', 정신의 갱신된 자연화와/나 외화.[13]

회슬레의 체계적 재구성과는 정반대로, 헤겔에게서 구제할 가치가 있는 유일한 측면으로서 역사적 변증법을 강조하는 방식으로 헤겔에 접근하고 있는 찰스 테일러 또한 이념의 외화라는 헤겔 논리학이 지닌 내적 비일관성을 전략적으로 배치하려 한다. 그에 따르면,[14] 헤겔적 정신은 두 가지 방식으로 체화된다. 즉 그것은 그것의 전제들을, 그것의 실존 조건들을 정립하며, 또한 그것은 그 자신을 그것의 신체적 외부에서 표현한다. 절대 정신의 경우에 그 두 체화들은 일치하는 반

---

[13] **상징적 질서의** 이런 외부성은 더 나아가 최소량의 현실*peu de réalité*이라는 외부성에, 큰 타자 그 자체가 온전한 현실성을 획득하기 위해 스스로를 그 속에 체화시켜야만 하는 어떤 완고한 실정적 요소라는 외부성에 대립시켜야 한다: '정신은 뼈다', 이성적 총체로서의 국가는 군주의 신체에서 현실화된다 등등. 그리하여 헤겔의 이성적 국가에서 왕(군주)의 역할은 에드거 앨런 포가 '도착적인 꼬마도깨비*imp of perversity*'라 불렀던 것이다: 한 범죄자가 범죄 흔적을 완전히 지우는 데 성공할 때—어떠한 증상적인 '억압된 것의 회귀'도 없고, 범죄의 **다른 장면**의 현존을 누설하는 어떠한 '단서'도 없을 때—즉 결코 발각될 위험이 없을 때, 합리화의 위장이 완벽하게 작동할 때, 그 범죄자는 자신의 범죄를 공공연하게 드러내고 싶은, 자신이 저지른 끔찍한 행위의 진실을 큰 소리로 외치고 싶은 억누를 수 없는 충동을 느낀다. 헤겔의 군주의 연역도 마찬가지 아닌가? 사회 체계가 완전하게 조직된 국가라는 완성된 합리성에 도달하는 바로 그때, 그것은 이 합리성에 대한 대가로 세습 군주—즉 '문화 속에서의', 상징적 직함에 있어서의 그 지위를 갖는 것이 직접적으로 그 타고난 본성 때문인 (즉 자신의 생물학적 유전 덕택인) 군주—라는 철저히 '비합리적인' 요소로서의 보충물을 필요로 한다.

[14] Charles Taylor, *Hegel*, Cambridge, MA: Cambridge University Press, 1975, p. 92.

면에 유한한 존재로서의 인간의 경우에 그 둘은 영원히 분리되어 있다. 인간은 언제나 인간이 완전히 '내면화'할 수 없으며 인간의 주체성에 대한 표현으로 변형시킬 수 없는 실존 조건들의 집합 속에 체화된다. 즉 우연적 외부성의 요소가 언제나 존속한다.

여기서 첫 번째로 연상되는 것은 물론 셸링이다: 신성한 실존과 극복할 수 없는 그것의 근거를 셸링이 구분한 요점은 표현을 외적 실존 조건들로부터 영원히 분리시키는 틈새가 또한 절대 주체에 대해서도, 신 그 자신에 대해서도 적용된다는 것이다─신 그 자신은 침투 불가능한 **타자**로 영원히 남아 있는 조건들의 집합 속에 체화된다. 이런 이유 때문에 셸링은 절대적 관념론과 후-헤겔적 역사주의 사이에 있는 불가사의한 '사라지는 매개자'이다. 관념론으로부터 역사주의로의 이런 이행은 아마도, 어떻게 인간이 역사를 창조하되 무에서, 혹은 자신이 스스로 선택한 조건들 속에서 창조하는 것이 아니라 이미 주어진, 그에게 부과된 조건들 속에서 창조하는 것인가에 관한 마르크스의 『브뤼메르 18일』 서두에 나오는 유명한 진술에 의해 가장 잘 표현된다. 여기에는 헤겔 관념론(의 어떤 이미지)과의 명백한 대조가 있는데, 후자에서는 절대 이념이 자신의 내용 일체를 정립하며 그리하여 어떠한 외부적인 우연적 전제들에도 의지하지 않은 채 오로지 그 자신으로부터만 자신을 현실화하는 주체로서 행동한다. 다시 말해서 그것은 시간성-우연성-유한성의 제약들에 구속되어 있지 않다. 하지만 절대 관념론과 후-관념론적 역사주의 사이에 끼어드는 것은 '사라지는 매개자'라는 셸링의 고유한 자리이다: 셸링은 절대자를 주체로서 간직하고 있지만(즉 그는, 인간이 아닌, 신에 대해 말하지만), 그럼에도 불구하고 그는 신에게 **시간성-우연성-유한성의 근본적 공리를 적용하며**, 따라서 궁극적으로 그가 단언하는 것은 신이 우주를 창조했지만 무에서 창조한 것이 아니라 이미 주어진, 그에게 부과된 조건들 속에서 창조했다는 것이다(물론 이 '조건들'은 신의 근거라는 헤아릴 길 없는 실재, 신 그 자신 안에 있는 아직 신이 아닌 것이다).15)

여기서 테일러의 잘못은 그가 주체 개념을 (유한한, 전제와 표현 사이의 틈새에 붙잡혀 있는) 인간 주체성과 '절대 주체'라 불리는 유령적 괴물, 정신(Geist), 신—혹은, (전적으로 비헤겔적인 방식에서의) 테일러식 표현으로, '우주적 정신'(유한한 인간 주체의 (자기)의식은 한낱 그것의 '운반자'에 불과하다)—으로 재배가한다는 것이다. 그리하여 우리는 무한한 절대 주체와 유한한 인간 주체라는 두 주체 간의 분열과 더불어 끝을 맺는다. 무한한 실체와 유한성/외양/분열의 작인으로서의 주체 간의 고유하게 변증법적인 사변적 동일성 대신 말이다. '실체는 주체다'는 주체를 실체로부터, 현상적 현실 너머의 접근불가능한 즉자로부터 분리시키는 그 분열이 실체 그 자체에 내속함을 의미한다. 다시 말해서 요점은 '실체는 주체다'라는 헤겔의 명제를 동일성에 대한 직접적 단언으로서가 아니라 '정신의 뼈다' 같은 '무한 판단'의 예(아마도, 전형적인 예)로서 읽어내는 것이다. 요점은 실체(모든 존재자들의 궁극적 기반, 절대자)가 선주체적 근거인 것이 아니라 주체이며, 자신의 타자성을 정립하고 그러고 나서 그것을 재전유하는 등의 자기-차이화self-differentiation의 작인이라는 것이 아니다: '주체'는 현상화, 외양, '환영', 분열, 유한성, 지성 등의 비실체적 작인을 나타내며, 실체를 주체로서 개념파악한다는 것은 분열, 현상화 등이 절대자 그

---

15) 누군가를 '상대적 천재'라 하는 표준적인 냉소주의적 칭호를 생각해 볼 것—사람은 천재이거나 아니거나이다: '천재'는 여러 층위들에서의 과장을 허용하는 속성이 아니다. 이와 마찬가지로 셸링은 신을 '상대적 절대자'로 한정한다: 신은 절대적 주인이며 창조자이지만, 그럼에도 불구하고 그의 절대적 권능은 신 안에 있는 아직 신이 아닌 것에 의해 한정되고 제한된다.

자체의 생에 내속되어 있다는 것을 정확히 의미한다. 어떠한 '절대적' 주체도 없다. '그 자체로서의' 주체는 상대적이며 자기-분열에 사로잡혀 있다. 바로 그러한 것으로서 주체는 실체에 내속되어 있다.

그리하여, 실체와 주체의 이런 **사변적** 동일성과는 대조적으로, 그것들의 **직접적** 동일성 개념은 주체들의 재배가를 내포하는데, 이는 다시금 고유의 주체성을 실체적 절대자의, 유한한 인간 주체들을 '통해서' 말하는 **타자**의 우발偶發('운반자')로 환원한다. 이는 또한 변증법적 과정에 대한 거짓된 유사-헤겔적인 개념을 열어 놓는데, 거기서 그 과정의 주체('우주적 정신')는, 자신의 완전성을 더 높은 층위에서 재획득하기 위해서, 자신의 외부성을 정립하고, 자신을 스스로로부터 소외시킨다: 여기서 작동하고 있는 오도적인 전제는 그 과정의 주체가 실체의 분열 과정 그 자체에 의해 생기는 것이 아니라 처음부터 여하간 주어져 있다고 하는 것이다.

동일한 요점을 지적할 또 다른 방법은, 주체의 반성적, 상징적 파악을 벗어나는 사물의 불가해한 과잉에 직면한 주체의 상황을 읽는 두 가지 상이한 방식들과 관련해서 그것을 지적하는 것이다. 그것을 읽는 '실체주의적' 방식은 우리가 대결하고 있는 그 대상을 파악하기 위한 우리(유한한 주체)의 역량이 언제나 선험적으로 우리를 능가하는 것이라고 간단히 주장하는 것이다: 대상 속에는 우리의 개념적 연결망으로 번역되는 것에 영원히 저항하는 무언가가 있다(아도르노가 『부정의 변증법』에서 일관되게 주장하는바, '객관적인 것의 우세'에 관련된 논점). 하지만 이런 과잉은 무엇으로 이루어지는가? 우리의 파악을 벗어나는 '대상 안에 있는, 대상 그 자체보다 더 한' 것이, 지나간 역사 속에서 이 '대상'(예컨대, 주체가 분석하고자 시도하는 역사적 상황)이 그렇게 될 수도 있었을 것이지만 되기 실패했던 그 무엇의 흔적들이라면 어찌할 것인가? 역사적 상황을 (키에르케고르식 표현을 쓴다면) '그것의 생성 속에서' 파악하는 것은 그것을 자질들의 실정적 집합('사물들의 현실적 존재 방식')으로서 지각하는 것이 아니라, 그 속에서 자유화를 향한 실패한 '해방적' 시도들의 흔적들을 식별해내는 것이다. (물론 여기서 나는 현실적인 혁명적 행위를 과거의 실패한 해방적 시도들의 만회적 반복으로서 지각하는 혁명적 응시라고 하는 발터 벤야민의 개념을 암시하고 있다.) 하지만 이 경우에 '객관적인 것의 우세'는, 우리의 파악을 벗어나는 사물 안의 그 무엇이, 우리의 인식 능력을 초과하는 그것의 실정적 내용의 과잉이 더 이상 아니라, 반대로 그것의 **결여**, 즉 실패의 흔적들, 그것의 실정적 실존 속에 기재된 **부재**들이다: 10월 혁명을 '그것의 생성 속에서' 파악하는 것은, 그것의 역사적 현실성에 의해 발생한 동시에 그 현실성에 의해 좌절된 거대한 해방적 잠재성을 식별해내는 것이다. 결과적으로 이 과잉/결여는 주체의 인식 역량을 초과하는 '객관적인 것'의 일부가 아니다: 오히려 그것은 대상 안에 있는 주체 그 자신의 흔적들(주체의 좌절된 희망들과 욕망들)로 이루어지며, 그리하여 대상 안에 있는 고유하게 '불가해한' 것은 주체 자신의 욕망의 가장 깊숙한 중핵의 객관적 대응물/상관물이다.

헤겔적인 강요된 선택

이 역설들은 '구체적' 보편성과 '추상적' 보편성 간의 헤겔적 대립에 단서를 제공한다. 헤겔은 **이차적 동일화를 통한 개인화**라는 개념에 대한 고유하게 근대적인 개념을 제공한 최초의 인물이었다. 처음에 주체는 자신이 태어난 특수한 삶-형태(가족, 지역 공동체) 속에 몰입되어 있다. 그가 자신의 원초적 '유기적' 공동체로부터 스스로를 분리할, 그것과의 연결 고리들을 잘라내고 스스로를 '자율적 개인'으로서 단언할 유일한 길은 그의 근본적 충성심을 이동시키는 것이며, 자기 존재의 실체를 또 다른 이차적 공동체 속에서 인지하는 것인데, 이 공동체는 보편적이며 동시에 '인공적'이다. 즉 더 이상 '자생적'이지 않은바, '매개된' 것이며 자유로운 독립적 주체들의 활동에 의해 지탱되는 것이다(민족 대 지역 공동체, 근대적 의미에서의 직업(거대한 익명적 회사에서의 일) 대 도제와 그의 스승-장인 간의 '인격화된' 관계, 학원적academic 지식 공동체 대 세대에서 세대로 전수되는 전통적 지혜, 그리고 더 나아가 부모의 조언보다는 육아 안내서에 더 의지하는 어머니에 이르기까지). 일차적 동일화에서 이차적 동일화로의 이런 이동은 일차적 동일화의 직접적 상실을 내포하지 않는다. 다만 일차적 동일화가 일종의 실체변환을 겪게 되는 것이다. 그것들은 보편적 이차적 동일화가 외양하는 형태로서 기능하기 시작한다(예컨대, 정확히 내 가족의 선량한 구성원이 됨으로써, 나는 나의 민족국가의 올바른 작동에 기여한다). '추상적' 보편성과 '구체적' 보편성 간의 헤겔적 차이는 바로 여기에 놓여 있다: 보편적 이차적 동일화는, 그것이 일차적 동일화의 특수한 형태들과 직접 대립되는 한에서—즉 그것이 주체로 하여금 일차적 동일화들을 포기하도록 강제하는 한에서—'추상적'인 것으로 남아 있다. 일차적 동일화들을 이차적 동일화가 외양하는 양태들로 변형시키면서 그 일차적 동일화들을 재통합할 때 그것은 '구체적'이 된다.

'추상적' 보편성과 '구체적' 보편성 간의 이런 긴장은 초기 기독교회의 불안정한 사회적 지위에서 분명하게 식별할 수 있다. 한편으로 참된 기독교적 태도를 지배적 사회 관계들의 기존 공간과 결합할 그 어떤 방법도 보지 못하고 그리하여 사회 질서에 심각한 위협을 제기했던 급진적 집단들의 열광이 있었다. 다른 한편으로 기독교를 기존의 지배 구조와 화해시켜서 당신이 사회 생활에 참여하고 그 속에서 당신의 정해진 자리(노예, 농부, 직공, 봉건 영주……)를 차지하면서 여전히 선량한 기독교인으로 남아 있을 수 있도록 하려는 시도들이 있었다—당신의 정해진 사회적 역할을 완수하는 것은 기독교인이라는 것과 양립가능한 것으로서 보여졌을 뿐만 아니라, 기독교인으로서의 보편적 의무를 다하는 어떤 특별한 방법으로까지 지각되었다.

그리하여 첫 번째 접근에서는 사태가 명백하며, 애매하지 않다: 추상적 보편성의 철학자는 칸트(그리고 칸트의 뒤를 따르는 피히테)이다. 칸트의 철학에서 보편성(도덕 법칙)은 추상적 *Sollen*으로서 기능하며, '마땅히 그리해야 하는' 것으로서 그리고 그 자체로서 공포적/전복적 잠재력을 소유하는 것으로서 기능한다—보편자는 불가능한/무조건적 요청을 나타내는데, 그것이 지닌 부정성의 힘은 어떠한 구체적 총체성이라도 침식하도록 예정되어 있다. 자신의 특수한 내용에 대립되어 있는 이와 같은 추상적/부정적 보편성의 전통에 반대하여 헤겔은 어떻게 참된 보편성이, 지성의 추상적 관점에서는 보편자의 완전한 실현에 대한 장애물로서 지각되는 일련의 구체적 규정들 속에서 현실화되는가를 강조한다(예컨대, 보편적인 도덕적 의무는 칸트가 '정념적' 장애물로 폄하하는 특수한 인간 정념들과 분투들의 구체적인 풍부함을 통해 현실화되고 유효해진다).

하지만 사태가 정말로 그렇게 단순한가? 추상적 보편성과 구체적 보편성의 대립이 지닌 헤겔 고유의 맛을 오독하지 않기 위해서 우리는 그것을 또 다른 대립과, 즉 자신의 특수한 내용의 공존을 위한 한낱 무표정한/중립적인 매개로서의 실정적 보편성(한 종種의 모든 구성원들이 공유하고 있는 것에 의해 정의되는 그 종의 '무언의 보편성')과 그 현실적 실존에 있어서의 보편성—이는 개별성이며, 자신이 삽입되어 있는 특수한 구체적 총체성으로 환원불가능한 고유한 어떤 것으로서의 주체에 대한 단언이다—간의 대립과 '이종교배'시켜야 한다. 키에르케고르식으로 말하자면, 이 차이는 보편자의 실정적 존재와 생성-속의-보편성 간의 차이이다: 그 특수한 내용에 대한 평온한 중립적 매개자/담지자로서의 보편자의 이면은 모든 특수한 배치의 고정성을 침식하는 부정성의 힘으로서의 보편자이며, 이 힘은 개별자의 절대적인 자기중심적 자기-모순이라는, 모든 규정된 내용에 대한 그의 부정이라는 모습으로 실존하게 된다. 보편성의 차원은 보편적인 것으로서 '실존하게 됨'으로써만, 즉 그 자신을 그것의 모든 특수한 내용과 대립시킴으로써만, 그것의 특수한 내용과 '부정적 관계'를 맺음으로써만 현실적이(혹은, 헤겔식으로, '대자적'이) 된다.

  추상적 보편성과 구체적 보편성의 대립과 관련하여 이것이 의미하는 바는, 진정으로 '구체적인' 보편성을 향한 유일한 길은 보편적인 것이 그것의 특수한 내용 전체를 부정하는 수단으로서의 근본적 부정성에 대한 완전한 단언을 통하는 길이라는 것이다: 오도적 외양들에도 불구하고, 추상적 보편성의 지배적 형식은 바로 특수한 내용의 중립적 담지자의 '무언의 보편성'이다. 다시 말해서 어떤 보편성이 '구체적'이 되기 위한 유일한 길은 그 특수한 내용의 중립적-추상적 매개임을 멈추고 그것의 특수한 하위종들 가운데 그 자신을 포함시키는 것이다. 이것이 의미하는 바는 역설적이게도 '구체적 보편성'을 향한 첫 번째 단계가 특수한 내용 전체에 대한 근본적 부정이라는 것이다: 그와 같은 부정을 통해서만 보편자는 실존을 획득하며 '그 자체로서'

가시화된다. 여기서 골상학에 대한 헤겔의 분석을 상기해보자. 이는 『현상학』의 '관찰하는 이성'에 관한 장을 마무리하는 부분이다. 헤겔은 '정신은 뼈다'라는 명제에 대한 두 개의 가능한 독해(속물-유물론적 '환원주의적 독해'(두개골의 모양은 정신을 현실적이고도 직접적으로 결정한다)와 사변적 독해(정신은 전적으로 불활성인 재료와의 동일성을 단언할 정도로, 그것을 '지양할 정도로 충분히 강하다. 즉 가장 완전히 불활성인 재료조차도 정신이 지닌 매개의 힘을 피할 수는 없다))의 대립을 설명하기 위해 명시적인 남근 은유에 의지한다. 속물-유물론적 독해는 남근 속에서 오로지 배뇨 기관만을 보는 접근과도 같으며, 반면에 사변적 독해는 그 속에서 훨씬 고차원적인 생식 기능 또한 식별할 수 있다(즉 정확히 개념concept의 생물학적 예감으로서의 '수태conception').

첫 번째 접근에서 우리는 여기서 그 유명한 *Aufhebung*('지양')의 기본적인 운동을 다루고 있는 것처럼 보인다: 당신은 다시 한 번 가장 높은 것에 도달하기 위해서, 잃어버린 총체성에 도달하기 위해서, 가장 낮은 것을 통과해 가야만 한다(당신은 '세계의 밤'의 자기-위축 속에서 직접적 현실을 상실해야만 한다. 그것을 '정립된' 것으로서, 주체의 상징적 활동에 의해 매개된 것으로서 재획득하기 위해서 말이다. 당신은 직접적 유기적 전체를 포기하고 당신 자신을 추상적 지성의 죽임의mortifying 활동에 복속시켜야 한다. 잃어버린 총체성을 더 높은 '매개된' 층위에서 이성의 총체성으로서 재획득하기 위해서 말이다). 그리하여 이런 조치는 그 스스로를 표준적 비판의 이상적 표적으로서 제공하는 것처럼 보인다: 그래, 물론 헤겔은 정신증적 자기-위축의 공포와 '현실 상실'을 인정하지, 그래 그는 추상적 사지절단에 대한 필요성을 인정하지, 하지만 오로지 하나의 단계로서만, 우리를 다시금 냉혹한 변증법적 필연성에 따라서 재구성된 유기적 전체로 이끌고 가는 승리의 행로에 있는 우회로서만 말이야……. 우리의 주장은 그와 같은 독해가 헤겔의 논변의 요점을 놓친다는 것이다:

> 정신이 그 내면으로부터 몰아대지만 표상하는 의식까지만 내몰고 이에 머무르게 하는 그 **심층**, 그리고 그것이 말하는 바가 무엇인지에 대한 이 의식의 **무지**는 고귀한 것과 비천한 것의 결합이다. 이것은 생물의 경우 자연이 그 가장 고귀한 완성인 생식 기관을 배뇨 기관과 결합시키는 때에 소박하게 표현하는 것과 동일한 결합이다. 무한한 바로서의 무한 판단은 스스로를 파악하는 생명의 완성일 것이리라. 하지만 표상에 머무르는, 무한 판단에 대한 의식은 배뇨인 것처럼 행동한다.16)

이 구절을 면밀히 독서하면 헤겔의 요점이, 본연의 사변적 정신은 배뇨만을 보는 속물 경험주의적 정신과 대조적으로 생식을 선택해야 한다는 것이 아님이 명백해진다. 역설은, **생식**을 직접 선택하게 되면 틀림없이 **생식**을 놓치게 된다는 것이다. '참된 의미'를 직접 선택하는 것은 가능하지 않다. 즉 (배뇨라는) '잘못된' 선택을 하는 것에서 시작해야만 한다. 참된 사변적 의미는 반복된 독서를 통해서만, 첫 번째 '잘못된' 독서의 사후-효과(혹은 부산물)로서만 출현한다.17)

---

16) G.W.F. Hegel, *Phenomenology of Spirit*, Oxford: Oxford University Press, 1977, p. 210. [국역본: 헤겔, 『정신현상학1』, 임석진 역, 한길사, 2005, 368쪽.] 번역자(A.V. Miller)는 각주에서 헤겔의 『자연철학』에 나오는 구절에 주목하는데, 거기서 헤겔은 이와 똑같은 동일성을 단언한다: '여러 동물들에게 있어서 배설 기관과 생식 기관은, 즉 동물 조직의 가장 고귀하고 가장 저열한 부분은 밀접하게 연결되어 있다: 한편으로 말과 입맞춤 그리고 다른 한편으로 먹기, 마시기, 뱉기가 모두 입으로써 행해지는 것처럼 말이다.'

17) 바로 이 점에 대해서 나는 믈라덴 돌라르(Mladen Dolar)에게 신세를 지고 있다. 'The Phrenology of Spirit', in *Supposing the Subject*, ed. Joan Copjec, London: Verso, 1994를

사회 생활 역시 마찬가지여서 어떤 특수한 윤리적 생활세계의 '구체적 보편성'에 대한 직접적 선택은 근대성의 근본적 특징으로서의 주체성의 무한한 권리를 부인하는 전근대적 유기적 사회로의 퇴보로 끝날 뿐이다. 근대 국가의 주체-시민은 유기적 사회 전체 내부에서 그에게 어떤 정해진 자리를 부여하는 어떤 특수한 사회적 역할 속으로의 몰입을 더 이상 받아들일 수 없으며, 이 때문에 근대 국가의 합리적 총체성으로 나아가는 유일한 길은 혁명적 공포를 통하는 길뿐이다: 우리는 전근대적이고 유기적인 '구체적 총체성'의 제약들을 가차없이 찢어놓아야 하며, 주체성의 무한한 권리를 그것의 추상적 부정성 속에서 완전하게 단언해야 한다. 다시 말해서 『현상학』에 나오는 혁명적 공포에 대한 헤겔의 마땅히 잘 알려진 분석의 요점은, 어떻게 혁명적 기획이 추상적 보편 이성에 대한 일방적 직접적 단언을 내포하고 있었으며, 또한 그런 것으로서 그것의 혁명적 에너지를 안정적이고 특화된 하나의 구체적 사회 질서로 조직적으로 전위시킬 수 없었기 때문에, 결국 자기파괴적 광포함 속으로 사멸하고 말 운명이었던가에 대한 자못 분명한 통찰인 것이 아니다. 오히려 헤겔의 요점은, 왜 우리는 혁명적 공포가 역사적 곤경이었다는 사실에도 불구하고 근대의 합리적 국가에 도달하기 위해서 그것을 통과해야만 하는가라는 수수께끼다……

볼 것.

올바른 결과에 도달하기 위해 잘못된 선택을 해야만 하는 ('생식'에 도달하기 위해 '배뇨'를 선택해야만 하는) 이 필요성과 사회주의 시절의 라비노비치에 대한 러시아 농담의 구조 사이에는 명백한 평행성이 있다. 이 농담에서 라비노비치는 두 가지 이유 때문에 소련 밖으로 이주하기를 원한다: '첫째로 나는 사회주의 질서가 붕괴할 때 공산주의의 범죄에 대한 모든 비난이 우리 유대인에게 가해질 것이 두렵다.' '하지만 소련에서는 아무것도 결코 변하는 일이 없을 것이다! 소련의 사회주의는 영원할 것이다!'라는 국가 관료의 외침에 라비노비치는 조용히 답한다: '그게 나의 두 번째 이유다!' 여기서도 또한 참된 이유에 도달할 유일한 길은 잘못된 첫 번째 이유를 경유하는 것이다.

2장 헤겔의 까다로운 주체

우리는 이제 여기서, 19세기 말의 보수적인 영국 헤겔주의자들(브래들리와 그밖의 사람들)이 얼마나 잘못된 것인가를 볼 수 있다. 그들은 헤겔의 구체적 보편성의 사회적 논리를, 개개인을 범역적 사회 조직체의 한정되고 위계화된 전체 내부에서의 그/녀의 특수한 지위와 동일화할 것을 요구하는 논리로서 해석했다. 이것이야말로 주체성의 근대적 개념이 배제하고 있는 것이다.

다시 말해서 '절대자를 실체로서뿐만 아니라 주체로서 개념파악하는 것'은, 한편으로 유기적 전체와 다른 한편으로 그 전체를 탈구시키고 또한 그것에 손상을 가하는 불균형 속에 그것을 던져놓는 일방적 특성의 '광기' 사이에서 근본적 선택에 직면하게 될 때, 이 선택이 강제된 선택의 구조를 갖는다는 것을—즉 유기적 전체를 거슬러 일방적 '광기'를 선택해야만 한다는 것을—의미한다. 따라서 전근대적 유기적 사회체와 추상적 부정성이라는 파괴적 힘을 풀어놓는 혁명적 공포 사이에서의 선택에 직면하게 될 때 우리는 **공포를 선택해야만 한다**—오로지 이런 방식으로만 우리는 사회 질서의 요구들과 개인의 추상적 자유 사이의 새로운 후-혁명적 화해를 위한 지형을 창조할 수 있다. 혁명적 공포의 기괴성은 절대적으로 필수불가결한 '사라지는 매개자'이다—낡은 기존 질서를 침식시킨 근본적 부정성의 이 폭발은 근대 국가의 새로운 합리적 질서를 위해서 말하자면 과거청산을 한 것이다.[18] 인륜성/도덕성*Sittlichkeit/Moralität*의 쌍에 대해서도 마찬가지다. 즉 구체적 사회적 생활세계 속으로의 주체의 몰입과 이 구체적인

---

[18] 이를 적대 대 차이들의 구조라고 하는 에르네스토 라클라우의 용어를 사용해 옮겨보면: 헤겔에게 있어 차이들의 모든 체계는—모든 실정적 사회적 구조는—적대적 투쟁에 기반하고 있으며, 전쟁이란 차이들의 모든 구조를 위협하는 '우리 대 그들'이라는 적대적 논리의 회귀이다.

물려받은 우주에 대한 주체의 개인주의적/보편적 도덕적 저항 사이의 대립에 대해서도 말이다. 이 선택에서 우리는 도덕성을, 즉 보다 넓은 보편성을 위해서 자신의 사회를 한정하는 습속의 정해진 실정적 질서를 침식하는 개인의 행위를 선택해야만 한다(소크라테스 대 그리스 도시의 구체적 총체성; 예수 대 유대인의 구체적 총체성). 헤겔은 이 추상적 보편성이 현실적 존재를 획득하는 실정적 형식이 극단적 폭력의 형식임을 잘 알고 있다: 보편성이라는 내적 평화의 이면은 모든 특수한 내용을 향한 파괴적 광포함인바, 다시 말해서 '생성 속의' 보편성은 모든 특수한 내용의 평화로운 중립적 매개자의 정반대인바, 오로지 이런 방식으로만 보편성은 '대자적'이 될 수 있다. 오로지 이런 방식으로만 '진보'는 일어날 수 있다.

그리하여 우리는 '헤겔이 헤겔이 되었다'라는 순간을 정확히 결정할 수 있다: 그것은 오로지 그가 인륜성의 유기적 사회적 총체성의 심미적/그리스적 조망을 포기했을 때(이는 나중에 가서 사회에 대한 '유기적' 원-파시스트적 통합적-유기체주의적 개념으로 발전되었던 어떤 것을 분명하게 향하고 있는 텍스트라고 할 수 있는 헤겔 사후에 출판된 『인륜성의 체계』(1802~1803) 속에서 가장 명확하게 표현되었다)이다. 다시 말해서, 진정한 구체적 총체성으로 가는 유일한 길은 추상적 부정성과 구체적 전체 사이의 모든 직접적 선택에서 주체가 추상적 부정성을 선택해야만 하는 것임을 그가 온전히 자각하게 되었을 때이다. 이런 변동은 기독교를 이해함에 있어서의 젊은 헤겔의 동요에서 가장 분명하게 간파할 수 있다: 헤겔은 예수 출현의 파열적이며 '추상적으로 부정적인' 스칸달론*skandalon*[걸림돌]을 그가 완전히 인정할 때─즉 근대성 문제에 대한 해결책으로서 그리스적 습속의 새로운 판본으로 회귀할 회향적 희망을 포기할 때─'헤겔이 된다.'

이런 의미에서 성숙한 헤겔의 '화해'는 전적으로 애매한 것으로 남아 있다: 그것은 분열의 화해(사회적 조직체의 상처를 치료하는 것)를 지칭하며, 동시에 개인적 자유의 필연적 대가로서의 이런 분열과의 화해를 지칭한다. 그리하여 우리는, 정치와 관련하여, 젊었을 때는 '혁명적'이었으나 노년에 가서 자신의 전복적 기원들을 배반하고 현실적으로 존재하는 질서를 이성의 체화물로서, '현존하는 신'으로서 칭송한 국가 철학자가 되었다고 하는 표준적 신화를 바꾸어 놓고만 싶다. 오히려 젊은 헤겔의 혁명적 기획이야말로, (적어도 오늘날의 관점에서) 파시스트적인 '정치적인 것의 심미화'를 선언하고, 근대적 주체성을 폐지시키는 새로운 유기적 질서의 확립을 선언했던 것이다. 반면에, '개별적인 것의 무한한 권리'에 대한 불가피한 단언을—즉 어떻게 '구체적 보편성'에 이르는 길은 오로지 '추상적 부정성'에 대한 완전한 단언을 통하는 길뿐인가를—역설함으로써 '헤겔은 헤겔이 되었다.'

선헤겔적 헤겔에서 '헤겔이 된 헤겔'로의 이런 이행을 식별할 또 다른 방법은 사회 구조 내의 작지만 의미심장한 변화를 경유하는 방법이다. 『인륜성의 체계』에서, 사회는 세 가지 신분으로 세분되는데, 그 각각은 특별한 윤리적 자세를 내포한다: 선반성적 추진의 태도, 실체에로의 몰입의 태도를 갖는 농민; 개인적 경쟁과 성취(고유의 시민 사회, 산업, 교환)라는 반성된 태도를 지닌 기업가들, 부르주아 계급; 정치적 삶을 영위하고, 전쟁에 나가고, 필요할 때 생명을 무릅쓸 준비가 되어 있는 귀족, 보편적 계급. 의미심장하게도, 헤겔이 '헤겔이 된' 이후로, 보편적 계급은 더 이상 귀족이 아니라(지주로서 그들은 농민에 포함된다), 계몽된 국가 관료이다. 이런 변화의 요점은, 이제 귀족뿐만 아니라 어떤 계급의 어떤 개인이든 모두가 동원될 수 있으며 전쟁에 나가야 한다는 것이다: 절대적 부정성은, 한정된 내용에 대한 일체의 애착들을 해체시키는 죽음의 위험은, 더 이상 특별한 계급의 특권이 아니라 모든 시민의 보편적 권리/의무가 된다. 그리하여, 사회체 내부의 특정한 자리에 참여하는 것 말고도, 모든 시민은 추상적/절대적 부정성에 참여한다: 어떠한 개인도 그를 사회적 체계 내부의 특수한 자리로 환원시키는 것에 의해 완전하게 한계지어지지 않는다.19)

바로 이 때문에, 1장에서 길게 인용된 『현상학』 서론의 그 구절에서 헤겔은 (이성이 아닌) **지성**을 외친다. 즉 어떠한 유기적 연계라도 붕괴시키고, 본래 한데 속하며 자신의 구체적 맥락의 일부로서만 현실적

---

19) 아마도 사회적 체계의 이 3중적 분절에 있어서의 문제는 헤겔이 다음과 같은 사회적 조직화의 세 가지 상이한 범역적 원리들을 하나의 공시적 질서로 압축하려 한다는 것이다. (1) 전근대적 농부/봉건적 원리: 이 원칙은 봉건시대에 사회 전체를 구조화한다(직공들 자신들은 길드와 신분으로 조직화되며, 자유 시장 안에서 기능하지 않는다. 국가 권력 그 자체는 가부장적이며, 왕의 신성한 통치권에 대한 신민들의 소박하고 선반성적인 신뢰를 내포하고 있다). (2) 시민사회의 근대적이며 시장-자유주의적 원리: 이 또한 농부적 삶이 기능하는 방식을 규정하며(농업 그 자체는 산업적 생산의 한 분야로서 조직화된다) 정치적 상부구조를 규정한다(국가는 '경찰 국가'로, 시민 생활의 법적이고 치안/정치적인 조건들을 보장하는 '야경꾼'으로 축소된다). (3) 보편적 계급으로서의 국가 관료가 또한 농업을 포함한 일체의 생산을 운영하려 하는 계획된 국가-사회주의적 논리(이런 경향의 최고 표현으로서의 스탈린주의의 가장 큰 노력이 소박한-신뢰하는 선반성적 태도를 지닌 농부를 분쇄하는 것이었다는 것은 결코 놀라운 일이 아니다).

이 세 가지 원리는 하나의 완전하고 안정적인 '사회의 삼단논법' 속으로 유효하게 '매개'될 수 있는가? 문제는 그것들 각각이 내부로부터 분열되어 있으며, 고유하게 **정치적**인 차원을 끌어들이는 적대적 긴장에 연루되어 있다는 것이다. 고대적 유기적 질서는 '그들'에 대항해 파시스트적 포퓰리즘적 폭력으로 화할 수 있다. 자유주의는 보수주의적 불간섭laissez faire과 행동주의적인 평등자유의 자세 사이에서 분열되어 있다. 국가 사회주의는 자생적 풀뿌리 자기-조직화의 가장 속의 반발을 초래한다. 따라서 이 세 원리들은 네 번째 원리를 필요로 하지(혹은, 내포하지) 않는가? 바로, **정치적인 것** 본연의 원리, 즉 사회적 적대의 원리, 절합된 사회적 조직체의 민주주의적 탈안정화라는 원리, 때때로 상이한 '자생적' 혹은 '직접적' 민주주의의 형식들(예컨대, 일차대전이 끝날 무렵 혁명적 소용돌이 속에서의 노동자 평의회, 혹은 사회주의 붕괴 속에서의 민주적 '포럼들') 속에서 표현을 발견하는 원리를 말이다. 정치적인 것the political이라는 개념에 대한 보다 상세한 설명은 4장을 볼 것.

존재를 갖는 것을 분리된 것으로 취급하는 지성의 무한한 권능을 말이다: 여기서 '지성'은 우리가 '선종합적 상상력'이라고 불렀던 것에 대한, 어떠한 유기적 전체라도 흩뜨려 놓을 상상력의 권능에 대한, 로고스에서 최고로 표현되는 상상력의 **종합**(하이데거가 즐겨 지적했던 것처럼, 고대 그리스에서 *legein*은 또한 '수집하다', '모으다'를 의미한다)에 선행하는 그 권능에 대한 또 다른 이름이다. 바로 이런 이유 때문에, 실체적 질서의 구체적 총체성 내부에 있는 자신의 고유한 자리에 대한 주체의 기꺼운 복종과 수용을 지지하는 자들은 헤겔로부터 가능한 한 가장 멀리 떨어져 있는 것이다: 주체성의 실존 그 자체는 악에 대한, 범죄에 대한—즉 전체의 조화로운 질서의 균형을 깨뜨리는 과잉적 '일방적' 제스처에 대한— '거짓된' '추상적' 선택을 내포한다: 왜인가? 왜냐하면 사소하고 비실체적인 어떤 것에 대한 그와 같은 선택은, 어떠한 충분한 이유에도 근거하지 않은 전적인 변덕의 그와 같은 발휘는('내가 그걸 원하는 건 그걸 원하기 때문이다!') 역설적이게도 보편자가 일체의 한정된 특수한 내용에 반하여 그 자신을 '대자적으로' 단언할 유일한 길이기 때문이다.

일체의 한정된 내용에 대조되는바 '그 자체로서의' 보편자가 이처럼 실존하게 되는 것, 즉 어떤 '추상적' 특질을 이처럼 폭력적으로 일방적으로 승인하는 것(이는 그 특질을 그것의 구체적 삶-맥락으로부터 갈라놓으며, 그리하여 유기적인 삶의 총체의 죽임mortification을 내포한다)은, 균형잡힌 실체적 질서에 반反하여 주체가 현실화되는 계기이다. 그리하여, 헤겔의 변증법적 운동이 변증법적 매개의 원환 속으로 재삽입되기에는 '너무 강한' 부정성을 생성할 것이라는 두려움은 당치도 않은 것이다: '실체는 주체(로서도 개념파악되어야 할 것)이다'라는 사실이 의미하는 바는, 유기적 통일의 이런 폭발이 변증법적 과정에서 언제나 발생한다는 것이며, 추후에 오는 새로운 '매개된' 통일은 잃어 버린 시초적 통일로의 '보다 높은 수준에서의' 회귀를 결코 신호하지 않는다는 것이다—새로 들어앉게 된 '매개된' 총체성 속에서 우리는 실질적으로 다른 통일을, 부정성의 파괴적 권능에 기반하고 있는 통일을, 이 부정성 자체가 실정적 존재를 취하고 있는 통일을 다루고 있는 것이다.

아마도 이것은 헤겔의 『논리학』 말미의 미해결된 긴장, 즉 절대 이념의 두 패러다임으로서의 삶과 앎 사이의 긴장의 원천일 것이다: 삶에서 특수자는 보편자 속에 여전히 수몰되어 있다. 다시 말해서 삶이란 보편자가 자신의 특수한 계기들이 출현하고 사라지는 끊임없는 과정을 통해 스스로를 재생산하는 역동적 체계, 즉 자신의 구성성분들의 자기운동이라는 바로 그 영구적 역동성에 의해 살아 있는 상태를 유지하는 체계이다; 하지만 그와 같은 체계—이 체계 속에서 보편자는 자신의 특수한 계기들의 풍부함을 끊임없이 생산하는 가운데 스스로를 표현하는 권능이다—는 '역동화된 실체'로 남아 있으며, 아직은 고유의 주체성을 내포하지 않는다. (아주 적절하지는 않지만) 테일러의 용어로 표현하자면, 우리는 여기서 절대자의 '표현주의적'/생산적 측면(자신의 계기들의 생성과 퇴락의 무한한 과정을 통해 스스로를 재생산하고 '표현하는' 자기 원인으로서의 삶)과 그것의 '인식적' 측면(완전한 자기-인식을 통해서만 스스로를 현실화하는 절대자) 사이의 대립을 다루고 있는 것이다—어떻게 우리는 이 둘을 화해시킬 것인가?

첫 번째 역설은 능동성이 실체('표현주의적'인 생성적 권능)의 편에 있으며 수동성이 주체(의식으로서의 주체는 발생하는 것을 '수동적으로' 취한다)의 편에 있다는 것이다: 실체는 *praxis*, 즉 능동적 개입인 반면에 주체는 *theoria*, 즉 수동적 직관이다. 여기서 *Sein*과 *Sollen*이, 진과 선이 대립하고 있다. 하지만 이런 대립을 개념화하는 표준적 방식(실체에 대한 스피노자적인 수동적 직관 대 자발적이고 자율적으로 객관적 내용 일체를 정립하는 피히테적인 능동적 주체)과는 대조적으로, 헤겔은 네 개의 항을 교차 연결한다: 표현적 생산성은 현실을 능동적으로 형성함으로써 선을 영구히 실현시키는 스피노자적 실체의 편에 있으며, 반면에 주체의 근본적 태도는 앎의 태도이다—주체는 진인 것을 확립하려 하며, 객관성의 윤곽을 식별하려 한다.

물론 독일 관념론자로서 헤겔의 해결책은 '자발적' 인식이다. 이는 그 자체로 자신의 대상에 대해 생성적인 하나의 실천이지만, 자신의 대상들에 대해 직접적으로 생산적인 인식으로서의 '지적 직관'이라는 (피히테적) 의미에서가 아니며, 더 나아가 자신의 대상들에 대해 초월적으로 구성적인 바로서의 인식이라는 다소 약화된 칸트적 의미에서도 아니다. 심지어 우리는 헤겔이 정반대의 해결책을 택하고 있다고 말하고도 싶다. 실체적 내용의 수준에서 '모든 것은 이미 발생했다.' 따라서 인식은 그것을 고려에 넣을 따름이다—다시 말해서 인식은 사물들의 상태를 등록하는 순전히 형식적 행위인 것이다. 하지만 바로 그런 것으로서—즉 '즉자적으로' 이미 거기에 있는 것을 '고려에 넣는' 순전히 형식적인 제스처로서—인식은 '수행적performative'이며, 절대자의 현실화를 초래한다. 따라서 우리는 주체의 활동이 절대자-신 그 자체의 활동과 중첩되는—주체가 스스로를 '절대자의 운반자'로서 경험하는(주체가 최대한 능동적일 때조차도 수동적인데, 왜냐하면 주체를 통해 사실상 활동하고 있는 것은 절대자이기 때문이다)—신비한 통일의 새로운 판본을 다루고 있는 것이 아니다. 그와 같은 신비한 통일은 여전히 셸링의 '역동화된 스피노자주의'의 극치로서 남아 있다.

헤겔의 논점은 오히려 정반대의 것이다: 나의 **최대의 수동성**에서, 나는 이미 **능동적**이다. 다시 말해서, 사유가 '외부 관찰자'의 자세를 취하면서 그것의 대상에게서 '탈퇴'하고 '분리'되며, 하나의 거리를 획득하고, 스스로를 '사물들의 흐름'으로부터 폭력적으로 갈라놓는 수단으로서의 바로 그 수동적 '철회', 이 비-행위는 **그것의 최고 행위**이며, 실체의 자기-폐쇄된 전체 속에 하나의 틈새를 도입하는 무한한 권능이다.

우리는 동일한 문제를, 헤겔의 『논리학』 2권 서두에 나오는 '정립하는' 반성과 '외적' 반성 간의 대립이라는 형태로 마주한다. 정립하는 반성은 '존재론적'이며, 본질을 외양들의 풍요로움을 '정립하는' 생산적/생성적 권능으로서 개념화한다. 이에 반해 외적 반성은 '인식론적'이며, 인식 대상에 대한 주체의 반성적 침투를—현상들의 베일 뒤에서, 그것들의 기저에 놓인 합리적 구조(그것들의 본질)를 식별하려는 주체의 노력을—나타낸다.[20] '본질의 논리학' 전체의 근본적 곤궁은, 이 두 측면이, '존재론적' 측면과 '인식론적' 측면이, 결코 완전하게 동조될 수 없다는 것이다. 어떠한 해결책도 이 두 극들 사이에서의 동요를 해소할 수가 없다. 즉 외양이 '단지 주체적인' 어떤 것으로 환원되든가('사물의 본질은 도달불가능한 즉자이며, 내가 관조할 수 있는 것은 한낱 그것들의 환영적 외양일 뿐이다'), 아니면 본질 그 자체가 주체화되든가('숨겨진 본질은 궁극적으로 주체의 합리적 구성물이며 주체의 개념적 작업의 결과이다.' 현대의 소립자 물리학을 생각해보기만 하면 되는데, 거기서 현실의 최후 구성성분들은 고도로 추상적인

---

[20] 반성의 모든 범주들이 인식하는 주체에 대한 참조를 내포한다는 것을 명심해야 한다. 예컨대, 외양과 본질의 차이는 외양에만 직접적으로 접근할 수 있으며 그런 연후에 베일 배후에 숨겨져 있는 기저의 본질로 침투해 들어가려 하는 주체의 응시를 위해서만 존재하는 것이다. Taylor, *Hegel*, pp. 257-259를 볼 것.

가설―우리가 이론적 연결망 밖에서는, 우리의 일상적 경험 속에서는 결코 만나지 못할 순전히 합리적인 가정―의 지위를 갖는다)이다. 다시금, 이런 긴장은 외적 반성을 분열과 외부성을 매개하는 계기로서 절대자의 자기-정립적 활동의 전체적 구조 속에 포함시킴으로써 해소되는 것이 아니다. 정반대로 그것은 반성의 '외부성' 그 자체의 직접적인 '존재론적' 지위에 대한 단언에 의해서 해소된다. 모든 실정적인 한정된 존재론적 존재자는 절대자가 '그 자신에게 외적인' 한에서, 어떤 틈새가 그것의 완전한 존재론적 현실화를 막는 한에서만, '그 자체로서' 출현할 수 있다.[21]

'구체적 보편성'

이제 우리는 정확히 어떤 의미에서 헤겔의 논리학이 엄밀히 칸트적 의미에서 여전히 '초월적'인가를 볼 수 있다. 즉 어떤 의미에서 그것의 개념적 연결망이 단지 형식적일 뿐만 아니라, 그 연결망에 의해 그 범주적 구조가 기술되는 현실 그 자체에 대해 구성적인가를 말이다. 헤겔의 『논리학』에서 변증법적 과정을 작동시키는 것은 모든 한정된/제한된 범주들의 지위에 있는 내적 긴장이다: 매 개념은 필연적인(즉

---

[21] 이 점은 또한 헤겔을 셸링으로부터 분리시키는 차이에 대한 올바른 이해를 위해서도 중요하다. 헤겔이 칸트적-피히테적 주관주의에 대한 셸링의 비판에 매여 있었던 한 그는―말하자면―배뇨보다는 생식을 지지했다. 즉 추상적 주체적 구분보다는 구체적 총체성에 대한 직접적 선택을 지지했다. 총체성과 총체성의 구체적 유기적 연결고리를 해체하는 추상적 주체성 사이에서의 모든 선택이 궁극적으로는 주체가 그 자신을―즉 주체에 다름아닌 '일방적' 파열적 폭력을―선택하지 않을 수 없는 강제된 선택이라는 것을 깨닫는 순간, 헤겔은 '헤겔이 되었다'.

현실을 개념파악하고자 한다면, 현실의 기저에 놓인 존재론적 구조를 개념파악하고자 한다면, 필수불가결한(동시에 불가능한[즉 자기-논박적이며, 비일관적인: 우리가 그것을 현실에 온전하게, 당연한 결과로서 '적용'하는 순간, 그것은 그것의 정반대인 것으로 붕괴되고/거나 화化한다) 것이다. 이 개념적 긴장/'모순'은 동시에 '현실' 자체의 궁극적 활력소 spiritus movens이다: 우리의 개념적 도구의 내적 비일관성은, 우리의 사유가 현실을 포착하는데 실패했음을 신호하기는커녕, 우리의 사유가 논리 게임에 불과한 것이 아니며 오히려 현실을 구조화하는 내적 원리를 표현하는 가운데 현실 그 자체에 도달할 수 있다는 것에 대한 궁극적 증명이다.

물론, 필연성과 불가능성의 이와 같은 역설적 중첩을 설명하는 것은, 구성적 예외 속에 토대를 두고 있는 자기-연관적 보편성이라는 개념이다. 왜 5센트 동전은 10센트 동전보다 큰가? 크기가 가치를 따른다는 일반 규칙에 대한 이 예외는 어찌된 것인가? 유명한 네덜란드 언어학자이며, 문예학자이며, 정신분석과 해체deconstruction에 대한 포퍼적 비판가인 레베는, 그가 반어적으로 '레베의 추측'이라고 부르는 것으로 규칙과 그것의 예외에 대한 논리를 정식화했다:[22] 상징적 규칙들의 영역에서, 포퍼의 반증 논리는 **반전되어야 한다**—즉 우리가 찾아야만 하는 그 예외란, 규칙을 반증하는 것이기는커녕, 규칙을 **확증한다**. 상징적이고 규칙-규제적인 다양한 활동들에서의 사례들을 열거하는 것(체스에는 다른 가능한 움직임들의 기본 논리에 위배되는 움직임, 즉 예외로서의 로카드rocade가 있다. 카드 게임에는 종종 가장 높은 조합을 뒤엎어버릴 수 있는 어떤 예외적인 낮은 조합이 종종 있다.

---

[22] Karel van het Reve, 'Reves Vermutung', in *Dr Freud and Sherlock Holmes*, Hamburg: Fischer Verlag, 1994, pp. 140~151을 볼 것.

기타 등등) 이외에도 레베는 언어학에 초점을 맞춘다: 문법에는 어떤 예외가 필요한데, 이는 우리가 다른 경우라면 준수하는 그 보편 규칙을 드러내기 위해서 (그리고 그렇게 함으로써 우리가 그 보편 규칙에 민감해지도록 하기 위해서) 필요한 것이다: '규칙이란 그 규칙이 부각될 수 있도록 해주는 예외가 없다면 존재할 수 없다.'23) 이 예외들은 대개는 이른바 deponentia24)로, 즉 어떤 이웃하는 외국어의 영향에 기인하거나 아니면 이전의 언어 형태들의 잔여물에 기인하는 '비합리적' 불규칙성으로 간단히 처리되고 만다. 라틴어에서 예컨대 동사 형태가 -or로 끝날 때, 통상 그것은 수동태를 가리킨다. laudo는 '나는 칭송한다'이고 laudor는 '나는 칭송받는다'이다 등등. 하지만 놀랍게도 loquor는 '나는 말하여진다'가 아니라 '나는 말한다'이다!

헤겔식으로 말하자면, 규칙들이 단순히 자연적 '즉자'이지 않고 '대자적'이 되려면 그런 예외들은 필수적이다. 즉 규칙들이 '주목'을 받고 '그 자체로서' 지각되려면 말이다.25) 이런 이유 때문에 이웃하는 언어나 동일 언어의 과거 형태의 영향을 끌어들여서 이런 예외들과/이나 위반들을 설명하려는 어떠한 시도도 불충분한 것이다. 그런 인과적 연관들은 분명 '역사적으로 정확한' 것이다. 하지만 그것들이 유효한 것이 되기 위해서는 현 체계 내에서의 어떤 내적 필요를 충족시켜야 한다(예컨대 구 공산주의 국가들에서, 현실 사회주의의 모든 재난들에

---

23) 같은 글, p. 149.
24) [라틴어 문법에서, 형태는 수동이지만 의미는 능동인 동사를 가리키는 용어다. 단수형은 'deponens'이며, '이태異態동사'라 한다. '내려놓다, 버리다'를 뜻하는 'deponere'에서 온 말이다. 즉 마치 이 동사들이 본래의 수동의 의미를 내려놓은 것이기라도 한 것인양 그렇게 부르는 것이다.]
25) 라캉은 보편적인 '남근적 기능[함수]'과 그것의 구성적 예외 사이의 상관관계를 정립할 때 이와 동일한 유형의 어떤 것을 염두에 두고 있다.

대한 구실로서 환기된, 유감스런 '부르주아적 과거의 잔재들'의 경우가 그러하다. 바로 그 현실 사회주의의 비일관성에서 필수적 역할을 하지 않은 양—그리고 그 비일관성에 의해 생명을 유지했던 것이 아닌 양—취급된 잔재들). 사례는 많다. 부르주아적 공리주의 사회는 자신의 기본적인 공리주의적 자세를 드러내기 위한 예외로서 귀족을 필요로 한다는 등등으로부터, (음경의) 발기—그것은 정력의 증거이자 표지로서 이바지할 수 있는데, 이는 바로 실패의 내재적 위험 때문이며, 발기가 되지 않을 가능성 때문이다—에 이르기까지.26)

보편자와 그것의 특수한 내용의 관계에는 세 가지 주요한 판본이 있다.

1. 자신의 특수한 내용에 무관심한, 중립적 보편성이라는 표준 개념. 데카르트의 코기토는 성별과 무관하게 모든 인간들에게 공통적인, 중립적인 사고하는 실체이며, 그런 것으로서 성의 정치적 평등의 철학적 토대이다. 이런 관점에서는, 근대 철학에서의 코기토에 대한 기술들 속에서 사실상 남성적 특질들의 지배를 발견한다는 사실은 궁극적으로는 역사적 정황에 기인하는 비일관성이다: 데카르트, 칸트, 헤겔, 그리고 여타의 철학자에게 있어서 코기토는 '미완의 기획'으로 남아 있었으며, 그것의 귀결들은 끝까지 사고되지

---

26) 또 다른 사례를 들어보자. 한 쌍의 연인은 어떻게 결혼을 할, 즉 영구적이며 상징적으로 공언되는 관계를 시작할 결정에 이르게 되는가? 통상적으로 그 결정은, 그 두 상대가 일정 기간의 시험과 숙고 끝에 마침내 저마다의 필요와 성격이 조화를 이룬다는 것을 확인할 때 이루어지는 것이 아니다. 오히려, 그들의 공동 생활의 행복을 방해하는 어떤 사소한 갈등을 겪은 이후에 두 상대는 이 갈등이 무의미하다는 것을—그들을 묶는 끈이 이 성가신 갈등에 비해 어떻게 해서 무한히 더 강한 것인가를—깨닫게 된다. 그리하여 나로 하여금 나의 애착의 깊이를 어쩔 수 없이 깨닫게끔 만드는 것은 다름아닌 바로 그 사소한 방해 요소이다.

못했다. (예컨대 말브랑슈 같은 후-데카르트주의자들이 여성은 명석하게 사고할 수 없으며 자신들의 감각 인상들에 남성보다 훨씬 더 영향을 받기 쉽다는 주장을 되풀이했을 때, 그들은 단지 그들 시대의 사회적 현실의 편견을 따르고 있는 것이었다.)

2. 표준적인 마르크스주의적 혹은 이데올로기 비판적 '증상적' 독해. 이는 코기토의 보편성 배후에서 어떤 남성적 특질들의 지배를 간파할 뿐만 아니라('코기토는 사실상 백인 상류계급 남성 가부장적 개인을 나타낸다'), 가장 강한 판본에서는 심지어 이렇게까지도 주장한다: 보편화의 바로 그 제스처, 특수한 차이들을 말소시키는 바로 그 제스처—추상적 보편성의 형식 그 자체—는 성별-중립적이지 않으며 본래부터 '남성적'이다. 그것은 지배와 조작이라는 근대의 남성적 태도를 규정하며, 따라서 성적 차이는 인류의 두 종 간의 차이를 나타낼 뿐만 아니라 보편자와 특수자의 바로 그 관계가 기능하는 상이한 두 양태를 나타내는 것이다.

3. 하지만, 에르네스토 라클라우에 의해 상세하게 세공된 세 번째 판본이 있다.[27] 보편자는 텅 비어 있다. 하지만 바로 그런 것으로서 그것은 언제나-이미 그것의 대역을 하는 어떤 우연적이고 특수한 내용에 의해 채워진다. 즉 그러한 내용에 의해 헤게모니화된다. 요컨대 매 보편자는 다수의 특수한 내용들이 헤게모니를 얻으려 다투는 싸움터이다. (만약 코기토가 여성에 반反하여 남성을 은연중에 특권화한다면, 이는 코기토의 바로 그 본성 속에 각인된 항구

---

27) Ernesto Laclau, *Emancipation(s)*, London: Verso, 1996을 볼 것.

적 사실이 아니며 오히려 헤게모니 투쟁을 통해 변경될 수 있는 어떤 것이다.) 이 세 번째 판본과 첫 번째를 구분하는 것은, 사실상 중립적일 것이고 또한 그런 것으로서 그것의 모든 종들에 공통적일 (보편자의) 어떠한 내용도 세 번째 판본은 허용하지 않는다는 것이다(우리는 절대적으로 동일한 양상으로 모든 인간에게 공통적인 그 어떤 특질도 결코 정의할 수 없다): 보편자의 모든 실정적 내용은 헤게모니 투쟁의 우연적 결과이다. 그 자체에 있어서 보편자란 절대적으로 텅 빈 것이다.

이 세 번째 입장을 받아들임에 있어서 보편자가 스스로를 확립할 수 있게 하는 그 특수한 실체적 내용 속에 있는 **절단**을 강조해야 한다. 다시 말해서, 보편자에 대한 고유한 헤겔적 개념이 지닌 역설은 그것이 다수의 특수한 내용들의 중립적 틀인 것이 아니라 본래부터 분할적이며, 그것의 특수한 내용을 분열시킨다는 것이다: 보편자는, 언제나, 다른 모든 내용을 한낱 특수한 것으로서 배제하면서 보편자를 직접 체화한다고 주장하는 어떤 특수한 내용의 가장 속에서 스스로를 단언한다.

그렇다면 헤겔의 '구체적 보편성'은 무엇이란 말인가? 그것이 그처럼 근본적인 절단을 내포하는 것이라면—매 요소가 자기만의 독특한 역할을, 즉 특수하지만 대체불가능한 역할을 하는 어떤 전체의 유기적 절합이 아니라면—말이다. 어쩌면 음악에 대한 참조가 여기서 어떤 도움이 될 수도 있을 것이다. 바이올린 협주곡 개념을 보자. 언제, 어떤 방식으로 우리는 그것을 하나의 현실적인 '구체적 보편성'으로서 취급하는가? 언제 우리는 그것을 단순히 그것의 특수한 형식들(고전적 바이올린 협주곡, 멘델스존에서 차이코프스키를 거쳐 시벨리우스에 이르는 위대한 낭만주의 협주곡 등등)로 세분하지 않고, 그것의 '종들'이나 '단계들'을 그 개념의 바로 그 보편성을 포착하기 위한—바로 그 보편성을 결정하고, 그것에 형식을 주고, 그것을 붙잡고 고투하기 위한—같은 수의 시도들로서 파악하는가? 모차르트의 바이올린 협주곡들이 (적어도, 그의 높은 기준들에 비추어 가늠해볼 때, 그리고 그의 피아노 협주곡들에 비교해볼 때) 얼마간 실패작이라는 것은 이미 매우 의미심장한 것이다. 바이올린과 협주곡을 위한 그의 가장 유명한 작품이 그의 *Sinfonia concertante*[협주교향곡]라는 것은 전혀 놀라운 일이 아닌데, 이는 이상한 종류의 동물이다(바이올린은 오케스트라를 배경으로 독자적인 역할을 맡도록 아직 허용되지 않으며, 따라서 그것은 '협주' 양태에서의 교향곡인 것이며, 고유의 바이올린 협주곡이 아니다).

이에 대한 이유는 필시 아도르노에 의해 강조된 다음과 같은 사실에, 즉 바이올린은 피아노보다 훨씬 더 주체성의 궁극적인 악기이며 표현이라는 사실에 있을 것이다. 그리하여, 바이올린과 오케스트라가 상호작용하는 솔로 바이올린을 위한 협주곡은, 독일 관념론이 주체와 실체의 상호작용이라 불렀던 것을 표현하기 위한 궁극적인 음악적 시도를 제공하는 것일지도 모른다. 모차르트의 실패는 그의 우주가 아직 주체성을 근본적으로 단언하는 우주가 아니었다는 사실을 증언하는데, 이는 오로지 베토벤에게서야 발생했다. 하지만, 베토벤의 한 대의 바이올린을 위한 협주곡과 더불어 사태는 다소 문제적이 되었다: 그는 음악적 저속함*kitsch*에 근접하는 과도하게 반복적인 방식으로 1악장의 주선율을 강조했다는 이유로 부당하지만은 않은 비난을 받았다—요컨대, 바이올린과 오케스트라의, 주체와 실체의 균형이 이미 주체적 과잉에 의해 교란되어 있는 것이다. 그렇다면, 이런 과잉에 대한 적절한 대위점은 브람스의 (다시금 한 대의) 바이올린을 위한 협주곡인데, 이 곡의 특징은 아주 적절하게도 '바이올린에 대항한 협주곡'이라고 표현되었다. 다름아닌 오케스트라의 장중한 교향악적 무게는 바이올린의 솔로 목소리를 삼켜버리는바, 그것의 표현적 박진력과 겨루면서 그것을 짓누르며, 그것을 교향악적 직물의 요소들 가운데 하나로 축소시킨다. 아마도 이런 전개에 있어서의 마지막 연결고리는 바르톡의 '오케스트라를 위한 협주곡'(즉 어떤 단일 악기에게도 솔로 목소리를 내는 것이 허용되지 않은, 오로지 오케스트라만을 위한 협주곡)이었을 것인데, 이는 슈만의 '오케스트라 없는 협주곡'(이는 그가 광기 속으로, 즉 실체적 상징적 질서인 '큰 타자' 속에서 지탱물을 점차로 빼앗기는 정신증적 격리 속으로 빠져들어가는 것에 대한 가장 정확한 공식이다)에 대한 진정한 대위점이었다. 이 모든 사례들이 공유하는 것은 그것들 각각이 단지 '바이올린 협주곡'이라는 보편적 개념의 어떤 특수한 경우에 불과한 것이 아니라 이 개념의 보편성 그 자체와 관련하여 하나의 자리를 만들어내려는 필사의 시도라는 점이다: 매번 이 보편적 개념은 어떤 특정한 방식으로 '교란'된다—그것의 극極들 가운데 하나에 대한 과도한 강조에 의해, 부인되고, 회피되고, 내던져진다. 요컨대 완전하게 '자신의 개념을 실현했던' 바이올린 협주곡(바이올린과 오케스트라의, 주체와 실체의, 생산적 긴장과 화해를 낳는 대화)은 결코 없었다: 매번 어떤 보이지 않는 방해물이 그 개념의 실현을 방해한다. (그 개념의 직접적 실현을 방해하는 이 내속적 방해물은 라캉적 실재에 대한 또 다른 이름이다.) 그리고 이것은 헤겔의 '구체적 보편성'의 한 예이다: 단지 중립적인 보편적 개념을 예시하는 것만이 아니라 그것과 투쟁하며 그것에 어떤 특정한 비틀림을 부여하는 특수한 시도들의 과정이나 연속. 그리하여 보편자는 그것의 특수한 예시화의 과정 속에 완전하게 연루된다. 다시 말해서, 이 특수한 사례들은 어떤 면에서 보편적 개념 그 자체의 운명을 결정한다.28)

마르크스주의 변증법의 핵심 범주로서 **중층결정[과잉결정]**이라는 개념에 대한 알튀세르의 반헤겔적 정교화를 아직 기억하는 사람들에게, 헤겔의 보편성 개념에 반대한 알튀세르의 논박이 오조준되었다는 것은 결코 놀랍게 다가가지 않을 것이다: 중층결정의 주요 특징으로서 알튀세르가 강조했던 특징(각각의 구체적 배치 속에서, 문제의 보편성은 구체적 조건들의 유일무이한 집합에 의해 '중층결정'되며, 독특한 맛이나 회전spin이 주어진다. 다시 말해서, 마르크스주의 변증법에서, 예외는 규칙이다. 우리는 결코 보편성 그 자체의 적합한 체현물과 조우하지 않는다)은 헤겔적인 구체적 보편성의 바로 그 근본적 특징이다. 따라서 구체적 보편성이 특수한 배치들의 직물 속으로 절합된다고, 즉 특정한 내용이 보편적 개념을 헤게모니화하게 되는 상황들의 직물 속으로 절합된다고 주장하는 것으로는 충분치 못하다. 우리는 또한 문제의 그 보편성의 이 모든 특수한 예시들이 그것들의 궁극적 실패를 나타내는 표지로 낙인찍혀 있다는 것을 명심해야 한다: 바이올린 협주곡의 역사적 형상들 각각은, 무엇보다도, 바이올린 협주곡의 '개념'을 완전하고도 적합하게 현실화하는 데 있어서의 실패이다. 그리하여 헤겔의 '구체적 보편성'은 어떤 중심적 불가능성의 실재를 내포한다: 보편성은 '구체적'이며, 특수한 형상들의 직물로서 구조화되어 있는데, 그 이유는 바로 그것의 개념에 적합한 형상를 획득하는 것이 영원히 가로막히기 때문이다. 바로 그 때문에—헤겔의 말대로—보

---

28) 보편자가 헤겔의 변증법적 과정에 붙잡혀 있는 이 현기증 나는 심연에 대한 최선의 정식화를 제공하는 것은 아마도 장-뤽 낭시(Jean-Luc Nancy)일 것이다. 그의 *Hegel. L'inquiétude du négatif*, Paris: Hachette, 1997을 볼 것.

편자인 유는 언제나 그 자신의 종 가운데 하나이다: 문제의 그 보편성의 특수한 내용 한가운데 하나의 틈새, 구멍이 있는 한에서만, 즉 어떤 유의 종들 가운데 언제나 하나의 종(즉 유 그 자체를 적합하게 체화할 그 종)이 빠져 있는 한에서만, 보편성이 있는 것이다.

'아무것도 원하지 않기보다는……'

변증법적 과정에서의 '거짓된' ('일방적인', '추상적인') 선택의 필연성을 가장 잘 보여주는 개념은 '완강한 애착'이라는 개념이다. 전적으로 애매한 이 개념은 헤겔의 『현상학』 도처에서 작동한다. 한편으로 그것은 도덕주의적인 판단하는 양심에 의해 경멸당하는 어떤 특수한 내용(이익, 대상, 쾌락……)에 대한 정념적 애착을 가리킨다. 헤겔은 그와 같은 애착을 결코 비난하지 않는다. 그는 그와 같은 애착이 행위의 존재론적 선험임을 되풀이해서 강조한다―습속*mores*의 사회-윤리적 총체의 균형을 교란시키는 영웅(능동적 주체)의 행위는 그의 공동체에 의해 언제나 그리고 필연적으로 범죄로서 경험된다. 다른 한편, 한층 더 위험천만한 '완강한 애착'은 자신의 추상적 도덕적 기준들에 여전히 정념적 애착을 보이면서 그 기준들을 위해 일체의 행위를 범죄로서 비난하는 비능동적인 판단하는 주체의 애착이다: 추상적 도덕 기준들에 대한 그와 같은 완강한 집착은, 일체의 능동적 주체성에 대한 우리의 심판을 합법화할 수 있는바, 악의 궁극적 형식이다.

인종적 특수성과 보편주의의 긴장에 대해서라면, '완강한 애착'이란 자신의 특수한 인종적 정체성에 대한 주체의 집착―그는 어떠한 상황에서도 그것을 포기할 준비가 되어 있지 않다―을 나타내는 동시에,

모든 특수한 내용의 전반적 변화 속에서도 동일하고 불변적인 안정적 틀로서 남아 있는 바로서의 추상적 보편성에 대한 직접적 참조를 나타낸다. 물론 고유하게 변증법적인 역설은, 만일 주체가 자신의 특수한 민족적 총체의 실체적 내용으로부터 스스로 빠져나오려고 할 경우 그는 어떤 근본적으로 우연적인 특유한 내용에 집착함으로써만 그렇게 할 수 있다는 것이다. 바로 그런 이유 때문에 '완강한 애착'은 변화-매개-보편화에 대한 저항인 동시에 이런 변화의 바로 그 작용소operator이다: 정황들과 무관하게 내가 여하한 내적 필연성에 의해서도 묶여 있지 않은 어떤 우연적인 특수한 특질을 완강하게 고수할 때, 이런 '정념적' 애착은 특수한 삶-맥락 속으로의 몰입으로부터 나를 풀어줄 수 있다. 바로 이것은 헤겔이 '주체성의 무한한 권리'라고 부르는 것이다: 다른 무엇보다도 내게 문제가 되는 어떤 하찮고 특유한 특질을 위해서 모든 것을, 나의 전 실체적 내용을 내걸기. 그러므로 역설은 내가 어떤 우연적인 특수한 내용에 대한 완강한 애착을 통해서만 대자적 보편자에 도달할 수 있는 것인데, 그와 같은 내용은 '부정적 크기'로서만 기능한다. 즉 그 자체에 있어서 전적으로 아무래도 좋은, 주체의 임의적 의지를 체화한다는 사실에 전적으로 그 의미가 있는, 어떤 것으로서 기능한다('내가 이것을 원하는 것은 내가 그걸 원하기 때문이다!', 그리고 이 내용이 사소하면 할수록 나의 의지는 더욱더 크게 단언될 것이다……). 물론 이 특유의 특질은 그 자체에 있어서는 우연적이고 중요하지 않은 것이다. 공백의, 아무것도 아님의 환유―이 X를 의지하는 것은 '아무것도 아님을 의욕함'의 한 방식이다.

주체의 완고한 자기-의지에 대한 최고의 표현으로서의 '완강한 애착'에 대한 직접적 대립물은 물론 **훈육**discipline이다. (맹목적이고 무의미한 '기계적' 의식儀式의 준수라는 바로 그 '외상적' 차원에서) 훈육의 형성적 힘이라는 개념은 헤겔의 주체성 개념에 있어 핵심적이었다. 뉘른베르크 김나지움의 교장으로 있을 당시 학기말에 행한 『김나지움 강연』에서, 헤겔은 군복무에서의 기계적 반복훈련의 필요성과 라틴어 학습을 강조했다. 라틴어의 묘한 지위는 특별한 관심을 끈다. 즉 왜 희랍어가 아닌 라틴어가 서구의 공통어*lingua franca*가 되었는가? 희랍어는 신화적인 '기원들의 언어'이며 온전한 의미를 부여받고 있는 반면에, 라틴어는 '기계적'이며, 한 단계를 거친 것이며, 의미의 기원적 풍부함이 상실된 모방의 언어이다(헤겔은 이를 몇 번이고 강조한다). 따라서 희랍어가 아닌 라틴어가 서구 문명의 보편적 매체가 되었다는 것은 더더욱 의미심장하다.29) 왜?

이 기계적 반복훈련이, 무의미한 규칙들을 준수할 수 있는 그 역량이 나중의 유의미한 자율적 정신 활동을 위한 토대를 제공한다('보다 고상한' 창조적 활동을 자유롭게 누리기 위해서는 우선은 문법 규칙들과 사회적 예법을 배우고 그것들에 익숙해져야만 한다)는, 그리하여 그것은 뒤이어서 '지양되며', 보다 고상한 활동을 위한 한낱 비가시적 토대로 환원된다는 것이 다가 아니다. 오히려 핵심적 요점은, 이런 근본적 외화 없이는, 일체의 내적 실체적 정신적 내용의 희생 없이는, 주체가 자신의 실체 속에 계속 파묻혀 있게 되며 순수한 자기-연관적 부정성으로서 출현할 수 없다는 것이다—무의미한 외적 반복훈련의 참된 사변적 의미는 나의 정신적 삶의 모든 '내적' 실체적 내용의 근본적 포기에 있는 것이다. 나는 오직 그런 포기를 통해서만 더 이상 어떠한 실정적 질서에도 고착되어 있지 않은, 어떠한 특수한 생활세계에도 뿌리내리고 있지 않은 언표행위의 순수 주체로서 출현하는 것이다.

---

29) Renata Salecl, *The Spoils of Freedom*, London: Routledge, 1994, p. 136을 볼 것.

따라서 푸코처럼 헤겔은 훈육과 주체화의 긴밀한 연계를 강조한다. 비록 그것을 약간 다르게 비틀고 있지만 말이다. 즉 훈육적 실천에 의해 생산된 주체는 '신체의 감옥으로서의 정신'인 것이 아니다. 그것은, 좀 위험한 정식화이긴 할 테지만 이를 무릅쓰고 말한다면, 정확히, 정신 없는 주체이며, '정신'의 깊이를 빼앗긴 주체이다.[30]

그리하여 헤겔의 요점은 통상 그에게 귀속되어지는 것의 정반대다: 무의미한 반복훈련과 맹목적 복종의 '기계적' 활동은 결코 의미라는 '보다 고상한' 정신적 발휘로 완전하게 지양될 수 없다. 물질적 관성의 환원불가능한 잔여물 때문이 아니라, 반대로 주체의 실체적 내용과 관련하여 주체의 자율성을 보장하기 위해서 말이다. 기계적 반복훈련을 정신적 내용으로 (라캉식으로 하자면: 상징적 기계를 의미로) 완전히 '지양'한다면 이는 주체가 실체 속으로 완전하게 몰입되는 것이나 마찬가지일 것이다. 무의미한 기계적 반복훈련 때문에 주체가 어쩔 수 없이 모든 실체적 내용으로부터 스스로 거리를 두게 된다면, 때때로 주체는 의미의 실체적 총체성 속으로의 자기만족적 몰입이 요동치게 되어 순수한 부정성의 공백과 대면해야만 한다. 헤겔에 따르면 바로 그것이 전쟁의 역할인데, 그는 전쟁이 바로 우리의 매일 매일의 일과의 만족 상태를 침식하는 무의미한 희생과 파괴를 내포하는 한에서 필요하다고 여긴다. 그리고 다시금 여기서 헤겔은 라캉에 의해 보충되어야 한다: 자기-훈육의 이 무의미한 반복훈련을 주체가 견디어 내도록 하는 것은 그것에 의해 생산되는 잉여-향유이다. 다시 말해서, 정신적 총체성에 무의미한 반복훈련을 보충하는 것은 의미의 영역에

---

[30] 언어의 영역에서 헤겔은 '기계적 기억mechanical memory'이라는 개념을 가지고서 동일한 요점을 이야기한다. Slavoj Žižek, *The Metastases of Enjoyment*, London: Verso, 1994, 2장을 볼 것.

대상 *a*를 보충하는 것에 다름아니다: 그것은 헤겔이 결코 '의미론적 관념론자'가 아니었다는 사실을, 어떻게 해서 의미의 영역 그 자체가 결코 닫힘을 성취하고 그 스스로를 자기-지칭적 원환 속에 토대지을 수 없는가를 헤겔이 잘 알고 있었다는 사실을 증언한다—그것은 맹목적인 기계적 훈련에 의해 제공되는 향유의 '불가분의 잔여'에 의지해야만 한다. 이는 또한, 철학적 추리와 연관된 종교의 가장 탁월한 사례이다: 헤겔 자신이『종교철학 강의』에서 강조하고 있는 것처럼, 기도는 자기 자신의 만족—즉, 향유—을 제공하도록 예정된 기계적-반복적 활동의 '최고의' 사례이지 않은가?

훈육적 관행들에 대한 헤겔의 설명이 푸코의 설명과 비교할 때 지니고 있는 이점은, 헤겔이 '어떻게 그리고 왜 주체(가 될 것)는 (즉, 알튀세르의 "개인"은) 기꺼이 그 자신을 권력의 형성적 훈육에 복종시키는가?'라는 물음에 답함으로써 말하자면 훈육의 초월적 기원genesis을 제공한다는 점이다. 어떻게 그리고 왜 주체는 스스로를 그 속에 붙잡히도록 내버려두는가? 물론 헤겔의 답은 절대적 주인인 죽음에 대한 두려움이다. 나의 육체적 실존은 자연적 퇴락에 종속되어 있으므로, 그리고 나는 육체를 제거하거나 완전히 부정할 수 없으므로, 내가 할 수 있는 유일한 것은 부정성을 체화하는 것이다. 나의 육체를 곧장 부정하는 대신에 나는 육체의 영구적 부정화, 종속, 고행, 훈육으로서의 나의 육체적 실존을 산다……. 그리하여 형성적 훈육의 삶—헤겔이 교양*Bildung*이라고 부르는 것—은 내 안에 있는 과잉적 생-실체를 중화하기 위한, 나의 현실적 삶을 마치 내가 이미 죽어 있는 양 살기 위한, '내가 살아 있다고 느끼게 만드는' 욕망을 물리치기 위한 시도이다. 나를 효과적으로 억압하는 주인의 실정적 형상은, 궁극적으로, 절대적 주인인 죽음이라는 근본적 부정성의 대리물이다—이는 자신의 주인이 죽어서 이제 마침내 완전한 삶을 누릴 수 있고 '삶을 즐길' 수 있는 순간에 대한 기대로서 자신의 전 생애를 조직화하는 강박적 신경증자의 곤궁을 설명한다. 강박증자의 주인이 현실적으로 죽을 때 그 죽음이 주는 영향은, 물론, 정반대다: 강박증자는, 현실적 주인 아래에서 잠복하고 있었던, 절대적 주인인 죽음의 공백과 대면하게 되는 것이다.

헤겔이 이미 힌트를 주고 있으며 라캉이 세공하고 있는 것은 어떻게 이런 육체의, 육체적 쾌락의 포기가 바로 그것 자체의 쾌락을 산출하는가 하는 것이다. 그리고 그것은 바로 라캉이 잉여-향유라 부르는 것이다. 인간의 리비도적 경제의 근본적 '도착'은, 쾌락을 주는 어떤 활동이 금지되고 '억압'될 때 우리가 단지 일체의 쾌락이 박탈된 법에 대한 엄격한 복종의 삶을 갖게 되는 것이 아니라는 것이다—법 그 자체의 행사는 리비도-투여되며, 그리하여 금지의 활동 그 자체가 바로 그 자체의 쾌락을 제공한다. 예컨대 금욕적 고행자와 관련하여 헤겔은, 어떻게 육체의 끝없는 고행[죽임]mortification이 도착적인 과잉의 향유의 원천이 되는가를 강조한다: 리비도적 만족에 대한 포기 그 자체는 만족의 자율적 원천이 되며, 바로 그것은 하인이 자신의 예속을 받아들이도록 만드는 '뇌물'인 것이다.[31]

---

31) 주디스 버틀러는 헤겔이 종교적인 희생적 노고의 구조를 다룰 때 헤겔이 그것의 변증법적 전복을 포기한다고 주장하는데, 이러한 전복이라고 한다면 어떻게 종교적 포기가 그 자체의 만족, 즉 고통-속의-쾌락을 낳는 한에서 거짓인 것인가를 지적하는 데 있을 것이다(혹은, 라캉의 용어로 표현하자면, 언표된 내용을 그것의 언표행위의 위치에 대한 참조를 통해 침식하는 것: 나는 나 자신에게 고통을 가한다, 하지만 언표행위의 주체적 위치의 층위에서 나는 이 고통을 과도하게 쾌락적인 것으로서 경험한다). 버틀러에 따르면, 희생적인 종교적 노고의 경우에 고통과 만족은 외적으로 대립되어 있다. 내가 고통을 견딜 수 있게 만드는 것은, 혹은 더 나아가 나 자신에게 고통을 가하게 만드는 것은, 내가 그로부터 얻는 직접적인 도착적 만족인 것이 아니라 오히려 이곳

그리하여 핵심적 문제는 **육체의 부정**이 **육체화된 부정**으로, 즉 리비도적 자극의 억압이 바로 이 억압 행위로부터 리비도적 만족을 획득하는 것으로 변증법적으로 반전될 섬뜩한 가능성이다. 이 불가사의는 **마조히즘**의 불가사의다: 성애적 만족의 바로 그 폭력적 부인과 거부가 어떻게 성애화될 수 있는가? 리비도적 투여는 어떻게 그것의 직접적 목표로부터 이탈할 뿐만 아니라 심지어 그러한 목표로부터 그 목표에 반대하는 바로 그 행동으로 옮겨가는가? 성애적 추동이 자신의 '자연적' 대상으로부터 분리될 이 기원적 '이탈가능성'에 대한, 즉 성애적 추동이 자신의 애착을 어떤 대상에서 다른 대상으로 옮겨갈 이 기원적 가능성에 대한 프로이트식 이름은 물론 다름아닌 **죽음 충동**이다. 삶에의 긍정적 의지에 대한 허무주의적 부인을 설명하기 위해서 니체는 『도덕의 계보』에서 '아무것도 의욕하지 않음'과 '아무것도 아님 그 자체를 의욕함'에 대한 그 유명한 구분을 도입했다: 삶에 대한 허무주의적 적의는 '삶의 가장 근본적인 전제들에 대항한 반발을 의미하는 것이다. 그러나 이것도 하나의 의지이며 하나의 의지로 남아 있다! …… 인간은 아무것도 의욕하지 않는 것보다는 오히려 허무를 의욕하고자 한다.'[32] 여기서 우리는 (다른 식으로라면 니체를 무시하는) 라캉이 히스테리성 거식증을 정의하면서 동일한 구분을 암묵적으로 참조하고 있음을 상기해야 한다: 거식증의 주체는 단순히 음식을 거부하고

이승에서 더 많은 고통을 겪을수록 사후의 저승에서 더 많은 보상을 받을 것이고 더 많은 만족을 얻게 될 것이라는 믿음이다. (Judith Butler, *The Psychic Life of Power*, Stanford, CA: Stanford University Press, 1997, p. 44를 볼 것.) 그렇지만 이것이 사실상 헤겔의 입장인 것인가? 헤겔은 저승에서 약속된 쾌락이라는 것이, 이 미래의 보상을 상상하는 것으로부터 내가 지금 여기서 끌어내는 쾌락에 대한 한낱 가면에 불과한 것임을 잘 알고 있지 않은가?

32) Friedrich Nietzsche, *On the Genealogy of Morals*, New York: Vintage, 1989, p. 163. [국역본: 니체, 『선악의 저편·도덕의 계보』, 김정현 옮김, 책세상, 2002, 541쪽.]

먹지 않는 것이 아니라, 오히려 **아무것도 아닌 것 그 자체를 먹는다**. 라캉에게 있어서 (동물의 본능에 대조되는) 인간의 욕망은 언제나 구성적으로 아무것도 아님에 의해 매개된다: (우리의 필요를 만족시키는 대상들과 대립되는 바로서의) 욕망의 진정한 대상-원인은, 정의상, '결여의 환유'이며, 아무것도 아님에 대한 대리물이다. (바로 이 때문에 라캉에게서 욕망의 대상-원인으로서의 대상 *a*는 기원적으로 상실된 대상인 것이다: 그것이 상실된 한에서 우리가 그것을 욕망한다는 것만이 아니다—이 대상은 실정화된 상실에 다름아닌 것이다.)33)

따라서 우리는 다시금 '완강한 애착'의 문제틀로 돌아오는데, 왜냐하면 여하한 한정된 내용으로부터의 이탈가능성과 우리를 다른 모든 대상들에 대해 무관심하게 만드는 어떤 특수한 대상에 대한 과도한 애착 사이의 상호의존성을 염두에 두는 것이 절대적으로 중요하기 때문이다. 그와 같은 대상은 라캉이 칸트를 따라서 '부정적 크기'라고 부르는 것, 즉 자신의 바로 그 실정적 현존에서 아무것도 아님의 공백에 대한 (혹은, 불가능한 사물의 심연에 대한) 대리물로서 기능하는 대상이며, 따라서 이 특수한 대상을 원하는 것은, 즉 무슨 일이 있더라도 그 대상에 대한 '완강한 애착'을 유지하는 것은 '아무것도 아님을 원하는 것'의 바로 그 구체적 형식이다. 그리하여 애착의 과잉과 결여는 엄밀한 의미에서 일치하는데, 왜냐하면 어떤 특수한 우연적 대상에 대한 과도한 애착은 치명적 탈-애착의 바로 그 작용소이기 때문이다: 다소 애절

---

33) 그리고 이것은 외적 부정과 내적 부정이라는 논리적 구분에 연계되어 있는 것 아닌가? 스탈린주의적 편집증의 기본 절차는 외적 부정을 내적인 것으로 읽는 것이었다: 사회주의 건설에 대한 인민의 무관심(그것을 하는 것을 원하지 않음)은 그것에 반대한 적극적 음모(그것을 하지 않기를 원함, 즉 그것에 반대함)로서 읽혀졌다. 그리하여 우리는 죽음충동의 공간은 외적 부정과 내적 부정 사이의, 아무것도 원하지 않음과 아무것도 아님을 적극적으로 원함 사이의 바로 그 틈새라고 말할 수 있다.

한 사례를 들어본다면, 이졸데에 대한 트리스탄의 무조건적이고 과도한 애착은 (그리고 그 역도 마찬가지인데) 다름아닌 그의 탈-애착의 형식이었으며, 세계와의 일체의 인연을 단절하고 아무것도 아님 속으로 몰입하는 것의 형식이었다. (죽음의 이미지로서의 아름다운 여인은 남성적인 환상적 공간의 표준적 특징이다.)

우리는 이 역설이 어떻게 어떤 실정적 대상을 '사물의 존엄'으로까지 고양시키는 바로서의 승화라는 라캉의 개념에 완전하게 들어맞는가를 볼 수 있다: 어떤 대상이 아무것도 아님의 대역으로서 기능하기 시작하는 한에서 주체는 그 대상에 과도하게 애착을 갖게 된다. 여기서 니체와 프로이트/라캉의 교제는 끝이 난다: 삶을 긍정하는 본능들에 대항하기 위한 '허무주의적' 제스처라고 니체가 비난하는 것을 프로이트와 라캉은 자연적 본능들에 대립되는 바로서의 인간적 충동의 바로 그 기본 구조로서 파악한다. 다시 말해서 니체가 받아들일 수 없는 것은 죽음 충동의 그 근본적 차원―즉 한낱 자기-단언된 만족에 비교한 의지의 과잉이 아무것도 아님에 대한 '허무주의적인' 완강한 애착에 의해 매개되어 있다는 사실―인 것이다. 죽음 충동은 삶을 긍정하는 일체의 애착에 대한 직접적인 허무주의적 대립항에 불과한 것이 아니다. 오히려 그것은 아무것도 아님에 대한 지칭의 형식적 구조 그 자체이다. 그리고 바로 그것 덕분에 우리는, 모든 것을 무릅쓸 각오가 되어 있는 어떤 **원인[대의]**(사랑이든, 예술이든, 지식이든, 정치든)에 대한 '열정적 애착'을 위해서, 자기-단언된 그 어리석은 삶의 리듬을 극복할 수 있게 되는 것이다.

바로 이런 의미에서, 충동의 승화에 대해 이야기하는 것은 무의미한 것인데, 왜냐하면 그 자체로서의 충동은 승화의 구조를 내포하고 있기 때문이다: 우리가 본능에서 충동으로 넘어가는 것은, 우리를 만족시킬 목표를 곧바로 겨냥하는 대신에 공백 주위를 순환함으로써, 즉 중심적 공백의 대리물인 대상을 반복해서 놓침으로 해서 만족이 생겨나는 때이다. 따라서 주체가 일련의 실정적 대상들을 욕망할 때, 우리가 해야 할 일은 특수한 대상으로서 현실적으로 욕망되는 대상들을 아무것도 아님의 대리물로서 욕망되는 바로 그 대상과 구분하는 것이다: 이 둘 중 어느 것이 칸트적 의미에서의 '부정적 크기'로서 기능하는가?

'나를 밖에서 포함시켜라!'

'아무것도 안 의지함'과 '아무것도 아님 그 자체를 의지함'이라는 이와 같은 니체적 차이로 말하자면, 우리는 그것을 '아무것도 안 훔침'과 '아무것도 아님 그 자체를 훔침'이라는 라캉적 구분을 배경으로 해서 읽어야 한다. 라캉은 이 구분을 표절에 대한 '병리적인[정념적인]' 자책에 관한 에른스트 크리스의 사례와 관련하여 세공했다. 분석가인 크리스는 환자─동료들의 아이디어를 끊임없이 훔치고 있다는 강박관념을 가진 지식인─가 실제로 아무것도 안 훔쳤다는 것을 증명하지만, 이것이 그가 그저 결백하다는 것을 증명하는 것은 아니다. 그 환자가 사실상 훔치고 있는 것은 '아무것도 아닌 것' 그 자체이다. 거식증자가 단순히 아무것도 안 먹는 것이 아니라 오히려 **아무것도 아님 그 자체를 먹는 것**과 마찬가지로 말이다······. 그토록 자주 참조되곤 했던 이러한 구절들은 정확히 무엇을 의미하는가? 다리언 리더는 이 사례를 또 다른 사례와 연계시키는데, 그 사례에서 환자는 고용주로부터 무언가를 훔친 혐의를 받고 있는 한 남자의 일화를 꺼낸다. 매일 저녁 공장을 나설 때 그의 손수레는 매번 조사를 받는다. 아무것도 발견되지 않지만, 그러다가 마침내 그가 손수레 자체를 훔치고 있다는 것이 발각된다……. 라캉이 강조하고 있는 것처럼, 이와 동일한 선상에서 크리스의 환자가 '병리적인' 표절 느낌에 대한 강박을 드러낼 때, 이런 자책을 액면 그대로 받아들여서 환자에게 실제로는 그가 동료들로부터 아무것도 훔치고 있지 않다는 것을 증명해 보이려고 노력하지 않도록 하는 것이 중요하다. 그 환자가 (그리고 그의 분석가 역시) 보지 못하고 있는 것은 '진짜 표절은 대상 그 자체의 형식에, 즉 이 남자에게서 어떤 것이 가치를 갖기 위해서는 다른 누군가의 것이어야 한다는 사실에 있다'는 것이다.[34] 자신이 소유한 모든 것이 훔친 것이라는 환자의 우려는, 진짜로 그에게 속하는—진짜로 '그의 것'인—어떠한 것도 가지고 있지 않다는 바로 그 사실로부터 그가 이끌어내는 심층적 만족—향유*jouissance*—을 은폐하고 있다.

욕망의 층위에서 볼 때 이런 훔치기의 태도는 욕망이 결코 직접적으로 '나의 것'이 아니며 언제나 **타자**의 욕망이라는 것을 의미한다(나는 어떤 대상을 **타자**에 의해 욕망되는 대상인 한에서만 욕망한다). 따라서 내가 진정으로 '욕망'할 수 있는 유일한 길은 욕망의 모든 실정적 대상을 거부하고 아무것도 아님 그 자체를 욕망하는 것이다(다시금, 이 용어가 갖는 일체의 의미들 속에서, 즉 욕망 그 자체인 아무것도 아님의 저 특별한 형식을 욕망하는 것에 이르기까지. 바로 이런 이유 때문에, 인간의 욕망은 언제나 욕망에의 욕망이며, **타자**의 욕망의 대상이고자 하는 욕망이다). 다시금 우리는 니체와의 상동성을 쉽게 볼 수 있다: 의지는, 오로지 아무것도 아님을 능동적으로 의지하는 의지인 한에서만, '의지에의 의지'일 수 있으며, 의지함 그 자체를 원하는

---

34) Darian Leader, *Promises Lovers Make When It Gets Late*, London: Faber & Faber, 1997, pp. 49-66을 볼 것.

의지일 수 있다. (이런 반전의 또 다른 잘 알려진 형식이 있는데, 이에 따르면 낭만적 연인들이란 사랑하는 사람을 사랑하는 것이 아니라 사랑 그 자체를 사실상 사랑하는 연인들이다.)

여기서 핵심적인 것은 자기-반성적 전회인데, 이 전회에 의해 (상징적) 형식 그 자체가 그것의 요소들 가운데서 헤아려진다: 의지 그 자체를 의지하는 것은 아무것도 아닌 것을 의지하는 것인데, 이는 손수레 그 자체(훔친 물건들의 형식-담지자 그 자체)를 훔치는 것이 아무것도 아님 그 자체(훔친 물건들을 잠재적으로 담고 있을 수 있는 그 공백)를 훔치는 것인 것과 마찬가지다. 이 '아무것도 아닌 것'은 궁극적으로 주체 그 자신을 대신한다—즉 그것은 기의 없는 텅 빈 기표인데, 이는 주체를 대리한다. 그리하여 주체는 상징적 질서 속에 곧장 포함되는 것이 아니며, 의미작용이 실패하는 바로 그 지점으로서 포함되는 것이다. 수용할 수 없는 사업 제안에 직면했을 때 이에 대한 샘 골드윈의 유명한 응수인 '나를 밖에서 포함시켜라!'는 상징적 질서에 대한 주체의 관계가 지니고 있는, 직접적 포함과 직접적 배제 사이의 이와 같은 중간적 지위를 완벽하게 표현한다: '다른 기표들을 위해 주체를 대리하는' 기표는 텅 빈 기표, '기의 없는 기표'이며, 그것에 의해 (그것의 가장 속에서) '아무것도 아닌 것(주체)이 그 무언가로서 헤아려지는' 그런 기표이다. 이런 기표 속에서 주체는 기표의 연결망 속으로 단순히 포함되는 것은 아니다. 오히려 그 연결망으로부터의 주체의 배제됨(이는 이 기표에 어떤 기의도 없다는 사실에 의해 신호된다) 그 자체가 그 속에 '포함'되며, 그것에 의해 표식·등록된다.

이런 상황은 라캉에 의해 역시 종종 인용되곤 하는 그 유명한 유치한 난센스의 상황과 동일하다: '나에게는 세 명의 형제, 즉 어니스트, 폴, 그리고 나 자신이 있다'—세 번째 항인 '나 자신'은 주체가 이 계열 속에 ('나 자신'으로서) 포함되는 동시에 그것으로부터 (자기 자신을 포함해 세 명의 형제를 갖는 부재하는 '언표행위의 주체'로서) 배제되는 방식을 지칭한다. 다시 말해서 이 항은, 정확히, '나를 밖에서 포함시킨다.' 그리하여 반성성은 언표행위의 주체와 진술(언표된 것)의 주체 사이의 틈새를 지탱한다. 그 유명한 프로이트의 옛 사례를 들자면, 환자가 '나는 그 사람(내 꿈속의 인물)이 누구였는지를 알지 못합니다. 하지만 나의 어머니는 **아니었습니다!**'라고 말할 때, 수수께끼는 다음과 같은 것이다: 왜 그는 아무도 그에게 뭐라고 하지 않은 그 무언가를 부인했는가? 다시 말해서, 그 환자가 말한 '나의 어머니는 **아니었습니다!**'의 진짜 메시지는 그 언표된 내용에 있는 것이 아니라 이 메시지가 여하간 발화되었다는 바로 그 사실에 있는 것이다. 진짜 메시지는 이 메시지를 전달하는 바로 그 행위에 있는 것이다(아무도 절도 혐의로 본인을 추궁하지 않는 상황에서 '나는 그것을 훔치지 **않았다!**'고 하면서 스스로를 열심히 방어하는 사람처럼 말이다. 아무도 그를 추궁하려는 생각조차 하지 않는 상황에서 왜 그는 스스로를 방어한단 말인가?). 그리하여 그 메시지가 여하간 전달되었다는 사실은, 내용 '안에서 배제되어야 할 것이 아니라 내용 '밖에서 포함시켜야' 할 손수레와 같다: 그것은 내용(도둑질)과 관련된 핵심 요소를 제공하면서 우리에게 많은 것을 말해주는 것이다.

'나를 밖에서 포함시켜라'라는 공식은 **강박증자**의 주체적 태도에 대한 가장 간명한 정의를 제공한다. 다시 말해서, 강박적 태도의 목표는 무엇인가? 눈에 보이지 않는 순수한 매개자의 위치를 획득하는 것—즉 간주체적 관계들 속에서, 화학에서 '촉매'라고 부르는 것(스스로는 어떤 식으로든 변화하거나 영향을 받는 일 없이 화학 반응 과정을 촉진시키거나, 심지어 작동시키는 물질)의 역할을 맡는 것. 나의 개인적 체험 속에서 나는 나의 선의의 개입들 가운데 하나가 재앙적 결과를 낳게 된 경우를 기억한다. 나는 한 친구의 아파트에서 얼마간 숙박하고 있었다. 분석가인 그가 환자를 받는 방에서 말이다. 그 방 옆에는 또 다른 방이 있었는데, 그 방은 또 다른 분석가가 환자를 받는 방이었다. 하루는 한낮에 잠시 아파트로 돌아와 그곳에 소포를 놓아둘 일이 있었다. 목소리를 들으니 그 다른 분석가가 자기 방에서 환자와 만나고 있었다. 그래서 나는 내 방으로 숨죽이고 들어가서는 그 소포를 정리함 속에 넣어 두었다. 그러던 중 탁자 위에 책 한 권을 발견했는데, 그 책은 탁자 위에 있을 것이 아니었다. 책꽂이를 보니 그 책이 딱 알맞게 들어갈 틈새가 있었다. 그래서, 강박적 유혹을 참을 수가 없어서, 나는 그 책을 원래 장소에 꽂아 놓고 다시 숨을 죽이고 아파트 밖으로 나왔다. 나중에 내 친구한테서 알게 되었는데, 그렇게 함으로써, 단순히 어떤 대상을 원래 위치에 되돌려 놓음으로써, 나는 옆방의 분석가를 신경쇠약에 걸리게 만들었다. 탁자 위에 있었던 그 책은 이 분석가가 내가 숙박을 하던 그 방에 있는 친구에게 돌려줄 책이었다. 내가 도착하기 직전에 이 분석가는 내 방에 들어갔는데, 그날 늦게 온데다가 한 환자가 이미 그를 기다리고 있었기 때문에 책을 그냥 탁자 위에 던져 놓았던 것이다. 내가 떠난 직후에 그 환자가 화장실엘 가야 했으며 그래서 그 분석가는 그 잠깐의 틈을 이용해서 다시 내 방에 들어와서 책을 원 위치에 꽂아 놓으려 했다. 그 책이 **책꽂이의 원 위치에 이미 꽂혀 있는 것을** 그가 목격했을 때 그의 충격을 상상할 수 있을 것이다! 그가 그 방에 두 번 들어올 사이에 단지 2 내지 3분이 지났으며, 그는 (내가 숨죽이고 들어왔다 나갔으므로) 다른 소리를 듣지 못했다. 따라서 그는 자신이 그 책을 그곳에 꽂아 놓은 것이 틀림없다고 확신했다. 하지만 동시에 그는 바로 조금 전에 그 책을 탁자

위에 던져 놓았음을 기억했으므로 자신이 망상에 빠져서 자신의 행위에 대한 통제를 잃은 것이라고 생각했다. 나중에 분석가로부터 그 이야기를 들은 내 친구조차도 그가 제정신을 잃은 것이라고 생각했다…….

코엔 형제의 뛰어난 영화 <분노의 저격자>에서도 어떤 비슷한 일이 발생한다. 자기 아내와 아내의 정부를 죽이려는 질투심 많은 남편에게 고용된 사립 탐정은 오히려 남편을 죽인다. 나중에 죽은 남편을 발견한 그 정부는 자신의 애인(아내)이 범죄를 저지른 것이라고 생각하고 흔적을 지운다. 다른 한편 아내 또한 자신의 애인이 남편을 죽였다고 잘못 생각한다. 또 다른 행위자가 있어서 그가 상황에 개입했다는 것을 그 두 명이 모르고 있다는 사실에서 예기치 않은 일단의 복잡한 일들이 생겨난다……. 그렇다면 이것은 강박적 신경증자가 애써 얻으려고 하는 어떤 도달할 수 없는 이상이다: '포함되기'는 하되(상황에 개입하기는 하되), 오로지 '밖에서'라는 양태로, 즉 상황의 요소들 가운데서 결코 온전히 헤아려지지 않으며 포함되지 않는 눈에 보이지 않는 매개자/중재자의 양태로 그렇게 하는 것.

<적과의 동침>에서 줄리아 로버츠는 병적인 가학적 남편으로부터 도망쳐서 아이오와의 한 작은 마을에서 새로운 신분으로 살아간다. 그녀를 찾아내려는 남편은 그녀의 눈먼 늙은 어머니를 찾아내며, 요양원에 있는 그 어머니에게 접근한다. 속임수로 그녀에게서 딸의 행방을 알아내기 위해서 그는 형사로 가장한다. 그는 딸의 남편이 병적인 살인마라는 사실을 알고 있다고 이야기하며, 줄리아 로버츠에게 남편이 뒤쫓고 있음을 경고해주고 그의 무자비한 복수로부터 그녀를 보호하려고 한다고 이야기한다. 그리하여 그 남편은, 그의 광포함으로부터 줄리아 로버츠를 보호하려는 바로 그 노력을, 그녀를 찾아내어 복수하

는 수단으로서 이용한다. 즉 줄리아 로버츠를 보호하려 하는 사람들의 계열 속에 자신을 포함시킴으로서 그는 자신의 본모습과 관련하여 '스스로를 밖에서 포함시킨다.' …… 유사한 역전이 '잠긴 방 수수께끼'라고 하는 하위 장르(밀폐되어 고립된 장소에서 일어났기 때문에 '일어날 수 없었던' 살인)에 대한 필경 최선의 해결책을 제공하는데, 이 분야의 전문가는 존 딕슨 카였다. 살인자는 살인을 발견하는 바로 그 사람이다. 그는 '살인이다! 살인이다!'라고 소리치기 시작한다. 그로써 살해될 사람이 자기 방문을 잠그도록 유도한다. 그런 다음에 신속하게 그를 살해한다. 살인자는 살인을 '발견한' 그 사람이었기 때문에 아무도 **그를** 의심하지 않는다……. 다시금 여기서 살인자는 범죄를 해결하려 노력하는 사람들의 계열로부터 '밖에서 포함된다.' (물론 이 논리는 스스로 '도둑 잡아라!'라고 외치는 도둑의 논리다. 그는 잠재적 도둑들의 집합으로부터 밖에서 스스로를 포함시킨다.)

이 두 사례 모두에서 관련된 당사자들의 잘못은 위험한 살인범을 찾으려 하면서 손수레 자체를 혐의자들의 계열 속에 포함시키는 것을 망각하는 것이다. 즉 범죄를 해결하거나 방지하기 위해 노력하고 있는 사람들을 말이다. 다시금, 그 계열 속으로의 주체성의 '불가능한' 기입과 ('기의 없는 기표'라는) 텅 빈 형식 사이의 연결고리는 여기서 핵심적이다. 그 계열은, 그것의 요소들 가운데 하나가 텅 빈 요소—즉 그 계열 속에 자신의 바로 그 형식적 원리를 기입하는 요소—일 때 그리고 오로지 그때에만 '주체화'된다. 이 요소는 단지 '아무것도 안 의미하는' 것이 아니다. 그것은 '아무것도 아님 그 자체를 의미하며', 바로 그런 것으로서 주체를 대리한다.

그러므로 우리는 **반성**의 불가사의로, 주체성과 공실체적인 자기-지칭적 반성적 전회라는 불가사의로 되돌아온다. 억압은 우선적으로 지배적 사회-상징적 질서에 의해 '불법적인' 것으로서 간주되는 **욕망들**을 **규제하려는** 시도로서 출현한다. 그렇지만 이런 억압의 권력은 **규제에 대한 욕망**에 의해 지탱되는 한에서만—즉 규제/억압/정복의 형식적 활동 그 자체가 리비도-투여되고 리비도적 만족의 자율적 원천이 되는 한에서만—심적 경제 속에서 스스로를 유지할 수 있다. 규제적 활동 그 자체에 의해 제공되는 이와 같은 만족은, 규제에 대한 이와 같은 욕망은, 리더가 인용하는 이야기 속의 손수레와 정확히 동일한 구조적 역할을 한다: 우리는 주체가 규제하려 노력하는 일체의 욕망들을 면밀하게 조사할 수 있지만, 규제 그 자체에 대한 욕망을 '밖에서 포함시키는' 한에서만 우리는 그의 주체적 자세의 그 특유한 양태에 대한 열쇠를 얻는다……

이런 반성적 반전은 가장 초보적인 차원에서의 히스테리이다: 욕망 충족의 불가능성을 충족되지 않은 채 남아 있으려는 욕망에 대한 욕망으로 반전하는 것(그리하여 '반성된' 욕망으로, '욕망에의 욕망'으로 전환시키는 것). 어쩌면 바로 그것이 칸트 철학의 한계이다. 즉 형식주의 그 자체에 있어서의 한계가 아니라, 오히려 칸트가 **형식을 내용으로, 내용의 일부로** 헤아릴/포함시킬 수 없었으며/거나 그렇게 할 준비가 되어 있지 않았다는 사실에 있어서의 한계. 최초의 접근에서는 칸트가 바로 그렇게 할 수 있었던 것처럼 보일 수도 있을 것이다. 도덕적 행위자에게 있어서 도덕 법칙의 순수한 **형식**이 실천적 활동의 동기로서, 동기적 힘으로서 작용할 수 있다는 불가사의한 사실은 칸트의 윤리학 이론의 핵심이지 않은가? 하지만 여기서 우리는 '즉자'와 '대자'에 대한 헤겔의 구분을 끌어들여야 한다. 칸트는 (형식을 내용 그 자체 속으로 '밖에서 포함시키는') 이 단계를 실로 **즉자적으로는** 성취한다. 하지만 아직 대자적으로는 아니다. 즉 칸트는 형식을 내용 속으로 이처럼 '밖에서 포함시키는' 것의 모든 결과를 감싸 안을 준비가 되어 있지 않으며 계속해서 형식을, 내용에 추상적으로 대립되는 '순수 형식'으로서 취급한다. (바로 이 때문에 칸트는, 자신의 정식화들 속에서, 의무의 보편적 부름과 수많은 정념적 이기적 추동들 사이에서 분열된 인간이라는 표준적 개념으로 항상 '퇴행한다'). 어떤 면에서 헤겔은 겉보기보다 훨씬 더 칸트와 가깝다. 종종 그 둘 간에 차이가 생기는 것은 즉자를 대자로부터 분리시키는 거의 지각 불가능한 틈새 때문이다.

유물론적 은총 이론을 향하여

그리하여 헤겔의 '구체적 보편성'은 겉보기보다는 훨씬 더 역설적이다. 그것은 그 어떤 종류의 심미적 유기적 총체성과도 전혀 상관이 없는데, 왜냐하면 그것은 그와 같은 총체성을 영원히 망쳐놓는 바로 그 과잉과/이나 틈새를 반성적으로 '밖에서 포함시키기' 때문이다. 하나의 계열과 그것의 과잉 간의, **전체**와 그것의 예외인 그 **하나** 간의 환원불가능하고 궁극적으로 설명불가능한 틈새는 '구체적 보편성'의 바로 그 **지형**이다. 이런 이유 때문에 헤겔의 진정한 정치-철학적 계승자란 어떤 새로운 형태의 유기적 실체적 질서로 되돌아감으로써 근대성의 과잉들을 교정하려 노력하는 저자들(예컨대, 공동체주의자들)이 아니라, 오히려 일체의 확립된 질서에 대해 구성적인 그 과잉의 정치적 논리를 완전히 인정하는 저자들인 것이다. 물론 본보기가 되는 사례는 칼 슈미트의 결단주의적 주장일 터인데, 이에 따르면 법률의 규칙은 오로지 자신에게만 근거하는 폭력(폭력적 부과)의 심연적 행위에 궁극적으로 달려 있는 것이다: 이런 행위가 스스로를 합법화하기

위해 참조하는 모든 실정 법령들은 바로 이 행위 자체에 의해 자기-지칭적으로 정립된다.35)

슈미트의 입장이 갖는 기본적 역설은 자유-민주주의적 형식주의에 대한 그의 바로 그 논박이 형식주의적 덫에 사정없이 붙잡혀 있다는 것이다. 슈미트는 정치적인 것을 (켈젠Kelsen식의 법적 규범주의라는 가장 속에서든, 혹은 경제적 공리주의라는 가장 속에서든) 개인적 이해利害의 상호작용을 규제(해야만)하는 중립-보편적 규범들이나 전략적 규칙들의 어떤 전제된 집합 속에 토대짓는 공리주의적-계몽적 방식을 표적으로 삼는다: 순수한 규범적 질서로부터 사회 생활의 현실성으로 곧바로 이행하는 것은 가능하지 않다—그 둘 간의 필수적 매개자는, 어떤 일정한 질서나 법해석학(추상적 규칙의 해석)을 부과하는 오로지 자신에게만 근거하는 의지의 행위이며 결단이다. 어떠한 규범적 질서도, 그 자체로 볼 때는, 추상적 형식주의에 여전히 붙들려 있다. 그것은 그것을 현실적 삶과 분리시키는 틈새에 다리를 놓을 수 없다. 하지만—슈미트의 논변이 지닌 바로 그 핵심을 말하자면—이 틈새에 다리를 놓는 결단은 어떤 구체적 질서를 위한 결단이 아니라 일차적으로는 질서 그 자체의 형식적 원리를 위한 결단이다. 부과된 질서의 구체적 내용은 임의적이며, 주권자의 의지에 달려 있으며, 역사적 우연성에 내맡겨져 있다—질서의 원리, 질서의 *Dass-sein*은 그것의 구체적 내용, 그것의 *Was-sein*에 대해 우선성을 갖는다. 이것은 바로 근대적 보수주의의 주요한 특징인바, 이로 인해 근대적 보수주의는 모든 종류의 전통주의로부터 구별된다: 근대적 보수주의는 전통적인 가치들과/이나 권위들의 집합의 해체가 가져다준 교훈을 자유주의

---

35) Carl Schmitt, *Political Theology: Four Chapters on the Concept of Sovereignty*, Cambridge, MA: MIT Press, 1988을 볼 것.

보다 한층 더 떠맡는다. 즉 보편적으로 용인되는 참조틀로서 전제될 수 있을 어떠한 실정적 내용도 더 이상 존재하지 않는 것이다. (홉스는 질서의 원리와 구체적 질서의 이 구분을 명시적으로 정립한 최초의 인물이었다.) 그리하여 역설은, 법률적 규범적 형식주의에 반대하기 위한 유일한 길은 결단주의적 형식주의로 복귀하는 것이라는 사실에 있다—근대성의 지평 내부에서 형식주의를 벗어날 길은 결코 없다.

그리고 이런 틈새는 또한 보편성과 그것의 구성적 예외에 관한 라캉의 논리에 대한 암묵적인 정치적 배경을 제공하는 것 아닌가? 자유주의에 대한 슈미트의 비판을 라캉식으로 번역하는 것은 손쉬운 일이다: 자유주의가 오인하는 것은 예외적/과잉적 주인기표의 구성적 역할이다. 라캉에 대한 이런 참조는 또한 우리로 하여금 슈미트의 예외 개념이 지닌 필연적 애매성을 설명할 수 있게 해준다: 그것은 실재의 (상징적 **자동장치**ㅣ*automaton*의 우주를 교란시키는 순수한 우연성의) 침입을 나타내는 **동시에** 상징적 규범적 질서를 (폭력적으로, 상징적 규범에 기반하지 않고서) 부과하는 주권자의 제스처를 나타낸다. 라캉식으로 말하면, 그것은 대상 a를 나타내는 동시에 주인기표 S_1을 나타낸다.

토대를 놓는 행위의 이 이중적 본성은 종교에서 분명하게 식별할 수 있다. 예수는 그를 따르는 자들에게 기존의 관습에 따라서 윗사람들에게 복종하고 그들을 존경하라고 요구하는 **동시에** 그들을 미워하고 그들에게 불복종할 것을, 즉 그들과 일체의 인간적 연결고리를 절단할 것을 요구한다: '누구든지 나에게 올 때 자기 부모나 처자나 형제자매나 심지어 자기 자신마저 미워하지 않으면 내 제자가 될 수 없다'(「루가」, 14:26). 여기서 우리는 바로 예수 그 자신의 '윤리적인 것의 종교적 중지'와 조우하는 것 아닌가? 기존의 윤리적 규범들의 우주(습속, 사회적 삶의 실체)는 재단언되지만, 오로지 그것이 예수의 권위에 의해 '매개되는' 한에서만 그렇다. 우선 우리는 근본적 부정성의 제스처를 완수해야만 하며 우리에게 가장 소중한 모든 것을 거절해야만 한다. 그러고 나서 나중에 우리는 그것을 되돌려 받는데, 하지만 예수의 의지의 표현으로서, 그것에 의해 매개된 바로서 되돌려 받는다(주권자가 실정법들에 관계하는 방식은 동일한 역설을 내포한다: 주권자는 우리로 하여금 법을 존중할 것을 강요하지만, 바로 자신이 법이 중지되는 지점인 한에서 그렇게 한다). 예수가 구율법을 침해하려고 온 것이 아니라 단지 그것을 완수하러 온 것임을 주장할 때 우리는 이런 '완수' 속에서 데리다적 보충이 지닌 그 애매성을 온전히 읽어내야만 한다. 법을 완수하는 바로 그 행위는 그것의 직접적 권위를 침해한다. 바로 이런 의미에서, '사랑한다는 것은 율법을 완수하는 일이다'(「로마서」 13:10). 사랑은 법(계명)이 목표하는 바를 완수하지만, 바로 이런 완수는 동시에 법의 중지를 내포한다. 권위의 이와 같은 역설에 들어맞는 믿음의 개념은 키에르케고르에 의해 제공되었다. 바로 그 때문에 그에게 있어 종교는 탁월하게도 근대적이다. 전통적 우주는 윤리적인 반면에 종교적인 것은 옛 방식들의 근본적 붕괴를 내포한다—참된 종교는 일단 전통의 지지를 우리가 잃게 될 때 우리가 만들어야만 하는 불가능한 것에 대한 미친 내기이다.

그리하여 슈미트의 예외 개념에서 고유하게 근대적인 것은 자유로운 결단의 심연적 행위가 그것의 실정적 내용으로부터 독립되어 있음을 단언하는 폭력적 제스처다. '근대적'인 것은 결단의 행위와 그것의 내용간의 틈새—실제로 문제가 되는 것은 행위의 내용으로부터 독립된 그 자체로서의 행위(혹은, 실정적인 규정된 질서로부터 독립된 '명령하기')라는 지각—이다. 그리하여 (이른바 '보수적 모더니즘'을 토대짓는) 역설은 모더니즘의 가장 깊숙한 곳에 있는 가능성이 그것의 명백한 대립물의 가장 속에서, 즉 실정적 이유로 토대지을 수 없는 무조건적 권위로의 복귀라는 가장 속에서, 단언된다는 것이다. 따라서 고유하게 근대적인 신은 예정의 신이다. 즉 우리와 그들 간에, 친구와 적 간에, 구원받은 자와 저주받은 자 간에—관련된 인간들의 현실적 속성들과 행위들에 어떠한 근거도 두지 않은 채(왜냐하면 그들은 아직 태어나지도 않았던 것이므로) 순전히 형식적이고 심연적인 결단 행위를 통해—분리의 선을 긋는 일종의 슈미트적 정치가이다. 전통적 가톨릭교에서 구원은 세속적 선행에 달려 있다. 하지만 프로테스탄트적 예정의 논리에서 세속적 행위와 운수(부)는 기껏해야 주체가 불가해한 신성한 행위를 통해 이미 구제되었다는 사실을 나타내는 애매한 표지sign일 뿐이다. 즉 주체는 부유하거나 선행을 했기 때문에 구원받는 것이 아니라 구원을 받았기 때문에 선행을 성취하거나 부유한 것이다……. 여기서 핵심적인 것은 행위에서 표지로의 이행이다. 즉 예정의 관점에서 볼 때 행위는 예정된 신적 결단의 표지가 된다.

이런 주의주의적 결단주의의 인식론적 판본은, 가장 기본적인 수학적 진리들과 관련하여, (『여섯 가지 반대에 대한 답변』에서) 데카르트에 의해 단언되었다: '신은 삼각형의 세 각이 두 개의 직각과 동일하지 않을 수 없음을 알고 있었기 때문에 그것을 의지했던 것이 아니다. 거꾸로, 신이 삼각형의 세 각이 필연적으로 두 직각과 동일해야 한다고 의지했기 때문에 그것은 참인 것이고 달라질 수 없는 것이다.' 어떻게 이 틈새가 일단 단언되고 나면 부인될 수 없는 것인가에 대한 최선의 증거를 제공하는 것은 말브랑슈다. 그는 이성에 대한 의지의 우선성에 관한 이와 같은 '근대주의적' 단언에 반대했는데, 그 이유는 (라이프니츠가 「데카르트의 철학에 관하여」에서 말한) '이성 없는 어떤 절대적 천명'을 세계의 궁극적 토대로서 받아들일 준비가 되어 있지 않왔기 때문이다. 그렇지만 이런 거절은 신을 진리와 최고선이 일치하는 우주의 합리적이고 조화로운 질서와 전근대적으로 동일시하는 것으로 회귀함을 결코 함축하지 않았다.36)

말브랑슈는 신이 자신의 행위 속에서 따르는 합리적 필연성을 자연에서 은총으로까지 확장시키는 데서 시작한다. 단순한 법칙들을 따르면서 작동하는 거대한 데카르트적 메커니즘은 자연만이 아니다. 다름 아닌 은총 그 자체도 마찬가지여서, 은총의 분배는 개개인들에게 무관심한 보편 법칙들을 따른다. 자연의 맹목적 법칙을 따르는 비가 정성을 들여 경작한 논밭은 메말라 가는데도 불모의 땅에만 내릴 수 있는 것처럼, 그리고 지붕에서 떨어지는 기와가 고결한 사람의 머리만을 맞추고 근처를 지나가던 범죄자를 놓칠 수 있는 것처럼, 은총 또한 최악의 범죄자나 위선자에게만 내리고 고결한 사람을 놓치는 일이 충분히 일어날 수 있는 것이다. 왜 그런가? 왜냐하면 신은 보잘것없는 개인들의 행복보다는 우주 전체의 구조가 지닌 단일함과 질서를 더 높게 평가하기 때문이다. 고결한 개인들의 무참하고도 당치도 않은 운명은, 우주가 단일한 우주 법칙에 의해 지배될 수 있기 위해서 치러야 할 대가인 것이다. 그리하여 말브랑슈적 신은 다니엘 폴 슈레버의 회고록에 나오는 신과 섬뜩할 정도로 유사하다: 우리의 개인적 비밀과 꿈을 단연코 '이해하지' 않는 잔인하고 무심한 신, 자신의 피조물보다는 자기 자신을 더 사랑하며 자신의 맹목적 보편 의지로 인해 필시 아무런 가책도 없이 개개의 꽃들을 짓밟는 이기주의자.

---

36) Miran Božovič, 'Malebranche's Occasionalism, or, Philosophy in the Garden of Eden', in *Cogito and the Unconscious*, ed. Slavoj Žižek, Durham, NC: Duke University Press, 1998을 볼 것. [독자는 이 논문과 사실상 동일한 내용을 담고 있는 보조비치의 『암흑지점』(도서출판b, 2003) 제4장을 참조할 수 있다.]

그리하여 우리 가슴 속에 은총을 퍼뜨리는 일반 법칙들은 우리의 의지 속에서 그것들의 유효성을 결정하는 어떠한 것도 찾지 못한다. 비를 지배하는 일반 법칙들이 비가 내리는 장소들의 성질에 기반하고 있지 않는 것처럼 말이다. 경작되지 않은 땅이건 경작된 땅이건 비는 모든 장소에서 무차별적으로 내린다. 사막에서도, 바다에서도.37)

그렇다면 왜 신은 처음에 세상을 창조했는가? 예수의 도래를 위해서다. 즉 세상이 예수에 의해 구원받도록 하려고 그랬다. 여기서 말브랑슈는 '신이 그토록 세상을 사랑하셔서 자신의 독자를 내주셨다'를 '신이 세상을 사랑하는 일은, 그것이 그의 아들로부터 분리할 수 없는 것이 아니었다면, 하찮은 것이었으리라'로 역전시킨다. 이런 역전으로부터 말브랑슈는 아버지 신은 '자신의 독자가 우주의 질서를 재확립하기 위해 십자가에 묶이는 광경보다 더 마음에 드는 광경을 본 적이 없다'는 끔찍하긴 해도 유일하게 논리적인 결론을 과감히 이끌어낸다.38) 바로 그런 바로서의 예수는 은총의 기회원인이다. 즉 아버지 신과 달리 아들 예수는 개인들의 공로에 따라 은총을 분배하지만, 인간적 영혼의 유한한 지평에 의해 제약받고 있기 때문에 자신의 특수한 의지에 따라서 행위하고 선택을 내리며, 실수를 할 수가 있다.

그리하여 말브랑슈는 표준적인 데카르트적 인식론적 기회원인론에 신학적 비틀림을 준다. 그에게서 기회원인론은 단지, 혹은 일차적으로, 지각과 의지volition에 대한 이론(우리는 물체들을 보는 것이 아니다. '우리는 모든 것들을 신 안에서 본다.' 우리의 정신은 가장 작은

---

37) Nicolas Malebranche, *Treatise on Nature and Grace*, Oxford: Clarendon Press, 1992, pp. 140-141.
38) Nicolas Malebranche, *Traité de morale*, Paris: Garnier-Flammarion, 1995, p. 41.

물체라 할지라도 직접 움직일 능력이 없다)인 것이 아니라 구원의 이론이기도 한 것인데, 왜냐하면 예수의 인간적 영혼은 은총을 개별 인간들에게 분배하는 기회원인이기 때문이다. 여기서 말브랑슈는 자연 영역과의 상동성에 의존하고 있다. 자연의 영역에서, 우리가 만일 사건 X를 설명하고자 한다면, 우리는 물리적 과정들을 규제하는 일반 법칙들을 필요로 하며, 또한 일반 법칙들에 따르면서 사건 X를 생성하는 특수한 선행 사건들의 직조물을 필요로 한다. 일반 법칙들은 그 법칙들을 실현시키는 특수한 실존들의 직조물을 통해서만 유효해진다. 이와 유사하게 아버지 신은 은총의 일반 법칙을 유지하며, 반면에 예수는 그것의 기회원인으로서 행위하여 누가 실제로 은총을 받을 것인가를 결정한다.39) 이런 방식으로 말브랑슈는 두 극단을 피하려고 한다. 타락 이전에 신은 실로 은총을 모든 인간에게 제공하려고 계획했다(이는 칼뱅주의와 대조를 이루는 것인데, 칼뱅주의는 타락 이전의 예정―소수의 선택―을 지지한다). 그렇지만 아담의 타락 때문에, 죄는 보편적인 것이 되었다. 모든 인간은 버림받아 마땅하지만, 세상을 구원하기 위해서 신은 아들 예수를 보냈으며, 오로지 예수만이 은총이 분배될 기회를 제공할 수 있다. 그렇지만 예수의 영혼은 인간적

---

39) 그리하여 '기회원인론'이라는 용어에 대한 말브랑슈의 사용은, 이 의미(보편 법칙을 보충할 어떤 특수한 원인에 대한 필요)를 두 실체 간의 (직접적) 관계(의 결여)를 가리키는 또 다른 의미와 결합시키고 있다는 점에서, 매우 독특한 것이다: 육체와 정신 사이에 어떠한 직접적 관계도 없기 때문에―육체는 정신에 직접 작용을 가할 수 없기 때문에 (그리고 그 역도 마찬가지기 때문에)―그 둘 사이의 조정(내가 나의 손에 대해 생각할 때 내 손이 실제로 올라간다는 사실)은 신의 일반 의지에 의해 보장되어야만 한다. 이 두 번째 경우에 기회원인(예컨대, 나의 손을 올리려는 나의 의향)은 동일 종류의 다른 대상들(나의 다른 의향들과 생각들)과 연결되기 위해서 일반 법칙에 의존할 필요가 없다: 신성한 일반 법칙은 또한 두 개의 전적으로 독립된 계열인 '정신적' 계열과 '육체적' 계열의 특수한 사건들 사이의 조정을 뒷받침해야만 한다.

이었으며, 바로 그런 것으로서 인간적 한계를 드러낼 수 있었다. 그의 생각들에는 그가 만나는 인간들과 관련하여 '어떤 욕망들이 동반'되었다. 어떤 사람은 그를 당혹케 하거나 매혹시켰으며, 어떤 사람들은 그에게 불쾌감을 주었다. 따라서 그는 은총을 고르지 않게 분배했다. 죄인에게 은총을 주는가 하면, 고결한 사람에게서 은총을 거두어들였다.

따라서 말브랑슈는 은총과 고결함 사이의 불일치를 피할 수 없다: 신의 일반 의지는 보편적 차원에서 작용할 것이며, 개인적 관점에서 보자면 불공정하고도 잔인한 무관심으로 얼룩져 있는 것처럼 보이는 바 단일한 데카르트적 법칙들에 따라서 은총을 분배한다. 말브랑슈는 특별히 나를 염두에 두고 있는 신이라는 개념을, 나를 도와주고 나의 기도에 답하려는 특수한 의지를 가지고 행동하는 신이라는 개념을 부정한다. 다른 한편으로 예수는 *volonté particulière* [특수 의지]를 가지고서 행위하지만, 그의 인간적 한계 때문에 그의 은총 분배는 불규칙적이고 불공정하며, 정념적으로 비틀려 있다……. 이로써 우리는 다시금 헤겔에게로, 어떻게 추상적 보편성은 임의적 주체성과 일치하는가에 대한 그의 테제로 돌아오는 것 아닌가? 은총의 일반 법칙과 예수의 특수한 기회원인들 사이의 관계는 **사변적 동일성**의 관계이다: 추상적 일반 법칙들은 그 대립물의 모습 속에서, 즉 주체(예수)의 소질의 우연적인 특수한 변덕 속에서, 스스로를 실현한다. 이는 헤겔적인 시장의 시민 사회에서와 마찬가진데, 거기서도 보편적 익명적 법칙은 주체의 특수한 이해利害들의 우연적 상호작용을 통해서 스스로를 실현한다.40)

---

40) 여기서 우리는 보편자와 그 예외의 암묵적 변증법에 유의할 필요가 있다. 보편자는 단순히 잠재적이며 '타락 이전의' 것인바, 그것은 타락을 경유하여, 우연적으로 분배된 특수한 은총의 가장 속에서, 스스로를 실현한다.

여기서 한 가지 질문이 떠오른다: 왜 아담의 타락과 예수의 도래를 통해 우회하는가? 왜 신은 자신의 *volonté générale*[일반 의지]를 통해 모든 인간에게 직접 풍족하게 은총을 나누어주지 않는가? **신의 나르시시즘 때문이다.** 신은 자신의 영광을 위해 세계를 창조했다. 세계가 예수의 희생을 통해 구제되도록 하기 위해서 말이다. 물론 말브랑슈의 반대자들은 재빨리 이로부터 피할 수 없는 섬뜩한 결론을 이끌어냈다: 모든 인간이 저주를 받아야 했던 것은 그렇게 해야 예수가 그들 중 일부를 구원할 수 있었기 때문이다—혹은, 보쉬에의 표현대로, '만약 구세주가 없다고 한다면, 우리 모두가 구원될 것이다.'41) 이 역설은 확립된 신학적 통념들에 대한 말브랑슈의 이상한 반전들(아담은 타락해야만 했다. 예수의 도래를 가능하게 하기 위해서 타락은 필수적이었다. 신은 예수가 십자가에서 고통당하는 것을 지켜볼 때보다 더 행복한 때가 없었다……)을 이해하는 열쇠이다. 그렇다면 엄격한 기회원인론의 한계 내에서 자유의 역할은 어디에 있는 것인가? 말브랑슈는 근본적 결론을 이끌어내기를 주저하지 않는다: 내용의 층위에서 모든 것은 '우리 안에서 우리 없이*en nous sans nous*' 결정된다42)—다시 말해서, 우리는 기계장치이며, 신은 우리 안에 느낌과 움직임을 산출함으로써 우리를 자극한다. 자유를 위한 여지는 어떤 동기로부터 자신의 동의를 철회하거나 혹은 어떤 동기에 자신의 동의를 승인할 수 있는 주체의 역량에만 놓여 있다—자유는 '흥미로운 지각들에 자연스럽게 뒤따르는 동기들에 대한 자신의 동의를 중지하거나 그런 동기들에

---

41) 또한 페넬롱의 판본을 보자: '그토록 많은 영혼이 버림받은 것은 바로 우리에게 구세주가 있기 때문이다'('Réfutations de système du Père Malebranche', in *Œuvres de Fenelon*, Paris: Chez Lefevre, 1985, ch. 36).

42) Nicolas Malebranche, *Entretiens sur la métaphysique*, Paris: Vrin, 1984, p. 117.

자신의 동의를 부여할 수 있는 영혼이 가진' 힘이다.[43] 그렇다면 (인간의) 자유 행위 속에서 무슨 일이 일어나는가? 말브랑슈의 답은 근본적이며 일관적이다: '아무 일도 일어나지 않는다. 우리가 하는 것이라고는 우리 자신을 멈추는 것이고 우리 자신을 정지 상태에 놓는 것이다.' 이것은 '우리의 실체 속에 그 어떤 육체적인 것도 산출하지 않는 내재적 행위'이며,[44] '아무것도 하지 않는, 일반적 원인[신]이 아무것도 하지 않도록 만드는 행위'이다.[45] 그리하여 동기들에 대한 우리의 동의로서의 자유는 순전히 반성적이다. 모든 것은 사실상 '우리 안에서 우리 없이' 결정된다. 주체는 단지 자신의 형식적 동의만을 제공한다. 이처럼 자유를 텅 빈 제스처의 '아무것도 아닌 것'으로 환원하는 것은 헤겔식 절대 주체의 '진실'이지 않은가?

---

43) Nicolas Malebranche, *Recherche de la vérité*, Paris: Galerie de la Sorbonne, 1991, p. 428.
44) 같은 글, p. 431.
45) 같은 곳.

제II부
분열된 보편성

3장

진리의 정치, 혹은 성 바울의 독자로서의 알랭 바디우

'시작이란 그것과 더불어 시작하는 것의 부정이다'[1]—셸링의 이 진술은 알튀세르주의자로 시작한 후 자신들의 출발점과 거리를 둠으로써 자신들만의 변별적 입장을 세공했던 네 명의 정치철학자의 편력에 완벽하게 들어맞는다. 즉각 떠오르는 경우는 물론 에티엔 발리바르와 자크 랑시에르의 경우다.

1960년대로 돌아가 보면 발리바르는 알튀세르의 총애하는 제자이

---

[1] F.W.J. Schelling, *Sämtliche Werke*, ed. K.F.A. Schelling, Stuttgart: Cotta 1856~1861, vol. VIII, p. 600.

면서 특전을 누리는 협력자였다. 하지만 지난 10년간의 그의 전 작업은 '알튀세르'라는 이름에 대한 일종의 회피(와 침묵)에 의해 지탱되고 있다(의미심장하게도, 알튀세르에 대한 그의 핵심적 논문의 제목은 '알튀세르여, 계속 침묵하세요!(Tais-toi, Althusser!)'이다. 한 누설적 기념 논문에서 발리바르는 알튀세르의 이론적 활동의 (심지어 그의 불운한 정신 건강상의 문제들이 발생하기 이전의) 마지막 국면을 자기파괴의 체계적 추구(혹은 실행)로서 기술하고 있다. 마치 알튀세르가 이전의 이론적 명제들을 체계적으로 허물고 전복시키는 소용돌이 속에 사로잡혀 있었던 것인 양 말이다. 이 알튀세르적인 이론적 건축물의 잔해를 배경으로 발리바르는 자신의 입장을 정식화하려고 고통스럽게 노력하는데, 언제나 완전히 일관된 방식으로 그렇게 하는 것은 아니며, 종종 표준적인 알튀세르적 참조들(스피노자)을 알튀세르의 대적大敵들에 대한 참조들(발리바르의 최근 논문들에서 헤겔의 점증하는 중요성에 주목해보라)과 결합시키고 있다.

랑시에르 역시 (『자본을 읽자』에 대한 헌사와 더불어) 엄격한 알튀세르주의자로서 시작했지만, 그 후 (『알튀세르 강의』에서) 폭력적 거리두기의 제스처를 완수했는데, 이로써 그는 그가 지각한 알튀세르 사상의 주요 부정적 측면—이론가적 엘리트주의, 과학적 인식의 우주를 이데올로기적 (오)인지의 우주와 영원히 분리시키는 틈새에 대한 강조—에 초점을 맞추면서 자신의 길을 갈 수 있게 되었다. 이론가들로 하여금 대중들을 '위해 말할' 수 있게 해주며 대중들에 관한 진리를 알게 해주는 이와 같은 자세에 맞서서 랑시에르는 배제된 자들('하층계급들')이 스스로를 위해 말하겠다는 요구를 제출하고 사회적 공간에 대한 범역적 지각知覺에서의 변화를 일으키겠다는 요구를 제출하여 결과적으로 그 요구가 그 공간 속에서 합당한 자리를 갖게 되는, 저

마법적이면서도 격렬하게 시적인 주체화 계기들의 윤곽을 몇 번이고 세공하려고 노력한다.

좀더 간접적인 방식으로긴 하지만, 에르네스토 라클라우와 알랭 바디우도 마찬가지다. 라클라우의 첫 번째 책(『마르크스주의 이론에서의 정치와 이데올로기』)은 여전히 강력하게 알튀세르적이었다(이데올로기적 호명이라는 개념은 거기서 중심적 역할을 수행한다). 이후 그의 발전, 특히 (샹탈 무페와 함께 쓴)『헤게모니와 사회주의 전략』은 알튀세르적 건축물에 대한 일종의 '후근대적'이거나 '해체주의적'인 전치轉置로서 읽혀질 수 있을 것이다. 이데올로기 개념이, 사회구성체의 바로 그 심장부를 찢어놓고 그것의 연약한 정체성을 설명하는 동시에 그것의 닫힘을 영원히 방해하는 헤게모니 투쟁으로서 일반화되기 때문에, 과학과 이데올로기의 구분은 붕괴되고, 주체 개념은 헤게모니의 바로 그 작용소로서 재개념화된다. 끝으로 알랭 바디우라는 이상한 경우가 있다. 바디우 역시 알튀세르와 긴밀히 관련되어 있지 않은가? 개인적인 지적 전기의 차원(그는 1960년대에 전설적인 라캉-알튀세르적 그룹인 '분석을 위한 노트'의 구성원으로서 시작했다. 그의 첫 소책자는 알튀세르의 <이론> 시리즈로 출판되었다)만이 아니라 본래의 이론적 차원에서도 말이다. 그에게 (존재의 실정적 질서와 연관된) 인식과 (존재의 한복판에 있는 공백에서 발생하는 사건과 연관된) 진리의 대립은 과학과 이데올로기라는 알튀세르적 대립을 반전시키는 것처럼 보인다. 바디우의 '인식'은 과학(의 실증주의적 개념)에 더 가까운 반면에 진리사건에 대한 그의 기술은 알튀세르적인 '이데올로기적 호명'과 섬뜩한 유사성을 갖는다.

진리사건······

바디우의 이론적 건축물의 축은—그의 주저의 제목이 말해주듯이—존재와 사건2)의 틈새이다. '존재'는 인식으로 접근가능한 실정적인 존재론적 질서를, 그 속성들에 따라서 유類들과 종種들로 범주화되어 우리의 경험 속에 '스스로를 제시하는' 것의 무한한 다양성을 나타낸다. 바디우에 따르면 존재로서의 존재에 대한 유일한 고유의 학문은 수학이다—그리하여 그의 최초의 역설적 결론은 철학을 존재론과 분리시키는 틈새를 주장하는 것이다. 존재론은 철학이 아니라 수학이며, 철학은 어떤 다른 차원을 내포한다. 바디우는 존재에 대한 세공된 분석을 제공한다. 이른바 그 밑바닥에는, 순수한 다양이, 아직 상징적으로 구조화되지 않은 경험의 다양성이, 주어진 것이 있다. 이 다양성은 '**하나들**'의 다양성이 아닌데, 왜냐하면 헤아림이 아직 일어나지 않았기 때문이다. 바디우는 특수한 일관적 다양성(프랑스 사회, 근대 예술······)을 '상황'이라고 부른다. 상황은 구조화되어 있으며, 우리가 상황을 '**하나로 헤아리도록**' 허용하는 것은 바로 그 구조이다. 하지만 여기서 존재의 존재론적 건축물 내에 최초 균열이 이미 나타난다. 우리가 상황을 '**하나로 헤아리기**' 위해서는 상황의 상징화(상징적 기입)에 고유한 '재배가'가 작동해야만 한다. 다시 말해서, 상황이 '**하나로서 헤아려지기**' 위해서는, 언제나-이미 그것의 구조가 그것을 하나라고 칭하는 메타-구조이어야만 한다(즉 상황의 기의 구조는 기표들의 상징적 연결망 속에서 재배가되어야만 한다). 어떤 상황이 이처럼 '**하나로서 헤아려지는**' 때, 그것의 상징적 구조에 의해 정체확인되는 때,

---

2) Alain Badiou, *L'être et l'événement*, Paris: Éditions du Seuil, 1988.

우리는 '상황의 상태'를 갖는다. 여기서 바디우는 '사물들의 상태'이기도 하면서 또한 (정치적 의미에서의) 국가이기도 한 'state'라는 용어의 애매성을 활용하고 있다: 사회의 구조가 그 안에서 재-현/재배가되는 바로서의 'state[=국가]'가 없다면, 어떠한 '사회의 상태'도 없다.

이런 상징적 재배가는 공백과 과잉의 최소 변증법을 내포한다. 존재의 순수한 다양은 아직 **하나**들의 다양성이 아닌데, 왜냐하면 방금 본 것처럼 **하나**를 갖기 위해서는 순수한 다양이 '**하나**로 헤아려져야' 하기 때문이다. 상황의 상태라는 견지에서 볼 때 그 선행하는 다양성은 오로지 **아무것도 아닌 것**으로서만 나타날 수 있으며, 따라서 '아무것도 아닌 것'이란 상징화 이전의 '존재로서의 존재에 대한 고유한 이름'이다. 공백은 데모크리토스의 원자론 이후로 계속해서 존재론의 중심 범주이다: '원자들'은 공백의 배열들 이외에 그 어떤 것도 아니다. 이런 공백에 상관적인 과잉은 두 가지 형식을 취한다. 한편으로 사물들 각각의 상태는 적어도 하나의 과잉적 요소를, 즉 비록 상황에 속하기는 하지만 그럼에도 그것에 의해 '헤아려지지' 않은, 그것 속에 고유하게 포함되지 않은 하나의 요소를 내포한다(사회적 상황 속의 '비통합된' 떨거지 등등): 이 요소는 현시되지만 재-현되지는 않는다. 다른 한편으로 현시presentation에 대한 재-현re-presentation의 과잉이 있다: 상황으로부터 상황의 상태로의 이행을 초래하는 심급(사회 속의 국가)은 그 심급이 구조화하는 그 무엇과 관련하여 언제나 과잉적이다: 국가 권력은 필연적으로 '과잉적'이며, 결코 사회를 단순하고 투명히게 현시하지 않으며(이는 시민 사회에 대한 복무로 환원된 국가라고 하는 불가능한 자유주의적 꿈이다), 자신이 재현하는 것 속으로의 폭력적 개입으로서 작용한다.

그렇다면 이것이 존재의 구조이다. 하지만 때때로, 전적으로 우연적이고 예측불가능한 방식으로, 존재의 인식 범위 밖에서, 전적으로 다른 차원—정확히 말해서, 비-존재의 차원—에 속하는 사건이 발생한다. 18세기 말 프랑스 사회를 보자. 사회의 상태, 사회의 지층들, 경제적·정치적·이데올로기적 충돌들 등등은 인식 가능하다. 하지만 아무리 인식의 양이 많다고 한들 우리는 '프랑스 혁명'이라 불리는 본디 설명불가능한 사건을 예측하거나 설명할 수 없을 것이다. 바로 이런 의미에서, 사건은 무로부터ex nihilo 출현한다. 그것이 상황에 의해 설명될 수 없다면 이는 그것이 단순히 외부 혹은 너머로부터의 개입이라는 것을 의미하는 것이 아니다—그것은 다름아닌 모든 상황의 공백에, 모든 상황의 내속적 비일관성과/이나 과잉에 스스로를 부착시킨다. 사건이란 '공식적' 상황이 '억압'해야만 했던 것을 가시적/가독적이게 만드는 상황의 진리이지만, 또한 그것은 언제나 국부화된다—다시 말해서 진리는 언제나 어떤 특수한 상황의 진리이다. 예컨대 프랑스 혁명은 구체제의 과잉들과 비일관성들을, 그것의 '거짓말'을 가시적/가독적이게 만드는 사건이며, 하지만 또한 그것은 국부화되어 있고 구체제에 부착되어 있는바 구체제 상황의 진리이다. 그리하여 사건은 자신에 고유한 일련의 한정들을 내포한다: 사건 그 자체; 그것의 명명('프랑스 혁명'이라는 명칭은 어떤 객관적 범주화인 것이 아니라 사건 그 자체의 일부이며, 그 추종자들이 자신들의 활동을 지각하고 상징화한 방식이다); 그것의 궁극적 목표(완전히 현실화된 해방의, 자유-평등-박애의, 사회); 그것의 '작용소operator'(혁명을 위해 투쟁하는 정치적 운동들); 그리고 마지막으로, 하지만 그렇다고 하찮은 것이 아닌, 그것의 주체, 즉 진리사건을 위해서 상황의 역사적 다양성 속에 개입하며 그 속에서 사건의 기호들-효과들을 식별/확인해내는 작인. 주체를 정의하는 것은 사건에 대한 그의 **충실성**이다: 주체는 사건 이후에 오며, 자신의 상황 내부에서 그것의 흔적들을 끝까지 남아 식별해낸다.

그리하여 바디우에게 있어 주체란 하나의 유한하고 우연적인 출현이다. 진리는, 주체의 변덕들에 종속되어 있다는 의미에서 '주체적'이지 않을 뿐더러, 주체 그 자신이 주체를 초월하는 '진리에 복무한다'. 주체는 진리의 무한한 질서에 결코 완전하게 적합하지 않은데, 왜냐하면 주체는 언제나 상황의 유한한 다양성—그 속에서 주체는 진리의 기호들을 식별해낸다—내부에서 움직여야 하기 때문이다. 이 핵심적 논점을 분명히 하기 위해 기독교의 예를 들어보자(이는 어쩌면 진리사건의 '바로 그' 사례를 제공하는 것일지도 모른다): 사건은 예수의 성육신과 죽음이다; 그것의 궁극적 목표는 최후의 심판, 궁극의 구원이다; 역사적 상황의 다양성 속에서의 그것의 '작용소'는 교회이다; 그것의 '주체'는 진리사건을 위해서 자신들의 상황에 개입하며 그 속에서 신의 기호들을 찾는 신자들의 집단이다. (혹은, 사랑이라는 예를 들어보자: 내가 열정적으로 사랑에 빠질 때 나는 이 사건에 충실하게 남아 있음으로써, 그리고 나의 일생을 통해 그것을 따름으로써, '주체화'된다.)

그렇지만, 가장 급진적 지식인조차도 공산주의와 거리를 두려는 강박에 굴복하는 오늘날, 기회주의적인 좌파 '바보들'과 보수적 '악당들'에 대항하여 정의된 진리사건으로서 10월 혁명을 재단언하는 것이 더 적절해 보인다. 10월 혁명은 또한 우리로 하여금 진리사건을 배반하는 세 가지 길을 분명하게 확인할 수 있도록 해준다: 단순한 부인, 마치 아무 일도 일어나지 않았던 것인 양, 단지 조그만 소란이었던 것인 양, 낡은 모범들을 뒤따르려는 시도('공리주의적' 자유민주주의의 반응); 진리사건에 대한 거짓 모방(보수주의 혁명을 유사 사건으로서 파시스트적으로 무대올리기); 진리사건의 직접적 '존재론화', 즉 그것을 존재의 새로운 실정적 질서로 환원하기(스탈린주의).3) 여기서 우리는 바디우를 해체주의적 허구주의fictionalism로부터 분리시키는 틈새를 쉽게 포착할 수 있다. 즉 '진리들의 다양성'(혹은, 오히려 '진리-효과들')이라는 개념에 대한 그의 철저한 반대. 진리는 우연적이며, 구체적 역사적 상황에 달려 있으며, 이 상황의 진리이다. 하지만 모든 구체적 우연적 상황 속에는, 일단 표명되고 발설될 경우, 그 자체에 대한 표지로서 그리고 그것에 의해 전복되는 영역의 허위성에 대한 표지로서 기능하는 하나의 그리고 오로지 하나의 진리가 있다.

'언제나 총체적인 인식 직조물 내에 있는 진리인, 존재의 이런 증상적 뒤틀림'에 대해 바디우가 말할 때,4) 모든 항목들은 자기 무게를 갖는다. 인식의 직조물은, 정의상, 언제나 총체적이다—즉 존재의 인식에서는 어떠한 과잉도 없다; 상황의 과잉과 공백은 사건의 견지에서만 가시적인 것이며, 국가의 인식 복무자들의 견지에서는 그렇지 않다. 물론 이런 견지 내부로부터도 '문제들'이 보이기는 하지만, 그것들은 자동적으로 '국부적'이고 주변적인 곤란들로, 우연한 오류들로 환원된다— 진리가 하는 일은, 주변적 기능이상과 실패의 지점들(로서 인식이 오지각하는 것)이 구조적 필연성임을 드러내는 것이다. 그리하여 사건에 있어 핵심적인 것은 경험적 장애를 초월적 한계로 고양시키는 것이다. 구체제와 관련하여 진리사건이 드러내는 바는, 어떻게

---

3) 이 논리를 더 분명히 하기 위해 바디우가 들고 있는 진리사건의 또 다른 예를 언급해 보자. 즉 제2차 빈악파(쇤베르크, 베르크, 베베른)에 의해 성취된 음악에 있어서의 무조혁명atonal revolution. 여기서도 역시 우리는 이 진리사건을 배반하는 세 가지 길을 발견한다: 무조 혁명을 공허한 형식적 실험으로서 기각하고 아무 일도 일어나지 않은 것인 양 계속 옛 방식대로 작곡하는 전통주의자들; 유사-근대주의적인 무조주의의 모방; 무조 음악을 새로운 실정적 전통으로 전환하려는 경향.

4) Badiou, *L'être et l'événement*, p. 25.

해서 불의들injustices이 주변적 기능이상들인 것이 아니라, 그 본질에 있어서, 그 자체로서 '타락한' 체계의 바로 그 구조에 속하는가 하는 것이다. 그와 같은 존재물—이는 체계에 의해 국부적 '비정상'으로서 오지각되는바, 체계 자체의, 체계 전체의 범역적 '비정상'을 유효하게 응축하고 있다—은 프로이트-마르크스주의 전통에서 **증상**이라 불리는 것이다. 정신분석에서 실수, 꿈, 강박적 형성물과 행위 등은 인식으로는 접근불가능한—인식은 그것들을 단순한 기능이상들로서 본다—주체의 진리를 접근가능한 것으로 만드는 '증상적 뒤틀림'이다. 마르크스주의에서 경제적 위기는 그와 같은 '증상적 뒤틀림'이다.

여기서 바디우는 후근대적 반-플라톤적 공세에 대해 분명하고도 철저하게 대립한다. 그러한 공세의 도그마는 정치적 운동을 어떤 외적인 형이상학적 혹은 초월적 진리에 대한 직접적 참조에 토대짓는 것이 여전히 가능했던 시대는 확실히 끝났다는 것이다. 즉 우리 세기의 경험은 어떤 형이상학적 선험에 대한 그와 같은 참조가 단지 재앙적인 '전체주의적' 사회적 결과들만을 낳을 수 있을 뿐임을 증명한다는 것이다. 이런 이유 때문에 유일한 해결책은 우리가 형이상학적 확실성들이 제거된 새로운 시대에, 우연성과 추측의 시대에 살고 있다는 것을, 정치라는 것이 근본적 인식적 통찰들을 적용하는 문제가 아니라 프로네시스phronesis 즉 전략적 판단과 대화의 문제가 되어버린 '위험 사회'에 살고 있다는 것을 받아들이는 것이다……. 이런 후근대적 통념에 반대하여 바디우가 목표로 하고 있는 것은, 정확히, 범역적 우연성이라는 오늘날의 조건 속에서 (보편적) 진리의 정치의 소생이다. 그리하여 바디우는, 다양성과 우연성이라는 현대의 조건 속에서, 철학뿐만이 아니라 고유하게 메타-피지컬한 차원을 복권시킨다: 무한한 진리는 '영원'하며, 존재의 시간적 과정과 관련해 '메타적'이다. 그것은 존재의 실정성을 초월하는 또 다른 차원의 섬광이다.

진리에 대한 부인disavowal의 최근 판본을 제공하는 것은, 이른바 데카르트적 주체성과 자연에 대한 그것의 기계주의적 지배 태도의 오만hubris에 대한 뉴에이지적 반대이다. 뉴에이지식 상투어를 따른다면, 근대 서구 문명의 원죄는 (실로 유대-기독교 전통의 원죄와 마찬가지로) 인간의 오만이며, 인간이 우주에서 중심적 자리를 차지한다는 그리고/또는 인간에게는 다른 모든 존재자를 지배하고 자신의 이익을 위해 그것들을 이용할 신성한 권한이 주어졌다는 오만한 가정이다. 우주질서적 힘들의 올바른 균형을 교란시키는바 이런 오만은 조만간 자연으로 하여금 그 균형을 재-확립하도록 강제한다: 오늘날의 생태론적·사회적·정신적 위기는 인간의 무례함에 대한 우주의 정당한 대답으로서 해석된다. 그리하여 우리의 유일한 해결책은 범역적 패러다임을 변화시키는 데 있으며, 존재의 범역적 질서 속에서 우리의 제한된 자리를 겸손하게 받아들일 수 있는 새로운 전체론적 태도를 채택하는 데 있다······.

이런 상투어와는 반대로 우리는 주체성의 과잉(헤겔이 '세계의 밤'이라고 불렀던 것)을 구원의 유일한 희망으로 단언해야 한다. 진짜로 사악한 것은 주체성의 과잉 그 자체에 있는 것이 아니라 그것의 '존재론화'에, 즉 존재의 어떤 범역적 질서 속으로 그것을 재기입하는 것에 있다. 이미 드 사드에게 있어서도 과도한 잔혹함은 '악의 최고 존재'로서의 자연의 질서에 의해 존재론적으로 '포장된다.' 나치주의와 스탈린주의는 존재의 어떤 범역적 질서에 대한 참조를 내포하고 있다(스탈린주의의 경우에, 물질 운동의 변증법적 조직화).

그리하여 진짜로 불손한 것은 주체성의 오만을 받아들이는 것과는 정반대다. 즉 진짜로 불손한 것은 거짓 겸손을 떠는 것이다. 다시 말해서 그것은 주체가 범역적 우주 질서의 도구인 듯한 자세를 취하면서 그 질서를 위해 말하고 행동하는 체할 때 나온다. 이런 거짓 겸손과는 반대로 온전한 서구적 자세는 반-범역적이었다. 기독교는 심오한 지혜 속에 표현된 옛 이교도적 우주질서를 자르고 들어가 휘저어놓는 더 높은 진리에 대한 참조를 내포하고 있다. 뿐만 아니라 다름아닌 플라톤의 관념론조차도 범역적 우주질서의 '존재의 사슬'이 '있는 전부'가 아니라는 생각, 즉 존재의 질서의 유효성을 중지시키는 또 다른 (이데아의) 질서가 있다는 생각을 처음으로 분명하게 정교화한 것으로서 간주될 수 있다.

바디우의 위대한 테제들 가운데 하나는, 순수한 다양이 사유의 온당한 대상이 지니는 존엄을 결여하고 있다는 것이다: 스탈린에서 데리다에 이르기까지 철학적 상식은 언제나 무한한 복잡성을 강조해 왔다 (모든 것은 상호연계되어 있다; 현실은 너무나도 복잡해서 우리는 단지 근사치로만 그것에 접근할 수 있다······). 바디우는 해체주의 그 자체를 무한한 복잡성이라는 이런 상식적 테마의 최근 판본으로서 암묵적으로 비난한다. 예컨대 우리는 '반-본질주의적' 후근대적 정체성 정치의 옹호자들 가운데서 종종 '여성 일반'이란 결코 존재하지 않는다, 단지 백인 중간계급 여성들, 흑인 미혼모들, 레즈비언들 등이 있을 뿐이다라는 주장을 만나게 된다. 그와 같은 '통찰들'은 사유의 대상이 될 가치가 없는 진부한 것으로서 거부되어야 한다. 철학적 사유의 문제는, 정확히, '여성'이라는 보편성이 이런 끝없는 다양성으로부터 어떻게 출현하는 것인가에 놓여 있는 것이다. 그리하여 우리는 또한 악(거짓)무한과 진무한의 헤겔적 차이를 복구시킬 수 있다. 전자는 상식적인 무한한 복잡성을 가리킨다. 후자는 사건의 무한성과 관계하는데, 정확히 말해서 사건이란 그것의 맥락의 '무한한 복잡성'을 초월하는 것이다. 정확히 동일한 방식으로 우리는 역사주의와 역사성 본연을 구분할 수 있다. 역사주의는 경제적, 정치적, 문화적 등등의 정황들의 집합—그것들의 복잡한 상호작용은 우리로 하여금 설명되어야 할 사건을 설명할 수 있게 해준다—을 지칭한다. 반면에 역사성 본연은 사건과 그 파장의 특별한 시간성을, 사건과 그것의 최종 결말 사이의 (예수의 죽음과 최후의 심판 사이의, 혁명과 코뮤니즘 사이의, 사랑에 빠짐과 함께 삶이 성취된 행복 사이의,……) 기간을 내포한다.

아마도 바디우를 표준적 후근대적 해체주의 정치 이론가들과 구별하는 틈새는, 궁극적으로, 후자가 실패한 조우라는 비관주의적 지혜의 한계 내에 머물러 있다는 사실로 인해 생겨나는 것이다. 실재 사물과의 모든 열정적 조우는, 실정적·경험적 사건을 그것과 감상적으로 동일화하는 것은, 어떤 우연한 실정적 요소와 그에 선행하는 보편적 공백 사이의 단락에 의해 지탱되는 망상적 유사물이라는 것—바로 그것이 궁극적인 해체주의적 교훈 아니겠는가? 그 속에서 우리는 불가능한 충만의 약속이 현실적으로 실현된다는—데리다를 말바꿈하자면, 민주주의는 더 이상 도래할à venir 어떤 것이 아니라, 현실적으로 이미 도래했다는—환영에 일시적으로 굴복한다. 그리고 이로부터 해체주의자들은, 주된 윤리-정치적 의무는 중심적 불가능성의 공백과 그것을 체현하는 모든 실정적 내용간의 틈새를 유지시키는 것—즉 어떤 실정적 사건을 언제나 '도래할' 구원의 약속과 성급하게 동일화하려는 열정에 결코 완전하게 굴복하지 않는 것—이라는 결론을 이끌어낸다. 이런 해체주의적 자세에서 볼 때, 혁명을 그 유토피아적 열정적 측면에서 찬양하는 것은, 우리가 열정을 사회 현실을 구조화하는 실정적 원리로 이항시키고자 하는 순간 그 열정이 불가피하게 그것의 정반대로, 최악의 공포로 화하고 만다는 우울한 보수주의적 통찰과 손을 맞잡고 가는 것이다.

　바디우 역시 이러한 틀 속에 머물러 있는 것처럼 보일지도 모른다. 그 또한 진리사건을 존재의 질서와 혼동하는 혁명적 유혹―진리를 존재의 질서의 존재론적 원리로 '존재론화'하려는 시도―의 재앙 *désastre*에 대해 경고하지 않는가? 하지만 그렇게 간단하지만은 않다. 바디우의 입장은, 비록 보편적 질서가 유사물의 지위를 갖기는 하지만, 때때로 우연적이고 예측할 수 없는 방식으로, 후근대적 회의론자를 마땅히 부끄럽게 만드는 진리사건의 형태로, 어떤 '기적'이 일어날 수 있다는 것이다. 그가 염두에 두고 있는 것은 매우 정확한 정치적 경험이다. 예컨대 프랑스에서 1980년대 초 첫 번째 미테랑 집권기에, 사형을 폐지하고 그밖에 형법을 진보적으로 개혁하려는 법무부 장관 로베르 바댕테의 의도에 대해 좌파는 회의적이었다. '그래, 물론 우리는 그를 지지하지. 하지만 이를 위한 상황이 이제는 성숙한 것인가? 치솟는 범죄율에 놀란 사람들이 이를 기꺼이 꿀떡 삼키려 할까? 이는 단지 우리 정부를 약화시키고 득보다는 해만 될 이상주의적 고집의 경우가 아닌가?'라는 것이 그들의 자세였다. 바댕테는 여론조사의 참담한 예측들을 그냥 무시해버리고 끝까지 밀고 나갔다. 그런데 결과를 보니 놀랍게도 대다수의 사람들이 오히려 마음을 돌려 그를 지지하기 시작했던 것이다.

　유사한 사건이 1970년대 중엽 이탈리아에서 일어났다. 이혼에 대한 국민투표가 있었다. 내심 좌파는, 그리고 심지어 공산주의자 역시도―물론 이혼할 권리를 지지했지만―결과에 대해 회의적이었다. 대다수 사람들이 아직 충분히 성숙하지 않다고 염려하면서, 버려진 아이와 어머니 등등을 묘사하는 강력한 가톨릭 측의 선전 때문에 두려움을 갖게 될 것이라고 염려하면서 말이다. 하지만 모두가 깜짝 놀랐다.

국민투표는 교회와 우파의 참패였는데, 60퍼센트라는 상당한 다수가 이혼할 권리에 찬성 투표를 했던 것이다. 이와 같은 사건들은 실로 정치에서 발생한다. 그것들은, 창피스러운 '후-이데올로기적 현실주의'의 기대에 어긋나는바, 본래적 사건들이다. 그것들은 억압적/순종적/공리주의적인 통상적 사태 흐름을 때때로 교란시키지만 결국은 술이 깨는 냉혹한 탈환각으로서의 '다음날 아침'이 뒤따르고 마는 그런 순간적인 열정적 분출이 아니다. 반대로 그것들은 전체적인 기만과 현혹의 구조 속에 있는 진리의 계기인 것이다. 후근대적 정치의 기본적 가르침은 어떠한 사건도 없다, '아무 일도 실제로 일어나지 않는다'는 것이다. 즉 진리사건은 지나가는 환영적 단락短絡이며, 조만간 차이의 재단언에 의해 쫓겨나게 될 거짓 동일화이거나 혹은 기껏해야 도래할-구원에 대한 덧없는 약속이며, 이에 대해 우리는 마땅한 거리를 유지해야만 재앙적인 '전체주의적' 결과들을 피할 수 있다는 것이다. 이런 구조적 회의론에 반하여―'기적'이라는 용어에 완전한 이론적 무게를 더하여 사용하면서―기적은 실로 일어난다고 주장할 때 바디우는 전적으로 정당한 것이다.[5]

---

[5] 이론 영역에서, 이와 같은 사건의 중지를 나타내는 주된 지표는 '문화 연구'라는 개념과 실천이다. 이는 사회-상징적 산출물에 대한 어느 것 하나 빠뜨리지 않는 포괄적 접근법을 지칭하는 지배적 명칭이다. 문화 연구의 기본 특징은 종교적, 과학적, 혹은 철학적 저술들을 더 이상 그것들의 내속적 진리의 측면에서 대면할 수 없으며 (혹은, 대면할 준비가 되어 있지 않으며), 단지 그것들을 역사적 정황들로, 인류학적-정신분석학적 해석의 대상으로 환원시킨다는 점이다.

…… 그리고 그것의 결정불가능성

이제 우리는 진리사건은 '결정불가능한' 것이라고 할 때 그 의미를 알 수 있다. 즉 그것은 체계의 견지에서 볼 때, 존재론적인 '사물들의 상태'의 견지에서 볼 때, 결정불가능한 것이다. 그리하여 사건은, 그것의 정체확인[동일화]이 바디우가 '해석적 개입'[6]이라 부르는 것의 견지에서만—즉 주체적으로 연루된 입장에서 말할 때만, 혹은 좀더 형식적으로 말한다면, 명명 활동 그 자체를 명명된 그 상황 속에 포함시킬 때만—가능하다는 의미에서, 순환적이다: 18세기 말 프랑스에서의 혼돈스러운 사건들이 '프랑스 혁명'으로서 정체확인[동일화]될 수 있는 것은, 오로지 그와 같은 사건이 실존한다는 데 대한 '내기'를 받아들이는 자들에게 있어서만이다. 바디우는 개입이라는 것을 '다양이 하나의 사건으로서 인지되게끔 하는 일체의 절차'[7]로서 형식적으로 정의한다—따라서 '자신이 그 상황에 속한다는 결정을 내린 개입자(*l'intervenant*)에게 말고는, 도대체 사건이 있었는가 하는 것은 영원히 의심스러운 것으로서 남아 있을 것이다.'[8] 사건에의 충실성이란 사건의 견지에서 인식의 영역을 횡단하고, 그 속으로 개입하고, 사건의 기호를 찾는 지속적 노력을 가리킨다. 이런 노선들을 따라서 바디우는 또한 믿음, 희망, 사랑이라는 바울의 삼항조를 해석한다. 믿음은 사건에 대한 믿음이다(사건—예수의 부활—이 실로 일어났다는 믿음). 희망은 사건에 의해 선언되는 궁극적 화해(최후의 심판)가 현실적으로 일어날 것이라는 희망이다. 사랑은 이것이 일어나도록 하기 위한 끈기 있는 투

---

6) Badiou, *L'être et l'événement*, p. 202.
7) 같은 글, p. 224.
8) 같은 글, p. 29.

쟁, 즉 사건에의 충실성을 단언하기 위한 길고도 고된 작업이다.

바디우는 진리사건을 명명하려고 하는 언어를 '주체-언어'라고 부른다. 이 언어는 인식의 견지에서는 무의미한데, 왜냐하면 인식은 명제들을 실정적 존재의 영역 내에 있는 그것들의 지칭물과 관련하여 (혹은, 이미 확립된 상징적 질서 내부에서의 온전한 작동과 관련하여) 판단하기 때문이다: 주체-언어가 기독교적 구원, 혁명적 해방, 사랑 등등에 대해 말할 때, 인식은 이 모두를 어떠한 고유의 지칭물도 없는 텅 빈 문구들로서 처리해버린다('정치적-메시아적 헛소리', '시적 연금술' 등등). 사랑에 빠져서 친구에게 자기 애인의 특징들을 묘사하고 있는 사람을 상상해보자: 동일 인물과 사랑에 빠져 있지 않은 그 친구는 단지 이 열정적인 묘사가 무의미함을 발견할 것이고, 그것의 '요점'을 파악하지 못할 것이다······. 요컨대 주체-언어는 식별어shibboleth의 논리를, 밖으로부터가 아니라 안으로부터만 가시적인 차이의 논리를 내포한다. 하지만 이것은 주체-언어가 어떤 숨겨진 참된 내용에 대한 또 다른 어떤 '더 심오한' 지칭을 내포한다는 것을 의미하는 것은 결코 아니다: 오히려 주체언어는 확정된 의미를 갖는 표준적 언어 사용을 '탈선'시키거나 '동요'시키며, 지칭을 '텅 빈' 것으로 남겨둔다―목표에 도달할 때, 진리가 스스로를 어떤 새로운 상황(지상의 신의 왕국, 해방된 사회 등등)으로서 현실화할 때 이 공백이 채워질 것이라는 '내기'와 더불어서 말이다. 진리사건에 대한 명명은 정확히 그것이 아직 도래해야 할 충만성을 지칭하는 한에서 '텅 빈' 것이다.

그리하여 사건의 결정불가능성은 사건이 어떠한 존재론적 보증물도 소유하지 않음을 의미한다. 그것은 어떤 (이전) 상황으로(부터) 환원(도출, 생성)될 수 없다. 그것은 '무로부터' 출현한다(이 이전 상황의 존재론적 진리였던 그 무 말이다). 그리하여 사건을 그것의 결과들 속에서 식별해낼 수 있을 어떠한 중립적인 인식의 응시도 없다: 결단은 언제나-이미 여기에 있다—즉 우리는, 진리를 위한 이전의 결단으로부터만, 상황 속에서 사건의 기호들을 식별할 수 있다. 신성한 기적들은 이미 신앙의 결단을 내린 자에게만 기적으로서 읽혀질 수 있다는 얀센주의 신학에서처럼 말이다. 중립적인 역사주의적 응시는 프랑스 혁명 속에서 '프랑스 혁명'이라 불리는 사건의 흔적들의 연속을 결코 보지 못할 것이며 단지 사회적 한정들의 연결망에 붙잡혀 있는 사태들의 다양성만을 볼 것이다. 또한 외부의 응시에 사랑은 한낱 일련의 심리적, 생리학적 상태들일 뿐이다……. (어쩌면 이것은 프랑수아 퓌레에게 커다란 명성을 가져다준 그 부정적 업적이었을지도 모른다: 그의 주된 영향력은 그가 프랑스 혁명에 대해 외적 관점을 채택하고 그것을 일련의 복잡하고 특수한 역사적 사실들로 바꾸어놓는 가운데 프랑스 혁명을 탈-사건화시켰다는 것에서 나온 것이 아니겠는가?) 연루된 관찰자가 실정적 역사적 사태들을 프랑스 혁명이라는 사건의 일부로 지각하는 것은 오로지 그가 그것들을 고유하게 연루된 혁명의 관점에서 관찰하는 한에서이다—바디우의 말처럼 사건은 **자기 자신의 명칭을 내포한다**는 점에서 자기-지칭적이다: '프랑스 혁명'이라는 상징적 명칭은 명칭된 내용 그 자체의 일부인데, 왜냐하면 우리가 이 명칭을 뺀다면 기술된 내용은 인식으로 접근가능한 실정적 사태들의 다양성으로 변해버리고 말기 때문이다. 바로 이런 의미에서 사건은 주체성을 내포한다: 사건에 대한 연루된 '주체적 관점'은 사건 그 자체의 일부이다.[9]

진실성veracity(인식의 정확성-타당성)과 진리의 차이는 여기서 핵

---

[9] 우리는 또한, 어느 정도까지는, 인식은 진술적constative인 반면에 진리는 수행적performative이라고 말할 수 있다.

심적이다. 모든 역사는 계급투쟁의 역사라는 마르크스주의적 테제를 보자. 이 테제는 연루된 주체성을 이미 전제한다. 다시 말해서, 오로지 이런 편향으로부터만 역사 전체는 그런 것으로 나타난다. 오로지 이런 '이해관계에 놓인' 입장에서만 우리는 가장 수준 높은 문화의 산물들에 이르기까지의 전체적인 사회적 건축물 속에서 계급투쟁의 흔적들을 식별해낼 수 있다. 명백한 반론(바로 이런 사실 자체가, 우리가 사물들의 참된 진정한 상태가 아닌 왜곡된 견해를 다루고 있음을 증명한다)에 대한 답변은, 사실상 중립적이지 않으며 이미 편파적인 것은 다름아닌 이른바 '객관적'이고 '공평한' 응시라고 하는 것이다—즉 승자의 응시, 지배계급의 응시. (우익 역사 수정주의자들의 모토가 '홀로코스트를 냉정하고 객관적인 방식으로 접근하자, 그것을 맥락 속에 놓아보자, 사실들을 조사해보자……'인 것은 결코 놀랄 일이 아니다.) 공산주의 혁명의 이론가란 객관적 연구에 의해 미래가 노동 계급에 속한다는 것을 확립한 이후에 노동 계급의 편을 들어 승자에게 내기를 걸기로 결단을 내리는 사람이 아니다. 연루된 관점은 바로 처음부터 그의 이론 속에 배어들어 있는 것이다.

마르크스주의 전통에서, 장애물이 아닐 뿐더러 오히려 진리의 적극적 조건이기도 한 이 당파성 개념은 게오르그 루카치의 초기 저작인 『역사와 계급의식』에서, 그리고 또한, 좀더 직접적으로 메시아적이고 원-종교적인 방식으로는, 발터 벤야민의 「역사철학 테제」에서 가장 분명하게 표명되었다: '진리'는 희생자가, 자신의 현재의 재앙적 위치로부터, 과거 전체가 그의 현재의 곤경으로 귀결된 일련의 재앙들이었음을 갑자기 통찰하게 될 때 출현한다. 따라서, 우리가 진리에 대한 텍스트를 읽을 때, 인식의 층위를 진리의 층위와 혼동하지 않도록 유의해야 한다. 예를 들어 비록 마르크스 스스로도 '프롤레타리아트'를

'노동 계급'과 동의적으로 사용하긴 했지만, 그럼에도 불구하고 우리는 그의 저작 속에서 '노동 계급'을 인식의 영역에 속하는 기술적記述的 용어로서 생각하려는 경향을 식별해낼 수 있다('중립적인' 사회학적 연구의 대상, 여러 구성요소들로 세분되는 사회적 지층 등등). 이에 반해 '프롤레타리아트'는 진리의 작용소를, 즉 혁명적 투쟁의 연루된 작인을 칭한다.

게다가, 순수 다양과 그것의 공백의 지위 또한 결정불가능하며 순수하게 '중개적intermediary'이다. 즉 우리는 결코 그것을 '지금' 대면하지 않는데, 왜냐하면 우리가 그것을 그 자체로서 인지하는 것은 언제나 사후적으로, 즉 그것을 해소시키는 결단 행위(그 행위로써 우리는 이미 그것을 경과해버리게 된다)를 통해서이기 때문이다. 예컨대 유사-사건으로서의 나치즘은 그 스스로를 근대의 자유주의적-유대적Jewish-계급-전쟁 사회의 혼돈에 대항한 사회적 조화와 질서를 위한 결단으로서 파악한다. 하지만 근대 사회는 그 자체를, 일인칭에서, 결코 근본적으로 '혼돈한' 것으로서 지각하지 않으며, '혼돈'(혹은, '무질서'나 '타락')을 제한되고 우연적인 곤궁으로서, 일시적인 위기로서 지각한다. 근대 사회는 질서를 위한 결단의 견지에서만, 즉 일단 결단이 이미 내려진 이후에만, 근본적으로 '혼돈한' 것으로서 외양한다. 그러므로 우리는 결단이 상황의 열린 결정불가능성에 대한 통찰을 뒤따른다는 사후적 환영에 저항해야 한다. 즉 이전의 상태를 '결정불가능한' 것으로서 드러내는 것은 바로 결단 그 자체다. 결단 이전에 우리는, 그 자체의 지평 속에 닫혀 있는 상황 속에 거주한다. 이 지평 내부에서 볼 때 이 상황에 대해 구성적인 공백은 정의상 비가시적이다. 다시 말해서 결정불가능성은 범역적 체계의 주변적 교란으로 환원되며, 또한 주변적 교란으로서 외양한다. 결정 이후에 결정불가능성은 끝이

나는데, 왜냐하면 우리는 진리의 새로운 영역 속에 거주하기 때문이다. 그리하여 상황을 (다시금) 닫는/결정하는 제스처는 그것을 (사후적으로) 열어놓는 제스처와 완전히 일치한다.

그리하여 사건은 하나의 닫힘을 또 다른 닫힘으로부터 분리시키는 비가시적인 선線의 공백이다. 그것 이전에는, 상황은 닫혀 있었다. 즉 그것의 지평 내부에서 볼 때, 사건(이 될 것)은 스칸달론skandalon으로서, 즉 상황의 상태 속에 어떠한 자리도 가지고 있지 않은 (혹은, 수학 용어로 말하자면, '정원외적인') 결정불가능하며 혼돈한 침입으로서 필연적으로 외양한다. 일단 사건이 일어나고 그 자체로서 취해지고 나면, 이전의 바로 그 상황은 결정불가능한 혼돈으로서 외양한다. 이미 확립된 정치적 질서의 편에서 볼 때 그것을 전복하고자 위협하는 혁명적 소동은 혼돈한 탈구인 반면에, 혁명의 관점에서 볼 때 구체제 그 자체가 무질서에 대한, 침투불가능하고 궁극적으로 '비합리적인' 폭정에 대한 이름이다. 여기서 바디우는, 그 예측불가능한 이타성 alterity에서의 사건에 대한 개방성이라는 데리다적 윤리와 분명하게 대립한다. 궁극적 지평으로서의 예측불가능한 이타성에 대한 그와 같은 강조는 상황의 한정들 내부에 머물며 결단을 지연시키거나 봉쇄하는 데만 복무할 뿐이다. 그것은 '이것이 단지 사건의 또 다른 유사물인 것이 아니라 참으로 사건이라는 것을 어떻게 아는가?'라는 막연한 '후근대적' 동요 속에 우리를 말려들게 한다.

참된 사건과 그것의 유사물 사이에 실로 어떻게 구획선을 그을 것인가? 바디우는 여기서 진리와 그것의 유사물 간의 '형이상학적' 대립에 의존하지 않을 수밖에 없는 것인가? 다시금 대답은 어떤 사건이 그 사건에 의해 그 진리가 표명되는 상황에 대해 관계하는 방식을 내포한다. 나치즘은 유사-사건이었으며 10월 혁명은 본래적 사건이었다. 오로지 후자만이 자본주의 질서의 상황의 바로 그 토대들과 관련되어 있었으며, 그 토대들을 유효하게 침식했다. 반면에 나치즘은 정확히 자본주의 질서를 **구출**하기 위해서 유사-사건을 무대올린 것이다. 나치 전략은 '사태들이 그 가장 근본적인 층위에서 동일하게 남아 있도록 하기 위해서 사태를 변화시키는 것'이었다.

우리 모두는 밥 포시의 <카바레>에 나오는 유명한 장면을 기억하는데, 그것은 1930년대 초 베를린 근처에 있는 조그마한 시골 여관에서 발생한다. (노래 중간에 우리가 알게 되는바, 나치 유니폼을 입고 있는) 한 소년이 조국에 대한 슬픈 애가조의 노래를 부르기 시작하는데, 이는 당연하게도 독일인들에게 내일은 그들의 것이라는 등을 신호한다. 군중들이 점차로 그와 한 패가 되며, 베를린에서 온 퇴폐적인 밤의 유흥객들을 포함한 모든 사람들이 그 노래의 정서적 영향력에 감화를 받는다······. 유사-지식인들은 이 장면을 '나치즘이 무엇에 관한 것이며 어떻게 작용했는가를 마침내 파악한' 순간으로서 종종 불러내곤 한다. 그들이 옳지만 그 이유는 잘못되었다는 말을 덧붙이고만 싶다. '파시스트적인' 것은 애국적 연루됨의 파토스 그 자체가 아니다. 파시즘을 위한 토양을 현실적으로 준비하는 것은 모든 형태의 무조건적인 연루나 대의에의 헌신을 잠재적으로 '전체주의적' 광신으로서 의심하고 탄핵하는 바로 그 자유주의적인 태도인 것이다. 즉 문제는 무기력한 냉소적 퇴폐적 자기-향유의 분위기가 파시스트적 사건과, 즉 이 혼돈에 질서를 (재)도입하려 꾀하는 결단과 맺는 바로 그 공모에 놓여 있는 것이다. 다시 말해서, 나치의 이데올로기적 기계에 있어서 거짓인 것은 결단의 (즉 퇴폐적 무기력을 끝장내는 사건 등등의) 수사학 그 자체가 아니라, 반대로 나치 '사건'은 심미화된 극장이라는, 퇴폐적 무기력증의 곤궁을 유효하게 끝장낼 수 없는 날조된 사건이라는 사실이다. 바로 이런 의미에서 <카바레>에 나오는 나치 노래에 대한 통상적 반응은 잘못된 이유에서 옳은 것이다. 그것이 지각하지 못하고 있는 것은, 돈이나 문란한 성생활에 관한 퇴폐적인 카바레 노래를 들으면서 즐겼던 이전의 냉소적 쾌락이 어떻게 우리를 나치 노래의 영향력에 감화되기 쉬운 상태로 만든 그 배경을 창조했는가 하는 점이다.

그렇다면 하나의 사건과 그에 대한 명명은 어떻게 연관되는가? 바디우는 프랑스 혁명이라는 사건에 대한 칸트의 독해를 거부한다. 즉 혁명의 핵심적 효과를 파리에서 일어난 혁명적 사건들이 사건 그 자체에 직접 연루되지 않은 유럽 전역의 수동적 관찰자들에게 불러일으킨 숭고한 열광의 느낌 속에 위치시키고, 그러고 나서는 이런 숭고한 효과(인간의 이성과 자유의 진보에 대한 믿음의 단언)를 혁명 그 자체의 냉혹한 현실에 대립시키는(칸트는 프랑스에서 끔찍한 일이 일어났음을 서슴없이 인정한다. 즉 혁명은 거친 폭도의 가장 저열한 파괴적 정념들의 분출을 위한 촉매로서 종종 이바지했다는 것이다) 독해를 거부한다. 바디우는 안전한 거리에서 수동적 관찰자에 의해 칭송되는 혁명의 그와 같은 심미화는 다름아닌 현실적 혁명가들에 대한 극단적 혐오와 손을 맞잡고 있는 것이라고 비꼬아 말하고 있다. (여기서 우리는 다시금 숭고와 기괴함(*das Ungeheure*) 사이의 긴장과 마주하는 것 아닌가? 적당한 거리에서 볼 때 열광의 숭고한 원인인 것처럼 보이는 것이 일단 너무 가깝게 접근해서 그 속에 직접 연루될 때 기괴한 악의 형상으로 변한다.)

수동적 관찰자에게 미치는 숭고한 효과에 대한 이런 칸트의 찬양에 반대하면서 바디우는 진리사건의 내재성을 강조한다. 진리사건은 외부의 관찰자들에 대해서가 아니라 바로 그것의 작인들에 대해서만 그 자체에서 진리인 것이다. 언뜻 보기에 칸트의 입장은 여기서 좀더

'라캉적인' 것처럼 보일지도 모른다. 사건의 진리는 사건 그 자체와의 관계에 있어서 선험적으로 탈중심화되어 있지 않은가? 그것은 (여기서는 계몽된 공중의 의견에 의해 인격화된) 큰 타자 속으로 그것이 기입되는 양태―기입이 언제나, 선험적으로, 지연되어 있는 양태―에 의존하고 있지 않은가? 고유하게 사유불가능한 그 무엇은 바로 스스로를 직접적으로 진리로서 알게 될 진리인 것 아닌가? 파악의 지연은 구성적이지 않은가(여기에 헤겔적 유물론의 교훈이 있다: 미네르바의 올빼미는 황혼녘에만 난다)? 더 나아가, 진리사건이 근본적으로 내재적이라면, 어떻게 우리는 진리를 그것의 시뮬라크르로부터 구분할 것인가? 우리로 하여금 이런 구분을 이끌어낼 수 있도록 해주는 것은 단지 탈중심화된 큰 타자에 대한 참조뿐이지 않은가?

그럼에도 불구하고 바디우는 이런 구분을 위한 정확한 기준을 제공하는데, 이는 사건이 그것의 조건들과, 그것이 발생하게 된 '상황'과 관계 맺는 방식에 있다. 참된 사건은 상황의 '공백'으로부터 출현한다. 사건은 상황의 정원외적 요소*élément surnuméraire*에, 즉 상황에 속하기는 하지만 상황에 어떠한 고유한 자리도 갖지 않는 증상적 요소에 부착된다. 이런 이유 때문에 레닌주의의 10월 혁명은 하나의 사건인 것인데, 왜냐하면 그것은 상황의 증상적 뒤틀림으로서의 '계급 투쟁'에 관계하고 있기 때문이다. 반면에 나치 운동은 시뮬라크르이며, 계급투쟁의 외상에 대한 부인이다……. 차이는 사건 그 자체의 내속적 특성들에 있는 것이 아니라, 그것의 장소에―그것이 출현하게 된 상황에 그것이 관계하는 방식에―있다. 진리의 사건을 증언하는 외적 응시에 대해 말하자면, 그 응시가 저 진리를 식별할 수 있게 되는 것은 오로지 그것이 진리를 위해 이미 연루되어 있는 개인들의 응시인 한에서이다. 사건에 의해 감화를 받을 어떠한 중립적인 계몽된 공중의 의

건도 존재하지 않는데, 왜냐하면 진리란 '믿는 자들'의 새로운 공동체의 잠재적 구성원들에게만, 그들의 연루된 응시로만 식별가능한 것이기 때문이다.

이렇게 해서 우리는 역설적이게도 거리와 연루 양자 모두를 보존할 수 있다. 기독교의 경우 사건(십자가에 못박힘)은 '사후에after the fact'—즉 '믿는 자들'의 구성으로, 사건에의 충실성으로 뭉친 연루된 공동체의 구성으로 귀결될 때—진리사건이 된다. 그리하여 사건과 그것의 명명 사이에는 하나의 차이가 있다. 사건은 실재와의 외상적 조우(예수의 죽음, 혁명의 역사적 충격 등등)인 반면에, 그것의 명명이란 사건이 언어로 기입되는 것(기독교 교리, 혁명 의식意識)이다. 라캉적 용어로 표현하자면 사건이란 '대상 a'이며, 반면에 명명은 랭보가 새로운 질서라고 부르는 것을 확립하는, 결단에 기초하고 있는 상황의 새로운 가독성을 확립하는, 새로운 기표이다(마르크스주의의 혁명적 관점에서, 이전의 전 역사는 계급투쟁의 역사, 패배한 해방적 분투의 역사가 된다).

진리와 이데올로기

이 간략한 기술로도 이미 우리는, 아주 소박하게나마, 바디우의 주체 개념의 직관력이라고 부르고만 싶은 것에 대한 예감을 얻을 수 있다. 그것은 우리들 각자가 '자기 자신의' 어떤 대의 속에 주체적으로 완전히 연루되어 있을 때 갖는 경험을 유효하게 기술한다: 바로 그런 계기들 속에서 나는 '온전히 하나의 주체'인 것이 아닌가? 하지만 정작 이런 특징은 그것을 이데올로기적인 것으로 만들지 않는가? 다시 말해서 프랑스 마르크스주의 역사에 정통한 사람들이 보기에 우선적으로 눈에 띄는 것은, 어떻게 해서 바디우의 진리사건 개념이 알튀세르의 이데올로기적 호명 개념과 섬뜩하도록 가까운가 하는 것이다. 게다가 사건에 대한 바디우의 궁극적 사례가 **이데올로기**의 원형으로서의 종교(성 바울에서 파스칼에 이르기까지의 기독교)라는 것과, 이 사건이 정확히는 그가 열거하는 사건의 네 가지 유類들*génériques*(사랑, 예술, 과학, 정치) 가운데 어느 하나에도 들어맞지 **않는다**는 것은 의미심장하지 않은가?10)

따라서 어쩌면, 만약 우리가 바디우의 사유 그 자체를 네 개의 유들로 하위 분류되는 존재의 '상황'으로서 간주한다면, (기독교적) 종교 그 자체는 그의 '증상적 뒤틀림', 즉 상황의 승인된 부분들 혹은 하위종들 가운데 하나가 아니면서 진리의 영역에 속하는 요소이지 않겠는가? 이는 진리사건이라는 것이 개인들(존재의 '상황'의 부분들)을 주체들(담지자들/진리를 따르는 자들)로 호명하는 초보적인 이데올로기적 제스처에 있다는 것을 가리키는 것처럼 보인다. 심지어는 한 발 더 나아가고 싶은 마음마저 생긴다. 즉 진리사건의 전형적 사례는 종교 일반일 뿐만 아니라, 특별히, 그리스도의 탄생과 죽음이라는 사건에 집중되는 **그리스도적 종교**다(키에르케고르가 이미 지적한 것처럼, 기독교는 영원성과 시간의 표준적 형이상학적 관계를 전도시킨다:

---

10) 바디우가 통찰력 있게 주목하고 있듯이, 진리사건의 이 네 영역은 오늘날 공적 담론 속에서 점점 더 그것들의 가짜 분신들에 의해 대체된다. 우리는 예술 대신 '문화'에 대해 말하며, 정치 대신 '치안'에 대해 말하며, 사랑 대신 '섹스'에 대해 말하며, 과학 대신 '노하우'나 '지혜'에 대해 말한다. 예술은 역사적으로 특수한 문화의 표현/분절화로 환원되며, 사랑은 성욕의 낡은 이데올로기적 형태로 환원된다. 과학은, 선과학적 지혜의 형태들과 동등한 발판을 디디고 있는바, 서구적이고 거짓 보편화된 형태의 실천적 지식으로서 처리되어버리고 만다. 정치는 (그 개념이 내포하고 있는 일체의 열정이나 투쟁과 더불어) 사회 관리 기술의 미성숙한 이데올로기적 판본이나 선구로 환원된다…….

어떤 면에서 영원성 그 자체는 그리스도라는 시간적 사건에 의존한다)라고 말이다. 따라서 어쩌면 바디우는 또한 파스칼과 말브랑슈에서 이어지는 프랑스의 가톨릭 도그마주의자들의 전통에 속하는 마지막 위대한 저자로서 읽혀질 수도 있을 것이다(우리는 단지 그가 핵심적으로 참조하는 인물들 가운데 두 명이 파스칼과 클로델임을 상기하기만 하면 된다). 수년 동안 혁명적 마르크스주의와 메시아적 기독교의 유사성은 버트란트 러셀 같은 자유주의적 비판가들 사이에서 흔한 토픽이었는데, 러셀은 마르크스주의를 메시아적 종교 이데올로기의 세속화된 판본으로서 기각했다. 반면에 바디우는 (후기의 엥겔스에서 프레드릭 제임슨에 이르는 노선을 따라서) 이런 상동성을 전적으로 인정한다.

더 나아가 이런 독해는, 성 바울이 기독교적 진리사건—그리스도의 부활—을 '보편적 단독'(개인들을 보편적으로, 즉 그들의 인종, 성, 사회 계급 등과 무관하게, 주체로 호명하는 단독적 사건)으로서 표명하고 그것에 대한 추종자들의 충실성의 조건들을 표명했다는 점에서 바디우가 성 바울을 열정적으로 옹호했다는 사실에 의해 확증된다.[11] 물론 여기서 바디우는 현대 과학의 시기인 오늘날 우리가 더 이상 부활의 기적이라는 우화를 진리사건의 형식으로서 받아들일 수 없음을 잘 알고 있다. 비록 진리사건이 인식의 지배 질서의 지평 내부에서는 불가능해 보이는 어떤 것의 발생을 참으로 지칭하고 있기는 하지만 (성 바울이 아테네를 방문하여 그리스도의 부활에 대해 단언했을 때, 성 바울을 맞이한 그리스 철학자들의 비웃음을 생각해보라), 오늘날 진리사건을 초자연적 기적들의 층위에 위치시키려는 어떠한 시도도 반계몽주의로의 회귀를 필연적으로 함축하게 되어 있다. 과학이라는

---

11) Alain Badiou, *Saint Paul. La fondation de l'universalisme*, Paris: Presses Universitaires de France, 1997을 볼 것.

사건은 되돌이킬 수도, 되담을 수 없는 것이니까 말이다. 오늘날 우리가 진리사건으로서, 즉 지배적인 상징적 직조물을 파괴시키는 외상적 실재의 침입으로서 받아들일 수 있는 것은 오로지 과학적 인식과 양립 가능한 우주 속에서 발생하는 사태들뿐이다. 아무리 그 사태들이 그 우주의 가장자리에서 움직이며 그것의 전제들을 문제삼는다고는 해도 말이다. 오늘날 사건의 '현장들'은 과학적 발견 그 자체, 정치적 행위, 예술적 창안, 사랑과의 정신분석적인 대면이다……

이것은 그레이엄 그린의 드라마 <육모장>이 안고 있는 문제인데, 그 드라마는 불가능한 실재의 파괴적 영향력에 대한 기독교적 판본을 소생시키고자 한다. 자신의 전 생애를 종교적 미신과 싸우는 데 바친 한 위대한 실증주의 철학자 가족의 삶은 예기치 않은 기적에 의해 산산조각이 난다. 그 철학자가 가장 사랑하는 대상인 그의 아들은 치명적 병을 앓고 있으며 이미 사망 선고를 받았는데, 그러다가 기적적으로 소생하게 된다. 분명 신의 은총의 직접적 개입이라고 밖에는 할 수 없는 무언가에 의해서 말이다. 이야기는 가족의 한 친구의 관점에서 회고적으로 진술된다. 그는 철학자가 죽은 뒤에 그의 전기를 쓰는데 그의 삶에 있는 어떤 수수께끼에 골몰한다. 왜 죽기 2년 전에 그 철학자는 갑자기 집필을 중단했는가? 왜 그는 마치 자신의 삶에서 별안간 의미가 박탈되기라도 한 것인 양 삶의 의지를 잃고 죽음을 수동적으로 기다리면서 체념의 시간 속으로 들어갔는가? 생존하는 가족 구성원들과 인터뷰를 하면서 곧 그는 아무도 이야기하길 원치 않는 어두운 가족 비밀이 있음을 발견하는데, 마침내 가족 가운데 한 명의 마음이 무너지면서 그에게 고백을 한다. 그 파괴적 비밀은 철학자의 아들의 기적적 소생인데, 그것은 그의 전 이론적 작업을, 그가 평생에 걸쳐 씨름하던 것을 무의미한 것으로 만들었다는 것이다……

이와 같은 이야기는, 비록 흥미롭기는 하지만, 오늘날 우리의 관심을 유효하게 이끌어낼 수는 없다.

성 바울과 관련해서 바디우는, 유효한 진리를 생성하는 네 가지 유들(과학, 정치, 예술, 사랑)과 관련하여—즉 부활이라는 우화적 사건에 기초하고 있는 기독교는 (적어도 오늘날에는) 유효한 진리사건으로서 간주될 수 없으며 단지 그것의 유사물로만 간주될 수 있다는 사실과 관련하여—자신의 입장을 정위하는 문제에 매달린다. 바디우가 제안하는 해결책은 성 바울을 진리-절차의 형식적 조건들에 대한 반-철학적 이론가라고 하는 것이다. 즉 성 바울이 제공하고 있는 것은 진리사건에의 충실성이 어떻게 그것의 보편적 차원 속에서 작용하는가에 대한 최초의 상세한 표명이다: 은총을 통해 출현하는(즉 주어진 상황의 구성성분들을 가지고서는 설명할 수 없는) 진리사건('부활')의 과잉적, 정원외적 실재는, 진리사건의 부름 속에서 스스로를 인지하는 주체들 속에서, 전투적인 '사랑의 작업'—즉 이 진리를, 변치 않는 충실성을 가지고서, 모두에게 관계가 있는 보편적 범위 속에서 퍼뜨리려는 투쟁—을 작동시킨다. 따라서 성 바울의 특수한 메시지는 더 이상 우리에게 작용하지 않지만, 그가 기독교의 작용 양태를 정식화하는 바로 그 항들은 모든 진리사건에 유관한 바로서의 보편적 범위를 실로 가지고 있다: 모든 진리사건은 일종의 '부활'에 이른다—그것에 대한 충실성을 통해, 그리고 그것을 위한 사랑의 노고를 통해 사람들은 한낱 재화의 공급 service des biens으로, 존재 영역에서의 원활한 사태 운영으로 환원될 수 없는, 또 다른 차원, 불멸성의 차원, 죽음에 방해받지 않는 삶의 차원으로 들어간다⋯⋯. 하지만 그럼에도 불구하고, 진리사건에의 충실성의 작용 양태에 대한 최초이면서 여전히 가장 적절한 그 기술記述이, 진리가 아니라 한낱 유사물일 뿐인 어떤 진리사건과 관련하여 이루어지는 것이 어떻게 가능했는가의 문제는 여전히 남아 있다.

헤겔적 관점에서 볼 때 여기엔 심오한 필연성이 있는데, 다음 사실이 이를 확증해준다. 즉 우리 세기에 본래적 정치적 **행위**에 대한 결정적 기술을 제공했던 철학자(『존재와 시간』에서의 하이데거)가 현실적 진리사건이 아니라 명백히 위조물이었던 정치적 행위(나치즘)에 유혹되었다는 사실 말이다. 따라서 우리가 진리사건에의 충실성의 형식적 구조를 표현하고자 한다면 한낱 그것의 유사물에 불과한 사건과 관련하여 그렇게 해야만 하는 것처럼 보이기까지도 한다. 어쩌면 이 모든 것의 교훈은 겉보기보다 훨씬 더 근본적일지도 모른다. 즉 바디우가 진리사건이라 부르는 것은, 그 가장 근본적인 지점에서, 현실적 진리에 기반하고 있지도 않을 뿐더러, 궁극적으로는 그것이 참조하는 진리사건의 정확한 지위(현실적이거나 허구적인)에 개의치 않는 순전히 형식적 결단 행위인 것이라면 어찌할 것인가? 여기서 우리가 진리사건의 본래적인 핵심 성분을 다루고 있는 것이라면 어찌할 것인가? 사건에의 진정한 충실성이 무조건적 신념이라는 정확한 의미에서, 즉 충분한 이유를 묻지 않으며 바로 그 때문에 어떠한 '논증'에 의해서도 논박될 수 없는 태도라는 의미에서, '독단적'이라면 어찌할 것인가?

그렇다면, 우리 논변의 중심적 노선으로 다시 돌아가 보자. 바디우는 다양을 상황의 하위종으로 분류할 수 있게 해줄 그 어떤 특수한 속성들도 가지고 있지 않은 상황 내의 다양을 '유적generic'이라고 규정한다. '유적' 다양은 상황에 속하지만, 상황의 하위종으로서 그 속에 적절하게 포함되지 않는다(예컨대, 헤겔의 법철학에 나오는 '떨거지'). 상황 속에 맞아 들어가지 않고 불쑥 돌출해 나오는 상황의 다양한 요소/부분은, 정확히, 그것이 상황의 존재 그 자체를 직접 체현하는 한에서 유적이다. 그것은 상황의 보편성을 직접 체현함으로써 상황을 전복한다. 바디우 자신이 유적 공정들generic procedures을 네 가지 종들(정치, 예술, 과학, 사랑)로 분류한 것과 관련하여, 종교적 이데올로기는 바로 이 유적 자리를 차지하는 것 아닌가? 그것은 이 네 가지 중 어느 것도 아니지만, 바로 그런 것으로서 그것은 유적인 것 그 자체를 체현한다.[12]

진리사건과 이데올로기의 이와 같은 동일성은 유적 공정들 고유의 시간성인 전미래*futur antérieur*에 의해 추가로 확증되지 않는가? 사건(그리스도의 죽음, 혁명)의 명명에서 출발하는 유적 공정은, 온전한 충만을 가져올 궁극적 목표(최후의 심판, 공산주의, 혹은, 말라르메의 '책'*le Livre*)를 바라보면서, 다양 속에서 그 사건의 기호들을 찾는다. 그리하여 유적 공정들은 시간적 원환성을 내포한다: 사건에의 충실성은 그 공정들로 하여금 도래할 충만의 관점에서 역사적 다양을 판단할 수 있게 해주지만, 이런 충만의 도래는 이미 결단이라는 주체적 행위 — 혹은, 파스칼식으로 말하자면, 그것에 대한 '내기'—를 내포한다. 따라서 우리는 라캉이 헤게모니로서 기술한 것에 가까이 간 것 아닌가? 민주-평등주의적 정치적 사건을 예로 들어보자. 민주주의 혁명에 대한 참조는 우리로 하여금 역사를 완전한 해방을 향한 지속적인 민주주의 투쟁으로서 읽을 수 있게 해준다. 구원된 미래의 전망promise에 비추어볼 때 현 상황은 근본적으로 '탈구된', '나사 빠진' 것으로서 경험된다(구체제의 퇴락, 계급 사회, 타락한 현세의 삶). 언어-주체에게 '지금'은 언제나 적대의 시간이며, 퇴락한 '사물들의 상태'와 진리의

---

[12] 물론 이와 동시에 바디우는 'generic[유적]'이라는 것이 'generating[생성적, 산출적]'이라는 것과 연관되어 있다는 사실 또한 동원한다: 진리가 그 속에서 공명하는 주체-언어의 명제들을 우리가 '생성'할 수 있게 해주는 것은 바로 이 '유적' 요소이다.

전망 사이에서 분열되어 있다.

그래서 다시금, 바디우의 진리사건이라는 개념은 알튀세르의 (이데올로기적) 호명이라는 개념과 섬뜩하게도 가까이 있는 것 아닌가? 바디우가 기술하고 있는 과정은 대의에 의해 주체로 호명된 개인의 그것 아닌가? (의미심장하게도, 진리사건에 대한 충실성의 형식적 구조를 기술하기 위해서 그는 알튀세르가 호명 과정을 기술할 때 사용한 것과 동일한 사례를 사용한다.) 사건과 주체의 원환적 관계성(주체는 자신의 충실성 속에서 사건에 복무하지만, 사건 그 자체는 이미 연루된 주체에게만 그 자체로서 가시적이다)은 이데올로기의 바로 그 원환이지 않은가? 주체 개념을 이데올로기로 속박하기에 앞서—주체 그 자체를 이데올로기적이라고 하기에 앞서—알튀세르는 얼마간 주체성의 네 가지 양태들—이데올로기적 주체, 예술에서의 주체, 무의식의 주체, 과학의 주체—에 관한 관념을 가지고 있었다. 바디우가 말하는 진리의 네 가지 유들(사랑, 예술, 과학, 정치)과 이 네 가지 주체성의 양태들 사이에 분명한 평행성이 있지 않은가(사랑은 정신분석의 주제인 무의식의 주체에 상응하며, 정치는 물론 이데올로기의 주체에 상응한다)? 그리하여 역설은, 바디우가 말하는 인식과 진리의 대립이 바로 알튀세르가 말하는 이데올로기와 과학의 대립 주변을 맴돌고 있는 것처럼 보인다는 점이다. '비본래적' 인식은 자신의 구조적 공백과 증상적 뒤틀림을 알아보지 못하는 존재의 실정적 질서에 제한되어 있으며, 반면에 주체화하는 연루된 진리는 상황에 대한 본래적 통찰을 제공한다.

성 바울을 바디우와 더불어

어떤 심충적—비록 예기치 않은 것이라 해도—논리에 따르면, 바울적 기독교라는 주제는 바디우가 정신분석과 대결하는 데 있어서도 핵심적이다. 바디우가 '죽음에 대한 병적 강박에 대해서 단호하게 반대할 때, 그가 진리사건을 죽음 충동과 대립시킬 때, 그는 가장 약한 지점에 있는 것이며, 비-사유의 유혹에 굴복하고 있는 것이다. 바디우가 자유민주주의적 재화의 공급 service des biens을, 즉 '어떠한 것도 현실적으로 발생하지 않는' 존재의 실정성 속에서의 원활한 사태 운영을 '죽음에 대한 병적 강박'과 동일시하지 않을 수 없다는 점은 증상적이다. 물론 이런 등치 속에서 우리는 손쉽게 진리적 요소를 알아볼 수 있다(진리의 차원이 박탈된 한낱 재화의 공급이란, '영원한' 물음들의 성가신 공세를 받지 않는 '건전한' 일상적 삶으로서 기능할 수 있기는커녕, 필연적으로 허무주의적 병적 상태 morbidity로 퇴행하고 만다. 기독교인의 방식으로 말해본다면, 오로지 그리스도 안에서만 참된 삶이 있으며, 그리스도라는 사건 밖에 있는 삶은 조만간 그 정반대의 것으로, 병적 퇴폐로 변하고 만다. 우리가 우리 삶을 과도한 쾌락들에 바친다면, 조만간 바로 이 쾌락들은 망쳐지고 만다). 하지만 그럼에도 불구하고 우리는 여기서 라캉이 두 죽음 사이의 공간 혹은 거리라고 부르는 것을 강조해야 한다. 이를 바디우의 기독교적 용어로 표현하자면, 진정한 영원성의 삶을 향해 자신을 열어 놓기 위해서는, '이승의' 삶에 대한 애착을 중지시키고 아테 ate의 영역으로, 두 죽음 사이의 영역으로, '산죽은' 것의 영역으로 들어가야만 한다.

이 점은 좀더 상세히 검토해볼 가치가 있는데, 왜냐하면 그것은 바디우를 라캉이나 정신분석 일반으로부터 분리시키는 틈새를 응축하고 있기 때문이다. 물론 바디우 또한 두 죽음들(그리고 두 삶들)의 대립을 잘 알고 있다. 성 바울이 삶과 죽음을 대립시킬 때(영Spirit은 삶인 반면에, 육신Flesh은 죽음을 초래한다), 삶과 죽음의 이 대립은 발생과 소멸이라는 순환을 이루는 부분들로서의 삶과 죽음이라는 생물학적 대립이라든가 혹은 정신과 육체라는 표준적인 플라톤적 대립과 아무런 관련도 없다. 성 바울에게 있어서 '삶'과 '죽음', 영과 육신은 두 개의 주체적 자세를, 자신의 삶을 사는 두 가지 길을 지칭한다. 따라서 성 바울이 죽음과 부활―그리스도 안에서 영원한 삶으로 오르기―에 대해 말할 때, 이는 생물학적인 삶과 죽음에 아무런 관련도 없으며, 오히려 두 가지 근본적인 '실존적 태도'(이 근대적 용어를 시대착오적으로 사용하자면)의 좌표를 제공한다. 이는 바디우를 **죽음과 부활을 근본적으로 분리시키는** 기독교에 대한 특별한 해석으로 이끈다: 그것들은 동일한 것이 아니다, 심지어 그것들은 우리를 죄악으로부터 구원하는 고통의 대가를 지불함으로써 영원한 삶에 이르게 된다는 의미에서 변증법적으로 상호 연결되어 있는 것도 아니다. 바디우에게 십자가에서의 예수의 죽음은 단지 '신이 인간이 되었다'는 것을, 영원한 진리는 모든 인간 존재에게 접근가능한 인간 삶에 내재한 그 무엇이라는 것을 신호할 뿐이다. 신이 부활하기 위해서 인간이 되어야만 했으며 죽어야만 했다는(즉, 육신의 운명을 겪어야만 했다는) 사실의 메시지는 영원한 삶이라는 것이 인류에게, 죽을 수밖에 없는 유한한 존재자로서의 모든 인간들에게 접근가능한 그 무엇이라는 것이다: 우리들 각자는 진리사건의 은총을 입어 영원한 삶의 영역으로 들어갈 수 있다. 여기서 바디우는 공공연하게 반-헤겔적이다: 우리가 '부정적인 것과 함께 머물기'의 준비가 완전히 되어 있을 때, 우리의 사멸성과 고통을 가장 근본적인 지점에서 떠맡을 준비가 완전히 되어 있을 때 부활이라는 진리사건이 부정성에서 긍정성으로의 마법적 반전으로서 출현한다는 의미에서의 삶과 죽음의 그 어떤 변증법도 없다. 진리사건이란 어떤 근본적으로 새로운 기원에 지나지 않는다. 그것은 현세적 유한성과 퇴락의 영역에 의해 '매개되지' 않은 또 다른 차원의 폭력적, 외상적, 우연적 침입을 가리킨다.

그리하여 우리는 고통이라는 것을 본래부터 구원적인 것으로서 지각하는 병적인 마조히즘적 도덕의 함정을 피해야만 한다. 이런 도덕은 (영원한 삶에 입장하는 대가를 우리에게 요구하는) 법의 제약 속에 머물러 있으며, 그리하여 아직은 고유하게 기독교적인 사랑 개념의 층위에 있지 않다. 바디우 말대로 예수의 죽음은 그 자체에 있어 진리사건이 아니며, 단지 신과 인간의 동일성—불멸적 진리의 무한한 차원이 또한 유한한 인간적 사멸자에게도 접근가능한 것이라는 사실—을 단언함으로써 사건(부활)의 현장site을 준비할 뿐이다. 궁극적으로 문제가 되는 것은 죽은 (즉, 인간-사멸자인) 예수의 부활일 뿐인데, 이는 매 인간 존재가 구원받을 수 있으며 영원한 삶의 영역으로 들어갈 수 있음을, 즉 진리사건에 참여할 수 있음을 신호한다.

여기에 기독교의 메시지가 있다. 존재의 실정성, 법에 의해 규제되는 우주 질서—이는 유한성과 사멸성의 영역이다(우주의 견지에서 볼 때, 즉 실정적 존재의 총체성이라는 견지에서 볼 때, 우리는 범역적 질서 안에 있는 우리의 특정한 자리에 의해 결정된 한낱 특수한 존재자들에 불과하다. 법은 궁극적으로 우주적 정의cosmic Justice의 질서에 대한 또 다른 이름인데, 그것은 우리들 각자에게 고유의 자리를 할당한다)—는 '존재하는 전부'가 아니다. 또 다른 차원, 사랑 안의 참된 삶의 차원이 있는데, 이 차원은 신성한 은총을 통해 우리 모두에게 접근가능해지며, 그리하여 우리 모두는 그것에 참여할 수 있다.

따라서 기독교적 계시는 어떻게 우리 인간 존재들이 존재의 실정성에 제한되어 있지 않은 것인가에 대한 하나의 사례이다. 즉 진리사건에 대한 충실성을 유지함으로써 또 다른 삶에 참여할 가능성을 우리에게 열어주는 어떤 진리사건이 이따금씩 우연적이고 예측불가능한 방식으로 어떻게 발생할 수 있는가를 보여주는 하나의 (하지만 필경 그 대표적인) 사례이다. 관심을 끄는 것은 어떻게 여기서 바디우가 보편적인 것으로서의 법과 특수한 것으로서의 은총(혹은, 카리스마)이라는 표준적 대립을, 즉 우리 모두는 보편적인 신성한 법에 종속되어 있는 반면에 우리 가운데 일부만이 은총을 입고서 구원될 수 있다는 생각을, 뒤바꿔 놓고 있는가 하는 것이다. 성 바울에 대한 바디우의 독해에서, 겉보기 '보편적'일지 모르겠지만 궁극적으로 '특수주의적'인 것은 다름아닌 법률 그 자체다(법적 질서는 언제나 우리에게 특별한 의무와 권리를 부과한다. 어떤 특정한 공동체를 정의내리는 대가로 여타의 인종적 등등의 공동체들의 구성원을 배제시키는 것은 언제나 법이다). 반면에 신성한 은총은 참으로 보편적이다. 다시 말해서 그것은 비배타적이며, 인종, 성, 사회적 지위 등에 관계없이 만인에게 다가간다.

그리하여 우리는 두 개의 삶을 갖는다. 유한한 생물학적 삶과 부활이라는 진리사건에 참여하는 무한한 삶. 이에 상응하여 또한 두 개의 죽음이 있다. 생물학적 죽음과 '육신의 길'에 굴복한다는 의미에서의 죽음. 성 바울은 삶과 죽음의 이 대립을 어떻게 두 개의 주체적, 실존적 태도로서 규정하는가? 여기서 우리는 바디우의 논변의 급소를 건드리고 있는 것인데, 그것은 또한 곧바로 정신분석과 관계가 있다: 바디우에게 있어 죽음과 삶의 대립은 법과 사랑의 대립과 중첩된다. 성 바울에게 있어 육신의 유혹들에 굴복하는 것은, (도덕적 금지의) 법과는 무관하게 고삐풀린 현세적 정복들(쾌락, 권력, 부 등등의 추구)을 단순히 탐닉하는 것을 의미하지 않는다. 반대로, 그의 저술들 속에서 (마땅히도) 가장 유명한 구절인 「로마서」 7장 7절에서 세공된 것처럼, 그의 중심 교의는 법 이전의 혹은 법과 무관한 어떠한 죄도 없다는 것이다. 법 이전에 오는 것은 우리 사멸할 인간 존재에게서 영원히 상실된 한낱 타락 이전의 순진무구한 삶이다. 우리가 살고 있는 우주는, 우리의 '육신의 길'은 죄와 법이, 욕망과 그것의 금지가 꼼짝없이 뒤얽혀 있는 우주다. 즉 금지의 바로 그 행위가 그것의 위반에 대한 욕망을 낳는 것이며, 다시 말해서 우리의 욕망을 금지된 대상에 고정시키는 것이다.

> 그러면 우리가 무엇이라고 말을 할 것입니까? 율법이 죄입니까? 그럴 수 없습니다. 그러나 율법에 비추어 보지 않고서는, 나는 죄가 무엇인지 알지 못하였을 것입니다. 율법에 '탐내지 마라' 하지 않았으면, 나는 탐심이 무엇인지를 알지 못하였을 것입니다. 그러나 죄는 이 계명을 통하여 틈을 타서, 내 속에서 온갖 탐욕을 일으켰습니다. 율법이 없으면 죄는 죽은 것입니다. 전에는 율법이 없어서 내가 살아 있었는데, 계명이 들어오니까 죄는 살아나고, 나는 죽었습니다. 그래서 나를 생명으로 인도해야 할 그 계명이, 도리어 나를 죽음으로 인도하는 것으로 드러났습니다. …… 나는 내가 하는 일을 도무지 알 수가 없습니다. 내가 해야겠다고 생각하는 일은 하지 않고, 도리어 해서는 안 되겠다고 생각하는 일을 하고 있으니 말입니다. 그런 일을 하면서도 그것을 해서는 안 되겠다고 생각하는 것은, 곧 율법이 선하다는 사실에 동의하는 것입니다. 그렇다면, 그와 같은 일을 하는 것은 내가 아니라, 내 속에 자리를 잡고 있는 죄입니다. 나는 내 속에, 곧 내 육신 속에 선한 것이 깃들어 있지 않다는 것을 압니다. 선을

행하려는 의지는 나에게 있으나, 그것을 실행하지 않으니 말입니다.13)

물론 이 구절은 문맥 속에서 보아야만 한다: 「로마서」의 이 부분 전반에서 성 바울이 씨름하고 있는 문제는 어떻게 하면 **도착**perversion의 덫을 피할 것인가이다. 법이 스스로를 법으로서 단언하기 위해서는 그것의 위반을 필요로 하는바, 이렇듯 자신의 위반을 생성하는 법의 덫을 말이다. 예컨대 「로마서」 3장 5~8절에서 성 바울은 다음과 같이 필사의 질문들을 퍼붓고 있다:

> 그런데 우리의 불의가 하나님의 정의를 드러나게 한다면, 무엇이라고 말하겠습니까? 우리에게 진노를 내리시는 하나님이 불의하시다는 말입니까? …… '나의 거짓으로 하나님의 참되심이 더욱 분명하게 드러나서, 그분에게 영광이 돌아간다면, 왜 내가 여전히 죄인으로 판정을 받아야 하느냐?'하고 물을 수도 있을 것입니다. 그러나 '좋은 일이 생기라고, 악한 일을 하자'하고 말할 수 있겠습니까? 사실, 어떤 사람들은 우리가 그런 말을 한다고 비방합니다.

'좋은 일이 생기라고, 악한 일을 하자'라는 이 문구는 도착적 위치의 **단락**短絡에 대한 가장 간명한 정의다. 이로써 신은, 자신의 희생을 통해 우리를 구제하기 위해서 우선은 우리를 타락하게 만드는 은밀한 도착자가 되는 것인가? 혹은, 「로마서」 11장 11절을 인용하자면, '그들은 쓰러져야 하기에 발부리가 걸린 것입니까?' 즉, 우리가 발부리가 걸린 (죄악에 빠지고 '육신의 길'에 빠진) 것은 신이 자신의 궁극적 구원

---

13) 「로마서」 7장 7절~18절.

계획의 일부로 우리의 타락이 필요했기 때문인 것인가? 만약 정말로 그런 것이라면, '은총을 받기 위하여 계속해서 죄를 지어야 합니까?'(「로마서」 6:1)라는 물음에 대한 대답은 긍정일 것이다: 정확히 죄악에 빠짐으로써만 우리는 신이 우리의 구세주로서 역할할 수 있게 해주는 것이다. 하지만 성 바울의 일체의 노력은 금지의 법과 그것의 위반이 서로를 생성하고 지탱하는 이 악순환을 깨뜨리고 나오기 위한 것이다.

『철학노트』에서 레닌은 마르크스의 『자본』을 실제로 이해하고자 하는 사람이라면 헤겔의 『논리학』 전체를 세밀하게 읽어야 한다는 유명한 진술을 했다. 그리고 그는 스스로 그렇게 했다. 헤겔의 인용구들에 수백 개의 'sic'['원문대로']들과 여백 주석들(예컨대, '이 문장의 첫 부분은 독창적인 변증법적 통찰을 포함한다. 두 번째 부분은 신학적 쓰레기다!')을 덧붙이면 말이다. 진정한 라캉적 변증법적 유물론자들을 기다리고 있는 과제는 성 바울에 대해 동일한 제스처를 반복하는 것인데, 왜냐하면 라캉의 『에크리』를 실제로 이해하고자 하는 사람 역시 「로마서」와 「고린도서」 전체를 세밀하게 읽어야 하기 때문이다. 수백 개의 'sic'들과 주석들(예컨대, '이 문장의 첫 부분은 라캉적 윤리에 대한 가장 심오한 통찰을 제공한다. 반면에 두 번째 부분은 한낱 신학적 쓰레기다!')이 동반된 인용구들로 이루어진 라캉적 『신학노트』를 기다리고만 있을 수는 없는 일이다······.14)

---

14) 바디우에게 있어 성 바울의 근본적 문제는 적합한 담론의 문제였다: 진정한 기독교적 보편구제설universalism을 단언하기 위해서 성 바울은 희랍의 철학적 궤변뿐만 아니라, 복음서들의 지배적 담론 양식인 유대교의 예언적 반계몽주의와도 단절해야만 한다. 하지만 여기서 아마도 우리는 그림을 좀더 복잡하게 만들어야 할 것이다. 어쩌면 복음서들에 나오는 예수의 모호한 비유들은 겉보기보다 더욱 전복적일지도 모른다. 어쩌면 그것들은 그 속에서 분명한 의미를 식별해낼 수 없는 제자들을 곤혹스럽게 하고 좌절시키기 위해서 거기에 있을지도 모른다. 어쩌면 「마태복음」 19장 12절에 나오는 유명한 구절인 '이 말을 받아들일[혹은, '이해할'로 번역되기도 한다] 수 있는 사람은 그렇게

따라서 「로마서」의 그 긴 인용구로 되돌아가 보자. 법이 개입한 직접적 결과는 이처럼 주체를 **분열시키고** 삶과 죽음의 병적 혼동을 초래한다는 것이다. 주체는 법에 대한 (의식적) 복종과, 법적 금지 자체로 인해 생성되는 위반에 대한 (무의식적) 욕망 사이에서 분열된다. 법을 위반하는 것은 내가, 주체가 아니다. 그것은 비주체화된 '죄' 그 자체이며 사악한 충동이다. 그 속에서 나는 나 자신을 발견하지 못하며, 심지어 그것을 증오하기까지 한다. 이런 분열 때문에 나의 (의식적) 자기는 궁극적으로는 '죽은' 것으로서, 삶의 추동을 박탈당한 것으로서 경험되며, 반면에 '삶'은, 살아 있는 에너지에 대한 황홀한 긍정은, 오로지 '죄'의 가장 속에서만, 병적 죄책감을 낳는 위반의 가장 속에서만 나타날 수 있는 것이다. 나의 현실적 삶-추동, 나의 욕망은 나의 의식적 의지나 의향들과는 무관하게 자신의 길을 고집하는 외래적 자동성automatism으로서 나에게 나타난다. 그리하여 성 바울의 문제는 표준적인 병적인 도덕주의의 문제(어떻게 위반의 추동들을 꺾을 것인가, 어떻게 사악한 추동으로부터 나 자신을 궁극적으로 정화시킬 것인가)가 아니라 그 정반대이다. 즉 어떻게 하면 나는 법과 욕망의,

---

하라'는 문자 그대로, 즉 어떤 심오한 의미를 찾는 것은 잘못된 길을 가는 것이라는 표시로서 읽혀질 수 있을지도 모른다. 어쩌면 그것들은 카프카의 『심판』에 나오는 법의 문에 관한 비유에 대한 신부의 독해처럼 읽어야 할지도 모른다. 신부는 그 비유를 사람을 성나게 만드는 문자 그대로의 방식으로 독해했다. 즉 그 우화를 어떠한 심오한 의미도 산출하지 않게끔 읽었던 것이다. 따라서 어쩌면 이 비유들은 유대교의 낡은 예언적 담론의 잔여물인 것이 아니라 오히려 그것을 조롱하는 내재적 전복일지도 모른다. 그리고 우연하게도 이 '이 말을 받아들일 수 있는 사람은 그렇게 하라'를 예수가 거세 문제와 관련하여 언명하고 있는 것이 놀랍지 않은가? 전체를 인용하면 이렇다: '사람마다 이 말을 받아들이지/이해하지는 못하고 오직 타고난 자라야 할 것이다. 날 때부터 고자인 사람도 있고 사람이 만든 고자도 있고, 천국을 위해 스스로 된 고자도 있다. 이 말을 받아들일/이해할 수 있는 사람은 그렇게 하라'(「마태복음」, 19장 11~12절). 궁극적으로 파악불가능하고 이해를 넘어선 것은 그 상이한 양태들 속에서의 거세라는 사실이다.

금지와 위반의 이와 같은 악순환(이 악순환 속에서 나는 나의 살아 있는 정열을 오로지 그것들의 대립 속에서만, 병적 죽음 충동으로서만 단언할 수 있다)을 깨뜨리고 나아갈 수 있는가? 내가 나의 삶-추동을, 외래적 자동성으로서가 아니라, 즉 법 자체의 비공식적 공모와 더불어 나로 하여금 그 법을 위반하도록 만드는 맹목적 '반복 강박'으로서가 아니라, 나의 삶에 대한 완전히 주체화된 긍정적 '예!'로서 경험하는 것이 어떻게 가능할 것인가?

여기서 성 바울과 바디우는, 어떤 것을 악으로 지각하는 응시에게만 악이 있다는 헤겔의 논점을 완전히 승인하고 있는 것처럼 보인다: 법 그 자체야말로 죄의 영역을, 법을 위반하려는 사악한 추동들의 영역을 열어놓고 지탱할 뿐만 아니라 또한 우리가 이에 대해 죄책감을 느끼게 만드는 데서 도착적이며 병적인 만족감을 찾는다. 그리하여 법의 지배의 궁극적 결과는, 잘 알려져 있는, 그 모든 초자아의 비틀림들과 역설들로 이루어진다: 나는 그것에 대해 죄책감을 느끼는 한에서만 즐길 수 있는데, 이것이 의미하는 바는 내가 자기-반성적 전회를 통해 죄책감 속에서 쾌감을 취할 수 있다는 것이며, 사악한 생각을 하는 나를 응징하는 속에서 향유를 발견할 수 있다는 것이며, 기타 등등이다. 따라서 바디우가 '죽음 충동에 대한 병적 이끌림' 등등에 대해 말할 때, 그는 막연한 상투어들에 호소하고 있는 것이 아니라 자신이 사용하는 정신분석적 개념들에 대한 매우 정확한 '바울적' 독해를 참조하고 있는 것이다. 법과 욕망의 복잡한 뒤얽힘 전체—법에 반하는 부정하고 사악한 욕망들뿐만 아니라, 법의 '죽은' 문자가 삶 자체에 대한 나의 향유를 전도시키고 죽음에 대한 이끌림으로 변화시키는 이 삶과 죽음의 병적 얽힘; 법을 위해 스스로를 채찍질하는 고행자가 세속적 유희에서 무구한 쾌락을 얻는 사람보다 더 강렬하게 향유하는 이 도착된 우주—는 성 바울이 '영의 길'에 대립되는 것으로서 '육신의 길'이라고 불렸던 것이다. '육신'은 법에 대립되는 바로서의 육신이 아니라 법이 낳은 과도한 자기 고행적이고 금욕적인 병적 매혹으로서의 육신이다(「로마서」 5장 20절을 볼 것: '율법이 들어온 결과 범죄가 증가했습니다').

바디우가 강조하고 있듯이, 여기서 성 바울은 예기치 않게도 그에 대한 대大험담꾼 니체에 근접해 있다. 니체의 문제 역시 삶에 대한 금욕적이고 병적인 부인을 어떻게 깨뜨릴 것인가였다. 성 바울에게 있어 기독교적인 '영의 길'은, 우리를 쇠약하게 만드는 이런 병적 곤궁으로부터 우리를 해방시키고 또한 우리가 열린 마음으로 죄(즉, 법과 법이 유발하는 죄지음) 없는 영원한 삶을 향할 수 있게 해주는 바로 그 마법적 깨뜨림이며, 새로운 시작이다. 다시 말해서 마치 성 바울 그 자신이, '신이 없다면 모든 것이 허용된다!'는 악명 높은 도스토예프스키의 말에 미리 응답을 한 것과도 같다. 성 바울에게 있어 바로 사랑의 신이 있기 때문에 기독교 신자에게 모든 것은 허용된다—즉 어떤 행위들을 규제하고 금지하는 법이 중지된다. 기독교 신자가 어떤 일을 하지 않는다는 사실은 (그것에 탐닉하려는 위반적 욕망을 낳는) 금지에 기반한 것이 아니라, 사랑의 적극적, 긍정적 태도에 기인하는 것인데, 이러한 태도 때문에 행위의 성취는 무의미해지는 것이다. 그것은 내가 자유롭지 않으며 여전히 외부의 힘에 지배받는다는 사실을 증언할 뿐이다. '"모든 것은 나에게 합법적이다", 하지만 모든 것이 유익한 것은 아니다. "모든 것은 나에게 합법적이다", 하지만 나는 어떠한 것에도 지배받지 않을 것이다.'(「고린도서」 1권 7장 12절. '모든 것은 나에게 합법적이다'는 종종 '아무것도 나에게 금지되어 있지 않다'로 번역된다!) 법과 그것의 위반으로 이루어진 우주와의 이와 같은 단절은

매우 도발적인 '결혼의 비유'에서 가장 분명하게 표현된다:

> 형제 자매 여러분, 내가 율법을 아는 사람에게 말을 합니다. 율법은, 사람이 살아 있는 동안에만 그 사람을 지배한다는 것을 알지 못합니까? 결혼한 여인은, 그 남편이 살아 있는 동안에는, 법을 따라 남편에게 매여 있으나, 남편이 죽으면, 남편에게 매여 있던 그 법에서 해방됩니다. 그러므로 남편이 살아 있는 동안에, 그 여인이 다른 남자에게로 가면, 그 여인은 간음한 여자라는 말을 듣게 됩니다. 그러나 남편이 죽으면 그 법에서 해방되는 것이므로, 다른 남자에게로 갈지라도, 간음한 여자가 되지 않습니다.
>
> 나의 형제 자매 여러분, 그러므로 여러분도 그리스도의 몸으로 말미암아, 율법에는 죽임을 당했습니다. 이제 여러분은 다른 분, 곧 죽은 사람들 가운데서 살아나신 그분에게 속하였습니다. 그것은 우리로 하여금 하나님을 위하여 열매를 맺게 하려는 것입니다. 이전에 우리가 육신을 따라 살 때에는, 율법에 따른 죄의 정욕이 우리 몸의 지체 안에서 작용해서, 죽음에 이르는 열매를 맺었습니다. 그러나 지금은, 우리가 우리를 얽어매던 것에서 죽어서, 율법에서 벗어났습니다. (「로마서」 7:1~6)

참된 기독교도가 되어 사랑을 받아들이기 위해서는, '율법에는 죽임을 당해'야만, '율법에 따른 죄의 정욕'의 악순환을 깨뜨려야만 한다. 라캉이라면 제2의, 상징적 죽음을 겪어야 한다고 말했을 것인데, 이 죽음은 큰 타자의 중지를, 여태까지 우리의 삶을 지배하고 규제했던 상징적 법의 중지를 내포한다. 따라서 핵심적 요점은, 혼동되지 말아야 할 두 개의 '주체의 분열'이 있다는 것이다. 우선 법적 주체의 분열이 있다. 이는 한편으로 법의 문구에 집착하는 주체의 의식적 자아와 다른 한편으로 '자동적으로' 작동하면서 주체로 하여금 주체의 의식적 의지에 반하여 '주체가 혐오하는 것을 하도록', 즉 법을 위반하고 불법적인 향유에 빠지도록 강제하는 주체의 탈중심화된 욕망 사이의 분열이다. 그리고 더욱 근본적인 또 다른 분열이 있는데 이는 한편으로 법/욕망의 영역, 위반을 낳는 금지의 영역 전체와 다른 한편으로 법과 법의 위반이라는 곤궁을 깨뜨리고 새로운 시작을 표시하는 고유하게 기독교적인 사랑의 방식 사이의 분열이다.

두 죽음 사이에서

라캉의 '분열된 주체'는 이와 같은 두 개의 분열에 대해 어떤 자세를 취하는가? 답은 간단하고도 곧바른 것처럼 보일지도 모른다: 정신분석이란 첫 번째 분열의 역설적 구조를 개념화하고 백일하에 드러내는 바로 그 이론이다. 법과 욕망의 얽힘에 대한 바디우의 기술은 라캉에 대한 암묵적인 (때로는 명시적이기까지 한) 참조들과 라캉의 말을 단지 말바꿈한 것들로 가득 차 있지 않은가? 정신분석의 궁극적 영역은 상징적 법과 욕망 사이의 연관이 아닌가? 다양한 도착적 만족들은 법과 욕망의 연관이 현실화되는 바로 그 형식이 아닌가? 라캉적인 주체의 분열은 바로 주체가 상징적 법에 대해 맺는 관계와 연관된 분열 아닌가? 더 나아가 이에 대한 궁극적 확증은 라캉의 '칸트를 사드와 더불어'—이는 병적 도착의 사드적 우주를, 상징적 법의 도덕적 무게에 대한 인류 역사상 가장 근본적인 단언(칸트의 윤리학)의 '진리'로서 곧바로 정립한다—가 아닌가? (여기서 놓치지 말아야 할 아이러니한 요점은, 푸코가 정신분석을 기독교의 고백적 성욕의 양태에서

시작했던 연결사슬의 마지막 고리로서 생각하는 반면에, 사도 바울은
—적어도 바디우의 독해에서—그 정반대를 하고 있다는 것이다. 그
는 예컨대 법과 욕망의 병적 연결고리를 깨뜨리려고 노력한다……)
하지만 여기서 정신분석을 위한 핵심적 논점은 다음과 같다: 정신분
석은 이와 같은 '병적'이며 마조히즘적인 죽음에의 강박의 제약 속에,
즉 위반의 욕망을 낳는 금지적 법의 변증법을 특징짓는 삶과 죽음의
도착적 뒤섞임의 제약 속에 여전히 남아 있는 것인가? 아마도 이 물음
에 답할 최선의 길은, 라캉 역시도 법과 욕망의 연계를 세공함에 있어
사도 바울의 동일한 구절에 초점을 맞춘다는 사실에서 시작하는 것이
다. 거기서 라캉은 금지적 법을 경유해서만 접근가능한 향유의 불가능
한 대상으로서, 금지적 법의 위반으로서, 사물을 언급하고 있다. 라캉
의 그 구절은 완전히 인용되는 것이 좋을 것이다.

> 법은 사물일까요? 분명 아닙니다. 하지만 나는 법을 통해서만 사물에
> 대해 알 수 있습니다. 사실 나는 법이 '그대는 그것을 탐하지 말지어다'라
> 고 말하지 않았다면, 그것을 탐할 생각도 갖지 못했을 것입니다. 하지만
> 사물은 그 계율 덕택에 온갖 종류의 탐욕을 내 안에 만들어냄으로써 길을
> 발견합니다. 법이 없다면 사물은 죽은 것이니까 말입니다. 하지만 법이
> 없었을 때도 나는 한 번은 살아 있었습니다. 하지만 계율이 등장했을
> 때, 사물은 타올랐으며, 다시 한번 되돌아왔으며, 그리고 나는 내 죽음을
> 만났습니다. 나로서는 삶으로 인도하리라 가정되었던 계율은 죽음으로
> 인도하는 것으로 판명났습니다. 사물은 길을 발견했으며, 계율 덕택에
> 나를 유혹했습니다. 그것을 통해 나는 죽음을 욕망하게 되었습니다.
> 　이제 잠시나마 적어도 여러분들 중 어떤 분들은 더 이상 이야기하고
> 있는 사람이 내가 아니지 않는가 하고 의심하기 시작했을 것이라고 나는

믿습니다. 사실 한 가지 조그만 변경이 있기는 하지만, 즉 '죄' 대신 '사물'이라고 하긴 했지만, 이것은 법과 죄의 관계라는 주제에 대한 성 바울의 연설로서 「로마서」 7장 7절에 나오는 이야기입니다.
…… 사물과 법의 관계는 이보다 더 잘 정의될 수는 없을 것입니다. …… 욕망과 법의 변증법적 관계로 인해 우리의 욕망은 오로지 법과의 관계 속에서만 타오르게 되는바, 법을 통해 그것은 죽음에 대한 욕망이 되는 것입니다. 죄가…… 과도하고 과장된 성격을 띠는 것은 오로지 법 때문입니다. 프로이트의 발견, 즉 정신분석의 윤리, 그것은 우리로 하여금 그런 변증법을 고수하게끔 내버려두는 것일까요?[15]

여기서 핵심적인 것은 마지막 구절이다. 그 구절은 라캉에게 있어서 '법 너머 어딘가에 *das Ding*과의 관계를 발견할 길'이 있다는 것을 분명하게 가리킨다.[16] 정신분석의 윤리가 지닌 일체의 요점은 죄의 '병적' 향유를 설명해주는 초자아적 비난의 함정을 피하는 어떤 관계의 가능성을 정식화하는 것이며, 그와 동시에 칸트가 *Schwärmerei*[광신]라 불렀던 것—즉 영적인 빛에, 불가능한 실재 사물에 대한 직접적 통찰에 목소리를 부여하려는 (그리하여 그것에 대한 참조를 통해 자신의 입장을 합법화하려는) 반계몽주의적 주장—을 피하는 것이다. 라캉이 '*ne pas céder sur son désir*', 즉 '당신의 욕망에 대해 타협하지도 양보하지도 말라'라는 자신의 정신분석적 준칙을 정식화할 때, 여기서 말하는 욕망이란 더 이상 금지의 법에 의해 생성되는 위반의 욕망이 아니며, 따라서 법과의 '병적' 변증법에 연관되어 있는 것이 아니다. 오히려 그것은 윤리적 의무의 수준으로까지 고양된, 자신의 욕망 그

---

15) Jacques Lacan, *The Ethics of Psychoanalysis*, London: Routledge, 1992, pp. 83~84.
16) 같은 글, p. 84.

자체에 대한 충실이다. 그리하여 'ne pas céder sur son désir'는 궁극적으로 '너의 의무를 다하라!'고 말하는 또 다른 방식인 것이다.[17]

따라서 정신분석의 종결을 새로운 시작이자 상징적 '재탄생'(초자아의 악순환이 중지되고 극복되는 방식으로 분석자의 주체성을 근본적으로 재구성하는 것)으로 규정하는 바디우-바울식 독해를 따르는 모험을 감행하고 싶기도 할 것이다. 바디우가 참조하는 바로 그 바울식 용어를 사용하자면, 분석의 종결은 법을 넘어선 사랑의 영역을 열어놓는다는 수많은 단서를 제공하는 것은 다름아닌 라캉 그 자신 아닌가? 하지만 그럼에도 불구하고 라캉의 방식은 성 바울이나 바디우의 방식이 아니다. 정신분석은 '정신종합'이 아니다. 정신분석은 '새로운 조화'를, 새로운 진리사건을 이미 정립해놓지 않는다. 정신분석은 그런 하나를 위해─말하자면─단지 과거청산을 할 뿐이다. 하지만 이 '단지'는 인용부호 속에 넣어야 한다. 왜냐하면 새로운 진리사건이 도래하게 될 때면 이미 '봉합되어 버리는' 그 무언가(공백)를, 이 '과거청산'이라는 부정적 제스처 속에서 대면하게 된다는 것이 라캉의 주장이기 때문이다. 라캉에게 있어서 부정성은, 철회의 부정적 제스처는, 대의에 대한 열광적 동일화의 그 어떤 긍정적 제스처에도 선행한다: 부정성은 열광적 동일화의 (불)가능성의 조건으로서 기능한다. 다시 말해서, 부정성은 그것을 위한 토대를 놓으며 그것을 위한 공간을 열어놓

---

17) 여기서 또 다른 문제는 칸트에 대한 참조의 지위에 있다. 칸트가 바디우-바울적인 의미에서의 법의 철학자로서 파악되는 한, 라캉의 '칸트를 사드와 더불어'는 그 온전한 타당성을 간직한다. 즉 칸트적 도덕 법칙의 지위는 초자아-형성물의 지위를 유지하며, 그리하여 그것의 '진리'는 병적 도착의 사드적 우주이다. 하지만 칸트의 도덕 명령을 개념화하는 또 다른 방식이 있는데, 이는 도덕 명령을 초자아의 제약들에서 풀어놓는다. (Slavoj Žižek, *The Plague of Fantasies*, London: Verso, 1997, Appendix III를 볼 것. [국역본: 지젝, 『환상의 돌림병』, 김종주 역, 인간사랑, 2002, 부록3 「무의식의 법칙: 선을 넘어선 윤리학을 향하여」.])

지만, 동시에 그것에 의해 흐려지며 또한 그것을 침식한다. 이런 이유 때문에 라캉은 죽음과 부활 사이의 균형을 암묵적으로 변경하여 죽음의 편을 든다: 가장 근본적인 차원에서 '죽음'이 나타내는 것은 한낱 이승에서의 삶이 다했다는 것이 아니라, '세계의 밤'이며, 주체성의 자기-철회, 주체성의 절대적 위축이며, 그것이 '현실'과 맺고 있는 연결고리를 절단하는 것이다. 그리고 바로 이것이 상징적인 새로운 시작의 영역을 열어놓는, 새로 출현한 주인기표에 의해 지탱되는 '새로운 조화'의 출현 영역을 열어놓는, '과거청산'이다.

여기서 라캉은 성 바울과 바디우를 떠난다: 신은 죽었을 뿐 아니라 언제나-이미 죽어 있었다. 다시 말해서, 프로이트 이후로 우리는 진리 사건에 대한 믿음을 곧바로 가질 수가 없다. 궁극적으로 그와 같은 모든 사건은 그에 선행하는 공백―이에 대한 프로이트의 이름은 죽음충동이다―을 흐리는 유사물로서 남아 있다. 따라서 라캉은 법의 지배 너머에 있는 이 영역의 정확한 지위를 정함에 있어 바디우와 다르다. 다시 말해서: 존재의 질서 너머에 있는, 재화의 공급*service des biens*의 정치 너머에 있는, 법과 법을 위반하려는 욕망 사이의 '병적' 초자아적 연계 너머에 있는 어떤 영역의 윤곽을 그리고 있다는 점에서 바디우는 라캉과 마찬가지다. 하지만 라캉에게 있어 죽음 충동이라는 프로이트적 주제는 이런 연계를 가지고서는 설명될 수 없다. '죽음 충동'은 상징적 법의 개입으로 야기된 삶과 죽음의 병적 혼동의 결과물이 아니다. 라캉에게 있어 존재의 질서 너머에 있는 섬뜩한 영역은 그가 '두 죽음 사이'의 영역이라 부르는 것이다. 그것은 기괴한 유령적 환영의 영역이며, '불멸의' 영역인데, 이때 불멸이라 하는 것은 바디우 식으로 진리에 참여함의 불멸성을 뜻하는 것이 아니라 라캉이 라멜르라고 부르는 것, 즉 기괴한 '산죽은' 대상-리비도를 뜻한다.[18]

오이디푸스가 (혹은, 또 다른 전형적 사례를 든다면, 리어왕이) 몰락 이후에, 자신의 상징적 운명이 이행되었을 때, 스스로를 그 안에서 발견하게 되는 바로 이 영역은 라캉에게 있어 '법률 너머의' 고유 영역이다. 즉 오이디푸스 신화에 대한 독서에서 이미 초기 라캉은 '오이디푸스 콤플렉스'의 통상적 판본이 외면하는 것— 즉 '오이디푸스 너머'에 있는 어떤 것의 첫 번째 형상(즉 가혹한 최후까지 자신의 운명을 이행한 이후의 오이디푸스 그 자신), 콜로노스의 오이디푸스의 그 소름 끼치는 형상, 주변의 모든 사람을 저주하면서 철저하게 비타협적인 태도를 취하는 이 원한의 노인—에 초점을 맞춘다. 콜로노스의 오이디푸스라는 이 형상은 금지에 의해 은폐된 향유의 내속적 곤궁을, 향유의 불가능성을 우리와 대면시키지 않는가? 그는 금지를 위반하고 그 대가로 이런 불가능성을 떠맡은 자가 아니었던가? 콜로노스의 오이디푸스의 위치를 예증하기 위해 라캉은 그것을 에드거 앨런 포의 유명한 이야기에 나오는 불행한 발드마르 씨의 위치와 비교한다. 그는 최면을 통해 죽음에 이르렀다 다시 깨어난다. 그 끔찍한 실험을 목격하는 사람들에게 '제발! 어서! 어서! 날 잠들게 하게. 아니, 어서! 날 깨워주게! 어서! 난 죽었다고 말하지 않는가!'라고 울부짖으면서 말이다.19) 깨어났을 때 발드마르 씨는

> 다만 메스꺼운 액화물이다. 어떠한 언어로도 그 이름이 없는 어떤 것. 계속 그 얼굴을 응시하는 것이 불가능하며 인간 운명에 대한 일체의 상상물들을 배경으로 떠도는 이 형상, 무엇으로도 수식할 수가 없으며, 사체死

---

18) Jacques Lacan, *The Four Fundamental Concepts of Psycho-Analysis*, New York: Norton, 1979, pp. 197~198을 볼 것.
19) [에드거 앨런 포, 『우울과 몽상』, 홍성영 옮김, 하늘연못, 2002, 811쪽을 볼 것.]

體라는 단어로는 전적으로 부적합한 이 형상의 순수하고, 단순하고, 잔인한 적나라한 환영apparition. 생명체인 이 부풀어오른 종種의 완전한 붕괴. 거품은 터지고 생명 없는 부패한 액체로 용해되어버린다.

바로 그것이 오이디푸스의 경우에 발생하는 것이다. 그 비극의 바로 그 처음부터 시작해서 모든 것이 결국 보여주게 되는 것처럼, 오이디푸스는 대지의 찌꺼기이며, 쓰레기이며, 잔여물이며, 어떠한 그럴 듯한 외양도 결여된 것이다.[20]

여기서 우리가 상징적인 것과 실재적인 것 사이의 영역을, 즉 '두 죽음 사이의' 영역을 다루고 있다는 것은 분명하다. 공포의 궁극적 대상은 이 '죽음 너머의 삶'의 갑작스러운 출현이다. 후에 (『세미나 XI』에서) 라캉은 이를 라멜르로서, 산죽은-파괴불가능한 대상으로서, 상징계에서의 지탱물을 박탈당한 삶으로서 이론화했다. 아마도 이것은 오늘날의 사이버공간 현상과 관련이 있어 보인다. 우리의 현실(에 대한 경험)이 '가상화'되면 될수록, 인터페이스 상에서 만나는 스크린-현상으로 변화되면 될수록, 인터페이스로 통합되길 거부하는 '불가분의 잔여'는 점점 더 산죽은 삶의 공포스러운 잔여물로서 외양한다. 그와 같은 형체없는 '산죽은' 삶의 실체에 대한 이미지들이 <에일리언>을 비롯하여 오늘날의 공상과학 공포물의 내러티브에 넘쳐나는 것은 결코 놀랄 일이 아니다.

내가 종종 언급하곤 하는, 테리 길리엄의 <여인의 음모>[21]에 나오는 유명한 장면을 생각해보자. 고급 레스토랑의 웨이터가 손님에게

---

20) Jacques Lacan, *The Seminar, Book II: The Ego in Freud's Theory and in the Technique of Psychoanalysis*, New York: Norton, 1991, pp. 231~232.
21) [원제목은 '브라질(Brazil)'이다.]

그날의 메뉴에서 최상의 요리들을 추천한다('오늘의 투르누도는 정말 특별합니다!' 등등). 하지만 선택한 손님들에게 주어지는 것은 접시 위 받침대에 놓인 눈부신 칼라 요리 사진과 접시 자체에 담긴 메스꺼운 배설물 반죽 덩어리이다.[22] 음식의 이미지와 그것의 형체 없는 배설물 찌꺼기 실재 사이의 이와 같은 분열은, 현실이 인터페이스 상의 유령 같은 실체 없는 외양과 실재의 잔여물인 날 재료로 분열됨을 완벽하게 예시하고 있다. 이 잔여물에 대한 강박적 사로잡힘은 현실에 대한 접근을 지탱하고 보증하는 부성적 금지/법의 중지에 대해 우리가 지불해야 하는 대가다. 그리고 물론, 라캉의 요점은 만약 우리가 *parlêtres*('언어적 존재')로서의 우리의 실존에 의해 열린 잠재성들을 남김없이 개발할 경우 조만간 우리는 이 끔찍한 사이에-끼인in-between 상태에 놓인 우리 자신을 발견하게 된다는 것이다. 이런 일이 발생할 것이라는 위협적 가능성이 우리 각자에게 다가오고 있다.

이 '불가분의 잔여'—자신의 상징적 운명을 이행한 이후의 오이디푸스 그 자신인, '실재의 작은 조각'의 이 형태 없는 얼룩—는 라캉이 *plus-de-jouir*, 즉 '잉여 향유'라고 부르는 것의, 어떠한 상징적 이상화로도 설명될 수 없는 과잉의 직접적 체화물이다. 라캉이 *plus-de-jouir*

---

[22] <여인의 음모>에 나오는 이 장면은 상징계의 사라짐을 내포하고 있기 때문에 정신증적이다. 다시 말해서, 그 장면에서 발생하는 것은 라캉이 상징적 소통의 '도식 L'의 정신증적 뒤틀림이라고 기술하는 것이다: 상징적 현실은 한편으로는 배설물의 순수한 실재 그리고 다른 한편으로는 실체없는 환각적 이미지의 순수한 상상계로 산산조각난다……. (Jacques Lacan, 'On a Question Preliminary to Any Possible Treatment of Psychosis', in *Écrits: A Selection*, New York: Norton, 1977을 볼 것.) 요컨대 이 장면에서 발생하는 것은 보로메오 매듭의 해체인 것이다. 보로메오 매듭에서는 세 개의 차원이 서로 뒤얽혀 연결되어 있다. 그 셋 중 임의의 한 쌍은 나머지 세 번째를 통해서 연결된다. 상징적 차원의 유효성이 중지될 때, 우리의 '현실감'을 지탱시키는 나머지 두 차원(상상계와 실재)의 연계는 절단된다.

라는 용어를 사용할 때 물론 그는 그 프랑스 표현의 애매성('향유의 과잉'과 '더 이상 어떠한 향유도 아님')을 가지고 말장난을 하고 있다. 이를 모델로 삼아 여기서 우리는 자신의 운명을 이행한 이후의 오이디푸스인 이 형태 없는 '불가분의 잔여'를 *plus d'homme*의 경우라고 하고 싶다. 그는 '과도하게 인간적'이다. 그는 '인간 조건'을 가혹한 최후까지 살았으며 그것의 가장 근본적인 가능성을 실현했다. 그리고 바로 그런 이유 때문에 그는 어떤 면에서 '더 이상 인간이 아닌' 것이며 '비인간적 괴물'로 화하며 어떠한 인간적 법칙들이나 고려사항에 의해서도 묶여 있지 않다……. 라캉이 강조하듯, 이런 '잔여'에 대처하는 두 가지 주요한 방식이 있다. 전통적 휴머니즘은 그것을 부인하고 그것과의 대면을 회피하며, 이상화를 통해 그것을 덮어버리며, 고상한 인간성의 이미지들을 가지고서 그것을 은폐한다. 다른 한편 무자비하고 한계를 모르는 자본주의 경제는 이런 과잉/잔여를 이용하고 조작하여 그것의 생산적 기계장치가 영속적 운동을 유지할 수 있도록 한다(흔히들 하는 말처럼, 자본주의적 폭리를 위해 착취하기에는 너무 하찮은 욕망이나 타락이라는 것은 결코 존재하지 않는다.)

오이디푸스가 '인류의 찌꺼기'로 전락하는 이 지점에서 우리는 다시금 저열한 것과 고결한 것, 배설 찌꺼기와 신성한 것 사이의 그 애매한 관계와 마주한다. 오이디푸스가 극심한 실의에 빠진 이후에, 여러 도시에서 온 사자들이 오이디푸스의 호의를 얻기 위해 경쟁하면서 그에게 자신들의 고향을 친히 방문하여 축복해달라고 부탁을 하는데, 비통을 금할 길이 없었던 오이디푸스는 이에 대해 다음과 같은 유명한 말로 답한다. '내가 그 어떤 것something[또 다른 해석에 따르면: 인간]으로서 헤아려질 수 있단 말입니까? 이제 내가 아무것도 아닌 것 nothing으로 전락하고 만 지금 [더 이상 인간이 아닌 지금] 말입니다.'

이 말은 주체성의 기본적 모체를 드러내고 있지 않은가: 오로지 영점을 통과한 이후에만, 정체성을 지탱하는 일체의 '정념적'(경험적, 우연적이라는 칸트적 의미에서) 특징들을 박탈당하고 '아무것도 아닌 것'으로 전락한 이후에만 당신은 '그 어떤 것'이 되는 것이다—'그 어떤 것으로 헤아려진 아무것도 아닌 것'은 라캉의 '빗금쳐진' 주체 $에 대한 가장 간명한 공식이다.23)

우리는 마르틴 루터를 최초의 위대한 반휴머니스트였다고 말할 수 있을지도 모른다. 근대적 주체성은 인간을 '만물의 영장'으로 칭송한 르네상스 휴머니즘에서가 아니라, 에라스무스 및 여타의 사람들(그들이 보기에 루터는 '야만인'으로 보이지 않을 수 없다)에게서가 아니라, 오히려 인간은 신의 항문에서 떨어져 나온 배설물이라는 루터의 유명한 진술에서 선언된다. 근대적 주체성은 '존재의 대사슬'의 최고 피조물이라는, 우주 진화의 최종점이라는 인간 개념과는 아무런 상관도 없다. 근대적 주체성은 주체가 스스로를 '탈구된' 것으로서, 즉 '사물들의 질서'로부터, 존재자들의 실정적 질서로부터 배제된 것으로서 지각할 때 출현한다. 바로 그렇기 때문에 근대적 주체의 존재적 등가물은 본래 배설물적인 것이다. 다음과 같은 개념 없이는, 즉 나는 어떤 다른 층위에서, 또 다른 관점에서, 한낱 똥 덩어리에 불과하다는 개념 없이는, 그 어떤 본연의 주체성도 없다. 마르크스에게 있어서 노동계급 주체성의 출현은 노동자가 자기 존재의 바로 그 실체(그의 창조적

---

23) 비참한 오이디푸스에 대한 또 다른 명언이 코러스에 의해 선언된다. 코러스는 사멸할 인간 존재에게 주어지는 가장 큰 복은 태어나지 않는 것이라고 주장한다. 프로이트가 인용하며 라캉이 참조하는 유명한 희극적 응답('불행하게도 그런 일은 십만 명 가운데 한 명에게도 거의 일어나는 법이 없다')은 오늘날 낙태에 관한 뜨거운 논쟁 한 가운데서 새로운 의미를 얻는다: 낙태된 아이들은 어떤 의미에서 태어나지 않는 데 실로 성공한 아이들 아닌가?

힘)를 시장에서 상품으로 팔 수밖에 없다는—즉, 자기 존재의 아갈마 *agalma*, 보물, 귀중한 핵심을 돈 주고 살 수 있는 대상으로 환원시킬 수밖에 없다는—사실에 엄밀히 공-의존적co-dependent이다. 주체의 실정적-실체적 존재를 처분가능한 '똥 덩어리'로 환원시킴 없이는 어떠한 주체성도 없다. 데카르트적 주체성과 그것의 배설물적 대상적 대응물 간의 이와 같은 상관관계적 경우에서 우리는, 단지 푸코가 근대 인류학을 특징짓는 경험-초월적 쌍이라 불렀던 것의 한 사례를 다루고 있는 것이 아니라, 언표행위의 주체와 언표된 것의 주체 사이의 분열을 다루고 있는 것이다.[24] 데카르트적 주체가 언표행위 차원에서 출현하려면, 언표된 내용의 층위에서 그 주체는 처분가능한 배설물이라는 '거의 아무것도 아닌 것'으로 환원되어야만 한다.

  기독교적 도상圖像에서 성 바울이 12사도 가운데서 배신자 유다의 자리를 차지한다는 사실—은유적 대체라 하는 것이 여하간 하나 있었다면 바로 이를 두고 하는 말일 것이리라—은 바디우가 무엇을 고려에 넣고 있지 않은가를 가장 잘 요약해준다. 핵심적 요점은 성 바울이 기독교를 하나의 제도로서 확립하고 기독교의 보편적 진리를 정식화할 위치에 있었던 것은 그가 바로 예수를 개인적으로 알지 **못했기** 때문이었다는 것이다. 바로 그런 자로서 그는 주인과 개인적 관계에 있었던 자들의 최초의 곤궁으로부터 제외되어 있었다. 하지만 이런 거리가 생산적이 되기 위해서는—즉 예수의 보편적 메시지가 예수라는 개인보다 더 중요한 것이 되기 위해서는—예수는 배반되어야만 했다……. 이를 다른 식으로 말하자면: 어떤 천치라도 물 위를 걷는다든지 하늘에서 먹을 것이 떨어지게 한다든지 하는 단순하고 어리석은

---

[24] Lacan, *Écrits: A Selection*, p. 300.

기적들을 초래할 수 있다―진정한 기적은, 헤겔의 말처럼, 보편적 사유의 기적이며, 이를 실행하는 데는, 즉 그 특유한 예수-사건을 보편적 사유의 형식으로 번역하는 데는 성 바울이 필요했다.

라캉적 주체

그렇다면 여기서 주체는 무엇인가? 주체는 보편자와 특수자의 존재론적 틈새와―존재론적 결정불가능성과, 헤게모니나 진리를 주어진 실정적 존재론적 집합으로부터 직접 이끌어내는 것은 가능하지 않다는 사실과―엄밀히 상관적이다. '주체'는 우리가 주어진 다양의 실정성으로부터 진리사건과/이나 헤게모니로 이행하게 되는 그 **행위**, 그 **결단**이다. 주체의 이와 같은 불안한 지위는 칸트적인 반-우주론적 통찰에 의존한다. 즉 현실은 '비-전체'이며, 존재론적으로 완전하게 구성되어 있지 않으며, 따라서 존재론적 일관성의 유사물이라도 손에 넣으려면 주체의 우연적 제스처라는 보충이 필요하다는 통찰에 의존한다. '주체'는 실정적 존재론적 질서를 침해하고 그 갈라진 균열 속에서 활동하는 자유와 우연성의 틈새를 위한 이름이 아니다. 오히려 '주체'란 바로 그 실정적 존재론적 질서를 토대짓는 우연성이며, 다시 말해서, 자신을 지워버리는 제스처를 통해 선-존재론적 혼돈의 다양성을 현실이라는 실정적 '객관적' 질서의 유사물로 변형시키는 '사라지는 매개자'이다. 바로 이런 의미에서 모든 존재론은 '정치적'이다. 즉 부인된, 우연적인 '주체적' 결단 행위에 기초하고 있다.[25] 따라서 칸트는

---

25) 바로 이것이 오늘날의 이데올로기 비판이 할 과제이다. 즉 '구체화된' 존재론적 질서의 여하한 유사물 아래에 놓여 있는, 그것의 부인된 토대를―어떻게 그것이 어떤 과잉적

옳았다. 즉자적으로 실존하는 총체로서의 우주라는 관념, 현실의 전체라는 관념 그 자체는 위추리로서 거부되어야 한다. 다시 말해서 현실을 파악할 우리 능력의 **인식론적 제약**처럼 보이는 것(우리가 영원토록 우리의 유한한 현세적 견지에서 현실을 지각한다는 사실)은 현실 그 자체의 **존재론적 조건**이다.

하지만 여기서 우리는 주체를 존재론적 틈새를 메우기 위해 사후에 개입하는 행위나 제스처로서 파악하는 치명적 덫을 피해야 하며, 주체성의 환원불가능한 악순환을 역설해야 한다: '상처는 상처를 입힌 창에 의해서만 치유된다', 즉 주체는 주체화의 제스처(그것은 라클라우의 경우에 새로운 헤게모니를 확립하며, 랑시에르의 경우에 '어떠한 부분도 아닌 부분'에 목소리를 부여하며, 바디우의 경우엔 진리사건에의 충실성을 떠맡으며 등등이다)에 의해 메워지는 바로 그 틈새'이다. 요컨대 알튀세르, 데리다, 바디우와 같은 상이한 철학자들에 의해 제기된 (그리고 부정적 방식으로 답변된) 물음—'주체화의 제스처에 선행하는 그 틈새, 열림, 공백은 여전히 "주체"라 불릴 수 있는 것인가?'—에 대한 라캉적 답변은 단호한 '그렇다!'이다. 주체는 존재론적 틈새('세계의 밤', 근본적 자기-철회의 광기)인 동시에 보편자와 특수자 간의 단락에 의해 이 틈새의 상처를 치유하는 주체화의 제스처(라캉식으로 말하면: '새로운 조화'를 확립하는 주인의 제스처)이다. '**주체성**'은 이 환원불가능한 순환성에 대한 이름이며, 외부의 저항하는 힘(예컨대 주어진 실체적 질서의 관성)과 싸우는 것이 아니라 절대적으로 내속적인, 궁극적으로 바로 주체 그 자신인 장애물과 싸우는 권능에 대한 이름이다.26) 다시 말해서, 틈새를 메우려는 주체의 바로 그 노력은

'주체적' 행위에 의존하고 있는가를—폭로하는 것.
26) 아마도 이런 역설에 대한 최초의—그리고 아직까지도 능가할 것이 없는—묘사는,

사후적으로 이 틈새를 지탱하며 생성한다.

그리하여 '죽음 충동'은 존재의 실정적 질서로 환원불가능한 진리에 대한 모든 단호한 단언의 구성적 이면이다: 창조적 승화를 위한 공간을 깨끗이 청소해놓는 부정적 제스처. 승화가 죽음 충동을 전제한다는 사실이 의미하는 바는, 우리가 열광적으로 숭고한 대상에 사로잡힐 때, 이 대상은 '죽음의 가면'이며, 원초적 존재론적 공백을 덮는 베일이라는 것이다. 니체식으로 말하면: 이 숭고한 대상을 의지하는 것은 사실상 아무것도 아님을 의지하는 것에 해당한다.[27] 바로 이 점이 라캉과 바디우의 차이점이다. 라캉은 어떤 새로운 주인기표의 개입을 통한 '새로운 조화'의 (긍정적) 확립보다는 (부정적) **행위**의 우선성을 강조한다. 반면에 바디우에 있어 부정성의 상이한 얼굴들(윤리적 재앙들)은 긍정적 진리사건에 대한 같은 수의 '배반'(혹은 불충실성, 혹은 부인)으로 환원된다.

바디우와 라캉의 이런 차이는 바로 주체의 지위와 관련이 있다.

객관적 현실을 '정립'하려는 주체의 생산적 노력을 작동시키는 '장애물/추동력'인 피히테의 *Anstoss*라는 개념에 의해 제공된다. 이 *Anstoss*는 더 이상 칸트의 사물 자체—외부에서 주체를 촉발하는 외적 자극—가 아니다. 그것은 외밀적인 우연성의 중핵이며, 주체의 바로 그 심장부에 있는 외래적 신체이다. 그리하여 주체성은 대립되는 실체적 질서의 관성에 대항한 투쟁에 의해서 정의되는 것이 아니라 절대적으로 내속적인 긴장에 의해 정의된다. (1장 '상상력의 폭력'을 볼 것.)

[27] 결과적으로 바디우의 존재와 사건 짝에는 프로이트적 죽음 충동을 위한 어떠한 자리도, 단순히, 없다. 죽음 충동은 분명 '재화의 공급*service des biens*'의 경제, 원활한 사태 운영의 원리—이는 존재의 질서에 있어 최고의 정치적 원리이다—를 가로막는다. 다른 한편으로 바디우는 진리사건의 출현이 죽음 충동을 부인한다는 점을 강조함에 있어서는 명백히 옳다……. 요컨대 죽음 충동은 존재의 질서와 진리의 사건이라는 바디우의 원-칸트인 존재론적 이원론을 침식하는 지점이다. 그것은 그 둘 사이에 있는 일종의 '사라지는 매개자'이다. 그것은 존재의 실정성 속에 틈새를 열어 놓고, 그것의 원활한 운영에 중지를 가져온다. 그리고 나중에 진리사건에 의해 메워지는 것은 바로 이 틈새인 것이다.

바디우의 주안점은, 구조에 대해 구성적인 공백과 주체를 동일화하는 것을 피하는 것이다. 그와 같은 동일화는, 비록 부정적인 방식으로긴 하지만, 이미 주체를 '존재론화한다'. 즉 그것은 주체를 구조와 동실체적consubstantial인 존재자로, 필연적이며 선험적인 것의 질서에 속하는 존재자로 만든다('주체 없이는 어떠한 구조도 없다'). 주체에 대한 이와 같은 라캉적 존재론화에 대해, 바디우는 주체의 '희소성'을, 주체성의 국부적-우연적-유약한-일시적 출현을 맞세운다: 우연적이고 예측불가능한 방식으로 진리사건이 일어날 때, 상황—사건이란 그 상황의 진리이다—속에서 사건의 흔적들을 식별해냄으로써 사건에의 충실성을 발휘하는바 주체가 거기 있다.28) 라클라우뿐 아니라 바디우에게 있어서도 주체는 결단이라는 우연적 행위와 동실체적인 반면에, 라캉은 주체와 주체화 제스처의 구분을 도입한다: 바디우와 라클라우가 기술하고 있는 것은 주체화의 과정—단호한 연루되기, 사건에의 충실성을 떠맡음(혹은, 라클라우의 경우에는, 공허한 보편성을 그것을 헤게모니화하는 어떤 특수한 내용과 동일화하는 단호한 제스처)—인 반면에, 주체는 가능한 주체화의 공간을 열어 놓는, 존재의 제약들을 깨뜨리고 나오는 부정적 제스처이다.

라캉식으로 하자면, 주체화 이전의 주체는 어떤 새로운 주인기표와의 동일화로 반전되기 이전의 죽음 충동의 순수한 부정성이다.29) 혹

---

28) Alain Badiou, *L'être et l'événement*, pp. 472~474.
29) 라클라우와 라캉을 암묵적으로 논박하는 가운데 랑시에르는 바디우와 동일한 논점을 펼친다. 즉 정치는 사회적 주체의 불완전함의 결과가 아니라는 것을 그는 강조한다. 그에 따르면, 존재의 선험적 공백 속에는, 구성적 결여/유한성/불완전함으로서의 주체 속에는 정치를 위한 어떠한 존재론적 보증이나 토대도 없다. 정치의 철학적-초월적인 '가능성의 조건'을 찾아보아야 헛일이라는 것이다. '치안'의 질서(존재의 실정적 질서)는 그 자체로 온전하며, 그 속에는 어떠한 구멍도 없다. 그것에 '자신에 대한 거리'를 덧붙이고 그것의 자기동일성을 제거하는 것은 오로지 정치적 행위 자체이며, 정치적 주체화의

은, 다른 방식으로 표현하자면, 라캉의 요점은 주체가 우주의 바로 그 존재론적 구조 속에 그것의 구성적 공백으로서 기입되어 있다는 것이 아니라, '주체'라는 것이 존재의 바로 그 존재론적 구조를 지탱하는 **행위의 우연성을 지칭한다**는 것이다. '주체'는 존재의 온전한 질서 속에 구멍을 열어 놓는 것이 아니다. '주체'는 존재의 바로 그 보편적 질서를 구성하는 우연적-과잉적 제스처다. 따라서 존재의 질서의 존재론적 토대로서의 주체와 우연적인 특수한 출현으로서의 주체 간의 대립은 거짓이다: 주체는 존재의 바로 그 보편적 질서를 지탱하는 우연적인 출현/행위이다. 주체는 어떤 특수한 요소가 그 자신을—즉, 어떤 특수한 요소를—범역적 존재 질서의 중심으로서 정립함으로써 그 질서를 교란시키는 과잉적 오만*hubris*에 불과한 것이 아니다. 오히려 주체란 바로 그 보편적 틀을 지탱하는 특수한 요소의 역설이다.

그리하여 실재적인 것으로서의 행위라는 라캉적 개념은 라클라우와 바디우 모두에게 대립한다. 라캉에게 행위는 순수하게 **부정적인** 범주다. 바디우의 용어로 표현하자면 그것은 존재의 제약들을 깨뜨리고 나오는 제스처를 나타낸다. 그것은 **공백을 메우기 이전의**, 그 중핵에서의 공백에 대한 참조를 나타낸다. 바로 이런 의미에서 행위는 (헤게

제스처이다······. (Jacques Rancière, *La mésentente*, Paris: Galilée, 1995, pp. 43-67).
이에 대해 라캉식으로 답변한다면, 랑시에르는 여기서 치안의 질서를 물신화하고 있으며, 어떻게 이 질서 자체가 정치적 결여의 대리물인 주인의 과잉적 제스처에 의존하고 있는가를 깨닫지 못하고 있다는 것이 될 것이다—고유하게 정치적인 과잉의 '상류화 gentrification', 실정화. 요컨대 정치적 주체성의 이질적 개입에 의해 때때로 교란되기도 하는, 치안 질서의 어떤 온전한 실정성이 있는 것이 아니다. 이 실정성 자체는 언제나-이미 주인의 과잉적 제스처(의 부인)에 의존하고 있다. 혹은—또 다른 방식으로 말하자면—정치는 존재의 질서 속에 있는 (선-정치적) 틈새의, 혹은 사회적 주체가 스스로와 불일치하는 것의 결과가 아니다. 사회적 주체는 결코 완전하지 않으며 자기동일적이지 않다는 사실은 사회적 존재 그 자체가 언제나-이미 정치화의 (부인된) 제스처에 기초하고 있으며 그런 것으로서 철저하게 정치적이라는 것을 의미한다.

모니적 동일화를 성취하려는, 진리에 충실하려는) 결단을 근거짓지만 결단으로 환원될 수는 없는 죽음 충동의 차원을 내포한다. 그리하여 라캉적인 죽음 충동(바디우가 완강하게 반대하는 범주)은 다시금 존재와 사건 사이에 있는 '사라지는 매개자'이다: 주체에 대해 구성적인, 하지만 그러고 나서는 '존재'(확립된 존재론적 질서) 속에서, 사건에의 충실성 속에서 흐려지고 마는 '부정적' 제스처가 있다.30)

죽음 충동과 승화 사이의, 중지-철회-위축의 부정적 제스처와 그것의 공백을 메우는 긍정적 제스처 사이의 이 최소 거리는, 우리의 현실적 경험에서는 분리할 수 없는 두 측면에 대한 이론적 구분에 불과한 것이 아니다. 앞서 이미 본 것처럼 라캉의 노력 일체는 주체가 승화로 반전되기 이전의 그 순수한 지점에서의 죽음 충동과 대면하고 있는 자신을 발견하는 저 한계-경험들에 정확히 초점 맞추어져 있다. 안티고네에 대한 라캉의 분석은 그녀가 산주검으로 환원되고 상징적 영역으로부터 배제된 '두 죽음 사이에 끼인' 상태에 있는 자신을 발견하는 순간에 초점 맞추어져 있지 않은가?31) 이는 콜로누스의 오이디푸스라

---

30) 라캉과 바디우의 차이는 또한 구체적 정치적 사건들에 대한 평가로까지 정확히 귀결된다. 바디우에게 있어 동유럽 사회주의의 붕괴는 진리사건이 아니었다: 잠깐 동안 대중적 열광을 낳았다는 것을 제외한다면, 그 반체제적 소요는 사건에의 전투적 충실성에 끈기 있게 종사하는 추종자들의 안정적 운동으로 스스로를 변형시키지 못한 채 곧 붕괴되었으며 그 결과 오늘날 우리가 목격하는 것은 저속한 자유주의적 의회 자본주의로의 회귀이거나 아니면 인종주의적 근본주의에 대한 옹호이다. 그렇지만 라캉식으로, '아니!'라고 말하는 부정적 제스처로서의 행위와 그것의 실정적 여파aftermath를 구분하고 그 핵심 차원을 원초적 부정적 제스처에 위치시켜 보자. 그럴 경우 그 붕괴의 과정은, 진정한 연대를 위해 공산주의 체제에게 '아니!'라고 말하는 열광적 대중 운동의 모습으로 진정한 행위를 산출했던 것이다. 이 부정적 제스처가 그것의 여파인 실패한 실정화보다 더 중요했던 것이다.

31) 물론 안티고네의 경우는 좀더 복잡하다. 즉 그녀가 자신의 삶을 위태롭게 만들면서 '두 죽음 사이에 끼인' 영역에 들어가는 것은 다름아닌 그녀의 오빠의 두 번째 죽음을 막기 위해서인 것이다. 그녀는 상징적 질서 속에서 그에게 확실하게 영원성을 부여해줄

는 섬뜩한 형상과 유사하지 않은가? 자신의 운명을 이행한 후에 또한 '아무것도 아닌 것보다도 못한' 것으로, 형태 없는 얼룩으로, 어떤 말할 수 없는 공포의 체화물로 환원되고 마는 오이디푸스 말이다. 이 모든 형상들과 그 밖의 형상들(셰익스피어의 리어왕에서 클로델의 쿠퐁텐의 시뉴에 이르기까지)은 이 공백 속에서 자신을 발견하는 형상들이며, '인간성'의 한계를 침범하여 고대 그리스에서 아테*ate*, 즉 '비인간적 광기'라 일컬어졌던 영역으로 들어가는 형상들이다. 여기서 바디우는 진리와 선에 대한 그의 원-플라톤적 집착에 대한 대가를 치른다: 탈정치화된 '근본악'(홀로코스트 등등)에 대한 동시대의 강박에 대해 그가 맹렬하게 (그리고 그 자체로 본다면, 상당히 정당성 있게) 논박할 때, 그리고 악의 상이한 얼굴들은 단지 선(진리사건)을 배반한 같은 수의 결과들에 불과하다고 주장할 때, 그가 파악하지 못하고 있는 것은 바로 이런 '선 너머beyond the Good'의 영역인데, 거기서 인간 존재는 인간 경험의 궁극적 한계로서의 죽음 충동과 조우하며, 근본적인 '주체적 궁핍'을 겪음으로써, 배설 찌꺼기로 환원됨으로써 그 대가를 지불한다. 라캉의 요점은, 이 한계-경험이 진리사건을 껴안는 창조적 행위의 (불)가능성에 대한 환원불가능한/구성적 조건이라는 것이다: 그것은 진리사건을 위한 공간을 열어놓고 지탱하지만, 그것의 과잉은 언제나 진리사건을 침식할 위험이 있다.

고전적인 존재-신학onto-theology은 진, 미, 선의 삼항조에 초점맞추어져 있다. 라캉이 하고 있는 일은 이 세 가지 개념을 그 극한으로까지 밀고 가서, 선은 '악마적인' 악의 가면이고, 미는 추의 가면, 실재의 메스꺼운 공포의 가면이고, 진은 모든 상징적 건축물이 그 주변으로

적절한 장례식을 그에게 제공하기 위해서 그렇게 한 것이다.

짜맞추어지는 중심적 공백의 가면이라는 것을 입증하는 것이다. 요컨대, 단순히 일상의 '정념적' 악행에 불과한 것이 아니라 선 그 자체의 구성적 배경이며, 선이 지닌 권능의 소름끼치는 애매한 원천이라고 해야 할, 어떤 '선 너머의' 영역이 있다; 단순히 평범한 일상의 대상들이 갖는 추함에 불과한 것이 아니라 미 그 자체의 구성적 배경이며 미의 매혹적인 현존에 의해 베일가려지는 공포라고 해야 할, 어떤 '미 너머의' 영역이 있다; 단순히 거짓과 기만과 허위의 일상적 영역인 것이 아니라 우리가 '진리'라 부르는 상징적 허구들을 정식화할 유일한 장소를 지탱해주는 공백이라고 해야 할, 어떤 '진 너머의' 영역이 있다. 정신분석의 윤리-정치적 교훈이 있다면 그것은 (홀로코스트에서 스탈린주의적 재앙*désastre*에 이르기까지) 어떻게 우리 세기의 거대한 참사들이 이런 너머의 음울한 유인에 굴복한 결과가 아니라 오히려 반대로 그것과 대결하기를 회피하고 진과/이나 선의 직접적 지배를 부과하려 한 결과인가에 대한 통찰에 있는 것이다.

주인인가 분석가인가?

이제 우리는 바디우를 라캉과 분리시키는 틈새를 정확히 정의할 수 있는 위치에 있다. 바디우에게 있어서 정신분석은 삶과 죽음의, 법과 욕망의 병적 뒤얽힘을 통찰할 수 있게 해준다. 즉 존재의 질서 및 그것의 판별적 법들에 스스로를 제한시키는 사고 및 도덕적 자세의 '진리'로서의, 법 자체의 외설성을 통찰할 수 있게 해준다. 하지만 정신분석 자체는 법 너머의 영역을, 즉 진리사건에 대한 충실성의 작용 양태를 온전히 주제화할 수 없다. 정신분석적 주체는 (상징적) 법의 분열된 주체이며, (존재의 질서를 규제하는) 법과 (진리사건에 대한 충실로서의) 사랑 사이에서 분열된 주체인 것이 아니다. 이것의 논리적 귀결로서 바디우에게 정신분석은 인식의 영역에 여전히 속박되어 있으며, 진리-과정들의 고유하게 긍정적인 차원에 접근할 수 없다. 사랑의 경우, 정신분석은 그것을 성의 승화된 표현으로 환원시킨다. 과학과 예술의 경우, 정신분석은 과학적 창안이나 예술 작품의 진리-차원과는 무관하게, 그것들의 주체적 리비도적 조건들만을 제공할 수 있다(예술가나 과학자는 해결되지 않은 오이디푸스 콤플렉스나 잠재적 동성애에 의해 추동되었다 등등). 정치의 경우, 정신분석은 원초적 범죄와 죄지음이라는 『토템과 타부』 혹은 『모세와 일신교』의 문제설정을 배경으로 해서만 집단성에 대해 생각할 수 있으며, 부모의 죄지음이 아닌 사랑이라는 긍정적 힘으로 묶인 전투적 '혁명적' 집단을 생각해낼 수는 없다.

다른 한편으로 라캉에게 있어서 진리사건은 산죽은/기괴한 사물과의 외상적 조우를 배경으로 해서만 작용할 수 있다: 바디우의 네 가지 유─예술, 과학, 사랑, 정치─란 실재 사물과의 조우를 상징적 직조물 위에 재기입하는 네 가지 방법이 아니라면 무엇이겠는가? 예술의 경우, 미란 '기괴한 것의 최후의 베일'이다. 과학이란, 단지 또 하나의 상징적 내러티브인 것이 아니라, 상징적 허구 아래의 실재의 구조를 정식화하려는 시도이다. 후기 라캉에게 있어서 사랑이란 더 이상 욕망의 진실을 흐리게 만드는 나르시시즘적 스크린에 불과한 것이 아니라, 외상적 충동을 '상류화'하고 그것과 타협하는 방법이다. 끝으로 전투적 정치*politics*란 우리의 사회적 상황을 재구조화하기 위해서 부정성의 두려운 힘을 이용하는 방법이다……. 따라서 라캉은 후근대주의적 문화상대주의자가 아니다. 본래적 진리사건과 그것의 유사물 간에는 분명 차이가 있다. 그리고 이 차이는 다음과 같은 사실에, 즉 죽음 충동의 공백, 근본적 부정성의 공백, 존재의 질서를 잠시 중지시키는 틈새는 진리사건 속에서 계속 공명한다는 사실에 있는 것이다.

　이로써 우리는 다시금 인간 유한성의 문제로 돌아온다. 바디우는 하이데거의 '죽음을 향한 존재'에서 프로이트의 '죽음 충동'에 이르는 인간 유한성이라는 주제를, 인간을 한낱 동물과 동등한 것으로 만들며 그리하여 인간을 한낱 동물로 전락시키는 그 무엇에 대한 병적 강박이라는 이유로 (즉 인간을 동물의 왕국 너머로 격상시키고 인간이 진리사건에 참여하는 것을 통해 '불멸성을 획득하도록' 해주는 저 고유하게 형이'상'학적인 차원을 보지 못하고 있다는 이유로) 기각하고 있는데, 이런 이론적 제스처에서 그는 소박하고 전통적인 (선-비판적, 선-칸트적인) 두 질서(실정적 존재의 유한성과 진리사건의 불멸성)의 대립으로, 즉 '비-사유'로 은연중에 '퇴행'하고 있다. 이는 인간 존재가 진리사건에 참여할 수 있는 그 특별한 '불멸성'의 공간 자체가 어떻게 해서 인간이 자신의 유한성과 죽음 가능성에 대해 맺고 있는 그 독특한 관계에 의해 열리는가를 보지 못하는 것이다. 하이데거가 칸트에 대한 카시러의 신칸트주의적 독해에 반대하는 논쟁에서 결정적으로 입증했듯이, 그것은 칸트의 위대한 철학적 혁명이다. '객관적 현실'에 대해 구성적인 바로서의 초월적 주체의 바로 그 유한성 덕분에 칸트는 전통 형이상학의 틀을 깨뜨리고, 질서 잡힌 존재의 전체로서의 우주라는 개념을 거부할 수 있는 것이다. 즉 존재의 질서, 초월적으로 구성된 현실의 영역은, 바로 그것의 실존이 유한한 주체성에 고착되어 있기 때문에, 그 자체로는 총체화 불가능하며 일관되게 하나의 전체로서 생각되어질 수가 없다고 단정할 수 있는 것이다. 그리하여 자유의 초월적 자발성은, 현상적 현실도 예지적 즉자도 아닌, 제3의 영역으로서

출현한다.[32]

　핵심적 요점은, 라캉이 이야기하고 있는 '불멸성'('산죽은' 라멜르, 리비도'인') 그 대상의 불멸성)은 인간 유한성의 지평 내부에서만―존재론적 공백을, 즉 현실이 유한한 초월적 주체에 의해 초월적으로 구성된다는 사실로 인해 현실의 직조물에 뚫리게 되는 구멍을 대신해서 메우는 형성물로서―출현할 수 있다는 것이다. (만일 초월적 주체가 유한하지 않고 무한하다면, 우리는 초월적 구성을 다루고 있는 것이 아니라 '지성적 직관'―지각하는 것을 곧바로 창조하는 직관, 즉 무한한 신적 존재의 특권―을 다루고 있는 것이 될 것이다.) 따라서 요점은, 특별히 인간적인 '불멸성'의 양태(존재의 제약된 실정적 질서로 환원될 수 없는 차원을 지탱하는 진리사건에의 참여라는 양태)를 부정하는 것이 아니라, 어떻게 이 '불멸성'이 인간적 유한성이라는 특별한 양태에 기초하고 있는가를 명심하는 것이다. 칸트 자신에게 있어서 초월적 주체의 유한성은 그의 자유와 초월적 자발성에 대한 제한이 아니라 그것의 긍정적 조건이다. 그리하여 만일 인간 주체가 예지계에 곧바로 접근하게 된다면 그는 자유로운 주체에서 두려운 신적 권능과 곧바로 대면하여 그것에 의해 지배당하게 되는 생명 없는 꼭두각시로 변할 것이리라.

　요컨대 바디우에 대해 반대하면서 우리는, 오로지 유한한/사멸할 존재에게만 행위(사건)는 실재의 외상적 침입으로서, 직접 명명될 수 없는 무언가로서 나타난다고 주장해야 한다. 인간이 사멸성(사멸하도록 운명지어진 유한한 존재)과 진리사건의 영원성에 참여할 수 있는 능력 사이에서 분열되어 있다는 바로 그 사실이야말로 우리가 유한한/

---

[32] 또 다른 문제는 칸트가 종종 바로 자신이 발견한 것으로부터 뒷걸음질쳐서, 자유를 예지적인 것과 동일화한다는 것이다(1장을 볼 것).

사멸할 존재를 다루고 있다는 사실을 증언하고 있는 것이다. 진정으로 무한한/불멸인 존재에게라고 한다면, 행위는 투명하고 직접 상징화될 것이며, 실재적인 것은 상징적인 것과 일치하고 말 것이다—다시 말해서, 바디우식으로 말하자면, 명명하기는 사건 그 자체 속으로 곧바로 기입될 것이고 사건 그 자체와 일치할 것이어서, 사건은 **명명불가능한**innomable 실재의 침입이라는 그 외상적 성격을 잃게 되고 말 것이다. 혹은, 또 다른 방식으로 말하자면, 상징적 우주의 행위자인 주체가 유한한/사멸할 존재자인 한에서, 행위(사건)는 완전하게 주체화될 수 없으며, 그 상징적 우주 속으로 완전하게 통합될 수 없다. 바디우에게 있어 진리가 언제나 어떤 특수한 우연적 상황의 진리이며 그런 상황에 고착된다는 (그리하여, 영원성/불멸성은 언제나 유한하고 특수한 주어진 우연적 상황이나 조건의 영원성/불멸성이라는) 사실은 이 점에 대한 추가적 증거가 아닌가?

아마도 바디우와 라캉을 최종적으로 분리시키는 틈새는 또한 히스테리증자와 주인의 차이에 의해 정식화될 수 있을 것이다. 바디우의 관심은 어떻게 진리사건에 대한 충실성을 유지시킬 것인가에, 어떻게 이런 충실성을 보증하고 성취하는 보편적 상징적 틀구조를 정식화할 것인가에, 어떻게 사건의 유일무이한 단독성을 사건에의 충실성에 기반한 영속적 상징적 건축물에 대한 구성적 제스처로 변환시킬 것인가에 있다. 즉 그는 감히 말로 표현할 수 없는 사건의 단독성에 매혹된 채 사건에 대한 모든 명명을 이미 하나의 배신으로 간주하는 자들의 거짓 시학poetics에 반대한다. 이런 이유 때문에 바디우는 주인의 형상을 치켜 세운다: 주인은 사건을 명명하는—새로운 누빔점point de capiton인 주인기표를 산출함으로써, 새로운 사건에 대한 참조를 통해 상징적 영역을 재구성하는—자이다. 반면에 라캉은 프로이트를 따라서 히스테리증자의 편을 드는데, 바로 히스테리증자는 사건에 대한 주인의 명명에 의문을 제기하고 도전한다. 즉 사건에 대한 충실성을 위해서, 사건과 그것의 상징화/명명 사이의 (라캉식으로 말하면, 대상 a와 주인기표 사이의) 틈새를 고집한다. 히스테리증자의 질문은 간단하다. '왜 하필 그 이름이 그 사건의 이름인가?'

미출판된 1997/98년의 강좌에서 바디우가 진리사건을 향한 네 가지 가능한 주체적 자세를 세공했을 때, 그는 주인/히스테리증자/대학이라는 삼항조에 네 번째 항으로서 신비가를 추가한다. 주인은 명명하기를 자처하며, 그리하여 행위의 차원을 곧바로 상징적 충실성으로 번역한다. 즉 주인의 제스처를 규정하는 특징은 행위를 새로운 주인기표로 바꾸고, 사건의 연속성과 결과들을 보증한다는 것이다. 주인과는 대조적으로 히스테리증자는 행위에 대해 애매한 분리의 태도를 유지하며, 행위를 상징화하는 것의 필연성과 불가능성(궁극적 실패)을 동시에 주장한다. 사건은 있었다, 하지만 사건에 대한 매 상징화는 언제나 그것의 참된 외상적 충격을 저버리고 만다. 다시 말해서 히스테리증자는 사건의 매 상징화에 대해서 'ce n'est pas ça'라고, '그게 아니야'라고 응답한다. 이 둘 모두와는 대조적으로 도착적인 대학 담론의 작인은 행위라는 사건이 우선적으로 있었다는 것을 부인한다. 자기가 가지고 있는 일련의 지식을 가지고서 그는 행위의 결과들을, 정상적 사태 운영의 일부로 설명해버릴 수 있는 단지 또 하나의 사태로 환원하기를 원한다. 다시 말해서, 사건과 그것의 결과들 사이에 연속성을 보증하려는 주인이나, 사건을 그것의 (상징적) 결과들로부터 영원히 분리시키는 틈새를 주장하는 히스테리증자와는 대조적으로, 대학 담론은 사건을 전혀 참조하지 않고 결과들을 설명해버림으로써 결과들의 영역을 '봉합'하는 것을 목표로 한다('사랑? 당신의 신경 연결망에서 연속적으로 발생하는 일들의 결과에 불과한 것이지' 등등).

바디우가 첨가하는 네 번째 태도는 신비가의 태도인데, 그것은 바로 도착적 대학 담론의 이면이다. 후자가 결과들의 상징적 사슬을 그것들을 토대짓는 사건으로부터 절연시키고자 한다면, 신비가는 사건을 그것의 상징적 결과들의 연결망으로부터 절연시키고자 한다. 그는 말로 다할 수 없는 사건의 신성함을 강조하며, 그것의 상징적 결과들을 무시한다. 신비가에게 있어서 중요한 것은 사건에의 몰입이라는 더 없는 기쁨이며, 이는 상징적 현실 전체를 지워버린다. 하지만 바디우와는 달리 라캉은 주인, 히스테리증자, 대학 도착증자라는 삼항조에 분석가의 담론을 네 번째 항으로 더한다. 라캉에게 있어 신비주의는 자신의 향유에 몰입된 정신증자의 고립된 위치이며, 그런 것으로 전혀 담론(사회적 연결고리)이 아니다. 따라서 라캉의 건축물 전체의 일관성은, 주인의 것도, 히스테리증자의 것도, 혹은 대학의 것도 아닌 네 번째 담론적 위치가 가능하다는 사실에 달려 있다. 이 위치는, 사건과 그것의 상징화 사이의 틈새를 유지하면서도, 히스테리적 덫을 피하며, 영원한 실패의 악순환에 사로잡히는 대신에 이 틈새를 긍정적이고 생산적인 것으로서 단언한다. 그것은 사건의 실재를 주체의 상징적 생산력에 의해 반복적으로 에워싸이게 될 '발생기generator'로서, 발생적 핵심으로서 단언한다.

바디우의 비판에 직면하여 정신분석을 이처럼 재단언하는 것의 정치적 결과는 혁명적 과정의 최종 결과물에 관한 표준적인 정신분석적 회의주의('혁명적 과정은 잘못된 길을 가서 자기파괴적 격분으로 끝을 맺을 수밖에 없는데, 왜냐하면 그것은 자기 자신의 리비도적 토대들에 대해서, 자신의 이상주의를 지탱하는 살인적 공격성에 대해서 깨닫고 있지 못하기 때문이다'라는 잘 알려진 이야기 등등)의 정반대다. 오히려 우리는 정신분석에 대한 바디우의 저항이 그의 숨겨진 칸트주의의 일부분이며, 궁극적으로는 또한 그를 온전한 혁명적 행위로의 이행 *passage à l'acte*에 반대하도록 이끈다고 주장하고만 싶다. 다시 말해서: 비록 바디우가 단호하게 반칸트적이며 자신의 정치적 입장들에서 근본적으로 좌파적이지만(그는 의회민주주의뿐만 아니라 다문화주의적 '정체성 정치학' 또한 노골적으로 거부한다), 좀더 깊은 층위에서, 존재에 대한 실정적 지식의 질서와 이와는 전적으로 다른 진리사건을 구분할 때 그는 여전히 칸트적이다. 어떻게 지식의 관점에서 볼 때 어떠한 사건도 없는 것인가를—즉 어떻게 사건의 흔적들은 이미 사건을 지지하는 사람들에게만 기호로서 식별될 수 있는 것인가를—바디우가 강조할 때, 그로써 그는 (프랑스 혁명에 대한 열광의 경우처럼) 자유라는 예지적 사실을 적극적으로 증명함 없이 선언하는 기호들이라는 칸트적 관념을 반복하는 것 아닌가?

바디우의 비일관적 순수 다양이란 *pas-tout*[비-전체]로서의 라캉적 실재이며, '상황의 상태'에 의해 통일되고, 기입되고, 설명되고, 일관된 구조로 바뀌는 그것이며, 칸트의 초월적 종합에 앞서는 저 X이다. 순수 다양을 사물들의 상태로 변형시키는 것은 칸트가 말하는 현실 구성적 초월적 종합에 상응한다. 칸트에게 있어 현실의 질서는 두 가지 방식으로 위협받는다/제약받는다.[33] 한편으로 '수학적 이율배반들'에 의해서—즉 초월적 종합의 내속적 실패, 포착과 총괄 사이의 틈새, 전자와 후자 사이의 지연(바디우에게 있어서는: 사물들의 상태의 정상적 작동을 위협하는바, 존재론적 공백과 그에 상관적인 재-현re-presentation에 대한 현시presentation의 과잉)에 의해서. 그리고 다른 한편으로 '역

---

33) 다시금, 1장을 볼 것.

학적 이율배반들'에 의해서—즉 이성적 자유의 예지적 윤리적 목표라고 하는 전적으로 다른 어떤 심급(바디우에게 있어서는: 진리사건)이 개입함으로써. 그리고 칸트와 바디우 양자 모두에게 있어서 자유를 위한 공간은 존재론적 질서의 과잉과 비일관성에 의해 열리는 것 아닌가?[34]

바디우의 칸트주의는, 정확히, 바디우가 진리의 범위를 한계짓는 방식에서 식별가능하다. 진리라는 것이 상황의 진리로서 보편적이고 필연적이기는 하지만, 그럼에도 그것은 상황의 전부를 명명할 수는 없으며 오히려 상황 속에서 진리사건의 흔적들을 식별하려는 무한하고 부단한 노력으로서만 존재할 수 있다. 바로 그것은 칸트식의 무한한 윤리적 노력과 같은 것이다. 진리가 전체 상황에 대한 파악하기/명명하기를 자처할 때, 결국 우리는 철저한 '전체주의적' 파괴적 맹위를 떨친 스탈린주의나 마오주의 문화 혁명으로 끝을 맺고 만다. 바디우에게 이 **명명불가능한** 잉여는, 상황 속에서 명명되는 것에 영원히 저항하는 그것은 진리의 네 가지 '유들' 각각에서 정확하게 정의된다. 정치에 있어서의 공동체, 사랑에 있어서의 성적 향유 등등. 하지만 라캉적 관점에서 볼 때 명명에 저항하는 이 핵심은 '근본적 환상' 속에 구조화된다. 즉 그것은 향유의 핵심이며, 본래적 행위는 이 핵심 속에 개입한다. 따라서—간명하게 말하자면—라캉에게 있어서 궁극적으로 **명명**

---

[34] 바디우의 칸트주의는 또한 그의 정치적 기획이 이념에로 접근할 때의 '거짓 무한'이라는 전형적인 칸트적 역설에 붙잡히는 그 방식에서도 식별될 수 있다. 바디우에게 있어 정치적 활동의 궁극 목표는 재현 없는 현존을, 더 이상 국가 속에서 재배가되지 않는 상황을 성취하는 것이다. 하지만 정치적 행위 그 자체는 그 본질에 있어서 국가에 대항한 것이다. 그것은 국가의 운영을 침식하는 기존하는 국가 속으로의 개입이다. 따라서 그것은 선재하는 국가를 필요로 한다. 적과 싸움으로써 자기 자신을 단언하기 위해서는 그 적이 필요한 것처럼 말이다.

불가능한 것은, 그 부정적 차원에서의 본래적 행위 자체이며, 명명에 앞서는 '대상'의 실재로서의 행위이다. 바로 여기서 우리는 대상으로서의 행위, 불연속의 부정적 제스처로서의 행위와 긍정적 진리-절차 속에서의 그에 대한 명명에 대한 라캉적 구분이 지니는 결정적 무게를 알 수 있다. 그렇기 때문에 우리는 '진리는 허구의 구조를 갖는다'는 라캉의 테제를 고수해야 한다. 진리는, 바로 **명명불가능한** 실재가 진리에 의해 포착되지 않고 달아나는 한에서, 허구로서 남아 있어야 할 운명인 것이다.

4장

정치적 주체화와 그것의 부침

바디우, 발리바르, 랑시에르

프레드릭 제임슨이 종종 강조해온 것처럼, 전통주의-근대주의-후근대주의라는 삼항조는 특수한 역사적 내용에 적용될 수도 있는 어떤 논리적 모체를 제공한다. 분명 니체에 대한 세 가지 주요 독법이 있다: 전통적 독해(데카당트한 유대-기독교 근대성에 반대하여 전근대적 귀족주의 전사戰士의 가치들로 회귀하는 니체), 근대적 독해(의심과 반어법적 자기-조사self-probing의 해석학의 니체), 그리고 후근대적 니체(외양들과 차이들의 유희의 니체). 같은 것이 오늘날의 세 가지 주요 철학-정치적 입장들에 대해서도 유효하지 않은가? 즉 (전통주의적) **공동체주의자**(테일러와 기타), (근대적) **보편주의자**(롤즈, 하버마스), 그리고 (후근대적) **'분산주의자***dispersionists*'(료타르와 기타)에 대해서도 말이다. 그들 모두가 공유하고 있는 것은 **정치적인 것의 환원**이며, **선-정치적 윤리**의 어떤 판본이다. 전통적 가치 집합에 의해 지배되는 닫힌 공동체 내에 본연의 정치란 존재하지 않는다. 보편주의자들은 정치를 담론적 (혹은 분배적) 윤리의 절차주의적 선험 속에 토대짓는다. '분산주의자들'은 정치를 통일적, 전체주의적, 폭력적인 것으로서 비난하며, 또한 어떤 대안적인 정치적 기획에 종사하지 않은 채로 정치가 자행한 윤리적 잘못이나 악에 대해 폭로하는 (혹은 외쳐대는) 윤리적 비판가의 입장을 취한다.[1]

그리하여 이 세 입장들 각각은 그 자체로 하나의 화행론적(수행적) 역설을 내포한다. 공동체주의자들의 문제는 오늘날의 범역적 사회에서 그들의 입장이 선험적으로 날조된 것이며, 언표된 것과 언표행위 사이의 분열에 의해 표식되어 있다는 것이다. 즉 그들 자신은 닫힌 공동체의 특수한 입장에서 말하지 않으며, 그들의 언표행위의 위치는 이미 보편적이다(그리하여 그들의 잘못은 보편주의자가 저지르는 잘못의 정반대인데, 보편주의자는 자신이 보편성이라고 주장하는 것의 특수한 핵심을 숨긴다). 보편주의자들의 문제는 그들의 보편주의가 언제나 너무 편협하며, 예외에 근거하고 있고, 배제의 제스처에 근거하고 있다는 것이다(그것은 갈등*différend*을 억압하며, 심지어 그것이

---

[1] 이는 또한 라캉적 ISR(상상적-상징적-실재적)의 판본이지 않은가? 전통주의는 공동체적 생활 방식 속에 체화된 상상적 선善에 집중된다. 근대주의는 보편적 의무에 집중된다. 후근대주의는 실재를 퍼뜨리는 데 집중된다.

온전히 정식화되는 것조차 허용하지 않는다). 그리고 끝으로, '분산주의자들'의 정반대 문제는 그들이 지나치게도 모든 걸 포괄한다는 것이다. 다양성에 대한 그들의 '존재론적' 단언으로부터 (다양성, 관용 등등의) 윤리로 어떻게 이행한단 말인가?[2]

세 명의 현대 프랑스 정치철학자(알랭 바디우, 에티엔 발리바르, 자크 랑시에르)는 이 세 입장에 대한 일종의 내속적 자기 비판을 정식화했다. 즉 그들 각각은 해당 입장의 내속적 분열에 초점을 맞춘다고 이야기할 수 있겠다:

- 바디우는 반-공동체주의적 공동체주의자 아닌가? 그는 공동체 개념 내에 어떤 분열을 끌어들이지 않는가? 존재의 질서에 기반한 실정적 공동체들(민족국가 등등)과, 예수를 믿는 사람들의 공동체나 혁명적 공동체처럼 (혹은, 정신분석적 공동체를 덧붙이고도 싶다) 진리사건에의 충실성에 근거한 '불가능한' 도래할-공동체 사이의 분열을 말이다.

---

[2] 료타르에게서 우리가 마주하는 것은 상징화에 저항하는 그 무엇으로서의 라캉적 실재의 애매성이다. 한편으로 아직 상징적 **일자**의 어떤 형식을 통해 전체화/헤게모니화되지 않은 순수 다양의 산포散佈가 있다—상징화의 그와 같은 형식 각각은 이미 배제적이며, 갈등différend을 '억압한다'. 다른 한편으로 말로 다할 수 없는 것the effable이 있는데 이는 절대적 불의/범죄라는 형식을 갖는다. 그것은 홀로코스트이며, 말로 옮길 수 없는 유일무이한 사건인데, 어떠한 상징적 애도의 작업도 화해를 가져올 수 없다. (윤리적 용어로, 이 분열은 선-상징적이고 타락 이전의 것이고 다양의 순결함인 실재와 절대적이고 말로 다할 수 없는 악의 특이하고 유일무이한 지점으로서의 실재 사이의 분열이다.) 첫 번째 경우에 불의는 **순수 다양을 상징화하는 행위 그 자체**(이는 본성상 배제적이다)이다. 두 번째 경우 불의는 **상징화될 수 없는** 외상적 지점이다. 그리하여 폭력/불의는 상징화의 행위인 동시에 상징화를 회피하는 것이다······. 이 역설에 대한 해결은, 순수 다양의 원초적 실재와 상징적 우주 사이에 '사라지는 매개자'가, 상징화 그 자체를 토대 짓는 실재의/속의 제스처, 아직 상징적이지 않은 실재에 폭력적으로 틈새를 열어놓는 제스처가 있다는 것이다.

- 발리바르는 반-하버마스적 하버마스주의자 아닌가? 보편성을 정치의 궁극적 지평으로서 받아들이지만 그럼에도 불구하고 보편자 그 자체의 내속적 분열에, 즉 (헤겔식으로) 추상적 보편자와 구체적 보편자 사이의, 구체적으로 구조화된 보편적 질서와 그것의 토대를 위협하는 평등자유에 대한 무한한/무조건적 보편적 요구 사이의 내속적 분열에 초점을 맞추는 한에서 말이다.

- 랑시에르는 반-료타르적 료타르주의자 아닌가? 실정적 범역적 질서(그가 정치/치안 *la politique/police*이라고 부르는 것)와 이 질서를 교란하고 *le tort*에게 ('잘못된 것'에게, 지배적 정치/치안의 공간에서는 이해할 수 없는 진술을 하는 포함되지 않은 자들에게) 목소리를 주는 정치적 개입들 사이의 간극을 세공함으로써, 랑시에르는 보편적 치안/정치적 질서에 대항하여 반란이라는 **정치적** 양태를 선택한다.

이 삼항조에 네 번째 이름을 덧붙여야 한다. 이 계열에 대한 일종의 구성적 예외라고 할 수 있는바, (샹탈 무페와 함께 작업하는) '반-슈미트적 슈미트주의자' 에르네스토 라클라우. 라클라우는 적대의 근본적이고도 넘어설 수 없는 지위를 인정하지만, 그것을 영웅적 전투 속에 물신화하는 대신에, 헤게모니 투쟁의 정치적 논리로서 상징계 속에 기입한다. 일련의 명백한 차이들에도 불구하고, 라클라우와 바디우의 이론적 건축들은 심층적 상동성에 의해 결합된다. '구체적 보편자'라는, 보편자와 특수자의 (혹은 존재와 사건의) 화해라는—마르크스에게서도 여전히 분명하게 식별가능한—헤겔적 전망에 반대하여, 그 두 명 모두는 존재론적 건축의 자기-폐쇄적 일관성을 침식하는 구성적이고 환원불가능한 틈새를 단언하는 것에서 출발한다. 라클라우에게 이 틈새는 특수자와 텅 빈 보편자 사이의 틈새(혹은, 실정적 사회적 질서의 차이적 구조(차이들의 논리)와 고유하게 정치적인 적대(이는 등가의 논리를 내포한다) 사이의 틈새)인데, 이는 헤게모니의 작동을 필연화한다. 바디우에게 그것은 존재와 사건 사이의 (존재의 질서— 구조, 상황의 상태, 인식—와 진리의 사건, 사건으로서의 진리 사이의) 틈새이다.

두 경우 모두 문제는, 실정적 우주에 대한 기술로서의 존재론의 자기-폐쇄적 영역을 어떻게 깨고 나올 것인가 하는 것이다. 두 경우 모두 존재론의 폐쇄를 침식하는 차원은 '윤리적' 특성을 갖는다. 그것은 존재의 '결정불가능한' 다양성을 배경으로 한 우연적 결단 행위와 관계한다. 따라서 두 저자 모두 존재론과의 연결고리를 잘라내고 우연적 결단 행위에 매달리는 새로운 후-데카르트적 양태의 주체성을 개념화하려고 노력한다. 두 저자 모두 원-칸트적 형식주의로의 회귀를 성취한다: 두 명 모두 유사-초월적 이론(이데올로기적 헤게모니 이론이나 진리 이론)을 세공하는데, 이는 헤게모니나 진리의 우연적 · 경험적 발생들을 위한 선험적 틀로서 기능하게 되어 있다. 하지만 두 경우 모두 이론의 이런 형식적 특성은, 일종의 절반쯤 승인된 탯줄에 의해, 구체적이고 제한된 정치-역사적 배치와 실천에 연계된다(라클라우의 경우 다양한 해방적 인정 투쟁이라는 후-마르크스주의적 전략. 바디우의 경우 공장이나 캠퍼스 등에서의 반-국가 '주변부적' 혁명적 정치).

다른 두 저자의 경우도 마찬가지다. 랑시에르의 경우, 그의 명백한 패러다임은 프롤레타리아트 대중들(역사의 주체라는 신화적인 마르크스적 프롤레타리아트가 아니라, 착취당하는 기능공, 직물 노동자,

일하는 여성 그리고 그밖의 '평범한' 사람들의 현실적 집단들)의 '자발적' 반란이다. 그들은 자신들의 '고유한' 자리를 정해놓는 치안 틀police frame을 거부하고 폭력적인 정치-시적politico-poetic 제스처 속에서 단상을 차지하여 스스로 말하기 시작한다. 발리바르는 '시빌리테civility'의 우주에, 나아가 예의decency의 우주에 좀더 초점을 맞춘다. 그의 문제는 오늘날 우리가 어떻게 인권에 대한 요구를 표명할 수 있는 시민적 대화 공간을 유지할 수 있을 것인가이다. 그 때문에 발리바르는 1960년대 신좌파의 반-국가 수사학(인민의 주도에 대한 '억압' 기제로서의 국가 개념)에 저항하며, 시민적 토론 공간의 (가능한) 보증자로서의 국가 역할을 강조한다.

이 모든 저자들은 어떠한 특별한 당의 지배prise de parti도 암시하지 않으면서 정치적 장의 작동을 기술하는 중립적 형식적 틀을 제안하는 것과 어떤 특수한 좌파적 정치적 실천에 우선성을 부여하는 것 사이에서 동요한다. 이런 긴장은 이미 미셸 푸코의 저작에서 분명하게 식별할 수 있는 것이었으며, 따라서 푸코는 이 저자들 대부분을 위한 참조점으로서 이바지한다: 그의 권력 개념은 기존의 권력 구조들과 그에 대한 저항들의 전 영역이 기능하는 방식을 기술하는 중립적 도구로서 제시된다. 푸코는 스스로를 초연한 실증주의자로서 드러내길 좋아했으며, 그리하여 격렬하게 대립되는 정치적 작인들의 활동 기저에 놓인 공통의 메커니즘을 있는 그대로 드러내었다. 하지만 다른 한편으로 우리는 푸코가 여하간 '피억압자'의 편을, '감시와 처벌'의 기계에 붙잡혀 있는 자들의 편을 열렬히 지지하고 있으며 그들에게 발언의 기회를 주고 그들이 '그들 스스로 말하기' 시작할 수 있도록 해주려 하고 있다는 인상을 피할 수 없다……. 우리는 이와 다른 층위에서이긴 하지만 라클라우에게서도 똑같은 긴장을 발견하지 않는가? 라클라우의 헤게모니 개념은 어떠한 사회체라도 한데 묶는 이데올로기적 '시멘트'의 보편적 메커니즘을 기술한다. 그것은 파시즘에서 자유민주주의에 이르는 일체의 가능한 사회정치적 질서들을 분석할 수 있는 개념이다. 하지만 다른 한편으로 라클라우는, 그럼에도 불구하고, 어떤 특정한 정치적 선택을, 즉 '근본적 민주주의'를 옹호한다.[3]

헤게모니와 그 증상들

그렇다면 본연의 유물론자들이 나아가는 방식을 따라서, 계열의 예외에서 시작해보자. 즉 라클라우에서. 오늘날 '철학의 영역은 끝나고 정치의 영역이 시작된다'[4]는 그의 명제는, 이론적 해석에서 혁명적 변혁으로의 이행에 관한 마르크스의 테제를 묘하게 반향하고 있다. 물론 라클라우에게 이 테제는 조금 다른 의미를 지니고 있지만, 그럼에도 불구하고 공통되는 실마리가 있다. 즉 두 경우 모두 '있는 것what is'을 파악하고 적절하게 반영하려는 그 어떤 이론적 접근(마르크스가 '세계관'이라 불렀던 것)도 우연적인 실천적 행위에 자기도 모르는

---

[3] 데리다를 비판하면서 라클라우는 데리다의 범주적 철학적 자세(차연*différance*, 모든 정체성의 불가피한 '탈구' 등등)와 자신의 도래할 민주주의*démocratie à venir*의 정치, 환원불가능한 타자성의 사건에 대한 개방의 정치 사이의 틈새를 강조했다: 정체성[동일성]이 불가능하다는 사실로부터 **정반대**의 '전체주의적' 결론을, 즉 바로 그렇기 때문에 파열을 막고 질서의 연약한 최소치라도 보증하기 위해서 강력한 권력이 필요한 것이라는 결론을 도출해서는 왜 안 되는가?(Ernesto Laclau, 'The Time is Out of Joint', in *Emancipation(s)*, London: Verso, 1996을 볼 것.) 그렇지만 라클라우의 경우도 마찬가지 아닌가? 보편자와 특수자의 환원불가능한 틈새를 내포하며 그리하여 사회의 구조적 불가능성을 내포하는 헤게모니 개념으로부터, 이 틈새의 효과를 가능한 한 제한하는 '강력한' 전체주의적 정치를 선택해서는 왜 안 되는가?

[4] Laclau, 'The Time is Out of Joint', p. 123.

사이에 의지하고 있는 어떤 것으로서 비판받는다. 다시 말해서, 두 경우 모두 철학적 문제에 대한 궁극의 해결책은 실천이다. 마르크스의 경우, 자유라는 철학적 문제는 자유로운 사회의 혁명적 확립에서 그 해결책을 발견한다. 라클라우의 경우, 전통적 폐쇄적 존재론의 붕괴는, 우리가 존재론적으로 실정적인 것으로서 (오)지각하는 특징들이 어떻게 지배 헤게모니를 지탱하는 윤리-정치적 결단에 의지하고 있는가를 드러낸다.

그렇다면 헤게모니란 무엇인가? 사회주의 리얼리즘의 좋았던 옛 시절을 아직 기억하는 사람들은 그것의 이론적 체계에서 '전형성'이라는 개념이 한 역할을 잘 알고 있다: 진정으로 진보적인 사회주의 문학은 '전형적' 상황 속의 '전형적' 영웅들을 묘사해야 한다. 예컨대 소비에트 현실을 주로 황량한 모습으로 묘사한 작가들은 단지 거짓말을 하고 있다는 이유로 비난받은 것이 아니었다. 그들의 죄명은, 공산주의를 향한 진보라는 보다 심층적인 저변의 역사적 경향을 표현한다는 바로 그 의미에서 '전형적'이라 할 현상들에 초점을 맞추지 않고, '전형적'이지 않은 현상들에, 과거의 서글픈 잔여물인 현상들에 초점을 맞춤으로써 사회적 현실에 대한 왜곡된 반영을 제공한다는 것이었다. 물론 자신의 삶을 전 인민의 행복에 바치는 인간이라는 새로운 사회주의적 전형을 제시한 소설은 소수 현상을 묘사했지만(대다수의 인민은 아직 그와 같지 않았다), 그럼에도 불구하고 우리로 하여금 사회적 상황 속에서 작동하는 진정으로 진보적인 힘들을 확인할 수 있도록 해주는 현상을 묘사한 것이었다.

이와 같은 '전형성' 개념이 우스꽝스러워 보일 수는 있겠지만, 그래도 그 속엔 한 톨의 진리가 있다. 즉 겉보기에 명백히 보편적인 이데올로기적 개념들 각각은 언제나 그것의 보편성을 채색하고 그것의 효용성을 설명하는 어떤 특수한 내용에 의해 헤게모니화된다는 사실 말이다. 예컨대 미국의 신우파가 현재의 사회 복지 체계를 거부할 때, 비능률적인 현재의 복지 체계라고 하는 바로 그 보편적 개념은 악명 높은 아프리카계 미국인 미혼모라는 보다 구체적인 표상으로 채색된다. 사회 복지라는 것이 결국에 가서는 흑인 미혼모를 위한 프로그램이기라도 한 것인 양 말이다. '흑인 미혼모'라는 특수한 사례는 은연중에 사회 복지라는 보편 개념의 '전형'으로서 그리고 그 개념에서 잘못된 것으로서 이해되고 있다……. 보편적 이데올로기적 개념들은 **모두** 마찬가지다: 언제나, 이데올로기적 개념의 특별한 효용성을 설명해줄 특수한 내용을 찾아야만 한다. 예컨대 낙태에 반대하는 도덕적 다수파의 캠페인의 경우에, '전형적' 사례는 (무직의) 흑인 어머니와는 정반대의 것이다: 모성이라는 '자연적' 임무보다는 자신의 직업적 삶에 우선성을 부여하는, 성공은 했으나 성적으로 문란한 여성(이는 뻔뻔한 거짓말이다. 사실상 대다수의 낙태는 이미 몇 명의 아이를 가진 하층계급 가족에서 이루어진다).

이 특수한 '뒤틀림', 즉 보편적 개념의 '전형'으로 선전되는 그 특수한 내용은 환상이라는 요소, 즉 보편적 이데올로기적 개념의 환상적 배경/지탱물이라는 요소다. 칸트의 용어를 빌자면 그것은 '초월적 도식론'의 역할을 하며, 텅 빈 보편 개념을 우리의 '현실 경험'에 직접 관계하고 적용되는 개념으로 번역한다. 바로 그와 같은 것으로서 이런 **환상적 특화**는 결코 무의미한 삽화 예시에 불과한 것이 아니다: 이데올로기 투쟁의 승패 여부는 어떠한 특수한 내용이 '전형'으로서 헤아려질 것인가라는 바로 그 층위에서 결정된다. 낙태의 예로 돌아가 보자. 경제적으로 또 한 명의 아이를 낳아 기를 수 없는 하층계급의 대가족에서 이루어지는 낙태를 '전형'으로서 지각하는 순간 조망은 근본적

으로 바뀌게 된다.5)

그리하여 '무직의 미혼모'는 엄밀히 라캉적인 의미에서 증환*sinthome*이다. 즉 그것은 매듭이며, 지배적인 이데올로기적 논증의 모든 노선들(가족 가치로의 복귀, 복지 국가 및 그것의 '통제되지 않은' 지출에 대한 거부 등등)이 만나는 지점이다. 바로 그런 이유 때문에 우리가 이 증환의 매듭을 '풀면' 그것의 이데올로기적 건축물 전체의 효용성은 중지되고 만다. 이제 우리는 정신분석적 증환을 어떤 의미에서 의학적 증상과 대립시켜야 할 것인지를 알 수 있다. 후자는 어떤 다른 층위에서 발생하고 있는 좀더 근본적인 과정에 대한 징후이다. 예컨대 '발열은 증상이다'라고 주장할 때 이는 증상만을 치료할 것이 아니라 그것의 원인들을 직접 공략해야 한다는 것을 함축한다. (혹은 사회 과학들에서, 사춘기 폭력은 여러 가치들과 노동 윤리의 전면적 위기의 증상이라고 주장할 때, 이는 그 문제를 '그 뿌리에서' 공략해야 한다는 것을, 단지 범죄자를 처벌하는 데 머무는 것이 아니라 가족과 고용 등의 문제를 직접 다루어야 한다는 것을 함축한다.) 반면에 증환은 '한낱 증상'에 불과한 것이 아니라 '사물 자체'를 묶어놓는 장본인이다—만약 그것을 풀어놓으면, '사물 자체'는 붕괴되고 만다. 바로 그 때문

---

5) 보편자와 특수자 간의 이 단락—이 단락을 통해 특수한 내용은 보편자를 헤게모니화한다—을 일컫는 또 다른 이름은 물론 **봉합***suture*이다: 헤게모니의 작용은 텅 빈 보편자를 어떤 특수한 내용에 '봉합'시킨다. 바로 그 때문에 F.W.J. 셸링은 이데올로기 비판의 근대적 개념을 창안한 사람으로 간주되어야 한다. 그는 '거짓' 통일과/이나 보편성이라는 개념을 처음으로 세공했다. 그에게 있어 '악'은 (보편자와 특수자의) 분열 그 자체에 있는 것이 아니라, 오히려 그것들의 '거짓'/왜곡된 통일에, 즉 어떤 제한된 특수한 내용을 효과적으로 특권화하고 그 내용 속에 단단히 '정박'하는 보편성에 있는 것이다. 그리하여 셸링은 이데올로기 비판의 기본적 절차를 처음으로 세공했다: 중립적 보편성(예컨대 '인권')의 외양 밑에서, 그것을 '헤게모니화'하는 특권화된 특수한 내용(예컨대 백인 중상층upper-middle-class 남성)을 식별하는 제스처. Slavoj Žižek, *The Indivisible Remainder*, London: Verso, 1995의 제1부를 볼 것.

에 정신분석은 증환을 다룸으로써 **실제로** 치료를 하는 것이다……. 이 예는 '보편자란 어떤 특수한 정체성의 부정이 이 정체성을 정체성과 온전함 그 자체의 상징으로 변형시키게 되는 어떤 구성적 분열에서 나오는 것이다'6)는 것이 의미하는 바를 분명히 해준다. 보편자는, 어떤 특수한 내용이 부재하는 보편자의 대리물로서 기능하기 시작할 때, 특수자 내부에서 출현하는 것이다. 다시 말해서, 보편자는 그 특수자 내의 분열을 통해서만 작동한다. 2년 전에 영국의 황색 신문은 예산 위기에서 소년 범죄에 이르기까지 현대 사회의 모든 악의 근원으로서 미혼모에 초점을 맞추었다. 이런 이데올로기적 공간에서 '현대적 사회악'이라는 보편성은 '미혼모'라는 형상을 그 특수성에서의 미혼모와 '현대적 사회악'에 대한 대리물로서의 미혼모로 분열시킴으로써만 작동할 수 있었다. 보편자와 보편자의 대리물로서 기능하는 특수한 내용 간의 이와 같은 연계가 지닌 우연적 특성(즉 이 연계는 헤게모니를 위한 **정치적** 투쟁의 결과물이라는 사실)으로 인해, 보편자의 실존은 언제나 텅 빈 기표에 의지하게 된다: '정치가 가능한 이유는 사회의 구성적 불가능성이, 오로지 비어 있는 기표의 생산을 통해서만, 그 스스로를 표상할 수 있기 때문이다.'7) '사회는 존재하지 않는다'는 것 때문에, 사회의 궁극적 통일성은 어떤 특수한 내용에 의해 헤게모니화 되는 텅 빈 기표의 가장 속에서만 상징화될 수 있다―이 내용을 위한 투쟁이 정치적 투쟁이다. 다시 말해서 정치가 존재하는 이유는 '사회가 존재하지 않는다'는 것 때문이다: 정치는 사회의 불가능성을 표상하는 텅 빈 기표의 내용을 위한 투쟁이다. 그리하여 '기표의 정치'라는 진부한 구절은 전적으로 정당한 것이다. 기표의 질서 그 자체는 정치

---
6) Laclau, 'The Time is Out of Joint', pp. 14-15.
7) 같은 글, p. 44.

적이며, 그 역도 마찬가지다. 기표의 질서 밖에는 어떠한 정치도 없다. 정치의 공간은 일련의 '평범한' 기표들(S_2)과 텅 빈 주인기표(S_1) 사이의 틈새이다.

라클라우의 정식화에 유일하게 덧붙일 것은 그의 반헤겔적 비틀기가 어쩌면 너무 갑작스럽다는 점이다:

> 우리는 여기서 헤겔적 의미에서의 '규정적 부정determinate negation'을 다루고 있는 것이 아니다. 그것은 구체적인 것의 분명한 실정성으로부터 나와서 언제나 규정된 내용들을 통과해 '순환'하는 반면에, 우리의 부정 개념은 완전한 규정을 이루는 것의 실패에 의존하고 있다.[8]

그렇지만, 그 악명 높은 '헤겔적인 규정적 부정'이라는 것이, 모든 특수한 형성물은 보편자와 특수자간의 틈새를 내포한다는 사실을 정확히 겨냥하고 있다면 어찌할 것인가? 즉 헤겔식으로 말해서, 특수한 형성물은 그것의 (보편적) 개념과 결코 일치하지 않는다는—그리고, 그것의 변증법적 분해를 초래하는 것은 바로 이런 틈새라는—사실을 겨냥하고 있다면 말이다. 국가를 예로 들어보자. 국가 개념과 그것의 특수한 실현체들 간에는 언제나 틈새가 있다. 하지만 여기서 헤겔의 요점은, 역사의 목적론적 과정 속에서, 실정적으로 존재하는 현실적 국가들이 점차로 그것의 개념에 접근하게 되고 마침내 혁명 이후의 근대적 국가에서 현실성과 개념이 포개지게 된다는 것이 아니다. 오히려 헤겔의 요점은, 현실적으로 존재하는 실정적 국가가 그것의 개념에 상대하여 지니고 있는 결함은 국가라는 개념 자체의 내속적 결함에 근거하고

---

8) 같은 글, p. 14.

있다는 것이다. 그리하여 분열은 국가라는 개념에 내속한다. 그것은 한편으로 사회 관계의 합리적 총체성으로서의 국가와 다른 한편으로 이미 그 개념의 층위에서 이런 총체성이 온전히 자기 실현하는 것을 방해하는 환원불가능한 적대들의 계열 사이의 분열로서 재정식화되어야 한다(즉 국가와 시민사회 사이의 분열—이 분열 때문에 개인들은 국가의 통일성을 궁극적으로 언제나 '밖에서 부과된' 것으로서 경험하며 그리하여 개별 주체들은 국가 속에서 결코 완전하게 '그 자신들'이지 않으며, 국가의 의지를 자신들의 것과 결코 완전하게 동일화할 수 없다). 다시금 여기서 헤겔의 요점은, 개념에 완전히 부합할 국가는 불가능하다는 것이 아니다. 그것은 가능하다. 오히려, **그것은 더 이상 하나의 국가가 아니며 종교 공동체이다**는 것이 문제이다. 우리가 바꿔야 하는 것은 국가의 개념 그 자체다. 즉 현실 국가들의 결함을 재단하는 바로 그 기준을 말이다.

그리하여 이데올로기적-정치적 헤게모니를 위한 투쟁은 '비정치적인' 것으로서, 정치적 경계를 초월하는 것으로서 '자발적으로' 경험되는 용어들을 전유하기 위한 투쟁이다. 예전의 동유럽 국가에서 가장 강력한 반체제 세력의 이름이 연대Solidarity였다는 것도 결코 놀랄 일이 아니다. 그것은 사회의 불가능한 온전함이라는 것이 도대체 하나 있기라도 하다면 바로 그것의 기표인 것이다. 그 2년 동안에, 라클라우가 등가의 논리라 부르는 것은 거의 그 극한으로까지 이르게 되었다: '집권한 공산주의자들'은 비-사회의 체화물, 부패와 타락의 체화물 그 자체로서 기능했으며, 불만을 품은 '정직한 공산주의자들'을 포함해 모든 사람들은 그들에 반대하면서 마법적으로 통합되었다. 보수적 민족주의자들은 소비에트 주인에게 폴란드의 이익을 팔았다고 그들을 비난했다. 사업에 관심이 있는 개인들은 그들이 자유로운 자본주의 활동에 대한 방해물이라고 생각했다. 가톨릭 교회에게 있어 공산주의자들은 비도덕적 무신론자였다. 농부들에게 그들은 자신들의 삶의 방식을 붕괴시킨 폭력적 근대화 세력을 대표했다. 예술가와 지식인들에게 공산주의는 그들의 일상 경험 속에서 억압적이고 어리석은 검열과 동의어였다. 노동자들은 자신들이 당 관료들에게 착취당하고 있다고 생각했을 뿐만 아니라, 그것이 다름아닌 자신들을 위해서, 자신들의 이름으로 행해진 것이라는 주장에 굴욕감을 느끼기조차 했다. 끝으로, 환영에서 깨어난 구좌파들은 체제를 '진정한 사회주의'의 배반으로 지각했다. 이 모든 상이하고 잠재적으로 적대적인 입장들 간의 불가능한 **정치적** 동맹은 말하자면 정치적인 것을 선-정치적인 것으로부터 분리하는 바로 그 경계에 서 있는 기표의 기치 아래에서만 가능했다. 그리고 '연대'는 이 역할을 위한 완벽한 후보였다: 그것은 일체의 정치적 차이를 넘어 그들을 묶을, 인간 존재의 '단순'하고도 '근본'적인 통일성을 지칭하는 것으로서 정치적으로 작용했다.

하지만 보편적 연대라는 이 마법적 순간이 끝난 지금, 몇몇 후-사회주의 국가들에서, 라클라우가 '부재하는 온전함absent fullness'이라 부르는 것의 기표로서 등장하고 있는 것은 **정직**이다. 그것은 경제-사회적 난기류에 사로잡힌 '평범한 사람들'의 자발적 이데올로기의 초점을 형성했다. 사회주의의 붕괴를 뒤따를 새로운 온전한 사회에 대한 희망이 잔인하게 배신되었으며, 따라서 그들의 눈에는 민주주의와 자유의 기치 아래 '구호위병'(구공산주의자들)과 권력의 반열에 들어간 구-반체제 인사들이 한패가 되어 전보다 가일층 그들을 착취하는 것처럼 보였던 것이다……. 물론 헤게모니를 위한 투쟁은 이제 이 기표에 회전spin을 가할 특수한 내용에 초점이 맞추어진다. 즉, '정직'이란 무엇인가? 보수파에게 그것은 전통적 윤리와 종교적 가치로 복귀함을 의미하며, 또한 구체제 잔여물들의 사회체를 제거하는 것을 의미한다. 좌파에게 그것은 사회적 정의와 급격한 민영화에 대한 저항을 의미한다. 그리고 기타 등등. 그리하여 예컨대 땅을 교회에 반환하는 것과 같은 동일한 조치라도 보수파의 관점에서는 '정직한' 것이며 좌파의 관점에서 보면 '부정직한' 것이다. 각각의 입장은 '정직'을 은연중에 (재)정의하며 그로써 그것을 자기들만의 이데올로기적-정치적 입장에 맞춘다. 그렇지만 그 투쟁이 궁극적으로 '정직'이라는 용어의 상이한 의미들에 관한 투쟁이라고 주장한다면 잘못일 것이다. 이런 '의미론적 명료화'에서 잃게 되는 것은, 각각의 입장이 **자신들의 정직만이 '진정한' 정직**이다라고 주장한다는 사실이다. 그 투쟁은 단지 서로 다른 특수한 내용들 간의 투쟁이 아니며, 보편자 그 자체에 내속된 투쟁이다.9)

그렇다면 어떤 특수한 내용은 어떻게 보편자의 대리물로서 또 다른 내용을 대체하는 데 성공하는가? 라클라우의 답은 **가독성**readability이다. 후-사회주의라는 구체적 상황 속에서, 사회의 부재하는 온전함의 기표인 '정직'은 연루된 개인들의 일상 경험을 보다 설득력 있게 '읽을 수 있는' 것으로 만드는 특수한 내용에 의해 헤게모니화될 것이다. 그것은 그들로 하여금 자신들의 삶-경험을 일관된 내러티브로 효과적으로 조직할 수 있게 해준다. 물론 '가독성'은 중립적 기준이 아니며, 이데올로기적 투쟁에 달려 있는 것이다. 1930년대 초 독일에서 범역적 위기를 설명할 수 없었던 표준적 부르주아 내러티브가 붕괴된 이후에 나치의 반유대주의가 사회주의적-혁명적 내러티브보다 이 위기를 '더 설득력 있게 읽을 수 있는' 것으로 만들었다는 사실은 일련의 중층결

---

9) 라클라우는 이 논리를 국가통합national unity이라는 개념과 관련하여 전개하고 있다. 같은 글, pp. 94~95를 볼 것.

정된 요인들의 우연적 결과이다. 혹은 다른 식으로 말하자면, 이 '가독성'은 경쟁을 벌이는 다양한 내러티브들/서술들과 담론 외적 현실의 단순한 관계가 있고 그 속에서 현실에 가장 '적합한' 내러티브가 승리를 거둔다는 것을 함축하는 것이 아니다. 이 관계는 순환적이며 자기-관련적이다: 내러티브는 우리가 '현실'로서 경험할 것을 이미 선결정한다.

우리는 라클라우의 이데올로기적 보편성 개념을 텅 빈 것으로서, 그 안에서 서로 다른 특수한 내용들이 헤게모니를 위해 싸우는 틀로서 생각하는 동시에 고전적 마르크스주의의 이데올로기적 보편성 개념을 '거짓된'(특수한 이익을 특권화하는) 것으로서 간주하는 한 가지 방식을 제안하고만 싶다. 양자 모두는 보편자와 특수자 사이의 구성적 틈새를 작동시키지만, 그 방식은 상이하다. 라클라에게 있어서 이 틈새는 보편자의 부재하는 온전함과 이 부재하는 온전함에 대한 대리물 역할을 하는 우연적인 특수한 내용 사이의 틈새이다. 마르크스에게서 그것은 보편자의 (특수한) 내용 내부의 틈새이며, 다시 말해서 보편자의 '공식적' 내용과 그것의 승인되지 않은 (일단의 배제들을 내포하는) 전제들 사이의 틈새이다.

인권이라는 고전적 사례를 들어보자. 마르크스주의적인 증상적 독해는, 어떤 특수한 내용이 인권 개념에 대해서 특정한 부르주아 이데올로기적 회전을 가하고 있음을 설득력 있게 입증할 수 있다: '보편적 인권이란 사실은 백인 남성 사적 소유자들이 시장에서 자유롭게 교환하고, 노동자와 여성을 착취하고, 나아가 정치적 지배를 행사할 수 있는 권리이다······'— 적어도 경향적으로, 이런 접근은 은폐된 '병리적' 회전이 보편자의 형식 그 자체에 대해 구성적이라고 간주한다. 보편적 형식 그 자체를 이데올로기적인 (승인되지 않은 특수한 내용을 숨기는) 것으로서 이처럼 성급히 기각하는 것에 반대하면서 라클라우는 텅 빈 보편성과 그것의 규정된 내용간의 틈새를 강조한다. '인권'이라는 텅 빈 보편적 개념과 그것의 기원적인 특수한 내용간의 연계는 우연적이다. 다시 말해서 '인권'이란, 정식화된 바로 그 순간, 텅 빈 기표로서, 즉 그것의 구체적 내용이 경연競演되고 확장될 수 있는 텅 빈 기표로서 기능하기 시작했다. 여성의 인권은 어떠한가? 아이들의 인권은? 유색인종의 인권은? 범죄자의 인권은? 정신병자의 인권은? …… 이 추가의 제스처들 각각은 단지 인권 개념을 줄곧 새로운 영역들에 **적용하는** 것(여성, 흑인 등등도 또한 투표할 수 있고, 재산을 소유할 수 있고, 공적인 삶에 능동적으로 참여할 수 있고 등등)에 불과한 것이 아니라, 사후적으로 인권이라는 개념 그 자체를 재정의한다.

마르크스의 착취 개념의 요지를 상기해보자. 착취는 단순히 공정함 justice에 대립되는 것이 아니다. 마르크스의 요점은 노동자들이 노동의 온전한 가치를 지불받지 못하기 때문에 착취당한다는 것이 아니다. 마르크스의 '잉여가치' 개념의 중심적 논제는, 노동자는 '**온전히 지불받는**' 때조차도 **착취당한다**는 것이다. 따라서 착취는 '공정한' 등가 교환에 대립되는 것이 아니다. 오히려 그것은 등가 교환에 내재한 예외 지점으로서 기능한다. 정확히 '그 온전한 가치를 지불받는' 때에 착취되는 하나의 상품(노동력)이 있다. (또 한 가지 놓치지 말아야 할 점은 이런 **잉여**의 생산이 교환-기능의 **보편화**와 엄밀한 등치를 이룬다는 것이다: 교환-기능이 보편화되는 순간—즉 그것이 경제 생활 전체를 구조화하는 원리가 되는 순간—그 예외가 출현하는데, 이는 바로 이 지점에서 노동력 그 자체가 시장에서 교환되는 상품이 되기 때문이다. 여기서 마르크스는 사실상 구성적 예외를 내포하는 보편자라는 라캉적 개념을 공표하고 있는 것이다.) 그리하여 증상적 독해의 기본 전제는 모든 이데올로기적 보편성이 필연적으로 어떤 특수한 '외밀적' 요소를 낳는다는 것이다. 즉 보편성에 의해 지칭되는 과정의 내적·필연적 산물이면서도, 동시에 바로 그런 것으로서 그것의 토대를 침식하는 어떤 요소를 낳는다는 것이다: 증상이란 보편자의 사례이면서 보편자를 전복하는 사례이다.10)

그리하여 텅 빈 기표와, 헤게모니 투쟁에서 이 부재하는 온전함의 대리물로서 기능하고자 하는 다양한 특수한 내용들 사이의 틈새는 **특수자 그 자체 내부에 반영된다.** 이데올로기적 보편성의 특수한 헤게모니적 내용을 그런 보편성을 침식하는 증상으로부터 분리시키는 (예컨대 '공정하고 등가적인 교환'이라는 부르주아 개념을, 정확히 '공정'하고 '등가'적인 한에서 착취를 내포하는 특수한 교환으로서의 자본과 노동력의 교환으로부터 분리시키는) 틈새라는 모습으로 말이다. 그러므로 우리는, 단지 둘이 아닌, 세 개의 층위를 고려해야 한다. 텅 빈 보편자('공정함'), 텅 빈 보편자를 헤게모니화하는 **특수한** 내용('공정하고 등가적인 교환'), 그리고 **개별적인 것**, 즉 이 헤게모니적 내용을 침식하는 증상적 과잉(자본과 노동력의 교환). 개별적인 것이 어떤 의미에서 보편자와 특수자의 변증법적 통합인가를 우리는 즉각 알 수 있다. 개별적인 것(증상적 과잉)은 보편자와 특수자 사이의 틈새를

---

10) 위르겐 하버마스의 문제점은 그가 보편자에 대한 이 '증상적' 접근을 포기한다는 것이다. '미완의 기획'으로서의 근대성이라는 그의 개념을 상기하는 것으로 족하다. 여태껏 저지된 계몽의 잠재성들을 실현하려는 그의 노력 속에서 잃게 되는 것은, 계몽 기획의 온전한 실현을 가로막는 외적 경험적 장애물처럼 보이는 것이 어떻게 해서 현실적으로는 이 기획의 개념 그 자체에 내재하는 것인가에 대한 고유하게 변증법적인 통찰이다. 근본적인 헤겔적 조치는 외적 한계를 내적 한계로 이항시키는 것이다: 계몽은 그것의 온전한 이행을 가로막는 우연적 외적 상황들 때문이 아니라 '그 개념 자체에 있어서', '미완의 기획'이다—온전히 실현된 계몽의 기획이라면 그것의 개념 자체를 침식하게 될 것이다.

증언한다. 즉 보편자가 그 구체적 실존에 있어서 언제나 '거짓'이라는 (일련의 배제를 내포하는 어떤 특수한 내용에 의해 헤게모니화되어 있다는) 사실을 증언한다.

동일한 요점을 또 다른 관점에서 살펴보자. 몇 년 전에 스키너는 전통적 자유주의자와 마르크스주의적 급진주의자 사이에서 '정치적'이라는 용어의 범위에 관해 토론이 가능하려면 그 용어의 의미보다 더 많은 것이 필요하다는 것을 지적했다.[11] 자유주의자에게 있어 정치적인 것의 영역은 공적 사무의 운영에 관련된 결정들에 도달하는 절차의 특정 영역에 한정된다—내밀한 (성적) 관심사뿐만 아니라 예술이나 과학도, 그리고 심지어 경제조차도 그 영역 밖에 있다. 물론 마르크스주의적 급진주의자가 보기에 정치적인 것은 사회적인 것에서부터 가장 내밀한 것에 이르기까지 우리 삶의 모든 영역에 스며들어 있으며, 무언가를 '비정치적', '사적' 등등인 것으로 지각하는 것 그 자체가 정치적 결단의 부인에 근거하고 있는 것이다. '실재론'과 '명목론'이라는 표준적인 철학적 판본 모두가 보편자를 차지하기 위한 이 투쟁을 설명하는 데 실패한다. 실재론의 설명에 따르면 진정한 이론에 의해 밝혀질, 정치적인 것이라는 개념의 '진정한' 내용이 있으며, 따라서 일단 우리가 이 내용에 접근하게 되면 우리는 정치적인 것에 대한 상이한 이론들이 그것에 얼마나 가까이 있는 것인가를 측량할 수 있다. 반대로 명목론적 설명은 문제 전체를 그 용어에 대한 상이한 명목적 정의들로 환원한다: 실재적 충돌은 없다, 양측은 단지 '정치적'이라는 단어를 상이한 의미로 사용하고 있는 것이며 그것에 상이한 범위를 부여하고 있는 것이다.

---

11) Quentian Skinner, 'Language and Social Change', in *Meaning and Context: Quentin Skinner and His Critics*, Oxford: Polity Press, 1988을 볼 것.

이 두 설명 모두가 놓치고 있는 것, 양자 모두에서 사라져버리는 것은 적대, 즉 '사물 자체'의 바로 그 심장부에 기입된 투쟁이다. 실재론적 설명에서는 발견되어야 할 보편적 개념의 진정한 내용이 있으며, 투쟁이라는 것은 단지 그것에 대한 서로 다른 잘못된 독해들 사이의 충돌일 뿐이다. 즉 진정한 내용에 대한 우리의 오지각 때문에 투쟁이 생겨나는 것이다. 명목론적 설명에서 투쟁은 다시금 인식론적 혼동에서 생겨나는 것이며, 따라서 복수적 의미들의 평화로운 공존으로 중화된다. 이 두 경우 모두에서 놓치고 마는 것은 헤게모니를 위한 (정치적인 것의 보편성에 대한 대리물로서 기능할 특수한 내용을 위한) 투쟁이 근거를 가지고 있지 않다는 사실—즉 어떤 존재론적 구조 속에 더 이상 근거지을 수 없는 궁극의 실재라는 사실—이다.

그렇지만 여기서 다시금 덧붙여야 할 것이 있다. 마르크스주의적 작업이 유효하기 위해서는 자유주의자의 입장에 대한 증상적 독해를 내포하고 있어야 하는데, 이 독해는 다음과 같은 것을 입증하기 위해 노력해야 한다: 자유주의자가 '정치적인' 것의 영역을 제한할 때 어떻게 해서 **자유주의자 스스로의 용어 정의에 따라서 정치적인 것의 영역 속에 들어가야 할 어떤 것의 정치적 성격이 부인되어야만**—폭력적으로 배제되어야만—하는가; 그리고 더 나아가, 어떻게 해서 **정치적인 것으로부터 어떤 것을 이처럼 배제시키는 바로 그 행위가 어떻게 하나의 탁월한 정치적 제스처인 것인가**. 표준적 사례: 자유주의자가 '사적 가족 생활'을 비정치적인 것으로 정의할 때 그는 현실적으로는 정치적 권력 관계들에 의존하고 있는 종속과 배제의 관계들의 전체 집합을 자연화한다—그리고/혹은, 선-정치적 심리적 태도들, 인간 본성적 차이들, 선험적 문화적 불변항들 등등에 근거를 둔 위계적 관계로 바꾸어 놓는다.

주체 속으로 들어가라

　주체성은 어떻게 이와 같은 헤게모니적 보편화 과정 속으로 들어가는가? 라클라우에게 있어 '주체'는 헤게모니의 작용을 완수하는—보편자를 어떤 특수한 내용에 봉합하는—바로 그 행위자다. 라클라우와 바디우의 주체 개념이 매우 유사해 보이기는 하지만(두 경우 모두 주체는 실체적 행위자가 아니며, 미리 주어진 어떠한 사실적 질서에도 근거지어지지 않은 결단/선택 행위의 과정에서 출현한다), 그럼에도 불구하고 그것들은 '해체'에 대한 상이한 태도에 의해 분리된다.
　라클라우의 조치는 해체적이다. 바로 그 때문에 그에게 있어 헤게모니의 작용—그 작용 과정 속에서 주체가 출현한다—은 이데올로기의 기본 모체다. 헤게모니는 특수자와 보편자 사이의 일종의 단락을 내포하고 있으며, 모든 헤게모니적 작용의 허약함은 근본적으로는 이런 단락의 궁극적인 '환영적' 성격에 기인한 것이다. 이론이 할 일은 바로 '그것을 해체하는' 것이며, 다시 말해서 모든 헤게모니적 동일화가 어떻게 내속적으로 불안정하며 투쟁의 우연적 결과인가를 보여주는 것이다. 요컨대 라클라우에게 있어서, 모든 헤게모니적 작용은 궁극적으로 '이데올로기적'이다. 반면에 바디우에게 있어서 진리사건은 '해체'될 수 없는 것이며, 뒤얽히고 중층결정되어 있는 '흔적들'의 직조물의 효과로 환원될 수 없는 것이다. 여기서 바디우는 범역적 상황의 필연성과 그 상황의 진리의 우연적 출현 사이의 긴장을 끌어들인다. 바디우에게 있어 (플라톤에 대한 그의 사랑에도 불구하고, 그의 반-플라톤적 양태에서) 필연성은 진실성veracity의 범주이며 존재의 질서의 범주인 반면에, 진리는 내속적으로 우연적인 것이어서 발생할 수도 하지 않을 수도 있다. 따라서 바디우가 해체주의적이고/이거나 후근대적인 '결정불가능성'과 '유사물'의 정치에 반대하여—'정치적 요소로서의 행복'에 대한 생 쥐스트의 유명한 해석을 말바꿈해서—**정치적 요소로서의 진리**를 (재)단언하길 원한다 하더라도, 이는 그가 어떤 영원하고 중립적인 진리의 질서 속에 정치를 근거짓는 전근대적 방식으로 회귀하길 원한다는 것을 의미하지 않는다. 바디우에게 **진리 그 자체는 신학적-정치적 개념이다**: 종교적 계시가 그의 진리사건 개념의 묵인된 패러다임인 한에서 신학적이며, 진리는 중립적 직관을 통해 지각될 수 있는 상태가 아니라 (궁극적으로 정치적) 연루됨의 문제이므로 정치적이다. 따라서 바디우에게 주체화는 헤게모니적 이데올로기적 영역의 폐쇄와/나 기존의 사회적 건축물(존재의 질서)을 붕괴시키는 진리의 사건을 지칭한다. 반면에 라클라우에게 주체화의 제스처는 (새로운) 헤게모니를 확립하는 바로 그 제스처이며, 그런 것으로서 이데올로기의 기본 제스처이다.[12]

어떤 면에서 모든 것은 인식과 진리의 관계에 달려 있는 것처럼 보인다. 바디우는 인식을 진리에 대한 실정적 백과사전적 파악으로 제한하는데, 바로 그런 것으로서 인식은 사건으로서의 진리의 차원을 볼 수 없다: 인식은 오로지 진실성(타당성)만을 알며 진리를 알지는 못하는데, 왜냐하면 진리란 '주체적인' 것이기 때문이다(이는 표준적인 주관주의적 의미에서 그렇다는 것이 아니라, 주체 자신은 결단의 결과들을 추구하는 활동 이외에 그 어떤 것도 아니므로, 어떤 면에서 주체를 초월하는 '내기', 결단/선택과 관련해서 그렇다는 것이다. 그렇

---

[12] 라클라우에 의해 기술된 헤게모니의 작용에 부합하는 사례들이, 더할 나위 없이, 파시즘에서 페론주의Perónism에 이르는 우파적 포퓰리즘의 사례들이라는 것은 전혀 놀랍지 않다. 헤게모니의 최고 사례는 보수적 태도가 인민적-혁명적 동기들을 자신의 장場으로 재전유하고 기입하는 방식인 것이다.

지만 사실상 모든 구체적이고 사회적으로 작용하는 인식의 장은, 궁극적으로 일종의 사건의 '침전sedimentation'이며 사건의 '존재론화'이므로 어떤 진리사건을 전제하고 있으며, 따라서 분석의 과제는 '길들여진' 인식 뒤에 자신의 추문적 차원을 언제나 숨겨놓고 있는 사건(윤리-정치적 결단)을 파헤치는 것이 아니겠는가?[13] 이제 우리는 또한 바디우를 라클라우와 분리시키는 틈새를 볼 수 있다. 바디우에게 있어서 사건은 존재의 범역적 질서 내부의 어떤 우연적이고 드문 발생이다. 반면에 라클라우에게 있어서 (바디우식 용어로 옮기자면) 존재의 질서 그 자체는 여하간 과거의 어떤 사건의 '침전'이며, 토대를 놓는 사건의 '정상화'이다(예컨대 질서의 제도로서의 교회는 말하자면 예수라는 사건으로부터 침전된 것이다)—모든 실정적 존재론적 질서는 부인된 윤리-정치적 결단에 이미 의존하고 있다.

그럼에도 불구하고 라클라우와 바디우는 칸트에 대한 은밀한 참조를 공유한다. 다시 말해서 이 모든 것의 배후에 잠복하고 있는 궁극적인 **철학적** 문제는 칸트적 형식주의의 문제다. 헤게모니라는 라클라우의 핵심 개념의 지평은 특수자와 보편자 사이의 구성적 틈새이다. 보편자는 결코 온전하지 않다. 그것은 선험적으로 비어 있으며, 실정적 내용을 결여하고 있다. 상이한 특수한 내용들이 이 틈새를 채우려고 분투하지만 헤게모니적 기능을 행사하는 데 성공하는 모든 특수자들은 그것의 특수한 내용과 그것이 대리하는 보편성 사이에서 영원히 분열되어 있는 일시적이고 우연적인 대리물로서 남아 있다……. 여기서 우리는, 어떠한 실정적 대상에 의해서도 결코 만족될 수가 없는

---

[13] 라캉은 거의 정반대의 것을 하고자 한다: 말년의 가르침에서 그는 더 이상 이전의 진리사건에 의존하지 않을 '무두적無頭的'인 탈주체화된 인식의 불안정한 지위를 정식화하려고 한다. 그와 같은 인식에 대한 라캉의 이름은 충동이다.

구성적 결여(텅 빈 기표의 부재하는 온전함)에 의해 지탱되는, 즉 보편자와 관계하는 특수자의 구성적 '탈구'에 의해 지탱되는, 구성적으로 **불가능한 것으로서의 욕망**의 역설적 논리와 마주하는 것이 아닌가? 그렇지만 결여를 보충하고 '탈구'를 극복하려는 이 불가능한 욕망이 궁극의 사실은 아니라면 어찌할 것인가? 그것 너머에 (혹은 그것 아래에) 토대의 온전함이 아닌 그 정반대의 분투를—즉 섬뜩한 **능동적 분쇄 의지**를—가정해야 하는 것이라면 어찌할 것인가? (지성과 관련하여, 지성의 추상적·부정적 성질에 대해 불평하는 대신에, 지성이 어떻게 메마른 추상적 범주들을 가지고서 직접적 온전함[충만함]을 대체하는가에 대해 불평하는 대신에, 자연에서 한 데 속하는 것을 산산이 찢어놓고 현실 속에서 한 데 결합된 상태로 있는 것을 분리된 것으로서 정립할 능력이 있는 지성의 무한한 역능을 칭송해야 한다는 것을 강조한 사람은 헤겔이었다.) 그리고 이와 같은 능동적 분쇄 의지에 대한 프로이트적 이름은 **죽음 충동**이 아닌가? 그리하여, 보편자와 특수자 간의 불가능한 균형을 재획득하기 위해—즉 자기 자신과 보편자 사이에 있는 틈새를 메울 어떤 특수한 내용을 위해—분투하는 욕망과는 대조적으로, 충동은 보편자와 특수자 사이의 틈새를 능동적으로 의지하고 지탱한다.

지배적 관념들은 왜 지배하는 자들의 관념이 아닌가?

그리하여 우리의 결론은 이렇다: 지배적 이데올로기가 작동하기 위해서는 그것이 피착취/피지배 다수자가 자신의 본래적 갈망들을 인지할 수 있을 일련의 특징들을 통합시켜야 한다.[14] 요컨대 모든 헤게모니적 보편성은 적어도 두 개의 특수한 내용을 통합시켜야 한다: '본래적인' 대중적 내용과, 지배와 착취의 관계들에 의한 그것의 '왜곡.' 물론 파시스트 이데올로기는 흉포한 경쟁과 착취에 반대하는, 진정한 공동체와 사회적 연대에 대한 본래적인 대중적 갈망을 '조작한다.' 물론 파시스트는 사회적 지배와 착취의 관계들의 지속을 적법화하기 위해서 이런 갈망의 표현을 '왜곡한다.' 그렇지만 그것은, 이런 결과를 얻기 위해서는, 본래적인 대중적 갈망을 통합시켜야 한다. 그리하여 이데올로기적 헤게모니는 텅 빈 보편자의 공백을 곧바로 채워 넣는 어떤 특수한 내용의 경우가 아니다. 오히려 이데올로기적 보편성의 바로 그 형식은 (적어도) 두 개의 특수한 내용들 간의 투쟁을 증언한다: 피지배 다수자의 은밀한 갈망을 표현하는 '대중적' 내용, 그리고 지배 세력의 이익을 표현하는 특수한 내용.

여기서 우리는 잠재적 꿈-사고와 꿈 속에 표현된 무의식적 욕망에 대한 프로이트의 구분을 참조하고만 싶다. 그 둘은 같은 것이 아닌데, 왜냐하면 무의식적 욕망은 잠재적 꿈-사고를 꿈의 명시적 텍스트로 번역하는 '돌파working-through' 작업을 통해 스스로를 표명하고 기입하기 때문이다. 이와 마찬가지로 파시즘적 이데올로기의 '잠재적 꿈-사고'(본래적 공동체와 사회적 연대 등에 대한 갈망) 속에는 '파시즘적인'('반동적인' 등등의) 그 무엇도 결코 들어 있지 않다. 파시즘적 이데올로기의 고유하게 파시즘적인 성격을 설명하는 것은, 이데올로기적 '꿈-작업'에 의해 이 '잠재적 꿈-사고'가 착취와 지배의 사회적 관계를 계속해서 적법화하는 명시적 이데올로기적 텍스트로 변형/세공되는 바로 그 방식이다. 그리고 또한 오늘날의 우익 포퓰리즘에 대해서도

---

14) 이 점은 Étienne Balibar, *La crainte des masses*, Paris: Galilée, 1997에서 상세하게 세공되었다.

마찬가지가 아닌가? 자유주의적 비판가들은 포퓰리즘이 참조하는 바로 그 가치들을 본래부터 '근본주의적인' 것이라고 혹은 본래부터 '원-파시즘적인' 것이라고 너무 성급하게 물리치는 것이 아닌가?

그리하여 비-이데올로기(프레드릭 제임슨이 가장 극악한 이데올로기에조차도 있는 유토피아적 계기라 부르는 것)는 전적으로 필요불가결한 것이다: 어떤 면에서 이데올로기란 비-이데올로기의 외양 형식, 비-이데올로기의 형식적 왜곡/전치이다. 상상 가능한 최악의 경우로 돌아가 보자—나치의 반-유대주의는 본래적 공동체에 대한 유토피아적 갈망, 자본주의적 착취의 부조리에 대한 전적으로 정당한 거부 등등에 토대를 두고 있지 않았는가? 다시금 우리의 요점은, 본래적 공동체 삶에 대한 갈망 그 자체를 '원-파시스트적인' 것이라고 비난하는 것은, 그것을 '전체주의적 환상'이라고 탄핵하는 것은—이런 갈망 그 자체 속에서 파시즘의 가능한 '뿌리들'을 찾는 것은—이론적으로나 정치적으로나 잘못이라는 것이다(파시즘에 대한 자유주의적-개인주의적 비판의 전형적 착오): 이런 갈망의 비-이데올로기적인 유토피아적 성격은 온전히 단언되어야 할 것이다. 그것을 '이데올로기적인' 것으로 만드는 것은 그것이 표명되는 방식, 즉 이 갈망이 자본주의 착취와 그것의 극복 방안에 관한 아주 특수한 어떤 개념(자본주의적 착취는 유대인들의 영향력이 낳은 결과이며, '생산적' 자본—이는 노동자와 조화로운 '동반자 관계'를 지향하는 경향이 있다—에 비해 금융 자본이 더 우세한 지배력을 갖게 된 결과이다. 따라서 자본주의적 착취를 극복하기 위해서는 유대인을 제거해야 한다)을 정당화하는 기능을 떠맡게 되는 그 방식이다.

그리하여 성공적 이데올로기에 있어 결정적인 것은, 그것의 특수한 내용 내부에 있는, '피억압자'에게 속하는 주제·동기와 '압제자'에게 속하는 주제・동기 사이의 긴장이다: 지배적 관념들은 곧바로 지배계급의 관념들인 것이 결코 아니다. 아마도 궁극의 사례일 것인 기독교를 예로 들어보자. 그것은 어떻게 지배 이데올로기가 되었는가? 피억압자들이 지닌 일련의 동기와 열망을 통합시킴으로써(진리는 고통받고 굴욕당하는 자들의 편에 있다, 권력은 부패한다……), 그리고 그것들을 기존의 지배관계와 양립가능한 방식으로 재표명함으로써. 파시즘의 경우조차도 마찬가지다. 파시즘의 근본적인 이데올로기적 모순은 유기체주의와 기계주의 사이의 모순이다: 사회체에 대한 통합주의적-유기체적인 심미화된 비전과 권력 행사의 현실적 '미시-실천들'의 층위에서 이루어지는 '유기체적' 공동체들(가족, 대학, 지역 자치 전통)의 마지막 자취들의 극단적 '기술화', 동원, 파괴, 소거 사이의 모순. 그리하여 파시즘에 있어서 심미화된 유기체주의적인 통합적 이데올로기는 '유기체적' 유대를 붕괴시키는 전례 없는 기술적 사회 동원의 바로 그 형식이다.15) 이런 역설은 우리로 하여금 유기체적 (인종적 등등의) 유대로의 회귀에 대한 모든 요청을 '원-파시즘적'인 것으로 비난하는 자유주의적-다문화주의적 덫을 피할 수 있게 해준다: 파시즘을 규정하는 것은 유기체주의적 통합주의와 무자비한 근대화 충동의 어떤 특이한 결합이다. 이를 또 다른 방식으로 표현하자면, 모든 현실 파시즘 속에서 우리는 언제나 우리로 하여금 '이것은 아직 완전히 무르익은 파시즘이 아니다. 그 속에는 좌파적 전통이나 자유주의의 비일관적 요소들이 여전히 있다'라고 말하게 만드는 요소들과 조우하

---

15) 어쩌면 이것은 오늘날의 진정한 반-파시즘 공식을 부정적 방식으로 per negationem 표현하는 것일지도 모른다. 그 공식은 파시즘적 배치의 역전이다. 즉 지역적 '유기체적' 유대를 구출하고 강화하기 위한 구체적, '미시-실천적' 움직임들로 보충된, 이데올로기 층위에서의 기술적 세속화 desacralization이다.

는데, 그렇지만 '순수한' 파시즘의 환영으로부터의 이와 같은 멀어짐—그것과의 이와 같은 거리—은 단연코 파시즘이다. '파시즘'이란 그 이데올로기와 실천에 있어서 사회적 적대를 왜곡하는 어떤 형식적 원리, 비일관적 태도들의 결합과 응축을 통해 사회적 적대를 전치시키는 어떤 논리 이외에 어떠한 것도 아니다.

동일한 왜곡을 다음의 사실에서 볼 수 있다. 오늘날, '주체적' 자기-지각 속에서 스스로를 하나의 계급으로서 명시적으로 생각하고 드러내는 유일한 계급은, 정확히 '비-계급'이라 할 그 유명한 '중산층'이다: 확고한 도덕적·종교적 기준에 대한 충직함에 의해서뿐만 아니라 사회적 공간의 두 '극단들'—한편으로 비-애국적이고 '뿌리 없는' 부유한 기업들, 다른 한편으로 가난하고 배제된 이주자들과 빈민가 사람들—에 대한 이중의 대립에 의해 스스로를 정의하는, 이른바 사회의 근면한 중간 지층. '중산층'은 이 두 극단들을 배제하는 가운데 스스로의 정체성을 근거짓는데, 이 두 극단은 직접 맞세울 경우에 가장 순수한 '계급 적대'를 제공한다. 그리하여 '중산층'이라는 바로 그 개념의 구성적 거짓말은 스탈린주의에서 '우익 편향'과 '좌익 편향'이라는 두 극단 사이에 놓인 진정한 당 노선의 그것과 동일하다: '중산층'은 바로 그 '실재적' 실존에 있어서 체화된 거짓말이며, 적대에 대한 부인이다. 정신분석적 용어로 말하자면 '중산층'은 하나의 물신*fetish*이며, 좌와 우의 불가능한 교차이다. 그것은 적대의 양극을 건강한 사회체를 좀먹는 반사회적 '극단들'(다국적 기업들과 이주해온 침입자들)의 자리로 추방함으로써, 스스로를 사회의 중립적 공통 기반으로서 현시한다. 다시 말해서 '중산층'은 '사회는 존재하지 않는다'(라클라우)는 사실을 부인하는 바로 그 형식이다—그 속에서 사회가 참으로 존재한다. 좌익은 계급투쟁의 구분선이 언제나 흐려지고 전치되고 왜곡된다는 사실—

가장 뻔뻔한 경우는 우익 포퓰리즘인데 그것은 자칭 인민을 대변한다고 하지만 사실은 지배자의 이익을 옹호한다—에 대해 늘상 탄식한다. 하지만 (계급) 구분선의 이와 같은 항구적 전치와 '왜곡'이야말로 바로 '계급투쟁'이다. 계급 구분에 대한 이데올로기적 지각이 순수하고 직접적으로 이루어지는 그런 계급 사회가 있다면 그것은 어떠한 투쟁도 없는 조화로운 구조일 것이리라. 또는 라클라우식으로 말하자면, 그로써 계급 적대는 완전히 상징화되리라. 그것은 더 이상 불가능한/실재적인 것이 아니라 한낱 변별적인 구조적 자질에 불과할 것이리라.

정치적인 것과 그에 대한 부인들

그렇다면 헤게모니 개념이 이데올로기적 지배의 기본 구조를 표현하는 것이라고 할 때, 우리는 헤게모니의 공간 내부에서만 옮겨 다닐 운명인 것인가, 아니면 그것의 메커니즘 자체를—일시적으로라도—중지시키는 것이 가능한 것인가? 자크 랑시에르의 주장은, 그와 같은 전복이 참으로 발생한다는 것이며, 심지어 그것이 정치의, 고유하게 정치적인 사건의 바로 그 핵심을 구성한다는 것이다.

랑시에르에게 있어 고유한 정치란 무엇인가?[16] 그것은 고대 그리스에서 처음 나타난 현상이다. 그때 데모스demos의 구성원들(위계적인 사회적 건축물 내부에 어떠한 확고히 결정된 자리도 갖지 않은 자들)은 권력을 잡고 사회적 통제를 행사하는 자들에 맞서 자신들의 목소리가 들릴 수 있어야 한다고 요구했을 뿐만 아니라—즉 자신들이

---

[16] 여기서 나의 논의는 Jacques Rancière, *La mésentente*, Paris: Galilée, 1995에 의존하고 있다.

겪은 잘못(*le tort*)에 항의하면서, 지배적인 소수 독재자나 귀족계급과 동등한 지위에서 자신들의 목소리가 들려지고 공적 영역 속에 포함된 것으로서 인지되기를 원했을 뿐만 아니라—한 발 더 나아가, 배제된 자들이며 사회적 건축물 내부에 어떠한 고정된 자리도 갖지 않은 자들인 그들은 스스로를 사회 전체에 대한, 진정한 보편성에 대한 대표자들로서, 대리자들로서 내세웠다('질서 속에서 헤아려지지 않는 "아무것도 아닌 것"인 우리가 인민이다. 자신들의 특수하고 특권화된 이익만을 위하는 타자들에 맞서, 우리가 전부다'). 간단히 말해서 정치적 갈등이란, [한편으로] 각 부분이 자기 자리를 갖는 구조화된 사회체와 [다른 한편으로] 텅 빈 보편성의 원리—발리바르가 평등자유라 부르는, 말하는 존재로서의 모든 인간이 갖는 원리화된 평등의 원리—로 인해 이 질서를 흔들어 놓는 '어떠한 부분도 아닌 부분' 사이의 긴장을 지칭한다. 그리하여 고유한 정치는 언제나 보편자와 특수자 사이의 일종의 단락을 내포한다: 보편적 단독자*singulier universel*의 역설, 즉 사회체 내의 관계들의 '자연적인' 기능적 질서를 불안정하게 만드는바, 보편자의 대리물로서 외양하는 단독자의 역설. 이처럼 비-부분을 전체와 동일화하는 것은, 사회 속에 어떠한 고유하게 정의된 자리도 갖지 않은 (혹은 사회 속에 할당된 종속적인 자리에 저항하는) 사회의 그 부분을 보편자와 동일화하는 것은, 정치화의 기본적 제스처다. 이는 프랑스 혁명(여기서 제3계급*le troisième état*은 귀족계급 및 성직자들에 맞서서 스스로를 국민 그 자체와 동일한 것으로 선언했다)에서 구-유럽사회주의의 서거(여기서 반체제 '포럼들'은 당의 노멘클라투라에 맞서서 스스로를 전 사회를 대표하는 것으로 선언했다)에 이르기까지 모든 위대한 민주주의적 사건들 속에서 식별가능하다.

바로 이런 의미에서 정치와 민주주의는 동의어다: 반민주주의적 정치의 기본 목적은, 언제나 그리고 정의상 탈정치화이며, 이었다—즉 각 개인들이 저마다의 일을 하는 가운데 '정상으로 일이 돌아가야 한다'는 무조건적 요구……. 따라서, 랑시에르가 하버마스에 반대하여 증명하고 있듯이, 고유의 정치적 투쟁은 복잡한 이해관계들 사이의 합리적 논쟁인 것이 아니라, 자신의 목소리가 적법한 상대자의 목소리로서 들려지고 인정되도록 하기 위한 투쟁이다: 그리스의 데모스에서 폴란드의 노동자에 이르기까지 '배제된' 자들이 지배계급(귀족이나 노멘클라투라)에 항의할 때, 진정으로 내기에 걸려 있는 것은 단지 그들의 명시적 요구들(임금 인상, 노동 조건 개선 등등)뿐인 것이 아니라, 논쟁 속에서 동등한 상대자로서 자신들의 목소리가 들려지고 인정되어야 한다는 그들의 바로 그 권리였다—폴란드에서 노멘클라투라는 '연대'를 동등한 상대자로서 받아들여야만 했던 그 순간 패배한 것이다.

고유한 정치의 이와 같은 갑작스러운 침입은 랑시에르가 말하는 치안의 질서를, 각각의 부분들을 알맞게 설명해주는 확립된 사회 질서를 침식한다. 물론 랑시에르는 어떻게 치안과 정치의 분리선이 항상 흐려지고 다툼거리가 되는가를 강조한다: 마르크스주의 전통에서 예컨대 '프롤레타리아트'는 '어떠한 부분도 아닌 부분'의 주체화로서, 그것이 안고 있는 불공평을 보편성에 대한 궁극적 시금석으로 끌어올리는 것으로서 읽혀질 수 있는 동시에, 후-정치적인 합리적 사회의 확립을 가져올 작용소로서 읽혀질 수 있다.17) 때때로 고유한 정치로부터

---

17) 우리는 왜 국가 이전의 부족적 사회들이 공동의 문제들을 결정하기 위한 본래적인 원-민주주의적 절차들(모든 사람이 다 모여서 함께 숙고하고 토론하는 등등의 절차들)을 가지고 있었음에도 불구하고 아직 **민주적이지 않은** 것인지를 알 수 있다. 고유의 정치라는 것이 사회의 자기-소외를 내포하고 있는 것이기 때문이 아니다. 정치라는 것이 (표준적인 마르크스주의적 주장처럼) 구체적 사회적 적대들 너머로까지 고양된

치안으로의 이동은 단지 정관사에서 부정관사로 변화하는 문제일 수 있다. GDR 최후의 날 공산당 정권에 대한 반대 시위를 하던 동독의 군중들이 그러하였다. 처음에 그들은 '우리가 그 인민이다!(Wir sind das Volk!)'라고 외쳤으며, 그로써 가장 순수한 정치화의 제스처를 수행했다. 공식적 공간에 어떠한 고유의 자리도 없었던 (혹은 보다 정확히 말해서, '반혁명분자', '훌리건', 혹은 — 잘해봐야 — '부르주아 선전의 희생양'이라는 이름만 남아 있던) 공식적인 전인민에서 배제된 반혁명적 '찌꺼기'였던 그들은 자신들이 *the* people을, 즉 '전부'를 대표한다고 주장했다. 하지만 이틀 뒤에 구호는 '우리는 하나의 민족이다!(Wir sind *ein* Volk!)'로 바뀌었다. 이는 분명 본래적인 정치적 개시의 순간이 폐쇄되고 독일의 재통합 — 이는 서독의 자유주의-자본주의 치안/정치적 질서와의 재결합을 의미하는 것이었다 — 을 향한 추진력에 의해 민주주의적 추동이 재전유됨을 신호하는 것이었다.

일본에서 불가촉 천민 계급은 부라쿠민部落民이라 불린다. 이들은 사체를 만지는 일을 하는 사람들(도살꾼, 가죽공, 무덤 파는 일꾼)이며, 때로는 에타穢多('더러움이 많음')라고 칭해지기조차 한다. 그들은 더 이상 공공연히 경멸당하지 않는 '개화된' 오늘날의 현재에도 은연중에 무시당한다. 아직도 회사들이 그들의 고용을 기피한다거나 부모들이 자기 자녀가 그들과 결혼하는 것을 반대한다는 것뿐만이 아니다. 사람들은 그들에게 상처를 입히지 않으려 한다는 '정치적으로 올바른' 구실을 대면서 문제를 무시하는 쪽을 선호한다. 그렇지만 핵심적 요점은, 그리고 일본 사회의 선-정치적인 (혹은 오히려 비-정치적인) '통합적'

영역이기 때문이 아니다. 이 선-정치적 부족 모임들에서의 분쟁litigation에는 보편적 단독자라는, 스스로를 보편성 그 자체의 직접적 대리물로서 제시하는 '어떠한 부분도 아닌 부분'이라는, 고유하게 정치적인 역설이 결여되어 있기 때문이다.

작동에 대한 증거는, 부라쿠민을 위한 목소리가 들림에도 불구하고(인상적인 연재 소설 『다리 없는 강』에서 부라쿠민 이야기를 통해 일본의 폐쇄적 계급 질서 전체의 무의미함을 폭로한, 최근 작고한 위대한 작가 스미이 스에를 언급하는 것으로 족할 것이다. 의미심장하게도 그녀의 원초적인 외상적 경험은 어렸을 때 그녀의 친척들이 천황이 방문했을 때 사용한 화장실에서 천황의 똥을 긁어모아서 그것을 천황을 기리기 위한 신성한 보물로 보존하는 모습을 목격했을 때의 충격이었다) 부라쿠민은 자신들의 운명을 능동적으로 정치화하지 못했으며, 자신들이 바로 '어떠한 부분도 아닌 부분'으로서 일본 사회의 진정한 보편성을 대표한다고 주장하면서 자신들의 입장을 보편적 단독자의 입장으로 구성해내지 못했다는 사실이다.18)

이런 정치적 계기에 대한, 정치적 투쟁 고유의 논리에 대한 일련의 부인들이 있다:

- 원-정치(arche-politics). 정치적 계기-사건이 출현할 수 있는 어떠한 공백도 허용치 않는 친밀하고 유기적으로 구조화된 전통적인 동질

---

18) 부라쿠민과 배설물을 동일화하는 것은 핵심적이다. 스미이 스에가 친척들이 천황의 배설물을 귀중히 모시는 것을 보았을 때 그녀가 내린 결론은, 그와 동일한 방식으로, '천황의 두 육체'라는 ― 사회체 그 자체를 대리하는 천황의 육체라는 ― 전통을 따라서, 사회체의 배설물인 부라쿠민도 귀중히 여겨야 한다는 것이었다. 다시 말해서 스미이 스에는 천황의 두 육체 사이의 구조적 동형성을 좀더 말 그대로 취하여 보통의 경우보다 한 발 더 나아갔다: 천황의 육체의 가장 저열한 부분(배설물)조차도 그의 다른 육체, 사회체를 대리하는 숭고한 육체 속에서 재배가되어야 한다. 그녀가 처한 곤경은 『파르메니데스』에서 플라톤이 처한 곤경과 유사했다. 거기서 플라톤은 영원한 형상들/이데아들과 그것들의 물질적 모사물들 사이의 관계가 정확히 어느 범위까지인가라는 당혹스러운 문제에 과감하게 맞선다. 어떤 물질적 대상이 그들의 원형으로서의 영원한 이데아에 의해 '존재론적으로 포괄되는' 것인가? 진흙, 때, 배설물 같은 '저열한' 대상들에게도 영원한 이데아가 있는 것인가?

적 사회 공간을 정의하려는 '공동체주의적' 시도들.

• **초-정치**|*para-politics*. 정치를 탈정치화하려는 (정치를 치안의 논리로 번역하려는) 시도. 정치적 투쟁을 수용하지만 그것을 집행 권력의 자리를 (일시적으로) 차지하기 위해 용인된 당파들/행위자들끼리 대의代議적 공간 내부에서 벌이는 경쟁으로 재정식화한다.[19]

• 마르크스주의적 (혹은 유토피아적 사회주의의) **메타-정치**. 정치적 투쟁은 완전히 단언된다. 하지만 사건들—그것들의 고유한 자리는 (경제적 과정들이라는) 또 다른 장면이다—이 공연되는 그림자-극장으로서만 단언된다. 그리하여 '진정한' 정치의 궁극적 목표는 자기-말소다. 즉 '인민의 집행'을 집단적 의지라는 완전히 자기 투명한 합리적 질서 내부에서의 '사물들의 집행'으로 변형시키는 것이다.[20]

---

[19] 물론 이 초-정치는 일련의 상이한 판본을 갖는다. 주요한 단절 지점은 그것의 고전적 정식화와 근대적 홉스적 정식화 사이의 단절 지점이다. 후자는 사회적 계약이라는, 주권 출현 속에서의 개인적 권리들이 소외라는 문제범주에 초점을 맞춘다. 하버마스적이거나 롤스적인 윤리학은 아마도 이런 태도의 마지막 철학적 흔적일 것이다. 그것은 준수해야 할 분명한 규칙들을 정식화함으로써 정치를 탈-적대화하고 그리하여 분쟁이라는 예봉 없는 절차가 고유한 정치로 폭발하지 않도록 하려고 노력한다.

[20] 좀더 정확하게 말해서 마르크스주의는 좀더 애매하다. 즉 '정치 경제'라는 바로 그 용어는 또한 경제의 심장부에 정치를 끌어들이는, 즉 경제적 과정들의 바로 그 '비정치적' 성격이라는 것을 이데올로기적 환영이라고 탄핵하는 정반대의 제스처를 위한 공간을 열어놓는다. 계급 투쟁은 어떤 객관적인 경제적 모순을 '표현하는' 것이 아니라, 이 모순의 바로 그 존재 형태이다. 이런 애매성은 또한 라캉의 '성구분 공식들'을 가지고서 정식화할 수 있다: 우리는 '모든 것은 정치적이다'라는 진술을 그것의 예외 지점을 내포하는, 객관적 경제 과정을 내포하는 보편적 진술로서 읽을 수 있으며(그리하여 겉보기에 명백히 비정치적인 숭고한 예술적이거나 이데올로기적인 생산물들 속에서 숨겨진 정치적 자세를 냉혹하게 식별해내는 것은 경제적 과정을 정치적인 것의 중지점으로서

• 가장 교활하면서도 가장 근본적인 판본인 (랑시에르에 의해 언급 되지 않은) 네 번째 부인 형태는 극-정치ultra-politics라고 부르고만 싶은 것이다. 정치의 직접적 군국화를 통해 투쟁을 하나의 극단으로까지 가지고 감으로써—그것을 '우리'와 우리의 적인 '그들' 간의 **전쟁**으로 재정식화하고 상징적 투쟁을 위한 공통 지반을 없앰으로써—투쟁을 탈정치화하려는 시도. 급진적 우파가 계급 **투쟁**보다는 계급 (혹은 성) **전쟁**에 대해 말한다는 것은 심오하게 증상적이다.21)

단언하는 것과 병행할 수 있다), 또한 '비-전체'의 논리에 따라서, 즉 '정치적이지 않은 어떤 것도 없다'라는 의미로 읽을 수 있다—이때 '모든 것은 정치적이다'는, 정확히, 정치적인 것에 관한 모든 진술은 그 자체가 이미 '정치화'되어 있으므로 정치적인 것 그 자체를 일의적 보편적 방식으로 정식화/정의하는 어떠한 방법도 없다는 것을 의미한다.

프레드릭 제임슨은 신자유주의의 가장 극단적 판본(인간 행위를 실용성의 극대화로서 보편적으로 모형화하는)이 사회의 경제적 조직화를 강조하고 '사물들의 경영'을 강조하는 마르크스주의적 사회주의와 역설적이게도 일치한다는 대담한 주장을 한다. 양자 모두가 고유한 정치적 사고에 대한 필요성을 일절 없애버린다는 것이다: 마르크스주의적 정치적 실천은 있지만 어떠한 마르크스주의적 정치적 사고도 없다. 이런 관점에서 볼 때, (마르크스주의는 자율적 정치적 반성을 결여하고 있다는) 마르크스주의에 대한 전통적인 불평은 약점이라기보다는 장점인 것 같다. 혹은, 제임슨의 결론처럼: '우리는 신자유주의자들과 많은 것을, 사실상 거의 모든 것을 공유하고 있다—본질적인 요소만 빼면 말이다!'(Fredric Jameson, *Postmodernism, or, the Cultural Logic of Late Capitalism*, London: Verso, 1992, p. 265—이런 의미에서, 마르크스주의자가 신보수주의 공동체주의 자와 오로지 본질적 요소(조화로운 유기적 사회에 대한 필요성)만을 공유하고 있는 한, 마르크스주의자의 공동체주의에 대해 태도를 신자유주의에 대한 태도의 이면으로 서 정의하는 것이 가능할까?) 대항논변은 다음과 같은 것이 될 것이다: 어쩌면 고유한 정치적 차원에 대한 이와 같은 무시는 공산주의 운동의 역사에서 매우 정확한 정치적 결과를 낳았던 것일지도 모른다—스탈린주의와 같은 현상들은, 정확히, 억압된 정치적 차원의 폭력적 회귀를 가리키지 않는가?

21) 정치적인 것에 대한 이와 같은 슈미트적 부인을 가장 분명하게 보여주는 것은, 그가 주장하고 있는, 내적 정치(내적 사회적 적대들)에 대한 외적 정치(주권 국가들 간의 관계)의 우월성이라는 것이다. 적으로서의 외적 **타자**에 대한 관계는 사회체를 가로지르는 내적 투쟁을 부인하는 한 가지 방법이 아닌가? 슈미트와는 반대로 좌파적 입장은

그리하여 이 네 경우 모두에서 우리는 정치적인 것의 고유하게 외상적인 차원을 상류화하려는 시도를 발견한다: 고대 그리스에서 데모스의 이름 아래 자신의 권리를 요구하는 무언가가 출현했으며, '정치철학'은 바로 그 시작(즉 플라톤의 『국가』)에서부터 최근에 자유주의적 '정치철학'의 부활에 이르기까지 정치적인 것이 지닌 탈안정화의 잠재력을 중지시키려는 시도였으며, 그것을 이런 저런 방식으로—선-정치적 사회체로의 복귀를 초래한다든가, 혹은 정치적 경쟁의 규칙들을 정한다든가 하는 등의 방식으로—부인하고/하거나 규제하려는 시도였다.22)

그리하여 '정치철학'은, 그 모든 상이한 형태들 속에서, 일종의 '방어-형성물'이다. 그리고 아마도 그것의 유형학은 정신분석에서 말하는 어떤 외상적 경험에 대한 방어의 상이한 양상들을 참조함으로써 확립될 수 있을지도 모른다. 그렇지만 정신분석 또한, 정치에 대한 정신분석적 접근법 또한, 고유한 정치적 차원의 환원을 내포하고 있는 것처럼 보일 수 있다. 다시 말해서, 정신분석적 연결망을 통해 정치에 접근할 때 우리는 프로이트가 군대와 교회에 관련해서 '군중' 개념을 세공한 지점에 보통 초점을 맞춘다. 하지만 이런 접근법은 정당한 비판을

정치적인 것에 대해 구성적인 것으로서의 내적 적대의 무조건적 우월성을 주장해야 한다.
22) 그리하여 우리가 정치적 과정을 설명하기 위해 사용하는 은유적 틀은 결코 순수하거나 중립적이지 않다. 그것은 정치의 구체적 의미를 '도식화한다'. 극-정치는 **전쟁** 모델에 의지한다: 정치는 사회적 전쟁이라는 형식으로서, '그들'에 대한, 적에 대한 관계로서 파악된다. 원-정치는 **의학** 모델에 대한 참조를 선호한다: 사회는 통합적 육체, 유기체이며, 사회적 분할들은 이 유기체의 질병과도 같다—즉 우리가 싸워야 할 대상인 적은 암적 침입자, 페스트이며, 사회체의 건강을 되찾기 위해서는 근절되어야 할 외래적 기생충이다. 초-정치는 스포츠처럼 일반적으로 인정된 규칙들을 따르는 아곤식*agonistic* 경쟁이라는 모델을 사용한다. 메타-정치는 과학기술적 **도구적** 절차라는 모델에 의지하는 반면에 후-정치는 사업적 **협상**과 전략적 **타협**이라는 모델을 내포하고 있다.

불러일으키는 것 같다. 즉 군대와 교회는 고유한 정치적 차원에 대한 부인의 사례들이며, 정치적 공간을 정의하는 공적 사무에 대한 집단적 심의·결단의 논리가 명백히 위계적인 명령의 시슬로 대체되는 사회적 조직화의 두 형태이지 않은가? 이것은 정신분석이 고유하게 정치적인 공간을 정의할 수 없다는 것을 부정적 방식으로 증명하는 것 아닌가?―정신분석이 표명할 수 있는 '사교성sociability'의 유일한 형태는 정치적인 것에 대한 '전체주의적' 왜곡/흐리기이다.

한나 아렌트가 정치적 권력과 단순한 (사회적) 폭력 행사의 구분을 강조했을 때 그녀는 이런 방향에서의 지적을 하고 있는 것처럼 보인다: 직접적 비-정치적 권위(군대, 교회, 학교)에 의해―정치적 토대를 갖는 권위가 아닌 명령의 질서에 의해―운영되는 조직들은 엄밀한 의미에서의 정치적 권력이 아닌 폭력Gewalt의 사례들을 나타낸다. 그렇지만 여기서 공적인 상징적 법과 그것의 외설적 보충물간의 구분을 도입하는 것이 생산적일 것이다.23) 권력의 외설적 초자아적 분신-보충물이라는 개념은 폭력 없이는 어떠한 권력도 없다는 것을 함축한다. 권력은 언제나 외설적 폭력의 오점에 의존해야만 한다. 정치적 공간은 결코 '순수'하지 않으며 언제나 '선-정치적' 폭력에 대한 어떤 종류의 의존을 내포한다. 물론 정치적 권력과 선-정치적 폭력의 관계는 상호 함축의 관계이다: 폭력이 권력의 필연적 보충물인 것뿐만 아니라, (정치적) 권력 그 자체가 언제나-이미 겉보기에 명백히 '비-정치적'인 폭력 관계의 뿌리에 있다. 군대, 교회, 가족, 그리고 그밖의 '비-정치적' 사회 형태들 속에 존재하는 용인된 폭력이나 직접적인 관계는 그 자체가 어떤 윤리-정치적 투쟁과 결단의 구체화이다―비판적 분석은 이

---

23) Slavoj Žižek, *The Plague of Fantasies*, London: Verso, 1997의 제2장을 볼 것.

모든 '비-' 혹은 '선-정치적' 관계들을 지탱하는 숨겨진 **정치적 과정들**을 식별해야 한다. 인간 사회에서 정치적인 것은 에워싸는 구조화 원리이며, 따라서 어떤 파당적 내용을 '비-정치적'인 것으로서 중화하는 것 일체는 가장 탁월한 정치적 제스처이다.

외양의 (오)사용들

고유의 정치적 계기에 대한 이들 네 가지 부인 가운데 가장 흥미로우면서도 정치적으로 유관한 것은 메타-정치의 경우다. 라캉의 네 가지 담론의 모체를 통해 설명하자면, 여기서 '행위자'의 자리를 점유하는 것은 인식이다: 마르크스는 자신의 입장을 '과학적 유물론'의 입장으로서 제시했다. 즉 메타-정치는, 자신의 인식의 과학적 지위를 직접적으로 참조함으로써 스스로를 적법화하는 정치다(다름아닌 이 인식은, 메타-정치로 하여금 정치-이데올로기적 환영들에 몰입된 자들과, 현실적 사회경제적 과정들에 대한 인식 위에 자신의 역사적 개입을 근거짓는 당 사이에 구분선을 그을 수 있도록 해준다). (마르크스주의에서, 사회적 계급과 생산관계들에 대한) 이 인식은 Sein과 Sollen의, 존재와 당위의, 존재하는 것과 윤리적 이상의 고전적 대립을 중지시킨다: 혁명적 주체의 투쟁 목표인 윤리적 이상은 사회적 과정들에 대한 '객관적'이고 '이해관계를 벗어난' 과학적 인식에 직접 근거한다(혹은 그런 인식과 일치한다)―이런 일치는 '전체주의적' 폭력을 위한 공간을 열어 놓는데, 왜냐하면 이런 방식으로, 윤리적 예의decency의 가장 기본적인 규준들을 거스르는 행위들은 역사적 필연(에 대한 통찰)에 근거를 둔 것으로서 적법화될 수 있기 때문이다('부르주아 계급'의 구성원들에 대한 대량 학살은 이 계급이 이미 그 자체에서 '사멸할 운명'이며 자신의 '진보적 역할'을 다했다는 등등의 과학적 통찰에 의해 정당화된다).

바로 이 점에서 윤리적 이상을 엄격히 고수하는 표준적인 파괴적―심지어는, 살인적―차원은 현대의 전체주의와 다른 것이다: 프랑스혁명에서 자코뱅 당원들의 공포정치는 **평등자유**라는 이상에 대한 그들의 엄격한 고수에―이 이상을 곧바로 실현시키려는, 그것을 현실에 부과하려는 그들의 시도에―근거하고 있었다. 순수한 이상주의와 가장 파괴적인 폭력의 이와 같은 일치―이는 『정신현상학』의 그 유명한 장에서 헤겔에 의해 이미 분석되었다―로는 20세기의 전체주의를 설명할 수 없다. 자코뱅 당원들은 무조건적 권력 행사를 적법화하는, 객관적/중립적 '과학적' 역사 인식에 대한 참조를 결여하고 있었다. 과학적 인식에 의해 접근가능해지는 역사적 필연의 한낱 순수한 도구라는 고유하게 도착적인 그 자리를 그처럼 점유하는 것은 자코뱅 당원이 아니라 오로지 레닌주의적 혁명가다.[24]

여기서 랑시에르는 어떻게 (공산주의적) 전체주의를 위한 공간이 '민주주의적 발명' 그 자체에 의해 열렸는가에 대한 클로드 르포르의 통찰을 따른다: 전체주의는 민주주의적 논리의 내속적 도착이다.[25] 첫째로 우리는 자신의 권위를 어떤 초월적 근거(신성한 권한 등등)로 토대짓는 전통적 주인의 논리를 갖는다. 그 다음으로 '민주주의적 발명'과 더불어 가시적이 되는 것은 주인이라는 실정적 개인을 그가 상

---

[24] 우연히도 '필연으로서 개념파악된 자유'의 이 판본은, 비록 '헤겔적'이게 들릴지는 모르겠지만, 고유하게 헤겔적인 자유와 필연의 사변적 동일화의 정반대이다. 헤겔적 자유는 예정된 필연의 도구 역할을 자유롭게 떠맡는 행위가 아니다.

[25] Claude Lefort, *L'invention démocratique*, Paris: Fayard, 1981을 볼 것.

징적 연결망 속에서 차지하는 자리로부터 분리시키는 틈새다—'민주주의적 발명'과 더불어, 권력의 자리는 본래 비어 있는 것으로서 정립되며, 상이한 주체들에 의해 단지 일시적으로 그리고 우연적 방식으로만 차지된다. 다시 말해서, (마르크스를 인용하자면) 어떤 사람이 그 자체로 왕이기 때문에 사람들이 왕으로 대우하는 것이 아니라, 사람들이 그를 왕으로 대우하기 때문에, 그리고 그런 한에서 그가 왕이라는 것은 이제 분명해진다. 전체주의는 '민주주의적 발명'에 의해 성취되는 이런 단절을 고려에 넣는다: 전체주의적 주인은 '여러분이 나를 주인으로 대우하는 한에서 나는 주인이다'의 논리를 전적으로 받아들인다—다시 말해서 그의 자리는 어떠한 초월적 토대에 대한 참조도 내포하지 않는다. 반대로 그는 자신을 따르는 사람들에게 힘주어 말한다: '나 자신으로 보자면, 나는 아무것도 아닙니다. 나의 모든 힘은 여러분에게서 나오는 것입니다. 나는 여러분이 가장 깊숙한 곳에서 분투하고 있는 것의 체화물에 불과합니다. 나의 뿌리는 여러분이며 내가 그것을 잃는 순간 나도 없습니다……' 그의 적법성 일체는 순수한 인민의 봉사자라는 이런 자리로부터 도출된다: 그가 자신의 역할을 '겸손하게' 축소시키고 도구화하면 할수록, 그가 단지 진정한 주인인 인민 자체의 분투를 표현하고 실현할 뿐이라는 것을 강조하면 할수록, 그는 전능하고도 건드릴 수 없는 존재가 되는데, 왜냐하면 그에 대한 어떠한 공격이라도 인민 자체에 대한, 인민의 가장 깊숙한 곳에 있는 갈망들에 대한 공격이기 때문이다……. 그리하여 '인민'은 (배반하기 일쑤이고 온갖 종류의 인간적 약점을 드러내 보이는) 현실적 개인들과 주인 속에 체화된 그 인민 *the* People으로 분열된다. 이 세 가지 논리(전통적 주인의 논리, 권력의 비어 있는 자리를 차지하기 위한 규제된 민주주의적 싸움의 논리, 전체주의적 주인의 논리)는 랑시에르가 개념화한 정치에 대한 부인의 세 가지 양태에 들어맞는다. 전통적 주인은 원-정치의 공간 내에서 기능한다. 민주주의는 초-정치를, 즉 고유의 정치를 규제된 싸움(선거와 대의 민주주의 등의 규칙들)으로 상류화하는 것을 내포한다. 전체주의적 주인은 메타-정치의 공간 내에서만 가능하다.

아마도 공산주의적 주인과 파시즘적 주인의 구분은, 파시즘의 가장 깊은 논리가—인종 과학이라든가 그밖의 것들에 대한 일체의 이야기에도 불구하고—메타-정치적이지 않으며 극-정치적이라는 사실에 있을 것이다: 파시즘적 주인은 정치의 전사戰士이다. '가장 순수한' 지점에서의 스탈린주의는, 새로운 노멘클라투라에 의해 진정한 혁명이 배반당했다고 주장하는 트로츠키파가 우리가 믿었으면 하고 바라면서 들려주는 이야기보다 훨씬 더 역설적인 현상이다. 그리하여 오히려 스탈린주의는 1910년대 말/1920년대 초라는 '진정한' 혁명적 국면과 스탈린 사후에 노멘클라투라가 신계급으로 안정화되는 시기 사이에서 일종의 '사라지는 매개자'로서 기능하는 근본적 (자기-연관적) 부정성의 지점이다. 다시 말해서: 이 스탈린주의적 계기를, 이 유효한 '(혁명적) 광기의 지점'을 특징짓는 것은, 새로운 노멘클라투라와 반복되는 '비합리적' 숙청으로 내몰리는 지도자 사이의 내속적 긴장이다. 이로 인해 노멘클라투라는 스스로를 하나의 신계급으로 안정화시킬 수 없는 것이다. 스스로 강화되는 (부트스트랩) 공포 사이클은 잠재적으로 모든 사람들에게, 즉 '평범한' 전 주민뿐만이 아니라 최고의 노멘클라투라에게까지도 영향을 미친다—(단 한 명인 스탈린 자신을 제외한)모든 사람들이 항구적 숙청의 위협하에 있었다.

그리하여 우리는 스탈린이 1930년대 말 대숙청의 종결과 더불어 노멘클라투라에 대항한 싸움에서 사실상 패배했다고 (그리고 그로써 자신의 '실제' 권력의 대부분을 잃었다고) 믿고만 싶어진다(아이러니하게도 이 순간은, '실제적' 권력의 상실이 여하간 상징적 권력의 획득에 의해 보상되는 것인 양 스탈린이라는 인물에 대한 대중들의 칭송이 우스꽝스럽게도 증가하고 그를 인류의 위대한 천재로서 찬양하는 등의 일이 벌어진 시기와 일치한다.) 노멘클라투라가 스탈린에게 부여한 것은 도장 찍어주는 일은 하지만 현실적 집행 권력은 박탈당한 (혹은 적어도 자신과 동급에 있는 고위 측근 그룹inner circle의 구성원들과 그것을 나누어 가져야만 하는) 입헌 군주의 역할에 비견할 만한 역할이었다. 물론 스탈린은 그와 같은 상징적 역할로 스스로 물러날 수 없었으며, 2차 대전 후 그의 활동(유대인 의사 음모 사건, 계획된 반-유대인 숙청 등등)은 실제 권력을 재획득하려는 그의 노력을, 궁극적으로는 성공하지 못한 하나의 노력을 드러내고 있다. 그리하여 커가는 노멘클라투라의 저항과 함께 말년의 스탈린은 더 이상 자신의 말에 직접적 수행적 유효성이 실리지 않는 편집증적 광인으로서 점점 더 고립되어 갔다―그의 말(예컨대 노멘클라투라의 고위 간부들의 반역에 대한 그의 고발들)은 더 이상 아무런 '실행력'도 없었다. 스탈린이 참석한 마지막 공산당 대회(1952)에서 스탈린은 연설에서 몰로토프와 카가노비치를 반역과 영국 스파이 혐의로 고발했다. 스탈린의 연설 후에 몰로토프는 단지 일어서서 스탈린 동지가 틀렸으며 자신과 카가노비치는 언제나 충실한 볼셰비키였다고 주장했다―그리고, 참석한 당 대표들은 아무 일도 일어나지 않았다는 데 놀라야 했다: 고발된 그 두 명은 자신들의 고위직을 유지했으며 이는 2년 전이라면 상상도 할 수 없었을 일이었다.

또한 현실적 사회 변화, 즉 '사회체의 실체 속의 절단과 관련해서도, 진정한 혁명은 10월 혁명이었던 것이 아니라 1920년대 말의 집단화였다. 10월 혁명은 사회체의 실체(가족 및 여타 관계들의 복잡하게 얽힌 연결망)를 손대지 않은 채 남겨두었다. 이 점에서 그것은 파시즘적 혁명과 유사했는데, 파시즘적 혁명 또한 사회 관계들의 기존 연결망 위로—혹은, 오히려, 사회 관계들의 이 연결망을 유지하기 위해서— 새로운 형식의 집행 권력을 단순히 부과하는 데 그쳤다. 바로 그렇기 때문에 파시즘적 혁명은 위조 사건이었으며, '어떤 것도 실제로 바뀌지 않도록' 하기 위해서, 사물들(즉 근본적인 자본주의적 생산 관계들)이 기본적으로 동일한 상태로 남아 있도록 하기 위해서 발생한 혁명—근본적 변화의 유사물—이었다. 가장 근본적인 사회적 직조물을 교란시키고 그 속을 깊숙하게 절단하면서 '사회적 실체'(물려받은 관계들의 연결망)를 철저히 전복하고 사지절단한 것은 오로지 1920년대 말의 강제 집단화였다.26)

하지만, 형식적 민주주의(인권, 정치적 자유 등등)와 착취와 지배의 경제적 현실 사이의 '틈새'에 대한 마르크스주의적 개념이 지니고 있는 근본적 애매성에 대한 랑시에르의 기본적 강조로 돌아가 보자. 우리는 평등자유라는 '외양'과 경제적, 문화적 등등의 차이들이 존재하는 사회적 현실 간의 이 틈새를, 표준적인 '증상적' 방식(보편적 권리, 평등, 자유, 민주주의의 형식은 착취와 계급 지배의 우주라는 그것의 내용에 대한 필연적이지만 환영적인 표현 형식에 불과하다)으로 읽거

---

26) 다른 한편 자본주의와 공산주의의 차이는 이렇다. 공산주의는 실현하는 데 실패한 이념으로서 지각되었던 반면에 자본주의는 '자생적으로' 기능했다. 자본주의 선언 Capitalist Manifesto 같은 것은 결코 없다. 그리하여 공산주의의 경우 우리는 범인 찾기 게임을 할 수 있다. 수백만의 죽음에 대해, 그들의 '정화'에 대해, 당이나 스탈린이나 레닌을, 그리고 궁극적으로는 마르크스를 비난할 수 있다. 반면에 자본주의의 경우 죄를 추궁하거나 책임을 돌릴 어느 누구도 존재하지 않는다. 인간적·환경적 희생이나 토착민 문화의 파괴 등에 있어서 결코 덜 파괴적이지 않았음에도 불구하고, 단지 일이 그렇게 일어난 것뿐이다.

나, 그게 아니라면 훨씬 더 전복적인 의미로, 즉 하나의 긴장으로서 읽을 수 있는데, 그 긴장 속에서 평등자유의 '외양'은 정확히 '한낱 외양에 불과한 것이 아니라 그 자체의 유효성을 드러낸다. 즉 그 외양은 현실적 사회-경제적 관계들의 점진적 '정치화'를 통해서 그 관계들을 재분절하는 과정을 작동시키는 역할을 할 수 있게 된다. (왜 여성들 또한 투표해서는 안 된다는 말인가? 왜 노동 조건은 대중 정치적 관심사이어서는 안 된다는 말인가? 등등.) 여기서 우리는 '상징적 유효성'이라는 레비스트로스의 옛 용어를 사용하고만 싶다: 평등자유의 외양은 상징적 허구이며, 그런 것으로서 그 자체의 현실적 유효성을 소유한다—우리는 어떤 다른 현실을 은폐하는 한낱 환영으로 그것을 환원시키려는 고유하게 냉소적인 유혹을 물리쳐야 한다.

실재로부터 더 이상 분명하게 구별할 수 없는 것으로서의 **시뮬라크르**라는 후근대적 개념을 외양*appearance*과 구분하는 것은 여기서 핵심적이다.27) (계급 구분이나 여타의 구분들이 존재하는 사회적 현실, 즉 분절된 사회체로서의 사회의 사회적 현실에 대립되는) 외양의 영역으로서의 정치인 것은, 현실 그 자체가 그것의 의태된simulated 복제물과 구별할 수 없게 되는 보편화된 시뮬라크르의 시대로 우리가 진입하고 있다는 후근대적 개념과 어떠한 공통점도 없다. 시뮬라크르의 범람 속에서 상실된 본래적 존재 경험에 대한 향수 어린 갈망(비릴리오Virilio)과 보편화된 시뮬라크르의 놀라운 신세계Brave New World를 우리가 마침내 본래적 존재에 대한 형이상학적 강박을 제거하고 있다는 기호로서 후근대적으로 단언하는 것(바티모Vattimo), 이 양자 모두는 시뮬라크르와 외양의 구분을 놓치고 있다: 오늘날 '시뮬라크르의

---

27) Rancière, *La mésentente*, pp. 144~146.

전염' 속에서 상실되는 것은 확고하고 진실되며 비-의태적인 실재가 아니라 외양 그 자체이다. 라캉적 용어로 표현하자면, 시뮬라크르는 상상적이며(환영), 반면에 외양은 상징적이다(허구). 상징적 외양이라는 특수한 차원이 붕괴되기 시작할 때, 상상계와 실재는 점점 더 구별불가능해진다.

실재가 그것의 상상적 시뮬레이션으로부터 점점 더 구별불가능한 것이 되어가는 오늘날의 시뮬라크르의 우주에 대한 열쇠는 '상징적 유효성'의 후퇴에 있다. 사회정치적 용어로 말하자면, 이 외양의(상징적 허구의) 영역은 여러 부분들로 하위분할되는 사회체로부터 구분되는 바로서의 정치의 영역 이외에 어떠한 것도 아니다. 사회체의 전체 속에 포함되어 있지 않은 (혹은 자신이 반대하는 방식으로 포함된/배제된) 어떤 부분이 다른 부분들에 대항하여 평등자유의 보편성을 대리한다고 주장하면서 자신의 자리를 잘못된 것의 자리로서 상징화하는 한에서 '외양이 있다': 여기서 우리는 구조화된 사회체의 '현실'과 대조되는 외양을 다루고 있는 것이다. 그리하여 '외양의 유지'라는 보수주의자의 옛 좌우명은 오늘날 새로운 비틀림을 취한다: 그것은 사회가 혼란해질 수도 있으니까 사회적 예법을 지나치게 어지럽히지 않는 것이 좋다고 하는 '지혜'를 더 이상 나타내지 않는다. 오히려 오늘날 '외양의 유지'를 위한 노력은, 특수한 정체성들의 다양성을 가지고서 모든 것을 에워싸는 후근대적 사회체의 맹공에 대항해 고유하게 정치적인 공간을 유지하려는 노력을 나타낸다.[28]

---

[28] (실재와 중첩되는) 시뮬라크르와 외양의 이와 같은 핵심적 구분은 성의 영역에서 쉽게 식별할 수 있다. 예컨대 포르노와 유혹의 구분이 그렇다. 포르노는 '진짜 섹스'를 '다 보여준다'. 그리고 바로 그렇기 때문에 성의 한낱 시뮬라크르만을 산출한다. 반면에 유혹의 과정은 전적으로 외양들의 놀음에, 암시와 약속의 놀음에 있는 것이고, 그로써 초감각적인 숭고한 사물의 난포착적 영역을 일깨운다.

또한 『정신현상학』에 나오는 헤겔의 유명한 언명('초감각적인 것은 외양으로서의 외양이다')을 우리는 바로 그렇게 읽어야 한다. 한 성직자가 신의 얼굴이 어떻게 생겼느냐고 질문하는 아이에게, 자애로움과 선량함을 발산하는 인간 얼굴을 만날 때마다 그게 누구의 얼굴이건 신의 얼굴을 그 순간 보는 것이라고 감상적으로 답한다……. 이 감상적 상투어의 진실은, 초감각적인 것(신의 얼굴)은 순간적이고 일시적인 외양으로서, 세속적 얼굴의 '일그러짐'으로서 식별할 수 있다는 것이다. 시뮬라크르의 논리에는 없는 것은, 현실의 한 조각을 초감각적 영원성을 잠시 동안 비추는 무언가로 변화시키는 바로 이런 '외양의 차원이다: 실재와 구별불가능한 것이 되는 시뮬라크르 속에서 모든 것은 여기 있으며, 어떠한 다른 초월적인 차원도 그것 안에서/그것을 통해서 결코 유효하게 '외양하지' 않는다. 여기서 우리는 숭고라는 칸트적 문제틀로 다시 돌아온다: 프랑스 혁명이 유럽 도처의 계몽된 공중公衆 속에 불러일으킨 열광에 대한 칸트의 유명한 해석에서 혁명적 사건들은 초-현상적 자유의 차원, 자유로운 사회의 차원이 외양하는 기호로서 기능했다. 그리하여 '외양이란 단순히 현상의 영역에 불과한 것이 아니라 또 하나의 차원인 예지적 차원이 일시적으로 어떤 경험적/우연적 현상 속에서 '외양하는' (그런 현상을 '통해서 빛나는') 저 '마법적 순간들'인 것이다.

따라서─다시 헤겔로: '초감각적인 것은 외양으로서의 외양이다'라는 말은 초감각적인 것이 현상 너머의 실정적 존재자인 것이 아니라 외양을 '한낱 외양─즉 그 자체로는 온전히 현실적이지 않으며 자기-지양 과정 속에서 소멸하도록 선고받은 어떤 것─으로 만드는 부정성의 내속적 힘이라는 것을 의미하는 데 그치지 않는다. 그것은 또한 초감각적인 것이 재배가된, 자기-반영된, 자기-연관된 외양으로서만 유효하다는 것을 의미한다: 초감각적인 것은 현상으로서의 외양의 표준적 정상적 질서를 가로막는 또 다른 차원의 모습으로 실존하게 된다.

그것은 또한 사이버공간과 가상현실(VR)에 있어서의 문제이기도 하다: VR이 위협하는 것은 시뮬라크르의 다양성으로 분해되는 바의 '현실'이 아니라 오히려 외양이다. 따라서 사이버 공간의 VR이 현실을 침식한다는 표준적인 두려움에 맞서기 위해서는, (VR은 '현실감'을 생성할 수는 있지만 불가능한 실재를 생성할 수 없다고 주장하면서) 현실과 실재의 구분을 강조하는 것으로는 충분치 않다. 현실과 실재의 구분에 상응하여, 외양의 질서 그 자체 내부에 하나의 구분을 또한 도입해야 한다—현상적 현실과 (또 다른 차원의) '마법적' 외양들의 구분. 요컨대 여기서 우리는 절대로 외양 대 현실이라는 단일 대립 속에서 혼동되지 말아야 할 두 쌍의 대립을 구분해야 한다: 현실과 그것의 시뮬라크르의 쌍과 실재와 외양의 쌍. 실재는 현실의 일그러짐이다: 말하자면, 격렬하게 날뛰는 실재가 발산하는/외양하는 메스껍도록 일그러진 얼굴. 이런 의미에서 실재 그 자체는 현실의 현상적 질서의 틈새와 불연속을 통해 그 순식간의 현존/부재를 식별할 수 있는 하나의 외양, 하나의 난포착적 유사물이다. 그리하여 진정한 대립은 현실/시뮬라크르(그 둘은 VR에서 일치한다)와 실재/외양 사이의 대립이다. 좀더 상세하게는 외양의 네 가지 층위를 구분해야 한다:

- '환영'이라는 단순한 의미에서의 외양. 즉 현실의 거짓된/왜곡된 재현/이미지라는 의미에서의 외양('사물들은 겉모습과는 다르다'라는 상투어). 물론 한층 더 나아가 여기서 (초월적으로 구성된 현실의 질서를 왜곡하는) 한낱 주관적 환영으로서의 외양과 초월

적으로 구성된 현상적 현실의 질서 그 자체(사물 자체에 대립되는)를 구분할 필요가 있지만.

- 상징적 허구라는 의미에서의 외양. 즉 헤겔식으로 말해서, 본질적인 것으로서의 외양. 예컨대 '한낱 외양인 상징적 관습과 직함('존경하는 재판관님' 등등)의 질서―하지만 우리가 그것을 교란시킨다면, 사회적 현실 그 자체는 붕괴되고 만다.

- (직접적으로 접근가능한 현상적 현실) 너머에 무언가가 있다는 것을 표시하는 기호라는 의미에서의 외양, 즉 초감각적인 것의 외양. 초감각적인 것은 오로지 그런 것으로서 ('현상적 현실 아래에 무언가가 있다'는 막연한 예감으로서) 외양하는 한에서만 존재한다.

- 끝으로 (그리고 정신분석이 '근본적 환상'이라고 부르는 것, 그리고 '현상'의 가장 근본적인 현상학적 개념을 만나는 것은 바로 여기서다) 현실의 한가운데 있는 **공백**을 메우는 외양. 즉 현상 배후에 아무것도 은폐할 것이 없다는 사실을 은폐하는 외양.

칸트의 문제점은 그가 마지막 두 층위를 혼동하는 경향이 있다는 것이다. 다시 말해서 받아들여만 할 역설은, 예지적 자유의 영역, 최고선의 영역은 오로지 유한한 주체의 현상적 관점에서만 그런 것으로서 (예지적인 것으로서) 외양한다는 것이다: 그 자체에 즉해서, 우리가 그것에 너무 가까이 간다면, 그것은 기괴한 실재로 변해버린다······. 여기서 하이데거는 올바른 길에 있었다. 그는 궁극적 지평으로서의 시간성을,

즉 유한한 주체의 시간적 경험 내부에서만 의미를 갖는 범주인 영원성 그 자체의 궁극적 지평으로서의 시간성을 강조했다: 바로 똑같은 방식에서, 칸트가 충분히 알고 있지 못했던 것은, 예지적 자유(에 대한 우리의 경험)와 현상 속으로의 시간적 몰입 사이의 구분이 어떻게 우리의 유한한 시간적 경험에 내재적인 구분인 것인가 하는 것이었다.

후-정치

그렇지만 오늘날 우리는 정치적인 것에 대한 또 다른 형태의 부인을, 후근대적 **후-정치**post-politics를 다루고 있다. 그것은 더 이상 정치적인 것을 단지 '억압'하는 데 머물지 않는다. 단지 정치적인 것의 봉쇄를 위해 그것을 억누르고 '억압된 것의 회귀'를 진정시키려 하는 것이 아니라, 훨씬 더 효과적으로 그것을 '폐제'한다. 그리하여 '비합리적' 과잉적 특성을 갖는 인종적 폭력의 후근대적 형태들은 더 이상 단지 '억압된 것의 회귀'에 불과한 것이 아니라 오히려 라캉의 말대로 실재 속에서 회귀하는 (상징계로부터) 폐제된 것의 사례를 나타낸다. 후-정치에 있어서, 권력을 위해 경쟁하는 다양한 당파들 속에 체화된 범역적·이데올로기적 전망들 간의 투쟁은 계몽된 기술관료들(경제학자, 여론 전문가 등등)과 자유주의적 다문화주의자들의 협력으로 대체된다. 이해관계의 협상 과정을 통해, 다소간 보편적인 일치라는 가장 속에서 하나의 타협이 이루어진다. 그리하여 후-정치는 예전의 이데올로기적 구분들은 떨구어버리고, 사람들의 구체적 필요와 요구들을 고려에 넣는 필수적 전문 지식과 자유로운 숙고의 능력으로 무장해서 새로운 이슈들과 대결해야 할 필요성을 강조한다.

후-정치의 역설을 표현할 가장 좋은 공식은 어쩌면 토니 블레어가 신노동당을 '급진적 중도파'라고 특성화한 것이다: '이데올로기적' 정치적 구분의 옛 시절에, '급진적'이라는 수식은 극좌나 극우 가운데 어느 하나를 위해 예약되어 있었다. 중도파는 정의상 온건한 것이었다. 옛 기준으로 평가했을 때 '급진적 중도파'라는 용어는 '급진적 온건'이라 하는 것이나 마찬가지로 말도 안 되는 것이다. 신노동당(혹은 미국에서의 빌 클린턴의 정치)을 '급진적'인 것으로 만드는 것은 그것이 '낡은 이데올로기적 분리'를 급진적으로 포기했다는 점인데, 보통 이런 포기는 1960년대에 등장하는 덩샤오핑의 모토인 '고양이가 적색이냐 백색이냐는 중요하지 않다. 중요한 것은 그것이 실제로 쥐를 잡는다는 것이다'를 말바꿈하는 식으로 정식화된다. 신노동당 지지자들은, 좋은 관념이라면 일체의 편견 없이 취해서 그 (이데올로기적) 기원과는 무관하게 적용해야 한다는 것을 즐겨 강조한다. 그렇다면 이 '좋은 관념'이란 무엇인가? 물론 그 답은 **작동하는 관념**이다. 그리고 우리는 바로 여기서, 고유의 정치적 행위를 기존의 사회정치적 관계들의 틀구조 속에 남아 있는 '사회적 문제들의 운영'으로부터 분리시키는 틈새와 대면하게 된다: 고유의 정치적 행위(개입)란 기존 관계의 틀구조 속에서 잘 작동하는 어떤 것에 불과한 것이 아니라, **사물들이 어떻게 작동하는가를 결정하는 틀구조 그 자체를 변화시키는** 어떤 것이다. 좋은 관념은 '작동하는 관념'이라고 말하는 것은 무엇이 작동하는 것인가를 결정하는 (범역적 자본주의적) 배치를 미리 받아들이는 것을 의미한다(예컨대 만약 교육이나 보건에 너무 많은 돈을 지출한다면, 이는 자본주의 이윤율의 조건들을 너무 많이 침해하는 것이기 때문에 '작동하지 않는' 것이다). 우리는 이를 또한 '가능한 것의 기술'이라는 잘 알려진 정치에 대한 정의를 이용해서 표현할 수 있겠다: 본래적 정치란, 오히려, 그 정반대, 즉 **불가능한 것**의 기술이다―그것은 기존의 배치 속에서 '가능한 것'으로 간주되는 것의 바로 그 매개변수를 변화시킨다.29)

이 불가능한 것의 차원이 효과적으로 제외될 때, 상징적인 것으로부터 폐제된 정치적인 것(배제된 자들이 그들에게 가해진 잘못/부당함에 항의할 수 있는 분쟁 공간)은 새로운 형태의 인종주의라는 모습으로 실재 속에서 되돌아온다. 이 '후근대적 인종주의'는 정치적인 것의 후-정치적 중지의 궁극적 결과로서, 즉 국가를 시장의 힘들과 문화적 관용적 인도주의의 (합의하에 확립되는) 필요에 봉사하는 단순한 치안-대행자로 환원시킨 것의 궁극적 결과로서 출현한다: 결코 그 지위가 온전하게 '규제되지' 않는 '외국인'은, 민주적 정치적 투쟁이 협상과 다문화주의적 치안이라는 후-정치적 절차로 변형되는 속에서의 **불가분의 잔여**이다. 자신들의 보편적 권리를 요구하는 **정치적** 주체인 '노동계급' 대신에, 한편으로는 저마다의 문제(예컨대 수공업자에 대한 필요의 감소 등등)를 지닌 다양한 사회적 특수 지층 혹은 집단이 있으며, 다른 한편으로 배제된 자신들의 곤궁을 **정치화하는** 데 있어 한층 더 가로막혀 있는 이주자들이 있다.30)

여기엔 분명한 대항-논변이 있다. 즉 오늘날 공적 담론 영역에서 무엇이 수용가능-허용가능한 것으로서 간주되는가에 대한 바로 그 규칙들을 대담하게 변화시키는 일을 성취하고 있는 것은 바로 (정치적) 우파라는 논변. 레이건주의와 대처주의가 노동자의 권리와 사회

---

29) 이런 의미에서 닉슨의 중국 방문과 그 뒤로 이어진 미국과 중국의 외교 관계 확립은 국제적 관계에서 '가능한 것'(혹은 '실행 가능한 것')으로 간주되었던 것의 매개변수를 현실적으로 변화시킨 한에서 일종의 정치적 행위였다. 그렇다. 생각도 할 수 없었던 것을 할 수 있었고 궁극의 적과 정상적으로 이야기할 수 있었다.
30) Rancière, *La mésentente*, p. 162를 볼 것.

복지를 축소하는 것에 대한 논쟁을 적법화한 방식에서 시작해서, 놀테식 수정주의 역사편찬에서 나치즘에 대한 '공개적 논쟁'을 점차 적법화하는 것(그게 그렇게 나쁜 것이었나? 공산주의는 더 나쁘지 않았는가? 즉 나치즘은 레닌주의-스탈린주의에 대한 반작용으로 이해될 수 없는 것인가?)에 이르기까지. 하지만 여기서 추가적 구분을 도입하는 것이 핵심적이다. 라캉에게 있어서 진정한 행위란 상징적 공간의 규칙들을 단지 사후적으로 변화시키는 것에 불과한 것이 아니다. 그것은 또한 기저에 놓인 환영을 교란시킨다. 그리고 바로 여기서, 이 핵심적 차원과 관련하여, 파시즘은 단연코 행위를 위한 기준을 통과하지 못한다. 오히려 반대로 파시스트 '혁명'은 유사-사건의 전형적 경우로서, 가장 근본적인 층위(생산 관계의 층위)에서 아무것도 실제로 변하지 않는다는 사실을 은폐하기 위한 스펙터클한 소동인 것이다. 그리하여 파시스트 혁명은 '궁극적으로 아무것도 실제로 변하지 않기 위해서는 무엇을 해야만 하는가?'라는 질문에 대한 답변이다. 혹은—이를 이데올로기적 공간의 리비도적 경제의 용어로 표현해보자면—파시스트의 이데올로기적 혁명은, 자본주의 사회 체계를 밑에서 지탱하는 환상을 교란/'횡단'하기는커녕, 단지 '정상적' 부르주아 이데올로기적 상황에 대한 환상적 '내속적 위반'(비록 공공연하게 인정되지는 않지만 그럼에도 불구하고 개인들의 활동을 유효하게 결정하는 일단의 암묵적인 인종주의적, 성차별주의적 등등의 '편견들')을 백일하에 드러낼 뿐이다.

   오늘날의 평범한 지혜 가운데 하나는, 우리가 새로운 세계 질서라는 가장 속에서 새로운 중세 사회로 진입하고 있다는 것이다. 이런 비유 속에 들어 있는 일말의 진실은 그 새로운 세계 질서가, 중세 시대의 경우처럼, 보편적인 것이 아니라 범역적인 것이라는 점이다. 왜냐하면 그것은 각 부분이 저마다의 할당된 자리를 갖는 새로운 범역적 질서를 얻기 위해 분투하고 있으니까 말이다. 오늘날 자유주의의 전형적 지지자는 자신들의 권리가 축소되는 것에 항의하는 노동자들과 서구의 문화적 유산에 충실할 것을 강조하는 우파 양자 모두를 함께 내던진다: 그는 이 양자를 오늘날의 후-이데올로기적 우주 속에 어떠한 유관성도 지니지 않은 '이데올로기 시대'의 가엾은 잔재로 본다. 그렇지만 범역화에 대한 이 두 저항은 전적으로 양립불가능한 논리를 따른다. 우파는 범역화의 맹공에 위협받는 특수한 공통체적 정체성(인종집단 ethnos이나 거주지habitat)을 강조한다. 반면에, 좌파가 보기에 위협을 받고 있는 차원은 정치화의 차원, '불가능한' (기존의 세계 질서 공간 내부에서는 '불가능한') 보편적 요구들을 절합하는 차원이다.

여기서 우리는 범역화와 보편화를 대립시켜야 한다: 범역화(범역적 자본주의라는, 범역적 세계 시장의 확립이라는 의미에서뿐만이 아니라, 또한 범역적 인권이 침해되는 지역에서 국가 주권의 침해를 적법화하는 인권에 대한 범역적 참조점으로서의 '인류애'에 대한 단언이라는 의미에서)는 고유의 정치화에서 나타나는 보편성의 차원을 점차 배제시키고 있는 최근 생겨난 후-정치적 논리에 대한 이름에 다름아니다. 역설은, 정치적 분쟁 과정 없이는, '어떠한 부분도 아닌 부분', 즉 스스로를 보편자에 대한 대역으로서 제시하는/현시하는 탈구된 존재자 없이는 어떠한 고유의 보편자도 없다는 것이다.

우리는 랑시에르의 후-정치 개념을 발리바르가 제안한 현대 생활의 한 특징으로서의 과잉적, 비-기능적 잔인성 개념과 연계시켜야 한다:31) '근본주의적' 인종주의자와/나 종교적 살육에서 시작해서 우리

---

31) Balibar, 'La violence: idéalité et cruauté', in *La crainte des masses*를 볼 것.

거대 도시들의 청소년들과 집 없는 떠돌이들이 저지르는 '무의미한' 분출들에 이르기까지 다양하게 현시되는 잔인성, 이드-악*Id-Evil*이라 부르고만 싶은 폭력, 어떠한 실용주의적이거나 이데올로기적인 이유에도 근거하고 있지 않은 폭력. 외국인들이 우리의 일자리를 훔쳐가고 있다거나 그들이 우리의 서구적 가치를 위협하고 있다는 온갖 이야기 때문에 현혹되지 말아야 한다: 좀더 면밀하게 들여다보면 이런 이야기가 다소 피상적인 이차적 합리화를 제공한다는 점이 곧 분명해진다. 우리가 궁극적으로 스킨헤드로부터 얻는 대답은 외국인들을 괴롭히면 기분이 좋아진다는, 그들의 존재가 그를 성가시게 한다는 등등의 이야기다. 여기서 우리가 마주하는 것은 실로 이드-악이다. 즉 자아와 향유 사이의 관계 속에 있는 가장 기초적인 불균형에 의해, 쾌락과 쾌락의 바로 그 핵심부에 있는 향유의 이질적 몸체 사이의 긴장에 의해, 구조화되고 동기화된 악이다. 그리하여 이드-악은 주체가 원초적으로 상실된 욕망의 대상-원인에 대해 맺고 있는 관계에 있어서의 가장 기본적인 '단락'을 무대올린다: '타자'(유대인, 일본인, 아프리카인, 터키인……) 속에 들어 있는 우리를 성가시게 하는 그 무엇은, 그가 그 대상과의 특권적 관계를 즐기는 것처럼 보인다는 것이다—타자는 우리로부터 앗아간 (우리가 그것을 가지지 못하는 것은 그 때문이다) 대상-보물을 소유하고 있거나 아니면 우리가 그 대상을 소유하는 것에 대해 위협을 제기한다.[32]

다시금 여기서 우리가 제안해야 하는 것은 헤겔적 '무한 판단'이다. 타자성에 대한 순수하고도 노골적인 ('비-승화된') 증오 이외에는 어

---

[32] 이 주제를 좀더 발전시킨 논의를 위해서는, Slavoj Žižek, *The Metastases of Enjoyment*, London: Verso, 1995, 3장을 볼 것. [국역본: 지젝, 『향락의 전이』, 이만우 옮김, 인간사랑, 2002.]

떠한 것도 드러내 보이지 않는 이와 같은 '무익'하고 '과잉'적인 폭력의 분출들과 어느 누구도 배제하지 않으며 차이를 관용하는 후-정치적 다문화주의 우주의 사변적 동일성을 단언하는 '무한 판단' 말이다. 물론 방금 나는 '비-승화된'이라는 용어를 그 통상적 의미로 사용한 것이다. 즉 이 경우에 그것은 엄밀하게 정신분석학적인 의미의 정반대를 나타낸다―요컨대, (공식적으로 관용되는) 타자에 대한 어떤 대리물에 우리의 증오를 집중할 때 발생하는 것은 다름아닌 가장 기본적인 **승화**의 메커니즘이다. 상징적 포섭의 층위에서 모든 사람을 다 고려하는 후-정치적인 구체적 보편성의 포용적 성격은, 즉 '차이 속의 통일'('만인의 동등과 만인의 차이')이라는 이와 같은 다문화주의적 전망/실천은, (인종, 성, 종교 등등의) 우연적 **타자**를 불가능한 사물의 '절대적 타자성'으로, 우리의 정체성에 대한 궁극적 위협―우리가 살아남으려면 절멸시켜야만 하는 이 사물―으로 끌어올리는 원-승화적 제스처를 차이를 표시할 유일한 방법으로서 열어 놓는다. 바로 여기에 고유하게 헤겔적인 역설이 놓여 있다: 진정으로 합리적인 '구체적 보편성'의 최종적 도래―적대들의 폐지, 상이한 집단들의 협정된 공존의 '성숙한 우주―는 그것의 근본적 대립물과, 즉 철저하게 우연적인 폭력의 분출들과 일치한다.

  헤겔의 근본 규칙은, '객관적' 과잉(추상적 보편성의 직접적 통치. 추상적 보편성은 그것의 법칙을 '기계적으로' 부과하고, 그것의 그물망에 붙잡힌 관련 주체를 완전히 무시한다)은 언제나 '주관적' 과잉(불규칙적이고 임의적인 변덕의 행사)에 의해 보충된다는 것이다. 이런 상호의존성을 보여주는 탁월한 사례를 제공하는 것은 발리바르인데, 그는 대립되면서도 상보적인 과잉 폭력의 두 양태를 구분한다: 범역적 자본주의의 사회적 조건들에 내재하는 '극-객관적'('구조적') 폭력

(노숙자에서 실업자에까지 이르는 배제되고 불필요한 개인들의 '자동적' 생산)과, 새롭게 출현하는 인종적이고/거나 종교적인(한마디로: 인종주의적인) '근본주의들'의 '극-주관적' 폭력. 이 '과도한' '근거없는' 폭력은 무력한 냉소적 반성이라는 그 자체의 인식 양태를 내포한다. 앞서의 이드-악이라는 사례로 돌아가 보면, 외국인을 괴롭히는 스킨헤드의 인식 양태가 그러하다. 그에게 왜 폭력을 행사하는지 이유를 말하라고 실로 재촉한다면, 그리고 그가 최소한의 이론적 반성을 할 수 있다면, 그는 갑자기 사회 복지사나 사회학자나 사회 심리학자처럼 말하기 시작할 것이다. 사회적 유동성의 감소, 불안정성의 증가, 아버지 권위의 붕괴, 어린 시절의 어머니 사랑의 결핍 등등을 운운하면서 말이다. 요컨대 그는 폭력적 젊은이들을 사회적 환경과 가족 환경의 비극적 희생양으로서 '이해'하고자 열망하는 계몽된 자유주의자들에게 그렇게도 소중한, 그의 행위들에 대한 다소간 정확한 사회심리학적 설명을 제공할 것이다.

여기서 플라톤 이래로 계속된, '이데올로기 비판'의 유효성에 대한 표준적 계몽적 정식화('그들은 자신들이 무엇을 하고 있는지 알지 못하기 때문에 그것을 한다'— 즉 인식은 그 자체로 해방적이다. 잘못을 저지르고 있는 주체가 자신이 무엇을 하고 있는 것인가를 반성할 때 그는 더 이상 그것을 하지 않을 것이다)는 변경된다: 폭력적인 스킨헤드는 '자신이 무엇을 하고 있는지를 아주 잘 알고 있지만, 그럼에도 불구하고 그것을 하고 있다'.[33] 주체의 현실적 사회적 실천 속에 삽입된 상징적으로 유효한 인식은 한편으로 어떠한 이데올로기적-정치적 토대도 없는 과도한 '비합리적' 폭력으로, 그리고 다른 한편으로는 주

---

[33] 이와 같은 반성된 냉소적 태도에 대한 좀더 자세한 설명을 위해서는 Slavoj Žižek, *The Indivisible Remainder*의 3장을 볼 것.

체의 행위를 손대지 못하는 무력한 외적 반성으로 분해된다. 빈정대는 듯한 미소를 머금고서 자신의 몰지각한 폭력적 행동의 뿌리를 당혹해 하는 저널리스트에게 설명하는 이 냉소적으로 무기력한 반성하는 스킨헤드의 가장 속에서, 과잉 폭력의 형태들을 '이해'하는 데 열심인 계몽된 관용적 다문화주의자는 자기 자신의 메시지를 그것의 전도된, 참된 형식 속에서 얻는다―요컨대, 라캉식으로 말해보자면, 이 지점에서 그와 그의 연구 '대상'인 불관용적 스킨헤드 사이의 소통은 완전히 성공적이다.

이 과도한 '역기능적dysfunctional' 폭력과 표준적인 이데올로기적 보편적 개념의 암묵적 지탱물로서 이바지하는 외설적 폭력 사이의 구분은 여기서 핵심적이다('인간man의 권리'라는 것이 '실제로는 보편적이지 않은' 것이며 '사실상 백인 소유주 남성의 권리'일 때, 권리의 보편성을 유효하게 제약하는 이 암묵적인 기저의 불문율을 무시하려는 어떠한 시도도 폭력의 분출과 마주하게 된다). 이런 대조가 아프리카계 미국인들의 경우에서보다 더 강한 곳도 없다: 그들은 미국 시민이라는 단순한 사실에 의해 정치적 삶에 참여할 자격을 공식적으로 부여받았지만, 낡은 초-정치적 민주주의적 인종주의는 (언어적, 신체적 등등의 위협을 통해) 은밀히 그들의 배제를 강요함으로써 그들의 현실적 참여를 막았다. 이 표준적인 보편성으로부터의 배제에 대한 타당한 응답은 마르틴 루터 킹이라는 이름과 연계된 대 민권운동이었다: 이 운동은 공식적인 보편적 평등으로부터 흑인을 현실적으로 배제시키는 역할을 한 그 암묵적인 외설적 보충물을 중지시켰다. 물론 그와 같은 제스처를 통해서 반대자들을 멍청한 남부 하층 계급 막노동꾼으로 취급하면서 자유주의적 백인 상층 계급 주류 대다수의 지지를 얻는 것은 어렵지 않은 일이었다. 하지만 오늘날 계급 투쟁의 지형 자체가 변했다. 후-정치적 자유주의적 주류는 한낱 공식적인 평등과 그것의 실현/이행 사이의 틈새가 있음을 온전히 인정하는 데 머물지 않으며, '거짓된' 이데올로기적 보편성의 배제적 논리가 있음을 인정하는 데 머물지 않는다. 더 나아가 그들은 광범위한 법률적-심리학적-사회학적 조치들의 네트워크를 적용함으로써 적극적으로 그것과 싸운다. 그리하여 그들은 모든 집단 및 하위집단(동성애자들뿐 아니라 아프리카계 미국인 레즈비언들, 아프리카계 미국인 어머니 레즈비언들, 아프리카계 미국인 실직 어머니 레즈비언들……)의 특수한 문제들을 확인하는 것에서 시작해서 잘못을 고치기 위한 일단의 조치들('차별철폐조치' 등등)을 제안하기까지 한다.

이와 같은 관용적 절차가 배제하고 있는 것은 고유한 **정치화**의 제스처이다: 아프리카계 미국인 실직 어머니 레즈비언들이 겪는 어려움들이 그 가장 특수한 특징들까지 곧장 적절하게 목록화된다고 해도, 여하간 관련 주체는 자신의 특수한 곤궁에 대해 공정성을 할당하려는 바로 이런 노력 자체에 무언가 '잘못된' 어떤 것이, '좌절감을 주는' 어떤 것이 있다고 '느낀다'—그 주체가 박탈당하는 것은, 자신이 겪는 특수한 '잘못'을 보편적 '잘못'의 대리물로 '은유적으로' 고양시킬 가능성이다. 그렇다면, 이 보편성—나는, 정확히, 일단의 특수한 불공정함들에 노출된 저 특수한 개인에 불과한 것이 아니다는 사실—을 표명할 유일한 방법은 겉보기에 분명 그것과 정반대인 것에, 즉 전적으로 '비합리적인' 과잉 폭력의 분출들에 있는 것이다. 여기서 예전의 헤겔적 규칙이 다시금 확인된다: 보편성이 존재하기 위한, 즉 스스로를 '그 자체로서' '정립'하기 위한 유일한 길은 그것의 정반대, 즉 과도한 '비합리적' 변덕으로서 외양할 수밖에 없는 그 무엇을 가장하는 것이다. 이 폭력적인 행위로의 이행*passages à l'acte*은, 고유하게 정치적인 용어로는 더 이상 정식화/상징화될 수 없는 기저의 어떤 적대를 증언한다. 이 과도한 '비합리적' 분출들에 맞설 유일한 길은, 그럼에도 불구하고 무엇이 바로 그 포용적/관용적 후-정치적 논리 속에서 폐제된 것으로 남아 있는가라는 물음에 다가가는 것이며, 이 폐제된 차원을 어떤 새로운 양태의 정치적 주체화 속에서 현실화하는 것이다.

어떤 특별한 지점을 겨냥하는, 즉 어떤 특수한 요구에 초점을 맞추는 ('새로운 세금을 폐지하라! 수감자에게 정의를! 천연 자원 개발을 멈춰라!'······) 대중적 항의(대중 시위, 파업, 보이코트)라는 표준적 사례를 상기해보자—이 특수한 요구가 그들을 향한, 즉 권력자들을 향한 범역적 반대의 은유적 응축물로서 기능하기 시작하고 그 결과 그 항의가 현실적으로 더 이상 단지 그 요구에 관한 것이 아니라 그 특수한 요구 속에서 공명하는 보편적 차원에 관한 것이 될 때, 상황은 정치화된다(이런 이유 때문에 종종 항의자들은 자신들의 항의가 겨냥하고 있는 저 권력자들이 그들의 요구를 단순히 받아들일 때 여하간 속았다는 느낌을 갖는다. 마치 이와 같은 방식으로, 권력자들이 그들의 요구를 받아들인다는 바로 그 가장 속에서 항의의 진정한 목적을 앗아감으로써, 여하간 그들을 좌절시킨 것인 양 말이다). 후-정치는 바로 이와 같은 특수한 요구들의 은유적 보편화를 가로막는 경향이 있다: 후-정치는 전문가와 사회 복지사 등의 광범위한 기구를 동원하여 어떤 특정한 집단의 포괄적 요구(불평)를 한낱 특수한 내용을 지닌 이러저러한 요구로 환원시킨다—이 숨막히는 폐쇄가, 특수성 너머의 차원을 표현할 유일한 길로서 '비합리적' 폭력의 폭발을 낳는 것은 전혀 놀랄 일이 아니다.

이런 논변은 폭력적 분출들이 빈혈에 걸린 우리 자유주의 서구 문명에서 억압된 것의 회귀를 표시한다는 수많은 보수주의 비평가들의 논점과 혼동되지 말아야 한다. '훌리건은 야만인이 아니다. 훌리건은 더할 나위 없고도 끔찍한 문명의 산물이다'[34]라는 마리오 바르가스 요사의 논변은 여기서 본보기가 된다. 요사는 전형적인 폭력적 축구 팬은 실업자 룸펜프롤레타리아가 아니라 점잖은 예절과 문명화된 동정심의 바로 그 축도縮圖인 안락한 생활 형편의 중산층 노동자라는 관찰을 그 출발점으로 삼는다―그들의 폭력적 분출들은 '억압된 것의 회귀'이며, 우리의 문명화된 자유주의적 사회에 의해 점차로 금지되는 폭력적 주연의 재단언이다. 프로이트에 대한 오도적인 참조를 통해서 요사는 현재의 폭력적 분출들을 신비화하고 자연화한다: 마치 인간 본성 안에는 폭력적 분출을 향한 어떤 고정된 환원불가능한 성향이 있는 것인 양, 그리고 신성한 주연酒宴이 더 이상 그 성향의 적법한 표현으로서 허용되지 않을 때 이 성향은 스스로를 표현할 또 다른 방법을 찾아야만 하는 것인 양……. 이런 논변 노선과는 대조적으로, 나의 논점은 훨씬 더 강한 것이다: 신나치주의 스킨헤드의 인종적 폭력은 자유주의 다문화주의적 관용에서의 '억압된 것의 회귀'인 것이 아니라 곧바로 그것에 의해 **생성된** 것이며 그것 자체의 숨겨진 진짜 얼굴이다.

진보적 유럽중심주의라는 것이 있는 것인가?

이런 개념적 틀은 우리로 하여금 새로운 방식으로 동유럽 사회주의에 접근할 수 있게 해준다. 동유럽에서 일어난 현실 사회주의에서 현

---

[34] Mario Vargas Llosa, 'Hooligans, the product of a high civilisation', *The Independent*, 27 June, 1998, The Weekend Review, p. 5를 볼 것.

실 자본주의로의 이행은, 숭고한 민주주의적 열광이 우스꽝스러운 것으로 희극적으로 반전되는 일련의 사태를 초래했다. 프로테스탄트 교회 주위로 모여들었던, 그리고 비밀경찰의 테러에 영웅적으로 반항했던 위엄을 갖춘 동독 군중들은 갑자기 바나나와 싸구려 포르노의 속물적 소비자로 변했다. 하벨과 그밖의 문화적 아이콘들의 호소로 동원된 문명화된 체코인들은 갑자기 서구 여행객이나 속여먹는 싸구려 사기꾼이 되었다⋯⋯. 실망은 상호적이었다. 처음에는 동구의 반체제 운동을 자신들의 진부한 민주주의의 재창안으로서 우상화했던 서구는 현재의 후-스탈린주의 체제들에 실망하면서 그것들을 부패한 구공산주의 과두정치와/나 인종적·종교적 근본주의의 혼합물로서 기각한다(심지어 쇠약해가는 자유주의자들조차도 불충분하게 '정치적으로 올바른' 것으로서 불신당한다: 그들의 여성주의적 자각은 어디에 있는가? 등등). 또한 처음에는 서구를 뒤쫓아야 할 풍요로운 민주주의의 사례로서 우상화했던 동구는 스스로가 무자비한 상업화와 경제적 식민화의 소용돌이 속에 빠져 있음을 발견한다. 그렇다면 이 모든 것이 애쓸 가치가 있었던 것인가?

대시엘 해미트의 『몰타의 매』의 주인공인 사설 탐정 샘 스페이드는 갑자기 안정된 일자리와 가족을 버리고 사라진 한 남자를 찾는 일을 맡게 되었던 이야기를 들려준다. 스페이드는 그를 추적할 수가 없다가 몇 년 후에 우연히 다른 도시에 있는 술집에서 그를 마주친다. 가명을 쓰는 그 남자는 자신이 도망친 그 삶과 놀랍도록 유사한 삶을 살아가고 있다(틀에 박힌 따분한 일자리, 새 아내와 아이들)—하지만 이런 유사성에도 불구하고 그는 자신의 새로운 출발이 헛된 것이 아니었음을, 인연을 끊고 새 삶을 시작하는 것이 그만한 수고를 들일 가치가 있는 것이었음을 확신한다⋯⋯. 아마도 구공산주의 동유럽 국가들에서 일어난 현실 사회주의에서 현실 자본주의로의 이행도 마찬가지일 것이다: 열광적 기대들이 배반당했음에도 불구하고, 그 중간에서, 이행 그 자체 속에서 무언가가 **실제로** 발생했으며, 그 중간에서 발생한 바로 이 사건 속에, 이 '사라지는 매개자' 속에 우리는 재정상화로 인해 흐려지게 되는 그 결정적 차원을 정위시켜야 한다.

동독, 폴란드, 체코 공화국의 항의하는 군중들은 자신들이 실제로 얻은 것이 아닌 '무언가 다른 것을 원했다'는 것이, 즉 다양한 이름들('연대', '인권' 등등)로 지칭되는 불가능한 온전함의 유토피아적 대상을 원했다는 것이 분명하다. 기대와 현실 사이의 이와 같은 틈새에 대해 두 가지 반응이 가능하다. 그 두 반응을 가장 잘 포착할 수 있는 방법은 **바보**/fool와 **악당**/knave이라는 잘 알려진 대립을 참조하는 것이다. 바보란 궁중의 얼간이 어릿광대이며, 그가 하는 말의 '수행적 힘'(사회정치적 유효성)이 중지되어 있다는 바로 그 이유 때문에 진리를 말하는 것이 허용된다. 악당은 공공연하게 진리를 말하는 빈정꾼이며, 스스로의 비뚤어짐에 대한 공공연한 인정을 정직이라고 하면서 팔고 다니는 사기꾼이며, 사회적 안정을 유지하기 위해서 위법적 억압이 필요함을 인정하는 불한당이다. 사회주의의 몰락 이후를 본다면, 악당은 자유 시장에 대한 신보수주의적 지지자인데, 그는 모든 형태의 사회적 연대를 역효과만을 초래하는 감상주의로서 무자비하게 거부한다. 반면에 바보는 다문화주의적인 '급진적' 사회 비평가인데, 그는 현존 질서를 '전복'하도록 예정된 자신의 유희 절차들을 가지고서 실제로는 현존 질서의 보충물로서 봉사한다. 동유럽과 관련하여, 악당은 구동독에서 있었던 신포럼*Neues Forum*의 '제3의 길' 프로젝트를 가망 없이 낡아빠진 유토피아주의로 기각하고 무자비한 시장 현실을 받아들이라고 우리를 타이른다. 반면에 바보는 사회주의의 붕괴가 실로 제3의 길을 열었다고, 동구에 대한 서구의 재식민화에 의해 아직 착취되지 않은 하나의 가능성을 열었다고 주장한다.

물론 이처럼 숭고한 것이 우스꽝스러운 것으로 반전된 것은, 동구 사회주의의 마지막 몇 해 동안 ('연대'에서 '신포럼'에 이르기까지의) 사회적 저항 운동들의 공적인 (자기-)지각에서 이중적 오해가 작용하고 있었다는 사실에 근거하고 있었다. 한편으로 침착하고 합리적이며 탈정치화된 분위기에서 문제를 함께 논의할 수 있을 '정직한 비판자'와 외국의 이익에 봉사하는 한 무리의 극단주의적 앞잡이를 구분함으로써, 이 사건들을 자신들의 치안/정치적 틀구조 속에 재기입하려는 지배 노멘클라투라의 시도들이 있었다.35) 그리하여 그 전투는 단지 더 높은 임금과 더 나은 조건을 위한 전투에 불과한 것이 아니었으며 또한—그리고 무엇보다도—노동자들이 체제의 대표자들과의 협상에서 합법적 상대자로서 인정받기 위한 것이기도 했다. 당국자가 이를 받아들일 수밖에 없게 된 순간, 어떤 면에서는 이미 전투에서 이긴 것이었다.36) 이 운동들이 광범위한 대규모 현상으로 폭발하자 자유와 민주주의(와 연대와……)에 대한 그들의 요구는, 동구 사람들 또한 서구 사람들이 이미 가지고 있는 것을 원한다는 확증을 그 속에서

---

35) 이 논리는 구-유고슬라비아에서 그 터무니없는 극단에 이르렀는바, 노동자의 파업이라는 개념조차도 이해될 수 없는 것이었다. 지배 이데올로기에 따르면, 노동자는 자신들의 회사를 자주-관리하는 가운데 이미 지배하고 있다. 따라서 그들이 그 회사에 대항해서 파업을 할 수 있다는 말인가?

36) 여기서 흥미로운 점은, 쇠퇴하는 스탈린주의 내부에서의 이 투쟁에서 '정치적'이라는 용어 자체가 어떻게 역전된 방식으로 기능했는가 하는 것이다. ('반혁명적 경향들'에 대해 이야기하면서) 상황을 '정치화'한 것은 다름아닌 (치안의 논리를 표상하는) 공산당이었던 반면에 반대파 운동 세력은 근본적으로 '비정치적'이며 시민적-윤리적인 성격을 강조했다. 그들은 단지 존엄, 자유 등등의 '단순한 가치'를 표상했다. 그들의 주요 기표가 연대라는 '비정치적' 개념이었다는 것은 전혀 놀랄 일이 아니다.

보았던 서구 논평가들에 의해 다시금 오지각되었다. 그들은 이 요구를 서구의 자유민주주의적 자유 개념(다당제의 대의 정치 게임을 겸한 범역적 시장 경제)으로 자동적으로 번역했다.

여기서 캐리커처가 될 정도로 전형적이었던 인물은 댄 래더였다. 미국인 뉴스 기자인 그는 1989년 천안문에서 자유의 여신상 모사본 앞에 서서 이 여신상이 항의하는 학생들이 요구하고 있는 모든 것을 말하고 있다고 (요컨대 중국인의 황색 피부를 긁어내면 미국인을 발견할 것이라고) 주장했다. 이 여신상이 실제로 나타낸 것은 실제의 USA와는 아무런 상관도 없는 유토피아적 갈망이었다(우연히도, 미국으로 온 최초 이주민들의 경우도 마찬가지인데, 그들에게 여신상의 광경은 곧 뭉개지고 말았던 유토피아적 갈망을 나타냈다). 그리하여 미국 매체의 지각은 에티엔 발리바르가 평등자유라 부르는 것의 폭발(그 어떤 실정적 질서라도 폭발시키는 자유-평등에 대한 무조건적 요구)을 주어진 질서의 테두리 안에 재기입하는 또 하나의 사례를 제공했다.

그렇다면 우리는 악당 아니면 바보라는 기운 빠지는 양자택일을 할 수밖에 없는 것인가, 아니면 제3의 길*tertium datur*이 있는 것인가? 어쩌면 이 제3의 길의 윤곽은 근본적인 유럽의 유산을 참조함으로써 식별될 수 있는 것일지도 모른다. '유럽의 유산'이라고 말하면, 자존심 있는 모든 좌파 지식인들은 요제프 괴벨스가 문화 그 자체에 대해 반응했던 것과 동일한 반응을 한다. 즉 총을 뽑아서 원-파시스트적 유럽중심적 제국주의에 대한 비난들을 발사하기 시작한다……. 그렇다면 유럽의 정치적 전통에 대한 좌파적 전유를 상상하는 것이 가능한가? 그렇다. 랑시에르를 따라서, 민주주의적 정치적 주체화라는 그 고유한 제스처야말로 이 전통의 핵심이라고 한다면 말이다: 동유럽 사회주의가 붕괴될 때 폭력적으로 재출현한 것은 다름아닌 이 고유의 정치화였다. 나 자신의 정치적 과거사를 예로 들어보자. 나는 1988년 슬로베니아의 유고슬라비아 군에 의해 네 명의 저널리스트가 구속되어 재판을 받은 일이 있고 나서 어떻게 내가 '고소된 4인의 인권을 보호하기 위한 위원회'에 참여했는가를 기억하고 있다. 공식적으로 그 위원회의 목표는 고소된 4인에 대한 공정한 처리를 보장하는 것이었다. 하지만 그 위원회는 주요한 정치적 반대 세력이 되었다. 즉 사실상 체코 시민 포럼이나 동독 신포럼의 슬로베니아식 판본이 되었다. 그리하여 그것은 민주적 반대파들을 통합하는 단체로서 시민 사회를 사실상 대표했다.

위원회의 강령은 네 가지 항으로 이루어졌다. 처음 세 가지는 직접적으로 구속된 사람들과 관계된 것이었다. 반면에 '세부 속의 악마devil in the detail'는 물론 네 번째 항이었다. 이 항은 위원회가 고소된 4인을 검거하게 된 배경 일체가 명확히 밝혀지기를 원하며, 그리하여 그와 같은 구속이 더 이상 가능하지 않을 상황을 조성하는 데 기여하기를 원한다는 내용을 담고 있다―우리는 기존의 사회주의 체제의 폐지를 원한다고 말하는 약호화된 방식. '고소된 4인에게 정의를!'이라는 우리의 요구는 사회주의 체제의 범역적 전복에 대한 요구의 은유적 응축으로서 기능하기 시작했다. 바로 그런 이유 때문에, 거의 매일 있었던 위원회와의 협상에서 공산당 관리들은 고소된 4인의 석방이 우리의 진짜 목표가 아니라고 주장하면서―우리가 '다른 더 음흉한 목표를 위해 구속과 재판을 이용하고 조작하고 있다'고 주장하면서―우리의 '숨은 계획'을 계속해서 추궁했다. 간단히 말해서 공산주의자들은 '합리적인' 탈정치화된 게임을 원했다. 그들은 '고소된 4인에게 정의를!'이라는 슬로건에서 그 폭발적인 일반적 함축을 제거하길 원했으며 그것을 단지 사소한 법적 문제와만 관련된 그 축어적 의미로 환원시키길 원했다. 정작 '비민주적으로' 행동하는 것은, 고소된 자들이 처한 곤경의 특수한 문제에 초점을 맞추는 대신에 범역적 압력과 공갈의 전략을 사용하면서 고소된 자들의 운명을 조작하는 것은 바로 우리 위원회라고 그들은 냉소적으로 주장했다.

이것이 고유의 정치다. 즉 어떤 특수한 요구가 단순히 이해관계 협상의 일부에 불과한 것이 아니라 더 많은 무언가를 목표로 하고 전 사회 공간의 범역적 재구성의 은유적 응축으로서 기능하기 시작하는 계기. 이런 주체화와 오늘날의 후근대적 '정체성 정치'의 확산은 분명하게 대조된다. 후자의 목표는 그 정반대다. 즉 자신의 특수한 정체성에 대한, 사회 구조 내부에서의 자신의 고유한 자리에 대한 단언이다. 특수한 (인종적, 성적 등등의) 생활양식들의 후근대적 정체성 정치는 탈정치화된 사회 개념에 완벽하게 들어맞는데, 그 속에서 모든 특수한 집단이 다 '고려'되며, 사회적 정의를 보증하기 위한 차별철폐 조치나 그밖의 조치들을 통해 인정된 그 집단만의 특수한 지위(희생자라는 지위)를 갖는다. 희생된 소수자들에게 배당된 이런 종류의 정의가 (문제의 집단을 확인하기 위한, 그것의 권리를 침해하는 자들을 처벌하기 위한—성적 학대나 인종적 모욕 등등을 어떻게 법적으로 정의할 것인가? 등등—그리고 이 집단이 겪은 잘못된 대우를 보상할 우선적 조치를 제공하기 위한) 복잡한 치안 기구를 요구한다는 사실은 매우 중요하다. 그리하여 통상 '후근대적 정치'로서 칭송받는 것(자신의 특수한 구성요소에 그 고유한 자리를 할당하는 '합리적' 범역적 질서의 내부에서 그 해결책이 협상되어야만 하는, 특수한 쟁점들의 추구)은 사실상 고유한 정치의 끝이다.

따라서, 오늘날의 후-정치적 자유민주주의의 범역적 자본주의 체제가 비-사건의 (니체의 용어로는, 최후의 인간의) 체제라는 데 모든 사람이 동의하는 것처럼 보이는 동안에도 어디서 사건을 찾아야 할 것인가라는 물음은 여전히 열려 있다. 뻔한 해답은 이렇다: 우리가 현대의 후근대적 사회 생활을 '비-실체적인' 것으로서 경험하는 한, 온당한 답변은 열정적이고 종종 폭력적인 '뿌리'로의 다양한 복귀들이다. 즉 상이한 형태의 인종적이고/거나 종교적인 '실체'로의 다양한 복귀들. 사회적 경험에서 '실체'란 무엇인가? 그것은 폭력적인 정서적 '인지recognition'의 계기이다. 즉 그것은 자신의 '뿌리'를 깨닫게 되고 자신의 '진정한 소속'을 깨닫게 되는 때이며, 그 순간에 직면하여 자유주의적인 반성적 거리가 전적으로 무기력한 것이 되는 때이다—갑자기 세상을 표류하던 우리는 '고향'에 대한 일종의 절대적 갈망에 붙잡히게 되고 다른 모든 일은, 일상의 평범한 관심사들은 하찮게 된다······.37)

하지만 여기서 우리는, 이와 같은 '실체로의 복귀들' 그 자체가 자본의 범역적 행진 앞에서 무기력하다는 바디우의 지적을 온전히 시인해야만 한다. 이 복귀들은 자본의 내속적 보충물이며, 그것이 기능하는 한계/조건인데, 왜냐하면—몇 년 전에 들뢰즈가 강조한 것처럼—자본주의적 '탈영토화'에는 재출현하는 '재영토화들'이 언제나 수반되기 때문이다. 더 정확히 말해서, 특수한 정체성들의 장場에는 자본주의 범역화의 맹공에 의해 야기된 내속적 균열이 있다. 한편으로 이른바

---

37) 이를 또 다른 방식으로 표현해보면: 실체는 거짓의 **불활성적 저항**inert resistance of the falsity에 대한 이름이다. 예컨대 합리적 주체적 통찰을 통해 우리가 어떤 개념이 잘못되었다는 것을, 그것이 우리의 오지각에 의존하고 있으며 우리의 '맹목적' 미신적 편견들에 의존하고 있다는 것을 알게 되었지만 그럼에도 불구하고 이 개념이 알 수 없게도 존속할 때, 우리는 실체를 다루고 있는 것이다. 실체는, 진리를 지칭하기는커녕, 거짓 외양의 불활성적 존속이다. 바로 이 때문에 융Jung적인 원형들은 '심적 실체'의 차원을 가리키고 있다. 그것들은 우리가 이론적으로 이미 오래 전에 논박했음에도 불구하고 되풀이해서 되돌아오는 불활성적 심적 형성물의 차원을 가리킨다.

'근본주의들'이 있는데, 그것들의 기본 공식은 오로지 자기 집단만의 정체성의 공식이며, 이는 위협적 **타자**(들)를 배제하는 실천을 함축한다: (알제리 이주자들에 대항한) 프랑스인을 위한 프랑스, (라틴 아메리카계의 침입에 대항한) 미국인을 위한 미국, (구유고슬라비아 공화국에서 온 이주자들인 '남부인들'이 넘쳐나는 것에 대항한) 슬로베니아인을 위한 슬로베니아.38) 다른 한편으로 후근대적인 다문화주의 '정체성 정치'가 있는데, 이는 끝없는 하위집단(라틴아메리카계 여성, 흑인 게이, 백인 남성 에이즈 환자, 레즈비언 어머니……)으로 나뉘어지는 변화무쌍하고 '잡종적인' 생활양식 집단들의 관용적 공존을 목표로 한다.

잡종적이고 유동적인 변화무쌍한 정체성들이 각자 자신만의 특별한 삶의 방식과/이나 문화를 주장하고 있는바, 집단들과 하위집단들의 이와 같은 줄곧 더해만 가는 번창은, 이와 같은 쉴 새 없는 다양화는 자본주의적 범역화를 배경으로 해서만 가능한 것이고 생각할 수 있는 것이다. 바로 그와 같은 방식으로 자본주의적 범역화는 인종적 형태나 그밖의 형태의 공동체적 소속에 대한 우리의 감각에 영향을 미치는 것이다. 이 다양한 집단들을 연결하는 유일한 고리는 자본 그 자체이며, 이는 매 집단과 하위집단의 특수한 요구들을 충족시킬 준비가 언제나 되어 있다(게이 관광, 라틴아메리카계 음악 등등). 게다가 근본주

---

38) 아브라함 링컨의 심령주의에 대한 언급('내 생각으로는, 그와 같은 종류의 것을 좋아하는 사람들은 단지 그와 같은 종류의 것만이 마음에 드는 것이다.')은 민족주의적 자기-폐쇄의 성격을 완벽하게 표현한다. 그리고 바로 그 때문에 그것은 민족주의자들의 특징을 이야기하는 데 사용한다면 한층 더 잘 작용하지만, 진정한 근본적 민주주의자들에게 적용한다면 작용하지 **않는다**. 진정한 민주주의적 연루에 대해 말하는 것은 **불가능하다**. '그와 같은 종류의 것을 좋아하는 사람들은 단지 그와 같은 종류의 것만이 마음에 드는 것이다.'

의와 후근대적 다원적 정체성 정치 사이의 대립은 궁극적으로는 속임수이며, 심층적 연대(혹은, 헤겔식으로 말하자면, 사변적 동일성)를 은폐하고 있다. 다문화주의자는 가장 '근본주의적'인 인종적 정체성조차도 매력적인 때가 있음을 손쉽게 발견하는데, 하지만 그것이 이른바 진정한 **타자**의 정체성(예컨대 미국의 경우에는 아메리카 인디언 부족의 정체성)인 한에서만 그러하다. 또한 근본주의 집단은, 사회적으로 기능함에 있어, 후근대적 정체성 정치 전략들을 채택한다. 즉 스스로를 위협받는 소수 가운데 하나로서 제시하며, 단지 그 독특한 삶의 방식과 문화적 정체성을 유지하기 위해서만 분투한다. 따라서 다문화주의 정체성 정치와 근본주의의 분리선은 순전히 형식적인 것이다. 종종 그것은 집단 정체성을 유지하기 위한 운동을 바라보는 관찰자의 상이한 관점에 의존하고 있을 뿐이다.

이런 조건들하에서, '뿌리로의 복귀'라는 가장 속의 사건은 자본주의적 순환 운동에 완벽하게 들어맞는, 혹은—최악의 경우에는—나치즘과 같은 대재앙으로 이르고 마는 하나의 유사물일 수 있다. 오늘날의 이데올로기적-정치적 배치의 특징은 이런 종류의 유사-사건들이, 갑자기 발생하는 것처럼 보이는 사건들의 유일한 외양들을 구성한다는 사실이다(**투쟁**을 받아들이는—다름아닌 보편적 관점에서 말한다고 주장하는 한에 있어서, 모든 사람을 기쁘게 해주려고 하는 것이 아니라 사실은 '우리' 대 '그들'이라는 **구분**을 도입할 준비가 되어 있는 것임을 공공연하게 인정하는—진정한 **정치적** 열정을 드러내는 것은 오늘날 오로지 우익 포퓰리즘뿐이다). 미국의 뷰캐넌이나 프랑스의 르펜이나 오스트리아의 하이더의 결단력을 혐오함에도 불구하고 심지어 좌파들조차도 그들의 출현에 일종의 안도감을 느끼고 있다는 사실이 종종 언급되어 왔다—마침내, 공적 사무에 대한 무균적인 후-

정치적 열정이 군림하는 속에서, 비록 통탄할 정도로 혐오스러운 형식으로긴 하지만 분리와 대결의 고유한 정치적 열정을, 정치적 쟁점들에 대한 확고한 믿음을 소생시키는 누군가 있는 것이다······. 그리하여 우리는 점점 더 깊숙이 밀실공포증적 공간 속에 갇혀 있게 되는데, 그 속에서 우리는 자유민주주의 자본주의적 범역적 신세계의 원활한 운영이라는 비-사건과 자본주의적 대양의 고요한 표면을 일시적으로 교란시키는 근본주의적 사건들(국부적 원-파시즘의 발생 등등) 사이에서 동요할 수밖에 없다—이런 정황 속에서 하이데거가 나치 혁명이라는 유사-사건을 사건 그 자체로 오인했다는 것은 전혀 놀랄 일이 아니다. 그 어느 때보다도 오늘날, 사건의 출현에 열려 있는 유일한 길은 자본주의적 범역화에 반대하여 보편성의 차원을 (재)단언함으로써 특수화와 함께하는 범역화의 악순환을 깨뜨리는 길이라고 주장해야만 한다. 여기서 바디우는 우리 시대의 미국의 범역적 지배와 구 로마제국 사이에 흥미로운 평행선을 긋는다. 로마제국 역시 다양한 인종 집단들이 (자본에 의해서가 아니라) 로마의 법적 질서라는 비-실체적 연결고리에 의해서 하나로 묶여 번성했던 '다문화주의적' 범역적 국가였다. 따라서 오늘날 우리가 필요로 하는 것은 보편적 진리의 관점에서 자본주의적 범역화의 토대를 침식할 제스처이다. 바울의 기독교가 로마의 범역적 제국에 대해 그랬던 것처럼 말이다.

이런 이유 때문에, 갱신된 좌파는 키에르케고르의 역설적 주장을, 즉 전통과 근대성 사이의 긴장과 관련하여 기독교는 근대성 편에 있다는 주장을 온전히 시인하려는 마음을 먹어야 한다. 진정한 신념은 이교적인 '유기체주의적' 휴머니즘을 떨구어버릴 때에만 출현할 수 있다는 주장 속에서 키에르케고르는 내부와 외부(내부의 신념과 종교적 제도)의 관계에 대한 철저한 반전을 공표한다. '기독교국Christendom'

에 대한 열정적이고도 맹렬한 논박 속에서 그는 참된 내적 신념을 위해서 제도화된 외적 종교에 대한 복종을 거부하는 것뿐만이 아니다. 키에르케고르는 이 두 측면(외적 제도의 의례와 참된 내적 신념)이 엄밀히 공의존적이라는 것을, 즉 생명 없는 외적 의례가 내적 확신이라는 자유주의적 종교의 공허한 심정주의에 의해 보충되는('교리'는 중요하지 않다. 중요한 것은 진정한 내적 종교적 심정이다') '근대'의 두 측면을 형성한다는 것을 잘 알고 있다. 키에르케고르의 요점은 참된 종교는 더 '내적인'(그것은 언어라는 보편적 매체로조차도 외화될 수 없는 절대적 신념의 행위를 내포한다) 동시에 더 외적이라는(내가 참되게 믿을 때, 나는 내 신념의 원천이 내 자신 안에 있지 않다는 것을, 그것이 어떤 불가해한 방식으로 외부로부터, 신 그 자신으로부터 온다는 것을 받아들인다―신이 은총 속에서 나를 부르신 것이며, 내가 그 분에게로 나 자신을 끌어올린 것이 아니다) 것이다.

다시 말해서 우리는 (존재론적으로) 더 낮은 요소들이 그것들의 목표인 부동의 선善을 향해 자발적으로 움직이는 아리스토텔레스적 우주 안에 더 이상 거주하지 않는다: 기독교에서는 다름아닌 신 그 자신이 '움직이며', 시간적/유한한 인간 속에 그 자신을 체화한다. 키에르케고르는 신념이라는 것을 믿는 자가 상징화/사회화할 수 없으며 타인과 나눌 수도 없는 순수 내면성으로서 규정한다(아브라함은 자신의 아들인 이삭을 죽이라는 신의 끔찍한 명령에 직면하여 절대적으로 홀로 있다). 그런데 이는 믿는 자의 신념 속에서 절대적으로 내적인 그 무엇, 간주체적 상징적 매개를 거부하는 그 무엇이 종교적 부름의 바로 그 근본적 **외면성**이라는 것을 의미한다: 신의 끔찍한 명령은 어떤 식으로도 아브라함의 '내적 본성'을 표현하지 않으며 오히려 주체를 외부로부터 공격하는, 주체가 결코 내면화할 수 없으며 '그 자신의 것'으로 떠맡을 수 없는, 주체가 다른 사람들과 함께 나눌 만한 어떠한 의미도 그 속에서 식별하지 못하는 어떤 근본적으로 외상적인 침입으로서 경험되며, 바로 그런 한에서 아브라함은 신의 이 명령을 다른 사람들과 함께 나눌 수 없는 것이다. 그리하여, 주체는 신의 명령을 내면화할 수 없다는 바로 그 이유 때문에 그것을 외화할 수 없다는 것, 그것이 바로 요점이다. 이제 우리는 어떻게 키에르케고르가 생명 없는 외적 의례와 순수한 내적 심정적 확신이라는 '근대적' 대립을 '극복'하는가를 볼 수 있다. '외적' 사회적 의례들이 다시금 진정한 내적 확신으로 충만해지는—즉, 주체가 유기적 사회적 삶에 온전히 참여하는—진정한 사회적 삶을 재-확립한다는 유사-헤겔적 종합을 통해서가 아니다(이는 '주관적'인 것과 '객관적'인 것으로의 분열 이전의 그리스 공동체에 대한 젊은 헤겔의 관점이다). 오히려, 근본적 외면성은 순수 내면성과 일치한다는 진정한 신념의 역설을 승인함으로써 그런 대립은 극복되는 것이다.

아마도 우리는 여기서 소크라테스의 **상기**|reminiscence와 기독교적 **반복**|repetition이라는 유명한 키에르케고르적 대립으로 돌아가는 것이 좋을 것이다. 소크라테스의 철학적 원리는 상기의 원리다. 진리는 이미 내 안에 깊숙이 거주하고 있으며 그것을 발견하기 위해서는 단지 내 영혼을 깊숙이 들여다보기만 하면, 즉 '나 자신을 알게' 되기만 하면 된다. 반대로 기독교적 진리는 계시의 진리이며 상기의 정반대다. 진리는 내속적이지 않으며, 이미 내 안에 있는 것의 (재)발견인 것이 아니며, 하나의 사건, 즉 나의 존재 기반 그 자체를 산산이 부수는 외상적 조우를 통해 외부로부터 나에게 폭력적으로 부과되는 어떤 것이다. (바로 그렇기 때문에, 기독교를 내적 자기발견과 정화를 위한 영혼의 여행으로서 뉴에이지 영지주의Gnosticism적으로 재정의하는

것은 심히 이단적인 것이며 가차없이 거부되어야 하는 것이다.) 그리고 라캉은 바디우와 마찬가지로 기독교-키에르케고르적 견해를 선택한다: 오도적 첫인상과는 달리 정신분석 치료는, 그 가장 근본적인 지점에서 볼 때, 회상의 길도, 억압된 내적 진리로 돌아가는 길도, 그것을 백일하에 드러내는 길도 아니다. 그것의 결정적 계기인 '환상의 횡단'이라는 계기는 오히려 주체의 (상징적) **부활**을, 주체가 무에서 (재)창조됨을, 죽음 충동의 '영점'을 통과해서 그의 존재의 전적으로 새로운 상징적 배치로 도약하는 것을 가리킨다.

세 개의 보편자

이런 곤궁들은 보편자의 구조가 보기보다 훨씬 더 복잡함을 입증한다. 실재, 상상계, 상징계라는 라캉적 3중성을 모호하게 따르고 있는 보편성의 세 층위를 제공한 이는 다름아닌 발리바르였다.39) 첫 번째는 '내적 배제'의 과정에 의해 보충된, 범역화라는 '실재적' 보편성(오늘날 우리들 개개인의 운명이 범역적 시장 관계의 복잡한 거미줄망에 의존하고 있는 정도)이다. 두 번째는 이데올로기적 헤게모니를 규제하는 허구의 보편성(보편적인 '상상된 공동체'로서의 교회나 국가. 이것들은 주체로 하여금 직접적 사회 집단—계급, 직업, 성, 종교 등등—속으로의 몰입에 대하여 일정한 거리를 둘 수 있게 해주며, 스스로를 자유로운 주체로서 정립할 수 있게 해준다)이다. 끝으로 세 번째는 평등자유에 대한 혁명적 요구에 의해 예시되는바, 이념의 보편성인데,

---

39) 특히, 'Les universels', in Balibar, *La crainte des masses*, pp. 421~454를 볼 것.

이는 기존 질서에 대항하여 항구적 반란을 작동시키는 무조건적 과잉으로서 남아 있으며 따라서 결코 '상류화'될 수 없으며 기존 질서 속에 포함될 수 없다.

물론 요점은 이 세 보편자들의 경계가 결코 견고하지도 고정되어 있지도 않다는 것이다. 자유와 평등의 개념은 우리로 하여금 우리의 특수한 사회적 역할과 동일화할 수 있게 해주는 헤게모니적 관념으로서 이바지할 수도 있으며(나는 보잘것없는 직공이지만, 정확히 그런 자격으로서 나는 나의 민족국가에 평등하고 자유로운 시민으로서 참여한다……), 혹은 고정된 사회 질서를 탈안정화시키는 환원불가능한 잉여로서 이바지할 수도 있다. 자코뱅적 우주 속에서 끊임없는 사회적 변형 과정을 작동시키는 이념의 탈안정적 보편성은, 나중에 가면 개개인들로 하여금 사회적 공간 내의 특정한 자리와 동일화할 수 있도록 해주는 이데올로기적 허구가 되었다. 여기서 양자택일은 다음과 같다: 보편자는 '추상적'인가(구체적 내용에 잠재적으로 대립하는가) 아니면 '구체적'인가(내가 나의 사회적 삶의 특수한 양태 그 자체를 보편적 사회 질서에 참여하는 나만의 특정한 방식으로서 경험한다는 의미에서)? 물론 발리바르의 요점은 이 둘 간의 긴장이 환원불가능하다는 것이다: 추상적-부정적-이념적 보편성의 과잉은, 그것의 뒤흔들고 탈안정화시키는 힘은 결코 '구체적 보편성'의 조화로운 전체 속으로 완전하게 통합될 수 없다.[40]

그렇지만, 오늘날 더욱 중요해 보이는, 또 다른 긴장이, '구체적 보편

---

[40] 여기서, 차이의 논리(차이적 상징적 구조로서의 사회)와 적대의 논리(적대적 균열에 의해 좌절된 '불가능한' 것으로서의 사회)라는 라클라우적 대립과의 평행성은 명백하다. 오늘날 차이의 논리와 적대의 논리 사이의 긴장은 자유민주주의적인 협상의 우주와 선과 악, 우리와 그들이 목숨을 걸고 싸우는 '근본주의적' 우주 사이의 긴장이라는 형식을 취한다.

성' 그 자체의 두 양태 사이에서의 긴장이 있다. 다시 말해서, 시장을 통한 범역화라는 오늘날의 '실재적' 보편성은 그것 자체의 헤게모니적 허구를(혹은, 심지어 이념을)—다문화주의적 관용, 인권과 민주주의의 존중과 보호 등등—내포한다. 그것은 그 자체의 유사-헤겔적 '구체적 보편성'을, 즉 개개의 특별한 '생활양식'이 그 특수성 속에서 번창할 수 있도록 해주는 시장·인권·민주주의와 같은 보편적 특징을 지닌 세계 질서를 내포한다. 따라서 이런 후근대적, 후-민족국가적, '구체적 보편성'과 그에 앞선 민족국가라는 '구체적 보편성' 사이에서 필연적으로 긴장이 발생하는 것이다.

민족국가의 출현에 관한 이야기는 지역 공동체들 및 그 공동체들의 전통이 '상상된 공동체'로서의 근대 국가로 (종종은 극히 폭력적으로) '실체변환'되는 것에 관한 이야기다. 이 과정은 본래적 지역적 생활 방식들에 대한 억압과/이나 그 방식들을 새로운 포용적인 '발명된 전통'으로 재기입함을 내포한다. 다시 말해서 '국가적 전통national tradition'이란 근대화 과정을 은폐하는 것이 아니다. 그것은 그 견딜 수 없는 사실성에 있어서의 진정한 인종적 전통ethinic tradition 그 자체를 은폐하는 스크린이다.41) 그에 뒤이어 오는 것은 좀더 지역적이고 하위민족적인 동일화 양태들로 되돌아가는 (겉보기에) 정반대인 '후근대적' 과정이다. 하지만 이 새로운 양태의 동일화는 더 이상 직접적으로 실체적인

---

41) 금세기 초 벨라 바르톡Béla Bartók이 수백 곡의 헝가리 민요를 전사轉寫했을 때, 그는 낭만주의적인 국가적 부활의 파당들이 지닌 영구적인 적의감을 불러일으켰다. 진정한 인종적 뿌리를 부활시키려는 그들의 프로그램을 말 그대로 실행해버림으로써 말이다……. 슬로베니아에서 가톨릭 교회와 국가주의자nationalist들은 19세기 시골에 대한 목가적 그림을 그린다—따라서, 2년 전에 그 시기에 쓰여진 한 슬로베니아 작가(Janez Trdina)의 인종학 공책ethnological notebooks이 출판되었을 때, 대부분 무시되었다는 것은 결코 놀랄 일이 아니다: 그것들은 아동 성교 및 강간, 술주정, 야만적 폭력 등으로 가득 찬 시골의 일상생활을 그리고 있다…….

것으로서 경험되지 않는다—이미 그것들은 자신의 '생활양식'에 대한 자유로운 선택의 문제이다. 그럼에도 불구하고 이전의 진정한 인종적 동일화를 '생활양식'에 대한 후근대적·임의적 선택에 대립시키는 것으로는 충분하지 않다: 이런 대립은 그 이전의 '진정한' 인종적 동일화라는 것 자체가 얼마나 폭력적으로 부과된 '인위적' 현상이었는가를, 이전의 지역 전통들에 대한 억압에 기초하고 있는 것인가를 인정하는 데 실패하고 있다.

민족국가라는 보편적 형식은 사회적 삶의 '자연적' 통일성이라거나 균형잡힌 틀과는 거리가 멀며, 또한 이전의 모든 발달들이 향하고 있는 일종의 아리스토텔레스적 엔텔레키아entelechia와도 거리가 멀다. 오히려 그것은 어떤 특수한 인종적 사물ethnic Thing(애국심, 조국을 위한 죽음 등등)과의 관계와 시장의 (잠재적으로) 보편적인 기능 사이에서의 불확실하고 일시적인 균형이다. 한편으로 민족국가는 동일화의 유기적 지역적 형식들을 보편적 '애국적' 동일화로 '지양한다.' 다른 한편으로 그것은 '내부' 교역과 '외부' 교역을 나누는 시장 경제의 유사-자연적 경계의 일종으로서 스스로를 정립한다—그리하여 경제적 활동은, 국가의 위대함에 대한 애국적 기여로서 정당화되는바, 인종적 사물의 층위로까지 '지양되고' 고양된다. 이 균형은 양 측으로부터 끊임없이 위협을 당한다. 한편으로는, 단순히 사라지질 않고 보편적 공적 영역 밖에서 지하의 삶을 지속하는 이전의 특수한 동일화의 '유기적' 형태들로부터, 그리고 다른 한편으로는, 민족국가 경계에 대해 본래 무관심한 '초국가적' 본성을 갖는 자본의 내재적 논리로부터 말이다. 그리고 오늘날의 새로운 '근본주의적' 인종적 동일화들은 일종의 '탈승화'를, '국가 경제'라는 이 불확실한 통일체가 그것의 두 구성성분인 초국가적 시장 기능과 인종적 사물과의 관계로 분해되는 과정을

내포한다.42)

 따라서 계몽주의 기획에 의해 개시된바, 추상적 교류 형식과 특수한 인종적 사물과의 관계 사이에서의 분열이 완전히 실현된 것은 단지 오늘날에 와서이며, 작금의 '근본주의적인' 인종적, 종교적, 생활 양식적 등등의 공동체들 속에서이다: 오늘날의 후근대적인 인종적 혹은 종교적 '근본주의'와 외국인혐오는 '퇴행적'이지 않을 뿐더러, 오히려 반대로 시장의 경제적 논리가 인종적 사물에 대한 애착으로부터 마침내 해방되었음을 보여주는 더할 나위 없는 증거를 제공한다. 바로 이것이 사회적 삶의 변증법의 최고로 사변적인 노력이다. 원초적 직접성의 매개 과정(예컨대, '소외된' 개인주의적 사회에서의 유기적 공동체의 해체)을 기술함에 있어서 그렇다는 것이 아니라, 근대성을 특징짓는 바로 이 매개 과정이 작금의 '선택된' 혹은 '발명된' 공동체들('생활 양식 공동체': 게이들 등등)과 같은 '유기적' 직접성의 새로운 형태들을 어떻게 낳을 수 있는가를 설명함에 있어서 말이다.43)

다문화주의

 그렇다면 오늘날의 범역적 자본주의 시대에, 자본의 우주는 민족국가라는 형태와 어떻게 관계하는가? 아마도 그 관계는 '자기식민화'라

---

42) 민족국가의 이와 같은 '시들어버림'을 증언하는 소소하지만 시사적인 사건들 가운데 하나는 미국과 여타 서유럽 국가들에서의 사설 감옥의 외설적 설립이 천천히 퍼지고 있다는 것이다. 국가의 독점권이어야 하는 것의 행사(물리적 폭력과 강압)가 국가와 이윤을 위해 개인에게 강압을 행사하는 사적 회사 사이의 계약 대상이 된다. 이것은 (막스 베버에 따라서) 근대 국가를 정의하는 폭력의 합법적인 사용에 대한 독점권의 단순한 종말인 것이다.

43) Scott Lash and John Urry, *Economies of Signs and Space*, London: Sage, 1994를 볼 것.

부르는 것이 가장 좋을 것이다. 자본의 직접적인 다국적 작동과 더불어, 더 이상 우리는 중심지와 피식민지 국가들의 표준적 대립을 다루고 있는 것이 아니다. 다국적 회사는 이를테면 모국과 연결된 탯줄을 끊어버리고, 자신이 태어난 그 나라를 단지 식민화할 또 하나의 영토로 취급할 뿐이다. 이것은 르펜에서 뷰캐넌에 이르는 애국적 우파 포퓰리스트들이 보기에 너무나도 혼란스러운 것이다. 새로운 다국적 기업들이 프랑스나 미국에 사는 사람들을 멕시코, 브라질, 혹은 대만에 사는 사람들과 똑같은 태도로 대한다는 사실 말이다. 민족국가 자본주의 이후에 그리고 그것의 국제적/식민주의적 국면 이후에, 일종의 '부정의 부정'으로서 기능하는 오늘날의 범역적 자본주의의 이와 같은 자기-지칭적 전회에는 일종의 시적 정의[인과응보] 같은 것이 있지 않은가? 처음에 (물론, 이상적으로) 민족국가의 경계 내부의 자본주의와 이에 수반한 국제 무역(주권 민족국가들 간의 교역)이 있다. 그 뒤를 잇는 것은 식민지배의 관계인데, 이 관계에서 식민지배 국가는 피식민지 국가를 (경제적, 정치적, 문화적으로) 복종시키고 착취한다. 이 과정의 마지막 계기는 식민화의 역설인바, 이제 식민지만 있을 뿐 어떠한 식민지배 국가도 없다—식민지배 권력은 더 이상 민족국가가 아니며, 범역적 자본 그 자체이다. 장기적으로 볼 때 우리 모두는 바나나 공화국44) 셔츠를 입게 될 뿐만 아니라 바나나 공화국들에서 살게 될 것이리라.

   그리고 물론, 이 범역적 자본주의 이데올로기의 이상적 형태는 다문화주의다. 즉 일종의 텅 빈 범역적 입장에서 **각각의** 지역적 문화를 식민지배자가 피식민지 인민들을 취급하는 식으로—즉 면밀히 연구

---

44) [과일 수출이나 외자로 경제를 유지하는 중남미 소국.]

되어야 하고 또한 '존중되어야' 할 습속을 지닌 '원주민'으로서—취급하는 태도 말이다. 다시 말해서, 전통적인 제국주의적 식민주의와 범역적인 자본주의 자기-식민화의 관계는 서구적 문화제국주의와 다문화주의의 관계와 정확히 동일하다. 범역적 자본주의는, 식민화하는 민족국가 중심지가 없는 식민화라는 역설을 내포하고 있다. 이와 마찬가지로 다문화주의는 자기 자신의 특수한 문화에 뿌리를 두고 있지 않은 채 지역적 문화들에 대한 시혜적인 유럽중심주의적 거리두기와/나 존중을 내포한다. 다시 말해서 다문화주의는 인종주의의 부인된, 역전된, 자기-지칭적 형태이며, '거리를 두는 인종주의'이다. 다문화주의는 **타자**의 정체성을 '존중'한다. 즉 다문화주의는 **타자**를 파기-폐쇄적인 '본래적' 공동체로서 파악하며, 그런 공동체에 대해서 다문화주의자는 자신의 특권적인 보편적 자리 때문에 가능해진 어떤 거리를 유지한다. 다문화주의는 그 자신의 자리에서 모든 실정적 내용을 비워버리는 인종주의이다(다문화주의자는 직접적 인종주의자가 아니다. 그/녀는 자기 자신의 문화의 **특수한** 가치들을 **타자**에게 대립시키지 않는다). 그럼에도 불구하고 그/녀는 이런 자리를 다른 특수한 문화들을 온당하게 평가할 수 있는 (그리고 그 값을 떨어뜨릴 수 있는) 특권적인 **보편성의 텅 빈 지점**으로서 유지한다. **타자**의 특이성에 대한 다문화주의자의 존중은 자기 자신의 우월성을 단언하는 바로 그 형식이다.

매개변수들을 미리 규정할 그 어떤 미리 확립된 규칙도 없는 헤게모니 투쟁의 장으로서의 정치라고 하는 후-마르크스주의적인 반본질주의적 개념의 관점에서 볼 때, '자본의 논리'라는 바로 그 개념을 낡은 본질주의적 자세의 잔여물로 거부하는 것은 손쉬운 일이다: 표준적인 문화제국주의로부터 잡종적인 (인종적, 성적 등등의) 정체성들에 대해 개방적인 좀더 관용적인 다문화주의로의 이행은 경제적 과정의 이데올로기적-문화적 효과로 환원될 수 없으며, 오히려 '자본의 논리'의 선험적 좌표에 의해 그 결과가 결코 보증되지 않는 길고도 험난한 정치-문화적 투쟁의 결과물이다……. 그렇지만 핵심적 요점은 인종, 성 등의 다양한 정체성들을 정치화하고 단언하기 위한 이 투쟁이, 눈에 보이지 않지만 그렇기 때문에 오히려 더 위협적인 장벽을 배경으로 발생했다는 것이다: 범역적 자본주의 체계는 후근대적 정체성 정치의 이득들을 자본의 원활한 순환을 방해하지 않는 정도로까지 통합할 수 있었다—어떤 정치적 개입이 그것에 심각한 위협을 제기하는 순간 일단의 정교한 배제 조치가 이를 진압한다.

다문화주의자의 중립성은 그/녀의 입장이 유럽중심주의적 내용을 은연중에 특권화하고 있기 때문에 거짓된 것이라는 다소 명백한 반례는 어떤가? 이런 추론의 노선은 옳지만 그 이유는 틀렸다. 보편적 다문화주의자의 자리를 언제나 지지해주는 특수한 문화적 배경이나 뿌리들은 보편성의 가면 뒤에 감추어진 그것의 '진리'인 것('다문화주의적 보편성은 실제로는 유럽중심적이다……')이 아니라, 오히려 그 반대이다: 특수한 뿌리들의 얼룩은 주체가 이미 철저히 '뿌리 없는' 것이라는 사실을, 주체의 참된 자리는 보편성의 공백이라는 사실을 은폐하는 환상적 스크린이다. 다리안 리더가 들었던 예를 생각해보자. 여자 친구와 함께 레스토랑에 간 한 남자가 웨이터에게 테이블을 청하면서 '2인용 테이블이요!'라고 하는 대신에 '2인용 침실이요!'라고 말한다. 우리는 표준적인 프로이트적 설명('물론 그의 마음은 이미 식사 후에 계획한 섹스의 밤에 가 있었던 것이다!')을 역전시켜야 한다. 오히려 지하에 있는 성적 환상의 이와 같은 개입은 섹스보다도 그에게 실제로 더 중요한 구순적 충동에 대한 방어막이다.[45]

1848년의 프랑스 혁명에 대한 분석(『프랑스에서의 계급투쟁』)에서 마르크스는 이와 같은 이중 기만에 대한 한 가지 유사한 사례를 제공한다. 혁명이 공개적으로 공화제를 지지한 이후에 그 뒤를 인계한 질서파는 아직 왕정복고를 은밀히 믿고 있었다. 질서파의 구성원들은 공화주의 의례를 조롱하기 위해서, 그리고 어디에 '그들의 마음이 가 있는가'를 가능한 한 모든 방법으로 신호하기 위해 모든 기회를 이용했다. 하지만 역설적이었던 것은 그들의 활동의 진리가 그들이 조롱하고 경멸한 그 외적 형식에 놓여 있었다는 것이다: 이 공화주의적 형식은 왕정주의적 욕망이 그 아래 잠복하고 있는 한낱 유사물에 불과한 것이 아니었다. 오히려, 왕정주의에 대한 은밀한 애착이야말로 그들로 하여금 자신들의 역사적 기능—부르주아 공화주의 법률과 질서의 실현을 위한 도구로서의 기능—을 다할 수 있도록 해준 장본인이다. 질서파 당원들이 이따금씩 튀어나오는 공화제에 반대하는 자신들의 왕정주의적 '말실수'(예컨대 의회 논쟁에서 프랑스를 왕국이라 부른 것)에서 이루 말할 수 없는 쾌락을 이끌어냈는가를 마르크스 자신이

---

45) Darian Leader, *Why Do Woman Write More Letters Than They Post?*, London: Faber & Faber, 1996, pp. 67~68을 볼 것. 리더가 인용한 이 일화에서 작용하고 있는 그 반전은 커다란 막대 아이스크림 상표인 매그넘을 선전하는 최근의 한 독일 광고판에서 아름답게 예시된다. 처음에는 노동자계급 커플이 열렬하게 포옹하고 있는 모습이 나온다. 그들은 사랑을 나누는 데 동의하며, 여자는 안전하게 사랑을 나눌 수 있도록 콘돔을 사오라고 남자를 근처 바닷가에 있는 상점으로 보낸다. 남자는 콘돔 자판기가 있는 곳으로 간다. 그리고 근처에 매그넘을 파는 또 다른 자판기가 있는 것을 본다. 그는 호주머니를 뒤져본다. 그 속엔 단지 한 개의 5마르크 동전이 있을 뿐이었는데, 그것으로는 콘돔이나 아이스크림 둘 중의 하나만 살 수 있고 둘 다 살 수는 없었다. 잠시 필사의 망설임이 있고 나서 우리는 그가 아이스크림을 열렬하게 빨고 있는 모습을 보게 된다. 그때 화면에는 이런 문구가 나온다: '때로는 무엇이 먼저인지를 잘 알아야 합니다!' 여기서 특히 관심을 끄는 것은 '큰' 음경인 매그넘 막대 아이스크림이 갖는 다소 명백한 남근적 함축이다. 마지막 쇼트에서 남자가 아이스크림을 빨고 있을 때, 그의 날렵한 동작은 강렬한 펠라치오를 흉내낸다. 따라서 무엇이 먼저인지를 잘 알고 있다는 메시지는, 예컨대 직접적인 이성애적 경험보다는 구강 성교의 유사 동성애적 경험이 더 낫다는 등의, 직접적인 성적 방식으로도 읽혀질 수 있다.

언급하고 있다. 이 말실수들은 **표면**에서 진행되고 있었던 것의 사회적 현실에 눈감을 수 있게 해주는 장막으로서 기능했던 그들의 환상적 환영들을 표명했다.

그리고 필요한 변경을 가한다면, 오늘날의 자본가 역시 마찬가지다. 그는 여전히 어떤 특수한 문화적 유산에 집착하며, 그것을 자신이 거둔 성공의 은밀한 원천과 동일화한다(예컨대 다도茶道나 무사도의 예법을 따르는 일본 경영인들). 혹은, 일본이 성공한 특수한 비밀을 찾아내려는 서구 저널리스트의 정반대 경우도 마찬가지다. 특수한 문화적 공식에 대한 바로 이런 참조는 자본의 보편적 익명성을 위한 장막이다. 진정한 공포는 범역적 자본의 보편성 뒤에 숨겨진 특수한 내용에 있는 것이 아니다. 오히려 그것은 자본이 사실상 맹목적으로 자신의 길을 달리는 익명적인 범역적 기계라는 사실에, 즉 그것에 생명을 불어넣는 어떠한 특수한 비밀요원도 사실상 존재하지 않는다는 사실에 있다. 공포는 (죽은 보편적) 기계 속에 있는 (살아 있는 특수한) 유령이 아니라, 각각의 (살아 있는 특수한) 유령의 바로 그 심장부에 있는 (죽은 보편적) 기계이다. 그리하여 여기서 이끌어낼 결론은, 오늘날 유행하고 있는 다문화주의의 문제틀(다양한 문화적 생활세계들의 잡종적 공존)은 그 정반대의 것이, 즉 **범역적** 세계 체계로서의 자본주의의 거대한 현존이 외양하는 형식이라는 것이다. 그것은 오늘날의 세계의 전례 없는 동질화를 증언하고 있다.

사회적 상상력의 지평이 더 이상은 자본주의 최후의 사망에 대한 관념을 간직하는 것을 허용하지 않기 때문에—모든 사람들이 **자본주의는 여기 머물려고 왔다**는 것을 암묵적으로 받아들인다고도 할 수 있기 때문에—비판적 에너지는 자본주의 세계 체계의 기본적 동질성은 손대지 않은 채 문화적 차이를 위한 싸움에서 대리 분출구를 발견한 것이라 해도 무방할 것이다. 그리하여 우리가 인종적 소수자, 게이와 레즈비언, 상이한 생활 방식 등등의 권리를 위한 PC[46] 전투를 벌이고 있는 동안, 자본주의는 승리의 행진을 하고 있다. 그리고 오늘날의 비판 이론은, '문화 연구'라는 가장 속에서, 자본주의의 거대한 현존을 눈에 보이지 않게 하려는 이데올로기적 시도에 능동적으로 참여함으로써 자본주의의 무제약적 발전을 위한 궁극의 봉사를 다하고 있는 중이다. 후근대적 '문화 비평'이라는 지배적 형식 속에서, 자본주의를 하나의 세계 체계로서 언급하는 바로 그 행위는 '본질주의'나 '근본주의'라는 비난을 초래하는 경향이 있는 것이다. 이처럼 경제를 탈정치화한 대가는 정치의 영역 그 자체가 어떤 면에서 탈정치화된다는 것이다. 고유의 정치적 투쟁은 주변적 정체성들에 대한 인정과 차이에 대한 관용을 위한 문화적 투쟁으로 변형된다.[47]

엘리트주의적인 다문화주의적 자유주의의 허위성은, 관용적 보편주의의 첫 번째 거대한 이데올로기적 기획인 프리메이슨주의 기획을 이미 특징짓고 있었던, 내용과 형식의 긴장에 놓여 있다: 프리메이슨주의의 교설(이성의 빛에 기초한 만인의 보편적 우애)은 그것의 표현 및 조직 형식(입회식이 있는 비밀 사회)과 명백히 충돌한다. 다시 말해서, 프리메이슨주의의 실정적 교설에 어긋나는 것은 다름이 아니라 그것을 표현하고 표명하는 바로 그 형식인 것이다. 이와 엄밀히 동일

---

46) ['Politically Correct'의 줄임말.]
47) 물론, 자본 그 자체의 순환적 운동이 이미, 문화에 외적으로 대립되는 어떤 것이 아닌, 하나의 상징적 현상이며(『자본1』의 제1장은 기표의 논리의 위풍당당한 발휘라고 라캉이 강조하지 않았던가?), 반면에 다른 한편으로 문화적 현상들 그 자체도, 사회경제적 권력 관계에 붙잡혀 있는, 못지않은 물질적 생산의 장소라고 주장할 수 있을 것이다. 이 두 논점 모두를 온전히 감싸 안으면서도 우리는 자본의 사회경제적 논리가 문화적 과정들의 총체를 (중복)결정하는 범역적 틀구조를 제공한다고 주장해야 한다.

한 방식에서, 자신의 인종적 정체성의 한계를 넘어서는 것(어떠한 특수한 인종적 공동체에도 정박하고 있지 않은 '세계 시민')으로서 스스로를 지각하고 있는 작금의 '정치적으로 올바른' 자유주의적 태도는, 그 **자체의 사회 내부에서**, 편협한 인종적, 공동체적 한계에 사로잡혀 있다는 이유로 경멸당하는 대다수의 보통 사람들에 대해 스스로를 분명하게 대립시키는 편협한 엘리트주의 상층-중간-계급 서클로서 기능한다. 자유주의 다문화주의적 관용이 타자의 문화의 특수성을 너무 **많이** 용인하는 동시에 **충분치 않게** 용인하는 그 악순환에 붙잡혀 있다는 것은 결코 놀랄 일이 아니다.

- 한편으로 그것은, **타자**가 **실재적 타자**가 아니라 전근대적인 생태적 지혜와 매혹적 의례 등등을 지닌 무균적 **타자**인 한에서, **타자**를 관용한다. **실재적 타자**(예컨대, 음핵절제를 하는, 여성들에게 강제로 베일을 걸치게 하는, 적을 고문으로 죽이는 등등의)를 다루게 되는 순간, **타자**가 자기의 향유의 특이성을 규제하는 방식을 다루게 되는 순간, 관용은 멈춘다. 의미심장하게도 유럽중심주의에 반대하는 바로 그 다문화주의자들은 일반적으로 사형에도 반대한다. 이를 원시 야만적인 앙갚음 관습의 잔재로서 기각하면서 말이다. 바로 여기서 그들의 은폐된 진짜 유럽중심주의가 가시화된다(사형에 반대하는 그들의 논증 일체는 엄밀히 '유럽중심주의적'이어서, 인간의 존엄과 형벌에 대한 자유주의적 개념을 내포하고 있으며 또한 원시 폭력 사회로부터 앙갚음 원리를 극복할 수 있는 근대 관용 사회에 이르는 진화적 도식에 의존하고 있다).

- 다른 한편으로 관용적인 다문화주의적 자유주의는 때때로 가장

야만적인 인권 침해조차도 관용하며, 혹은 적어도 그것들을 비난하기를 주저한다. 자기들의 가치를 **타자**에게 부과한다는 비난이 두려워서 말이다. 내가 젊었을 때 마오주의 학생들이 '성 혁명'을 설교하고 실천한 것을 상기해본다. 그들에게 마오주의 문화 혁명의 중국이 성에 대해 극단적으로 '억압적인' 태도를 가지고 있었음을 일깨워주었을 때 그들은 성이 중국인들의 생활세계에서 전적으로 다른 역할을 하며 따라서 우리는 무엇이 '억압적'인가에 대한 우리의 기준을 그들에게 부과하지 말아야 한다고 재빨리 답했다. 성에 대한 그들의 태도는 단지 우리 서구적 기준에 의해서만 '억압적'인 것으로 보인다는 것이다……. 다문화주의자들이 보편적 인권이라는 우리 유럽중심적 개념을 **타자**에게 부과하지 말아야 한다고 경고할 때 우리는 이와 똑같은 자세와 마주하고 있는 것 아닌가? 더 나아가, 이런 종류의 거짓 '관용'은 '사업이 먼저다'는 사실을 정당화하기 위해 다름아닌 다국적 자본의 대변인들이 종종 환기시키는 것 아닌가?

요는 이 두 과잉의, **너무 많음**과 **충분치 않음**의 상보성을 단언하는 것이다. 우리에게는 잔인하고도 야만적인 것으로 보이는 또 다른 문화의 관습에서 심지어 그 '희생양'조차도 어떤 특이한 문화적 향유를 발견할 수 있다는 점을 첫 번째 태도로는 지각할 수 없는 것이라면(음핵절제의 희생양들은 종종 그것을 고유하게 여성적인 존엄을 재획득할 방법으로서 지각한다), 두 번째 태도는 **타자**가 그 자체에서 분열되어 있다는 사실을—다른 문화의 구성원들도, 자신들의 관습과 단순히 동일화하기는커녕, 그것에 대해 거리를 둘 수 있으며 그것에 대항해 반란을 일으킬 수 있다는 사실을—지각하는 데 실패한다. 그런 경우 보편적 인권이라는 '서구적' 개념에 대한 참조는 그들 자신의 문화가 안고 있는 제약들에 대항한 진정한 항의를 작동시키는 촉매로서 충분히 이바지할 수 있음에도 말이다. 다시 말해서, '너무 많음'과 '충분치 않음' 사이에는 어떠한 행복한 매개도 없다. 따라서 어떤 다문화주의자가 우리의 비판에 대해 필사적 변명('내가 무얼 하든 잘못이다. 나는 **타자**가 겪는 불의에 대해 너무 관용적인 것이거나, 아니면 내 자신의 가치를 **타자**에게 부과하는 것이거나이다. 그렇다면 내가 무얼 했으면 좋겠는가?')을 가지고 응답할 때, 우리의 대답은 다음과 같을 것이다: '아무것도 없다! 당신이 거짓 전제들을 붙들고 있는 한 당신은 아무것도 할 수 없다!' 자유주의적 다문화주의자가 알아차리지 못하고 있는 것은, '소통'에 연루된 그 두 문화 각각이 온전히 '자기 자신이 되는 것'을 방해해온 자기 자신의 적대에 붙잡혀 있다는 것이다. 유일한 진정한 소통은 '공동의 투쟁 속에서의 연대'라는 소통이며, 바로 그때 나는 나를 옭아맨 그 곤궁이 또한 **타자**를 옭아맨 곤궁임을 발견한다.

이는 개개의 정체성의 '잡종적' 성격을 인정하는 데 해결책이 있음을 의미하는가? 더 이상 특별한 인종적 뿌리에 고착되어 있지 않고 다양한 문화적 권역들을 자유롭게 떠도는 후근대적 이주자 주체의 잡종성을 칭송하는 것은 손쉬운 일이다. 하지만 불행히도 여기엔 두 개의 전혀 다른 사회정치적 층위가 한 곳에 압축되어 있다. 한편으로 자신의 (재정적, 학문적……) 업무를 수행하기 위해 아무런 문제도 없이 국경을 건널 수 있게 해주는 적절한 비자를 언제나 가지고 있으며 그리하여 '차이를 즐길 수 있는' 세계시민적 상류계급 및 상층-중간 계급 학자들이 있다. 다른 한편으로 빈곤이나 (인종적, 종교적) 폭력 때문에 자기 고향에서 내몰린 가난한 (입국)이주 노동자가 있는데, 그에게는 저 찬양받는 '잡종성'이라는 것이 결코 마땅히 정착할 수도 없으며 자신의 지위를 합법화할 수도 없는 명명백백한 외상적 경험을 지칭하고 있으며, 이런 주체에게 국경을 건너거나 가족과 재결합하는 것 같은 간단한 일도 아주 불안하고도 엄청난 노력을 요구하는 경험일 수 있다. 이 두 번째 주체에게 있어 전통적 생활 방식으로부터 뿌리뽑힌다 함은 자신의 전 실존을 흔드는 외상적 충격이다. 잡종성을 즐기고 고정된 정체성이 결쇄된 일상 생활을 즐기라고 그에게 말하는 것은, 그의 실존은 이주적이며 결코 자기동일적이지 않다는 등등의 사실을 그에게 말하는 것은, 고정된 정체성에 대한 편집증적 '원-파시즘적' 방호막을 폭발시키는 리좀적인 분쇄된 실존의 정신분열-주체에 대한 들뢰즈-가타리(의 대중화된 판본)의 찬양 속에서 작동하고 있는 것과 동일한 냉소를 내포한다: 관련된 주체에게 있어서 극도의 고통이고 절망인 경험, 자신의 공동체의 일에 참여할 수 없는 배제의 낙인에 대한 경험이 — 외부에 있으며 아무 문제도 없으며 '정상적'이며 완전히 순응한 후근대적 이론가의 관점에서는 — 전복적인 욕망하는 기계의 궁극적 단언으로서 찬양된다…….

법의 좌파적 중지를 위해서

그렇다면 다문화주의적 후근대주의의 허위성을 알고 있는 좌파는 어떻게 대응하는가? 그들의 대응은 헤겔적 **무한 판단**의 형식을 취하는데, 이는 철저하게 양립불가능한 두 항의 사변적 동일성을 정립한다: '아도르노(가장 세련된 '엘리트주의적' 비판 이론가)는 뷰캐넌(미국 우익 포퓰리즘의 가장 저급한 지점)이다.'[48] 다시 말해서: 후근대적 다문화주의적 엘리트주의에 대한 이들 비판가들(크리스토퍼 래쉬에서 폴 피콘에 이르는)은 신보수주의적 포퓰리즘을 승인하는 위협을 무릅쓰는바, 이 신보수주의적 포퓰리즘은 모든 곳에 스며든 '도구적 이성'의 지배에 대한—생활세계의 관료화와 도구화의 지배에 대한—정치적으로 적실한 유일한 응답으로서 공동체와 지역 민주주의와 능동적 시민권을 재단언한다는 개념을 지니고 있는 것이다.[49] 물론 오늘날의 포퓰리즘은 근대화 과정에 대항한 향수병적 반동적 형성물이며, 바로 그런 것으로서 내속적으로 편집증적이라고, 증오심의 외적 원인을, 근대화의 재앙에 책임을 져야 할 배후의 비밀요원(유대인, 다국적 자본, 비애국적 다문화주의적 경영인들, 국가관료……)을 찾아다닌다고 하면서 그것을 물리쳐버리는 것은 손쉬운 일이다. 오히려 문제는 이 새로운 포퓰리즘을 자본주의적 근대화에 대한 심각한 장애이기는커녕 그것을 위한 길을 닦는 '거짓 투명성'의 어떤 새로운 형식으로서 간주해야 한다는 것이다. 그리하여 좌파 진영의 포퓰리즘 옹호자들이 지각하지 못하고 있는 것은, 오늘날의 포퓰리즘이 범역적 자본주의에 대해 위협을 제기하기는커녕 그것의 내속적 산물로서 남아 있다는 사실이다.

역설적이게도 오히려 오늘날의 진정한 보수주의자들은 자유주의적 다문화주의와 근본주의적 포퓰리즘 양자 모두를 거부하는 좌파적 '비판 이론가들'이다—이들은 범역적 자본주의와 인종적 근본주의 공모를 분명히 지각하고 있다. 그들은 범역적 시장 사회에 속하지도

---

48) 테크노-뉴에이지인 오늘날 무한판단의 또 다른 사례는 이렇다. '정신(초월적 계발, 자각)은 캡슐("인지기능 향상인자"라고 불리는 알약)이다.'

49) Paul Piccone, 'Postmodern Populism', *Telos* 103 (Spring, 1995)를 볼 것. 우리는 여기서 또한 문학이나 영화 이론, 레즈비언의 권리 등에 초점을 맞추는 상층-중간계급 여성주의에 대해 보통의 노동하는 여성들의 현실적 관심사에 초점을 맞추고 아이를 돌보고 직장에 나가면서 가족 내에서 어떻게 살아남을 것인가의 구체적 물음을 표명하는 '가족 여성주의'를 대립시키려는 엘리자베스 폭스-제노비스Elizabeth Fox-Genovese의 시도에 주목해야 한다.

않고 또한 새로운 형식의 인종적 근본주의에 속하지도 않는, 어떤 제3의 영역을 가리키는데, 그것은 **정치적인 것**의 영역이며, 시민 사회의, 책임을 다하는 능동적 시민권(인권, 생태 등등을 위한 투쟁)의 공적 공간이다. 그렇지만 문제는 정치적 공간의 바로 그 형식이 범역화의 맹공에 의해 점점 더 위협받고 있다는 것이다. 그 때문에 우리는 단순히 그것으로 되돌아가거나 그것을 소생시킬 수만은 없다: 자본의 후-민족국가 논리는 배후에 잠복해 있는 실재로서 여전히 남아 있으며, 반면에 범역화 과정에 대한 세 가지 주요 좌파적 반응들(자유주의적 다문화주의; 포퓰리즘의 근본주의적 외양 뒤에서 '도구적 이성'에 대한 저항을 식별해냄으로써 포퓰리즘을 포용하려는 시도; 정치적인 것의 공간을 열어 놓으려는 시도)은 모두 부적절한 것처럼 보인다. 마지막 접근은, 비록 다문화주의와 근본주의 간의 공모에 대한 정확한 통찰에 기반하고 있기는 하지만, 핵심 질문—오늘날의 범역화라는 조건 속에서 **정치적 공간을 어떻게 재창출할 것인가?**—을 회피한다. 자본의 범역적 과정을 건드리지 않는 일련의 특수한 투쟁들의 정치화로는 분명 충분치 못하다. 이는 후기 자본주의의 자유민주주의적 틀 내부에서 이데올로기 투쟁의 주축으로 나서는 대립—'열린' 탈이데올로기적·보편주의적·자유주의적 관용과 특수주의적인particularist '새로운 근본주의들' 사이의 긴장—을 우리가 거부해야 한다는 것을 의미한다. 스스로를 중립적이며 탈이데올로기적이며 법의 규칙을 신뢰하는 것으로서 드러내는 자유주의적 중도파에 대항하여, 우리는 법의 중립적 공간을 중지시킬 필요성이라는 옛 좌파적 모티프를 재단언해야 한다.

 물론 좌파와 우파 양자 모두가 더 고귀하거나 더 근본적인 어떤 이익을 위해 법을 중지시키는 자신들만의 고유한 양태를 가지고 있다.

반-드레퓌스파에서 올리버 노스에 이르기까지 우파적 중지는 법률의 자의字意에 대한 침해를 인정하지만 어떤 더 고귀한 국가적 이익에 대한 참조로써 이를 정당화한다: 우파적 중지는 그 침해를 국가의 선을 위한 고통스러운 자기희생으로서 제시한다.[50] 좌파적 중지로 말하자면, <언더 파이어>와 <라인강의 감시>라는 두 편의 영화를 언급하는 것으로 충분하다. 첫 번째 것은 니카라구아 혁명 때의 일이다. 이때 한 미국인 사진기자가 곤란한 딜레마에 직면하게 된다. 혁명이 승리하기 직전에 소모사 정권은 카리스마적인 산디니스타 지도자를 살해한다. 그래서 산디니스타는 그 기자에게 죽은 지도자의 사진을 아직 살아 있는 모습으로 가짜로 찍어서 그가 죽었다는 소모사측의 주장을 반박할 수 있게 해달라는 요청을 한다. 이로써 그는 혁명의 조속한 승리에 공헌하며 그리하여 유혈의 연장으로 인한 고통을 단축시키게 될 것이었다. 물론 직업적 윤리학자는 그와 같은 행위를 엄격히 금지하는데, 왜냐하면 그것은 치우치지 않은 보도의 객관성을 침해하며 기자를 정치적 투쟁의 도구로 만들기 때문이다. 그럼에도 불구하고 그 기자는 '좌파적' 의견을 선택하며 사진을 위조한다……. 릴리안 헬만의 희곡에 바탕한 <라인강의 감시>에서 이 딜레마는 한층 더 예리하다. 1930년대에, 반나치 투쟁에 연루된 독일의 정치적 이주자들 가운데 한 탈주 가족은 그들의 먼 친척인 목가적인 전형적 미국 소도시의 중류층 가족 곁에 머물기 위해 온다. 하지만 곧 그 독일인들은 그 미국 가족을 알고 있다고 하는 사람에게서 예상치 못한 위협을 당한다. 우파였던 그는 그 이주자들을 협박하며, 독일 대사관과의 접촉을 통해 다름아닌 독일에 있는 지하조직의 구성원을 위험에 빠지게

---

50) 공적 (법적) 규범들에 대한 우파적 중지에 대한 가장 간명한 정식화를 제공한 것은 에이몬 드 발레라Eamon de Valera였다: '인민에게는 잘못을 할 권리가 없다.'

한다. 그 이주 가족의 아버지는 그를 죽이기로 결심하고 이로써 그 미국 가족을 곤란한 도덕적 딜레마에 빠지게 한다. 나치즘의 희생양들에 대한 그들의 공허한 도덕적 연대는 끝났다. 이제 그들은 현실적으로 편을 들어야 하며 자신들의 손을 살인을 은폐하는 데 더럽혀야 한다……. 여기서도 그 가족은 '좌파적' 의견으로 결심한다. '좌파'란 추상적 도덕적 틀을 기꺼이 중지할—혹은 키에르케고르를 말바꿈해 본다면, 일종의 윤리적인 것의 정치적 중지를 이행할—준비가 되어 있음으로 정의된다.51)

그리하여 (보스니아 전쟁에 대한 서구의 반응과 관련하여 현실성을 획득한) 이 모든 것의 교훈은 중립적 자세 그 자체가 편들기를 내포하기 때문에 편파적이지 않은 방법이 전혀 없다는 것이다(보스니아 전쟁의 경우, 발칸반도의 인종적 '종족 분쟁'에 대한 '균형 잡힌' 이야기는 이미 세르비아계의 입장을 지지하는 것이다). 인도주의적 자유주의적 등거리는 손쉽게 그 정반대의 것으로 미끄러져 들어가거나 그 정반대의 것과 일치하며, 사실상 가장 폭력적인 '인종 청소'를 용인한다. 간단히 말해서 좌파는 자유주의자의 공평한 중립성을 단순히 침해하는 것이 아니다. 그가 주장하는 것은 그와 같은 중립성은 결코 없다는 것이며, 자유주의자의 공평함은 언제나-이미 편향되어 있다는 것이다. 물론 자유주의적 중도파가 하는 판에 박은 말은, 우파와 좌파 양쪽의 중지 모두가 궁극적으로는 똑같다는, 즉 법의 규칙에 대한 전체주의적 위협이라는 것이다. 그와 반대로 그 두 중지가 각각 상이한 논리를

---

51) 폭력에 대한 이런 용인, 이 '윤리적인 것의 정치적 중지'는 가장 '관용적인' 자유주의적 자세조차도 넘어가지 못하는 것의 극한이다—현실적 탈식민화 과정 속에서의 폭력의 불가피함에 대한 프란츠 파농의 근본적 통찰과 관련하여 '급진적' 후-식민주의적 아프리카계 미국인 연구들이 드러내는 불편함의 표정을 보라.

따른다는 것을 증명하는 것에, 좌파의 일관성 일체가 달려 있다. 우파는 윤리적인 것의 중지를 자신의 반보편주의적 자세로써—즉 어떠한 보편적 도덕이나 법적 기준도 무효로 만드는 자신의 특수한 (종교적, 애국적) 정체성을 참조함으로써—적법화시키는 반면에, 좌파는 윤리적인 것의 중지를 도래할 참된 보편성에 대한 참조를 통해 적법화한다. 혹은—다른 식으로 표현하자면—좌파는 사회의 적대적 성격을 인정하는(어떠한 중립적 입장도 없다, 투쟁은 구성적constitutive이다) 동시에 보편주의자로서 남아 있다(보편적 해방을 위해 발언한다): 좌파적 관점에서, 사회적 삶의 근본적으로 적대적인—즉 **정치적인**—성격을 인정하는 것은, '편들기'의 필요성을 인정하는 것은, 유효하게 **보편적**일 수 있는 유일한 길이다.

  이 역설을 우리는 어떻게 이해할 것인가? 적대가 **보편성 그 자체에 내재하는** 한에서만, 즉 보편성 그 자체가 전체를 기능적 부분들로 나누는 기존의 방식을 적법화하는 '거짓된' 구체적 보편성과 '추상적' 보편성(다시금, 발리바르의 평등자유)의 불가능한/실재적 요구로 분리되는 한에서만, 우리는 이를 이해할 수 있다. 그리하여, ('각자의 본분에 맞게'라는 우파적 슬로건에 대조되는) 탁월한 좌파적 제스처는 구체적인 기존의 보편적 질서에 의문을 제기하고, 그 질서의 증상을, 즉 기존의 보편적 질서에 내재하지만 그럼에도 불구하고 그 질서 안에서 어떠한 '제자리'도 갖지 못하는 부분(예컨대 우리 사회의 불법 이주자들이나 노숙자들)을 지지하는 것이다. **증상과의 동일화**라는 이 절차는, 어떤 추상적 보편적 개념의 배후에서 하나의 특수한 내용을 인지하는, 즉 중립적 보편성을 거짓으로 기각하는('인권의 그 "인man"이란 사실상 백인 남성 소유주를 말한다……') 표준적인 이데올로기 비판적 조치의 바로 그 필수적 이면이다. 즉 **구체적 실정적 질서의 내속적 예외/**

배제 지점인 '천민'을 참된 보편성의 유일한 지점으로서 감상적으로 단언한다(그리고 그것과 동일화한다).

예컨대 (남자와 여자가 인간이라는 중립적 보편적 유의 두 종인 것이 아니며, 유 그 자체의 내용은 여성성에 대한 '억압'의 어떤 양태를 내포하고 있는 것처럼) 한 나라에 사는 사람들을 '정식' 시민과 일시적 이주 노동자로 하위구분하는 것은 '정식' 시민을 특권화하고 이주자들을 고유의 공적 공간에서 배제시킨다는 것을 보여주는 것은 손쉬운 일이다. 이론적으로건 정치적으로건 이보다 훨씬 더 생산적인 것은 **보편성을 배제의 지점과 동일화하는 정반대의 작업이다**(이는 헤게모니의 '진보적' 전복을 위한 길을 연다)—우리의 경우, 이런 동일화는 '우리 모두가 이주 노동자다'라고 말하는 것이다. 위계적으로 구조화된 사회에서 참된 보편성의 척도는 제 부분들이 다른 모두에 의해 그리고 다른 모두로부터 배제된 '밑바닥에 있는' 저들과 어떻게 관계하는가에 있다(예컨대 구-유고슬라비아에서 보편성을 대표한 것은 다른 모든 민족들에 의해 경멸을 당한 알바니아와 보스니아의 이슬람교도들이다). 최근의 감상적인 연대의 진술인 '사라예보는 유럽의 수도다' 또한 보편성을 체화하는 것으로서의 예외라는 개념에 대한 전형적 사례였다: 계몽된 자유주의 유럽이 사라예보와 관계를 맺었던 방식은 그것이 스스로와, 그것의 보편적 개념과 관계를 맺었던 방식을 증언하고 있었다.

우리가 불러낸 사례들은 고유의 좌파적 보편주의가 어떤 중립적 보편적 내용(인간성humanity과 같은 공통 개념)으로의 회귀를 결코 내포하고 있지 않다는 것을 분명히 해준다. 오히려 그것은 구조적으로 전치되고 '탈구된' 어떤 특수한 요소 안에서만 존재하게 되는 (헤겔식으로 말하자면, '대자적'이 되는) 보편자를 지칭한다: 어떤 주어진 사회적 전체의 내부에서 그것의 보편적 차원을 나타내는 것은 자신의 특수한 정체성을 온전히 실현하는 것이 저지당한 바로 그 요소이다. 그리스의 데모스demos가 보편성을 나타낸 것은, 그것이 인구의 대부분을 차지했기 때문도 아니며, 사회 위계 내에서 가장 낮은 자리를 차지했기 때문도 아니다. 오히려, 그것이 이 위계 내에서 어떠한 고유의 자리도 갖지 않았지만 상충하는 자기-말소적 규정들의 현장—혹은, 현대적 용어로 말하자면 수행적 모순들의 현장(그들도 똑같은 사람들이라는—로고스의 공동체에 참여하고 있다는—소리를 들은 것은 그들이 이 공동체로부터 배제되었다는 통고를 받기 위함이었다……)—이었기 때문이다. 마르크스의 고전적 사례를 예로 들어보자면, '프롤레타리아트'가 보편적 인간성을 대표하는 것은 그것이 가장 낮고 가장 착취당하는 계급이기 때문이 아니라 그것의 바로 그 존재가 '살아 있는 모순'이기 때문이다—즉 그것이 자본주의적 사회 전체의 근본적 불균형과 불일치를 체현하기 때문이다. 이제 우리는 어떤 정확한 방식에서 보편자의 차원이 범역주의에 대립하는가를 볼 수 있다: 보편적 차원은 전체에 속하되 그것의 고유한 부분이 아닌 그 증상적인 전치된 요소를 '통해 빛난다'. 바로 이 때문에 잡종성이라는 개념이 이데올로기적으로 기능할 가능성을 비판한다고 하면서 실체적 정체성들로의 회귀를 결코 주장해서는 안 된다. 정확히 요점은 **잡종성을 보편자의 현장으로서 단언하는 것이다.**[52]

---

[52] 그리하여 우리가 이야기하고 있는 보편성은 규정된 내용을 갖는 실정적 보편성이 아니라 텅 빈 보편성, 그것의 윤곽들을 상술할 실정적 개념이 없는 보편성, 자신의 곤경을 정치화하는 특수한 주체에게 가해지는 불공정에 대한 경험이라는 형태로만 존재하는 보편성이다. 이에 대한 하버마스적 대답은, 물론, 주체가 그들의 곤경을 '불공정한' 것으로 경험한다는 바로 그 사실은 그들의 항변 속에서 틀림없이 작동하고 있는 어떤 암묵적인 규범적 구조를 가리킨다는 것일 것이다. 하지만 그것은 다름아닌 회피해

규범적 이성애가 각각의 성에 그 고유의 자리가 할당되는 범역적 질서를 대표하는 한, 동성애적 요구는 그들의 성적 실천과 생활양식이 그 특수성 속에서 인정되어야 한다는 요구일 뿐만 아니라 바로 그 범역적 질서와 그것의 배제적·위계적 논리를 뒤흔드는 어떤 것이기도 하다. 바로 그런 것으로서, 기존 질서와 관련해서 '탈구되어 있는' 동성애자는 보편성의 차원을 대표한다(혹은 오히려, 대표할 수 있다. 정치화란 어떤 사람의 객관적인 사회적 위치 속에 결코 직접적으로 기입되지 않으며 주체화의 제스처를 내포하니까 말이다). 주디스 버틀러[53]는 경제적 투쟁과 '단지 문화적인' 동성애자의 인정 투쟁이라는 추상적이고 정치적으로 퇴행적인 대립에 반대하여 강력한 논증을 전개했다. 그에 따르면, 성적 재생산의 사회적 형식은, '단지 문화적인' 것이기는커녕, 사회적 생산 관계의 바로 그 핵심에 들어가 있다. 즉 이성애적 핵가족은 자본주의적인 소유권이나 교환 등의 관계들의 핵심적 성분이며 조건이다. 바로 그 때문에, 동성애적 정치적 실천이 규범적 이성애를 의문시하고 침식하는 그 방식은 자본주의적 생산양식 그 자체에 대한 잠재적 위협을 제기한다……. 이런 테제에 대한 나의 응답은 이중적이다. 나는 동성애 정치가 자신의 특수한 투쟁을 자본주의의 바로 그 잠재력들을 침식하는 어떤 것으로 '은유화'하는 한에서—그 목표들이 실현될 수 있다고만 한다면—그것을 온전히 승인한다. 그렇지만 나는, 오늘날의 자본주의 체계가 '후-정치적' 관용적 다문화주의 체제로의 계속적 변형 과정 속에서 동성애적 요구들을

야만 하는 철학적 매혹물이라는 것이 랑시에르의 요점이다: 이 '텅 빈 보편성'을 어떤 규정된 실정적 내용으로 번역하는 것은 모두가 다 이미 그것의 근본적 성격을 저버리는 것이다.

53) Judith Butler, 'Merely Cultural', *New Left Review* 227 (January/February, 1998), pp. 33~44.

중화시킬 수 있다고, 그 요구들을 특수한 '생활 방식'으로서 흡수할 수 있다고 생각하고 싶다. 자본주의의 역사는 지배적인 이데올로기적-정치적 틀구조가 어떻게 바로 그것의 생존을 위협하는 것처럼 보였던 운동들과 요구들을 수용할 수 있었는가의 (그리고 종종 그런 운동들과 요구들의 전복적 칼날을 누그러뜨릴 수 있었는가의) 오랜 역사이지 않은가? 오랜 기간 동안 성 자유론자들은 일부일처적 성 억압이 자본주의의 생존에 필수적이라고 생각했다—이제 우리는 자본주의가 난잡한 성적 쾌락의 탐닉은 말할 것도 없고 '도착적' 성욕의 형식들을 관용하고 있으며, 심지어 적극적으로 자극하고 이용한다는 것을 안다. 이와 동일한 운명이 동성애적 요구들을 기다리고 있다면 어찌할 것인가?[54] 최근의 (사도마조히즘에서 양성애와 여장女裝 공연에 이르기까지) 다양한 성적 실천들과 정체성들의 증식은, (푸코의 용어를 사용하자면) 생체권력의 현 체제에 대해 위협을 가하기는커녕, 정확히 범역적 자본주의의 현 조건들에 의해 생성되는 성의 형식인바, 이 범역적 자본주의는 분명 변동하는 다양한 동일화들을 특징으로 하는 주체성 양태를 분명히 장려하고 있는 것이다.

그리하여 '좌파적' 입장의 핵심적 요소는, 보편주의에 대한 단언을 투쟁에 참가하는 자의 전투적이며 분열적인[불화를 일으키는]*divisive* 입장과 등치시키는 것이다: 진정한 보편주의자란 차이에 대한 범역적

---

54) 버틀러는 어떤 특수한 사회 운동을 특징짓는 차이는 다른 운동들과의 외적인 차이가 아니라 그것의 내적 자기-차이라는 점을 강조한다. 라클라우를 따라서 나는 이 차이가 보편자가 기입되는 현장이라고 주장하고 싶다. 보편성은, 그 현실적 실존에 있어서, 어떤 특수한 운동이 자기-동일성을 이루는 것을 가로막는 폭력적이고 분열적인 자기-차이(예컨대, 특수한 요구들과 보편적 반-자본주의적 추동 사이에서의 동성애 운동의 자기-차이)인 것이라고 말이다. 버틀러는 보편성은 폭력적 말소와 배제의 현장이라고 말하며, 그렇기 때문에 어떻게 그것에 저항해야 하는 것인가를 강조한다. 그녀와는 달리 나는, 바로 그렇기 때문에 그것을 지지해야 한다고 말하고만 싶다.

관용이나 포용적 통일성을 설교하는 자가 아니라 자신들을 열광케 하는 진리를 단언하기 위한 열정적 싸움에 참가하는 자들이다. 이론적, 종교적, 정치적 사례들은 여기에 얼마든지 있다. 자신의 무조건적 기독교적 보편주의(예수의 눈에는 유대인도 그리스인도, 남자도 여자도 따로 없기 때문에 모든 사람이 구원받을 수 있다)로 인해 다양한 '일탈들'과 싸우며 원-레닌적 투사가 된 성 바울에서 시작해서, 마르크스(그의 계급투쟁 개념은 인류 전체의 '구원'을 목표로 하는 그의 이론이 지닌 보편주의의 필연적 이면이다)와 프로이트를 거쳐서, 위대한 정치적 인물들에 이르기까지—예컨대 드골이 1940년에 영국에서 거의 혼자서 독일 점령에 대한 저항의 외침을 시작했을 때 그는 그와 동시에 대담하게도 프랑스의 보편성을 위해서 말하고 있었으며 바로 그 이유 때문에 그를 따랐던 자들과 협력주의적으로 '이집트 고기 가마'[55]를 선호한 자들 사이에 근본적 균열이, 열구가 생겨나게 했다.

이를 바디우의 언어로 표현하자면, (새로운 보편적 진리에 대한 폭력적이고 우연적인 단언에 의해 작동된) 이 투쟁의 용어들을 제 집단 및 하위집단들을 포함하는 존재의 질서의 용어로 번역하지 않는 것이 여기서 핵심적이다. 즉 그 투쟁을 일련의 실정적 특성들로 정의되는 두 사회체들 간의 투쟁으로 파악하지 않는 것이 핵심적이다. 바로 그것이 스탈린주의의 '잘못'이었던바, 스탈린주의는 계급 투쟁을 일단의 실정적 특징들(생산양식 내에서의 자리 등등)을 갖는 사회적 집단으로서 정의되는 '계급들' 간의 투쟁으로 환원시켜 버렸다. 진정으로 근

---

[55] [『출애굽기』, 16장 3절 참고. 모세가 이스라엘 백성을 이끌고 이집트 땅에서 나온 뒤 얼마 후 이스라엘 자손들은 모세와 아론을 원망하면서 이렇게 말했다: '차라리, 우리가 이집트 땅, 거기 고기 가마 곁에 앉아 배불리 음식을 먹던 그때에, 누가 우리를 주의 손에 넘겨주어서 죽게 했더라면 더 좋을 뻔하였다. 그런데 너희들은 지금, 우리를 광야로 끌고 나와서, 이 모든 회중을 다 굶어 죽게 하고 있다.']

본적인 마르크스주의적 관점에서 볼 때, 사회적 집단으로서의 '노동계급'과 보편적 진리를 위해 싸우는 투사의 자리로서의 '프롤레타리아트' 사이에 연결고리가 있기는 하지만, 그럼에도 불구하고 이 연결고리는 한정적인 인과적 연계가 아니며 또한 그 두 층위는 엄격하게 구분되어야만 한다: '프롤레타리아'이다는 것은 원칙적으로 어떠한 개인에 의해서건 채택될 수 있는 (혁명을 통해 구원을 성취하도록 예정되어 있는 계급 투쟁에 대한) 어떤 **주체적 자세**를 취하는 것을 내포한다. 이를 종교적 용어로 옮긴다면, 자신의 (자선)행위들과는 무관하게 어떠한 개인이라도 '은총의 손길'을 받을 수 있으며 프롤레타리아적 주체로서 호명될 수 있다. 따라서 계급 투쟁 속에서 대립하는 두 편을 가르는 선은 '객관적'이지 않다. 그것은 두 개의 실정적인 사회 집단을 가르는 선이 아니며, 궁극적으로는 **근본적으로 주체적인 것이다**—그것은 진리사건을 향하면서 개인들이 떠맡는 그 위치를 내포한다. 그리하여 주체성과 보편주의는 배타적이지 않을 뿐 아니라 동일한 동전의 양면이다: '계급 투쟁'의 호소력이 보편적이고 만인을 예외 없이 겨냥하는 것은 바로 그것이 개인들에게 '프롤레타리아'의 주체적 자세를 취하도록 호명하기 때문이다. 그것이 동원하는 구분은 두 개의 잘 정의된 사회적 집단들 간의 구분이 아니라, 존재의 질서 속의 사회적 구분에 대해 '대각선으로' 나아가는 구분이며, 진리사건의 부름 속에서 스스로를 인지하며 그것의 추종자가 되는 자들과 그것을 부인하거나 무시하는 자들 간의 구분이다. 헤겔식으로 말하자면, (포용적이고 범역적인 존재의 질서의 거짓된 '구체적' 보편성에 대립되는 바로서의) 참된 보편자의 실존은 부단히 분열적인 끝없는 투쟁의 그것이다. 궁극적으로 그것은 보편성의 두 개념(과 물질적 실천들) 사이에서의 구분이다: 존재의 질서의 실정성을 인식과 행위의 궁극적 지평으로서 옹호하는 자들과 존재의 질서로 환원불가능한 (그리고 그것을 가지고는 설명할 수 없는) 진리사건 차원의 유효성을 받아들이는 자들.

바로 그것이 나치즘을 공산주의로부터 분리시키는 궁극적 틈새다. 나치즘에서 유대인은 단지 유대인이기 때문에, 그 직접적 자연적 속성 때문에, 궁극적으로 유죄인 것이다. 반면에 가장 음울한 스탈린주의 시절에도 부르주아나 귀족 계급 구성원은 그 자체로 *per se*, 즉 곧바로 그 사회적 지위 때문에 유죄이지는 않다. 즉 언제나 최소한의 주체화가 내포되어 있으며, 계급 투쟁에의 참여는 주체적 결단 행위에 달려 있는 것이다. 스탈린주의적 공개 재판에서 자백의 기능 그 자체가, 도착적 방식으로, 이런 차이를 입증한다: 반역자의 죄가 유효해지기 위해서 고발당한 자는 자신의 죄를 자백해야 하며, 주체적으로 떠맡아야 한다. 이는 나치즘에서와 명백히 대조된다. 나치즘의 경우, 유대인이 독일에 반대하는 음모에 참여하고 있었다는 유사한 자백을 한다고 해도 이는 무의미한 일이 될 것이다. 바로 이 지점에서, 구지배계급에 대한 레닌주의적 청산이 이미 나치 대학살의 전조가 되었다는 (즉 양 경우 모두 사람들이 죽임을 당한 것은 그들이 한 일 때문이 아니라 단지 그들이 누구였는가 때문이었다는) 수정주의 역사학자들의 논변은 요점을 놓치고 있는 것이다.

그리고 바로 이런 이유 때문에 나치 대학살은 소련에서 있었던 혁명의 적들에 대한 공산주의자의 숙청을 시간상 뒤따르고 있을 뿐만 아니라 그것에 의해 인과적으로 조건지어졌다(그것에 대한 반작용으로서, 혹은 오히려 그것에 대한 예방적 차원에서의 일격으로서 착상되었다)는 반공산주의적 수정주의 역사학자의 논제는 요점을 놓치고 있는 것이다. 유대인들의 음모에 대항한 나치 투쟁이 공산주의적 계급 투쟁의 반복/모사였다는 점을 강조함에 있어 수정주의자들은 옳았다. 하지만 이 사실은, 나치주의자들에게 면죄부를 주기는커녕, 나치즘과 공산주의의 차이를 더더욱 확신시켜준다. 공산주의자들에게 있어 사회적 건축물의 바로 그 핵심에 놓여 있는 적대였던 것이 나치 이데올로기에서는 특정 인종(유대인)의 생물학적 속성으로 '자연화'되어버렸다. 그리하여 모든 사람들이 어쩔 수 없이 한쪽 편을 들어야만 하는 계급 투쟁에 의해 분열된/횡단된 바로서의 사회 개념 대신에 우리가 얻는 것은 외부의 적(외래적 침입자로서의 유대인)에 의해 위협을 받는 통합체로서의 사회 개념이다. 결론적으로 공산주의의 혁명적 공포와 나치 대학살을 동일한 전체주의적 폭력의 두 양태로 이해하는 것은 전적으로 오도된 것이다(전자의 경우 우리와 적인 그들 사이의 간극과 적의 절멸은 계급 차이에 의해 정당화되었다—대립하고 있는 계급의 구성원을 전멸시키는 적은 적법한 일이다. 후자의 경우에는, 인종적 차이에 의해 정당화되었다—유대인을 죽이는 것은 적법한 일이다). 나치즘의 진정한 공포는 그것이 사회적 적대를 인종적 차이로 전치시킨/자연화시킨 바로 그 방식에 있는 것이다. 즉 유대인이 무슨 일을 했는지와는 무관하게, 어떻게 그들이 그들의 조건을 주체화했는가와는 무관하게, 단지 그들이 유대인이라는 사실 때문에 그들에게 죄를 덮어씌우는 그 방식 말이다.

배설물적 동일화의 애매성

랑시에르에게 있어서 주체화는 보편적 단독자에 대한, 보편성의 차원에 직접 몸통을 제공하는 사회적 건축물의 단독적/과잉적 부분에 대한 단언을 내포한다. 아마도 이와 같은 보편적 단독자의 논리는,

바디우의 생각처럼, 심원하게 그리스도론적일지도 모른다: 궁극적인 '보편적 단독자'는, 인류를 대신하는 단독적 개인은 그리스도 자신 아닌가? 기독교의 혁명은 그것이 '증상과의 동일화' 논리에 따라서 인간 가운데 최고인 자가 아닌 가장 저열한 배설물적 잔여물을 진정한 보편자를 대신하는 이 단독적 지점으로서 제공한다는 사실에 있다—이 잔여물과 동일화함으로써만, 그리스도를 닮음*imitatio Christi*으로써만 인간은 '영원성에 도달'할 수 있으며 유효하게 보편적이 될 수 있다. 그리고 아마도 이 그리스도론적 참조는 또한 '증상과의 동일화'라는 제스처의 정치적 유효성이 어떤 가능한 한계를 지니는가를 분명히 볼 수 있게 해줄 것이다.

기독교의 신학적 체계 전체는 이와 같은 배설물적 동일화에 의존하고 있다. 두 명의 도둑 사이에서 고통당하면서 죽어가는 수난자 예수의 가엾은 형상과의 동일화에 말이다. 기독교가 지배 이데올로기가 될 수 있었던 것은 이런 근본적인 배설물적 동일화를 기존의 위계적 사회 질서에 대한 완전한 승인과 결합시켰기 때문이다: '부자와 가난한 자, 정직한 사람과 죄인, 주인과 노예, 남자와 여자, 이웃과 이방인인 우리 모두는 그리스도 안에서 하나가 된다.' 비록 이런 배설물적 동일화가 부자와 권력자에게 그들의 자리가 불확실하고 우연적인 것임을 일깨움으로써 가난한 자에 대한 연민과 자비로운 관심을 부과하기는 했지만('그들 또한 신의 자식들임을 잊지 말라'), 그럼에도 불구하고 그들의 자리를 확립해주었으며 심지어는 기존의 권력 관계에 대항한 어떠한 공공연한 반란도 용서받을 수 없는 죄임을 선언했다. 그리하여 '우리 모두가 [유대인, 흑인, 게이, 사라예보에 사는 사람 등등]이다'라는 감상적 단언은 극도로 애매한 방식으로 작동할 수 있다. 즉 그것은 또한 우리 자신의 곤경이 사실은 진정한 희생양들의 그것과 동일하다는 성급한 주장을, 즉 배제된 자들의 운명에 대한 거짓된 은유적 보편화를 유도할 수 있다.

솔제니친의 굴락 3부작이 서방에서 출판된 직후에 몇몇 '급진적' 좌파 서클에서는 '우리의 소비주의 서구 사회 전체 또한 하나의 거대한 굴락이며, 그 속에서 우리는 지배 이데올로기의 사슬로 묶여 있다. 사실 우리의 처지는 한층 더 좋지가 않은데, 왜냐하면 우리는 우리가 참으로 곤경에 처해 있음을 알지 못하고 있기 때문이다'라는 것을 강조하는 것이 유행이 되었다. 음핵절제에 관한 최근의 한 토론에서 한 '급진적' 여성주의자는 서구의 여성 또한 어떤 면에서는 음핵 포피를 철저히 절제당하고 있는 것이며, 남성에게 매력적인 여성으로 남아 있기 위해 다이어트의 압박과 혹독한 몸 다듬기와 고통스러운 가슴 혹은 얼굴 성형 수술로 시달리고 있다고 감상적으로 주장했다. 물론 이 두 경우 모두 그 주장들 속에는 진실의 어떤 요소가 담겨 있다. 하지만 그럼에도 불구하고, '버클리 캠퍼스 또한 거대한 굴락이다'라는 급진적 상류–중간계급 학생의 감상적 진술 속에는 근본적으로 날조된 무언가가 들어 있다. 버림받은 자/희생양과의 이런 감상적 동일화의 가장 잘 알려진 사례가 1963년 J. F. 케네디의 'Ich bin ein Berliner'—분명 랑시에르가 염두에 두고 있지 않은 진술 (그리고, 우연히도, 문법적 오류로 인해서 영어로 재번역했을 때 'I am a doughnut'을 의미하는 진술)—라는 것은 참으로 의미심장하지 않은가?[56]

이런 곤경에서 빠져나갈 길은 매우 손쉬운 것처럼 보인다: 감상적

---

56) [냉전이 한창이던 1963년 베를린 장벽 앞에서 행한 연설에서 케네디는 다음과 같이 말한다: 'All free men, wherever they may live, are citizens of Berlin, and therefore, as a free man, I take pride in the words *Ich bin ein Berliner*.' 지젝은 이 독일어 문장이 문법적으로 오류임(직업이나 국적을 나타낼 때 부정관사를 사용하지 않는다는 규칙에 어긋남)을 지적하고 있지만, 이는 사실과 다르다.]

동일화의 진정성은 그것의 사회정치적 유효성으로써 가늠해볼 수 있다. 그것은 얼마나 유효한 조치인가? 간단히 말해서, 이런 보편적 단독자의 정치적 자세는 랑시에르가 **치안** 구조라 부르는 것에 어떻게 작용하는가? 두 '치안들(존재의 질서들)'—자기봉쇄적인 (경향이 있는) 치안과, 고유하게 정치적인 요구들을 통합시키는 데 좀더 개방적인 치안—간에는 적법한 구분이 있는 것인가? 물론 칸트적으로 답한다면 다음과 같을 것이다: 치안(존재의 질서)을 정치(진리사건)와 직접적으로 동일화하는 것은, 진리가 곧바로 사회정치적 존재의 질서에 대한 구성적 구조화 원리로서 스스로를 정립하는 절차는, 여하간 그 정반대인 '치안의 정치', 혁명적 공포로 나아가게 되는데, 그 전형적 사례는 스탈린주의적 재앙*désastre*이다. 문제는 우리가 증상과의 감상적 동일화에, 보편적 단독자에 대한 단언에 규정된 내용을 제공하고자 노력하는 순간('우리 모두가 이주 노동자다!'라고 감상적으로 주장하는 항의자들은 실제로 무엇을 **원하는** 것인가? 치안 권력에 대한 그들의 **요구**는 무엇인가?) 평등자유의 근본적 보편주의와 특수한 정체성들에 대한 '후근대적' 단언 간의 옛 대조가 앙갚음을 하려는 듯 재출현한다는 것이다. 이는 게이 정치의 곤궁에서 분명하다. 게이들이 공적 담론에 의해 인정될 때, 게이 정치는 그 특수성을 잃지 않을까 두려워한다: 당신들은 **동등한 권리**를 원하는 것입니까 아니면 당신들의 특수한 삶의 방식을 보호해줄 **특수한 권리**를 원하는 것입니까? 물론 답은, 보편적 단독자의 감상적 제스처는 만족을 무기한 지연시킴으로써 결단을 회피하기 위한 히스테리적 제스처로서 기능한다는 것이다. 다시 말해서, 보편적 단독자의 제스처는 **불가능한** 요구들을, '거절될' 요구들을 치안/타자에 퍼붓는 데서 번창한다. 그것의 논리는 '너에게 이것을 하라고 요구할 때 나는 실제로는 그것을 하지 말라고 요구하는 것이다. 그건 그것이 아니니까 말이다'의 논리다. 여기서의 상황은 그야 말로 결정불가능한 것이다. 급진적인 정치적 기획은 종종 치안 질서와의 타협에 의해 '배반당하며'(혁명적 급진주의자들의 영원한 불평: 개량주의자들이 일단 떠맡게 되면 그들은 단지 형식만을 바꾸며 옛 주인들에게 순응한다), 뿐만 아니라 정반대로 유사-급진화의 경우 또한 있는데, 이는 온건한 개량주의적 제안보다도 기존의 권력 관계에 훨씬 더 잘 들어맞는다.57)

여기서 추가로 구분해야 할 것은 보편적 단독자를 단언하는 진술을 언표하는 두 대립되는 주체들이다. 이 진술은 자신의 특수한 곤경을 '인간성'이라는 보편성에 대한 대리자로서 제안하는 **배제된 희생양 그 자신**(옛 아테네의 데모스, 프랑스 혁명의 제3신분*troisième état*, 오늘날의 유대인, 팔레스타인인, 흑인, 여성, 게이⋯⋯)의 직접적 진술인가, 아니면 **타자들**에 의한, 관심을 가진 '계몽된 공중'에 의한, 연대의 진술인가? 어떻게 이 두 작용 양태가 서로에게 관계하는가? 문제의 차이는 '우리 모두가 그들(배제된 비-부분)이다!'라고 주장하는 보편적 공중과 '우리가 참된 보편자[인민, 사회, 민족⋯⋯]이다!'라고 주장하는 배제된 비-부분 간의 차이이다. 이런 반전은, 겉보기에 분명 순전히 대칭적인 것 같지만, 결코 직접적인 대칭적 효과를 낳지 않는다. 여기서

---

57) '급진적인' 문화연구 엘리트주의자들에 반대하는 리차드 로티의 최근의 논박이 지닌 한 톨의 진리는 바로 거기에 있다(Richard Rorty, *Achieving Our America*, Cambridge, MA: Harvard University Press, 1998): 그들은, 권력이라는 신화적 유령에 급진적[근본적]으로 의문을 던진다는 미명하에, 기존의 권력 관계들을 재생산하는 데 완벽하게 조응하며, 그것들에 어떠한 위협도 제기하지 않는다. 혹은, 발터 벤야민의 테제를 말바꿈해본다면, 기존의 사회 관계들에 대해 급진적으로 반대한다는 그들의 선언적 태도는 그들이 이런 관계들 내부에서 기능하고 있다는 사실과 공존한다. 자신이 불평하는 착취의 연결망에 완벽하게 조응하며 그것의 재생산을 유효하게 뒷받침해주는 전설적 히스테리증자처럼 말이다.

우리가 마주하는 것은 (이데올로기적) 유사물을 생성하는 메커니즘의 핵심적 특징이다. 비대칭적 결과를 낳는 대칭적 반전. 예컨대 마르크스에게 있어서 '전개된' 등가 형태에서 '일반적' 등가 형태로의 (상품 A가 자신의 가치를 일련의 상품들 B, C, D, E, F······로 표현하는 상태에서, 상품 A 그 자체가 상품 B, C, D, E, F······의 가치를 표현하는—체현하는—상태로의) 단순한 반전은 물신주의의 효과를 낳는다. 즉 그것은 다른 모든 상품들의 등가물로서 기능할 수 있게 해주는 어떤 신비한 성분을 소유하고 있어야만 하는 어떤 상품이라는 아우라를 A에게 부여한다.

헤겔 또한 종종 단순한 대칭적 반전을 통해 가장 심오한 사변적 전환을, 사유의 전체 지형에서의 어떤 변화를 초래한다. '자기는 실체다'라는 진술은 결코 '실체는 자기다'라는 진술과 등치가 아니다. 전자는 단순히 자기가 실체에 종속됨을 단언한다('나는 나 자신이 나의 사회적 실체에 속해 있음을 인지한다'). 반면에 후자는 실체 그 자체의 주체화를 내포한다. 루이 14세는 '나는 국가다'라고 말하지 않았다. 그가 말한 것은 '*L'État c'est moi*'[국가는 나다]였다. 오로지 이 두 번째 판본에서만 유한한 자기는 실체 그 자체의 진리로서 정립되며, 그리하여 루이 14세가 어떤 명령을 포고할 때 단지 그(이 유한한 개인)가 말을 하고 있는 것일 뿐만이 아니라, 실체 그 자체가 그를 통해 말을 하고 있는 것이다(정확히 라캉의 '나, 진리는 말한다*moi, la vérité, parle*'의 의미에서). 바로 여기에, 이런 반전의 필연성 속에 헤겔의 핵심적 통찰 가운데 하나가 들어 있다: 겉보기에 분명 주체가 실체에 종속됨을 (소속됨을) 단언하는 그 겸손한 제스처는 조만간 정반대의 것을 나타내는 것으로서, 실체 그 자체의 주체화를 나타내는 것으로서 스스로를 드러낸다. 또한 여기에 기독교의 핵심이 들어 있다: 인간이 신성할 뿐만 아니라, (인간의 모든 유한한 속성들을 지닌 채) 신 그 자신이 인간이 되어야만 한다. 동일한 이유에서 '삶은 환영이다'는 '환영은 삶이다'와 같지 않다: '삶은 환영이다'는 현세적 삶의 환영적 성격에 대한 우울한 자각이라는 (칼데론 풍의) 바로크적 태도를 나타내는 반면에, '환영은 삶이다'는 초재적인 '참된' 현실을 찾는 '허무주의자'에 반대하여 외양들의 게임을 온전히 포용하고 단언하는 긍정적인 니체적 태도를 내포한다. 혹은, 우리의 사례로 돌아가 본다면, '우리[국민] 모두가 이주 노동자들이다'는 '우리[이주 노동자들]는 진정한 국민이다'와 같지 않다.

행위를 감싸 안기

아마도 이것은 우리의 출발점으로 돌아갈 수 있는 계기일 것이다. 우리가 다루어 왔던 저자들은 이런 정치적 보편화의 단계를 성취할 채비를 얼마나 잘 하고 있는 것인가? 여기서 그들의 출발점으로서의 알튀세르에 대한 참조가 다시금 핵심적이 된다. 이미 내가 강조한 것처럼, 그들의 이론적 체계들은 이 공통의 출발점을 부정하는, 즉 알튀세르에 대한 거리를 유지하는 (혹은, 오히려, 획득하는) 네 가지 상이한 방법으로서 생각해볼 수 있다. 심지어는, 정신분석에서 외상적 중핵을 부정/억압할 수 있는 상이한 방법들을 참조함으로써 그들의 차이를 개념화할 수도 있을 것이다. 즉 부정denegation, 부인disavowal, 엄밀한 의미에서의 (억압된 것의 회귀와 일치하는) 억압, 그리고 폐제를 참조함으로써 말이다……. 왜인가?

저자들은 자신들의 알튀세르적 출발점과 관련하여 중요한 진척을 이루었다(그들의 불후의 공로는 알튀세르적이고/이거나 해체주의적인 늪에 빠지지 않으면서 알튀세르로부터 전진해 나아갔다는 것이다). 하지만 그럼에도 불구하고 그들은 '주변부주의적' 정치의 덫에 빠지는 것처럼 보인다. 그리하여 그들은, 실패의 씨앗을 자체로 내포하고 있으며 기존 질서에 직면하여 물러날 수밖에 없는, '불가능한' 근본적 정치화라는 순간적 폭발들의 논리를 수용한다(진리사건 대 존재의 질서 쌍, 정치 대 치안의 쌍, 평등자유 대 상상적 보편성의 쌍). 이 공통의 특징은 주체를 **주체화** 과정으로 환원하는 것과 밀접하게 연관되어 있다. 랑시에르가 겨냥하는 바는 '어떠한 부분도 아닌 부분'이 사회적 가시성 내부에서 자기 자리를 위한 분쟁에 연루되는 과정이다. 바디우가 겨냥하는 바는 진리사건에 대한 충실성에 토대를 둔 연루됨이다. 발리바르가 겨냥하는 바는 평등자유에 대한 '불가능한' 요구를 주장하면서 그것을 현실화하는 그 어떤 실정적 질서에 대해서도 반대하는 정치적 행위자이다. 이 모든 경우에서 물론 주체화는 알튀세르가 이데올로기적 (오)인지와 호명이라는 개념을 세공했을 때 염두에 두었던 것과 혼동되지 말아야 한다. 여기서 주체성은 오인지의 형식으로서 기각되지 않는다. 반대로 그것은 존재론적 틈새/공백이 손으로 만져볼 수 있는 것이 되는 계기로서 단언되며, 존재의, 상이한 사회 구조의, 치안으로서의 정치의 실정적 질서를 침식하는 제스처로서 단언된다.

주체를 이처럼 주체화로 환원시키는 것과 이 저자들의 이론적 체계가 두 가지 논리(랑시에르의 경우 정치/치안*la politique/police*과 정치적인 것*le politique*, 바디우의 존재와 진리사건, 그리고 더 나아가, 발리바르의 상상적 보편적 질서 대 평등자유)의 기본적 대립에 의존하고 있는 방식 사이의 연결고리를 지각하는 것이 핵심적이다. 이 모든 경우들에 있어서 두 번째 지점은 고유하게 정치적이며, 존재의 실정적 질서에 틈새를 도입한다: 어떤 특수한 요구가 불가능한 보편자의 대리물로서 기능하기 시작할 때 상황은 '정치화'된다. 그리하여 우리는 실체와 주체 사이의, 실정적 존재론적 질서(치안, 존재, 구조)와 이 질서의 궁극적 닫힘을 방해하는/거나 그것의 균형을 교란시키는 불가능성의 틈새 사이의 다양한 대립 형식들을 갖는다. 이중성의 이 세 가지 형식들이 궁극적으로 참조하고 있는 것은 객관적 현실의 구성된 질서와 존재론적으로 결코 온전히 실현되지 않기 때문에 단지 규제적 참조점으로서만 기능할 수 있는 자유 이념 간의 칸트적 대립이다. 우주의 근본적이고 구성적인 존재론적 불의[불공정]에 대한 교정인 '정의'는 무조건적인 불가능한 요구로서, 그 자체의 불가능성을 배경으로 해서만 가능한 것으로서 제시된다: 정치적 운동이 정의를 온전히 실현하고, 그것을 사물들의 현실적 상태로 번역하고, 유령적인 도래할 민주주의*démocratie à venir*로부터 '현실적 민주주의'로 나아가려는 시늉을 하는 순간, 우리는 전체주의적 재앙에 빠지게 된다—칸트식으로 말하면, 숭고한 것은 기괴한 것으로 변하고 만다……. 물론 이 두 층위는 단순히 외적인 것만은 아니다. 정치적 진리사건을 위한 공간은 존재의 질서 속에 있는 증상적 공백에 의해, 그것의 구조적 질서 내에 있는 비일관성에 의해 열리는 것이다. 즉 질서의 총체 속에 어떠한 고유한 자리도 마련되어 있지 않지만 그럼에도 불구하고 그 속에 내포되어 있으며 바로 그렇기 때문에—즉 그것이 더 이상 특별히 명세화되지 않는 요소이기 때문에—전체의 직접적 체화물임을 공언하는 요소인 정원외적 요소의 구성적 현존에 의해 열리는 것이다. 다른 한편으로 고유하게 정치적인 개입은 치안의 질서 속에서 변화를, 그것의 재구조화를 초래하고자 한다(그리고 그 결과 지금까지 그것의 공간 속에서 '비가시적'이며/이거나 '존재하지 않는' 것이었던 것이 가시적이 된다).

이로부터 두 가지 헤겔적 결론이 도출되어야 한다. (1) 정치의 바로 그 개념은 정치적인 것과 비정치적인 것/치안 간의 충돌을 내포한다—즉 정치는 고유한 정치와 비정치적 태도('무질서'와 질서) 간의 적대이다. (2) 이런 이유 때문에, '정치'는 그 자신의 종種인 유類이다: 궁극적으로 그것은 두 개의 종을 갖는데, 하나는 그 자신이고 다른 하나는 그것의 '통합주의적'/치안적 부정이다. 그렇지만 이런 헤겔적 비틀기에도 불구하고 우리가 여기서 다루고 있는 논리는 자신의 실패를 미리 내포하고 있는 논리이며, 자신의 온전한 성공을 궁극적 실패로서 간주하는 논리이다. 그것은 자신의 주변적 성격을 자신의 진정성에 대한 궁극적 기호로서 고수하며 그리하여 자신의 정치적-존재론적 대립항에 대해, 존재의 치안 질서에 대해 애매한 태도를 유지한다. 즉 그것은 이 질서를 참조해야만 하며, 우리가 우리의 주변적/전복적 활동에 참여하기 위해서는 거기에 있어야만 하는 대적大敵('권력')으로서 이 질서를 필요로 한다—이 질서를 전적으로 전복한다는('범역적 혁명') 생각 자체는 원-전체주의적인 것으로서 기각된다.

이런 비판은 추상적 보편성과 구체적 보편성이라는 전통적인 헤겔적 대립에 의존하는 것으로서 잘못 읽혀지지 말아야 한다: 보편성의 이면으로서의 근본적 부정성을—보편성의 실현을 무기한 연장시키는 당위Ought의 논리를—단언하는 것에 반대하여 나는 '구체적' 실정적 질서를 실현된 최고선으로서 포옹하는 것의 필연성을 옹호하고 있는 것이 아니다. 여기서 헤겔적 조치는, 실정적 질서를 이성의 유일하게 가능한 실현으로서 체념적으로/영웅적으로 받아들이는 것이 아니라, 어떻게 치안/정치적 질서 그 자체가 이미 일련의 부인된/오인된 정치적 행위들에 의존하고 있는가를, 어떻게 그것의 토대 놓는 제스처가 (치안에 대립되는, 그 근본적 의미에서) '정치적'인가를—헤겔식으로 하자면, 어떻게 실정적 질서가 근본적 부정성의 실정화에 불과한 것인가를—부각시키고 드러내는 것이다.

랑시에르의 중심 개념인 *mésentente*('불화')의 예를 들어보자. 불화가 발생하는 것은, 배제된/보이지 않는 '어떠한 부분도 아닌 부분'이, 스스로를 전체에 대한 대리물로서 단언하고 그 특수한 입장의 재표명을, 즉 그것의 새로운 양태의 가시성을 요구함으로써, 자신의 곤궁을 정치화하고 사회적 공간의 확립된 치안/정치적 구조와 제 부분들로의 하위구분을 교란시킬 때이다(예컨대 여성은 자신이 사적 가족 공간에 제한되어 있는 것을 정치적 불공정의 사례로서 제시하는 순간 자신의 곤궁을 '정치화'한다). 명시적 권력/치안 담론과 그것의 외설적 분신 사이의 애매한 관계 또한 일종의 불화를 내포하고 있지 않은가? 이 외설적 분신(공적으로 부인된 '행간의' 메시지)은 치안 기구가 기능하기 위한 '보이지 않는' 비-공적인 가능성의 조건이지 않은가? 그리하여 권력이란 '인민'이 자신들의 요구들을 드러내고자 하는 요구를, 즉 자신들의 요구들이 공적인 담론 공간에서 받아들여지도록 하려는 요구를—즉 그들이 권력/치안 담론 내부에서 누리는 (비-)동일한 지위를 거부/전복하려는 요구를—맞대립시키는 유일무이한/평탄한 가시성의 영역, 자기투명한 기계가 아니다. 이에 대한 (거의) 대칭적인 반대를 이루는 것은, 공적 권력/치안 담론이 행간에 있는 그 자신의 메시지—즉 그것이 기능하기 위한 외설적 지탱물—를 '듣는/이해하는' 것을 거부한다는 것이다. 이와 직면하게 될 때 공적 권력/치안 담론은 그것을 자신의 위엄에 어울리지 않는 것으로서 경멸적으로 거부한다……

권력이 '보기를 거부하는' 것은 치안 공간에서 배제된 '인민'이라는

(비-)부분이라기보다는 오히려 권력 자체의 공적 치안 기구에 대한 보이지 않는 지탱물이다. (통속적 계급 분석에 따르자면: 은폐된—공적으로 인정되지 않은—룸펜프롤레타리아 계급이라는 지탱물이 없다면 어떠한 귀족 통치도 없다.) 그리하여 우리의 요점은, 권력의 책임을 떠맡는 것에 대한 주변부주의적 급진적 거부(라캉식으로 말하자면: 주인에 대한 공적 도발을 가장한, 주인에 대한 은폐된 요구—68년 5월 학생 반란의 히스테리적 성격에 대한 라캉의 진단을 볼 것)는 권력이 그 자체의 부인된 외설적 보충물과 맺고 있는 은폐된 연계와 엄밀히 상관적이다(혹은 그 연계의 이면이다). 진정으로 '전복적인' 정치적 개입이 공적 공간 속으로 끌어들이려고 분투해야만 하는 것은 무엇보다도 권력/치안 그 자체가 의지하고 있는 이 외설적 보충물이다. 치안의 질서는 결코 단순히 실정적인 질서에 불과한 것이 아니다: 도대체 기능하기 위해서라면, 그것은 속여야 하고, 오명명misname해야 하며 등등이다—요컨대, **정치에 관여해야 하고, 자신의 전복적 반대자들이 할 것으로 가정된 것을 해야만 한다.**

칸트의 정치적 사고에 있어서, 기본 원칙(도덕적 정언 명령의 등가물)은 '초월적 공공성 원칙'이다: '다른 사람들의 권리와 관계가 있는 모든 행위는 그 준칙이 공적으로 언명된 목적과 일치하지 않을 때 잘못된 것이다. …… (목표를 놓치지 않기 위해) 공공성을 필요로 하는 모든 지도 원칙들은 정의正義와 일치하며 정치와 일치한다.'[58] 정치적 영역에서 잘못이거나 악인 것은 그 현실적 목적이 공적으로 언명된 목표와 모순되는 그런 행위이다: 칸트가 반복해서 강조하는 것처럼,

---

58) Immanuel Kant, 'Perpetual Peace: A Philosophical Sketch', in *Kant's Political Writings*, Cambridge: Cambridge University Press, 1991, p. 129. [국역본: 임마누엘 칸트, 『영원한 평화를 위하여』, 서광사, 1992.]

최악의 압제자라 하더라도, 자신만의 권력과 부를 추구하는 동안에도, 공적으로는 인민의 선을 위해 일하는 시늉을 한다. 우리는 이 준칙을 부정적 방식으로 표현해볼 수 있겠다. 즉 정치는, 그것의 현실적 동기들(혹은 오히려, 준칙들)에 대한 공적인 폭로가 자기-파멸적일 경우에, '잘못된(부당한)' 것이다: 압제자조차도 '내가 이 법을 부과하는 것은 내 적들을 분쇄하고 나의 부를 늘리기 위함이다'라고 **공적으로는** 말할 수 없다. 바로 이러한 배경에 마주해서 우리는 공적인 이데올로기적 담론의 초자아 보충물에 대한 테제를 위치시켜야 한다: 외설적 초자아 보충물이란, 공적인 이데올로기적 텍스트의 지탱물로서, 그 보충물이 작동적이기 위해서는 **공적으로 부인된 상태로 남아 있어야만 한다**: 그것에 대한 공적 자인은 자기-파멸적이다. 그리고 우리의 요점은 그와 같은 부인은 랑시에르가 '치안'의 질서라 부르는 것에 대해 구성적이라는 것이다.

일체의 실정화 속에서 배반당하는 실재적인/불가능한 무조건적 요구, 즉 '인민'이 공식적 대의 정치 기구 밖에서 '자생적으로' 스스로를 조직화하는 권력/치안 공백의 저 짧은 중개적 순간들 속에서만 스스로를 현실화할 수 있는 요구(혁명 초기의 '진정한' 단계에 다수의 좌파들이 '자생적 의회 민주주의'에 대해 매혹을 느끼는 것을 보라)로서의 평등자유의 이상이라는 개념은 급진적 혁명적 순수주의자들을, 평등자유의 유일하게 가능한 실현은 크메르 루즈나 '빛나는 길Sendero Luminoso'인 것인 양 모든 혁명은 필연적이고도 불가피하게 배반당하거나 '공포로 퇴행한다'는 것을 입증하고자 하는 보수주의자들과 섬뜩하게도 가까워지게 만든다. 우리는 레닌주의적 정치야말로 스스로의 내속적 불가능성을 주장하는 이와 같은 칸트주의적, 주변부주의적, 좌파적 태도에 대한 참된 대척점이라고 주장하고만 싶다. 다시 말해

서: 진정한 레닌주의자와 정치적 보수주의자가 공유하고 있는 것은 그들이 자유주의적 좌파적 '무책임'이라 부를 수 있는 것(연대, 자유 등등의 거대 기획들을 지지하지만, 구체적이고 종종 '잔혹한' 정치적 조치들의 형태로 그런 기획들에 대한 대가를 치러야만 할 때 회피하는 것)을 거부한다는 사실이다. 진정한 보수주의자처럼 진정한 레닌주의자는 행위로의 이행 *passage à l'acte*을, 자신의 정치적 기획을 실현하는 것의 모든 결과들을 아무리 불유쾌한 것이라 하더라도 받아들이는 것을 두려워하지 않는다. (브레히트가 몹시도 흠모했던) 키플링은 자유와 정의를 지지하면서도 자유와 정의를 위해 필요한 더러운 일을 행함에 있어서는 아무 말 없이 보수주의자들에게 기대는 영국 자유주의자들을 경멸했다. 레닌주의적 공산주의자에 대한 자유주의적 좌파의 (혹은 '민주주의적 사회주의자'의) 관계 역시 마찬가지다. 자유주의적 좌파는 사회민주주의적 '타협'을 거부하며, 진정한 혁명을 원하지만 그에 대한 현실적 대가를 치르는 일은 회피하며 따라서 아름다운 영혼의 태도를 취하고 자신들의 손을 더럽히지 않으려 한다. 이런 거짓된 자유주의적 좌파의 입장(그들은 인민을 위한 진정한 민주주의를 원하지만, 반혁명과 싸울 비밀경찰은 원치 않으며, 자신들의 학원적 academic 특권이 위협받는 일을 원치 않으며 등등이다)과는 달리 레닌주의자는, 보수주의자와 마찬가지로, 자신의 선택이 가져오는 결과들을 온전히 떠맡는다는 의미에서, 권력을 차지하고 행사한다는 것이 현실적으로 무엇을 의미하는지를 온전히 알고 있다는 의미에서 **진정성**을 갖는다.

나는 이제 존재(혹은 재화의 공급 *service des biens*, 혹은 치안으로서의 정치)의 실정적 질서와 진리사건의 현존을 신호하는 평등자유에 대한 근본적인 무조건적 요구 사이의 원-칸트적 대립, 즉 **범역적 사회**

질서와 이 범역적 질서에 분리의 선을 내는 고유한 보편성의 차원 사이의 대립이 안고 있는 치명적 약점인 것처럼 보이는 것을 분명히 할 수 있는 위치에 있는 것처럼 보인다. 그것이 고려에서 빠뜨리고 있는 것은, 재화의 공습의 실정적 질서가 스스로를 지탱함에 있어 없어서는 안 되는 주인의 토대 놓는 제스처의 '과잉'이다. 여기서 우리가 겨냥하고 있는 것은 바로 존재의 실정적 치안 질서의 원활한 작동에 대비한 주인의 '비경제적' 과잉이다. 다원주의적 사회에서 주변적 '급진적' 정당들이나 정치적 행위자들은 무조건적 요구의 게임을, '세상이 무너져도 pereat mundus 우리는 이것(교사와 의사의 봉급 인상, 퇴직 및 사회보장 조건의 개선 등등)을 원한다'의 게임을 벌일 수 있다. 그들의 요구를 충족시킬 방법을 찾는 일은 주인에게 맡기면서 말이다. 이 무조건적 요구는 정치적 주인을 표적으로 삼고 있는데, 이는 단순히 재화의 공급의 운영자로서의 그의 능력에 있어서뿐만이 아니며, 질서의 생존을 위한 보증인으로서의 그의 능력에 있어서도 그러하다. 바로 그것은 주인의 자리의 또 다른 핵심적 측면이다: 그는 사람들이 오믈렛을 요구할 때 달걀을 깨뜨려야 하는—인기는 없지만 필수적인 조치를 부과하는—책임을 회피하지 않는다. 요컨대 주인은 일이 잘못될 때 '하지만 난 이걸 원하지 않았다!'라고 주장할 권리를 영원히 포기하는 자이다.

물론 이런 입장은 궁극적으로 사기꾼의 입장이다: 그의 주인됨 mastery은 하나의 환영이다. 하지만 그럼에도 불구하고 이 지키기 불가능한 자리를 기꺼이 점유하려는 누군가가 있다는 바로 그 사실은 그의 신민들[주체들]subjects에게 안도감을 주는 효과를 발휘한다. 우리가 우리의 소소한 나르시시즘적 요구들을 탐닉할 수 있는 것은 전체 구조가 붕괴하지 않을 것임을 보증하는 주인이 여기에 있다는 것을 잘 알고 있기 때문인 것이다. 진정한 주인의 영웅적 자질은 그가 기꺼이 궁극적 책임의 이 불가능한 자리를 떠맡으려 하고 체계의 붕괴를 막는 인기 없는 조치를 스스로 떠맡아 실행하려 한다는 데 있다. 바로 이 점이 볼셰비키가 권력을 잡은 이후에 레닌의 위대함이었다. 악순환에 사로잡힌 히스테리적 혁명적 열정과는 반대로, 즉 대립 속에 머물고만 싶고 떠맡음의 짐을, 전복적 활동에서 사회 체계의 원활한 운영에 대한 책임으로 나아가야 하는 짐을 (공적으로건 은밀하게건) 회피하고만 싶은 자들의 그 열정과는 반대로, 레닌은 현실적으로 **국가를 운영하는**—볼셰비키 권력이 붕괴하지 않을 것임을 확실히 하기 위해서, 필요한 모든 타협을 이루어내고, 하지만 또한 필요한 가혹한 조치를 취하는—부담스러운 과제를 영웅적으로 껴안았다.

따라서 랑시에르나 바디우가 정치를 원활한 재화의 공급에나 유념할 따름인 치안으로서 기각할 때, 그들이 고려하지 않고 있는 것은 사회적 질서가 재화의 공급의 항목들에 제한되어 있는 한 스스로를 재생산할 수 없다는 사실이다. 체계의 생존을 보증하기 위해 필요한 타협을 한다거나 법의 자의字意를 깨뜨리는 등의 일을 가차없이 기꺼이 이행하는 것을 포함하여 궁극적 책임을 떠맡는 **하나**가 있어야만 한다. 그리고 이런 기능을 어떠한 대가를 치르고라도 권력을 놓지 않으려는 무원칙적 독단의 기능으로 해석하는 것은 완전히 잘못된 것이다. 치안에 대립되는 것으로서 정치적인 것을 옹호하는 자들은 재화의 공급 그 자체를 지탱하고 있는 주인의 이 내속적 과잉을 고려하지 못하고 있다. 그들은 자신들이 싸움을 걸고 있고 자신들의 무조건적 요구를 통해 도발적으로 자극하고 있는 그 무엇이 '재화의 공급'인 것이 아니라 주인의 무조건적 책임이라는 사실을 알지 못하고 있다. 요컨대 그들이 알지 못하고 있는 것은, 평등자유에 대한 그들의 무조건적 요구가 주인의 능력의 한계를 테스트하면서 주인에게로 겨냥된 히스테리적 도발('그가 우리의 요구를 거부하면서—혹은 충족시키면서—여전히 전능함의 외양을 유지할 수 있을까?')이라는 제한구역 내에 머물러 있다는 사실이다.

이와 같은 히스테리적 도발에 대립되는 바로서의 진정한 혁명가를 가려내기 위해서는, 그가 기존 체계의 전복적 침식을 이 부정성[전복적 침식]을 체현하는 새로운 실정적 질서의 원리로 전환하는 일을—혹은, 바디우식으로 말하자면, 진리를 존재로 전환시키는 일을—영웅적으로 기꺼이 견뎌낼 준비가 되어 있는가를 보면 된다.[59] 이를 좀더 추상적인 철학적 용어로 표현하자면: 고유한 정치적 행위의 임박한 '존재론화'에 대한 두려움, 그것이 존재의 실정적 질서로 격변하는 것에 대한 두려움은 일종의 원근법적 환영으로부터 결과하는 거짓 두려움이다. 그것은 존재의 실정적 질서가 갖는 실체적 권력에 대해 지나치게 많은 신뢰를 부여하며 존재의 질서가 결코 단순히 주어진 것이 아니며 그 자체가 어떤 선행하는 행위에 근거하고 있다는 사실을 간과하고 있다. **존재론적으로 일관된 실정적 전체로서의 존재의 질서라는 것은 결코 없다.** 그와 같은 질서의 거짓 유사물이 가능한 것은 행위의 자기-말소 때문이다. 다시 말해서 행위의 틈새는 이후에 존재의 질서 속으로 들어가지 못한다. 그것은 모든 존재의 질서를 사실상 **지탱하는** 조건으로서 내내 거기에 있는 것이다.

아마도 치안/정치라는 정치적 대립의 궁극적인 철학적 정식화는

---

[59] 칼 슈미트의 공로 가운데 하나는, 책임을 떠맡으려는 이 무조건적인 의지를, 재화의 원활한 공급을 참조함으로써 권력을 행사하는 자들의 전형적인 자유주의적 적법화 너머에 있는—혹은, 오히려, 아래에 있는—정치적 권위의 중핵과 분명하게 동일화했다는 점이다.

존재론과 유령학 *heauntology*(존재론적 체계의 닫힘을 영원히 방해하는/지연하는/전치시키는 유령성의 불가능한 논리)이라는 데리다적 대립일 것이다: 고유하게 해체주의적인 제스처는 유령적 열림을 유지하는 것, 그것의 존재론적 닫힘의 유혹에 저항하는 것이다. 다시금 이것을 라캉식으로 번역하는 것은 손쉬운 일이다: 유령성은 환원불가능한 존재론적 틈새를 메우는 환상적 유사물에 대한 또 다른 이름이다. 여기서 고유하게 헤겔적인 제스처란 이런 유령성 개념을 여하한 존재론의 (불)가능성의 조건인 환원불가능한 보충물로서 돌려놓는 것일 것이다: **유령성의 차원 그 자체의 최소한의 존재론적 지탱물**에 대한, 유령적 열림을 지지하는 어떤 불활성의 최소한의 실재 *peu de réel*에 대한 필요성이 있다면 어찌할 것인가? 어떤 면에서 헤겔은 칸트와 더불어 평등자유의 추상적 부정성을 현실화하려는 직접적 시도(칸트라면 규제적 이념들을 구성적인 것으로 보는 인식론적 착각의 정치적 등가물이라고 했을 것)가 필연적으로 공포로 끝을 맺는다는 데 동의한다. 그 두 명의 차이는 이로부터 정반대의 결론을 이끌어낸다는 데 있다. 칸트에게 있어 그것은 평등자유가 도래할 접근불가능한 이상으로서, 천천히 다가가지만 추상적 절대적 부정성의 기괴성을 회피하기 위해 언제나 일정한 거리가 유지되는 도래할 민주주의 *démocratie à venir*로서 남아 있어야 한다는 것을 의미한다. 반면에 헤겔에게 있어서 그것은, 절대적 추상적 부정성의 이 기괴한 순간은, 모든 실정적 질서를 쓸어버리는 이 자기파괴적 광포함이라는 것은, 인간 사회의 실정적 합리적 질서의 바로 그 토대이기 때문에, 사실은 **언제나-이미 발생했던** 것이라는 것을 의미한다. 요컨대 칸트에게 있어 절대적 부정성은 미래라는 불가능한 계기를, 결코 현재로 화하지 않을 미래를 지칭하는 반면에, 헤겔에게 있어 그것은 과거라는 불가능한 계기를, 즉 스스로

물러나야만 현재의 최소한의 (사회적) 조직화를 위한 공간을 열어놓기 때문에 결코 현재로서 온전히 경험되지 않았던 과거를 지칭한다. 추상적 부정성의 이 폭발을 가리키는 여러 가지 이름이 있다. 아담의 타락에서 시작해서, 소크라테스와 예수의 고난을 거쳐서, 프랑스 혁명에 이르기까지—이 모든 경우들에서, 주어진 (사회적) 실체적 질서를 침식하는 어떤 부정적 제스처가 더 고귀하고 더 합리적인 질서의 토대를 놓았다.

제Ⅲ부
복종에서 주체적 궁핍으로

5장

정치적 열정적 (탈)애착들 혹은 프로이트 독자로서의 쥬디스 버틀러

왜 도착은 전복이 아닌가?[1]

'칸트를 사드와 더불어'라는 주제에서 이끌어낼 핵심 결론들 가운데 하나는, 미셸 푸코처럼 도착의 전복적 잠재력을 옹호하는 자들이 조만간 프로이트적 무의식을 부정하기에 이른다는 것이다. 이론적으로 이 부정은 프로이트 스스로가 강조한 바 있는 다음과 같은 사실에 기반하

---

[1] ['도착'과 '전복'은 각각 'perversion'과 'subversion'이므로, 영어 원문에서는 이 둘 사이에서 말장난을 발견할 수 있다.]

고 있다: 정신분석에 있어서 히스테리와 정신증은—도착증과는 달리—무의식으로 들어가는 길을 제공한다, 즉 무의식은 도착증을 경유해서는 접근할 수 없다. 프로이트를 뒤따라서 라캉은, 도착은 언제나 사회적으로 건설적인 태도인 반면에 히스테리는 훨씬 더 전복적이며 지배적 헤게모니를 위협한다는 점을 되풀이해서 강조했다. 상황은 정반대인 것처럼 보일지도 모른다. 도착증자들은 히스테리증자들이 단지 은밀하게 꿈꾸는 것을 공공연하게 실현하고 실행하지 않는가? 혹은, 주인과의 관계에서 본다면: 히스테리증자들은 실상 주인에게 주인의 권위를 다시 더욱 강하게 주장하라고 하는 호소에 해당하는 어떤 애매한 방법으로 주인을 성나게 하는 데 머무는 반면에 도착증자들은 주인의 자리를 현실적으로 침식하는 것 아닌가? (이는 도착증은 신경증의 부정이라는 프로이트의 테제를 사람들이 통상적으로 이해하는 방식이다.) 하지만 바로 이런 사실로 인해 우리는 프로이트적 무의식의 역설과 대면하게 된다. 무의식은 우리가 (히스테리증자로 머무는 한에서) 공상하기만 할 뿐 실현하는 것은 기피하는 은밀한 도착적 시나리오들로 구성되는 것이 아닌 반면에 도착증자들은 영웅적으로 '그것을 한다'는 역설과 말이다. 우리가 그것을 할 때, 우리가 우리의 은밀한 도착적 환상들을 실현('행동화act out')할 때 모든 것이 폭로되지만 무의식은 여하간 빠뜨리고 만다. 왜?

왜냐하면 프로이트적 무의식이란 은밀한 환상적 내용이 아니며, 오히려 사이에 끼어드는, 은밀한 환상적 내용을 꿈의 텍스트(혹은 히스테리적 증상)로 번역/치환하는 과정에 끼어드는 어떤 것이기 때문이다. 무의식은 도착증자가 행동화하고 있는 환상적 시나리오에 의해 흐려지는 바로 그것이다. 무엇이 향유를 가져오는가에 대한 확신을 가지고 있는 도착증자는 무의식의 핵심인 그 틈새를, 그 '화급한 물음'

을, 그 장애물을 흐려놓는다. 그리하여 도착증자는 빼어난 '선천적 위반자'다. 그는 지배적인 공적 담론을 지탱하는 은밀한 환상들을 조명하고 무대올리고 실행하는 반면에, 히스테리적 위치는 그런 은밀한 도착적 환상들이 '정말로 그것'인지에 대한 의혹을 드러내는 바로 그 위치다. 히스테리는 단지 은밀한 욕망과 상징적 금지 간의 싸움터에 불과한 것이 아니다. 그것은 또한, 그리고 무엇보다도, 은밀한 욕망들이 약속하는 바를 실제로 포함하는가—우리가 즐길 수 없는 것이 정말로 단지 상징적 금지들 때문인가—에 대한 갉아먹는 의혹을 표명한다. 다시 말해서 도착증자는 (무엇이 향유를 가져오는지에 대한, **타자**에 대한) 답을 알기 때문에 무의식을 배제한다. 그는 그것에 대해 어떠한 의심도 품지 않는다. 그의 위치는 흔들릴 수 없다. 반면에 히스테리증자는 의심한다. 즉 그녀의 위치는 영원하고도 구성적인 (자기-)물음의 자리이다: **타자**는 나에게서 무엇을 원하지? **타자**에게 나는 무엇이지? ······.

도착과 히스테리의 이런 대립은 특별히 오늘날 적실하다. 주체성의 전형적 양태가, 상징적 거세를 통해 부성적 법칙에로 통합된 주체인 것이 더 이상 아니라, 즐기라는 초자아의 명령을 따르는 '다형적으로 도착적인' 주체인, 우리 '오이디프스 몰락'의 시대에 말이다. 도착증의 닫힌 원환고리에 사로잡힌 주체를 어떻게 히스테리화할 것인가(어떻게 그에게 결여와 물음의 차원을 주입할 것인가)라는 물음은 오늘날의 정치적 무대를 보건대 더욱 절박해진다. 후기 자본주의 시장 관계의 주체는 도착적이며, 반면에 '민주적 주체'(근대 민주주의가 함축하는 주체성 양태)는 내속적으로 히스테리적이다(권력의 텅 빈 자리와 상관인인 추상적 시민). 다시 말해서, 시장 메커니즘에 사로잡힌 부르주아*bourgeois*와 보편적인 정치적 영역에 연루된 시민*citoyen*의 관계는,

주체적 경제에서 볼 때, 도착증과 히스테리의 관계다. 따라서 랑시에르가 우리의 시대를 '후-정치적'이라고 부를 때 그는 정치적 담론(사회적 연결고리)이 히스테리에서 도착증으로 이처럼 이행했음을 정확히 겨냥하고 있는 것이다: '후-정치'란 사회적 사태들을 관리하는 도착적 양태이며, '히스테리화된' 보편적/탈구된 차원이 박탈된 양태이다.

오늘날 히스테리는 더 이상 성욕화되어 있지 않으며 오히려 비성욕화된 희생의 영역, 우리 존재의 영혼 자체를 가르고 들어가는 어떤 외상적 폭력의 상처 영역에 위치시켜야 할 것이라는 주장을 우리는 종종 듣곤 한다. 하지만 희생당한 주체가 그 상처에 매혹되는 애매한 태도를 간직하는 한에서만, 그가 거기서 '도착적' 쾌감을 은밀하게 취하는 한에서만, 고통의 바로 그 원천이 자성磁性을 발휘하는 한에서만, 우리는 히스테리를 다루고 있는 것이다—히스테리는 우리에게 겁을 주고 혐오감을 주는 대상 면전에서의 이와 같은 애매한 매혹됨의 자세에 대한 이름에 다름아니다. 그리고 고통 속의 쾌락이라는 이 과잉은 **성욕화**sexualization에 대한 또 다른 이름이다. 그것이 거기에 있는 순간, 상황은 성욕화되며, 주체는 도착적 원환고리 속에 붙잡힌다. 다시 말해서 역시 우리는 히스테리의 근본적으로 성적인 성격에 대한 옛 프로이트의 테제를 고수해야 하는 것이다. 히스테리의 전형적 사례인 프로이트의 도라는 그녀의 아버지와 K씨에 조종되어 희생당하고 있음에 대해 끊임없이 불평하고 있지 않았던가?

문제를 한 층 더 복잡하게 만드는 것은, 동성애(혹은, 이성애적 규범을 위반하는 여타의 성적 행위)를 '도착증'으로 곧바로 규정해서는 안 된다는 점이다. 오히려 우리는 다음과 같이 질문해야 한다. 동성애의 사실이 어떻게 주체의 상징적 우주 속에 기입되는가? 어떠한 주체적 태도가 그것을 지탱하는가? 물론 도착적 동성애는 존재한다(**타자**

에게 향유를 제공하는 것이 무엇인지에 대한 지식을 소유하고 있는 척하는 마조히스트나 사디스트). 하지만 ('**타자**에게 나는 무엇이지? **타자**는 (나에게서) 무얼 원하지?'라는 수수께끼와 대면하기 위해 동성애를 선택하는) 히스테리적 동성애 또한 존재하며, 기타 등등이다. 따라서 라캉에게는 성적 실행의 형태(게이, 레즈비언, 정상)와 '병리적인' 주체적 상징적 경제(도착증, 히스테리, 정신증) 간에는 어떠한 직접적 상관관계도 없다. 분식증(배설물 먹기)이라는 극단적 사례를 들어보자. 그와 같은 행위조차도 반드시 '도착적'이지는 않은데, 왜냐하면 그것은 히스테리적 경제 속에 훌륭하게 기입될 수 있을 것이기 때문이다. 다시 말해서 그것은 **타자**의 욕망에 대한 히스테리적 도발과 물음의 한 요소로서 훌륭하게 기능할 수 있다: **타자**의 욕망과 관련하여 내가 어떤 위치에 있는가를 시험해보기 위해 똥을 먹는다면 어떻게 될까?—그는 내가 그걸 하는 것을 보면서도 여전히 날 사랑할까? 그는 끝내 자신의 대상으로서 나를 포기할까? 또한 그것은, 만일 예컨대 주체가 자기 파트너의 똥을 기적적인 신성한 실체와 동일화하여 이를 삼킴으로써 신과 접촉하고 신의 에너지를 받는다면, 정신증적인 것으로서 기능할 수 있다. 또한 그것은 물론 도착증으로서 기능할 수 있다. 주체가 그걸 하면서 **타자**의 욕망의 대상-도구의 자리를 떠맡는다면 (그가 자기 파트너에게 향유를 발생시키기 위해서 그걸 한다면) 말이다.

보다 일반적 층위에서, 새로운 현상들을 기술할 때 어떻게 사람들이 대개는 그 현상들의 지배적인 히스테리적 작용을 간과하면서 이른바 보다 '근본적인radical' 도착적이거나 정신증적인 작용을 선호하는가에 주목해보는 것은 흥미롭다. 사이버공간을 예로 들어보자. 여기서 우리는, 어떻게 사이버공간이 자신의 상징적 정체성을 다형 도착적으로 가지고 놀면서 영구히 그 정체성을 재형성시킬 수 있는 가능성을 열어 놓는가를 강조하는 해석들로, 혹은 어떻게 사이버공간이 우리를 삼켜버리고 우리에게서 상징적 거리와 반성의 능력을 박탈해버리는 모성적 사물로서의 스크린 속으로 정신증적·근친상간적으로 몰입하는 퇴행을 내포하는가를 강조하는 해석들로 폭탄세례를 받는다. 하지만 사이버공간과 대면할 때 우리 모두의 가장 흔한 반응은 여전히 히스테리적 당혹의 반응이며, 끝없는 물음의 반응('이 익명적 **타자**와의 관계에서 나는 어떤 위치에 서 있는 것이지? 그것은 나에게서 무엇을 원하지? 그것은 나와 어떤 게임을 하고 있는 것이지?' ······)이라는 주장을 하는 것은 가능하다.

히스테리와 도착증의 이와 같은 핵심적 대립과 관련하여, 아도르노의 『새로운 음악의 철학』이, 즉 '음악에서의 계급투쟁'에 대한 변증법적 분석의 그 걸작이, 쇤베르크와 스트라빈스키라는 이름으로 지칭되는 현대 음악의 두 근본적 경향들의 대립을 세공하기 위해 바로 히스테리와 도착증이라는 임상적 범주에 의지하고 있다는 점에 주목하는 것이 중요하다. 쇤베르크의 '진보적' 음악은 극단적인 히스테리적 긴장의 분명한 특징들(외상적 조우들에 대한 불안 섞인 반응들)을 보여준다. 반면에 가능한 모든 음악적 양식들을 혼성곡처럼 횡단하면서 스트라빈스키는 주체성 본연의 차원을 포기하고, 그 어떤 특별한 요소나 양태와도 실제로 주체적으로 연루되지 않은 채 다형적 다양성을 이용하는 자세를 취하는 도착증의 특징을 못지않게 분명히 보여준다.

그리고—이런 대립을 철학적으로 비틀어 본다면—도착증의 거짓 위반과 다르게 히스테리의 경우에 보여지는 이와 같은 진리에의 충실성은, 라캉이 자신의 마지막 몇 해 동안의 강의에서 '나는 철학에 항거한다(*Je m'insurge contre la philosophie*)'고 애처롭게 주장하도록 만든 장본인이라고 주장하고 싶다. 라캉의 이런 일반적 주장과 관련하여 레닌주의적 물음이 즉각 제기되어야 한다. 라캉은 어떤 (특정한) 철학을 염두에 두고 있었는가, 그에게는 어떤 철학이 철학 '본연'을 대표하는 것이었는가? (『안티-오이디푸스』가 출판되고 나서 라캉이 이런 선언을 했다는 사실에 주목한) 프랑수아 르뇨의 제안을 따라서,[2] 실제로 공격을 받은 철학은 어떤 전통적인 헤겔적 형이상학을 가리키고 있는 것과는 거리가 멀며, 다름아닌 질 들뢰즈의 철학을 가리킨다고 주장할 수 있을 것이다. 전면적 도착의 철학자가 한 명이라도 있다면 그가 바로 그런 철학자일 들뢰즈 말이다. 다시 말해서, 들뢰즈의 '오이디푸스적' 정신분석에 대한 비판은 히스테리에 대한 도착적 거부의 전형적 사례이지 않은가? ('억압'의 병리적 결과들을 인정하면서도, 상징적 권위 밖에는 정신증적 공백만이 있을 뿐이기 때문에 '억압'은 문화적 진보의 조건이라고 주장하는 정신분석가처럼) 상징적 권위에 대한 애매한 태도를 유지하는 히스테리 주체에 반대하여, 도착증자는 상징적 권위의 바로 그 기반을 침식시키고 선-상징적인 리비도적 흐름의 다중적 생산력을 전적으로 지지함에 있어 그 극단까지 과감하게 나아간다……. 물론 라캉에게 있어 이런 정신분석의 '반-오이디푸스적' 근본화는 어떠한 대가를 치르고라도 피해야만 할 덫의 바로 그 모델이다: 현존하는 권력의 배치에 완벽하게 맞아떨어지는 거짓된 전복적 근본화의 모델. 다시 말해서 라캉에게 있어서 철학자의 '근본성'은, 일체의 전제들에 대한 철학자의 겁 없는 물음은 거짓된 위반적 근본성의 모델이다.

도착적 철학자가 한 명 있다면 그가 바로 그런 철학자일 푸코에게

---

[2] François Regnault, *Conférences d'esthétique lacanienne*, Paris: Agalma, 1997.

금지와 욕망의 관계는 순환적이며, 절대적 내재성의 관계이다: 권력과 저항(대항-권력)은 서로를 전제하고 생성한다. 즉 부정한 욕망을 범주화하고 규제하는 바로 그 금지 조치가 사실상 그런 욕망을 생성한다. 성적 유혹을 불러일으킨다는 이유로 피해야만 하는 상황들을 상세히 기술하는 가운데 어떻게 유혹이 작동하는가(단순한 미소, 눈짓, 방어적 손동작, 도움 요청 등이 어떻게 성적 암시를 전달할 수 있는가)에 대한 비범한 지식을 드러내는 그 전설적 인물인 초기 기독교의 금욕주의자를 생각해보면 된다. 여기서 문제는, 훈육적 권력 기제의 힘이 행사되는 바로 그 대상을 그 기제 자체가 생산한다(주체는 권력에 의해 억압받는 자일 뿐만 아니라 그 자신 이런 압제의 산물로서 출현한다)고 주장한 이후에, 즉

> 사람들이 말하고 있는 그 인간, 그리고 사람들이 해방시키려고 노력하고 있는 그 인간의 모습이야말로 이미 그 자체에서 그 인간보다도 훨씬 깊은 곳에서 행해지는 복종(assujettissement)의 결과이다. '영혼'은 인간 속에 들어가 인간을 생존하게 만드는데, 그것 자체는 권력이 신체에 대해 행사하는 지배력 안의 한 부품인 것이다. 영혼은 정치적 해부술의 결과이자 도구이다. 영혼은 신체의 감옥이다.3)

라고 주장한 이후에, 권력에 대한 저항의 이와 같은 절대적 연속성으

---

3) Michel Foucault, *Discipline and Punish*, New York: Vintage, 1979, p. 30. [국역본: 『감시와 처벌』, p. 60.] 여기서 푸코는 알튀세르의 호명에 대한 정의를 개인들을 주체로 변형시키는 과정으로서 특화할 수 있게 해준다. 알튀세르에게 있어서 비특화되어 있는 지위로 남아 있는 이 불가사의한 개인들은 훈육적 미시-실천의 대상들이며 산물이다. 그들은 이 실천들이 작용하는 신체적 '재료'이다. 다시 말해서, 호명의 주체에 대해 갖는 관계는, 개인들이 훈육적 미시-실천들에 대해 갖는 관계와 동일하다.

로는 권력에 대한 유효한 저항—즉 '게임의 일부'이지 않으며, 오히려 주체로 하여금 초기 기독교로부터 정신분석에 이르기까지 실행되어 온 훈육적/고백적 권력 양태에서 면제된 자리를 맡을 수 있도록 해줄 저항—을 토대짓기에는 충분치 않다는 점을 푸코 스스로가 암묵적으로 인정하고 있는 것처럼 보인다는 점이다. 푸코는 그와 같은 예외를 위치시킬 곳을 고대에서 발견했다고 생각했다. '쾌락의 활용'이나 '자기 배려'라는 고대 개념들은 아직 보편적 법에 대한 지칭을 내포하고 있지는 않다. 하지만 푸코의 마지막 두 저작(『쾌락의 활용』, 『자기 배려』)에서 전개된 고대의 이미지는 엄밀한 의미에서 환상적이다. 즉 성욕 없는 쾌락들의 상징적 법/금지에 대한 그 어떤 참조도—가장 금욕적인 판본에서조차—필요로 하지 않는 훈육에 대한 환상. 권력과 저항의 악순환을 깨고 나오려는 시도에서 푸코는, 범죄를 규정하는 보편적 도덕 질서가 부과한 절차로서의 훈육이 아니라 자기-형성적 훈육이 존재하는 '타락 이전의' 상태에 관한 신화에 의지한다. 이런 환상적 너머에서 우리는 그 이후의 것과 동일한 훈육적 기제들을 단지 상이한 양태로 만날 뿐이다. 억압되지 않은 남태평양의 성욕에 대한 말리노프스키-미드의 신화적 기술에 대한 일종의 상관물로 말이다. 푸코가 기독교 이전의 텍스트들을 자신의 통상적 독서 관행과는 전적으로 다르게 읽는 것은 결코 놀라운 일이 아니다: 그의 마지막 두 책은 표준적인 학술적 '관념들의 역사'에 훨씬 더 가깝다. 다시 말해서 기독교 이전의 고대의 자기Self에 대한 푸코의 기술은 권력과 저항이 겹쳐지는 타락 이후의 권력 관계들에 대한 그의 냉소적 기술에 대한 낭만적이고 소박한 필수 보충물이다.[4]

---

4) 물론, 앞서의 비판에서 우리는 『감시와 처벌』 및 <성의 역사> 제1권에 나오는 권력과 저항이라는 특별히 푸코적인 개념에 초점을 맞추었다. 이 두 책에서 권력 개념은 초기

따라서 『감시와 처벌』과 『성의 역사』 제1권에서 푸코가, 정치적이고 교육적인 권력뿐 아니라 성욕에 대한 권력과 관련하여, 생산적 권력이라는 주제를 끊임없이 변주할 때, 그리고 19세기 내내 성욕을 범주화하고 훈육시키려는 '억압적' 시도들이 '자연적' 성욕이라는 그 대상을 제약하고 제한하기는커녕 사실상 그것을 생산하고 증식시켰는지를 반복해서 강조할 때(성은 인간 활동의 궁극적 '비밀', 참조점으로서 단언되었다), 어떤 면에서 그는 어떻게 초월적 즉자에 대한 반성적 조사調査가 그것의 궁극적 파악을 영원히 벗어나는 것처럼 보이는 바로 그 접근불가능한 X를 생산해내는가에 대한 헤겔적 테제를 주장하고 있는 것이 아닌가? (이 점은 가부장적 담론으로는 파악할 수 없다고 가정되는 여성의 성이라는 신비한 '암흑 대륙'과 관련해 생각해보면 분명해질 것이다. 이런 신비한 너머는 남성 담론의 바로 그 산물이지 않은가? 여성의 신비는 궁극적인 **남성적 환상**이지 않은가?)

훈육하기와 통제하기에 관한 푸코의 요점은, 그런 조치들이 통제하고 진압하려 하는 대상이 어떻게 이미 그것들의 결과인가(범죄에 관한 법적 조치들이 그것들 자체의 범죄적 위반 형식들을 낳는다 등등) 하는 것뿐만이 아니다. 그런 훈육적 조치들에 저항하고 그 손아귀를 벗어나려 하는 바로 그 주체가 자신의 가장 깊숙한 심장부에서 그런 조치들에 의해 낙인찍혀 있으며 그로부터 형성된다. 푸코의 궁극적

기독교에서 형성된 훈육-고백-통제 절차에 제한되어 있다. 후기의 대담들에서 푸코가 권력과 대항-권력에 대해 이야기할 때 그는 감지할 수 없도록 지형을 변경하며, 일종의 니체적인 권력의 일반 존재론으로 이동한다. 권력은 모든 곳에 있으며 모든 것이다. 권력은 우리가 숨쉬는 바로 그 공기이며, 우리 삶의 바로 그 재료이다. 이와 같은 권력의 일반 존재론은 또한 권력의 '주름'으로서의 상이한 주체 개념을 내포한다. 이 주체는 억압적 권력으로부터 해방되기를 기다리면서도 사실상 그것에 의해 구성된 자기Self가 더 이상 아니다.

사례는 '노동 해방'을 위한 19세기 노동자 운동이었을 것이다. 폴 라파르그의 『게으를 수 있는 권리』[5]와 같은 초기의 자유주의적 비판들이 이미 지적했던 것처럼, 스스로의 해방을 원했던 노동자는 훈육적 윤리학의 산물이었다. 즉 자본의 지배를 제거하려는 바로 그 시도 속에서 그는 완전히 자기 자신의 주인인 자기 자신을 위해 일하는 (그 결과 자기 자신에게 저항할 수는 없는 노릇이므로 저항할 권리를 잃게 되는 등등의) 훈육된 노동자로서 스스로를 확립하고자 했다. 이 층위에서 권력과 저항은 사실상 치명적으로 서로를 포옹하고 있다. 저항 없이는 어떠한 권력도 없으며(권력이 기능하기 위해서는 그 손아귀를 벗어나는 어떤 X가 필요하며), 권력 없이는 어떠한 저항도 없다(권력은 억압된 주체가 권력의 지배에 저항하여 얻고자 하는 바로 그 핵심을 이미 형성하고 있다).

그리하여, 개인들이 자신을 사로잡고 있는 권력 메커니즘을 재분절화-재의미화-전치할 수 있는 길을 푸코가 『성의 역사』 제1권에서 열어 놓고 있다고 주장하는 것보다 더 오도된 것도 없다. 푸코의 강력한 논증이 지닌 일체의 요점과 힘은 권력에 대한 저항들이 바로 그 저항들이 반대하고 있는 것처럼 보이는 바로 그 모체에 의해 생성된다는 주장에 있는 것이다. 다시 말해서 '생체권력biopower'이라는 그의 개념의 정확한 핵심은, 훈육의 권력 기제들이 개인적 신체를 관통함으로써, 그리고 '**주체화**'의 층위(즉, 어떻게 개인들이 자신들의 곤경을 이데올로기적으로 주체화하는가, 어떻게 그들이 자신들의 실존 조건들에 관계하는가의 문제설정 일체)를 우회함으로써 어떻게 개인들을 **직접적으로** 구성할 수 있는가에 관한 설명을 제공하는 것이다. 따라서 어떤

---

[5] [폴 라파르그, 『게으를 수 있는 권리』, 조형준 옮김, 서울: 새물결, 1997.]

면에서, 이런 주체화를 주제화하지 않았다는 이유로 그를 비판하는 것은 무의미하다. 그의 전체 요점은, 만약 사회적 훈육과 종속을 설명하고자 한다면 그것을 우회해야만 한다는 것이다! 하지만 나중에 (『성의 역사』 제2권부터) 그는 주체화라는 바로 그 추방된 주제로 어쩔 수 없이 되돌아온다. 어떻게 개인들이 자신의 조건을 주체화하는가, 어떻게 그들이 그것에 관계하는가—혹은 알튀세르적 용어로 표현하자면, 어떻게 그들이 훈육적 국가장치들에 사로잡힌 개인들일 뿐만이 아니라 또한 호명된 주체들인가—라는 주제로 말이다.

그렇다면 푸코는 어떻게 헤겔과 관계하는가? 주디스 버틀러에 따르면,[6] 그 둘의 차이는 헤겔이 훈육 활동의 **증식적** 효과를 고려하고 있지 않다는 것이다. 헤겔에게서 형성적 훈육은 즉자로서 전제되고 불활성적 인간 본성의 일부로서 주어진 신체 위에 작용하여 점차로 신체의 직접성을 '지양/매개'할 따름이다. 반면에 푸코는 어떻게 훈육 메커니즘들 그 자체가 그것들이 억압하고 규제하고자 하는 것의 사나운 증식을 작동시키는가를 강조한다……[7] 하지만 탁월한 반-변증법자인 푸코에게 결여되어 있는 것처럼 보이는 것은 바로 성욕과 그것의 훈육적 통제 간의 관계에서의 고유하게 헤겔적인 자기-지칭적 전회이다: 고백적 자기-조사가 성욕의 새로운 형태들을 발굴해내는 것뿐만이 아니다—**고백적 활동 그 자체가 성욕화되며, 그것 자체의 만족을 낳는다**: '억압적 법은 그것이 억압하는 리비도에 외적이지 않으며, 오

---

6) Judith Butler, *The Psychic Life of Power*, Stanford, CA: Stanford University Press, 1997, p. 59.
7) 훈육적 기제들에 의해 생성되는 이 신체적 과잉은 라캉의 잉여향유 *plus-de-jouir*가 아니겠는가? 그렇다면, 헤겔이 이 과잉을 고려에 넣지 않는다는 사실은, 라캉이 강조한 바 있는 사실, 즉 헤겔은 노예를 예속된 위치에 머물게 하는 잉여향유를 놓치고 있다는 사실에 상관적이지 않은가?

히려 억압적 법은 억압이 리비도적 활동이 되는 한에서 억압한다.'8)

혐오어와 성적 학대에 대한 정치적으로 올바른 조사調査의 경우를 예로 들어보자. 이런 조사의 노력이 빠져드는 덫은, 그것이 우리로 하여금 굴욕과 학대의 새로운 형태와 층들을 알게 만든다(우리는 '뚱뚱한fat', '멍청한stupid', '근시안적인short-sighted'과 같은 표현들이 '체중 장애가 있는weight-challenged' 등등으로 대체될 수 있음을 배운다)는 것(그리하여 그것들을 생성해낸다는 것)뿐만이 아니다. 함정은 오히려 이런 검열 활동 그 자체가 일종의 악마적인 변증법적 반전을 통해 그것이 검열하고 투쟁하고자 한 바로 그것에 참여하기 시작한다는 것이다. 누군가를 '멍청한' 대신에 '정신적으로 장애가 있는'이라는 말로 부를 때 어떻게 빈정댐의 거리감이 언제나 슬그머니 기어들어와서는 굴욕적 공격성의 과잉을 낳을 수 있는가는 즉각적으로 명백하지 않은가? 정중한 보호의 차원을 보충함으로써, 말하자면 모욕에 상처를 덧붙이는 꼴이다(정중함의 덧칠을 한 공격성이 직접적인 욕설들보다 훨씬 더 많은 고통을 줄 수 있다는 것은 잘 알려져 있다. 공격적 내용과 정중한 표면 형태 간의 대조를 덧붙임으로써 폭력은 강화되는 것이니까 말이다……). 요컨대 성욕을 훈육하고 규제하는 담론에 대한 푸코의 설명이 고려하지 못하고 있는 것은 권력 기제 그 자체가 성애화되는, 즉 그것이 '억압'하고자 하는 것에 의해 더럽혀지는 그 과정이다. 유혹과 싸우기 위해 다양한 형태의 유혹을 열거하고 범주화하는 금욕적인 기독교적 주체가 실제로는 자신이 싸우고 있는 그 대상을 증식시킨다고 주장하는 것으로는 충분치 않다. 오히려 요점은, 유혹에 저항하기 위해 채찍질하는 금욕적 수행자가 어떻게 스스로에게 상처

---

8) Butler, *The Psychic Life of Power*, p. 55.

를 입히는 바로 그 행위 속에서 성적 쾌락을 발견하는가를 이해하는 것이다.

여기서 작동하는 역설은, 훈육적 권력 메커니즘에 대한 저항을 존재론적으로 토대지을 만한 곳으로서 미리 존재하는 어떠한 실정적 신체도 없다는 바로 그 사실이 유효한 저항을 가능하게 만든다는 것이다. 다시 말해서: 푸코 및 '후-구조주의자들' 일반에 대한 표준적인 하버마스주의자의 반박에 따르면, 그들은 우연적인 역사적 맥락이 면제된 어떠한 규범적 기준이라도 부인하기 때문에 현존하는 권력 체계에 대한 저항에 토대를 부여할 수가 없다. 이에 대한 푸코적 대항-논변은, '억압적' 훈육 메커니즘들 자체가, 그것들의 대상 속에서 어떤 잉여를 산출하는 한에서, 저항을 위한 공간을 열어 놓는다는 것이다. 비록 어떤 여성적 본질(영원한 여성Eternal Feminine에서 보다 최근의 여성적 글쓰기에 이르기까지)에 대한 지칭이 남성적인 상징적 질서에 대한 여성들의 저항을 토대짓는 것처럼 보이기는 하지만, 그럼에도 불구하고 이와 같은 지칭은 여성성을 어떤 미리 주어진 기반으로서 굳혀놓으며, 남성적 담론 기계는 그 위에서 작동하게 된다. 따라서 여기서 저항은 선-상징적 기반이 상징적 침입에 대항해서 벌이는 저항에 불과하다. 하지만 여성성을 봉쇄하고 범주화하려는 가부장적 노력 그 자체가 저항의 형식들을 생성한다고 하게 되면, 더 이상 기저의 기반을 위한 저항이 아닌, 억압적 힘을 넘어선 과잉 속에 있는 능동적 원리로서의 저항을 위한 공간이 열린다.

하지만 성욕이라는 표준적 사례를 피하기 위해서, 식민주의 지배에 대한 저항을 통한 민족 정체성의 형성을 상기해보도록 하자. 식민주의 지배에 선행하는 것은 자기-폐쇄적인 인종적ethnic 의식인데, 그것은 **타자**에 맞서 저항하고 자신의 정체성을 강력히 단언하려는 강한 의지를 결여하고 있다. 오로지 식민주의 지배에 대한 반작용으로서만, 이런 의식은 압제자에 대항해 자신의 민족적 정체성을 단언하려는 능동적 정치적 의지로 변형된다. 반식민주의 민족해방 운동들은 엄밀한 의미에서 식민주의적 압제에 의해 생성된다. 다시 말해서 바로 그런 압제야말로 신화적 전통에 기반한 수동적인 인종적 의식으로부터 민족국가의 형태로 자신의 민족적 정체성을 단언하려는 탁월하게도 근대적인 의지로의 이동을 초래하는 것이다. 따라서, 새로운 독립 민족국가라는 모습으로 식민지배자로부터의 정치적 독립을 획득하려는 의지는 식민화된 인종 집단이 식민지배자의 이데올로기적 우주 속에 완전히 통합되어 있다는 것을 궁극적으로 증명하고 있다고 말하고만 싶다. 여기서 우리는 언표된 내용과 언표행위의 위치 간의 모순을 다루고 있다. 언표된 내용에 대해서 말하자면, 반식민주의 운동은 물론 그 스스로를 식민지 이전의 뿌리로 회귀한 것이라고, 식민지배자로부터의 문화적 등등의 독립을 주장하고 있는 것이라고 단언한다. 하지만 이런 단언의 바로 그 형식은 이미 식민지배자에게서 넘겨받은 것이다. 그것은 서구의 민족국가적 정치적 자율성의 형식이다. 인도의 독립을 이끌었던 국민회의당이 영국 자유주의자들에 의해 선동되었으며 옥스퍼드에서 공부하는 인도 지식인들에 의해 조직되었다는 것은 전혀 놀랄 일이 아니다. 구소련 소수민족 집단들의 민족적 주권에 대한 그 수많은 추구들 역시 마찬가지 아닌가? 체첸이 러시아에 대한 해묵은 투쟁을 환기시키고 있지만, 오늘날 이 투쟁의 형식은 전통적 체첸 사회에 대한 러시아 식민지배의 근대화 효과의 결과물임이 분명하다.

그리하여 우리는, 버틀러에 반대하여, 헤겔이 억압적 권력 그 자체가 저항의 형태를 생성하게 되는 그 소급적 과정을 잘 알고 있었다는 점을 강조하고만 싶다. 바로 이 역설은 전제들의 정립함이라는 헤겔의 개념 속에 포함되어 있지 않은가? 즉, 정립하기-매개하기라는 활동이 어떻게 해서 전제된 직접적-자연적 토대를 한낱 제공하는 데서 머물지 않고 그것의 정체성의 바로 그 핵심을 철저하게 변형시키는가에 대한 헤겔의 개념 속에 말이다. 체첸인들이 돌아가려고 하는 바로 그 즉자는 이미 근대화 과정에 의해 매개-정립되어 있는 바, 그로써 그들의 민족적 뿌리는 박탈되고 말았다.

유럽의 제국주의적 모형에 저항하는 바로 그 제스처를 통해 그 모형을 반복하도록 피식민지인들을 운명짓는 이 논변은 유럽중심적인 것처럼 보일지도 모르겠다. 하지만 정반대로 해석하는 것 또한 가능하다. 다시 말해서: 우리가 예전의 인종적 정체성의 어떤 정수를 참조하면서 제국주의적 유럽중심주의에 대한 저항의 토대를 마련한다면, 우리는 근대화에 저항하는 희생양의 자리를, 제국주의적 절차들이 가해지는 수동적 대상의 자리를 자동적으로 받아들이게 된다. 하지만, 야만적인 제국주의적 개입이 우리의 자기폐쇄적인 예전의 정체성을 교란시키는 그 방식으로부터 결과하는 어떤 과잉으로서 우리의 저항을 바라본다면, 우리의 위치는 훨씬 더 강고해지는데, 왜냐하면 저항의 토대는 제국주의 체계의 내속적 동학에 있다고—즉 제국주의 체계 그 자체가 자신의 내속적 적대를 통해 자신의 사망을 가져올 힘들을 활성화시킨다고—주장할 수 있기 때문이다. (여기서의 상황은 여성주의적 저항의 토대를 어떻게 마련할 것인가의 상황과 유사하다. 만약 여자가 '남자의 증상'이라면, 즉 가부장적인 상징적 질서의 내속적 적대가 등장하는 지점이라면, 이는 여성주의적 저항의 범위를 결코 제약하지 않으며 오히려 한층 더 강고한 폭발력을 제공한다.) 혹은 다른 방식으로 표현하자면, 권력에 대한 저항은 (권력 체계의 내속적 동학에 의해 생성된다는 의미에서) 권력 체계에 내속적이며 내재적이라는 전제는, 모든 저항은 미리 정해져 있으며 권력이 그 자신과 벌이는 영원한 게임 속에 포함되어 있다는 결론으로 귀결되어야만 하는 것이 결코 아니다. 핵심적 요점은, 증식 효과를 통해서, 저항의 과잉을 생성하는 것을 통해서, 체계의 내속적 적대 그 자체가 체계 자신의 궁극적 몰락으로 이어질 과정을 작동시킬 수 있다는 것이다.[9]

아마도 그와 같은 적대 개념이야말로 푸코가 결여하고 있는 것이다. 즉 모든 저항은 권력의 체계에 의해 생성된다('정립된다')는 사실로부터, 권력에 대한 저항의 이와 같은 절대적 내재성으로부터, 그는 저항이란 사전에 정해진 것이며 따라서 체계를 심각하게 침식할 수 없다는 결론을 이끌어내는 것처럼 보인다. 다시 말해서 그는 체계 그 자체가 그 내속적 불일치 때문에 더 이상 지배할 수 없는, 그리하여 체계의 통일성과 자기 재생산 능력을 폭파시키는, 과잉적인 어떤 힘을 탄생시킬 가능성을 배제하고 만다. 간단히 말해서 푸코는 원인을 벗어나며 원인보다 더 커지는 어떤 결과의 가능성을 고려하지 않는다. 권력에 대한 저항 형태로서 출현하고 그런 것으로서 권력에 절대적으로 내속해 있지만, 그럼에도 불구하고 권력보다 커져서 그것을 폭파시키는 어떤 것의 가능성을 말이다. (여기서 지적해야 할 철학적 요점은, 이것이 변증법적 유물론에서 말하는 '결과' 개념의 근본적 특징이라는 것이다: 결과는 자신의 원인을 '취소'시킬 수 있다. 결과는 존재론적으로 자신의 원인보다 '더 높은' 것일 수 있다.) 그리하여 우리는 권력의 위반을 언제나-이미 포함하고 있는, 즉 권력을 벗어난다고 주장되는

---

[9] 마르크스는 자본주의에 대해 동일한 지적을 했다: 자본주의는 전-자본주의적 전통의 외적 힘들로부터의 저항 때문에가 아니라 그 자체의 내적 적대를 지배하고 제약할 수 없는 그 무능력 때문에 종말을 맞이할 것이다. 마르크스의 표현대로, 자본주의의 한계는 자본 그 자체이며, 그것의 통제를 여전히 벗어나는 저항의 섬들(성욕, 자연, 옛 문화 전통들)인 것이 아니다.

것을 언제나-이미 포함하고 있는 '모든 것을 에워싸는 권력'이라는 푸코적 개념을 역전시키고만 싶다: 권력의 메커니즘은 자기 자신조차도 통제할 수 없으며 자신의 바로 심장부에 있는 외설적 돌기에 의존해야만 하는 대가를 치러야 하는 것이라면 어쩔 것인가? 다시 말해서: 권력의 통제력을 유효하게 벗어나는 것은 그것이 지배하려 하는 외적 권력이라기보다는 오히려 그것 자체의 작동을 지탱하는 외설적 첨가물이다.[10]

그리고 바로 이 때문에 푸코는 적절한 주체 개념을 결여하고 있는 것이다. 주체란 정의상 자신의 원인보다 과도하며, 그런 것으로서 그것은 성욕의 억압을 억압적 조치들 그 자체의 성욕화로 역전시킴과 더불어 출현한다. 푸코의 이론적 체계의 이런 불충분성은, 초기의『광기의 역사』에서 이미 두 개의 근본적으로 대립되는 견해 사이에서 동요하고 있는 그의 모습에서 알아볼 수 있다. 즉, 광기는 그 자체로 존재하며 오로지 이차적으로만 담론의 대상이 되는 어떤 현상에 불과한 것이 아니라, 그 자체가 그것에 대한 다양한 (의학적, 법률적, 생물학적……) 담론들의 산물이라는 견해, 그리고 이런 담론들에 의해 부과된 지배로부터 광기를 '해방'시켜야 하며 '광기가 스스로 말하도록' 해야 한다는 정반대의 견해.[11]

---

10) 권력의 이와 같은 외설적인 보충물에 대해서는, Slavoj Žižek, *The Plague of Fantasies*, London: Verso, 1997의 1장과 2장을 볼 것.
11) 이런 동요는 또한 푸코가 하나의 정치적 극단에서 그것의 정반대로—즉, 이란 혁명에서 샌프란시스코 게이 공동체의 급진적 생활양식으로—이동하는 것에서 식별할 수 있지 않은가?

이데올로기적 호명

주디스 버틀러의 작업은 여기서 특별히 관심을 끈다. 그녀는 수행적 훈육 활동을 통한 복종으로서의 주체화에 대한 푸코의 설명을 자신의 출발점으로 삼지만, 그럼에도 불구하고 푸코의 체계에서 앞서 말한 결함들을 지각하며, 일련의 다른 이론적 개념들과 체계들을 참조함으로써 이를 보충하려고 한다. 헤겔에서 시작해서, 정신분석을 경유하여, 주체성에 대해 구성적인 이데올로기적 호명이라는 알튀세르의 개념에 이르기까지. 그녀는 이 모든 참조점들을 흔히들 '창조적 종합'이라고 하는 절충주의적 기형물과는 거리가 먼 방식으로 결합하고 있다.

헤겔의 주인과 노예 변증법을 독해함에 있어서 버틀러는 그 둘 간의 밀약에 초점을 맞춘다. '노예에 대한 명령은 다음의 공식 속에 있는 것이다: 너는 나를 대신한 나의 신체이거라, 하지만 너인 그 신체가 나의 신체라는 것을 내가 알지 않도록 해라.'[12] 그리하여 주인 편에서의 부인은 이중적이다. 첫째로, 주인은 자기 자신의 신체를 부인하며, 탈육신화된 욕망인 체하며, 노예로 하여금 자신의 신체로서 행동하도록 강요한다. 둘째로, 노예는 자신이 한낱 주인의 신체로서 행동하고 있음을 부인해야만 하며 따라서 자율적 행위자로서, 즉 주인을 위한 노예의 육체 노동이 그에게 부과된 것이 아니라 그의 자율적 활동인 것인 양 행동해야만 한다……[13] 이와 같은 이중적인 (그리고 그 때문

---

[12] Butler, *The Psychic Life of Power*, p. 35.
[13] 여기서 우리는 마르크스의 상품 물신주의에서와 동일한 이중 부인을 만나고 있는 것 아닌가? 우선 상품은 그것의 신체적 자율성을 박탈당하며 사회적 관계를 체화하는 매개물로 환원된다. 그러고 나서 사회적 관계의 이 연결망은 상품의 직접적 물질적 속성으로서 상품 속에 투사된다. 상품이 어떤 가치를 그 자체로 가지고 있는 것인 양, 혹은 화폐가 그 자체로 보편적 등가물인 양 말이다.

에 자기-말소적인) 부인의 구조는 남성과 여성 관계의 가부장적 모체를 표현한다: 우선 여성은 남성의 단순한 투사/반영으로서 정립된다. 온전히 구성된 자기동일적 주체성의 도덕적 수준을 히스테리적으로 모방하지만 결코 그것에 실제로 도달하지는 못하는, 남성의 비실체적 그림자로서 말이다. 하지만 한낱 반영으로서의 이와 같은 지위는 그 자체 부인되어야만 하며, 여성에게 거짓 자율성이 주어져야 한다. 마치 그녀가 가부장적 논리 내부에서 그녀 자신의 자율적 논리 때문에 그처럼 행동하는 것인 양 말이다(여자들은 '본성상' 순종적이고, 동정적이고, 자기희생적이고 등등이다). 여기서 놓쳐서는 안 될 역설은, 노예는 자신의 위치를 자율적 행위자의 위치로서 (오)지각하면 할수록 더욱더 노예라는 점이다. 그리고 여성의 경우도 마찬가지다. 여성의 예속됨의 궁극적 형식은, 그녀가 '여성적인' 순종적-동정적 방식으로 행동할 때, 그녀 자신을 자율적 행위자로서 (오)지각하는 것이다. 바로 그런 이유 때문에 바이닝어식으로 여성을 한낱 남성의 '증상'이라고―남성적 환상의 체화물이라고, 진정한 남성적 주체성의 히스테리적 모방이라고―하면서 존재론적으로 훼손시키는 것은, 공공연하게 승인되고 온전히 받아들여질 때라면, 여성적 자율성에 대한 거짓된 직접적 단언보다 훨씬 더 전복적이다. 어쩌면 궁극적인 여성주의적 선언이란 '나는 내 속에 존재하지 않는다, 나는 한낱 **타자**의 환상의 체화물에 지나지 않는다'를 공공연하게 선포하는 것이리라.

주체와 제도의 관계도 마찬가지다. 관료적/상징적 제도는 주체를 자신의 대변인으로 전락시키는 데 머무는 것이 아니다. 그것은 또한 주체가 그것의 대변인에 불과하다는 사실을 부인하고 자율적 행위자로서―즉 얼굴 없는 관료에 불과한 것이 아니라, 인간적 교감과 개성을 지닌 사람으로―행동하(는 체하)기를 원한다. 물론 요점은 그와 같은 자율화가 이중의 부인을 내포하므로 이중적으로 거짓이라는 것에 불과한 것이 아니며, 제도에 앞선 (궁극적 제도로서의 언어에 앞선) 어떠한 주체도 없다는 것이다: 주체성은 실재의 삶-실체가 제도에 종속되어지는 바로 그 속에서의 공백으로서 생산된다. 그렇다면, 만일 ─알튀세르식으로 말해서─호명 이전에 주체가 언제나-이미 거기 있다는 지각이 다름아닌 성공적 호명의 결과이며 이를 입증하는 것이라면, 호명/주체화 이전의 주체에 대한 라캉적 단언은 알튀세르가 탄핵하고자 하는 바로 그 이데올로기적 환영을 되풀이하는 것 아닌가? 혹은, 동일한 비판적 논변의 또 다른 측면을 취한다면: 내가 나 자신을 '꼭두각시로, 즉 어떤 이데올로기적 큰 타자의 도구로 환원될 수 없는' 한 명의 '온전한 인간'으로서 지각하는 한에서만 이데올로기적 동일화가 성공하는 것이라면, 호명의 필연적 실패에 대한 테제는 그것의 궁극적 성공에 대한 바로 그 표지가 아니겠는가? 호명이 성공하는 것은, 정확히, 내가 나 자신을 '오로지 **저것**'으로서 지각할 뿐만이 아니라 '다른 여러 가지 가운데 또한 **저것**이기도 한 복합적 인물'로서 지각할 때이다─요컨대, 상징적 동일화에 대한 상상적 거리는 바로 그것의 성공에 대한 바로 그 표지인 것이다.

하지만 라캉에게 있어서 상징적 동일화를 벗어나는 주체성의 차원은, 내가 나의 상징적 정체성에 대해 환영적 거리를 취할 수 있도록 해주는 상상적인 경험들의 풍부함/직조물이 아니다. 라캉의 '빗금쳐진 주체'($\tilde{S}$)는 어떤 심리적-실존적 '공백의 경험'이라는 의미에서가 아니라, *vécu*(산 체험)의 영역을 선험적으로 벗어나는 자기-관련적 부정성의 차원이라는 의미에서 '공허한' 것이다. 그리하여, 왕자라는 칭호 때문이 아니라 있는 그대로의 자신을 사랑하는 것인지를 확인하기 위해서 자신의 신부인 공주를 유혹하는 마구간 소년으로 변장하는 왕자에 대한 옛날이야기는 우리가 여기서 다루고 있는 그 구분을 드러내기에 적합하지 않다. $S로서의 라캉적 주체는 나의 상징적 정체성을 구성하는 그 칭호도 아니며, 또한 환상적 대상, 즉 나를 **타자**의 욕망의 대상이 될 만한 것으로 만드는, 나의 상징적 정체성 너머에 있는 '내 안의 어떤 것'도 아니다.

최근에 슬로베니아의 한 극장에서 한 가지 우스운 일이 발생했다. 어중간한 교양을 갖춘 한 벼락부자가 공연에 늦어서 쇼가 시작한 지 30분 지나서 자리에 앉으려고 했다. 바로 그 순간 아주 우연하게도 무대 위의 배우는 '누가 내 침묵을 방해하는가?'라고 정념적으로 말했다. 극장에서 불안하게 앉아 있었던 그 가련한 벼락부자는 늦게 들어왔다는 죄책감에서 자신을 이 말의 수신인으로 인지했다. 즉 그는 앞좌석의 갑작스러운 소동 때문에 그 배우가 화가 나서 그 말을 내뱉은 것으로 해석했다. 그래서 그는 모든 사람들이 들을 수 있도록 큰소리로 '내 이름은 X입니다. 늦어서 미안하지만 극장에 오는 길에 차가 고장이 났습니다!'라고 대답했다. 이 우스운 불행한 사건의 이론적 요점은, 이와 유사한 '오해'가 호명 그 **자체**를 정의한다는 것이다. 우리가 우리 자신을 **타자**의 부름 속에서 인지할 때마다, 최소한의 그와 같은 오해가 작동한다. 호명 속에서의 인지recognition는 언제나 오인misrecognition이며, 실제로는 우리의 자리가 아닌 수신인의 자리를 자랑스럽게 떠맡음으로써 웃음거리로 전락하는 행위이다······.

하지만 이런 틈새는 또한 상징적 제도의 '큰 타자' 편에서의 과잉을 가리키지 않는가? 다시 말해서: 그 어느 때보다도 오늘날 개인으로서의 우리는 호명됨을 알아차림 없이도 호명되는 일이 더 잦다. 우리의 정체성은 우리가 대부분 알아차리지도 못하는 디지털화된 일련의 (의료, 경찰, 교육······) 정보 파일들에 의해 큰 타자를 위해 구성되며,

그리하여 호명은 관련 주체 편에서의 어떠한 인지의 제스처 없이도 기능한다(즉, 사회적 공간 내에서의 우리의 위치와 활동을 결정한다). 하지만 알튀세르가 호명이라는 개념과 더불어 다루고 있는 문제는 이것이 아니다. 오히려 그의 문제는 **주체화**의 문제이다: 개인들 자신은 어떻게 자신들의 조건을 주체화하는가? 그들은 어떻게 스스로를 주체로서 경험하는가? 내가 알아차리지 못한 채로 비밀 국가 파일 속에 기재되어 있다면, 이것은 나의 주체성과 단순히 관련이 없는 것이다. 훨씬 더 흥미로운 것은 정반대의 경우인데, 이 경우 '존재하지 않는' **타자**의 부름 속에서—예컨대, 신의 부름 속에서—그 자신을 인지한다. 알튀세르의 요점은, **타자**의 호명적 부름 속에서의 나의 인지는, 인지의 바로 그 제스처 속에서 그것이 이 큰 타자를 **구성한다**(혹은, '정립한다')는 의미에서, 수행적이라는 것이다. 신자들이 스스로를 신의 부름을 듣거나 신의 부름에 (불)복종하는 것으로서 인지하는 한에서만 신은 '존재한다'. 스탈린주의적 정치가는 스스로를 역사라는 큰 타자에 의해 호명되어 역사의 진보에 복무하는 것으로서 인지하는 한에서만 자신의 권력을 발휘한다. '인민에 봉사하는' 민주주의적 정치가는 자신의 활동을 정당화해주는 참조점으로서의 그 작인(인민)을 구성한다.

그렇다면 오늘날 통합적 사이버공간에서 유통되면서 우리가 권력 구조의 큰 타자에게 사실상 무엇인가를—즉, 어떻게 우리의 상징적 정체성이 구성되는가를—결정하는 상세한 데이터베이스라는 것 속에서 우리가 부지불식간에 제도들에 의해 '호명'된다고 할 때,[14] 우리는 오히려 더더욱 다음과 같이 주장해야 하는 것이다.[15] 즉, **사회적**

---

[14] 이 점은 이미 Mark Poster, *The Second Media Age*, Cambridge: Polity Press, 1995에서 지적된 바 있다.

'큰 타자'의 눈에서 나의 상징적 정체성을 결정하는 데이터베이스가 나의 인식 밖에서 어떻게 유통되고 있는가를 나 자신이 잘 자각하고 있다는 사실에 의해서만, 이 '객관적 호명'은 나의 주체성에 실제로 영향을 미친다고 말이다. '진리는 저 밖에 있다'는 사실에 대한, 즉 사실적으로 '부정확'하더라도 여전히 나의 사회-상징적 지위를 수행적으로 결정하는 파일들이 유통되고 있다는 사실에 대한 나의 바로 그 자각이야말로 오늘날의 주체를 특징짓는 특이한 원-편집증적 주체성을 낳는 장본인이다. 그러한 자각은, 내가 닿을 수 없는 곳에 있는 '나의 운명이 상세히 기록된' 붙잡기 힘든 데이터베이스에 내속적으로 연관되어 있으며 또한 그것에 의해 들볶이는 주체로서 나를 구성한다.

저항에서 행위로

버틀러의 이론적 시도의 정치적 초점은 구좌파적인 것이다: 주체가 살아갈 수 있는 유일한 공간을 선-결정하는 기존의 사회-상징적 연결망(라캉의 '큰 타자')에 현실적으로 저항하는 것뿐만이 아니라 그것을 침식하고/하거나 전치시키는 것이 어떻게 가능한가?16) 물론 그녀는 이런 저항의 현장을 단순하게 곧바로 무의식과 동일화할 수 없다는 것을 잘 알고 있다: 권력의 기존 질서 또한 무의식적인 '열정적 애착들'—즉, 자신의 역할을 다하고자 한다면 공적으로 비-승인된 상태로

---
15) [이 부분의 원문에는 구문적 결함이 있었는데, 이에 대한 역자의 지적에 동의한 저자는 원문을 수정해주었다. 번역은 저자의 수정을 따랐다.]
16) 의미심장하게도 버틀러는 '주체'를 이 공간 내부에서 점유된 상징적 자리와 동일화하며, 반면에 '정신psyche'이라는 용어는, 상징적 공간 속에 포함되는 것에 저항하는, 개인 속의 그 무언가를 위해 남겨 둔다.

머물러야만 하는 애착들—에 의해 지지된다.

> 무의식이 어떤 주어진 규범적 명령으로부터 달아나는 것이라면, 어떤 다른 명령에 대한 애착을 그것은 형성하는가? 주체의 언어에 비해 무의식은 문화적 기표들에 스며든 권력 관계들에 의해 여하간 덜 구조화되어 있다고 생각하게끔 만드는 것은 무엇인가? 우리가 무의식 층위에서 복종에 대한 애착을 발견한다면, 그로부터 어떤 종류의 저항을 만들어낼 수 있겠는가?17)

권력을 떠받치는 이와 같은 무의식적인 '열정적 애착들'의 두드러진 사례는 다름아닌 규제적 권력 기제들과 절차들 그 자체에 내속하는 반성적 성애화이다: 강박적 의식儀式에서, 부정한 유혹을 멀리하려는 목적에서의 강박적 의식 수행 그 자체는 리비도적 만족의 원천이 된다. 그리하여 규제적 권력과 성욕 간의 관계에 내포된 그 '반성성'이야말로, 즉 억압적인 규제적 절차들 그 자체가 리비도적으로 투여되며 리비도적 만족의 원천으로서 기능하는 그 방식이야말로, 이 '마조히즘적인' 반성적 전회야말로 사회적 규범들을 심적 금지들로 '내면화'한다는 표준적 개념으로는 설명되지 않은 채 남아 있는 것이다. 무의식을 저항의 현장과 성급하게 동일화하는 것의 두 번째 문제는, 우리가 무의식을 권력 기제의 유연한 작동을 영원히 방해하는 저항의 현장이라고 참으로 결론을 내린다 하더라도, 즉 호명—주체가 할당된 자기 자리 속에서 스스로를 인지하는 것—은 언제나 궁극적으로 불완전하며 실패한 것이라고 결론을 내린다 하더라도, '그와 같은 저항이 주체

---

17) Butler, *The Psychic Life of Power*, p. 88.

형성의 지배적 명령들이나 호명들을 어떻게든 변경시키거나 확장시키는가?' 하는 것이다.[18] 요컨대: '이런 저항은 훈육적 방식에 의해 주체를 생산하려는 모든 노력의 불완전한 성격을 규정하지만, 그럼에도 여전히 그것은 생산적 권력의 지배적 항목들을 재분절화할 수는 없다.'[19]

바로 이것이 버틀러가 라캉을 비판하는 핵심이다. 그녀에 따르면 라캉은 저항을 상징적 구조에 대한 상상적 오인으로 환원시킨다. 그와 같은 저항은 비록 완전한 상징적 실현을 방해하기는 하겠지만 그럼에도 불구하고 그것에 의존하며 그것의 정반대 편에서 그것을 단언할 뿐 그것의 항목들을 재분절화할 수 없는 것이다. '그렇다면 라캉주의자들에게 있어 상상적인 것은 담론적인—즉, 상징적인—정체성 구성의 불가능성을 의미한다.'[20] 이런 노선을 따라서 그녀는 심지어 라캉적 무의식 그 자체를 상상적인 것으로서 규정한다. 즉, '성적 정체성을 일관되고도 완전하게 구성하려는 상징적인 것의 어떠한 노력이라도 방해하는 것, 언어 속 상상적인 것의 작용을 특징짓는 실수들과 간극들에 의해 지시되는 무의식'[21]으로서 말이다. 이와 같은 것을 배경으로 하여 이제 다음과 같이 주장하는 것이 가능하다: 라캉에게서

---

18) 같은 곳.
19) 같은 글, p. 89.
20) 같은 글, pp. 96-97.
21) 같은 글, p. 97. 여기서 버틀러는 노골적으로 라캉과 모순된다. 라캉에게 있어서 무의식은 '**타자**의 **담론**'이며, 다시 말해서, 상상적인 것이 아니라 상징적인 것이다. 라캉의 것 가운데 가장 유명한 구절이 있다면 '무의식은 언어처럼 구조화되어 있다가 아니겠는가?' '실수들과 간극들'은 라캉에게 있어서 상징적인 것이다. 그것들은 기표작용 연결망의 (오)작동과 관련이 있는 것이다. 그러므로 상황은 버틀러가 주장하는 것의 정반대다. 상징적 법에 대한 상상적 저항인 것이 무의식인 것이 아니라, 반대로, 무의식적 상징적 법에 대한 상상적 오인과 저항의 작인인 것이 의식적 자아인 것이다!

'심적 저항은 그것에 앞선 상징적 형식 속에서의 법의 지속을 가정하며 그런 의미에서 법의 현상태status quo에 이바지한다. 이런 견해에 따르면 저항이란 끝없이 패배할 운명인 것처럼 보인다.'[22]

여기서 주목할 첫 번째 것은, 버틀러가 '저항'이라는 용어의 두 가지 근본적으로 대립되는 용법을 혼합하고 있는 것처럼 보인다는 점이다. 그 중 하나는 사회-비판적 용법(예컨대, 권력에 대한 저항)이며, 다른 하나는 정신분석에서의 임상적 용법(증상의 무의식적 진리, 꿈의 의미 등을 인정하는 것에 대한 환자의 저항)이다. 라캉이 실로 저항을 '상상적'인 것으로 규정할 때 그는 우리를 규정하는 상징적 연결망에 대한 오인을 염두에 두고 있다. 다른 한편으로 라캉에게 있어 지배적인 상징적 질서의 근본적 재분절화는 전적으로 가능한 것이다—*point de capiton*('누빔점' 혹은 주인기표)이라는 그의 개념은 바로 이것에 관한 것이다: 새로운 누빔점이 출현할 때 사회적-상징적 영역은 전치될 뿐만이 아니라 그것의 구조화 원리 그 자체가 바뀐다. 그리하여 우리는 버틀러가 세공한 바로서의 라캉과 푸코의 대립(라캉은 저항을 상상적 방해로 제한하는 반면에, 다양한 실천들의 이질적 영역이라는 보다 복수적인 담론 개념을 가지고 있는 푸코는 보다 철저한 상징적 전복과 재분절화를 허용한다)을 역전시키고만 싶다. 즉 권력에 대한 저항의 내재성을 강조하는 자가 바로 푸코인 반면에, 라캉은 본연의 **행위**에 의한, '상징적 죽음'의 통과에 의한 상징적 영역 전체의 근본적 재분절화의 가능성을 열어 놓는다. 요컨대 다름아닌 라캉이야말로 우리로 하여금 상상적 저항(상징적 현상태를 재단언하며 심지어 그것의 작동을 위한 긍정적 조건으로서 이바지하는 거짓 위반)과 행위의 실재의

---

22) 같은 글, p. 98.

개입을 통한 현실적 상징적 재분절화 간의 구분을 개념화할 수 있도록 해준다.

오로지 이런 층위에서만—라캉의 누빔점 개념과 실재적인 것으로서의 행위 개념을 고려하는 한에서만—버틀러와의 유의미한 대화가 가능해진다. 버틀러의 사회적 실존의 모체는 (라캉의 모체와 마찬가지로) 강제된 선택의 그것이다: 여하간 (사회-상징적 공간 내에서) 실존하기 위해서는 근본적 소외를, 즉 자신의 실존이 '큰 타자'에 의해, 사회-상징적 공간의 지배적 구조에 의해 규정된다는 것을 받아들여야 한다. 하지만 그녀가 신속하게 덧붙이기를, 그렇다고 해서 라캉적 견해(라고 그녀가 파악하고 있는 것)—상징적 질서란 정신증적 배제라는 대가를 주체가 치르는 한에서만 유효하게 위반될 수 있는 하나의 소여인 것이며, 따라서 우리는 한편으로 상징적 규범에 대한 거짓된 상상적 저항을 갖게 되고 다른 한편으로는 정신증적 붕괴를 갖게 되어, 결국 상징적 질서 내에서의 소외(정신분석 치료의 목표)를 유일하게 '현실적인' 선택으로서 완전히 받아들이게 된다—에 우리가 제약되어서는 안 된다.

버틀러는 이와 같은 라캉적 상징계의 고정성에 전제하기와 정립하기의 헤겔적 변증법을 대립시킨다. 상징적 질서가 언제나-이미 주체의 사회적 실존의 유일한 환경으로서 전제되는 것뿐만이 아니다. 이 질서 자체는, 주체들이 그 속에서 스스로를 인지하며 또한 반복된 수행적 제스처를 경유해서 몇 번이고 자신들의 자리를 그 속에서 떠맡는 한에서만, 실존하며 재생산된다. 물론 이것은 패러디적으로 전치된 수행적 실연들enactings을 통해 사회-상징적 실존의 상징적 윤곽들을 변화시킬 가능성을 열어 놓는다. 바로 그것이 버틀러의 반-칸트주의의 요점이다: 그녀는 라캉의 선험적 상징계를 우리의 실존의 좌표들을 미리 고정시키며 이런 전제된 조건들의 사후적 전치를 위한 어떠한 여지도 남기지 않는 초월적 틀의 새로운 판본으로서 거부한다. 따라서 핵심적 구절에서 버틀러가

> 주체가 그것의 구성된 '사회적 실존'이 아닌 다른 어떤 것을 욕망한다는 것이 무엇을 의미할 것인가? 그와 같은 실존이 어떤 종류의 죽음으로 추락함 없이는 취소될 수 없는 것이라면, 그럼에도 불구하고 삶의 존속 조건들을 장악하고 있는 사회적 권력을 변형에 노출시키고 변형에 열어놓기 위해서 실존을 위험에 빠뜨릴 각오를 하면서 죽음을 갈구하거나 추구할 수 있는 것인가? 주체는 주체를 생산한 규범들을 반복하지 않을 수 없지만 그 반복 때문에 위험한 영역이 들어서게 되는데, 왜냐하면 규범을 '올바른 방식으로' 재설정하는 데 실패한다면 우리는 추가적 제재를 받게 되며 지배적 실존 조건들이 위협당함을 느끼기 때문이다. 하지만 삶을—그것의 현 조직화 속에서—위험에 빠뜨리는 반복 없이 어떻게 그 조직화의 우연성을 상상하고 삶의 조건들의 윤곽들을 수행적으로 재배치하는 일을 시작할 수 있겠는가?23)

라고 질문할 때, 라캉적 대답은 명백하다: '그것의 구성된 "사회적 실존"이 아닌 다른 어떤 것을 욕망한다는 것'은, 그리하여 '어떤 종류의 죽음으로' 추락하는 것, 죽음을 '갈구하거나 추구할' 수단으로서의 어떤 제스처를 각오하는 것은, 라캉이 어떻게 프로이트의 죽음 충동을 윤리적 행위의 기본 형식으로 재개념화했는가를 정확히 가리키고 있다. 이런 윤리적 행위는 '화행speech act'으로 환원될 수 없는 것인바,

---

23) 같은 글, pp. 28-29.

화행의 수행적 힘은 상징적 규칙들과/이나 규범들의 선-확립된 집합에 의존한다.

이것은 『안티고네』에 대한 라캉 독해의 전체 요점이 아닌가? 안티고네는 그녀의 사회적 실존 전체를 실로 위험에 내걸면서도 지배자(크레온) 속에 체화된 도시의 사회-상징적 권력에 도전하며, 그로써 '어떤 종류의 죽음으로 추락'한다(즉, 상징적 죽음을, 사회-상징적 공간으로부터의 배제를 견뎌낸다). 라캉에게는 그와 같은 순간적인 '큰 타자의 중지'를, 주체의 정체성을 보증하는 사회-상징적 연결망의 중지를 각오하지 않는 한 어떠한 고유한 윤리적 행위도 없다: 본래적 **행위**는 주체가 큰 타자에 의해 더 이상 '은폐되지' 않은 어떤 제스처를 무릅쓸 때에만 발생한다. 라캉은 이렇게 '두 죽음 사이의' 영역으로 접어드는 것의 모든 가능한 판본들을 추적한다: 쫓겨난 이후의 안티고네뿐 아니라, 또한 콜로노스에서의 오이디푸스, 리어 왕, 포의 발데마르 씨 등등에서 클로델의 쿠퐁텐 3부작에 나오는 시뉴에 이르기까지—그들의 공통된 곤경은 그들 모두가 상징적 운명이 중지된 이런 산주검의 영역 속에서, '생과 사를 넘어선' 영역 속에서 그들 자신을 발견한다는 것이다.

우리는 그 근본적 차원에서의 이런 행위를, 상징적 조건을 그것의 반복된 전치를 통해 수행적으로 재배치하는 것과 혼합해버린 버틀러를 비판해야 한다. 다시 말해서, 한낱 '수행적 재배치', 즉 헤게모니의 영역 내부에 머물고 있으면서 헤게모니 영역의 항들을 그 영역 자체에 반反하여 돌려놓는 말하자면 내부적 게릴라 전쟁을 수행하는 전복적 전치와 사회적으로 지탱되는 수행성의 바로 그 조건들을 재정의하는, 전 영역의 철저한 재배치라는 훨씬 더 근본적인 **행위** 간의 핵심적 구분을 우리는 유지해야만 한다. 그리하여, 지배적 담론의 주변적 '재배치'를 허용하는 입장으로 끝을 맺고 마는 것은—주변적으로만 전치되거나 위반될 수 있는 지배 담론이라는 모습을 한 **타자**를 참조점으로서 필요로 하는바, '내속적 위반'의 위치에 제약된 채로 머물고 있는 것은—다름아닌 버틀러 자신이다.24)

그리하여 라캉적 관점에서 보면 버틀러는 너무 낙관적이면서도 너무 비관적이다. 한편으로 그녀는 수행적 재배치/전치의 실천들을 통해 큰 타자의 작동을 어지럽히는 것의 전복적 잠재력을 과대평가한다. 궁극적으로 그런 실천들은 그것들이 전복하고자 의도하는 것을 지탱하게 된다. 큰 타자는 그런 '위반들'의 바로 그 영역을 이미 고려에 넣고 있으며 심지어는 그 영역을 낳기까지 하니까 말이다—라캉이 '큰 타자'라 부르는 것은 상징적 규범들인 **동시**에 그것들의 약호화된 위반들이다. 오이디푸스적 질서는, 이데올로기적 제도들·의식儀式들·실천들의 거대한 집합 속에 체화된 이 거인 같은 상징적 모체는, 수행적 전치의 주변적 제스처들에 의해 효과적으로 침식되기에는 너무나도 깊게 뿌리박은 '실체적' 존재물이다. 다른 한편으로 버틀러는 헤게모니적 상징적 질서를 그 총체성에서 철저히 재구성하는 근본적 제스처를 허용하지 않는다.

---

24) 이는 또한 '주변적' 동성애적 입장의 문제이지 않겠는가? 그 입장은 지배적인 이성애적 규범에 대한 위반으로서만 가능하며, 그리하여 이 규범을 자신의 내속적 전제로서 **필요**로 하며 그것에 의존한다. 자신이 동성애적 행위를 하는 것을 상상하는 것이 오늘날 여전히 금시초문의 외상적 경험인 것이기라도 한 것처럼 버틀러가 동성애는 대부분의 개인들에게 정체성의 상실을 내포하는 경험임을 명백히 과장되게 주장하는 것을 보라. 검열의 위협뿐만이 아니라 더 이상 외상적 전복으로서 경험되지 않고 단순히 무관심하게 받아들여지는 수용적 태도에도 위협을 느끼는 동성애자들이 경험하는 불안을 보라 —마치 자신들의 전복적 존재가 여하간 박탈당하기라도 한 것인 양……

'환상의 횡단'

버틀러가 '열정적 애착들'이라 부르는 가장 근본적 수준에서의 복종을 또한 침식하는 것은 가능한가? 주체의 존재의 바로 그 일관성이 의지하고 있는 원초적인 '열정적 애착들'에 대한 라캉식 이름은 물론 **근본적 환상**이다. 그리하여 주체에 대해 구성적인 '복종에 대한 애착'은 주체가 '자기 자신을 고통당하게 만들며/자기 자신이 고통당하는 것을 보며makes/sees himself suffering', 즉 실존의 고통*la douleur d'exister*을 떠맡으며, 그리하여 자신의 존재에 최소한의 지탱물을 제공하는 원초적인 '마조히즘적' 장면 이외의 어떠한 것도 아니다(프로이트가 말하는, '한 아이가 매맞고 있다'라는 삼항조 속에 있는 '아버지가 나를 때리고 있다'라는 원초적으로 억압된 중간항처럼). 이 근본적 환상은 철저히 **상호-수동적***inter-passive*이다.[25] 그 속에서, 주체의 존재를 지탱하는 동시에 위협하는—폐제된(원초적으로 억압된) 상태로 남아 있어야지만 그 존재를 지탱하는—수동적 고통받음(복종)의 장면이 무대에 올려진다. 이런 관점에서, 최근의 사도마조히즘적인 예술적 공연 행위들에 대한 새로운 접근이 열린다: 그런 행위들 속에서 바로 이 폐제가 궁극적으로 취소된다는 것은 사실 아닌가? 다시 말해서, 원초적인 '열정적 애착들'의 환상적 장면을 공공연하게 떠맡기/무대올리기는 이런 장면의 변증법적 재분절화와/나 전치에 비해 훨씬 더 전복적이라면 어찌할 것인가?

버틀러와 라캉의 차이는, 버틀러에게는 원초적 억압(폐제)이 원초적인 '열정적 애착들'의 폐제와 동일한 반면에 라캉에게는 이미 근본

---
[25] 이 용어에 대한 설명은 Žižek, *The Plague of Fantasies*의 3장을 볼 것. [국역본: 지젝, 『환상의 돌림병』, 김종주 옮김, 인간사랑, 2002, 217~220쪽.]

적 환상('원초적 애착들'을 구성하는 원료)은 어떤 틈새/공백을 덮는 충전물, 형성물이라는 것이다. 바로 여기에서, 즉 버틀러와 라캉의 차이를 거의 지각할 수 없는 바로 이 지점에서 우리는 그들을 분리시키는 궁극적 틈새와 마주한다. 버틀러는 다시금 이런 '원초적 애착들'을 원-헤겔적 의미에서의 주체의 전제들로서 해석하며, 따라서 자신의 존재의 이와 같은 전제들을 변증법적으로 재분절화할, 즉 그것들을 재배치/전치시킬 주체의 능력에 의지한다. 주체의 정체성은 '하나의 정체성으로 남아 있는 한 언제나 영원히 그것의 상해(傷害) 속에 뿌리박은 채로 있을 것이다. 하지만 그것은 재의미화의 가능성들이 주체 형성—과 재형성—의 성공에 없어서는 안 되는 복종에 대한 열정적 애착을 재가공하고 흔들어 놓을 것임을 실로 함축한다'.26) 상해적 호명을 거부하면 일체의 실존을 잃게 되는 강제된 선택에 주체가 직면할 때—그들이 비실존의 위협하에서 말하자면 정서적으로 갈취를 당하여, 강제로 부과된 상징적 정체성('검둥이nigger', '계집bitch' 등등)과 동일화할 때—그럼에도 불구하고 그들이 이런 정체성을 전치시키고,

---

26) Butler, *The Psychic Life of Power*, p. 105. [여기서 지젝이 인용하고 있는 버틀러의 문구를 온전히 인용하면 이렇다. 'If, then, we understand certain kinds of interpellations to confer identity, those injurious interpellations will constitute identity through injury. This is not the same as saying that such an identity will remain always and forever rooted in its injury as long as it remains an identity, but it does imply that the possibilities of resignification will rework and unsettle the passionate attachment to subjection without which subject formation — and re-formation — cannot succeed(그렇다면, 정체성을 부여할 어떤 종류의 호명들을 우리가 이해하고 있는 것이라고 할 때, 그 상해적 호명들은 상해를 통해 정체성을 구성할 것이다. 이는 그와 같은 정체성이 하나의 정체성으로 남아 있는 한 언제나 영원히 그것의 상해 속에 뿌리박은 채로 있을 것이라고 말하는 것과 같지 않다. 하지만 그것은 재의미화의 가능성들이 주체 형성—과 재형성—의 성공에 없어서는 안 되는 복종에 대한 열정적 애착을 재가공하고 흔들어 놓을 것임을 실로 함축한다).' 여기서 지젝의 인용방식은 버틀러의 논변을 투명하게 반영하고 있는 것 같지 않다.]

재맥락화하는 것은, 그것을 다른 목적을 위해 이용하는 것은, 그것을 그것의 헤게모니적 작용 양태에 대항하여 돌려놓는 것은 가능하다. 상징적 정체성은 끊임없는 반복적 상연을 통해서만 장악력을 유지하니까 말이다.

여기서 라캉이 하고 있는 일은 버틀러가 동일시한 두 용어의 구분을 도입하는 것이다: 주체의 존재의 궁극적 지탱물로서 기능하는 **근본적 환상**, 그리고 이미 환상적인 '열정적 애착'의 외상에 대한 상징적 반응인 **상징적 동일화**의 구분을 말이다. 강제된 선택 속에서 우리가 스스로를 이데올로기적 호명 속에서 인지할 때 우리가 떠맡는 상징적 정체성은 그것의 궁극적 지탱물로서 기능하는 환상적인 '열정적 애착'의 부인에 의존한다. (예컨대 군대 생활에서 그와 같은 '열정적 애착'을 제공하는 것은 동성애적 연결고리다. 그것은 계속 작동하기 위해서는 부인되어야만 한다.27)) 이는 상징적 재분절화, 즉 근본적 환상의 장악력을 현실적으로 침식하지 않는 근본적 환상에 대한 변이들(예컨대, 프로이트의 '한 아이가 매맞고 있다'는 환상에서의, '아버지가 나를 때리고 있다'에 대한 변종들)과 바로 그 근본적 환상의 가능한 '횡단', 근본적 환상에 대한 거리둠의 획득이라는 추가적 구분으로 나아간다. 정신분석 치료의 궁극적 목적은 주체가 자신의 존재의 일관성을 보증하는 그 궁극적 '열정적 애착'을 취소하고 그리하여 라캉이 '주체적 궁핍'이라 부르는 것을 체험하는 것이다. 가장 근본적인 수준에서, 근본적 환상의 장면에 대한 원초적 '열정적 애착'은 '변증화'될 수 없는 것이다. 그것은 오로지 횡단될 수만 있다.

클린트 이스트우드의 '더티 해리' 시리즈 영화는 환상의 변증법적

---

27) Žižek, *The Plague of Fantasies*의 2장을 볼 것.

재배치/변이의 전형적 사례를 제공한다. 첫 번째 영화에서 마조히즘적 환상은 그 일체의 애매성 속에서 거의 직접적으로 인정된다. 반면에 뒤이은 연재물들에서 이스트우드는 정치적으로 올바른 비판을 의식적으로 받아들이고 환상을 전치시켜서 좀더 수용가능한 '진보적인' 맛을 이야기에 제공하는 것처럼 보인다. 하지만 이 모든 재배치들에서 **동일한 근본적 환상이 여전히 작동하고 있다**. 그리하여 그와 같은 재배치들의 정치적 유효성에 대한 마땅한 존중에도 불구하고, 그 재배치들은 단단한 환상적 중핵을 실제로는 교란시키지 않으며 오히려 그것을 지탱하고 있다. 그리고, 버틀러와 대조하여, 라캉이 내기에 걸고 있는 것은, 심지어/또한 정치에서도, 바로 그 근본적 환상을 '횡단'하는 보다 근본적인 제스처를 성취하는 것이 가능하다는 것이다. 이런 환상적 중핵을 교란시키는 그와 같은 제스처만이 본래적 행위인 것이다.28)

그렇다면 우리는 (사회적) 동일화라는 근본적 개념 자체를 재정의하지 않을 수 없게 된다: 열정적 애착은 공공연하게 승인되지 않는 한에서만, 우리가 그에 대해 거리를 유지하는 한에서만 작동하기 때문

---

28) 표준적인 라캉적 행위 개념은 그 자체의 담론적 (선)조건들을, 그것이 의존하고 있는 '큰 타자'를, 그것이 발생하는 배경을 사후적으로 변화시키는 제스처에 초점을 맞춘다. 고유의 행위는 우리가 우리의 활동을 측정하고 평가하는 바로 그 표준을 '기적적으로' 변화시킨다. 바로 이런 의미에서 행위는 '최악[le pire]'에 대한 선택을 내포한다. 행위란 최악(으로서 상황 내부에서 나타나는 것)에 대한 선택이 무엇이 좋고 나쁜지에 대한 바로 그 기준들을 변화시킬 때 발생하는 것이다. 예컨대 정치에서 실용주의적인 자유주의 중도파의 불평은 게이 권리나 소수자 권리 등을 지지하는 데 있어서 너무 급진적이거나 너무 멀리까지 가지 말라는 것이며, 다수가 무엇을 받아들일 수 있는 것인지를 고려해야 한다는 것이며 등등이다. 이런 맥락에서 고유의 행위란, 바로 실용주의적 중도파가 '불가능한 것'에 대한 재앙적 선택이라고 간주하는 것을 선택할 때, 이런 제스처가 '수용가능한 것'으로 간주되는 것의 틀에 기적적으로 영향을 미칠 때, 성취된다. 하지만 후기 라캉은 한 발 더 나아가 행위를 한층 더 근본적인 층위에, 우리의 세계-경험의 궁극적 틀구조로서의 근본적 환상 그 자체를 어지럽히는 층위에 위치시킨다.

에, 공동체는 동일한 대상과의 동일화라는 직접적 공유 양태를 통해 한 데 묶이는 것이 아니라, 오히려 정반대로, 비동일화(*disidentification*)라는 공유 양태를 통해서, 즉 구성원들의 증오나 사랑을 또 다른 행위자—구성원들은 그 행위자를 통해 사랑하거나 증오한다—에게 위임하는 공유 양태를 통해서 한 데 묶인다. 예컨대 기독교 공동체는 자신들의 믿음을 '실제로 믿는다고 가정된' 어떤 선택된 개인들(성인들, 사제들, 혹은 어쩌면 오로지 예수)에게로 공동 위임함으로써 한 데 묶인다. 그리하여 상징적 동일화의 기능은 동일화의 대상에 직접 몰입되는 것(그 대상과 융합되는 것)의 정반대이며, 그 대상에 대해 적당한 거리를 유지하는 것이다(예컨대, 제도로서의 교회는 언제나 광신자들을 자신의 궁극적 적으로서 지각했다: 그들의 직접적 동일화와 믿음 때문에 그들은 종교적 제도의 유지를 가능하게 하는 그 거리를 위협한다). 또 다른 예: 만일 사랑 행위를 하고 있는 한 커플을 그리고 있는 멜로드라마에서 우리가 갑자기 그 커플이 실제로 섹스를 하고 있는 것을 지각하게 된다면 (혹은, 스너프 무비에서 우리가 희생자가 실제로 고문당해서 죽었다는 것을 알게 된다면) 이것은 내러티브적 현실과의 온전한 동일화를 완전히 망쳐놓는다. 젊은 시절에 폴란드 스펙터클 <파라오>(1960)를 본 기억이 있는데, 그 영화에는 말이 희생되는 장면이 나온다. 관객인 내가 그 말이 실제로 창에 찔려서 죽었음을 알게 되었을 때 그것은 내러티브와의 동일화를 즉각 가로막았다……. 요점은, '실제의 삶'에서도 마찬가지라는 것이다. 우리의 현실감은 언제나 최소한의 비동일화에 의해 지탱된다(예컨대 다른 사람과 의사소통을 하고 있을 때 우리는 그들이 어떻게 땀을 흘리고, 똥을 누고, 오줌을 누는가에 대한 우리의 인식을 '억압한다').

주체성이 두 층위 작용을 내포하고 있음을 강조함에 있어서 버틀러

는 옳다: 원초적 '열정적 애착', **타자**에 대한 굴복/복종, 그리고 그것의 부인, 자유와 자율의 공간을 열어놓기 위해 그것에 대해 최소한의 거리를 유지하기. 그리하여 원초적 '열정적 애착'은—데리다식으로 표현하자면—자유와 저항의 (불)가능성의 조건이다: 그것 외부에는 어떠한 주체성도 없다, 즉 주체성은 결코 완전히 '지양될 수 없는 그것의 토대에 대한 거리를 유지함으로써만 그 스스로를 단언할 수 있다. 하지만 그럼에도 불구하고, 주체가 사회-상징적 실존을 획득하기 위해서 억압/부인하지 않을 수 없는 원초적 **환상적** '열정적 애착과 주체에게 일정한 상징적 '위임'(호명적 인지/동일화의 장소)을 부여하는 바로 이 사회-상징적 질서에 대한 복종을 구분하는 것은 이론적으로나 정치적으로 핵심적이다. 이 둘을 '좋은' 것과 '나쁜' 것으로 단순히 대립시킬 수는 없지만(사회-상징적 동일화 자체는 불승인된 환상적 지탱물을 유지하는 한에서만 스스로를 지탱할 수 있다), 그럼에도 불구하고 그 둘은 상이한 논리에 따라 기능한다.

환상적 '열정적 애착과 사회-상징적 동일화에 대한 이와 같은 혼동은 또한, 버틀러가—놀랍게도—초자아와 자아 이상의 짝을 소박한 선-라캉적 방식으로 사용한다는 사실을 설명한다. 그녀는 주체의 현실적 자아와 주체가 모방하려 한다고 가정된 자아 이상 간의 틈새를 측량하고 주체가 이런 시도에서 실패하는 죄를 범하고 있음을 발견하는 심급으로서 초자아를 정의하고 있는 것이다. 하지만 라캉을 따라서 그 두 용어의 대립을 강조하는 것이—즉, 초자아에 의해 주체에 가해지는 압력 속에서 물화된 죄는 보기만큼 그렇게 단도직입적이지 않다: 그것은 자아 이상에 대한 실패한 모방에 의해 야기된 죄가 아니라, 자아 이상(즉, 사회적으로 결정된 상징적 역할)을 우선적으로 따라야 할 이상으로서 받아들이는, 그리하여 자기 자신의 보다 근본적인 욕망

(버틀러의 표현대로라면, 원초적 '열정적 애착')을 배반하는 보다 근본적인 죄라는 사실을 강조하는 것이—훨씬 더 생산적이지 않을까? 그리하여, 라캉을 따를 경우, 초자아의 기본적 역설을 설명할 수 있다. 그 역설은 내가 자아 이상의 명령들을 따르면 따를수록 나는 더더욱 죄를 짓게 된다는 사실에 있다. 라캉의 요점은, 자아 이상의 요구를 따를 때 나는 죄를 짓고 있다—나의 근본적 환상적 '열정적 애착'을 배반하는 죄를 짓고 있다—는 것이다. 다시 말해서 초자아는, 어떤 '비합리적' 죄를 먹고사는 것과는 거리가 멀며 오히려, 주체가 사회–상징적 공간으로 들어가서 그 안에 있는 미리 결정된 자리를 취하는 대신 지불해야만 했던 대가로서의 근본적 '열정적 애착'에 대한 주체의 현실적 배반을 조종한다.

따라서 상징적 법에 대립되는 초자아란 무엇인가? 상징적 권위의 양태를 한 '억압적'이기만 한 부모의 얼굴은 아이에게 이렇게 말한다: '할머니 생일 파티에 가서 얌전하게 굴어야 한다. 따분해 죽겠어도 말이다. 네 기분은 상관하지 않는다. 그냥 그렇게 해라!' 이와 대조적으로 초자아의 얼굴은 아이에게 이렇게 말한다: '할머니가 널 얼마나 보고 싶어 하는지 너도 알겠지만, 정말로 네가 원할 때에만 할머니 댁을 방문해야 한다. 원하지 않으면 그냥 집에 있어라!' 초자아의 계략은 자유로운 선택인 듯 보이는 이와 같은 외양에 있다. 그것은, 모든 아이들은 알고 있듯, 실제로는 한층 더 강한 명령을 내포하는 강제된 선택이다—'네 기분이 어떻건 할머니 댁을 방문해야 한다'는 것뿐만이 아니며, '너는 할머니 댁을 방문해야만 하며, 또한 그렇게 하는 것을 기뻐해야 한다!'—초자아는 당신에게, 당신이 해야만 하는 것을 하면서 즐기라고 명령한다. 연인 혹은 부부 간의 긴장된 관계의 경우도 마찬가지다. 배우자가 그의 상대방에게 '내 여동생 집을 방문하는 게

좋겠어. 당신이 정말 원하기만 한다면 말이지!'라고 말할 때, 물론 행간 속에 있는 명령은 '내 여동생 집을 방문하는 데 동의해야 할 뿐만 아니라, 나에 대한 호의로가 아니라 기쁜 마음으로, 당신 자신의 자유 의지로, 당신 자신의 기쁨으로 그렇게 해야만 해!'이다. 이를 입증하기 위해서는 그 불운한 상대방이 그 제안을 진짜로 자유로운 선택의 문제로 받아들여서 '가지 않겠어!'라고 말할 때 무슨 일이 일어나는지를 보면 된다. 그렇게 되었을 때 예상할 수 있는 배우자의 답변은 다음과 같을 것이다: '어떻게 그렇게 말할 수 있지! 어떻게 당신은 그렇게 잔인할 수 있지! 내 불쌍한 여동생이 당신에게 어떻게 했기에 당신은 그녀를 싫어하지?'

우울증적 이중-속박

최근에 버틀러는 정신분석에 대한 초기의 '구성주의적' 비판을 (남성적이거나 여성적인) 성적 정체성의 형성에 대한 '긍정적' 설명으로써 보충하려 해왔으며, 이는 프로이트적인 슬픔과 우울증의 기제에 의존한다. 여기서 그녀는 폐제와 억압이라는 오래된 프로이트적 구분에 기대고 있다. 억압이란 주체에 의해 수행되는 행위이며, 그로써 (이미 하나의 행위자로서 거기에 있는) 주체가 자신의 심적 내용의 일부를 억압하는 행위이다. 반면에 폐제는 주체의 토대를 마련하는 배제의 부정적 제스처이며, 주체의 정체성의 바로 그 일관성을 좌우하는 제스처이다: 주체는 이 제스처를 '떠맡을' 수 없는데, 왜냐하면 그와 같은 떠맡음은 주체의 붕괴를 내포할 것이기 때문이다.

버틀러는 이런 원초적이고 구성적인 폐제를 동성애에 연계시킨다.

그런 폐제란 주체가 사회-상징적 질서의 공간에 들어가서 그 안에서 하나의 정체성을 획득하기 위해서 희생되어야만 하는 **동일함**Sameness에 대한 (동성의 부모에 대한) 열정적 애착의 폐제이다. 이것은 주체에 대해 구성적인 우울증에 이르게 되는바, 주체성을 정의하는 반성적 전회를 포함하고 있다: 우리는 원초적 애착을 억압한다―즉 우리는 동성 부모에 대한 사랑을 증오하기 시작한다―그러고 나서, 고유한 반성적 반전의 제스처 속에서, 이런 '사랑에 대한 증오'는 '증오에 대한 사랑'으로 반전한다―우리는 원초적으로 상실된 사랑의 대상들을 환기시키는 자들(게이들)에 대한 '증오를 사랑한다'……. 버틀러의 논리는 바로 그 단순성에 있어 나무랄 데 없는 것이다. 프로이트는 리비도적 대상을 상실한 결과는―이런 상실과 관련하여 우울증을 극복할 방법은―상실된 대상과의 동일화라고 주장한다. 이는 또한 우리의 성적 정체성에 대해서도 유효하지 않은가? '정상적' 이성애적 정체성은 상실된 동성의 대상에 대한 동일화로써 우울증을 극복한 결과인 것이고, 반면에 동성애자는 이런 상실을 감내하지 않고 그 상실된 대상에 계속해서 매달리는 것 아닌가? 그리하여 버틀러의 첫 번째 귀착점은, 원초적 폐제는 근친상간의 금지가 아니라는 것이다. 근친상간의 금지는 이미 이성애적 규범(억압된 근친상간적 소망은 반대 성을 가진 부모에 대한 것이다)의 지배를 전제하며, 이 규범 그 자체는 동성애적 애착의 폐제를 통해 자리잡게 된다.

> 오이디푸스적 갈등은 이성애적 욕망이 이미 **확립되었음을**, 이성애와 동성애의 구분이 부과되었음을 전제한다. 이런 의미에서 근친상간에 대한 금지는 동성애에 대한 금지를 전제하는데, 왜냐하면 그것은 욕망의 이성애화를 전제하고 있기 때문이다.[29]

그리하여 동성에 대한 원초적 '열정적 애착'은 단지 억압된 것으로서가 아니라 폐제된 것으로서 정립된다. 아예 처음부터 배제되었기 때문에 결코 실정적으로 존재한 적이 없었던 어떤 것이라는 근본적 의미에서 말이다. '동성애적 애착들이 규범적 이성애성 내부에서 인정되지 않은 채 남아 있는 한 그것들은 출현하는 뒤이어 금지되는 욕망들로서 구성되는 것에 불과한 것이 아니다. 오히려 그것들은 처음부터 배척된다.' 따라서 역설적이게도—프로이트에게 있어 동일화는 상실한 대상의 우울증적 통합에 의존한다는 사실을 고려에 넣는다면—과잉적이고도 강박적인 그 '이성애적straight' 동일화야말로 원초적 애착이 동성애적이었음을 입증하는 것이다:

> 이런 의미에서 '가장 참된' 레즈비언 우울증자는 이성애 여자이며 '가장 참된' 게이 남성 우울증자는 이성애 남자이다. …… 이성애 남자는 그가 '결코' 사랑해본 적도 없고 '결코' 가슴 아프게 해본 적도 없는 남자가 **된다**[그런 남자를 흉내낸다, 인용한다, 전유한다, [그런 남자의] 지위를 떠맡는다). 이성애 여자는 자신이 '결코' 사랑해본 적도 없고 '결코' 가슴 아프게 해본 적도 없는 여자가 **된다**.[30]

여기서 버틀러는 일종의 거꾸로 된 융주의에 연루되어 있는 것처럼 보인다: 남자는 자신을 보완하는 여성 상대방을 (아니마는 아니무스를 등등) 갈망하고 있는 것이 아니라 동일함을 갈망하고 있다—차이를 '억압하는 것은 동일함이 아니다, 동일함(에 대한 욕망)을 폐제하는 것이 차이(에 대한 욕망)이다……. 그렇지만, 버틀러 자신이 인용하고

---

29) Butler, *The Psychic Life of Power*, p. 135.
30) 같은 글, pp. 146-147.

있는바, 남자가 강박적 남성적 동일화에 애착된 채로 있으면서 (또 다른) 남자를 욕망하는 자로서의 여성성의 '수동적' 위치에 놓여 있는 것을 두려워한다는 사실은 어떠한가? 이것은 우울증적 통합의 이면이다. 후자[우울증적 통합]의 경우에는 대상으로서 욕망하기를 포기할 수밖에 없었던 것(남자)이 되는 것이라면, 전자의 경우에는 되기를 두려워하는 것(여자)을 대상으로서 욕망한다. 남자는 '자신이 결코 되어 볼 수 없을 것인 여자를 원한다. 남자는 여자인 상태로 꼼짝없이 붙잡혀 있지 않으려 할 것이며, 따라서 남자는 여자를 원한다……. 실로 남자는 여자와 동일화하지 않을 것이며 또한 또 다른 남자를 욕망하지 않을 것이다. 욕망에 대한 그와 같은 거부, 금지의 강제하에서의 그와 같은 욕망의 희생은 남성성과의 동일화로서의 동성애를 통합할 것이다.'31) 여기서 우리는 버틀러의 논변이 지닌 핵심적 애매성과 만나게 되는데, 이 애매성은 또한 성전환적 이성 복장 입기[drag dressing]에 대한 그녀의 중요한 논의가 갖는 미결정적 성격에 영향을 미치고 있다. 폐제된 원초적 '열정적 애착'에 대한 그녀의 정의는 한 남자가 어떤 주체적 자리로부터 다른 남자를 욕망하는 것인가와 관련하여 두 개의 주체적 자리 사이에서 동요한다. 그는 다른 남자를 남자로서 욕망하는 것인가, 혹은 다른 남자에 의해 욕망되는 (그리고 그 남자를 욕망하는) 여자이기를 욕망하는 것인가? 다시 말해서 나의 이성애적인 남성적 동일화는 또 다른 남자에 대한 나의 폐제된 애착에 대한 우울증적 통합인 것인가 아니면 (남자를 욕망하는) 여자의 주체적 자리를 떠맡는 것에 대항한 방어인 것인가? 그 텍스트에서 버틀러 자신이 나중에 이 애매성을 건드리고 있는데, 거기서 그녀는 이렇게

---

31) 같은 글, pp. 137~138.

묻고 있다:

> 누군가 여자를 욕망한다면 남성적 소질로부터 욕망한다는 것이 따라 나오는 것인가, 아니면 그 소질이라는 것이 욕망을 조건짓는 분리성이나 이타성alterity을 이해하기 위한 방법으로서 이성애성을 보유하는 한 가지 방법으로서 욕망하는 위치에 사후적으로 귀속되는 것인가?32)

이 질문은 물론 수사적이다─즉 버틀러는 분명 두 번째를 선택하고 있다. 하지만 그런 경우라면 왜 그녀는, 그 인용된 구절에서, 다른 남자를 욕망함을 여성적 소질을 떠맡음과 동일시하는가? 마치 남자가 '여자인 상태로 꼼짝없이 붙잡혀 있지 않으려' 하는 것은 그것이 다른 남자를 욕망한다는 것을 의미할 것이기 때문이기라도 한 것인 양 말이다. 이 모든 것은 주체성을 구성하는 원초적 상실이 **동성애적** 애착의 폐제로써 정의될 수 없음을 가리키는 것 아닌가? 다시 말해서, 왜 남자는 여자가 되는 것을 두려워하는가? 왜 그는 '여자인 상태로 꼼짝없이 붙잡혀 있지 않으려' 할 것인가? 이는 오로지 그가 그런 것으로서 다른 남자를 욕망하게 될 (그리고 다른 남자에 의해 욕망될) 것이기 때문인가? 닐 조단의 <크라잉 게임>을 상기해보자. 이 영화에는 두 남자의 열정적 사랑이 나오는데, 이는 이성애적인 관계로서 구조화되어 있다: 흑인 성전환자인 딜은 **여성으로서** 또 다른 남자를 욕망하는 남자이다. 그리하여 성적 차이의 수수께끼를 중심적 수수께끼로서─이미 확립된 상징적 차이(이성애적 규범성)로서가 아니라, 정확히 말해서 규범적 상징화를 가지고 영원히 붙잡을 수 없는 것으로서─설정하는 것이

---

32) 같은 글, p. 165.

보다 생산적인 것 같다.

성구분에 내포된 상실은 다른 성의 상실이라는 플라톤적-융적 개념(하나의 완전한 인간 존재 속에 결합된, 여성성과 남성성이라는 두 개의 절반에 관한 다양한 반계몽주의적 반남반녀androgynous 신화들에 길을 열어주는 개념)에 반대함에 있어서 버틀러는 옳다: '우리가 단지 그리고 언제나 다른 성만을 상실하는 것이라고 처음부터 가정'하는 것은 잘못인데, '왜냐하면 역설적이게도 우리 자신의 성이 되기 위해 우리 자신의 성을 상실하는 우울증적 속박 속에 있는 경우가 종종 있기 때문이다'.[33] 요컨대, 플라톤적-융적 신화가 고려하지 못하고 있는 것은 그 장애물 혹은 상실이 외적인 것이 아니라 엄밀히 내속적이라는 것이다: 여성이 여성이 되기 위해 떠맡아야 하는 상실은 남성성의 포기가 아니라, 역설적이게도, 바로 그녀가 온전히 여성이 되는 것을 영원토록 가로막는 어떤 것의 상실이다—'여성성'은 가장이며, 여자 되기의 실패를 보충하는 가면이다. 혹은, 라클라우의 용어로 말하자면, 성적 차이는, 차이적 대립이라는 상징적인 것이 아니라, 적대의 실재다: 성적 차이는 두 성의 각각에게 상대방 성에 대립하여 정의된 그 실정적 정체성을 할당하는 대립(이에 따르면, 여자란 남자가 아닌 것이며, 그 역도 마찬가지다)이 아니라, 여성을 결코 온전히 여성이지 않게 하며 남성을 결코 온전히 남성이지 않게 하는 공통적 상실이다—'남성적' 자리와 '여성적' 자리는 단지 이 내속적 장애물/상실에 대처하는 두 양태에 불과한 것이다.

그런 이유 때문에 '자기 자신의 성이 되기 위해 그것을 상실함'이라는 역설은 성적 차이에 있어 한층 더 유효하다: '남자'와 '여자'라는

---

[33] 같은 글, p. 166.

상보적 역할을 규정하는 상징적 대립들의 확립된 집합으로서의 성적 차이를 떠맡기 위해서 우리가 상실해야만 하는 것은 불가능한/실재적인 것으로서의 성적 차이 그 자체이다. 어떻게 하나의 존재자가 직접적으로 X이기를 포기하는 한에서만 X가 될 수 있는가라는 이와 같은 역설은 바로 라캉이 '상징적 거세'라고 부르는 것이다. 그것은 상징적 자리와 그 자리를 채우는 요소 사이의 틈새다. 그 틈새 때문에, 하나의 요소는, 직접적으로 아ᅟ자리이지 않은 한에서만, 구조 속의 그 자리를 채울 수 있는 것이다.

최근의 베스트셀러 제목인 『화성에서 온 남자와 금성에서 온 여자』는 라캉의 '성적 관계는 존재하지 않는다'의 한 판본(그 두 성 간에는 어떠한 상보적 관계도 없는데, 왜냐하면 그 둘은 상이하고 양립불가능한 재료로 이루어져 있기 때문이다)을 제공하는 것처럼 보일지라도, 라캉이 염두에 두고 있는 것은 이와는 완전히 다른 것이다. 남자와 여자는 단지 '서로 다른 행성에서' 왔고 서로 다른 심적 경제를 내포하고 있으며 기타 등등이기 때문에 양립불가능한 것이 아니라, 오히려 그들 간에 풀리지 않는 적대적 연결고리가 있기 때문에—즉, 말하자면 내부에서 분열된 동일한 행성에서 왔기 때문에—양립불가능한 것이다. 다시 말해서, '성적 관계는 존재하지 않는다'에 대한 『화성에서 온 남자와 금성에서 온 여자』식 판본의 오류는 그 두 성 각각을, 상대방 성으로부터 독립해서 주어졌으며 그런 것으로서 상대방 성과 '동조하지 않는' 완전하게 구성된 긍정적 존재자로 생각하는 데 있다. 이와는 반대로 라캉은 두 성 각각의 정체성이 그것의 완전한 실현을 막는 상대방 성과의 적대적 관계에 의해 내부로부터 방해받는다는 사실에 성적 관계의 불가능성을 토대짓는다. 상대방 성이 너무 멀리 떨어져 있고 나에게는 전적으로 낯설기 때문에가 아니라, 그것이 내게 너무 가까이 있기 때문에, 나의 (불가능한) 정체성의 바로 그 심장부에 있는 외래적 침입자이기 때문에 '성적 관계는 존재하지 않는다'. 따라서 두 개의 성 각각은 나머지 성이 결코 '온전한 자신'일 수 없게 만드는 내속적 장애물로서 기능한다. '남자'란 여자가 결코 스스로를 여자로서 온전하게 실현할 수 없게 만드는 그 무엇이며, 그녀의 여성적 자기-정체성을 성취할 수 없게 만드는 그 무엇이다. 그리고 그 역도 마찬가지여서, '여자'란 남자의 자기-실현을 가로막는 방해물을 구현한다. 따라서, 남자가 되기 위해서는 우선 남자로서의 자신을 상실해야 한다고 주장할 때 이것은 성적 차이는 이미 '남자 되기'라는 개념 그 자체에 기입되어 있다는 것을 의미한다.

성적 차이의 실재

이것이 핵심 문제다. 버틀러가 '우리의 심적 삶 속의 상실에 대한 일차적 **보증자**'로서의 성적 차이를 거부할 때—즉, '모든 분리와 상실은 우리를 유성적 존재로서 세상에 출현시키는 저 다른 쪽 성의 구성적 상실로까지 거슬러 올라갈 수 있다'는 전제를 그녀가 논박할 때[34]—그녀는 암묵적으로 성적 차이를 '남자' 혹은 '여자'임이 무엇인지를 결정하는 이성애적 상징적 규범과 등치시킨다. 반면에 라캉에게 있어 성적 차이는 결코 온전히 상징화될 수 없으며, 주체의 성적 정체성을 고정시키는 상징적 규범으로 이항/번역될 수 없다는 바로 그 의미에서 실재적이다—'성적 관계 같은 것은 존재하지 않는다'. 그러므로, 라캉

---

34) 같은 글, p. 165.

이 성적 차이는 '실재적'이라고 주장할 때, 그는 역사적으로 우연적인 성구분 형태를 초역사적 규범('당신이 만약 이성애적 질서 속에서 여성이건 아니면 남성이건 미리 정해진 당신의 고유한 자리를 차지하지 않는다면, 당신은 배제되며, 상징적 영역 밖의 정신증적 심연 속으로 추방된다')으로 끌어올리는 것과는 거리가 멀다. 성적 차이는 '실재적' 이라는 주장은 그것이 '불가능하다'—상징화하기가, 상징적 규범으로서 정식화하기가 불가능하다—는 주장과 같다. 다시 말해서, 성적 차이의 규범적 사실에도 **불구하고**—즉, 성적 차이가 자신의 규범을 부과하는 데 실패한다는 증거로서—동성애자, 물신주의자fetishist 및 여타의 성도착자들이 있는 것이 아니라, 정반대로 성적 차이의 실재와 이성애적 상징적 규범의 결정된 형태들 사이에 영원토록 존속하는 틈새 때문에 그 다양한 '도착적' 성욕 형태들이 있는 것이다. 이는 또한 성적 차이가 '이원적 논리'를 내포하고 있다는 비난이 안고 있는 문제이기도 하다. 성적 차이가 실재적인/불가능한 것인 한에서, 그것은 정확히 '이원적'이지 **않으며**, 다시금, 그것에 대한 모든 '이원적' 설명(성적 차이를 한 쌍의 대립되는 상징적 특징—이성 대 감정, 능동 대 수동 등등—으로 번역하는 일체의 설명)을 언제나 실패하게끔 하는 원인인 것이다.

따라서, 버틀러가 '불가능한 실재라고 불리는—외상적인, 사고불가능한, 정신증적인 것이라 불리는—세계에 산다는 것은 염병할 노릇이다'[35]라고 불평할 때 라캉적 대답은, 어떤 의미에서 **모두가 '바깥에'** 있다는 것이다. 즉, 자신들이 실제로 '안에' 있다고 생각하는 자들이란, 정확히, 정신증자들인 것이다⋯⋯. 요컨대, 자신이 왕이라고 생각하는

---

35) *A Critical Sense*, ed. Peter Osborne, London: Routledge, 1996, p. 83에 나오는, 버틀러의 피터 오스본과의 대담을 볼 것.

거지뿐만이 아니라 자신이 왕이라고 생각하는(즉, 자신의 상징적 위임권인 '왕'을 자기 존재의 실재에 직접 근거하고 있는 것으로 지각하는) 왕 또한 미친 사람이라는 라캉의 유명한 언명은 성적 관계의 불가능성에 대한 그의 단언에도 적용된다. 미친 사람은, '성적 관계는 존재하지 않는다'는 사실로부터 성적 행위(성교 행위)가 현실적으로 불가능하다는 결론을 이끌어내는 자이다. 그로써 그는 상징적 공백(성적 관계에 대한 상징적 '공식'의 부재)을 현실적 틈새와 혼동한다. 즉, 그는 '말'의 질서와 '사물'의 질서를 혼동하는 것인데, 이는 바로 정신증에 대한 가장 기본적이면서도 간명한 정의다.[36]

따라서 라캉이 실재를 프로이트가 '심적 현실'이라고 부르는 것과 등치시킬 때, 이 '심적 현실'은 지각된 외적 현실에 대립되는 꿈, 소망 등과 같은 내적인 심적 삶에 불과한 것이 아니라 원초적 '열정적 애착'의 견고한 핵심인 것이며, 이는 상징화와/나 변증법적 매개의 운동에 저항한다는 바로 그 의미에서 실재적이다:

…… '심적 현실'이라는 표현 그 자체는 '내적 세계', '심리학적 영역' 등과 단순히 동의어인 것이 아니다. 프로이트에게 있어서 그 가장 기본적인 의미에서 볼 때, 이 표현은 그 영역 내부에 있는 어떤 중핵을, 이질적이며 저항적인 중핵을, 그리고 대다수의 심적 현상과 비교했을 때 진실로 '실재적'이라는 점에서 하나뿐인 중핵을 가리킨다.[37]

---

36) 그것을 또 다른 방식으로 표현하자면 이렇다: 카타르Cathar 이단교도에게서와 마찬가지로, 정신증자에게 있어서도 모든 성적 행위는 근친상간이다.
37) J. Laplanche and J.-B. Pontalis, *The Language of Psychoanalysis*, London: Karnac, 1988, p. 315.

그렇다면 어떤 의미에서 오이디푸스 콤플렉스는 실재를 건드리는가? 또 다른 질문을 통해 이에 답하도록 하자. 즉 헤겔과 정신분석은 주체라는 개념과 관련하여 무엇을 공유하는가? 양자 모두에게 있어, 상호 인정의 상징적 연결망 속으로 통합되어 있는 '자유로운' 주체란 외상적 절단들, 즉 '억압들'과 권력 투쟁이 개입하는 과정의 결과이며, 원초적으로 주어진 어떤 것이 아니다. 그리하여 양자 모두는 선험적인 초월적 틀의 바로 그 제스처를 설명하기 위한 일종의 '메타-초월적' 제스처를 목표로 하고 있다. 모든 '역사화'는, 모든 상징화는 선상징적 X로부터 역사로의 이행을 '재-상연'해야만 한다. 예컨대 오이디푸스와 관련하여 역사화의 게임을 즐기는 것은, 즉 어떻게 오이디푸스적 배치가 특수한 가부장적 맥락 속에 삽입되어 있는가를 증명하는 것은 손쉬운 일이다. 반면에 오이디푸스 콤플렉스라는 바로 그 역사적 우연성 속에서, 역사성의 지평을 열어놓는 틈새의 재-상연들 가운데 하나를 식별하는 일은 훨씬 더 많은 사고의 노력을 필요로 한다.

보다 최근의 저술들에서 성적 차이와 '젠더의 사회적 구성'이라는 핵심적 구분을 받아들일 때 버틀러 자신도 이 점을 인정하는 것처럼 보인다: 성적 차이의 지위는, 곧바로, 우연적인 사회-상징적 형성물의 지위인 것이 아니며, 오히려 성적 차이는 사이에 끼어있는 불가사의한 영역을, 즉 더 이상 생물학이 아니면서도 아직은 사회-상징적 구성의 공간이 아닌 영역을 가리킨다. 여기서 우리는 어떻게 이와 같은 사이에-끼어있는 것이 실재와 실재를 상징화하는 양태들의 우연적 다양성 간의 틈새를 지탱하고 있는 바로 그 '절단'인 것인지를 강조해야 할 것이다. 요컨대: 물론 그렇다, 우리가 성을 상징화하는 방식은 자연에 의해 결정된 것이 아니다, 그것은 복잡하고도 우연적인 사회-상징적 권력 투쟁의 결과물이다; 하지만 우연적 상징화의 바로 이 공간은,

실재와 실재의 상징화 사이의 바로 이 틈새는, 절단에 의해 지탱되어야만 하며 이런 절단에 대한 라캉식 이름은 바로 '상징적 거세'이다. 따라서 '상징적 거세'는 다양한 상징화의 자유로운 흐름을 여하간 제한하는 궁극적인 상징적 참조의 지점이 아니다. 반대로 그것은 우연적 상징화의 공간을 지탱하고 그것을 계속해서 열어놓는 바로 그 제스처이다.38)

따라서, 요점을 반복하자면: 성적 차이에 대한 버틀러의 설명이 지닌 매력은 겉보기에 명백히 '자연적인' 사물의 상태를 ('자연적인' 성적 차이에 대한 심적 수용을) 어떤 재배가된 '병리적' 과정의 결과로—즉 동일한 성에 대한 '열정적 애착'을 억압한 결과로—볼 수 있도록 한다는 것이다. 하지만 문제는 이렇다: 인간적 성을 규제하는 상징적 법 속으로 입장하는 대가는 어떤 근본적인 포기에 있는 것이라는 데 우리가 동의할 경우, 이런 포기는 사실상 동일한 성에 대한 애착의 포기인 것인가? 버틀러가 '승화 속에서 보존되지 않는 신체의 어떤 부분, 즉 승화되지 않은 채 남아 있는 (즉, 상징적 직조물 속에 포함되지 않는) 신체의 어떤 부분이 존재하는가?'라는 핵심적 질문을 할 때, 그녀의 대답은 이렇다: '내가 말하고 싶은 것은, 이런 신체적 잔여물은 그런 주체에게 있어서 이미—언제나는 아니지만—파괴된 양태로, 일종의 구성적 상실 속에서, 살아남는다는 것이다. 신체는 구성이 일어나는 현장이 아니다. 그것은 하나의 파괴이며, 파괴가 발생해야 주체가 형성되는 것이다.'39) 이것은 버틀러를 라멜르라는, 즉 산죽은 신체-없는

---

38) 그리하여 여하간 상징적 거세는 (전투에서 잃어버린 다리에서 여전히 고통을 느끼는 전설이 된 병사처럼) 더 이상 존재하지 않는 팔이나 다리를 느끼는 사람의 잘 알려진 병리적 현상의 정반대이다. 오히려 **상징적** 거세란 실제로 여전히 존재하는 기관(자지)을 느끼는 (혹은, 오히려 그것을 자유롭게 조작하지(지배하지) 못하는) 상태를 지칭한다.
39) Butler, *The Psychic Life of Power*, p. 92.

-기관이라는 라캉의 개념에 가까이 가도록 하지 않는가?

이 기관은 '비현실적unreal'이라 불러야만 한다. 상상적이지 않으며, 자신이 조건짓는 주체성에 선행하며, 실재와 직접 접촉하고 있다는 의미에서 말이다. …… 여기서 나의 라멜르는 살아 있는 존재가 성의 해협straits of sex을 통해 산출될 때 상실되는 그것의 부분을 나타낸다.[40]

비상징화된 리비도'인' 이 신체-없는-기관은 정확히 '무성적'이다—남성적이지도 여성적이지도 않으며, 오히려 이 두 성 **모두가** 상징적으로 성구분되기 시작할 때 상실하는 것이다. 라캉 자신은 라멜르 개념을 성적 차이의 기원에 관한 (『향연』에 나오는) 플라톤의 신화와 동등한 어떤 신화로서 제시하고 있는데, 우리는 그 핵심적 차이를 명심하고 있어야 한다: 라캉에게 있어 그 두 성이 **하나**가 되기 위해 상실하는 것은 상보적인 잃어버린 절반이 아니라, 무성적인 제3의 대상이다. 이 대상을 **동일함**Sameness이라고 부를 수는 있겠지만, 이 **동일함**은 '동일한 성'의 동일함이 아니라 오히려 신화적인 무성적 **동일함**, 즉 성적 차이의 절단에 의해 아직 표식되어지지 않은 리비도이다.[41]

---

[40] Jacques Lacan, 'Position of the Unconscious', in *Reading Seminar XI*, ed. Richard Feldstein, Bruce Fink and Maire Jaanus, Albany, NY: SUNY Press, 1995, p. 274.

[41] 첨언하자면, 정신분석에서 신체의 지위는 단순히 '정신신체적psychosomatic'인 것이 아니다. 즉 신체는, 전환 히스테리의 경우에서처럼, 단지 어떤 상징적 곤궁이 기입되는 매체로서 취급되는 것이 아니다. 정신분석이 심적 곤란들에 대한 직접적인 신체적인 인과성을 거부하기는 한다(그런 접근은 정신분석을 의학적 질서의 제약들로 환원시킨다). 하지만 그럼에도 불구하고 정신분석은 어떻게 하나의 병리적 심적 과정이, 증상의 결정화 과정을 격발하는 그 전설적인 한 알의 모래로서 기능하는 어떤 기질적 장애라는 실재를 참조하는가를 강조한다. 내가 극심한 치통을 앓을 때, 치아 자체가 곧 나르시시즘적인 리비도 투여의 대상이 된다. 나는 그것을 빨아대며, 그 둘레를 혀로 핥고, 손가락으로 만지고 검사하며, 거울을 이용해 살펴보는 등등의 일을 한다—요컨대, 치아 그

사회경제적 용어로 하자면, 자본 그 자체는 우리 시대의 실재라고 주장하고만 싶다. 다시 말해서, 마르크스가 자본의 미친 듯한 자기-강화적 순환—그것의 유아론적 자가수정自家受精의 행로는 오늘날 미래에 대한 메타-반성적 투기들 속에서 그 최고점에 도달한다—을 묘사한 것과 관련하여, 인간적이거나 환경적인 어떠한 관심사에도 개의치 않으면서 자신의 행로를 추구하는 이 자기-강화적 괴물이라는 유령은 이데올로기적 추상이며 따라서 이런 추상의 배후에 현실적 인간들과 자연적 대상들이 있다는 것을, 자본의 순환은 그(것)들의 생산적 능력과 자원에 기반하고 있으며 또한 자본은 거대한 기생충처럼 그것들을 먹고산다는 것을 결코 잊지 말아야 한다고 주장하는 것은 지나치게 단순한 것이다. 문제는 이런 '추상'이 사회적 현실에 대한 우리의 (금융 투기자의) 오지각 속에만 있는 것이 아니라는 점이다. 그것은 물질적 사회적 과정 그 자체의 구조를 결정한다는 바로 그 의미에서 '실재적'이다. 인구의 전 지층들의 운명은, 그리고 때로는 전 국가들의 운명은 자본의 '유아론적' 투기적 장단에 의해 결정될 수 있는바, 자본은 자신의 운동이 사회적 현실에 어떻게 영향을 미칠 것인가에 대한 은근한 무관심 속에서 이윤율의 목표를 추구하는 것이다. 여기서 우리는 현실

자체의 통증은 향유의 원천으로 화한다. 이와 마찬가지로, 페렌치Sandór Ferenczi는 위험한 감염 때문에 고환을 제거해야만 했던 한 남자의 극단적 사례를 보고했다. 이 제거('실재적' 거세)로 인해 편집증이 격발되었는데, 왜냐하면 그것은 오랫동안 휴면 중이었던 동성애적 환상들을 소생시켰기—그것을 현실화시키고 그것에 제2의 생을 부여했기—때문이다(직장암에 대해서도 마찬가지다). 이와 같은 사례들에서 편집증의 원인은 자신의 남성성의 상실을, 자신의 남근적 남성적 자세의 상실을 주체가 견디어내지 못함에 있는 것이 아니다. 그가 사실상 견딜 수 없는 것은 오히려 자신의 근본적인 수동적 환상과의 대면이다. 그 환상은 '원초적으로 억압된'(폐제된) 것을, 그의 주체적 정체성의 '다른 장면'을 형성하는 것인데, 갑자기 그것이 다름아닌 그의 육체적 현실 속에서 실현되어버린 것이다. Paul-Laurent Assoun, *Corps et Symptôme*, vol. 1: *Clinique du Corps*, Paris: Anthropos, 1997, pp. 34~43을 볼 것.

과 실재의 라캉적 차이와 조우한다. '현실'은 상호작용과 생산과정에 연루된 현실적 사람들의 사회적 현실인 반면에, 실재는 사회적 현실 속에서 진행되는 것을 결정하는 자본의 냉혹한 '추상적' 유령적 논리이다.

실재에 대한 이와 같은 참조는 또한 우리로 하여금 라캉에 대한 반복되는 비판들 가운데 하나에 응답할 수 있도록 해준다. 그 비판에 따르면, 라캉은 형식주의자이며, 상징적 우주가 그 주위에서 구조화되는 어떤 선험적인 '초월적' 공백을, 차후에 우연적 실정적 대상에 의해 채워질 수 있는 공백을 칸트적인 방식으로 주장한다.42) 따라서, 상징적 질서의 자리들을 차지하는 우연적인 물질적 요소들보다 상징적 질서를 존재론적으로 우선시하는 (예컨대, '실재적' 아버지는 상징적 금지라는 순전히 형식적인 구조적 기능에 대한 우연적 담지자에 불과한 것이라고 주장하는) 라캉은 실로 일종의 구조주의적 칸트주의인 것인가? 텅 빈 상징적 형식과 그것의 우연적 실정적 내용 간의 이처럼 명백한 구분을 흐려놓는 것은 바로 실재이다: 텅 빈 틀을 그것의 내용의 한 부분 위로 봉합하는 얼룩, 상징적 틀의 이른바 중립적 보편성을 말하자면 '채색'하며 그리하여 상징적 형식의 공허한 골격이 그것의 내용에 정박되도록 하는 일종의 탯줄로서 기능하는 어떤 '정념적' 우연적 물질성의 '불가분의 잔여.' 형식과 내용 간의 이런 단락은 '칸트적 형식주의'(로서 통상 간주되는 것)에 대한 가장 간명한 거부 혹은 전복을 제공한다: 지평을 형성하고, 가능성의 조건을 형성하고, 그 속에서 나타나는 내용의 조건을 형성하는 바로 그 초월적-형식적 틀은 그것

---

42) 형식주의에 대한 이런 비판은 통상 정반대의 비판과—라캉은 특수한 역사적 내용에, 사회화의 가부장적 오이디푸스적 양태에 너무 강한 인상을 받은 나머지, 그것을 인간 역사의 초월적 선험으로 고양시키고 있다는 비판적 관념과—짝을 맺고 있다.

의 내용의 한 부분에 의해 틀지어지는데, 왜냐하면 그것은 그것의 내용 안에 있는 어떤 특정한 지점에 부착되어 있기 때문이다. 여기서 우리가 다루고 있는 것은 일종의 '정념적 선험성'의 역설이다. 즉 어떤 형식적 틀 속에서 발생하면서 바로 그 형식적 틀의 일관성을 지탱하는 (내부세계적 우연성이라는 칸트적 의미에서) 정념적 요소.

이는 또한 라캉의 증환*sinthome*을 실재적인 것으로서 정의하는 방법 가운데 하나다. 즉 선험적 보편적 틀을 지탱하는 정념적 우연적 형성물. 바로 이런 의미에서 라캉의 증환은 '매듭'이다: 우연적으로 존재하는 것으로서 경험되는 어떤 특수한 내부세계적 현상—하지만, 우리가 그것을 건드리거나 너무 가깝게 그것에 접근할 때 이 '매듭'은 풀리게 되며 그와 함께 우리의 전 우주도 풀리게 된다. 즉 우리가 말을 하고 현실을 지각하는 바로 그 장소가 붕괴된다; 우리는 말 그대로 발밑으로부터 토대를 잃는다……. 아마도 가장 좋은 예는 '잘못된 문에 들어서기'라는 가부장적 멜로드라마의 주제(우연히 남편의 상의 주머니에 손을 넣었다가 남편의 은밀한 사랑 편지를 발견하게 되고, 그리하여 자신의 가정 생활 전체를 망치게 되는 부인)이며, 이는 공상과학 판본에서 한층 더 강력한 힘으로 고양된다(당신은 우연히 잘못된 문을 열게 되고 외계인들의 비밀 회합을 목격하게 된다). 하지만 이와 같이 유별난 일들에 연루될 필요까지는 없다. 단지 기본적인 한 경우를 생각해보면 된다. 즉 어떤 것을 하도록 (어떤 질문을 하도록, 어떤 행위를 수행하도록) 형식적으로는 허락을 받았지만 그럼에도 불구하고 어떤 씌어지지 않은 규칙이 그것을 금지라도 하는 양, 그것을 하도록 기대되어지지는 않는 상황—만일 우리가 그것을 실제로 행하면 상황 전체가 폭발하게 된다—의 그 깨지기 쉬운 균형을 생각해보면 된다.

이 점과 관련하여 우리는 후-전통적 삶의 보편적 특성(근대적 개인은 더 이상 특수한 전통 속에 직접 몰입되어 있지 않으며, 우연적인 특수한 맥락 속에 붙잡혀 있으면서 자신의 생활 방식을 자유롭게 선택할 수 있는 보편적 행위자로서 스스로를 경험한다. 그리하여 그는 자신의 생활세계에 대해 반성적 관계를 유지하며, 가장 '자생적인' 활동들(성생활, 여가)에서조차도 '어떻게 할 것인가how-to-do-it'류의 매뉴얼에 의지한다)을 강조하는 근대성에 관한 표준적인 '부르주아' 사회학자들을 마르크스와 분리시키는 선을 세공할 수 있다. 이런 반성성의 역설이, 근대성의 반성적 방식들을 깨뜨리고 나와서 보다 자생적인 '전체적' 삶으로 돌아가려는 필사적 노력들에서보다 더 명백하게 드러나는 곳은 없다: 희비극적이게도, 바로 이런 노력들은 우리의 참된 자생적 **자기**를 어떻게 발견할 것인가를 우리에게 가르쳐주는 일단의 **전문가들**에 의해 지탱된다······. 또한 '유기농 식품'의 재배보다 더 과학적인 어떤 것도 필경 없을 것이다: 그것은 산업적 농업의 유해한 효과를 **빼기** 위해서 고도의 과학을 이용한다. 그리하여 '유기농'이란 일종의 헤겔식 '부정의 부정'이며, 첫 번째 고리가 선-산업적 '자연적' 농업이고 두 번째 고리가 그것의 부정/매개인 산업화된 농업으로 되어 있는 삼항조의 세 번째 고리이다. 그것은 자연으로의 회귀이며, 유기적 방식으로 일하는 것으로의 회귀이다. 하지만 바로 이런 회귀는 과학에 의해 '매개된' 것이다.

근대성을 다루는 표준적인 사회학자들은 이런 '반성성'을 사회적 삶의 상이한 영역들에서 어떤 특정한 방식으로 스스로를 표현하는 유사-초월적인 보편적 특징으로서 파악한다. 정치에서는, 전통적인 유기적 권위주의적 구조가 근대적인 형식적 민주주의에 의해 대체되는 것(그리고 그것의 내속적 대척점인바, 권위의 원칙을 그 자체를 위해 형식주의적으로 강조하는 것)으로서. 경제에서는, 좀더 유기적인 공동체적 생산 과정의 형태들을 상품화와 '소외된' 시장관계들이 지배하는 것으로서. 윤리적 영역에서는, 전통적 습속mores이 형식적인 외적 법률과 개인의 내적 도덕성으로 분열되는 것으로서. 배움의 영역에서는, 전통적인 입문적 지혜가 학교 체계를 통해 전달되는 과학적 지식의 반성적 형태들에 의해 대체되는 것으로서. 예술에서는, 이용 가능한 다양한 '스타일들' 가운데서 선택을 할 수 있는 예술가의 자유로서. 그리고 기타 등등. 그리하여 '반성성'은 (혹은, 프랑크푸르트 학파의 '도구적 이성'에까지 이르는 그것의 다양한 구현체들은) 일종의 역사적 선험으로서, 사회적 삶의 상이한 층들을 '구성'하고 그것들을 동일한 보편적 형태로 주조하는 형식으로서 파악된다. 그렇지만 마르크스는 핵심적인 보충적 나사 조이기를 여기에 추가한다. 그에게 있어서 사회적 삶의 모든 특수한 '경험적' 영역들은 이 보편적 틀에 대해 동일한 관계를 지니고 있지 않다. 그것들 모두가 그것에 의해 형성되는 수동적 실정적 재료인 것이 아니다. 반성성의 바로 그 보편적 형식이 근거하고 있는, 그것이 일종의 탯줄에 의해 부착되어 있는, 이 형식의 틀 자체를 틀짓는 한 가지 예외적이고 '정념적'이고 내부세계적인 특수한 내용이 있다. 물론 마르크스에게 있어서 이 특수한 내용은 상품 교환의 사회적 우주이다.[43]

성적 관계의 비존재에 대한 보충물로서의 환상(환상적 대상으로서의 대상 *a*)라는 라캉의 개념의 경우에도 우리는 동일한 역설을 다루고

---

[43] 초월적 주체성의 보편적 형식의 은밀한 발생기로서의 상품 형식이라는 이 관념을 상세하게 기술한 사람은 프랑크푸르트 학파의 '길동무'인 알프레드 존-레텔이었다. Alfred Sohn-Rethel, *Geistige und körperliche Arbeit*, Frankfrut: Suhrkamp, 1970을 볼 것.

있는 것 아닌가? 두 성 간의 상보적 관계의 어떠한 보편적 상징적 형식(공식)form(ula)도 없다는 바로 그 이유 때문에, 두 성의 어떠한 관계라도 '정념적인' 특수한 시나리오에 의해, 우리가 다만 '또 다른 사람 없이 현실적 섹스를 하는 것'을 지탱해줄 수 있는 일종의 환상적 버팀목에 의해 보충되어야만 한다—그 환상의 매듭이 풀린다면, 주체는 성적 행위에 참여할 수 있는 자신의 보편적 능력을 상실한다. 따라서 라캉은 원-칸트적 형식주의자라는 비판은 가해자에게도 되돌아가야 한다. 너무 '형식주의적'인 것은 바로 '사회적 구성주의자들'이다. 그들은, 나무랄 데 없는 칸트적 방식으로, 상징화의 우연적 공간을 단지 주어진 것으로서 전제하며 헤겔의 핵심적인 후-칸트적 메타-초월적 물음—역사성의, 다양한 우연적 양태의 상징화의 바로 이 공간이 어떻게 그 스스로를 지탱할 수 있는가?—을 제기하지 않는다.[44]

---

[44] 라캉을 비판하면서 헨리 스태튼Henry Staten은 이런 논점의 어떤 특이한 판본을 제안한다(*Eros in Mourning*, Baltimore, MD: Johns Hopkins University Press, 1995를 볼 것). 스태튼에 따르면, 라캉은 생성과 퇴락의 순환에 종속된 모든 실정적 경험적 대상들을 무시하는 플라톤-기독교적 계보 속에 스스로를 기입한다: 플라톤과 마찬가지로 라캉에게서도 모든 유한한 실정적 대상들은 욕망의 진리를 배반하는 한낱 유사물/미끼에 불과하다. 라캉의 공로는 그가 사랑할 만한 가치가 있는 모든 유한한 물질적 대상에 대한 이와 같은 플라톤적 거부를 플라톤에 의해 은폐된 그것의 진리로 가져다놓는다는 사실에 있는 것이다: 유한한 경험적 대상들은 그것들의 영원한 원형들의 덧없는 모사물들(대리물들)이 아니다—그것들 배후에는 혹은 그것들 너머에는 아무것도 없으며, 그것들은 원초적 공백의, 무의 자리-차지자place-holder이다. 그리하여, 니체식으로 말하자면, 라캉은 생성과 퇴락의 속세적 순환 너머의 영원한 **대상**들에 대한 형이상학적 갈구의 허무주의적 본질을 드러낸다. 이 **대상**들에 대한 욕망은 무에 대한 욕망이다. 즉 이 **대상**들은 죽음의 은유들이다.

여기서 스태튼은 라캉을 사물과의 본래적 조우의 불가능성에 대한 후근대적 지지자로 환원시킨다: 어떠한 실정적 대상도 결코 욕망을 지탱하는 구조적 공백을 적합하게 채우거나 그 공백에 부합하지 않는다; 우리가 여하간 얻게 되는 것은 믿을 수 없는 유사물에 불과하며, 따라서 우리는 *ce n'est pas ça*[그게 아니야]를 반복해서 경험할 수밖에 없는 것이다……. 이것이 놓치고 있는 것은 적합한 대상에 의해 결코 채워질 수 없는 원초적 공백의 이 논리가 갖는 이면이다. 즉 상징적 구조 속에 그것을 위한

마조히즘적 기만

잃어버린 대상과의 우울증적 동일화의 논리에 대한 버틀러의 세공은 사실상 우리로 하여금 외적으로 부과된 사회적 규범들의 '내면화'라는 불운한 개념을 피할 수 있도록 해주는 이론적 모델을 제공한다. '내면화'라는 이 극히 단순한 개념이 놓치고 있는 것은 어떤 반성적 전회인데, 이 전회에 의해 외적 권력(그것이 주체에 가하는 압력)은 주체가 출현할 때 단순히 내면화되는 것이 아니라 사라지고 상실되는 것이다. 그리고 이런 상실은 '양심의 소리'라는 가장 속에서 내면화되는데, 이 내면화는 바로 내적 공간 그 자체를 낳는다.

> 명시적 규제가 없는 상태에서 주체는, 그에 대해 권력이 목소리가 되고 목소리는 정신의 규제적 도구가 되는 그런 자로서 출현한다. …… 주체는, 역설적이게도, 이런 권력 철회를 통해서 생산된다. 즉 권력이 자신을 숨기면서, 정신을, 말하는 장소로서 꾸며내는 것을 통해서 생산된다.[45]

이런 반전은 도덕적 자율성의 바로 그 철학자인 칸트에게서 구현되는데, 칸트는 이 자율성을 복종의 어떤 양태와, 즉 보편적 도덕 법칙에 대한 복종(심지어는, 그것 앞에서의 굴복)과 동일화한다. 여기서 염두에 두어야 할 핵심적 요점은 이 법칙의 두 형식 간의 긴장이다: 내적 법칙(양심의 부름)은, 외적 법칙의 단순한 연장이나 내면화와는 거리

어떠한 자리도 없는 어떤 과잉적, 정원외적surnuméraire 대상이라는 상관적 개념. 라캉에게 있어서 욕망이라는 것은 결코 채워질 수 없는 공백에 의해 유효하게 지탱되는 것이라면, 반대로 리비도는 영원히 탈구된 상태로 남아 자신의 '고유한 자리'를 찾아다니는 과잉적 대상object의 실재이다.

[45] Butler, *The Psychic Life of Power*, pp. 197~198.

가 멀며, 외적 법칙이 나타나지 못할 때 그것의 부재를 보충하기 위해서 출현한다. 이런 관점에서 볼 때, 사회적 조절 속에 체화된 규범들의 외적 압력으로부터의 (계몽주의적 맥락에서의) 해방이란 무조건적인 내적 양심의 부름에 대한 복종과 엄밀히 동일한 것이다. 다시 말해서, 외적 사회적 규제들과 내적 도덕 법칙의 대립은 현실과 실재의 대립이다. 사회적 규제들은 사회적 공존의 객관적 요구들(그것들은 '현실 원칙'의 영역에 속한다)에 의해 여전히 정당화될 수 (혹은, 정당화되는 척할 수) 있으며, 반면에 도덕 법칙의 요구는 무조건적이며, 어떤 변명도 허용하지 않는다―칸트의 말대로, '너는 할 수 있다. 왜냐하면 너는 해야만 하기 때문이다!' 바로 이런 이유로 인해, 사회적 규제들은 평화로운 공존을 가능하게 만드는 반면에, 도덕 법칙은 그것을 혼란시키는 외상적 명령이다. 그리하여 우리는 한 발 더 나아가서 '외적' 사회적 규범들과 내적 도덕 법칙의 관계를 한 번 더 역전시키고만 싶다: 도덕 법칙의 참을 수 없는 압력을 피하려는 바로 그 목적으로 주체들이 외적 사회적 규범들을 만들어내는 것이라면 어찌할 것인가? 자신의 존재의 바로 그 심장부에 외-밀적 주인을, 이방인을, 외래적 신체를 갖는 것보다는, 속일 수도 있고 최소한의 거리를 유지하여 사적 공간을 마련할 수도 있을 외적 주인을 갖는 것이 훨씬 더 수월하지 않겠는가? 권력에 대한 최소치의 정의(주체의 성향에 대립하고 주체의 목표를 훼방놓으면서 외부로부터 주체에게 압력을 발휘하는 힘으로서 주체에게 경험되는 작인)는, 정확히, 법의 외-밀적 내속적 강박의, '당신 안에 있는 당신 자신보다 더한 것'의 이런 **외화**에 의지하지 않는가? 외적 규범들과 내적 법칙의 이런 긴장―그것은 또한 전복적 결과를 (예컨대, 자신의 내적 도덕적 자세를 위해서 공적 권위에 반대하는 결과를) 낳을 수 있다―은 푸코에 의해 무시되고 있다.

다시금 핵심적 요점은 내적 법칙에 대한 이런 복종은 외적 압력을 단순히 '연장'하고 '내면화'하지 않는다는 것이다. 오히려 그것은 외적 압력의 중지에, 이른바 '자유로운 내적 공간'을 창출하는 자기-속으로의-철회에 상관적이다. 이는 우리를 다시금 **근본적 환상**이라는 문제를로 이끈다. 근본적 환상이 무대올리는 것은 주체의 '내적 자유'를 지탱하는 구성적 복종/종속의 장면이다. 이 원초적 '열정적 애착'—즉 근본적 환상 속에서 무대올려지는 수동적 복종의 장면—은 엄밀하고 협소한 임상적 의미에서의 마조히즘과 구별되어야 한다. 들뢰즈46)가 상세하게 세공한 것처럼, 이 엄밀한 의미에서의 마조히즘은 오이디푸스적 상징적 현실의 틀을 부인하는 뒤얽힌 태도를 이미 내포한다. 마조히스트의 괴로움은 본연의 고통에 대한 어떤 도착적 향유를 증언하는 것이 아니라, 철저히 쾌락에 복무한다—고문과 고통의, 마조히즘적 주체가 스스로를 내맡기는 굴욕의 격렬한 광경(가장假裝)은 초자아의 신중한 감시를 눈속임하는 데 이바지한다. 요컨대 임상적 마조히즘은 주체가 초자아가 요구하는 처벌을 미리 수용함으로써 쾌락을 획득하려는 방법이다—위조된 처벌 광경은 밑에 깔려 있는 쾌락의 실재를 증명하는 데 이바지한다.

단지 도덕적 마조히즘의 표준적 장면을 그려보기만 하면 된다. 일상적인 마조히즘적 주체는 그가 깊은 애착을 가지고 있는 어떤 사람이 그가 어떤 잘못을 저지른 것으로 잘못 알고 그를 비난하거나 그와 유사한 어떤 잘못된 비난의 행위를 하는 것을 상상하는 일이 아주 만족스럽다는 것을 종종 발견하게 된다. 모르고서 그에게 상처를 준 사랑하는 그 타자가 그의 부당한 비난을 후회하는 미래의 장면을 상상

---

46) Gilles Deleuze, *Coldness and Cruelty*, New York: Zone, 1991을 볼 것. [국역본: 질 들뢰즈, 『매저키즘』, 인간사랑, 1996.]

하는 것이 만족을 주는 것이다……. 마조히즘적 연극의 경우도 마찬가지다: 마조히스트의 수동성은 그의 능동성을 은폐한다(그는 장면을 배치하고 그의 주인domina이 그에게 무엇을 하면 되는지를 이야기해주는 감독이다). 그의 도덕적 고통은 타자를 굴욕시키는 도덕적 승리 속에서의 그의 능동적 쾌락을 간신히 은폐할 뿐이다. 그와 같은 뒤얽힌 장면은 상징적 질서에 의해 이미 조직화된 공간 내에서만 발생할 수 있다. 마조히즘적 연극은 마조히스트와 그의 주인 사이의 **계약**에 의존한다.

여기서 제기할 핵심적 물음은 근본적 환상의 마조히즘에서 기만의 역할에 관한 물음이다: 고통과 복종의 이 장면은 누구를 기만하는 데 복무하는가? 라캉적 답은, 이 층위에서도 기만이 작동하고 있다는 것이다: 근본적 환상은 주체에게 최소한의 존재를 제공하며, 그의 존재를 위한 지탱물로서 복무한다―요컨대, 그것의 기만적 제스처는 '봐라. 나는 괴로움을 당한다. 그러므로 나는 존재하며, 존재의 실정적 질서에 참여한다'이다. 따라서 근본적 환상에 걸려 있는 것은 죄와/나 쾌락이 아니라 존재 그 자체다. 그리고 '환상의 횡단'이라는 행위는 바로 이런 근본적 환상의 기만을 물리치는 데 복무하는 것이다: 환상을 횡단함으로써 주체는 자신의 비존재의 공백을 받아들인다.

마조히즘적 기만에 대한 훌륭한 라캉적 사례는 왕이 멍청하다고 공공연하게 말하는 사람은 단두형을 당하는 나라의 국민에 관한 사례이다. 만약 이 주체가 머리가 잘리는 꿈을 꾼다면 이 꿈은 죽음 소망 등과는 아무런 관련도 없으며 단지 그가 왕이 멍청하다고 생각한다는 것을 의미할 뿐이다. 즉, 고통을 겪는 그 곤경은 왕의 존엄을 공격하는 쾌락을 은폐하고 있다…….47) 여기서 분명 고통과 괴로움은 초자아의 검열을 속이고 쾌락에 복무하는 가면이다. 그렇지만 고통과 괴로움의 장면을 초자아를 속이는 쾌락에 복무케 하는 이와 같은 기만 전략은 오로지 좀더 근본적인 '사도마조히즘적' 자세—이런 자세의 주체는 수동적인 고통스러운 경험들에 노출되어 있는 것에 관한 환상에 빠지며, 그리하여, 일체의 기만적 전략 바깥에서, **고통 그 자체를 리비도적 만족의 원천으로서 받아들일 준비가 되어 있다**—라는 기반 위에서만 기능할 수 있다.[47]

이런 노선을 따를 때, 우리는 원초적 유혹 환상—그 속에서 반성적 내향적 전회와 '환상화'와 성욕화와 마조히즘 모두가 일치한다. 즉, 그것들은 모두 하나의 동일한 '선회'의 제스처 속에서 발생한다—에 관한 라플랑슈의 옛 고전적 관념들을 재독해해야 한다.[49] 프로이트의 '한 아이가 매맞고 있다'는 환상의 세 국면(1: '아버지가 내가 싫어하는 아이를 때리고 있다', 2: '나는 아버지에게 매맞고 있다', 3: '한 아이가 매맞고 있다')에 대한 상세한 해설을 하면서 라플랑슈는 첫 번째와

---

47) 나의 첫 번째 책에 대해 다른 측면에서는 비판적으로 논평했던 장-자크 르세르클르 Jean-Jacques Lecercle는 이렇게 주장했다: '만약 그[지젝]가 현대 철학에 대해 모르고 있다면, 내[르세르클르]는 울란바토르의 주교다'. 이제 나에 대한 애착 때문에 현대 철학에 대한 나의 지식에 어떤 심각한 결함이 있음을 알아차렸다는 것을 스스로에게 공공연하게 인정할 수 없는 나의 추종자 한 명을 상상해보자. 만약 그 제자가 울란바토르의 주교로 복장한 르세르클르를 꿈꾼다면 이는 단지 그가 나의 현대 철학에 대한 지식에 결함이 있다고 생각한다는 것을 의미할 뿐이다…….
48) 좀더 상세히 정교화할 때 우리는 추가로 임상적 마조히즘의 두 양태를 구분해야 한다. 한편으로 고유하게 도착적인 '계약적' 마조히즘, 즉 자신의 환상을 '외화'할 수 있는, 행위로 이행하여 자신의 마조히즘적 시나리오를 또 다른 주체와의 현실적 상호작용 속에서 실현할 수 있는 주체의 마조히즘이 있다. 다른 한편으로, 그 실현을 견디지 못하는 (히스테리적인) 은밀한 마조히즘적 백일몽이 있다—이런 은밀한 마조히즘적 백일몽의 내용이 현실에서 주체에게 부과될 때, 그 결과는—전적인 굴욕과 수치로부터 자기-정체성의 붕괴에 이르기까지—재앙적일 수 있다.
49) Jean Laplanche, *Life and Death in Psychoanalysis*, Baltimore, MD: Johns Hopkins University Press, 1976을 볼 것.

두 번째 국면의 핵심적 차이를 강조한다. 그것들 모두는 무의식적이며, 다시 말해서, 환상의 마지막 의식적 국면('한 아이가 매맞고 있다')의 은밀한 기원을 나타내고 있다. 하지만 첫 번째 국면은 단순히 아이가 목격한 어떤 현실상의 사건(아버지가 그의 남자 형제를 때린 사건)에 대한 재현된 기억이고 그런 것으로서 정신분석 치료 과정에서 회상될 수 있었던 반면에, 두 번째는 고유하게 환상적이며 바로 그렇기 때문에 '원초적으로 억압된' 것이다. 이 국면은 결코 의식적으로 상상되지 않았으며 바로 처음부터 폐제되었다(여기서 우리는, 버틀러가 초점을 맞추고 있는, 폐제된 동성적인 원초적 '열정적 애착'의 완벽한 사례를 갖는다). 그 때문에 그것은 결코 회상될 수 없으며(즉, 주체에 의해 주체적으로 떠맡아질 수 없으며) 단지 최종의 의식적 환상 국면을 설명하기 위해서 전제되어야만 하는 실재로서 사후적으로 재구성될 수 있을 뿐이다. '⋯⋯ 억압된 것은 기억이 아니라 그것으로부터 파생되거나 그것 아래에서 뻗어나가는 환상이다: 이 경우에는, 아버지가 다른 아이를 때리곤 했던 현실적 장면이 아니라, 아버지에게 매맞고 있다는 환상.'50)

그리하여, 처음의 외부-지향적 공격성(다른 아이를 때리는 것에서, 혹은 부모가 그 아이를 때리는 것을 목격하는 것에서 찾는 만족)으로부터 그 자신이 부모에게서 매맞고 있는 것을 주체가 상상하는 폐제된 환상적 장면으로의 이행. 여기서 첫 번째 국면의 역할은 원초적 '열정적 애착'의 좌표를 제공하는 장면의 환상적 형성을 격발시키는 전설적인 '한 알의 모래', 현실의 조그마한 조각(아이가 현실에서 목격한 장면)의 역할이다. 다시금, 원초적으로 억압되어 있으며 그런 것으로서

---

50) Jean Laplanche, 'Aggressiveness and Sadomasochism', in *Essential Papers on Masochism*, ed. Margaret A.F. Hanly, New York: New York University Press, 1995, p. 122에서 인용.

영원히 주체화에 있어 접근불가능한 (주체화 그 자체는 이 억압에 의존하고 있으므로) 것은 두 번째 국면이다. 첫 번째 국면에서 두 번째로의 이행에서 몇 가지가 동시에 발생한다:

- 프로이트 자신이 강조하듯, 오로지 두 번째 국면에서만 상황은 고유하게 **성욕화된다**—즉, 국면1에서 국면2로의 이행은 선-성적 공격성으로부터 고유하게 성욕화된 '고통 속의 쾌락'으로의 이행이다.
- 이 성욕화는 '투입introjection'이라는 반성적 제스처와 엄밀히 동실체적이다: 다른 인간을 현실적으로 공격하는 대신에 나는 그것에 대한 환상을 만들며, 복종과 고통의 장면을 상상한다. 실제적 상호작용 속에서의 행위자인 대신에 나는 나를 매혹하는 '내적' 장면의 무표정한 관찰자가 된다.
- 더 나아가, 그 내용에 대해 말하자면, 이 장면은 내가 굴욕과 고통에 종속되는 수동적 위치를, 혹은 적어도 무표정하고 무력한 관찰자의 위치를 떠맡게 되는 상황을 무대올린다.

핵심적 요점은, 이 세 가지 특징들이 엄밀히 동실체적이라는 것이다. 가장 근본적인 차원에서 성욕화란 환상화와 **동일**하며, 환상화는 무력함과 굴욕과 고통의 수동적 위치를 떠맡는 것과 **동일**하다.

…… 선회의 과정은 환상의 내용의 층위에서뿐만이 아니라 **환상화의 바로 그 운동 속에서도** 생각되어질 수 있다.

반성적인 것으로의 이동은, 단지 혹은 심지어 반드시, 환상의 '문장'에 반성적 내용을 제공하는 것이 아니다. 그것은 또한 그리고 무엇보다도 행동을 반성하는 것이며, 그것을 내부화하는 것이며, 그것이 환상으로서 자신 속에 들어오도록 만드는 것이다. 공격성을 환상화하는 것은 그것을 자신에게로 선회시키는 것, 자기 자신을 공격하는 것이다. 자기성애의 계기는 그와 같은 것이며, 그 속에서 환상 그 자체와 성욕과 무의식 사이의 분해불가능한 결속은 확증된다.[51]

그리하여 반성적 전회의 지점은 공격성(외적 대상의 파괴/공격)을 외부 대상에게서 공격받는 것으로 단순히 대칭적으로 반전시키는 것에 불과한 것이 아니다. 오히려 그것은 수동성을 '내면화'하는 행위에, 자신의 무표정한 복종의 장면을 능동적으로 상상하는 것에 있다. 그리하여 환상화의 과정 속에서 능동성과 수동성의 선명한 대립은 전복된다. 다른 사람에게 매맞는 장면을 '내면화'하면서 나는 나 자신을 이중적 의미에서 고정시킨다(현실에서 수동적인 대신에 나는 내가 참여하는 장면을 단순히 상상/환상하는 매혹된 관찰자의 수동적 자세를 떠맡는다. 이 장면의 바로 그 내용 속에서 나는 굴욕과 고통을 겪는 수동적이고 고정된 위치에 있는 자신을 상상한다). 그렇지만, 바로 이 이중적인 수동성은 나의 능동적 관여를, 즉 반성적 전회—이를 통해, 자기성애적 방식으로, 외적 행위자가 아닌 나 자신이 나의 외적 행위를, 에너지의 자생적 유출을 방해하고, '나 자신을 지배하고', 환상화의 분출로써 현실에서의 행위를 대체한다—를 전제한다. 라캉은, (본능에 대립되는 바로서의) 충동을 정의하면서 이 점을 훌륭하게 지적했는데, 그 때 그는 어떻게 충동이라는 것이 언제나 그리고 정의상 'se faire ~'의 위치를, '자신을 ~게 만들기'의 위치를 내포하는가를 강조했다: 시각

---

51) 같은 곳.

충동은 보고자 하는 관음증적 경향도 아니며, 다른 사람에게 보여지려 하고 다른 사람의 눈에 자신을 노출시키는 노출증적 경향도 아니며, 오히려 '중간태middle voice'이며, '자신을 가시적이게 만드는', 즉 자기 자신의 수동적 복종의 장면을 능동적으로 유지하는 것에서 리비도적 만족을 이끌어내는 태도이다. 따라서 라캉적 관점에서 볼 때 '환상화'라는 이 원초적 제스처는 칸트를 비롯해서 독일 관념론의 전통 전체가 '초월적 상상력'이라고 부르는 것, 즉 주체로 하여금 주위환경에로의 몰입에서 풀려나올 수 있도록 해주는 자유의 이 심연적 능력의 바로 그 탄생지이자 그것의 궁극적 비밀이다.

후기의 작업에서 라플랑슈는 반성적 '환상화'라는 이 제스처를 정신분석의 진정한 '원초적 장면'으로서의 기원적 유혹의 장면에 대한 이론으로 정교화했다: 성교 장면이나, 혹은 자신으로서는 이해할 수 없는 어떤 불가사의한 성적 함축을 갖는 (부모나 다른 어른들의) 제스처에 자신이 복종하는 것을 무력하게 목격하는 아이. 인간적 성욕과 무의식이 기원하는 것은 바로 이런 틈새 속에서이다. 즉 아이(우리 모두)가 어떤 지점에서 무력한 관찰자이며 자신으로서는 이해할 수 없는 어떤 성욕화된 상황에 붙잡혀 있다는 사실에서 그것은 기원한다. 그는 그것을 상징화할 수 없으며, 의미의 우주 속에 통합할 수 없는 것이다 (예컨대, 부모의 성교에 대한 목격이나 어머니의 과도한 어루만짐). 하지만 이 모두에서 무의식은 어디에 있는 것인가? 여기 이 원초적 유혹 장면에서 조우하게 되는 무의식은 아이의 것이 아니라 어른의 (부모의) 무의식이다: 예컨대 아이가 어머니의 과도한 어루만짐에 노출될 때 그는 어머니 자신도 스스로 완전히 인식하고 있지 못한 무언가를 하고 있다는 것을, 그녀가 그를 애무하는 것으로부터 그녀도 그 근거를 파악하지 못하는 만족을 이끌어낸다는 것을 보게 된다. 따라서

'무의식은 **타자**의 담론이다'라는 라캉의 언명은, 나를 통해 이야기하는 것은 큰 타자이므로 나는 내 말의 주체/주인이 아니라는 표준적 상투어를 넘어서서, 말 그대로 받아들여야 한다. 무의식과의 원초적 조우는 **타자**의 비일관성과의 조우이며, (부모인) **타자**는 현실적으로 자신의 행위와 말의 주인이 아니라는 사실과의 조우이다. 그것은 그 **타자**가 자신도 의미를 알지 못하는 신호들을 방출한다는 사실과의 조우이며, 또한 그가 행하는 행위의 진정한 리비도적 공포를 이해하지 못하면서 그 행위를 수행한다는 사실과의 조우이다. 그리하여 우리는 이집트인들의 비밀(근대의 서구적 응시로는 꿰뚫어볼 수 없는, 이집트인들의 제의祭儀들과 기념비들의 의미)은 이집트인들 자신에게도 또한 비밀이었다는 헤겔의 언명을 여기서 되풀이하고만 싶다. 성욕화의 기원적 현장으로서의 원초적 유혹의 장면의 구성 일체는, 목격하는/거나 희생양인 아이에게만 그 장면이 이해불가능하고 수수께끼인 것이 아니라는 것을 전제하는 한에서만(목격하는/희생양인 아이를 당혹스럽게 만드는 것은 그가 능동적인 어른 가해자들 자신에게도 명백히 이해불가능한 어떤 장면을 목격하고 있다는 사실이다), 즉 그들 또한 '그들이 무엇을 하고 있는지를 알지 못한다'는 것을 우리가 전제하는 한에서만 유효한 것이다.

또한 이런 배치 덕분에 우리는 (앞에서 언급한) '성적 관계는 존재하지 않는다'는 라캉의 주장에 새로운 빛을 던질 수 있다: 수수께끼와 혼동이 단지 아이 편에만 있는 것이며, 부모들에게는 전적으로 자연스러우며 문제 없는 활동인 것을 단지 아이가 불가사의한 무언가로서 (오)지각하는 것이라면, 확실히 '정상적' 성적 관계는 있을 것이다. 그렇지만 '모든 어른들의 깊숙한 안쪽에는, 아직 살아 있는 아이가 있다'라는 낡아빠진 문구에도 근거가 없는 것은 아니다. 서로 동의를 한 저 유명한 두 명의 어른이 그들의 침대에서 은밀하게 '정상적이고 건전한' 성행위를 할 때, 그곳에 결코 그들만 있는 것은 아니다: 그들을 바라보고 있는 '환상화된' 아이의 응시가, 그들의 행위가 결국 그들 자신에게도 이해불가능한 것이 되게끔 만드는—보통은 '내면화된'—응시가 언제나 있다. 혹은, 다른 식으로 말하자면, 원초적 유혹의 장면의 요점은, 어른들이 자신들의 향유의 전시를 통해 아이의 깨지기 쉬운 균형을 교란시키는 가운데 우연히 아이를 침범한다는 것이 아니다. 오히려 요점은, 아이의 응시가 처음부터 어른 부모의 성생활의 상황 속에 포함되어 있다는 것이다. 카프카의 법의 문 우화에서처럼 말이다. 시골에서 온 사람이 종국에 가서는 법의 궁전의 장엄한 입구 광경이 단지 그의 응시를 위해서만 무대올려진 것임을 발견하는 것처럼, 부모들의 성적 전시는 아이의 평형을 무심코 교란시키는 것이기는커녕 어떤 면에서는 '거기서 오로지 아이의 응시를 위해서만' 있는 것이다. 궁극적인 천국의 환상은 자신들을 목격하면서 논평을 하는 아이 앞에서 성교를 하는 부모라는 환상이지 않은가? 그리하여 우리는 시간적 원환고리의 구조를 다루고 있는 것이다: 어른의 성적 행위와 그것의 전시에 의해 외상을 입은 아이의 준비되지 않은 응시 사이의 틈새 때문만이 아니라 이 아이의 당황함이 어른의 성적 행위 자체를 계속적으로 지탱하기 때문에 성적 욕망이 있는 것이다.[52] 이 역설은 또한

---

[52] 이런 배치는 또한 (종교적) 예정이라는 문제틀의 기본적 모체를 제공하지 않는가? 아이가 '나는 왜 태어났지? 왜 그들은 나를 원한거지?'라고 자문할 때, 단순히 '우리가 너를 사랑했고 널 갖길 원했으니까'라고 답하는 것으로는 아이를 만족시킬 수 없다. 내가 존재하지 않았는데 어떻게 내 부모가 나를 사랑할 수 있었다는 말인가? 프로테스탄트적 신이 인간의 운명을 인간의 탄생 이전에 결정하는 것과 마찬가지로, 그들은 먼저 나를 사랑하고 (혹은, 나를 증오하고—요컨대 나의 운명을 예정하고) 그런 연후에 나를 탄생시켜야 하는 것이 아닌가?

성적 괴롭힘이라는 주제의 맹점을 설명한다: '괴롭힘'의 요소 없이는 (즉 지금 일어나고 있는 일의 섬뜩한 성격 때문에 극심한 충격을 받고 외상을 입은 당황한 응시라는 요소 없이는) 어떠한 성행위도 없다. 그리하여 성적 괴롭힘에 대한, 폭력적으로 부과된 성에 대한 항의는 궁극적으로 성 그 자체에 대한 항의이다: 성적인 상호유희에서 그것의 고통스럽도록 외상적인 성격을 뺀다면, 남는 것은 단지 더 이상 성적인 것이 아닌 것이다. 충격적으로 부과되는 외상적 요소가 제거된, 서로 동의를 한 저 유명한 어른들 간의 '성숙한' 성행위는 정의상 **탈성욕화된** 것이며, 기계적 성기 결합으로 화하고 만다.

나는 젊은 시절에 들은 외설적인 운율적 노래들이 기억이 난다. 다섯 살 먹은 아이들은 서로들 그 노래들을 읊어댔다. 그것들은 우스꽝스러운 성적 착취에 관한 노래들이었는데, 거기 나오는 주인공은 신화적인 익명의 '카우보이'였다. (물론 슬로베니아어로만 운을 갖는) 이 노래들 가운데 하나는 이러했다: '모자 없는 카우보이 / 나무 뒤에서 여자를 괴롭히네 / 하지만 그녀가 그를 피해 도망칠 때 / 그는 짧은 순간 그녀의 발가벗은 엉덩이를 흘긋 본다네.' 이 아이들의 노래가 주는 매력은—매력이라고 표현하는 것이 허용된다면—다음과 같은 사실에 있다. 즉 이 관점에서 볼 때 성교 행위에는 아무런 흥분되는 것도 특별히 있지 않다. 그 행위는 뻔한 것이다. 오히려 정말로 흥분되는 것은 여자의 발가벗은 엉덩이를 일별하는 그 짧은 순간이다……[53]

---

[53] 그런데 왜 하필이면 **모자 없는** 카우보이인가? 슬로베니아어에서 '모자 없는'이 '성교하는'과 운이 맞는다는 사실을 별도로 하더라도 우리는 이 수수께끼 같은 특징에 대한 이유로서 다음과 같은 것을 제안할 수 있을 것이다. 남자 아이들의 관점에서 볼 때 여자와 성교하는 것은 남자답지 못한 비굴한 행위로 간주된다. 그 행위를 통해 남자는 여자에게 '봉사함으로써' 굴욕을 당하는 것이며, 모자를 잃어버린 것이 가리키고 있는 것은 바로 이 굴욕적 측면, 이 남성적 존엄의 상실인 것이다. 따라서 여자의 엉덩이를

물론 나의 요점은 이 유치한 노래가 기본적으로 옳다는 것이다. 성기 결합을 성적 행위의 가장 흥분되는 절정의 순간으로서 묘사하는 표준적인 견해와는 달리, 우리는 주체가 우선적으로 흥분되어서 성기 결합의 행위를 수행할 수 있으려면 어떤 특수한 '부분적' 요소가 그(또는 그녀)를 매혹시켜야만 한다고 주장해야 한다. 예컨대 이 노래에 나오는 발가벗은 엉덩이를 일별하는 그 짧은 순간과 같은 요소가 말이다. '성적 관계는 존재하지 않는다'는 즉각적으로 우리를 흥분시킬 성기결합 행위에 대한 그 어떤 직접적 재현도 없다는 것을, 성행위는 부분적 향유에 의해 지탱되어야 한다는 것을 의미하기도 한다. 그것을 사실상 지탱해주는, 이곳에서의 일별과 저곳에서의 압착이나 접촉 말이다. 다시금, 성기결합 행위 자체에 대한 어떠한 적절한 재현도 갖지 못하고 있는 것은 바로 아이들이라는—즉 성행위에 대한 아이들의 지평은 다른 사람의 엉덩이를 일별하는 것과 같은 경험들에 제한되어 있다는—명백한 비판에 대한 답변은, 어떤 환상적 층위에서 볼 때 우리는 (진정으로 성장한 성숙한 사람에게라면 성적 관계가 있을 것인 한에서, 즉 그/녀라면 부분 대상을 포함하는 어떤 장면의 환상적 지탱물 없이, '직접' 성기결합을 할 수 있을 것인 한에서) 여전히 아이로 남아 있으며 결코 실제로 '성장하지' 않는다는 것이다.54)

보는 것은 그녀가 남자를 창피스럽게 만든 것에 대한 일종의 복수로서 지각된다······.
54) 발가벗은 엉덩이에 대한 이와 같은 일별은—그런데 그것은 물신주의에 대한 프로이트의 논문에 나오는 유명한 사례인 '코의 일별'과 동일한 방식으로 읽혀져야 한다—물신주의적 도착증자의 착오가 어디에 있는 것인가를 우리에게 말해준다. 이 착오는 부분 대상들을 '실재적 사물'(성행위 그 자체)에 대한 한낱 전희前戲로서 처리해버리는 표준적인 이성애적 자세의 착오와 상관적이다. 어떠한 (직접적) 성적 관계도 존재하지 않는다는—우리가 향유의 지탱물로서 갖는 모든 것은 불가능한 성적 관계의 공백을 채우는 물신주의적 부분 대상들이라는—정확한 통찰로부터, 물신주의자는 이 부분 대상들이 곧바로 '사물 자체'라는, 불가능한 성행위에 대한 참조를 제거하고 부분 대상 그 자체를

불가능한 성적 관계를 지탱하는 그와 같은 특수한 특징의 최고 사례는 히치콕의 <현기증>에 나오는 말아올린 금발이 아니겠는가? 영화의 종결부에 나오는 헛간에서의 사랑 장면에서 스코티가 죽은 마들린으로 재단장한 주디를 열정적으로 포옹할 때, 그들의 그 유명한 360도 키스 장면에서, 그는 키스를 잠시 멈추고 그녀의 새 금발을 훔쳐본다. 그녀를 욕망의 대상으로 만든 그 특수한 특징이 아직 거기에 있는지를 스스로에게 재확인시키려는 양 말이다……. 여기서 스코티를 삼키려는 듯한 위협을 주는 소용돌이(영화 제목인 '현기증', 치명적 사물)와 사물의 현기증을 축소되고 상류화된 형태로 모방하고 있는 금발의 말아올림이 대립하고 있다. 이 말아올린 머리는 불가능한 치명적 사물을 응축하고 있는 대상 a이다. 그것은 그 사물의 대리물로서 기능하며, 그리하여 그것이 우리를 삼켜버리는 일 없이 그것과 살 수 있는 관계를 누릴 수 있도록 해준다.

카렌 블릭슨의 소설에 기초한 오손 웰즈의 영화 <불멸의 이야기>가 관심을 끄는 것은 단지 신화와 현실 사이의 애매한 관계에 초점을 맞추고 있기 때문만은 아니다. 부유한 늙은 상인은, 젊은 선원에게 자신의 젊은 아내와 하룻밤을 같이 자서 자신의 부를 물려받을 상속자를 만들어달라고 하면서 대가를 지불하는 어떤 부유한 늙은 남편에 관한 선원들의 신화적 이야기를 행동화하기를 원한다. 그는, 말하자면, 신화와 현실의 틈새를 메우고 싶은 것이다. 즉 그는 이 신화적 이야기를 현실에서 자신에게 일어나는 어떤 것으로 마침내 생각하게 될 어떤

고수할 수 있다는 잘못된 결론을 이끌어낸다. 그렇다면 해결책은 성적 관계의 공백과 우리의 향유를 지탱하는 부분 대상들 사이의 긴장을 유지하는 것이다. 비록 우리가 가진 전부는 이 부분 대상들/장면들이긴 하지만, 그럼에도 불구하고 그것들은 부재하는 성행위와의 긴장에 의존하고 있다―그것들은 (불가능한) 행위의 공백에 대한 참조를 전제한다.

선원을 창조하고 싶은 것이다(물론 그 시도는 실패한다. 그 선원은 아무리 많은 돈을 주더라도 그에게 일어난 일을 다른 사람에게 말하지 않겠노라고 선언한다). 하지만 보다 관심을 끄는 것은 사랑하는 장면의 환상적 연출에 있다. 반투명 커튼 뒤에 있는 밝게 조명된 침대 위에서, 그 한 쌍은 사랑의 행위를 하고 있다. 늙은 상인은 근처 어두운 곳에서 안락의자 깊숙이 반쯤 몸을 숨긴 채로 앉아서 그들의 행위를 엿듣고 있다. 바로 이것이 성적 관계의 궁극적 보증인으로서의 제3의 응시이다. 즉, 궁극에서 돈을 받은 선원과 나이든 매춘부의 만남인 것을 그 물질적 조건들을 초월하는 신화적 사건으로 변환시키는 것은 사랑을 나누는 남녀의 소리를 듣는 침묵하는 목격자의 바로 그 현존이다. 다시 말해서, 기적의 발생은 사랑을 나누는 그 두 남녀가 여하간 자신들의 비루한 실생활의 상황을 초월하고, 그들의 만남의 그 우스꽝스러운 조건을 잊고, 서로에게 몰입하고, 그리하여 진정한 사랑의 만남을 이루어낸다는 것이 아니다. 그들이 비루한 상황을 진정한 사랑의 만남이라는 기적으로 변환하는 데 성공하는 것은, 침묵하는 목격자를 위해 그것을 하고 있다는 것을, 그들이 '신화를 현실화하는' 중이라는 것을 알고 있기 때문이다. 즉 그들은 더 이상 비루한 현실적 인물이 아니라 다른 사람의 꿈에 나오는 배우들/행위자들인 것처럼 행동한다. 침묵하는 그 목격자는 내밀한 상황에 침입해서 그것을 망치기는커녕 그것의 핵심적 구성성분이다. <불멸의 이야기>가 비록 단순하고 간결하긴 하지만 웰즈의 궁극적인 자기-반성의 실습이라고 하는 것은—(물론, 웰즈 자신이 연기한) 사랑을 나누는 장면을 무대올리는 그 늙은 상인이 감독으로서의 웰즈 자신의 대리물이라고 하는 것은—이제 진부한 이야기다. 어쩌면 이 진부한 이야기는 돌려놓아야 할지도 모른다. 그 장면을 목격하는 늙은 상인은 관객에 대한 대리물이다.

그럼에도 불구하고 라캉과 라플랑슈의 차이는 여기서 핵심적이다. 라플랑슈에게 충동은 환상과 동실체적이다—즉, 본능이 충동으로 변형되도록 하는 것은 환상적 '내면화'로의 바로 이와 같은 반성적 전회이다. 반면에 라캉에게는 환상 너머의 충동이 있다. 환상 너머의 이 충동은 무엇을 의미하는가? 아마도 또 다른 차이점을 통해 우리는 이 핵심적 요점에 어떤 빛을 던질 수 있을 것이다. 라캉에게도 정신분석의 '탄생지'는 아이의 심적 항상성의 평온함을 교란시키는 **타자**의 향유의 침투불가능한 '암점dark spot'에 대한 아이의 외상적 경험이라고 주장할 수도 있겠지만, 라캉은 환상을 (그의 욕망의 그래프에서 *Che vuoi*—'**타자**는 나에게서 무엇을 원하는 거지? 나는 **타자**에 대해, 그의 욕망에 대해 (대상으로서) 무엇이지?'—라는 질문에 의해 지칭되는55)) 이 '암점'의 수수께끼에 대한 답으로서 규정한다. 그렇다면 선-환상적 충동이란 타자의 수수께끼의 '암점'을 환상적 대답을 가지고 채우지 않은 채로 그것에 우리 스스로를 노출시키는 자세를 지칭할 것이리라……. 그리하여 라캉에게 있어 환상은 최소한의 '방어-형성물'이며, 회피 전략이다. 무엇으로부터의 회피인가?

여기서 우리는 유아의 원래적 *Hilflosigkeit*(무력함/곤란)라는 프로이트적 개념으로 돌아가야 한다. 첫 번째로 주목할 특징은 이 '곤란'이 두 개의 상호연관적이지만 서로 다른 층위에 걸쳐 있다는 점이다. 우선 순전히 유기체적 무력함(작은 아이는 부모의 도움 없이는 생존할 수 없으며 기초적인 필요들을 만족시킬 수 없다)이 있다. 그리고 부모나 다른 어른들 사이에서의 혹은 어른과 그 자신 사이에서의 성적 상호작용에 대한 무력한 목격자의 위치로 내던져질 때 발생하는 외상

---

55) Jacques Lacan, 'The Subversion of the Subject and the Dialectics of Desire', in *Écrits: A Selection*, New York: Norton, 1977을 볼 것.

적 당혹감이 있다: 아이는 **타자**의 향유의 수수께끼에 직면하여 자신이 목격하고 있는 불가사의한 성적 제스처와 암시를 상징화할 수 없을 때 '인지적 지도cognitive mapping'가 없는 무력한 상태에 있게 된다. '인간 되기'에 있어 핵심적인 것은 이 두 층위의 겹쳐짐이다. 즉, 부모가 아이의 신체적 필요를 만족시키는 그 방식의 암묵적 '성욕화'이다(예컨대 어머니가 아이에게 먹을 것을 주면서 아이를 과도하게 어루만지고, 아이는 이 과잉 속에서 성적 향유의 신비를 탐지해낼 때).

그렇다면 버틀러에게로 돌아가 보자. 핵심적 문제는 이 원래적이고 구성적인 *Hilflosigkeit*의 철학적 지위와 관련된다. 그것은 환상적인 원초적 '열정적 애착'에 대한 필요를 촉발하는 원초적 탈-애착*dis-attachment*의 틈새에 대한 또 다른 이름이 아닌가? 다시 말해서, 우리가 관점을 돌려서, 유아가 환경에 완전히 적응하지 못하도록 만드는 장애물을, 이 원래적 '탈구'를 또한 그 긍정적 측면에서 자유의 심연 자체에 대한, 주체를 환경에로의 직접적 몰입에서 해방시키는 '단절'의 제스처에 대한 또 다른 이름으로 생각한다면 어찌할 것인가? 혹은, 또 다른 방식으로 표현하자면: 그래, 주체는 말하자면 '공갈협박'을 당해서 원초적 '열정적 애착'의 어떤 형식에 수동적으로 복종하는 것이라고 하자, 그것 바깥에서 주체는 실존할 수도 없을 테니까 말이다, 그렇지만 이 비실존은 곧바로 실존의 부재인 것이 아니라, 존재의 질서 속의 어떤 틈새/공백(즉, 주체 그 자체)이다. 최소한의 존재를 제공할 '열정적 애착'에 대한 필요는 '추상적 부정성'으로서의 주체—환경으로부터의 탈-애착이라는 원초적 제스처—가 이미 거기에 있다는 것을 함축한다. 그리하여 환상은 탈-애착이라는, 존재(속의 지탱물)의 상실이라는 원초적 심연에 대항한 방어-형성물이다. 그렇다면 바로 이 지점에서 버틀러를 보충해야 한다: 주체의 출현은 ('열정적 애착'이라는, **타자**의 어떤 형상에 대한 굴복이라는 의미에서의) 복종과 엄밀히 같은 것이 아닌데, 왜냐하면 '열정적 애착'이 발생하기 위해서는 주체'인' 그 틈새가 이미 거기에 있어야 하기 때문이다. 이 틈새가 이미 거기에 있는 한에서만 우리는 어떻게 주체가 근본적 환상의 장악력에서 벗어날 수 있는가를 설명할 수 있다.

우리는 또한 애착과 탈-애착의 이 대립을 삶 충동과 죽음 충동이라는 옛 프로이트적 메타심리학적 대립에 연계시킬 수 있을 것이다. 『자아와 이드』에서 프로이트 자신은 그것들을 연결/통일의 힘들과 단절/분리의 힘들 간의 대립으로서 정의한다. 그리하여 탈-애착은 가장 순수한 차원에서의 죽음 충동이며, 존재의 질서를 '탈구된' 상태로 내던지는 존재론적 '탈선'의 제스처이며, 투여-철회dis-investment의 제스처이며, 세계 내에 몰입됨으로부터의 '위축'/철회의 제스처이다. 그리고 원초적 애착은 이런 부정적 제스처에 대한 대항-조치이다. 궁극적으로 이 부정적 파열 경향은 리비도 그 자체에 다름아니다: (미래의) 주체를 '탈구된' 상태로 내던지는 것은 향유와의 외상적 조우에 다름아니다.[56]

이런 원초적 틈새와 관련하여 우리는 그것을 아이와 아이 어머니의 근친상간적 양자관계를 교란시키고 아이가 상징적 거세/거리의 차원으로 들어가도록 강제하는 부성적 법/금지의 개입의 효과로서 파악하

---

[56] 프로이트의 *Hilflosigkeit*를 칸트의 숭고 개념과, 특히 역학적 숭고 개념과 연계시키는 것 또한 매우 생산적일 것인데, 그것은 또한 원초적 유혹의 칸트적 장면—인간이 거대한 자연의 힘들에 놀아나는 티끌 입자로 환원되지만 이 매혹적인 장관을 최소한의 안전한 거리에서 바라보며 그리하여 수동적 관찰자로서 그것을 즐기는 장면—같은 어떤 것을 또한 표현한다. 바로 이것은, 내가 무력한 티끌 입자로 환원된 나 자신을 목격한다는, 즉 내가 나의 총괄 능력을 넘어선 거대한 힘들에 압도당한 무력한 요소로 환원된 나 자신을 목격한다는 사실에 의해 제공되는 만족 아닌가?

려는 유혹을 피해야 한다. 그 틈새는, '사지절단된 신체'의 그 경험은, 원초적이다. 그것은 죽음 충동의, 쾌락 원칙의 순조로운 균형을 교란시키는 어떤 과잉적/외상적 향유의 효과이며, 부성적 법은—거울상과의 상상적 동일화와 다를 바 없이—이 틈새를 상류화/안정화하려는 시도이다. 라캉에게 있어서 오이디푸스적 부성적 법은 궁극적으로 '쾌락 원칙'에 봉사한다는 점을 우리는 결코 잊지 말아야 한다: 그것은 쾌락의 균형을 교란시키기는커녕 '불가능한 것을 안정시키고', 주체들의 참을 만한 공존을 위한 최소 조건을 만들어내는 안정화-정상화의 작인이다. (이와 같은 오독들은 라캉에 대한 일종의 부정적 입문서를 쓰고 싶은 유혹을 불러일으킨다. 우선은 그에 대한 잘못된 통념들을 다루고, 그리고 나서 이를 교정하는 것을 통해 그의 실제 입장을 기술하는 방식으로 말이다. 틈새를 도입하는 작인으로서의 부성적 법이라고 하는 앞서 언급한 통념은 별도로 하더라도, *Fort-Da* 놀이에서의 나무 조각이 어머니의 현존/부재를 가리킨다고 하는 통념이 있으며, '텅 빈 말'을 진정성 없는 재잘거림이라고 하는 통념이 있으며, 여성적 향유를 상징적 영역 밖에 있는 불가사의한 심연이라고 하는 통념이 있으며, 응시란 여성을 대상의 역할로 국한시키는 남성 주체의 시선이라는 통념이 있으며, 기타 등등이다.)

욕망에서 충동으로…… 그리고 거꾸로

버틀러에 대한 우리의 비판적 언급들은 반성성의 두 국면 혹은 양태의 심층적 연결에 대한—심지어는 그 둘의 궁극적 동일성에 대한—그녀의 기본적 통찰에 대한 온전한 승인에 기초하고 있는 것이다. 그 하나는 부정적 자기-관련성이라는 엄밀히 철학적인 의미에서의 반성성인데 그것은, 칸트에서 헤겔에 이르는 독일 관념론의 전통에서, 주체성에 대해 구성적이다(최근의 해석가들 가운데 특히 로버트 피핀에 의해 강조된 사실: 주체는 그것의 **타자**와 관계함에 있어 언제나-이미 스스로에게 관계한다, 즉 의식이란 언제나-이미 자기-의식이다). 나머지 하나는 '원억압'의 제스처를 정의하는 반성적 전회라는 정신분석적 의미에서의 반성성이다(욕망의 규제가 규제에 대한 욕망으로 반전되는 것 등등).57) 이 반성적 전회는 과잉적 향유에 대한 방어의 전형적 내러티브라고 해야 할, 사이렌을 만나는 율리시즈의 내러티브에서 이미 분명하게 식별가능하다. 율리시즈가 이 만남에 앞서 선원들에게 내리는 명령은 이렇다: '그대들은 내가 돛대를 고정하는 나무통에 똑바로 선 채 그 자리에서 꼼짝하지 못하도록 나를 고통스런 밧줄로 묶으시오. 그리고 돛대 자체에 밧줄의 끄트머리들이 매이게 하시오. 그리고 내가 그대들에게 풀어 달라고 애원하거나 명령하거든 그때는 그대들이 더 많은 밧줄로 나를 꼭꼭 묶으시오.'58) '나를 **고통스런 밧줄로 묶으시오**'라는 명령은 키르케의 지시들을 맥락으로 놓고 볼 때 분명 과잉적이다: 우리는 사이렌의 노래의 과잉적 향유에 대한 방어로서의 묶기에서 성애적 만족의 원천으로서의 묶기 그 자체로 이행한다.

그럼에도 불구하고 이런 반성성은—철학과 정신분석 사이에서뿐만이 아니라, 정신분석 그 자체 내에서도—상이한 양태들을 취한다. 이 장에서 우리가 초점을 맞추었던 **충동**의 반성성은 2장에서 논의했

---

57) 이런 반성성의 주제는 버틀러의 첫 번째 책이자 헤겔에 대한 그녀의 탁월한 논문인 *Subjects of Desire* (New York: Columbia University Press, 1987)에서 이미 언명되었고 정식화되었다.

58) *The Odyssey of Homer*, XII, 160~164, trans. Richmond Lattimore, New York: Harper, 1991. [국역본: 호메로스, 『오뒷세이아』, 천병희 옮김, 단국대학교출판부, 2002, 210쪽.]

던 **욕망**의 히스테리적 반성성(즉 욕망 충족의 불가능성이 욕망 그 자체를 충족되지 않은 것으로 유지하려는 욕망으로 반전되는 것으로서 히스테리가 정의된다는 사실 등등)과 같지 않다. 이 두 반성성은 어떻게 연관되는가? 여기서의 대립은 도착과 히스테리 간의 대립이다: '그 자체로서의' 욕망이 히스테리적이라면, '그 자체로서의' 충동은 도착적이다. 다시 말해서 히스테리와 도착은 일종의 치명적인 폐쇄적 원환고리에 붙잡혀 있는 것인데, 그 안에서 그 둘은 각각 상대편에 대한 반작용으로서 파악될 수 있는 것이다. 충동은 원초적 '열정적 애착'의, 주체에게 존재의 최소치를 보장하는 근본적 환상의 마조히즘적 매개변수들을 정의한다; 그렇다면 본연의 주체성은 이 원초적 '열정적 애착'에 대한 히스테리적 부인을 통해—주체가 **타자**의 향유의 대상-도구의 위치를 떠맡기를 거부하는 것을 통해—출현한다. 히스테리적 주체는 그/녀의 위치에 대해 끊임없이 의문을 던진다(그/녀의 기본적 물음은 '**타자**에게 나는 무엇인가? 왜 나는 **타자**가 [내가 누구라고] 말해주는 그 무엇인가?). 따라서 히스테리적 욕망이 도착증자에 의해 추인된 근본적 환상의 부인으로서 파악될 수 있는 것뿐만이 아니다. 도착 그 자체(**타자**의 향유의 대상-도구의 위치를 떠맡음)도, 내가 대상으로서 무엇인가에 관한 근본적 불확실성의 곤궁을 회피할 수 있도록 해주는 자기-대상화 속으로의 도피로서 파악될 수 있다—도착증자는, 정의상, 자신이 **타자**에게 무엇인지를 안다.

    욕망과 충동은 향유와 관계하는 방식에 있어 분명하게 대립된다. 라캉이 보기에 향유가 안고 있는 문제는, 그것이 획득할 수 없는 것이고, 언제나-이미 상실되어 있으며, 영원히 우리의 손을 벗어난다는 것뿐만이 아니라, 한층 더 나아가, 우리는 결코 그것을 제거할 수 없다는 것, 그것의 얼룩이 영원토록 따라다닌다는 것이다—바로 그것이 잉여-향유라는 라캉적 개념의 요점이다: 향유의 포기 그 자체는 향유의 잔여/잉여를 초래한다. 욕망이 나타내는 경제 속에서는 우리가 손에 넣는 어떠한 대상도 '결코 그것이 아닌' 것이며 '실재 사물', 즉 주체가 영원히 획득하기 위한 노력을 하지만 반복해서 그를 피해가는 그 무엇이 아니다. 반면에 충동은 정반대의 경제를 나타내는데, 그 속에서 우리의 행위들에는 언제나 향유의 얼룩이 동반된다. 이는 또한 충동과 욕망의 반성성의 차이를 설명한다. 욕망은 자기 자신의 불만족을, 향유와의 조우의 연기를 반성적으로 욕망한다—즉 욕망의 반성성의 기본 공식은 욕망 만족의 불가능성을 비-만족에 대한 욕망으로 바꾸어 놓는 것이다. 반면에 충동은, 만족을 '억압'하기로 되어있는 운동 자체에서 만족을 발견한다(즉, 그 운동 자체를 만족의 얼룩을 가지고 더럽힌다).

그렇다면 충동이란 무엇인가? 특히, 그 가장 근본적 형태인 죽음 충동의 형태에서 충동이란 무엇인가? 바그너의 영웅들을 살펴보는 것이 여기서 도움이 될 수 있다: 그 첫 번째 전형적 경우인 <방황하는 네덜란드인>에서부터 바그너의 영웅은 죽음에 대한 무조건적 열망에, 죽음에서 궁극적 평안과 구원을 찾고자 하는 무조건적 열망에 사로잡혀 있다. 그들의 곤경은, 과거의 어느 때인가 그들이 말도 못할 어떤 악행을 저질러서 그로 인해 죽음의 저주를 받는 것이 아니라 영원한 고통의 삶으로, 자신들의 상징적 기능을 다할 수 없는 정처없는 방황으로 저주를 받는다는 것이다. 여기서 죽음 충동은 어디에 있는가? 정확히 그것은 죽고자 하는, 죽음에서 평안을 찾고자 하는 그들의 갈망에 있지 않다. 반대로 죽음 충동은 **죽음의 정반대**이며, '산죽은' 영원한 삶에 대한, 죄와 고통 속에 방황하는 끝없는 반복적 순환에 붙잡혀 있는 끔찍한 운명에 대한 이름이다. 그러므로 바그너의 영웅의 최종적 소멸(네덜란드인, 보탄, 트리스탄, 암포르타스의 죽음)은 그들이 죽음충동의 손아귀에서 해방되는 순간이다. 3막에서 트리스탄이 필사적인 것은 죽음에 대한 두려움 때문이 아니다. 그를 그토록 필사적이게 만드는 것은 이졸데 없이는 그가 죽을 수 없으며 영원한 갈망의 저주를 받는다는 사실이다. 그는 죽을 수 있기 위해서 그녀가 도착하기를 몹시 기다린다. 그가 두려워하는 가능성은 이졸데 없이 죽는 것(전형적인 연인의 탄식)의 가능성이 아니라 그녀 없이 영원히 살아야 할 가능성이다…….

이는 그 전형적인 바그너식 노래에 대한 단서를 제공하는데, 이 노래는 바로 영웅의 **탄식**(*Klage*)이며, 영원한 고통의 삶이라는 저주를, 죽음에서 평안을 갈망하면서 정처없이 방황하거나 '산죽은' 괴물로 살아야 하는 저주를 받는 것에 대한 공포를 표현하고 있다(그 첫 번째 사례인 네덜란드인의 장대한 도입 모놀로그에서 시작해서, 죽어가는 트리스탄의 한탄과 괴로워하는 암포르타스의 장대한 두 탄식에 이르기까지). 보탄의 경우에는 그 장대한 탄식이 없지만, 브륀힐데가 그에게 던지는 마지막 작별인사―'*Ruhe, ruhe, du Gott!*'(잠들라, 잠들라, 그대 신이여!)'―는 동일한 방향을 가리킨다: 황금이 라인강에 되돌아가자 마침내 보탄은 평안하게 죽을 수 있게 된다. 따라서 <니벨룽엔의 반지>의 플롯에 들어 있다고들 하는 이른바 '모순'을 강조하는 표준적 주석(황금이 라인강으로 되돌아감으로써 신들의 빚을 다 갚았음에도 불구하고 어째서 신들은 사멸하는가? 이 갚지 못한 빚이 신의 몰락의 원인이지 않았던가?)은 요점을 놓치고 있다: 갚지 못한 빚은, 자연적 평형을 교란한 '원죄'는, 보탄의 죽음을 **가로막는** 것이다. 그는 자신의 빚을 해결한 이후에야 죽을 수 있고 평안을 찾을 수 있다. 우리는 또한 왜 <탄호이저>와 <로엔그린>이 진정으로 바그너적인 오페라가 아닌가를 알 수 있다.59) 그것들은 고유한 바그너적 영웅을 결여하고 있다. 탄호이저는 '너무 평범'하며, 단순히 (엘리자베스에 대한) 순수한 정신적 사랑과 (비너스에 의해 제공되는) 세속적인 성애적 향유의 과잉 사이에서 분열되어 있으며, 세속적 쾌락들을 단념할 수 없으면서도 그것들을 제거하고자 갈망하고 있다. 반대로 로엔그린은 '너무나도 천사 같으며', 절대적으로 그를 신뢰할 충실한 여인과 함께 평범한 인간처럼 살기를 갈망하는 신성한 피조물(예술가)이다. 둘 가운데 어느 쪽도 영원한 고통의 '산죽은' 존재로 저주받은 고유하게 바그너적인 영웅의 위치에 있지 않다.60)

따라서 바그너의 영웅들은 실로 '죽음에 이르는 병'을 앓는다. 하지만 엄밀하게 키에르케고르적인 의미에서 그러하다. '죽음에 이르는 병'이라는 개념에서 키에르케고르는 죽음이 끝이며 영생의 너머라는 것은 결코 존재하지 않는다는 확신과 죽음이 마지막이 아니며 구원과 영원한 행복을 약속하는 또 다른 생이 있다고 믿고 싶은 막을 수 없는

---

59) Michael Tanner, *Wagner*, London: Flamingo, 1997을 볼 것.
60) 여기서, 두 개의 궁극적인 바그너적 탄식들인, 죽어가는 트리스탄의 탄식과 <파르지팔>에 나오는 암포르타스의 탄식 사이에 추가적 대립을 설정할 수 있다. 이 대립은 오이디푸스 삼각화에 대한 그것들의 상이한 관계에 연관되어 있다. <트리스탄>은 표준적인 오이디푸스적 상황(다른 남자에게 속하는 여자인 이졸데를 마르케 왕이라는 부성적 인물로부터 훔치기)을 재생하는 반면에―클로드 레비-스트로스가 강조한 것처럼 ―<파르지팔>의 기저 구조는 반-오이디푸스적이며, 오이디푸스의 반전이다. <파르지팔>에서 탄식하는 자는 파르지팔에 의해 마침내 자유롭게 되는 암포르타스라는 **부성적** 인물이다. <트리스탄>에서 위엄 있는 마르케는 종국에 가서 트리스탄의 위반적 정념을 용서하는 반면에, <파르지팔>에서 '무성적인' 젊은 파르지팔은, 이 '순진한 바보'는 (쿤드리의 유혹을 스스로에게 허용하면서) 위반적 죄악의 고통스러운 결과로부터 부성적 암포르타스를 마침내 자유롭게 해준다. 위반의 얼룩을 이처럼 아들에서 아버지로 전치시키는 이 반전은, 부성적 권위에 반기를 들면서 부성적 금지를 위반하는 아들이라는 전통적인 오이디푸스적 문제틀을 뒤로 하면서, <파르지팔>을 고유하게 **근대적인** 예술작품으로 만드는 것이다.

욕망 사이에서 분열된 개인의 전형적인 절망감을 역전시킨다. 키에르케고르의 '죽음에 이르는 병'은 주체의 정반대의 역설을 내포한다. 즉 주체는 죽음이 끝이 아니고 자신이 불멸의 영혼을 가지고 있다는 것을 알고 있지만 이런 사실의 엄청난 요구들(헛된 감각적 쾌락들을 포기하고 자신의 구원을 위해 일해야 할 필요성)을 직면할 수 없으며, 실로 죽음이 끝이고 그에게 압력을 가하는 어떠한 신성한 무조건적 요구도 없다는 것을 필사적으로 믿고자 한다……. 따라서 여기서는 필사적으로 죽기를 원하고 영원히 사라지기를 원하지만 영원한 삶의 저주를 받았기 때문에 그렇게 할 수 없음을 알고 있는 개인이 있는 것이다: 죽음이 아닌 불멸성이 궁극적 공포가 된다. 어떤 면에서 이런 반전은 방금 우리가 언급했던 반전과, 즉 욕망에서 충동으로의 라캉식 반전과 유사하다. 욕망은 영원히 욕망으로부터 달아나는 욕망의 궁극적 대상인 향유를 필사적으로 성취하려고 분투한다. 반면에 충동은 정반대의 불가능성을 내포한다. 즉 향유를 획득하는 것의 불가능성이 아니라 **그것을 제거하는 것의 불가능성을** 말이다.

충동이 가르쳐주는 바는, **우리가 향유의 저주를 받았다는 것이다**. 우리가 무엇을 하건 향유는 그것에 달라붙어 있을 것이다. 우리는 결코 그것을 제거하지 못할 것이다. 그것과의 인연을 끊으려는 우리의 가장 철저한 노력에서조차도 그것은 바로 그런 제거의 노력 자체를 물들일 것이다(자기 자신에 대한 채찍질을 즐기는 고행수도자처럼). 그리고 현대의 유전공학의 가능성은 유사한 키에르케고르적 공포를 내포하고 있는 것처럼 보인다. 그것은, 죽음이 아니라, 불멸이라는 소름끼치는 가능성을 제기한다. 다시 말해서: 유전조작을 그렇게도 섬뜩한 것으로 만드는 것은, 우리의 존재를 전적으로 객관화시키는 것이 가능해질 것(게놈 속에서 나는 나의 '객관적 존재'의 공식과 마주하게 될 것이다. 즉 게놈은 옛 인디언들의 신비적 공식인 '*Ta tawm atsi*'—'당신은 그것이다!(Thou art that!)'의 궁극적 판본으로서 기능할 것이다)이라는 것뿐만이 아니라, 내가 어떤 의미에서 사멸할 수도, 파괴될 수도 없을 것이고, 끝없이 재생산될 수 있어서 클로닝 기술을 통해 내 주위에 온통 뺑튀기처럼 내 분신들이 나타나게 된다는 것이다.61) 다시금, 이 영역은 충동들의 영역이다. 즉 끝없는 반복적 클로닝을 통한, 무성적 불멸성의 영역. 다시 말해서, 여기서의 핵심적 요점은 유전학적 클로닝을 성적 재생산과 대립시키는 것이다: 유전학적 클로닝은 우리의 삶을 구조화하는 불가능한/실재적인 것으로서의 성적 차이의 종말을 신호하며, 그런 것으로서 또한 유한하고 죽어야 할 운명인 언어적 존재로서의 우리가 거주하는 상징적 우주의 종말을 신호한다. 유령적인 산죽은 존재라는 이 개념은 또한 우리로 하여금 프로이트적/라캉적 죽음 충동의 근본적 역설을 설명할 수 있게 해준다: 키에르케고르의 죽음에 이르는 병처럼, 죽음 충동은 인간 유한성의 표식이 아니라 그 정반대의 것이며, '영원한 (유령적) 삶'에 대한 이름

---

61) 일상생활의 훨씬 더 소박한 층위에서, PC를 가지고 작업하는 사람들 역시 종종 동일한 공포와 만날 수 있다. PC가 여전히 그토록 섬뜩한 것은 바이러스나 어떤 오작동 때문에 몇 시간이나 며칠이 걸린 작업을 잃어버리거나 부주의로 지워버릴 수 있다는 것 때문만이 아니라 그 정반대의 가능성 때문이기도 하다. 일단 무언가를 쓰고 그것이 PC에 등록되고 나면 그것을 완전히 지우는 것이 사실상 불가능해진다. 모두가 아는 바와 같이, 어떤 텍스트에 삭제*delete*를 적용한다고 하더라도, 텍스트는 컴퓨터 속에 남아 있다. 단지 더 이상 등록만 되어 있지 않은 것이다. 그렇기 때문에 컴퓨터에는 복구*undelete* 기능이 있는 것이며, 그 기능은 멍청하게 지워버린 텍스트를 복구할 공평한 기회를 제공한다. 그리하여 단순한 PC조차도, 삭제되었지만 그럼에도 여전히 '두 죽음 사이에서' 그림자 같은 실존을 계속하는, 공식적으로 삭제되었지만 여전히 거기에 있으며 복구되기를 기다리는 일종의 '산죽은' 유령적 영역을 포함한다. 바로 그것이 디지털 우주의 궁극적 공포이다. 그 속에서 모든 것은 영원히 기입된 채로 남아 있다. 텍스트를 완전히 제거하고 지우는 것은 사실상 불가능하다.

이며, 우리의 육체적 죽음 너머에서 영원히 존속하며 결코 우리 자신에게서 제거할 수 없는 인간 존재 안의 어떤 차원에 대한 지표이다.

이제 우리는 정확히 어떤 의미에서 라캉이 하이데거와 대립하는가를 알 수 있다. 라캉에게 있어 죽음 충동은, 정확히, 전통 형이상학이 **불멸성**의 차원이라고 했던 것에 대한—생성과 부패의 순환 너머에, '육신의 길' 너머에 존재하는 어떤 충동이나 '추동'에 대한—궁극적인 프로이트적 이름이다. 다시 말해서 죽음 충동에서의 '죽음'이라는 개념은 프로이트의 unheimlich에서의 'heimlich'와 정확히 동일한 방식으로, 그것의 부정과 일치하는 것으로서 기능한다: '죽음 충동'은 공포 영화에서 '산주검'이라고 불리는 것의, 죽음 너머에 존속하는 이상하고 불멸적이며 파괴불가능한 생명의 차원을 가리킨다. 이것은 라캉의 이론적 건축물과 양립가능한 '무한'이다. 즉 우리의 포착을 피해 영원히 달아나는 최종적 목표나 이상을 획득하기 위해 끝없이 분투하는 '거짓 (악) 무한'이 아니라, 결코 제거할 수 없기 때문에 영원토록 존속하는 향유의 한층 더 **나쁜** 무한. 그리하여 '악무한'에 대한 라캉의 대답은 이념의 진정한 긍정적 무한에 대한 관념론적인 유사-헤겔적 단언이 아니라 '나쁜 것에서 더 나쁜 것으로'라는 제스처이다: 우리가 행하는 모든 것에 언제나 달라붙는, 향유의 '불가분의 잔여'의 **한층 더 나쁜** 무한에 대한 단언······.

성적 차이는 이 '산죽은' 충동에 어떻게 관계하는가? 자크-알랭 밀레[62]는 성적 차이를 정신분석 치료의 종결부에 끌어들이려 한다: 여성은 자신들의 환상과 아주 완전하게 동일화하지는 않으며, 환상 속에 붙잡혀 있는 것은 그들의 존재의 '전부는 아니다'. 그렇기 때문에 여성

---

[62] Jacques-Alain Miller, 'Des semblants dans la relation entre les sexes', *La Cause freudienne* 36, Paris, 1997, pp. 7-15를 볼 것.

에게 있어 환상에 대해 거리를 두고 환상을 횡단하는 것이 더 쉬운 것이다. 반면에 남성은 대개 응축된 환상적 중핵인 '근본적 증상'에, 그들이 포기할 수 없는 향유의 기본 공식에 직면하며, 따라서 남성이 할 수 있는 전부는 그것을 자신에게 부과된 필연성으로서 받아들이는 것이다. 간단히 말해서 '환상의 횡단'은 여성적인 것으로서, 그리고 '증상과의 동일화'는 남성적인 것으로서 이해된다.[63]

밀레는 이런 해결책에서 식별할 수 있는 욕망과 충동의 해소되지 않은 긴장을 그의 회의들conferences 중 또 다른 하나인 'Le monologue de l'apparole(라빠롤의 독백)'[64]에서 다루고 있는데, 거기서 그는 '*le pas-de-dialogue a sa limite dans l-interprétation, par où s'assure le réel* (실재를 확보하는 수단인 해석 속에서 한계에 이르는 대화-결여)'이라는 라캉의 모호한 주장에 초점을 맞춘다. 밀레는 이 '대화-결여'를 *l'apparole*로서, 향유의 장치로서 기능하는 말로서 독해하며, 더 이상 어떤 의미를 소통시키는 수단으로서 독해하지 않는다. *apparole*은 간주체성을 내포하고 있지 않다. 심지어 우리의 생각을 명료하게 하려는 노력에서 '내적 독백'으로 말할 때 등장하는 텅 빈 큰 타자로서의 간주체성도 내포하지 않는다. 심지어, 모욕적인 말의 경우가 그런 것처럼, **타자**의 핵심부에서 **타자**를 상처 입히는 것의 향유로서의 간주체성도 내포하지 않는다. 그것은 텅 빈 (무의미한) 말의 향유에 대한 근본적으로 자기-폐쇄적인 단언을 내포한다. (요컨대 *l'apparole*의 *la parole*에 대한 관계는 *lalangue*의 *le langage*에 대한 관계와 같다.)

---

63) 여기서 밀레는 주체가 자신의 근본적 환상을 횡단할 때조차도 존속하는, 환상 너머에 있는 향유의 매듭으로서의 증환*sinthome*이라는 개념을 폐기하고, 증상을 '향유에 대한 주체의 접근을 규제하는 환상의 응축된 중핵'으로 환원시키는 것처럼 보인다.

64) Jacques-Alain Miller, 'Le monologue de l'apparole', *La Cause freudienne* 34, Paris: 1996, pp. 7~18.

그리하여 *l'apparole*에서 우리가 향유를 산출하는 백치 같은/행복한 회로를 다루고 있는 것인 한에서, 그것은 충동에 대한 바로 그 정의이지 않은가? 그렇다면 해석은 실재의 차원을 도입함으로써 어떻게 이 자기-폐쇄적 회로를 제한하는가? 여기서 실재는 불가능한 것이며, 성적 관계의 불가능성이다. *l'apparole*의 행복한 종알거림은 무성적이다. 그런 것으로서 그것은 불가능한 것으로서의 실재에 대한—다시 말해서 어떤 외상적 내속적 한계에 대한—어떠한 경험도 내포하지 않는다. 따라서 해석은 *l'apparole*의 종알거림 속에 행복하게 몰입해 있는 주체를 '술에 취하지 않은' 상태로 만들어야만 하며 그로 하여금 인간 조건의 불가능한 실재와 대면하지 않을 수 없도록 만들어야 한다. 여기서 해석은 무제한적인/무한한 것으로서('언제나 텍스트를 읽을 새로운 방법이 있다')가 아니라, 반대로, *l'apparole*의 무제약적 유희에 제한을 가하는 제스처로서 고안된 것이다……. 이런 독해의 문제점은 그것이 *l'apparole*을 실재의 차원을 배제하는 '쾌락 원칙'의 무제약적 지배와 동일시한다는 것이다. 그렇지만 이런 경우에 *l'apparole*은 충동과 동일시될 수 없을 것인데, 왜냐하면 충동은 정의상 '쾌락 원칙을 넘어서' 있는 반복 강박의 실재를 내포하고 있기 때문이다.

밀레가 고투하고 있는 문제는 후기 라캉에게 있어서의 중심 문제이다: 법/욕망의, 금지에 기반한 욕망의 (오이디푸스) 콤플렉스 밑으로 침투해서 향유의 반복 회로 속에 있는 충동과 그것의 만족이라는 불가사의한 '검은 대륙'에까지 이른 이후에, 어떻게 우리는 하나의 한계를 (재)도입하고 그리하여 금지/법의 영역으로, 의미의/와 소통의 영역으로 회귀하는가? 여기서 유일하게 일관성 있는 해결책은, *l'apparole*(상징적 법의 도입 이전의 '원초적 나르시시즘'에 대한 라캉적 판본)이 '원초적'이지 않다는 것이다. 즉 그것에 선행하는 무언가가 있다는 것.

바로 이것은 우리가 선종합적 상상력의 폭력이라 불렀던 것인데, 이는 자기-만족적 충동의 행복한 회로와 동일시될 수 없다. 이 충동의 회로는 **자기-촉발**의, 자기-촉발적 순환의 궁극적 모체다(라캉 자신은 서로에게 키스하는 입술을 충동의 완벽한 형상으로 불러낸다. 다름아닌 그의 충동 공식—'*se faire*……'—자체가 이미 자기-촉발을 불러내고 있다). 반면에 선종합적 상상력은 자기-촉발의 정반대다: 그것은 일종의 존재론적 '빅뱅'을, 몰입과 둘러쌈을 깨고 나가는 원초적 '폭력'을 나타낸다. 그것은 폐쇄 회로를 폭발시키며, 삶의 어떠한 통일성이라도 유령적이고 기괴한 '부분 대상들'의 자유롭게-부유하는 다중성으로 찢어놓는다.

이 점에 대한 라캉 자신의 입장이라고 해도 애매함이 없는 것은 아니다. 그의 '공식' 입장을 가장 잘 예시하는 것은 『에크리』 말미에 있는 짧지만 매우 중요한 텍스트인 「프로이트의 '충동'에서 분석가의 욕망으로」이다.[65] 분석자가 분석 치료의 종결에 도달할 때, 즉 그가 (환상에 의해 지탱되는) 욕망에서 충동으로 '퇴행'할 때, 그는 무엇을 해야만 하는가? 그는 충동의 자기-폐쇄적 회로에 자신을 방기해야 하는가? 기독교 신비주의에서 니체에 이르기까지 다양한 신비적, 철학적 전통들은 이 방법을 지지하는 것처럼 보인다: '동일자의 영원회귀'의 회로를 받아들여라, 목표에 도달하는 데서 만족을 찾지 말고 그것에 이르는 길 자체에서, 즉 목표를 반복해서 놓치는 데서 만족을 찾아라……. 하지만 라캉은 '환상의 통과'는 충동에서 욕망으로의 이행과 엄밀히 등치가 아니라고 주장한다. 근본적 환상을 통과한 이후에

---

65) Jacques Lacan, 'Du "Trieb" de Freud au désir du psychanalyste', in *Écrits*, Paris, 1996, pp. 7~18을 볼 것. [지젝은 이 글의 제목을 혼동하고 있다. 원제는 'Du "Trieb" de Freud et du désir du psychanalyste'(프로이트의 '충동'과 정신분석가의 욕망에 관하여)이다.]

도 남아 있는 욕망, 환상에 의해 지탱되지 않는 욕망이 있다. 그리고 이 욕망은 물론 **분석가의 욕망**이다. 분석가가 되려는 욕망이 아니라, 분석가의 주체적 자리에 부합하는 욕망, '주체적 궁핍'을 겪었으며 배설물의 비천한 역할을 받아들인 사람의 욕망, '내 안에 나보다 더한 어떤 것이 있다'는, 즉 나를 **타자**의 욕망의 대상이 될 가치가 있는 것으로 만드는 비밀스런 보물이 있다는 환상적 생각에서 벗어난 욕망. 이 특유의 욕망은, 내가 '큰 타자의 비실존'을―즉 상징적 질서가 한낱 유사물에 불과하다는 사실을―완전히 떠맡은 이후라 하더라도 나로 하여금 자기-폐쇄적 충동의 회로에 몰입되지 않도록 가로막는 그 무엇이다. 그리하여 분석가의 욕망은 어떠한 환상적 지탱물 없이도 분석적 공동체를 지탱해준다고 가정된다. 그것은 '[안다고, 믿는다고, 즐긴다고] 가정된 주체'의 전이적 효과를 피하는 공동체적 '큰 타자'를 가능하게 만든다고 가정된다. 다시 말해서 분석가의 욕망은 '환상을 통과한 이후에 그리고 '큰 타자의 비실존'을 받아들인 이후에 어떻게 우리는 그럼에도 불구하고 다시금 집단적 공존을 가능하게 만드는 큰 타자의 어떤 (새로운) 형태로 회귀할 수 있는가?'라는 물음에 대한 라캉의 잠정적 답변인 것이다.

우리가 또한 시야에서 놓치지 말아야 할 것은, 라캉에게 있어서 충동은 '원초적'이지 않다는 사실이다. 그것은 상징적 법의 개입을 통해 욕망이 출현해 나오는 토대가 아니다. 라캉의 '욕망의 그래프'[66]를 면밀하게 독해해보면, 충동이라는 것이 어떻게 해서 상징적 질서의 그물망에 사로잡힌 본능적 신체의 '필연적 부산물'의 일종으로서 출현하는 요소들의 몽타주인 것인가를 알 수 있다. 본능적 필요가 기표들

---

66) Jacques Lacan, 'The Subversion of the Subject and the Dialectics of Desire', in *Écrits: A Selection*을 볼 것.

의 그물망에 사로잡혀 있다는 사실은 이 필요를 만족시키는 대상이 (**어머니**)**타자**(M)Other의 사랑에 대한 기호로서 기능하기 시작한다는 것을 의미한다. 따라서 **타자**의 요구에 대한 주체의 예속화라는 곤궁을 깨고 나올 유일한 길은 욕망의 만족을 영원히 불가능한 것으로 만드는 상징적 금지/법의 개입을 통하는 길이다. 그 모든 유명한 욕망의 역설들은 이런 방식으로, 즉 '너를 포기하지 않는 한 나는 너를 사랑할 수 없다'로부터 '내가 너에게 요구하는 것을 나에게 주지 마라. 그것은 그것이 아니니까 말이다'로 나아가는 이와 같은 방식으로 생겨나는 것이다. 욕망은 이 *ce n'est pas ça*[그게 아니야]에 의해 정의된다. 즉 그것의 가장 기본적이고 궁극적인 목적은 그 자체를 비-만족의 상태 속에서 욕망으로서 유지하는 것이다.67) 다른 한편으로 충동은, 자신의 목표를 달성하는 (그리하여 자신의 욕망을 완전히 만족시키는) 것이

---

67) 제니 홀저Jenny Holzer의 유명한 문구인 '내가 원하는 것으로부터 날 보호해라(Protect me from what I want)'는 욕망이 언제나 **타자**의 욕망이라는 사실에 내포된 근본적 애매성을 아주 정확하게 표현한다. 그것은 '나 스스로 지배할 수 없는 내 안의 과잉적 자기-파괴적 욕망으로부터 날 보호해라'로서—즉 여자는 혼자 남겨두면 자기-파괴적 격렬함에 사로잡히며 따라서 여자는 인자한 남성의 지배하에 그녀 자신으로부터 보호되어야 한다는 표준적인 남성 쇼비니즘적 지혜에 대한 반어적 참조로서—읽혀질 수 있거나, 아니면 더 근본적인 방식으로, 즉 오늘날의 가부장적 사회에서 여자의 욕망은 근본적으로 소외되어 있으며, 여자는 그녀가 욕망하리라고 남자가 기대하는 그 무엇을 욕망하며, 욕망되어지기를 욕망하며, 기타 등등이라는 사실을 가리키는 것으로서 읽혀질 수 있다—이 경우 '내가 원하는 것으로부터 날 보호해라'는 '내가 원하는 것은 나에게 무엇을 원해야 할지를 말해주는 가부장적 사회-상징적 질서에 의해 나에게 이미 부과된 것이며, 따라서 나의 해방의 첫 번째 조건은 나의 소외된 욕망의 악순환을 깨부수고 나의 욕망을 자율적 방식으로 정식화하는 법을 배우는 것이다'를 의미한다. 물론 문제는, 이 두 번째 독해가 '타율적인' 소외적 욕망과 진정으로 자율적인 욕망이라는 다소 소박한 대립을 함축하고 있다는 것이다—그 자체로서의 욕망이라는 것이 '**타자**의 욕망'인 것이어서 '나는 내가 너에게 요구하는 것을 거부할 것을 너에게 요구한다. 왜냐하면 그것은 **그것이 아니니까 말이다**'라는 히스테리적 곤궁을 깨고 나갈 어떠한 방법도 궁극적으로는 없다면 어찌할 것인가?

영원히 가로막힌 주체가 그럼에도 불구하고 그 대상을 반복해서 놓치면서 그 주위를 순회하는 순환 운동 그 자체에서 만족을 찾을 수 있는 역설적 가능성을 나타낸다. 그리하여 욕망에 대해 구성적인 그 틈새는 닫혀진다. 순환적 반복 운동의 자기-폐쇄적 원환고리가 무한한 분투를 대체한다. 바로 이런 의미에서 충동은 향유와 같은 것이다. 왜냐하면 향유는 그 가장 기본적인 차원에서 '고통 속의 쾌락'이며, 목표의 반복적 놓침에 대한 바로 그 고통스러운 경험에 의해 제공되는 도착적 쾌락인 것이니까 말이다.[68]

충동이 '부산물'이라는 사실은 또한 합리적 행동에 대한 현대 이론에서 그 용어가 획득한 바로 그 의미로 취해질 수 있다.[69] 지향적[의도적] 태도로서 특성화될 수 있는 욕망과는 대조적으로 충동은 그 속에 주체가 붙잡혀 있는 어떤 것이며, 그 반복적 운동 속에서 존속하는 일종의 무두적無頭的 힘이다. 그렇기 때문에 우리는 정신분석의 윤리적 모토로서 그 유명한 *ne pas céder sur son désir*, '당신의 욕망을 타협하지 마라'를 제안할 수 있는 것인 반면에, 그것의 보충적 모토인 '당신의 충동을 타협하지 마라'는 불필요하므로 무의미한 것이다. 충동에 있어서의 문제는 어떻게 충동을 배반하지 않을 것인가가 아니라 오히려 어떻게 그것의 원환고리를, 우리를 장악하는 그것의 불활성적 힘을 깰 것인가이다……. 동일한 이유에서 라캉은 '분석가의 욕망'에 대해서 말하지만, '분석가의 **충동**'에 대해서는 결코 말하지 않는다. 분석가가 어떤 주체적 태도―'주체적 궁핍의 태도'―에 의해 정의되는 한에

---

68) 충동이 이처럼 욕망의 이차적 부산물로서 파악된다고 하더라도 우리는 욕망은 충동에 대한 방어라고 여전히 주장할 수 있다. 역설은, 욕망이 그 자신의 산물에 대한 방어로서, 그 자신의 '정념적' 파생물에 대한, 즉 충동의 자기-폐쇄적 순환 운동에 의해 제공되는 숨막히게 하는 향유에 대한 방어로서 기능한다는 것이다.

69) John Elster, *Sour Grapes*, Cambridge: Cambridge University Press, 1982를 볼 것.

서, 그의 자리의 특정성은 오로지 욕망의 층위에서만 결정될 수 있다. 충동은 선주체적/무두적이다. 그것은 주체적 태도의 이름이 아니다. 우리는 충동을 향한 태도를 취할 수 있을 뿐이다.

종교적 용어로 표현하자면, 이 문제는 다양한 이단교들의 문제이다. 사회 제도로서의 기독교 교회는 인간 욕망의 보증자로서 유효하게 기능하는데, 그 욕망은 부성적 법(아버지의 이름)의 보호하에서만 번성할 수 있는 것이다: 교회는 신체적 정념들(성욕)을 결코 금지하지 않으며, 오히려 규제하고자 하는 것이다. 그 오랜 역사에서 교회는 또한 부성적 법 속에 포함될 수 없는 향유의 과잉을 '길들이기' 위한 일련의 전략들(예컨대, 수녀가 되어서 신비한 경험의 *jouissance féminine*(여성적 향유)에 종사할 수 있도록 여성들에게 열려진 기회)을 발전시켰다. (만일 이단교가 단 하나 있었다면 바로 그 장본인이었을) 카타르 이단교가 성취한 것은 성적 쾌락을 규제함에 있어서의 교회의 바로 이 전략적 역할(푸코가 강조한 그 역할)을 침해한 것이었다. 즉, (카타르교도들의 말대로, **모든** 성적 재결합은 근친상간적이므로) 신체를 말 그대로 무시하고, 진정한 순결을 설교하고 실천한 것이었다.70) 물론 역설은, 성적 쾌락의 이 근본적 포기가 단지 주체에게서 향유를 제거하는 것에 머물지 않고, 오히려 향유를 증폭시킨다는 것이다(금욕적 신비주의자는 통상적이고 표준적인 성적 쾌락보다 훨씬 더 강렬한 향유에 접근한다). 바로 이것이 카타르 이단교와 궁정풍 사랑 사이의 연결 지점이다. 법의 제한 내에서 성적 쾌락을 허락받는 것이 아니라 전적으로 육체적 성욕이 금지당할 때, 최종적 성적 결합의 이 금지는,

---

70) 카타르 교리에 따르면, 우리의 지상 세계는 악마에 의해 창조되었다. 즉 성경의 맨 처음에서 우리가 알고 있는 세상을 만드는 그 창조자('빛이 있으라!' 등등을 말하는 자)는 다름아닌 악마 자신이다.

무한히 지연된 사랑 중단(amor interruptus)의 이 구조는 궁정풍 사랑을 낳는데, 그 속에서 욕망은 충동으로 바뀌며, '현실적' 만족을 제공할 성적 결합의 무한정한 지연 자체가 만족을 제공한다. 따라서, 카타르 교도들의 현세적 쾌락에 대한 금욕주의적 포기는 부성적 상징적 법의 바로 그 규제적 권능을 침식하는 훨씬 더 강렬한 향유를 낳기 때문에 아주 애매한 것이라는 의혹에서 카타르 교도들을 공격한 기독교 전사들은 일면 옳았던 것이다.

그리하여 우리의 궁극적 귀결은 욕망과 충동이 어떤 면에서는 서로를 **전제한다**는 것이다. 즉 우리는 하나를 다른 하나로부터 연역할 수 없다. 충동은 욕망의 부산물로서 출현하는 자기-만족의 원환고리에 불과한 것이 아니며, 또한 욕망은 충동의 회로로부터 다시 움츠러든 결과가 아니다. 따라서, 욕망과 충동이—충동의 반복적 순환 운동에서 만족을 발견함으로써든, 아니면 욕망의 잃어버린 대상에 대한 끝없는 **환유적** 탐색을 열어놓음으로써든—주체'인' 부정성의 곤궁을 피하는 두 가지 방법이라면 어찌할 것인가? 이 두 방법—즉 욕망의 방법과 충동의 방법—은 주체성에 대한 두 개의 전적으로 다른 개념을 내포한다. 그 유명한 '욕망의 주체'(상징적 법/금지에 의해 분열된/저지당한 주체, 자신의 잃어버린 대상-원인에 대한 영원한 추구 속에 붙잡혀 있는 부정성의 공백—'나는 욕망하는 주체다'는 '나는 존재의 질서 속에 있는 결여이며 틈새다'라고 말하는 것과 같다……)에 관해서는 이미 충분한 찬사의 글이 씌어졌으므로, 어쩌면 이제는 충동의 순환 운동에 의해 초래된 훨씬 더 불가사의한 주체성에 초점을 맞출 때일지도 모른다.

충동에 대한 라캉의 근본적 견해는 앞서 본 바대로 충분히 명확한 것이다: 충동은, 한낱 능동태를 수동태로 반전시키는 것이 아닌, 일종의 자기-반성적 전회를 내포한다. 예컨대 시각적 충동에서, '그것 전부를 보려는' 욕망은 단순히 **타자**에 의해 보여지려는 성향으로 전환되는 것이 아니며, se faire voir(자기자신이-보여지도록-만들기)라는 좀더 애매한 중간태로 전환된다.[71] (욕망의 충동으로의 이 반전은 또한 선택과 관련해서 특징지을 수 있다. 욕망의 주체의 층위에는—근본적인 강제된 선택을 내포하는—선택이 있다. 즉 주체는 **선택한다**. 반면에 충동의 층위로 넘어가면, 선택 행위는 se faire choisir('자기자신이-선택되도록-만들기')로 전도된다. 예컨대 예정predestination이라는 것이 그런데, 거기서 종교적 주체는 단순히 신을 선택하는 것이 아니며, 신에 의해 '자기자신이 선택되도록 만든다' 혹은, 다른 식으로 표현하자면, 충동에서 나에게 허용되는 유일한—하지만 핵심적이면서도 최고의—자유는 불가피한 것을 선택할 자유이며, 나의 운명을, 여하한 경우건 나에게 일어날 그 무엇을 자유롭게 받아들일 자유이다.) 그렇지만, 욕망의 충동으로의 이와 같은 반전은—만약 있다면—어떠한 종류의 **주체성**을 내포하는가?[72] 충동의 역설을 보여주는 데는 다음에 연속으로 제시되는 두 영화적이고/이거나 문학적인 사례들이 아마도 가장 적합할 것이다:

• SF에 나오는 시간적 원환고리의 사례(주체는 과거—혹은 미래—로 여행한다. 거기서 그는 되풀이해서 그의 응시를 피하는 어떤 불가사의한 존재자와 조우한다. 마침내 이 '불가능한' 존재자가 주

---

[71] Jacques Lacan, *The Four Fundamental Concepts of Psychoanalysis*, New York: Norton, 1979의 XIV 장을 볼 것.
[72] 여기서 나는 알렌카 주판치치의 미출간 논문인 'La subjectivation sans sujet'를 참조하고 있다.

체 자신이라는 사실이 그에게 밝혀진다. 혹은 그 정반대의 경우, 주체는 자기 자신을 태어나게 하려는 분명한 목적을 가지고서 과거로 여행하거나, 혹은 자신의 죽음을 목격하기 위해 미래로 여행한다……) <백 투 더 퓨처> 같은 표준적 사례를 피하기 위해, 데이빗 린치의 <로스트 하이웨이>를 생각해보자. 린치의 우주의 핵심적 성분은 어떤 어구, 어떤 기표 사슬인데, 그것은 존속하면서 언제나 회귀하는 실재로서 공명한다—시간의 일직선적 흐름을 중지시키고 가로 자르는 일종의 기본 공식. <사구>에서 그것은 '잠자는 사람은 깨어나야 한다'이며, <트윈 픽스>에서는 '올빼미들은 겉보기와 다르다', <블루 벨벳>에서는 '아빠는 성교를 원해'이다. 그리고 물론 <로스트 하이웨이>에서, 영화의 처음과 끝에서 발화된 말들을 포함하는 어구는, 외설적 부성적 인물(에디 씨)의 죽음을 언명하는 '딕 로렌트는 죽었다'이다. 영화의 전체 내러티브는 이 두 계기 사이에서 시간이 중지된 가운데 발생한다. 처음에 주인공 프레드는 자신의 집에서 인터폰으로 이 말을 듣는다. 끝 부분에서 도망을 가기 직전에 그는 스스로 이 말을 인터폰으로 말한다. 따라서 우리는 순환적 상황을 갖게 된다. 즉, 처음에는 주인공이 듣지만 이해하지 못하는 메시지를, 그리고 나서는 주인공 자신이 이 메시지를 발언하는 것을. 요컨대 영화 전체는 주인공이 자기 자신과 조우하게 되는 불가능성에 기초하고 있다. 주인공이 시간을 거꾸로 여행하다가 예전의 자기 자신과 조우하게 되는 공상과학 소설에 나오는 유명한 시간-왜곡time-warp 장면에서처럼 말이다.

   그런데 이런 상황은 정신분석에서의 상황과 비슷하지 않은가? 정신분석에서 처음에 환자는 모호하고 해독할 수 없지만 계속 존속하는, 이를테면 외부에서 그를 포격하는, 어떤 메시지—증상—

때문에 괴로움을 겪는다. 그러고 나서 치료의 종결부에서 환자는 이 메시지를 자신의 것으로 떠맡을 수 있게 되며, 그것을 일인칭 단수로 발언할 수 있게 된다. 그리하여 <로스트 하이웨이>를 구조화하는 시간적 원환고리는 바로 정신분석 치료의 원환고리이다. 거기서 우리는 오랜 우회를 거친 이후에 다른 관점에서 출발점으로 회귀한다. 라캉은 첫 번째 『세미나』에서 프로이트적 증상은 우리가 기대하는 것과는 달리 먼 옛날의 외상이라는 '깊숙이 매장된 과거'로부터 오는 것이 아니라 (주체의) 미래—정신분석 치료 작업을 통해 이 증상의 의미가 실현될 미래—로부터 오는 메시지를 나르는 신호와 같다는 점을 강조하는데, 이때 그는 증상의 이와 같은 시간적 원환고리 구조를 불러내고 있는 것이다.73) (이런 의미에서, 앞서 언급한 히치콕의 <현기증>에 나오는 열정적으로 포옹하는 두 남녀의 360도 쇼트는 충동의 시간적 원환고리를, 충동의 움직임이 그 자체 속으로 접혀지는 그 방식을 완벽하게 보여주는데, 거기서 두 남녀의 배경은 우리를 (스코티가 주디의 평범한 호텔 방에서 마들린으로 재단장한 주디에게 키스하는) 현재에서 (스코티가 마들린이 후안 바우티스타 선교회의 낡은 헛간에서 뛰어내려 자살하기 직전에 마들린 본인과 키스하는) 과거로 옮겨놓으며 그러고 나서 다시 현재로 옮겨놓는다. 그렇다면 아마도 영화 제목인 '현기증'은, 궁극적으로는, 스코티가 충동의 끝없는 원환고리에 붙잡혀 있는 그 방식을 가리키고 있는지도 모른다.)

---

73) '…… 억압된 것의 회귀에서 우리가 보는 것은, 상징적으로 실현되고 주체의 역사로 통합됨을 통해서 오로지 미래에만 그 가치를 발현하는 어떤 것에 대한 지워진 신호이다'(*The Seminar of Jacques Lacan, Book I: Freud's Papers on Technique*, New York: Norton, 1988, p. 159).

• 처음에 우리(누구의 관점에서 이야기되는 것인가에서 그 누구인 주체)는 어떠한 동일화도 가능하지 않은 지점으로서 제시된 어떤 끔찍한 대상(외계적 사물, 괴물, 살인자……)과 대면하지만, 갑자기 관객인 우리가 바로 이 외계적 사물의 관점으로 폭력적으로 내던져지는 내러티브의 사례. 『프랑켄슈타인』(소설) 같은 예를 생각해 보자. 거기서 괴물이 외계적인 공포의 사물로서 제시된 이후 우리는 갑자기 그 괴물의 관점 속으로 내던져진다. 즉 그에게 그 이야기를 자기편에서 말하는 것이 허용된다.[74] 웨스 크레이븐의 최고의 작품인 <미드나잇 테러>에서 또한 우리는 영화 전반부에서 절대적 **타자**로서 제시된 병리적 강박적 살인자의 관점 속으로 갑자기 내던져진다.[75] 히치콕의 <사이코>는 말할 것도 없는데, 거기서 처음에 어머니는 소름끼치는 사물로서 구성되지만, 이후에 우리는 몇 가지 쇼트(예컨대, 아보가스트 탐정을 죽이는 쇼트)에서 그것의 관점에서 행동을 바라보게 된다.[76]

이 모두 경우들에서, 접근불가능한/외상적인 재현-너머의-사물 그 자체는 '주체화'된다. 이 주체화는 우리가 괴물이라고 생각했던 것이 사실은 평범하고 연약한 사람이라는 것을 입증함으로써 사물

---

[74] 현대의 대중 문화에서 기괴한 사물의 궁극적 사례인 에일리언과 관련하여, 리들리 스콧은 한 인터뷰에서 속편을 만들 기회가 주어진다면 에일리언의 관점에서 이야기를 들려줄 것이라고 말한다.

[75] [원문에 착오가 있지만 수정하지 않았다. 이 영화 (원제명 "*When a Stranger Calls*")의 감독은 웨스 크레이븐이 아닌 프레드 월튼(Fred Walton)이다.]

[76] <사이코>에서의 이와 같은 사물의 주체화에 대한 보다 상세한 분석을 위해서는 Slavoj Žižek, 'Hitchcock's Universe', in *Everything You Ever Wanted to Know About Lacan (But Were Afraid to Ask Hitchcock)*, ed. Slavoj Žižek, London: Verso, 1993을 볼 것. [국역본: 『항상 라캉에 대해 알고 싶었지만 감히 히치콕에게 물어보지 못한 모든 것』, 슬라보예 지젝 편, 새물결, 2001년, 제3부를 볼 것.]

을 '인간화'하는 것이 아니다. 사물은 그것의 참을 수 없는 **타자성**을 유지한다. 그 자체로서 그것은 스스로를 주체화하는 것이다. 혹은, 시각적 용어로 표현하자면: 사물은 우선 나의 욕망이 그 주위로 순환하는 접근불가능한 X로서, 내가 보기를 원하지만 동시에 두려워서 보기를 회피하는, 내 눈으로 보기에는 너무 강력한 맹점으로서 구성되며, 그리고 나서 충동으로 이동하여 나(주체)는 '나 자신이 사물로서 보여지도록 만든다'—반성적 전회 속에서 나는 나 자신을 그것으로서, 내가 보기를 원하지 않았던 외상적 대상-사물로서 본다.

다시금 우리는 불승인된 우리의 환상들을 곧장 물질화하는 메커니즘인 이른바 이드-기계라는 공상과학적 주제에서 우리 자신'인' 이 불가능한 사물의 궁극적 사례를 발견하지 않는가(프리드 윌콕스의 <금지된 세계>에서 안드레이 타르코프스키의 <솔라리스>에 이르기까지)? 이 주제의 가장 최근의 변종은 배리 레빈슨의 <스피어>이다. 태평양 중앙의 해저에서 뜻밖에도 거대한 우주선이 발견되는데, 그 우주선은 그곳 바다 밑바닥에 300년 동안 있었다. 우주선 중앙에는 신비한 구체가 있는데 그 구체를 통과하는 세 명의 과학자는 그것이 사람의 마음속에 닿을 수 있음을 점차로 발견하게 된다. 그것은 당신의 최악의 두려움들을 알며 그것들을 실현시키고 물질화하기 시작한다……77)

---

77) 같은 해에 나온 레빈슨 자신의 영화 <왝 더 독>은 <스피어>와는 완전히 딴판인 영화처럼 보이지만 그럼에도 불구하고 그 두 영화는 연관되어 있지 않은가? 구체는, 일단 한 번 들어가면 꼬리 그 자체(우리의 환상적 그림자들)가 개(우리의 성격을 통제하는 것으로 가정된 우리의 자기들Selves)를 흔드는 구역Zone이지 않은가? <왝 더 독>은 재선 바로 몇 주 전에 대통령이 연루된 성추문에서 대중들의 관심을 돌려놓기 위해서

〈스피어〉는 재미없는 영화기는 하지만, 그 제목 때문에 관심이 간다. 라캉이 전이에 대한 세미나에서 바로 이 주제에 바친 장(「구의 조롱」[78]) 에서 보여주었던 것처럼, 만질 수도 꿰뚫을 수도 없는 자기폐쇄적이고 자기충족적인 구라는 형태가 우리에게 행사하는 그 매혹은 그것이 상상적 층위에서 거세의 폐제를, 결여와/나 과잉의 현존을 신호할 절단의 폐제를 완벽하게 표현하고 있다는 사실에 있는 것이다. 그리고, 역설적으로, 현실에 대한 우리의 접근이 거세의 절단에 의해 조건지어진 것이기 때문에 이 구체의 지위는 존재론적 완벽함을 구현하기는커녕 엄밀한 의미에서 선존재론적이다: 구-사물은, 영화 용어를 사용하자면 흐린 대상blurred object이라고, 즉 정의상, 선험적으로, 초점 밖에 있는 대상이라고 할 수 있을 어떤 것으로서 우리에게 나타난다.[79] 레빈슨의 영화는 이를 훌륭하게 전하고 있다. 구체는 완전한 구형이지만 동시에 여하간 살아 있으며, 파동치며 진동하고 있다. 마치 무한한 극세 파동들로 그 표면이 이루어진 것인 양 말이다.

그리하여 구체는 구형이고 전체적 평온함과 무한한 유동성의 일치

알바니아와 전쟁하는 미디어 장면을 날조하는 공보 전문가들에 대한 이야기다. 따라서 〈왝 더 독〉과 〈스피어〉 모두는 순수한 환상적 유사물의 힘을, 환상적 유사물이 우리의 현실 그 자체(에 대한 경험)를 형성하는 그 방식을 다루고 있다.

[78] Jacques Lacan, *Le Séminaire, livre VIII: Le transfert*, Paris: Seuil, 1991, pp. 97~116.
[79] 이에 대한 대강의 등가물을 우디 앨런의 〈해리 파괴하기〉에서 볼 수 있다. 로빈 윌리엄스는 존재론적으로, 이를테면, 초점 밖에 있는 흐린 얼굴인 캐릭터를 연기한다. 그의 윤곽이 초점 밖에 있는 것은 단지 그를 바라보는 주체 때문이 아니며, 단지 그가 전반적으로 흐린 배경의 일부일 때가 아니다. 그의 윤곽은 또한 우리가 아주 분명하게 지각할 수 있는 사람들 가운데 그가 서 있을 때에도 흐리다. 그 스스로가 왜상적anamorphic이며 스스로가 그의 윤곽을 분명하게 해줄 어떠한 적절한 관점도 가지지 못한 사람(심지어 자기 손을 자기가 볼 때에도 그 손은 그에게 흐려 보인다)이라는 이런 관념(불행하게도 그것은 하팍스hapax, 즉 사실상 단 한 번만 사용될 수 있는 관념이다)은 현실 그 자체에 대해 구성적인 얼룩이라는 라캉적 개념을 소박하지만 적절한 방식으로 표현한다.

라는 점에서 타르코프스키의 솔라리스-바다의 표면과 유사하다. 비록 그것은 완전히 평온하지만, 동시에 극도로 요동치며 언제나 번쩍이고 있으며, 따라서 그것을 고정시키는 것은, 그것을 그 실정적 현존에서 붙잡는 것은 불가능하다. 그런 것으로서 구체는 그 자체에서는 아무것도 아니다. 그것은 순전한 매체일 뿐이며, 현실이 아니라 주체의 근본적 환상들의 실재만을 반영/물질화하는 완전한 거울이다. 영화에서 더스틴 호프만의 캐릭터가 구체 안에 무엇이 있는지를 다른 사람들에게 알려주지 않는다는 이유로 (아프리카계 미국인 수학자 역의) 사뮤엘 잭슨을 비난하자 잭슨은 화를 내며 응수한다: '하지만 당신 역시 그곳에 있었지! 당신은 **구체 속에 아무것도 없다**는 것을 잘 알고 있지!' 즉: 주체 자신이 그곳에 가져다 놓는 것을 제외하고는 아무것도 없다. 혹은, 초감각적 너머의 내용에 대한 헤겔의 고전적 공식을 빌자면: '내면세계를 덮고 있다고 가정된 이른바 장막의 배후에는 **우리가** 그 뒤로 가지 않는 한 보여질 것이 아무것도 없다는 것이다. 보여질 수 있는 무언가가 그 뒤에 있기 위해서인 만큼이나 그것이 보여질 수 있기 위해서도 말이다.'[80]

따라서 반드시 명심해야 할 것은, 바로 실재로서, 불가능한 사물로서 구체는 **순전한 유사물의 존재자**, '그 자체에서[즉자적으로]' 왜상적으로 왜곡된 존재자이며, 아무것도 아닌 것을 은폐하는 (혹은, 아무것도 아닌 것에 의해 지탱되는) 파동치고 번쩍이는 초점-밖의 표면이라는 것이다. 그런 **것으로서** 그것은 근본적 환상들을 위한 완벽한 중립적 매체이다. <스피어>는 또한 우리의 욕망들이 곧바로 현실화되는 구역/사물이라는 개념을 어떻게 프로이트에 의해 분석된 옛 동화에 나오는

---

[80] *Hegel's Phenomenology of Spirit*, Oxford: Oxford University Press, 1977, p. 103. [국역본: 헤겔, 『정신현상학 I』, 한길사, 2005, 205쪽.]

세 가지 소원이라는 테마(요정이 세 가지 소원을 들어주겠다고 한 농부가 소시지를 소원한다. 그의 아내는 어리석은 남편의 코에 소시지가 달라붙기를 소망한다. 그리고 그들은 마지막 남은 소원을 소시지가 코에서 떨어져서 식탁으로 돌아가는 데 사용한다……)의 계보 속에 위치시킬 수 있는 것인가를 분명히 한다. 이 테마가 함축하고 있는 통찰은 물론 주체의 진정한 욕망과 그 욕망을 분명한 요구로 정식화하는 것 사이의 통약불가능성에 관한 통찰이다. 즉 우리는 우리가 소원하거나 의지하는 것을 결코 진정으로 욕망하지 않는다—그렇기 때문에 우리의 진정한 욕망을 가차 없이 실현하는 사물보다 더 소름끼치는 것은—정확히 말해서, 더 욕망함직하지 않은 것은—아무것도 없다……. 바로 그렇기 때문에, 욕망을 일깨울 유일한 방법은 대상을 제공하고 그 다음에 즉시 그것을 취소하는 것이다. <브래스트 오프>에 나오는 멋진 유혹 장면에서, 저녁 늦은 시각에 자기 집 앞에서 여자는 자신이 유혹하고자 하는 광부에게 이렇게 말한다: '집에 들어와 커피 한 잔 할래요?', '전 커피를 마시지 않는데……', '괜찮아요. 집에 커피는 없어요!'[81]

그리하여 전적인 이타성과 절대적 근접성의 일치는 사물에게 있어

---

[81] 불행하게도 <스피어>는 그것이 지닌 통찰의 순수성을 통속적인 뉴에이지식 지혜로 재번역함으로써 망쳐놓고 있다. 종결부에서 세 명의 살아남은 주인공들은 고등 교육을 받은 문명화된 인간들인 자신들에게조차도 구체와의 접촉(자신들의 가장 내밀한 두려움과 꿈들을 현실로 번역하고 물질화할 기회)이 그처럼 (자기-)파괴적 결과로 이르게 되기 때문에 구체에 대한 자신들의 경험 전부를 잊는 것(그들의 기억에서 지우는 것)이 좋겠다는 결정을 내린다. 인류는 그와 같은 도구를 다루기에는 아직 정신적으로 충분히 성숙하지 않다는 것이다. 그리하여 영화의 궁극적 메시지는 체념한 보수주의적 테제이다: 우리의 불완전한 상태에서 우리의 가장 내밀한 비밀을 너무 깊게 파헤치지 않는 편이 낫다—만약 정말로 그렇게 한다면 우리는 엄청난 파괴적 힘들을 풀어놓게 될지도 모른다…….

핵심적이다: 사물은 무의식보다 훨씬 더 '우리 자신'이며, 우리 자신의 접근불가능한 중핵이다. 그것은 우리의 존재의 환상적 핵심을 무대올리는, 곧바로 우리 자신'인' **타자성**이다. 그리하여 사물과의 소통이 실패하는 것은 그것이 너무 외계적이기 때문이 아니다. 즉 우리가 영원히 파악할 수 없는 원리로 우리와 어떤 도착적 게임을 하고 있는, 우리의 제한된 능력을 무한히 능가하는 지성의 선구자이기 때문이 아니다. 사물과의 소통이 실패하는 것은 오히려 그것으로 인해 우리가 우리의 상징적 질서의 일관성을 유지하고자 한다면 거리를 두고 있어야만 하는 우리 안의 그 무언가에 너무 가까이 이르게 되기 때문이다. 바로 그 **타자성** 속에서 사물은 우리의 가장 내밀한 개인 특유의 변덕들에 복종하는 유령적 현상들을 생성한다. 줄을 당기는 꼭두각시 인형의 주인이 있다면 그것은 바로 우리 자신이며, 우리의 심장부에 있는 '생각하는 사물'이다.

나의 존재의 바로 그 중핵과 외계 사물의 궁극적 외부성의 이와 같은 일치를 보여주는 궁극적 사례는, 아버지를 죽인 자를 찾다가 스스로가 그 범인임을 발견하는 오이디푸스 그 자신이지 않은가? 바로 이런 의미에서 우리는 프로이트의 *Triebschicksale*, '충동의 운명/부침'이라는 용어가 비록 동어반복적이긴 하지만 심오한 정당성을 갖는 것이라고 주장할 수 있다: 프로이트의 '충동'은 실로 '운명'에 대한, 운명의 순환이 스스로를 완수/마감하게 되는 반전에 대한, 또 다른 이름이다(운명이 오이디푸스를 사로잡을 때, 그는 자신이 찾고 있던 그 괴물이 자신이라는 사실과 대면하게 된다). 그리고 이 운명의 차원이 시간적 순환고리와 어떻게 중첩되는가를 확인하기 위해서는, 과거에 개입하여 재앙적 현재를 사후적으로 변화시키려고 (취소시키려고) 과거로 여행하는 과학자라는 표준적 비극적 공상과학 테마를 생각해 보자. 갑자기 (이미 너무 늦었을 때) 그는 결과(현재의 재앙)가 동일할 뿐만 아니라 과거에 사후적으로 개입하여 현재를 바꾸려는 그의 시도 자체가 그가 취소시키려 했던 바로 그 재앙을 만들어냈다는 것을 깨닫게 된다. 그의 개입은 처음부터 사태의 과정 속에 내포되어 있었던 것이다. 이와 같은 고유하게 변증법적인 반전 속에서, 행위자가 초래하고자 했던 그 대안적 현실은 바로 그 현재의 재앙적 현실임이 판명된다.

헤겔 철학에 통달한 자들에게 충동의 이 두 특징—그것의 시간적 원환고리, 그리고 주체가 접근불가능한 사물(그 사물의 결여나 철회는 욕망의 공간을 지탱한다)과 무자비하고 냉혹하게 동일화하는 것—은 헤겔적 변증법적 과정의 두 근본적 특징을 환기시키지 않을 수 없다. 헤겔은 변증법적 과정이 어떻게 원환고리의 순환 구조를 드러내는가를 몇 번이고 반복하지 않는가(과정의 주체, 절대 이념은 미리 주어지는 것이 아니라 과정 그 자체에 의해 생성된다. 따라서 역설적인 시간적 단락 속에서, 최종적 결과는 사후적으로 그 자신의 원인이 되며, 그 자신의 원인들을 생성한다)? 그리고 더 나아가 헤겔은, 주체가 자신의 절대적 타자성의 즉자 속에서 스스로를 인지하는 것이 변증법적 과정의 모체임을 몇 번이고 반복하지 않는가(헤겔에 대한 표준적 형상을 생각해보라. 그에 따르면 나는 나의 노력에 저항하고 나의 노력을 방해하는 것처럼 보이는 바로 그 힘 속에서 나 자신의 실체를 인지해야 한다)?

이는 '충동'이 본래 형이상학적이라는 것을, 그것이 목적론의 닫힌 순환, **타자성** 속에서의 자기-인지의 기본 모체를 제공한다는 것을 의미하는가? 그렇기는 하지만, 비틀림이 없는 것은 아니다: 마치 충동 속에서는 목적론의 이 닫힌 원환고리가 그 원환고리를 작동시키는 실패 때문에 최소한으로 전치되어 있는 것만 같다. 충동은 자기-촉발의 닫힌 순환, 즉 **동일함**의 영역에서 주체의 신체가 스스로를 촉발하는 닫힌 순환의 전형적 사례인 것처럼 보인다. 이미 본 것처럼, 라캉 자신은 충동에 대한 최고의 은유로서 스스로와 키스하는 입술을 제시하고 있지 않은가? 하지만 명심해야 할 것은 충동에 대해 구성적인 이 반성적인 자기에로의-반전이 근본적이고 구성적인 실패에 의존하고 있다는 점이다. 충동에 대해 구성적인 반전을 가장 간명하게 정의하자면, 우리가 어떤 의도적 행위(어떤 목표를 지향하는 행위)에 연루되어 있는 가운데 이 목표를 향하는 그 방식이, 그것을 성취하기 위해 우리가 취하는 제스처들이, 목표 그 자체로서, 그것 자체의 목적으로서, 그것 자체의 만족을 가져다주는 어떤 것으로서 기능하기 시작하는 그 순간이라고 할 수 있다. 그리하여 순환적 만족의, 그 자체의 순환적 원환고리 속에서 만족을 발견하는 반복 운동의 이 닫힌 원환고리는, 그럼에도 불구하고, 우리가 겨냥하고 있었던 그 목표를 성취하는 데 실패함에 의존한다. 충동의 자기-촉발은 결코 온전하게 닫혀 있지 않으며, 그것의 포착을 영원히 회피하는 어떤 근본적으로 접근불가능한 X에 의존하고 있다. 충동의 반복은 실패의 반복이다. 그리고―독일 관념론으로 되돌아가 본다면―이와 동일한 실패를 *Selbst-Bewusstsein*, 즉 자기-의식의 바로 그 근본적 구조 속에서 식별할 수 있지 않은가? 초월적 자기-의식이 있다는 것은―나의 예지적(**초월적**) 차원에서, '생각하는 나 혹은 그 혹은 그것(사물)'(칸트)으로서 내가 나 자신에게 궁극적으로 접근불가능한 것인 한에서만, 나는 '나 자신'을 의식하게 된다는 것은―이미 칸트에게서 분명하지 않은가? 따라서 초월적 자기-의식의 기본 교훈은 온전한 자기-투명성과 자기-현전의 정반대다: 나의 예지적 차원에서, 내가 실제로 그것인 그 사물로서의 '나 자신과 조우하는' 것이 결코 가능하지 않는 한에서만 나는 나 자신을 의식하며, 반성적으로 나 자신에게로 돌아서지 않을 수 없는 것이다.82)

이제 우리는 욕망의 주체와 충동의 주체 사이의 대립을 정확히 지적할 수 있다. 욕망의 주체는 구성적 결여에 근거하고 있다(그것은 없어진 대상-원인을 추구하는 한에서 탈-존한다ex-ists). 반면에 충동의 주체는 구성적 잉여에 근거하고 있다. 즉 본래부터 '불가능'하며 여기 우리의 지금 현실 속에 있지 말아야 하는 어떤 사물—물론 궁극적으로 **주체 그 자신**인 사물—의 과잉적 현존에 근거하고 있다. 표준적인 이성애적 '숙명적 이끌림'의 장면은 치명적인 여성적 향유에 의해 사로잡히고 매혹된 남성 욕망의 그것이다: 여성은 탈주체화되고, 그녀가 남자에게 발휘하는 매혹을 모른 채 무두적 충동의 자기-폐쇄적 순환에 붙잡히는데, 바로 이런 자기-충족적 무지야말로 그녀를 저항할 수 없는 존재로 만드는 것이다. 물론 이런 장면의 전형적인 신화적 사례는 이 순수한 (의미-)향유*jouis-sense*인 사이렌의 노래에 사로잡힌 율리시즈의 그것이다. 하지만 여자-사물 그 자체가 주체화되면 어찌되는가? 어쩌면 이는 가장 신비한 리비도적 전도일 것이리라: '불가능한' 사물이 스스로를 주체화하는 순간. '사이렌의 침묵'에 관한 짧은 글에서 프란츠 카프카는 그와 같은 반전을 성취한다: 그의 요점은 율리시즈가 사실상 그 자신에게, 그 자신의 갈망에 깊이 빠진 나머지 사이렌이 노래하지 않았으며 그의 이미지에 고정되어 단지 그를 바라보기만 했다는 것을 알아차리지 못했다는 것이다.83) 욕망이 스스로를

---

82) Slavoj Žižek, *Tarrying With the Negative*, Durham, NC: Duke University Press, 1993의 제1장을 볼 것.
83) Franz Kafka, 'The Silence of the Sirens', in *Homer: A Collection of Critical Essays*, ed. George Steiner and Robert Fagles, Englewood Cliffs, NJ: Prentice-Hall, 1963을 볼 것. 카프카의 이 텍스트에 대한 라캉적 독서는 Renata Salecl, 'The Silence of the Feminine

주체화할 때, 욕망이 주체적으로 떠맡아질 때, 말들의 흐름은 작동되기 시작하는데, 그것은 주체가 마침내 그것을 인정할 수 있으며 그것을 그것의 상징적 우주로 통합할 수 있기 때문이다. 반대로, 충동이 스스로를 주체화할 때, 주체가 자신을 두려운 사물로서 볼 때, 이 다른 주체화는 갑작스런 **침묵**의 개시에 의해 신호된다—향유의 백치 같은 중얼거림은 중단되며, 주체는 그것의 흐름으로부터 자신을 탈연루시킨다. 충동의 주체화는 바로 이런 철회이며, 나 자신인 그 사물로부터의 이와 같은 멀어짐이며, 저 밖에 있는 괴물은 바로 나 자신이다라는 이와 같은 깨달음이다.

그리하여 충동의 주체는 욕망의 주체와 관계된다. 콜로노스의 오이디푸스가 자기 아버지를 모르고 살해한 후 자기 어머니와 결혼한 '표준적' 오이디푸스와 관계되는 것처럼 말이다. 그는 **타자**로부터 자기 자신의 메시지를 되돌려 받고서 자신의 행위를 떠맡지 않을 수 없게 된, 즉 스스로를 그가 찾고 있던 그 악한 사물과 동일화하지 않을 수 없게 된 주체이다. 이런 깨달음이 그가 스스로를 장님으로 만든 충분한 이유였을까? 성적 차이가 고려되어야 하는 것은 바로 이 지점에서다. 아마도 여자는 자기 존재의 중핵을 악한 사물과 이처럼 동일화하는 것을 좀더 견뎌낼 수 있을 것이다. 루브르 박물관에는 <모나리자>에서 왼쪽으로 2야드 떨어진 곳에, 훨씬 더 갈채를 받는 다른 그림들 속에서 잘 눈에 띄지 않는 루이니의 <세례 요한의 목을 얻은 살로메>가 있다. 베르나르디노 루이니(1480~1532)는 밀라노의 레오나르도의 제자로서 레오나르도의 양식에 감상적 정서를 가미시켰다. 그는 동정

---

jouissance', in Slavoj Žižek, ed., *Cogito and the Unconscious*, Durham, NC: Duke University Press, 1998을 볼 것[살레츨의 이 논문은 이미 국내에 소개된 그녀의 『사랑과 증오의 도착들』(도서출판b, 2003)의 제3장에 해당한다].

녀 마리아 초상 연작으로 이름이 알려졌는데, 그 그림들은 아름다우면서도 다소 꿈꾸는 듯한 모습으로 그려졌다. <살로메>가 놀라운 것은 살로메 역시도 마리아와 동일한 양식으로 그려졌다는 점이다. 비록 묘사된 그 순간은 소름끼치는 순간이지만(살로메는 쟁반 위에 세례 요한의 잘린 머리를 받아들고 있다. 그리고 두 개의 머리, 즉 살로메의 머리와 요한의 머리가 어두운 배경을 뒤로하면서 그림을 지배하고 있다), 살로메의 얼굴 표정은 무아지경에 빠진 표정과는 거리가 멀다. 그녀는 마침내 획득한 부분 대상(헤겔의 『예나의 실재철학』에서 인용한 구절에서 언급된 '이쪽에서 피 흘리는 머리'와 엄밀한 등가물)인 그 머리를 껴안고 격렬하게 입맞춤하기 직전에 있지가 않다. 그녀의 표정은 다소 우울하고 거북스러운 표정이며 그녀의 응시는 명시되지 않은 어떤 떨어진 지점에 고정되어 있다―자신이 청했던 것을 얻게 된 지금, 그녀는 마침내 획득된 그 대상을 '삼키지' 않고 단지 에워싸고만 있으면서 무관심한 태도를 보이고 있다……. 어쩌면 이 그림은 충동의 주체가 출현하는 유일무이한 순간을 가장 근접하게 묘사한 그림일지도 모른다.

6장

오이디푸스는 어디로?

세 명의 아버지

『가족 콤플렉스』[1]를 썼던 초기 시절부터 라캉은 오이디푸스 콤플렉스 그 자체의 **역사성**에 초점을 맞추었다. 프로이트가 오이디푸스 콤플렉스를 발견한 것의 역사성뿐만이 아니라 말이다. 근대 부르주아 핵가족에서, 이전에는 분리되어 있었던, 즉 상이한 인물(이상적 동일

---

[1] Jacques Lacan, *Les complexes familiaux dans la formation de l'individu* (1938), Paris: Navarin, 1984.

화의 지점인 안도감을 주는 자아 이상과 무자비한 금지의 행위자인 흉포한 초자아, 토템의 상징적 기능과 타부의 공포) 속에 체화되어 있었던 아버지의 두 기능은 동일한 하나의 인물 속에 통합된다. (두 기능이 이전에 각기 따로 체화되어 있었다는 점은 아이의 참된 아버지는 어떤 돌이거나 동물이거나 혼령이라고 생각했던 몇몇 원주민들의 외관상의 '어리석음'을 설명한다: 그 원주민들은 어머니가 '실재적' 아버지의 씨를 받은 것임을 잘 알고 있었다. 그들은 단지 실재적 아버지를 그 상징적 기능으로부터 분리했을 뿐이다.) 부르주아 핵가족에서 두 기능이 통합됨과 더불어 출현한 아버지 형상과의 애매한 경쟁은 근대 서구의 역동적 창조적 개인주의를 위한 심적 조건을 창출했다. 하지만 동시에 그것은 뒤이은 '오이디푸스 위기'(혹은, 좀더 일반적으로 권위 그 자체의 형상들과 관련하여 보면, 19세기 말에 폭발했던 '임관任官의 위기'[2])의 씨앗을 뿌렸다: 상징적 권위는 점점 더 외설성의 자국으로 더럽혀졌으며, 그리하여 말하자면 내부로부터 침식되었다. 물론 라캉의 요점은 이런 정체성이 오이디푸스 콤플렉스의 '진리'라는 것이다: 이런 정체성이 은폐된 상태로 있는 한에서만 그것은 '정상적으로 기능할' 수 있으며 아이를 사회적-상징적 질서에 통합시키는 그 직무를 수행할 수 있다. 부성적 권위의 형상이 본연의 모습대로 정립되는 순간 잠재적으로 그것은 무능함과 과잉 격분이 일치하는 외설적인 향유자jouisseur(독일어로는 Luder)로, 자기 아들과의 상상적 경쟁에 사로잡힌 '체면을 잃은 아버지'로 바뀐다.

여기서 우리는 고유한 역사적 변증법의 전형적 사례를 갖는다: 정신분석에 대한 많은 역사주의적 비평가들이 지치지도 않고 되풀이하

---

[2] Eric Santner, *My Own Private Germany*, Princeton, NJ: Princeton University Press, 1996을 볼 것.

는 것처럼, 프로이트가 바로 '빅토리아 시대의 아들'이었기 때문에 그는 그것의 보편적 특징을 표현할 수 있었던바, 그것은 '정상적으로' 기능할 때는 비가시적인 것으로 남아 있다. 보편성에 대한 통찰을 허용하는 유일한 역사적 순간으로서의 위기 상태에 대한 다른 위대한 사례는 물론 마르크스의 것인데, 그는 생산의 과잉적 (불균형적) 체계로서의 자본주의에 대한 분석에 기초하여 인류의 역사적 발전의 보편적 논리를 표명했다. 자본주의는 영구적 탈구가 그 '정상' 상태인 우연적인 기괴한 형성물이며, 일종의 '역사의 기형'이며, 끊임없는 확장의 초자아적 악순환에 사로잡힌 사회 체계이다―하지만 그런 것으로서 그것은 선행하는 '정상적 역사' 전체의 '진리'이다.[3]

그리하여, 오이디푸스 콤플렉스의 역사성에 관한 자신의 초기 이론에서 라캉은 이미 [한편으로] 주체가 상징적 질서 속으로 통합되는 '사회화'의 기본적 형식으로서의 오이디푸스라는 정신분석적 문제틀과 [다른 한편으로] 어떻게 근대성이 개인주의적 경쟁에 의해 특징지어지는가에 대한―즉, 근대 사회에서 어떻게 주체들이 더 이상 자신들이 태어난 특수한 사회적 장소에 온전히 몰입되지 않으며(그 장소와 동일화되지 않으며) 오히려, 적어도 원칙적으로는, 다양한 '역할들' 사

---

[3] 그렇지만, 오이디푸스 콤플렉스의 경험적-사회적 형식의 위기를 이처럼 기술하고 나서 나중에(1950년대에) 라캉은 오이디푸스를 구체적 역사적 정황들에서 독립하여 언어의 구조 그 자체에 기입된 일종의 형식적-초월적 틀로서 재정식화했다는 것이 사실 아닌가 (오이디푸스적 부성적 금지는 단지 상징적 질서 그 자체에 내속된 상실과 향유의 금지를 예시한다……)? 엄밀히 동일한 제스처로 루이 알튀세르는 구체적 사회 분석을 위한 도구로서의 마르크스주의의 '경험적' 위기를 해결했다. 즉, 그는 그것을 규정된 역사적 내용과 무관한 형식적-구조적 이론적 건축물로 변형시킨 것이다. (선험적·상징적·형식적 질서에 의지함으로써 '경험적' 위기를 해결하는 것에 대한) 이와 같은 비판이 고려하지 못하는 것은, 1970년대의 후기 라캉에게 있어서 역사성이 앙갚음이라도 하듯 격렬하게 되돌아온다는 사실이다.

이로 자유롭게 이동하는가에 대한—표준적인 사회심리학적 상식들 사이의 관계를 확립한다. 자신과 직접적으로 동일화되지 않는—즉 일단의 우연적 정황들에 의존하는—그 무언가에 대해 관계하는 것처럼 자신의 특수한 '삶의 방식'에 관계하는 근대적 '추상적' 개인의 출현, 나의 태생과 사회적 지위(성별, 종교, 재산 등등)의 특수성들이 나를 완전하게 규정하지 않고 나의 가장 내밀한 정체성에는 관계하지 않는다는 이 근본적인 경험—그것은 오이디푸스 콤플렉스의 기능에 있어서의 부침에, 즉 부성적 권위의 두 측면(자아 이상과 금지적 초자아)이 앞서 기술한 '실재적 아버지'라는 하나의 동일한 인물로 통합되는 것에 의존하고 있다.

이 이중성의 또 다른 측면은 [한편으로] 상징적 질서로서의 '큰 타자', 어떠한 간주체적 소통이라도 매개하며 그 회로에 입장하는 대가로 환원불가능한 '소외'를 야기하는 익명적 회로와 [다른 한편으로] 주체가 아직 상징적 큰 타자가 아니며 실재적 사물로서의 **타자**인 어떤 **타자성**에 대해 맺고 있는 '불가능한' 관계에 대한 핵심적 구분이다. 요점은 이 실재적 사물을 너무 성급하게 상징적 금지로 인해 접근불가능해진 욕망의 근친상간적 대상(즉, 모성적 사물)과 동일시하지 말아야 한다는 것이다. 이 사물은 오히려 **아버지 그 자체**이며, 다시 말해서 살해되기 이전의 그리고 뒤이어 상징적 권위의 작인(아버지의 이름)으로 고양되기 이전의 외설적 아버지-향유이다. 바로 이 때문에 신화적 내러티브의 층위에서 프로이트는 오이디푸스 신화를 또 다른 신화적 내러티브로, 즉 '원초적 아버지'의 내러티브로 보충해야 한다는 강박을 느꼈다(『토템과 타부』*Totem and Taboo*[T&T]에서). 이 신화의 교훈은 오이디푸스의 교훈의 정반대다. 즉 여기서 우리는 제3자로서 개입하는 아버지, 근친상간적 대상과의 직접적 접촉을 가로막는 (그리하여 그를 죽이면 이 대상에 대한 자유로운 접근이 가능해질 것이라는 환영을 지탱하는) 작인을 다루어야 하는 것이 결코 아니다. 오히려 **아버지-사물**의 살해(오이디푸스적 소원의 **실현**)야말로 상징적 금지를 초래하는 장본인인 것이다(죽은 아버지는 자신의 **이름**으로서 회귀한다). 그리고 오늘날 몹시 지탄받고 있는 '오이디푸스의 몰락'(부성적·상징적 권위의 몰락)에서 발생하는 것은 정확히, '전체주의적' 정치 지도자들에서 부성적·성적 방해꾼에 이르기까지 '원초적 아버지'의 논리에 따라 기능하는 형상들의 회귀이다. 왜인가? '안도감을 주는' 상징적 권위가 중지될 때, 쇠약해만 가는 욕망의 곤궁을, 즉 욕망의 내속적 불가능성을 회피할 수 있는 유일한 길은 그것의 접근불가능성을 원초적 향유자를 나타내는 전제적 형상 속에 위치시키는 것이다: 우리가 즐길 수 없는 것은 그가 모든 즐거움을 전유하기 때문이다……

이제 우리는 오이디푸스에서 *T&T*로의 결정적 이동이 정확히 어디에 있는가를 볼 수 있다. '오이디푸스 콤플렉스'에서 부친살해(와 어머니와의 근친상간)는 무의식적 욕망의 지위를 갖는다. 부성적 형상이 모성적 대상에 대한 접근을 가로막으며 그 대상과의 공생을 방해하기 때문에 우리 보통의 (남성) 주체들 모두는 이에 대해 꿈을 **꾸는** 반면에, 오이디푸스 그 자신은 예외적 형상이며, 실제로 **그것을 행한** 바로 그자다. 이와 대조적으로, *T&T*에서 부친살해는 우리 꿈의 대상이 아니며, 우리의 무의식적 소망의 목표가 아니다. 프로이트가 반복해서 강조하고 있는 것처럼 그것은 '실제로 일어나야 했던' 선역사적 사실이다: 아버지의 살해는 동물 상태에서 문화로의 이행이 일어나기 위해서는 현실 속에서 일어나야 했던 사건이다. 혹은—또 다른 방식으로 표현하자면—표준적 오이디푸스 신화에서 오이디푸스는 우리 모두가 단지 꿈만 꾸는 것(자기 아버지를 죽이는 것 등등)을 **행한** 예외자다;

반면에 *T&T*에서는 우리 모두가 그것을 했으며, 모두가 함께 저지른 이 범죄가 인간 공동체의 토대가 되었다……. 요컨대 외상적 사건은 우리가 그 미래의 가망성을 간직하면서 꿈꾸지만 결코 실제로 발생하지 않으며 그리하여 그것의 지연을 통해 문화의 상태를 지탱하는 (왜냐하면 이 소망이 실현된다면, 즉 어머니와의 근친상간적 결합이 이루어진다면 문화의 우주를 정의하는 상징적 거리/금지는 폐기되고 말 것이므로) 어떤 것이 아니다. 외상적 사건은 오히려 우리가 문화의 질서 내부에 있는 그 순간 언제나-이미 발생해야 했던 것이다.

따라서, 우리가 실제로 아버지를 죽였지만 그 결과는 갈구하던 그 근친상간적 결합이 아니라는 것을 우리는 어떻게 설명할 것인가? *T&T*의 중심 논제는 바로 거기에, 이 역설에 있다. 금지의 현실적 담지자는, 근친상간적 대상에 대한 우리의 접근을 가로막는 것은 살아 있는 아버지가 아니라 죽은 아버지, 즉 자신의 죽음 이후에 자신의 **이름**으로서, 상징적 법/금지의 체화물로서 되돌아오는 아버지다. 그리하여 *T&T*의 모체가 설명하는 것은 부친살해의 구조적 필연성이다: 노골적인 야수적 힘에서 상징적 권위, 금지적 법의 규칙으로의 이행은 언제나 (부인된) 원초적 범죄 행위 속에 근거를 두고 있다. 그것은 '당신은 나를 배반함으로써만 나를 사랑한다는 것을 증명할 수 있다'의 변증법이다: 아버지는 배반당하고 살해된 이후에라야만 존경받는 법의 상징으로 고양된다. 이런 문제틀은 또한 무지의 기행奇行들을 열어놓는다—주체의 무지가 아닌 큰 타자의 무지: '아버지는 죽었다, 하지만 그는 그것을 알지 못한다', 즉 그는 그가 총애하는 추종자들이 그를 (언제나-이미) 배신하고 말았다는 것을 알지 못한다. 다른 한편으로 이것은 그 아버지가 '자신이 아버지라고 실제로 생각한다'는 것을, 그의 권위가 단지 그가 차지하고/거나 채우고 있는 빈 상징적 자리로부터가 아니라 그의 인격으로부터 곧바로 발산한다고 생각한다는 것을 의미한다. 충성스러운 추종자는, 부성적 형상의 지도자에게서, 바로 그 직접적 인격성에 있어서의 지도자와 그가 차지하는 상징적 자리 사이의 틈새를 숨겨야 한다. 그로 인해 유능한 개인으로서의 아버지가 전적으로 무능하고 우스꽝스러워지는 그 틈새를 말이다(물론 여기서 리어왕의 형상이 본보기가 되는데, 그는 이런 배신과 그에 연이은 그의 무능의 폭로에 폭력적 방식으로 직면케 되었다—자신의 상징적 직함을 박탈당하자 그는 격분하는 늙고 무능한 바보로 전락하고 만다). 그러므로 예수 자신이 유다에게 그를 배신하라고 명령했다는 (혹은 적어도 그의 소원을 유다가 행간으로 알 수 있게 해주었다는) 전설은 충분한 근거가 있는 것이다: 바로 여기에, 즉 위인을 배신하는 것—이 배신만이 그의 명성을 보증해줄 수 있다—의 필연성 속에 권력의 궁극적 신비가 놓여 있다.

아일랜드 독립 투쟁에서 마이클 콜린스와 에이몬 드 발레라의 관계는 이 배반의 필연성이 지닌 또 다른 측면을 보여준다. 1921년에 드 발레라의 문제는 그가 전쟁 상태로의 회귀가 낳을 재앙적 결과들과 더불어 영국 정부와 협상을 결론지어야 할 필요성을 보았지만 스스로 그 협상을 결론지음으로써 그에 대한 전적인 공적 책임을 떠맡으려 하지는 않았다는 것이었다. 그렇게 되면 그는 불가피하게 자신의 무능을, 자신의 한계를 공적으로 드러낼 수밖에 없을 테니까 말이다(그는 영국 정부가 두 가지 핵심 요구를 결코 양보하지 않을 것임을 잘 알고 있었다. 즉 여섯 얼스터 주들의 별도 지위에 관한 요구와, 공화국으로서의 아일랜드를 포기하고 영국 국왕을 영연방의 군주로서, 따라서 아일랜드의 군주로서 인정하라는 요구를 말이다). 자신의 카리스마를 유지하기 위해서 그는 또 다른 인물(콜린스)이 협상을 결론짓도록 조작해야만 했다. 이를 공적으로 거부하면서도 나중에 협상 조항들을 은밀하게 받아들일 수 있는 자유를 자신에게 남겨둘 수 있도록 말이다. 이런 식으로 그가 지닌 카리스마의 허울은 구제될 수 있었을 것이다. 드 발레라 자신이 콜린스 및 런던 협상 아일랜드 대표단의 다른 단원들과 관련해 '우리에게는 희생양이 있어야만 한다'고 말했다는 이야기도 있다.4) 콜린스의 비극은 그가 '사라지는 매개자'의 이 역할을 선뜻 떠맡았다는 것이었다. 즉 그는 자신의 타협적 실용주의적 자세로 인해 그 주인이 메시아적 카리스마를 유지할 수 있게 해주는 주체의 역할을 떠맡은 것이다. 런던 협상단 수석 대표가 되는 데 동의한 후에 그는 '당신은 내가 덫에 걸린 것이라고 말할 수 있을지 모른다'5)고 썼으며, 반면에 협약에 서명한 후에는 음울한 예감과 더불어 '나는 나의 사실상의 사망-보증서에 서명한 것인지도 모른다'6)고 말했다. 그리하여 혁명적 이상주의자를 배반하는 후-혁명적 실용주의적 지도자라는 상투적 생각은 반전된다: 진정으로 토대를 놓는 형상인 실용주의적 현실주의자를 이용하고 배반하는 자가 바로 열정적 민족주의적 이상주의자(드 발레라)이다.7)

---

4) Tim Pat Coogan, *De Valera*, London: Arrow Books, 1995, p. 249.
5) 같은 곳.
6) 같은 글, p. 278.
7) 따라서 통상 드 발레라-콜린스 쌍을 로베스피에르-당통 쌍(로베스 피에르는 전투에서 승리하기 위해 당통을 떠나며, 그를 희생시킨다)과 비교하는 것은 심각하게 오도적이다. 오히려 일종의 당통/로베스피에르의 결합이었던 것이 콜린스 자신이었으며, 반면에 드 발레라는 나폴레옹적 인물에 더 가까웠다. 영국 정부와 협상을 하고 그 후에 협약에 서명을 하는 1921년의 결정적 국면에서 그들의 관계에 대해 분명하게 조명해줄 두 개의 인용이 있다. 드 발레라 자신이 승인한 그의 공식 일대기에 나오는 첫 번째 것은 협상을 결론짓기 위해 그 자신이 런던으로 가지 않고 콜린스가 협상팀의 수장이 되어야 한다고 주장한 그의 이유를 기술하고 있다. 드 발레라는

이 단계에서 공화국의 상징[즉, 드 발레라 그 자신!]은 손상되지 않아야 하는 것이,

그렇지만 이런 반전은 어떻게 가능한가? *T&T* 모체에는 아직 빠져 있는 무언가가 있다. 살해된 아버지가 상징적 금지의 작인으로서 되돌아오게 하는 것으로는 충분치 않다. 이 금지가 효과적이기 위해서는, 현실적으로 그 힘을 발휘하기 위해서는, 어떤 실정적 의지함Willing의 행위에 의해 지지되어야 한다. 이런 통찰은 오이디푸스 모체에 대한 한 층 더 나아간 최종적인 프로이트적 변주를 위한, 즉 『모세와 일신교』 *Moses and Monotheism*[*M&M*]에 나오는 변주를 위한 길을 닦았다.

> 그리고 그것은 우리의 전권 대사가 할 필요가 있을지도 모르는 어떠한 합의에 의해서도, 어떠한 의미에서도, 더럽혀지지 않아야 하는 것이 절대적으로 중요한 것이라고 믿었다. …… 국가의 수장과 그 상징은 손상되지 않게 보존하는 것이 필요했으며, 바로 그 때문에 그는 자신은 제외시켜야 한다고 요청했던 것이다. (Coogan, *De Valera*, p. 247에서 인용)

협상을 위해 런던으로 가지 않겠다는 콜린스의 주된 논변은 자칭 '공화국의 살아 있는 상징'이라는 이런 입장과는 전적으로 달랐다—그의 요점은 이러했다:

> 아일랜드에서와 마찬가지로 영국에서도 마이클 콜린스 전설은 존재했다. 그것은 나를 파악하기 힘들고 알려져 있지 않으며 설명하기 힘든, 신비롭고 활동적인 위협거리로 묘사했다. …… 나를 런던 협상에서 집중 조명을 받게 하면 곧바로 나를 이루고 있는 그 평범한 자질이 발견될 것이다. 전설적 인물의 마력은 사라질 것이다. (같은 글, p. 248에서 인용)

드 발레라와 콜린스는 자신들 자마다의 능력에 관련해서나 협상 과정의 위험이나 복잡함과 관련해서 어떠한 사실적 이유도 언급하지 않으며, 오히려 협상에 참여한다는 사실이 그들의 고유하게 신비적인 상징적 지위에 가할지도 모르는 손상에 대해 언급한다. 드 발레라는 공화국의 상징으로서의 자신의 지위를 상실할 것을 염려하는데, 그것은 필연적 타협을 내포하는 더러운 협상의 어떠한 세속적 일에 의해서도 더럽혀지지 말아야 한다. 반면에 콜린스는 보이지 않는 행위자로서의 그의 지위를 상실할 것을 염려하는데, 그의 유령적 전능함은 일단 그가 일광을 받게 되어 단지 또 하나의 평범한 녀석이라는 것이 보여지게 되면 점차 쇠약해지고 마는 것이다. 물론 여기서 우리가 만나게 되는 것은—라캉식으로 말하자면—S_1과 대상 *a* 사이의, 자신의 공공연한 표장의 카리스마에 의해 지탱되는 상징적 주인과 그것의 유령적 분신, 즉 전자의 경우와는 반대로 결코 대낮에 완전하게 나타나는 법 없이 반쯤만 보이는 상태에서만 자신의 힘을 발휘하는 신비한 대상 사이의 대립이다.

거기서도 역시 우리는 두 개의 부성적 형상을 다루고 있다. 하지만 이런 이중성은 *T&T*에서의 이중성과 같지 않다. 여기서 그 두 형상은 선상징적인 외설적/거세되지-않은 아버지-향유와 상징적 권위의 담지자로서의 (죽은) 아버지(아버지의 이름)인 것이 아니라, 일신교를 부과한—해묵은 다신교적 미신들을 없애고 하나뿐인 합리적 질서에 의해 결정되고 지배되는 우주 개념을 도입한—옛 이집트 시절의 모세와 사실상 여호와(야훼)에 다름아니며 자신의 백성에게서 배반당했다고 느낄 때 복수의 분노를 드러내는 질투심 많은 신인 유대의 모세이다. 요컨대 *M&M*은 다시금 *T&T*의 모체를 반전시킨다: 자신의 추종자/아들에게 '배반'당하고 살해당하는 아버지는 외설적 원초적 아버지-향유가 아니며, 상징적 권위를 체화하고 있는 바로 그 '합리적' 아버지, 우주의 통일된 합리적 구조(로고스)의 화신인 그 형상이다. 외설적 원초적 선상징적 아버지가 살해된 이후에 자신의 **이름**의 가장 속에서, 즉 상징적 권위의 가장 속에서 되돌아오는 것 대신에, 이제 상징적 권위(로고스)가 자신의 추종자/아들에게 배반당하고 살해당하며 그런 연후에 살기 어린 분노로 가득 찬 신의 질투심 많고 용서 없는 초자아 형상의 가장 속에 되돌아온다.[8] 오로지 이 지점에서만, 즉 오이디푸스 모체의 이 두 번째 반전 이후에서야 우리는 철학자의 신(우주의 합리적 구조와 동일시되는, 로고스의 보편적 구조로서의 신)과 신학자의 신(사랑과 증오의 신, 변덕스러운 '비합리적' 예정의 헤아릴 길 없는 '어두운 신') 간의 그 유명한 파스칼의 구분에 도달한다.

다시금 핵심적 요점은 이 신이 외설적 원초적 아버지-향유와 동일하지 않다는 것이다: 향유의 지식을 부여받은 원초적 아버지와 대조적

---

8) 이런 변동들에 대한 간결한 서술은, Michel Lapeyre, *Au-delà du complexe d'Œdipe*, Paris: Anthropos-Economica, 1997을 볼 것.

으로 이 비타협적 신의 근본적 특징은 그가 향유에 대해 '안 돼!'라고 말한다는 것이다. 이는 흉포한 무지에 사로잡힌 신('la féroce ignorance de Yahvé'[9])이며, '나는 너의 더럽고 은밀한 향유 방식들에 대해 알기를 거부하며 듣기를 원하지 않는다'라는 태도에 사로잡힌 신이며, 전통적인 성별화된 지혜의 우주를 추방하는, 아직도 여전히 큰 타자(상징적 질서)와 향유 사이의 궁극적 조화의 유사물이 존재하는 우주를 추방하는, 남성적 '원리'와 여성적 '원리'(음과 양, 빛과 어둠, 땅과 하늘) 사이의 기저에 깔린 어떤 성적 긴장에 의해 규제되는 대우주 macrocosm 개념을 추방하는 신이다. 이는—인간에 대한 사르트르의 정의를 시대착오적으로 그에게 적용하자면—자신의 실존이 자신의 본질에 단순히 일치하는(토마스 아퀴나스의 중세 신의 경우처럼) 것이 아니라 그 본질에 선행하는 원-실존주의적 신이다. 바로 그런 이유 때문에 그는 동어반복으로 말한다. 자기 자신의 무엇임*quidditas*과 관련해서 뿐만 아니라('나는 나다I am what I am') 또한 무엇보다도 **로고스와 관련된 것에 있어서도**, 즉 그가 행하고 있는 것에 대한—혹은 좀더 정확히 말하자면, 그의 명령들에 대한, 그가 우리에게 행하라고 하거나 하지 말라고 하는 것에 대한—이유들에 있어서도 말이다. 그의 명령들의 그 가차없는 주장은 궁극적으로 '**그것이 그런 것은 내가 그것이 그렇다고 말하기 때문이다!**'에 근거하고 있다. 요컨대 이 신은 순수 의지의 신이며, 로고스의 여하한 범역적 합리적 질서 너머에 놓여 있는 변덕스러운 심연의 신이며, 자신이 행하는 여하한 것도 **설명할 필요가 없는** 신이다.

철학의 역사에서 신성한 의지가 나타나는 대우주의 범역적·합리

---

[9] Jacques Lacan, *Le Séminaire, livre XVII: L'envers de la psychanalyse*, Paris: Éditions du Seuil, 1991 제9장의 제목.

적 건축물 내부에서의 이와 같은 틈새는 둔스 스코투스에 의해 처음으로 열리게 되었다. 하지만 이 끔찍한 의지의 심연에 대한 가장 통렬한 묘사를 제공하는 것은 셸링이었다. 셸링은 의지를 '충분이유율'에 대립시켰다: 순수한 의지함은 언제나 자기동일적이며, 오로지 자기 자신의 행위에만 의존한다—'내가 그것을 원하는 것은 그것을 원하기 때문이다!'. 경외스러운 시적 아름다움을 내뿜는 묘사를 통해 셸링은 어떻게 평범한 사람들이 그처럼 무조건적인 의지를 드러내는 방식으로 행동하는 사람과 마주칠 때 무서움을 느끼게 되는가를 강조하고 있다: 거기엔 사람을 호리는 고유하게 최면적인 무언가가 있다, 사람들은 그것에 의해 마치 주문에 걸리는 듯하다……. 물론 순수한 의지함의 심연에 대한 셸링의 강조는 이른바 헤겔의 '범논리주의'를 표적으로 삼고 있다. 셸링이 증명하려 하는 것은 헤겔적인 보편적 논리체계가 그 자체로 **무능하다**는 것이다. 즉 그것은 순수 **잠재성들**의 체계이며, 그런 것으로서 그 스스로를 **현실화하기** 위해서는 순수 의지의 보충적인 '비합리적' 행위를 필요로 한다는 것.

이 신은 자신의 추종자/아들에게, 자신의 '백성'에게 말하는 신이다. 여기서 **목소리**의 개입은 핵심적이다. 불안에 관한 미출판 세미나(1960~1961)에서 라캉이 말하고 있는 것처럼, 목소리(실제 '화행')는 기표적 연결망의, 그것의 '상징적 유효성'의 *passage à l'acte*[행위로의 이행]를 초래한다. 이 목소리는 본래 의미없는meaningless 것이다. 심지어 그것은 뜻없는nonsensical 것이다. 그것은 신의 악의적이고 앙심을 품은 분노를 표현하는 한낱 부정적 제스처에 불과하다(모든 의미는 우리의 우주를 구조화하는 상징적 질서 속에 이미 있다). 하지만 정확히 그런 것으로서 그것은 순수하게 구조적인 의미를 현실화하는 것이다. 그런 의미를 뜻에 대한 경험으로 변형시킴으로써 말이다.[10] 물론 이것은, 신의 의지를 표명하는 목소리의 이 발화를 통해 신은 스스로를 **주체화한다**는 것을 말하는 또 다른 방식이다. 자신의 백성에게 배반당하고 살해되는 옛 이집트 시절의 모세는 전적으로 포용적인 로고스의 일자였으며, 우주의 합리적 실체적 구조였으며, '위대한 자연의 책'을 읽을 줄 아는 자들에게 접근가능한 '글'이었으며, 아직 자신의 무조건적 의지를 자신이 창조한 것에 부과하는 전적으로 배제적인 주체성으로서의 **일자**는 아니었다. 그리고 다시금 놓쳐서는 안 될 핵심적 요점은 이 신이, 비록 비논리적이고 '변덕스럽고' 앙심을 품고 있고 '비합리적'이기는 하지만, 선-상징적 '원초적' 아버지-향유인 것은 아니며 오히려 반대로 향유의 방식들에 대한 '흉포한 무지'에 의해 관철되는 금지의 행위자라는 것이다.

여기서 염두에 두어야 하는 역설은 근거 없는 의지함과 흉포한 '비합리적' 분노의 이 신이 자신의 금지를 통해 성별화된 옛 지혜에 대한 파괴를 성취하고 그리하여 근대 과학의 탈-성별화된 '추상적' 인식을 위한 공간을 열어놓는 그 신이라는 것이다. (근대적, 후-데카르트적 의미에서의) '객관적' 과학적 인식은 과학적 인식의 우주 그 자체가 '실재적 아버지'의 이 과도한 '비합리적' 형상에 의해 보충되고 지탱되는 한에서만 존재한다. 요컨대 데카르트의 '주의주의'(만일 신의 의지가 그러하다면 2+2는 5일 것이다―신성한 자연Nature과 직접적으로 공실체적인 어떠한 영원한 진리도 없다―라는 그의 유명한 진술을

---

10) 이런 구분에 대한 보다 상세한 설명을 위해서는 Slavoj Žižek, *The Indivisible Remainder*, London: Verso, 1996의 제2장을 볼 것. [특히, 'The voice is a voice'라는 제목의 절(pp. 99~103)에 나오는 내용을 참조할 것. 한 구절을 예컨대 인용하면 이렇다: '따라서 라캉적 역설은, (객관적-지시적) 의미를 (주체적-표현적) 뜻으로 변형시키고자 할 때, 그것을 뜻없는 목소리 얼룩을 가지고 보충하기만 하면 된다는 것이다: **뜻(sense)=의미(meaning)+뜻없음(nonsense)**'(pp. 102~103).]

볼 것)는 근대적, 과학적 인식의 필수적 이면이다. 전근대적인 아리스토텔레스적 중세적 인식은 아직 '객관적인' 합리적 과학적 인식이 아니었는데, 그 이유는 바로 그것이 순수한 '비합리적' 의지함의 주체성으로서의 신이라는 이 과도한 요소를 결여하고 있었기 때문이었다. 아리스토텔레스에게 있어 '신'은 그 자신의 영원한 합리적 자연[본성]과 직접적으로 대등하다. 실로 그는 사물들의 논리적 질서 외에 어떤 것도 아니다. 또 하나의 역설은 금지적 부성적 형상으로서의 이 '비합리적' 신이 또한, 우리의 성적 정체성은 우연적 사회-상징적 형성물이라는 해체주의적 개념에 이르기까지, 근대성의 전全 발달을 위한 공간을 열어놓는다는 것이다: 이 금지적 형상이 후퇴하는 순간, 우리는 오늘날 번창하고 있는 영원한 남성적 원형과 여성적 원형이라는 융적인 신-반계몽주의적 개념으로 되돌아가고 만다.

상징적 법/금지의 고유한 권위를 한낱 '규칙에 의한 규제'로부터 분리시키는 틈새를 완전히 오해하지 않으려 한다면 이 역설은 핵심적이다. 상징적 규칙들의 영역은, 현실적으로 그런 것으로서 간주되기 위해서는, '그것이 그런 것은 내가 그것이 그렇다고 말하기 때문이다!'라고 말하는, **규칙 너머의** 어떤 동어반복적 권위 속에 근거하고 있어야만 한다.[11] 요컨대 신성한 이성 너머에는 신의 의지의 심연이, 심지어

---

[11] 바로 그런 이유 때문에, 강박 히스테리증자와 도착증자가 규칙에 관계하는 방식은 정확히 대립된다: 강박증자는 상징적 법/금지의, 그것의 참을 수 없는 무조건적 명령의 외상적 충격을 완화하기 위해 규칙을 따른다. 즉, 그에게 있어 규칙이 거기 있는 것은 법의 외상적 과잉을 정상화하기 위해서이다(분명하고 명시적인 규칙을 따른다면 당신은 당신의 양심의 애매한 압력에 대해 걱정할 필요가 없다—가톨릭 교회는 이런 방식으로 규칙을 조작하는 데 언제나 능숙했다: 당신이 죄책감 때문에 괴로움을 당하고 있다면 신부는 당신에게, 일단 완수하고 나면 당신을 그 죄책감에서 벗어나게 해주는 일단의 절차—기도를 몇 번 하고 선행을 몇 번 하고 등등—를 처방해준다). 반면에 도착증자는 그의 심적 우주의 기저에 어떠한 법도 놓여 있지 않다는 사실을 은폐하기

영원한 진리들을 지탱하고 있는 신의 우연적 결단의 심연이 있다. 이 동일한 틈새는, 근대적 반성적 자유를 위한 공간을 열어놓는 것뿐만 아니라, 근대적 비극을 위한 공간 또한 열어놓는다. 정치적으로 말하자면, 고전적 비극과 근대적 비극의 차이는 (전통적) **전제**tyranny와 (근대적) **공포**terror의 차이다.12) 전통적 영웅은 대의를 위해 자신을 희생한다. 그는 전제군주의 압력에 저항하며 어떠한 대가를 치르고라도 자신의 의무를 완수한다. 그런 것으로서, 그는 인정받는 것이며, 그의 희생은 그에게 숭고한 아우라를 부여하며, 그의 행위는 본받아야 할 모범으로서 전통의 등록부에 기재된다. 사물을 위한 희생의 바로 그 논리가 우리로 하여금 이 사물 자체를 희생하도록 강요할 때, 우리는 근대적 비극의 영역으로 들어간다. 폴 클로델의 시뉴의 곤경은 바로 거기에 놓여 있는데, 그녀는 신에 대한 자신의 절대적 충실함을 증명하기 위해 자신의 신념을 배신하지 않을 수 없게 된다. 시뉴는 자신의 경험적 생보다 그녀에게 더 중요한 무엇을 위해 그 생을 희생하는 것이 아니다. 그녀는 정확히 '그녀 안의, 그녀 자신보다 더한' 것을 희생하며, 그리하여, 자신의 아갈마를 상실한 채, 이전의 자기의 한낱 껍데기로서 살아남는다. 그로써 우리는, 대의에 대한 우리의 충실성이 우리로 하여금 '인간성'의 문턱을 넘어서도록 강제하는 때, **영웅주의의 기괴성**이라는 영역에 입장한다. 신의 사랑을 위해서 내가 나의 영혼 그 자체를 잃어버릴, 그것을 외부의 저주에 노출시킬 준비가 되어 있다는 것은 가장 고귀하고도 가장 절대적인 신념의 증거이지

위해 규칙을 설정한다(그리고 따른다). 다시 말해서 그의 규칙들은 일종의 법 대용으로서 기능하는 것이다.

12) Jacques Lacan, *Le Séminaire, livre VIII: Le transfert*, Paris: Éditions du Seuil, 1991을 볼 것.

않은가? 자신의 생을 희생함으로써 영혼의 구제를 확실히 하는 것은 쉬운 일이다―신을 위해 자신의 바로 그 영혼을 희생하는 것이야말로 얼마나 더 끔찍한 일이던가!

이런 곤경의―영웅(전제에 대한 그의 저항)을 공포의 희생양으로부터 분리시키는 틈새의―궁극적 역사적 예시를 제공하는 것은 아마도 스탈린주의의 희생양일 것이다. 이 희생양은 공산주의가 이데올로기적 신기루였음을 마침내 배우게 되고 이데올로기적 대의 밖에 있는 단순한 윤리적 삶의 긍정성을 깨우치게 되는 어떤 사람이 아니다. 스탈린주의적 희생양은 단순한 윤리적 삶으로 물러날 수가 없는데, 왜냐하면 그가 이미 자신의 공산주의적 대의를 위해 그것을 저버렸기 때문이다. 이런 곤경은, (부하린에서 슬란스키에 이르기까지) 스탈린주의적 대大 공개 재판의 희생양들의 운명이 말할 수 없이 끔찍한 것이었음에도 불구하고 고유하게 비극적인 차원이 빠져 있다는 인상을 설명한다―즉 그들은 비극적 영웅들이 아니었으며, 더 끔찍하면서도 동시에 더 희극적인 무언가였다: 그들은 그들의 운명에 고유하게 비극적인 차원을 부여할 바로 그 존엄을 박탈당했다. 바로 그런 이유 때문에 안티고네는 스탈린주의 권력에 대한 저항의 모델이 될 수 없다: 우리가 그녀를 그와 같이 이용한다면, 우리는 스탈린주의적 공포를 한낱 전제의 또 다른 판본으로 환원시키는 것이다. 안티고네는 전제군주의 (의사-)법에 대립되는 바로서의 (상징적 의식儀式을 수행하고 그녀의 죽은 오빠를 올바로 매장하고자 하는) 큰 타자의 욕망에 대한 참조를 유지한다. 바로 스탈린주의의 공개 재판에는 결여되어 있는 그 참조를 말이다. 스탈린주의의 공개 재판은 희생양을 굴욕시킴으로써 그에게 숭고의 미를 부여할 수 있을 바로 그 차원을 박탈한다. 희생양은 어떤 문턱을 넘어가 버리며, '자신의 존엄을 상실한다.' 그는 '궁핍한', 자신의 삶의 내러티브를 재구성할 수 없는, 아갈마를 빼앗긴 순수 주체로 전락하고 만다.

그리하여 공포는 윤리적 태도를 외부로부터 침식하는 타락의 힘이 아니다. 오히려 그것은 윤리적 태도를 내부로부터 침식한다. 윤리적 기획 자체의 내적 틈새를, 실재적인 것으로서의 윤리적 대의를 그 상징적 차원에서의 대의(가치들 등등)로부터 분리시키는 틈새를, 혹은 —이를 정치-법률적 용어로 표현하자면—순수 결단 행위의 신을 실정적 금지와 계명의 신으로부터 분리시키는 틈새를 그 극단에 이르기까지 동원하고 이용함으로써 말이다. (상징적) 윤리적인 것의 키에르케고르적 중지 또한 비극 너머로의 움직임을 내포하지 않는가? 윤리적 영웅은 비극적인 반면에 신념의 기사는 두 죽음 너머에 있는 혹은 두 죽음 사이에 있는 끔찍한 영역에 거주하는데, 왜냐하면 그는 그에게 가장 소중한 것을, 그의 대상 a를 (아브라함의 경우, 자신의 아들을) 희생하기(할 준비가 되어 있기) 때문이다. 다시 말해서 키에르케고르의 요점은 아브라함이 신에 대한 의무와 인간에 대한 의무 가운데 선택하도록 강제받는다는 것이 아니라(그와 같은 선택은 단순히 비극적인 것에 머문다), 그가 신에 대한 의무의 두 측면 가운데서, 따라서 신 그 자신의 두 측면 가운데서 선택해야 한다는 것이다. 즉 보편적인 것(상징적 규범 체계)으로서의 신과 보편자의 차원을 중지시키는 절대적 단독자의 지점으로서의 신 가운데서 말이다.

바로 이런 이유 때문에, 『죽음의 선물』[13]에 나오는, 아브라함의 제스처(에 대한 키에르케고르의 독해)에 대한 데리다의 독해는 불충분해보인다. 거기서 데리다는 아브라함의 희생을 과장법적 예외로서가

---

13) Jacques Derrida, *Donner la mort*, Paris: Galiée, 1995를 볼 것.

아니라 우리 모두가 우리의 가장 흔한 윤리적 경험에서 매일 반복해서 수행하는 어떤 것으로서 해석한다. 데리다에 따르면 우리가 어느 한 개인에 대한 의무에 복종하는 것을 선택하는 순간 언제나 우리는 (*tout autre est tout autre*, 즉 모든 타자는 전적으로 다르므로) 다른 모든 사람들에 대한 우리의 의무를 소홀히 한다/망각한다. 만약 내가 내 자신의 아이들에게 관심을 기울이면 나는 다른 사람들의 아이들을 희생시킨다; 만약 내가 이 다른 사람을 먹이고 입히는 것을 도와준다면, 나는 다른 타인들을 포기한다 등등. 아브라함의 곤경을 자신의 모든 가능성들을 결코 이용/현실화할 수 없는 일종의 하이데거적인 현존재의 구성적 죄지음으로 이처럼 환원시킴으로써 잃게 되는 것은 이 곤경의 자기-지칭적 성격이다: 아브라함의 곤궁은, 그가 궁극적 *tout autre*(신)를 위해서 또 다른 *tout autre*를, 그가 가장 애지중지하는 이승의 동반자(그의 아들)를 희생해야만 한다는 사실에 있는 것이 아니라, 신에 대한 그의 사랑을 위해 그의 신념 속에 근거하고 있는 바로 그 종교가 그에게 사랑하라 명하는 것을 희생해야만 한다는 사실에 있다. 그리하여 분열은 신념 그 자체에 내속한다. 그것은 상징적인 것과 실재적인 것 사이의 분열이며, 신념의 **상징적** 건축물과 순수하고 무조건적인 신념의 행위 사이의 분열이다―너의 신념을 증명할 유일한 길은 바로 그 신념이 너에게 사랑하라 명하는 것을 배반하는 것이다.

상징적 유효성의 서거

이제 우리는 왜 라캉이 이 금지하는 신을 '거세의 작인'으로서의 '실재적 아버지'라 부르는지를 알 수 있다: 상징적 거세는 큰 타자와 향유 사이의 틈새에 대한, 그 둘이 결코 '동조'될 수 없다는 사실에 대한 또 다른 이름이다. 우리는 또한 도착증이 어떤 정확한 의미에서 거세에 대한 부인을 실연하는가를 알 수 있다. 도착증자의 근본적 환영은 향유에 대한 접근을 규제할 수 있게 해주는 (상징적) 지식을 자신이 소유하고 있다는 환영이다. 즉, 이를 보다 현대적 용어로 옮기자면, 도착증자의 꿈은 성 행위를 명확히 정의된 계획에 따라 투사되고 실행될 수 있는 도구적 목적-지향적 행위로 변환시키는 것이다. 따라서 오늘날 우리가 부성적 권위의 쇠락에 대해 이야기할 때, 사실상 은퇴하는 것은 바로 이 아버지, 비타협적 '안 돼!'의 아버지이다. 그의 금지적 '안 돼!'가 부재하는 가운데 상징적 질서와 향유 사이의 환상적 조화의 새로운 형식들이 다시금 번창할 수 있다—금지적 '실재적 아버지'의 희생을 치르면서 이 삶으로서의 이성Reason-as-Life이라는 실체적 개념으로 회귀하는 것이 이른바 뉴에이지 '전체론적' 태도의 관심사인 것이다(살아 있는 존재자로서의 지구 혹은 대우주).14) 이 곤궁들이 지시하는 바는 오늘날 어떤 의미에서 '큰 타자는 더 이상 존재하지 않는다'는 것이다—하지만 어떤 의미에서인가? 우리는 이 비존재가 실제로 무엇에 해당하는가에 대해 분명히 할 필요가 있다. 어떤 면에서 라캉이 신에 대해 말하는 것(오늘날 신이 죽은 것이 아니다. 신은 처음부터 죽어 있었다. 단지 그가 그것을 알지 못하고 있었을 뿐……)

---

14) 근본적 태도에 있어서의 이와 같은 변동에 대해 어떻게 교회조차도 저항하지 않는가를 보여주는 징조는 마리아를 공동-대속자co-redemptrix로 격상시키라고 교황에게 민초들이 가하는 압력이다. 사람들은 교황이, 우리 죄 많은 인간들이 신의 자비를 얻을 유일한 길은 마리아에게 탄원하는 길이라고 단언하는 교리를 선언함으로써, 후-부성적인 세 번째 천년에도 가톨릭 교회가 존속할 수 있게 해주길 기대한다. 마리아는 우리의 중재인으로서 역할을 한다. 우리가 그녀를 납득시킨다면, 그녀는 그녀의 아들인 예수에게 우리를 위해 말씀해줄 것이다.

은 큰 타자의 경우에도 똑같이 해당한다: 그것은 우선적으로 결코 존재하지 않았다, 즉 궁극적으로 큰 타자의 비존재는 큰 타자가 상징적 질서라는 사실과, 큰 타자가 직접적 물질적 인과관계의 층위와는 다른 층위에서 작용하는 상징적 허구들의 질서라는 사실과 동등한 것이다. (이런 의미에서 큰 타자가 실제로 존재하는 유일한 주체는 정신증자, 즉 말에 직접적·물질적 유효성을 부여하는 자이다.) 요컨대 '큰 타자의 비존재'는 믿음의 개념에, 상징적 신뢰의 개념에, 신용의 개념에, 타인들이 말하는 것을 '액면 그대로' 취함이라는 개념에 엄밀히 상관적이다.

막스 브라더스 영화 가운데 한 편에서 거짓말이 들킨 그루초 막스는 화를 내며 대답한다: '넌 누굴 믿지? 네 눈이야 아니면 내 말이야?' 겉보기에 분명 터무니없는 이 논리는 상징적 질서의 작용을 완벽하게 표현하고 있는데, 거기서 상징적 가면-위임은 이 가면을 쓰고/거나 이 위임을 떠맡는 개인의 직접적 현실보다 더 중요하다. 이런 작용은 물신주의적 부인의 구조를 내포한다: '나는 사물들이 내가 그것들을 보는 대로임을 [이 사람이 타락한 무기력자임을] 아주 잘 알고 있다. 하지만 그럼에도 불구하고 나는 그를 존경으로써 대하는데, 왜냐하면 그는 판사의 휘장을 두르고 있으며 따라서 그가 말할 때 다름아닌 법 그 자체가 그를 통해 말하기 때문이다.' 따라서 어떤 점에서 나는 정말로 나의 눈이 아닌 그의 말을 믿는다. 다시 말해서 나는 또 다른 공간(순수 상징적 권위의 영역)이 있다고 믿는데, 그 공간은 그것의 대변인들의 현실보다 더 중요한 것이다. 그러므로 현실에로의 냉소적 환원으로는 불충분하다: 판사가 말할 때 어떤 점에서 그 판사의 인격의 직접적 현실 속보다 더 많은 진실이 그의 말(법 제도의 말) 속에 들어 있다—만약 우리가 눈으로 보는 것에 스스로를 제한한다면 우리는 단순히 요점을 놓치게 된다. 이 역설은 바로 라캉이 그의 '속지 않는 자가 틀린다(les non-dupes errent)'로써 겨냥하고 있는 바이다: 상징적 속임/허구에 붙잡히지 않으려 하고 자신들의 눈을 계속 믿는 자들은 가장 많이 틀리는 자들이다. '자기 눈만을 믿는' 냉소꾼은 상징적 허구의 유효성을, 이 허구가 우리의 현실 경험을 구조화하는 방식을 놓치고 만다.

똑같은 틈새가 이웃과의 가장 친밀한 관계 속에서 작동한다: 우리는 예컨대 그들 역시 냄새가 나고 똥을 눈다는 것을 마치 모르는 것인 양 행동한다―최소한의 이상화는, 최소한의 물신화하는 부인은 우리의 공존을 위한 기초다. 그리고 동일한 부인은, 안네 프랑크에서 소련을 믿는 미국 공산주의자에 이르기까지 식별가능한, 이상화하는 제스처의 숭고한 미를 설명한다. 스탈린주의적 공산주의가 소름끼치는 것이었음을 알고 있기는 하지만 그럼에도 불구하고 우리는 공산주의에 대한 믿음과 소련에 대한 지지를 영웅적으로 지속한 매카시 마녀사냥의 희생양들을 칭송한다. 여기서의 논리는 안네 프랑크의 것과 동일한데, 그녀는 자신의 일기에서 2차 대전 동안 유대인에게 자행된 잔혹행위들에도 불구하고 인류의 궁극적 선함에 대한 믿음을 표현한다. (인류의 본질적 선함에 대한, 소비에트 체제의 진정으로 인간적인 성격에 대한) 믿음의 그와 같은 단언을 숭고하게 만드는 것은 그것과 그것에 대한 압도적인 사실적 반증 사이의 바로 그 틈새이며, 다시 말해서 사물들의 현실적 상태를 능동적으로 **부인하려는 의지**이다. 어쩌면 바로 거기에 가장 기본적인 **형이'상'학적** 제스처가 놓여 있을지도 모른다. 즉 그 백치성idiocy에 있어서의 실재를 받아들이기를 이처럼 거부하는 것 속에, 그것을 부인하고 그것 배후에 있는 또 다른 세계를 찾는 것 속에 말이다.15)

물신주의에 대한 프로이트의 논문을 독해하면서 폴-로랑 아순은, 나의 눈이 나에게 말하는 것과 상징적 허구 사이의 틈새에 대한—가시적인 것을 비가시적인 것으로부터 분리시키는 틈새에 대한—두 가지 상이한 접근은 성적 차이로 설명할 수 있다고 제안한다.16) 남자아이가 발가벗은 여자아이를 볼 때 그는 자신의 눈을 믿지 않는 (그리고 여자아이는 다르다는 사실을 받아들이지 않는) 쪽을 선택한다. 그는 계속해서 '말'을, 상징적 허구를 믿는데, 이는 그로 하여금 여자아이에게서도 음경을 기대하도록 이끌며 그리하여 그는 자신의 직접적 지각을 부인하고 그것을 피상적 유인물로서 해석하고 이 틈새를 설명할 가설들을 찾기 시작하고 형성하기 시작한다(여자아이들은 더 작은, 거의 눈에 보이지 않는 음경을 가지고 있다, 여자아이들의 음경은 나중에 자랄 것이다, 그것은 잘려진 것이다……)—요컨대 그 남자아이의 부인은 그를 '자생적 형이상학자', 가시적 사실들 배후에 있는 또 다른 세계를 믿는 자의 방향으로 나아가게 만든다. 반대로 여자아이는 '자신의 눈을 믿는다'. 그녀는 자신이 '그것'을 가지고 있지 않다는 사실을 받아들이며, 따라서 일단의 다른 선택항들이 그녀에게 열린다. 그 유명한 '음경 선망과 대체물(예컨대, 아이) 찾기에서 시작해서 상징적 질서를 근본적으로 불신하는 냉소적 태도(남성적 남근적 힘이 한낱 허울에 불과한 것이라면 어찌할 것인가?)에 이르기까지.

철학의 역사에서 '네 눈이 아닌 내 말을 믿어라'에 관한 세 가지

---

15) 물론 헤겔은 이 형이'상'학적 탐색을 자기-지칭의 지점에까지 가져다 놓았다. 그에게 있어서 '초감각적인 것은 외양으로서의 외양이다'. 즉 외양 배후의 그 다른 세계는 다름 아닌 외양하는 어떤 것이다. 그것은 현상적 감각적 세계 너머에 또 다른 세계가 있는 것 같은 바로 그 외양이다.

16) Paul-Laurent Assoun, *La Voix et le Regard*, vol. I, Paris: Anthropos-Economica, 1995, pp. 64 이하를 볼 것.

위대한 일화적 사례가 있다. 첫째로, 견유학파 디오게네스. 그는 단순히 걸어 보임으로써 어떠한 운동도 없다는 엘레아 학파의 테제를 논박했으며, 그리고 나서는 헤겔이 강조하는 것처럼 스승에게 갈채를 보낸—즉 논변의 말들보다는 자기 눈을 믿은—제자를 질타했다(디오게네스의 요점은 경험에 대한, '네 눈이 네게 말하는 것'에 대한 그와 같은 직접적 참조는 철학에서 중요하지 않다는 것이었다. 철학의 과제는, 논변을 통해, 우리가 보는 것의 참과 거짓을 입증하는 것이다). 둘째로 스콜라 수사들에 관한 중세 이야기. 그들은 당나귀에겐 몇 개의 이빨이 있는가에 대해 토론을 했는데, 그러다 그들 집단에 속한 한 젊은 수사가 그냥 집 밖에 있는 마구간으로 가서 세어보자고 제안했을 때 충격을 받았다. 끝으로 헤겔의 이야기. 그는 태양 주위를 8개의 행성만 돌고 있다고 주장했다. 9번째 행성이 발견된 후에도 말이다.

오늘날, 가상현실은 말할 것도 없고 완벽하게 위조된 문서 이미지를 가능하게 하는 새로운 디지털 기술과 더불어, '네 눈의 매혹이 아닌 내 말(논변)을 믿어라!'라는 명령은 그 어느 때보다도 더 적실한 것이다. 다시 말해서, '넌 누굴 믿지? 네 눈이야 아니면 내 말이야?'의 논리는—즉 '나는 아주 잘 알고 있다. 하지만 그럼에도 불구하고…… [나는……라고 믿는다]'의 논리는—두 가지 상이한 방식으로, 즉 상징적 **허구**의 방식과 상상적 **시뮬라크르**의 방식으로, 기능할 수 있다. 휘장을 두른 판사의 유효한 상징적 허구의 경우에, '나는 이 사람이 타락한 무기력자임을 아주 잘 알고 있다, 하지만 그럼에도 불구하고 나는 상징적 큰 타자가 그를 통해서 말하는 [것이라고 믿고 있는] 것인 양 그를 취급한다: 나는 내 눈이 나에게 말하는 것을 부인하고 상징적 허구를 믿는 쪽을 선택한다. 반대로 가상 현실의 시뮬라크르의 경우에 '나는 내가 보는 것이 디지털 기계에 의해 생성된 환영임을 아주 잘 알고 있다. 하지만 그럼에도 불구하고 나는 스스로 그 속에 몰입되는 데 동의하며, 마치 내가 그것을 믿는 것인 양 행동하는 데 동의한다'— 여기서 나는 나의 (상징적) 인식이 나에게 말하는 것을 부인하고 오로지 내 눈만을 믿는 쪽을 선택한다.

근대 철학사에서 '넌 누굴 믿지? 네 눈이야 아니면 내 말이야?'의 논리는 말브랑슈의 기회원인론에서 가장 강력하게 표현되었다. 기회원인론의 중심 교의(이에 따르면 신은 유일한 인과적 작인이다)에 대한 어떠한 감각적 증거도 없을 뿐만 아니라, 심지어 이 교의는 모든 감각 경험에 대해 반대되는바, 그 경험은 우리로 하여금 외부 대상들이 우리 감각들에 직접 작용하여 우리 마음에 감각을 일으킨다는 것을 믿도록 만든다. 그리하여 말브랑슈가 독자들로 하여금 그들의 눈이 아니라 그의 말을 믿으라고 확신시키려 노력할 때 그가 설명해야만 하는 핵심적 수수께끼는 이러하다. 왜 신은 우리 유한한 인간이 감각적 대상들이 직접 우리 감각들에 작용한다는 환영의 희생양이 되는 그런 방식으로 우주를 창조했는가? 그의 설명은 도덕적이다: 만에 하나 우리가 사물들의 참된 상태를 직접 지각할 수 있다고 한다면 우리는, 감각의 횡포에서 벗어남으로써 얻게 되는 우리의 자유 의지와 이성적 통찰을 통해서가 아니라, 어찌해 볼 수 없이 본능을 통해서 신을 사랑하게 될 것이다. 즉 우리의 도덕적 활동을 위한, 타락의 결과를 원래대로 되돌려 놓고 잃어버린 선함을 재획득하려는 우리의 투쟁을 위한 어떠한 자리도 없을 것이다. 그리하여 말브랑슈는 도덕적 토대들을 참조함으로써 인간의 인식론적 한계(인간의 인식이 현상에 제한되어 있으며 사물들의 참된 상태에는 도달할 수 없다는 사실)를 설명하는 철학적 입장의 윤곽을 그린다: 오로지 그와 같은 인식론적 한계에 의해 표식된 존재만이 도덕적 존재일 수 있으며, 다시 말해서,

자유로운 결단과 유혹에 대항한 내적 투쟁의 결과로서 선함을 획득할 수 있다. 이런 태도(나중에 칸트가 채택한)는 인식과 선함의 표준적인 플라톤적 등치(악은 우리의 무지의 결과이다, 즉 진리를 알고 있으면서 여전히 나쁠 수는 없는 것인데 왜냐하면 더 많이 알수록 선함에 더 가까이 있는 것이기 때문이다)에 직접적으로 상반된다: 어떤 근본적 무지는 우리의 도덕성의 긍정적 조건이다.

그래서, 상징적 유효성이란 무엇인가? 자신이 한 알의 옥수수라고 생각했던 미친 사람에 관한 낡고 진부한 농담을 우리는 모두 알고 있다. 마침내 치료를 받고 집에 돌아간 후 그는 곧바로 정신병원으로 돌아왔다. 그리고 의사에게 그의 공포감을 설명했다. '길에서 암탉을 만났는데 암탉이 나를 먹을까봐 두려웠습니다!' 의사가 놀라서 '하지만 이제 뭐가 문제입니까? 당신은 옥수수가 아니라 암탉이 삼킬 수 없는 인간이라는 것을 알고 있습니다!'라고 외치자, 미친 사람이 대답했다. '맞습니다. 난 더 이상 옥수수가 아니라는 것을 알고 있습니다. 하지만 **암탉도 그럴까요?**' ······ 사실적 현실의 차원—이 차원에서 당신은 한 알의 옥수수이거나 옥수수가 아니거나 둘 중의 하나다—에서 보면 이 이야기는 말도 안 되지만, '한 알의 옥수수'를 나의 **상징적 정체성**을 결정하는 어떤 특징으로 대체하는 경우에는 전적으로 말이 된다. 우리가 관료제의 다양한 층위들을 대하는 경우에 이와 비슷한 일이 발생하지 않는가? 예컨대, 고위층 관청이 나의 요구에 응하여 나에게 더 높은 직함을 준다고 하자. 하지만 그 지시가 적절히 실행되고 이 직함에서 나오는 혜택(더 높은 봉급 등등)을 실제로 처리하는 하위층 행정기관에 도달하기까지는 얼마간의 시간이 걸린다—우리가 내미는 지시문을 흘긋 쳐다보고는 '미안하지만 아직 이 새로운 조치에 관해 적절한 통보를 받지 못했으니 당신을 도울 수가 없군요······'

라고 무관심하게 응하는 하위 관료가 불러일으키는 좌절감을 우리는 모두 알고 있다. 이는 '미안합니다. 우리에게 당신은, 인간인 것이 아니라, 아직 한 알의 옥수수입니다'라고 당신에게 말하는 것 같지 않은가? 요컨대 어떤 조치나 지시가 상징적 제도의 큰 타자에 의해 등록되어 현실적으로 작동케 되는 어떤 신비한 순간이 있는 것이다.

이 순간의 신비한 성격은 슬로베니아에서 있었던 지난 번 선거 운동 기간에 일어난 한 가지 우스운 일을 가지고서 가장 잘 예증해 볼 수 있을 것이다. 그때 여당의 한 당원에게 그의 지역 선거구에 사는 한 노부인이 다가와 도움을 청했다. 그녀는 자기 집 거리 번호(표준적인 13이 아닌 23)가 불운을 가져온다고 확신하고 있었다. 어떤 행정적 개편으로 인해 그녀의 집이 이 새로운 번호를 얻게 된 순간, 불운한 일들이 그녀를 괴롭히기 시작했던 것이다(강도가 침입했고, 폭풍우가 지붕 일부를 날려버렸고, 이웃이 그녀에게 성가시게 굴기 시작했다). 그래서 그녀는 그 후보에게 친절을 베풀어 달라고, 자치시 당국과 협의해서 번호를 바꿀 수 있도록 해달라고 청했다. 그 후보는 부인에게 간편한 제안을 했다. 왜 직접 가서 번호를 바꾸지 않느냐고 말이다. 왜 예컨대 또 다른 번호나 문자를 덧붙이거나 하는 식으로 (즉 23 대신 23A나 231) 거리 번호판을 스스로 다시 칠하거나 교체하지 않았느냐고 말이다. 노부인이 답하길, '2주일 전에 그렇게 해보았습니다. 23A라는 새로운 번호판으로 옛 것을 스스로 교체했지만 그것은 **효험이 없었습니다**. 나의 불행은 여전히 사라지지 않고 있습니다. 날 속일 생각은 하지 말아요. 그건 적절한 방법으로, 즉 관련된 국가 제도에 의해 수행되어야 합니다.' 이런 식으로 속일 수 없는 '그것'은 라캉의 큰 타자, 상징적 제도이다.

그렇다면 상징적 유효성이란 바로 이런 것과 관련된 것이다: 그것은 '물화'의 최소치와 관계하는 것인데, 그것 때문에 관련 당사자인 우리 개개인들이 어떤 사실을 알고 있다는 것만으로는 충분한 효험이 있지 않은 것이다. '그것', 즉 상징적 제도 또한 이 사실을 알고/'등록하고' 있어야지만 이를 진술하는 것의 수행적 결과가 뒤따를 것이다. 물론 궁극적으로 이 '그것'은 절대적 큰 타자인 신 그 자신의 응시 속에 체현될 수 있다. 다시 말해서: 직접적 피임을 하지 않고 배란이 없는 날에만 성교를 갖는 가톨릭 교도들의 경우에도 우리는 불운한 노부인의 경우와 정확히 동일한 문제를 만나는 것 아닌가? 이런 방식으로 그들은 누구를 속이는 것인가? 신이 그들의 생각을 읽을 수 없고, 그들이 실제로 소산에 대한 아무런 생각 없이 순전히 쾌락만을 위해 섹스를 하려 한다는 것을 알 수는 없기라도 하다는 것인가? 교회는 단순한 실존과 그것의 적절한 기입/등록 사이의 이런 틈새에 대해 언제나 극도로 민감했다: 세례를 받기 전에 죽은 아이들은, 아직 신자들의 공동체 속에 적절하게 기입되지 않았기 때문에, 축성된 땅에 적절하게 매장되도록 허용되지 않았다. 그리하여 '상징적 유효성'은, 상징적 제도의 **타자**가 나로 하여금 '넌 누굴 믿지? 내 말이야 아니면 네 눈이야?'의 선택과 대면하게 할 때 내가 주저 없이 **타자**의 말을 선택하고 내 눈의 사실 증언을 물리치는 지점과 관계한다.[17]

블록 버스터 개념은 실정적 존재의 질서를 명명의 질서 속에서, 즉 큰 타자 속으로의 상징적 기입의 질서 속에서 재배가하는 것의 탁월한 사례를 제공한다. 처음에 그 용어는 많은 돈을 번 영화를 곧바로 기술하는 용어로서 기능했다. 그리고 나서 그것은 엄청난 홍보와

---

17) 이는 또한 진정한 사랑의 척도이기도 하다: 파트너가 다른 남자(여자)와 침대에 있는 모습을 현장에서 붙잡는 경우에도 나는 내 눈이 지각한 그 엄연하고 어리석은 사실보다는 그(녀)의 말—결백에 대한 주장—쪽을 선택한다.

수익이 예상되는 대작으로서 제작되는 영화를 기술하는 데 사용되기 시작했다. 물론 그와 같은 영화는 나중에 실제로는 흥행에 실패할 수 있다. 따라서 '우편배달부'라는 제목의 두 영화인 이탈리아의 <일 포스티노>와 케빈 코스트너의 실패작 <더 포스트맨>과 관련하여, <일 포스티노>는 <더 포스트맨>보다 더 많은 돈을 벌었지만 블록 버스터는 아닌 반면에 <더 포스트맨>은 실패한 블록버스터라고 부르는 것은 아무런 모순이 없는 것이다. 물론 이 틈새는 또한 다소 우스꽝스러운 결과를 낳을 수 있다. 1970년대에 유고슬라비아에서 자막은 당시 할리우드 영화에 많이 나오는 저속한 표현들을 언제나 과소번역했다─즉 스크린에 나오는 등장인물이 'Fuck you up your ass!'라고 말할 때 슬로베니아어 자막은 '악마한테나 가라!'라든가 그와 유사하게 완화된 어떤 것이었다. 하지만 1980년대에 유고슬라비아에서 일체의 검열 장벽이 무너지고 반면에 할리우드가 (아마도 레이건 시절의 도덕적 다수파의 압력에 영향 받아서) 조금 더 자제된 표현을 쓰게 되었을 때, 번역가들은 마치 오랜 세월 동안의 억압에 대해 복수라도 하려는 듯 저속한 표현들을 과잉번역하기 시작했다─즉 스크린에 나오는 등장인물이 단지 'Go to hell!'이라고 말했을 뿐인데도 자막은 '니 애미 목구멍에나 처박아라!'라든가 그와 유사한 어떤 것이었다…….

이를 철학적 용어로 옮겨보자면: 상징적 기입이 의미하는 바는 사물의 실제 존재 방식인 즉자 그 자체가 관찰자인 우리를 위해 이미 거기 있다는 것이다. 두 명의 사망한 명사名師 다이아나 공주와 테레사 수녀의 예를 들어보자. 다이아나는 자선 행위를 하고 있을 때조차도 미디어의 조명을 받고 있었고 그녀의 사생활의 내밀한 세부사항을 미디어가 퍼뜨리는 것을 신중하게 조작하고 있었던(모튼이 쓴 전기에 대한 그녀의 은밀한 후원) 반면에 진정한 성인 테레사 수녀는 캘커타의 지옥 같은 빈민가에서 미디어의 각광 밖에서 그녀의 자선 사업을 말없이 행하고 있었다는 등의 진부한 이야기가 있다. 하지만 이런 대립의 문제는 우리 모두가 미디어의 초점 밖에서 자기 일을 말없이 행하는 테레사 수녀에 대해 알고 있었다는 것이다. 바로 이것 때문에 그녀는 유명했던 것이며, 미디어가 만들어낸 그녀의 바로 이 이미지 덕분에 그녀는 국가의 수장들에게 영접을 받았고 국장國葬으로 장례가 치러진 것이다……. 따라서 새로운 남자친구와 실컷 쇼핑을 하는 다이아나와 캘커타의 회색빛 우중충한 병원에서 죽을병에 걸린 거지들을 돌보는 테레사 수녀의 바로 그 대립은 탁월한 미디어상의 대립인 것이다.

여기서 현실과 그것의 상징적 등록의 질서 사이의 틈새─상징적 등록을 궁극적으로 우연적인 것이게 하는 틈새─는 핵심적이다. 미국 대통령을 짐승 같은 살인자로 그리는 최근의 경향에 대해 언급해보자 (<앱솔루트 파워>, <머더 1600>). 이러한 경향은 꽤 최근까지도 효력이 있었던 어떤 금지를 조롱한다. 2년 전만 해도 이런 영화는 생각할 수 없었을 것이다. 그것은 1960년대 어느 때인가 더 이상 고상한 인물일 필요가 없게 된 TV 연속물의 탐정과도 같다. 그는 불구자일 수도, 게이일 수도, 여자일 수도 있었던 것이다. 금지가 더 이상 문제되지 않는다는 이런 갑작스러운 파악이 핵심적이다: 대통령은 살인자일 수도 있다, 하지만 대통령이라는 직위는 여전히 카리스마를 보유한다……. 이는 그것이 단순히 '내내 그와 같은' 것이었음을 의미하는 것이 아니다. 그것은 대자적으로 *for itself*가 아니라 즉자적으로 *in itself* 그와 같은 것이었다. 1950년대에 <앱솔루트 파워> 같은 영화를 누군가 만들었다면 이데올로기적 충격은 너무나도 외상적이었을 것이다. 상징적 금지의 체계에서 변동이 있은 이후에, 대통령의 개인적 정직함은 더 이상 문제가 되지 않으며, 체계는 그 변화에 적응을 했다…….

모든 사회적 변동에서 이런 핵심적·상징적 변화를 찾아보아야 한다. 히피 시대에 사업가는 진을 입거나 수염을 기르는 등등을 하면서도 여전히 가차없는 폭리꾼일 수 있었다. 이와 같은 변화의 계기는, 본래는 전복적이었던 계기를 통합함으로써 새로운 조건에 스스로 적응하기 위해서 체계가 그 규칙들을 재구조화하는 핵심적 계기이다. 그렇다면 바로 이것이 할리우드의 자기검열을 위한 헤이즈 코드의 붕괴 배후에 있는 진짜 스토리다. 1960년대의 짧은 기간 내에 갑자기 '모든 것이 가능해졌다.' 금기들은 거의 하루가 다르게 무너져 내렸다(마약, 성행위, 동성애, 인종 갈등에 대한 직접적 언급에서 공산주의에 대한 공감적 묘사에 이르기까지). 그럼에도 불구하고 '체계'는 아무 탈이 없었다. 실제로 아무것도 변하지 않았다. 여기서 자본주의는 공산주의보다 훨씬 더 유연한데, 공산주의는 그처럼 급진적인 완화조치를 허용할 여유를 가지고 있지 않았다. 고르바초프가 체계를 강화하기 위해 제약들을 완화하려 했을 때, 체계는 붕괴하고 말았다.

　그리하여 큰 타자는 거짓말의, 진지하게 거짓말하기의 질서이다. 빌 클린턴과 모니카 르윈스키의 예를 들어보자. 우리 모두는 그들이 그것을 했다는 것을 알고 있다(혹은 적어도 짐작하고 있다). 그럼에도 불구하고 우리는 이것이 큰 타자의 응시로부터 은폐될 수 있는 한 클린턴을 지지한다……. 따라서 여기서 우리는 가장 순수한 의미에서 큰 타자의 역설을 갖는다. 대다수의 사람들은 그 두 사람 사이에 무슨 일이 있었다고 믿는다. 그들은 클린턴이 그것을 부인할 때 그가 거짓말을 하고 있다고 믿는다. 그럼에도 불구하고 그들은 그를 지지한다. 비록 클린턴이 '그 여자that woman' 모니카 르윈스키와의 성행위를 부인했을 때 거짓말을 했(다고 그들은 가정했)지만, 그래도 그는 내적 신념을 가지고서, 여하간 자신의 바로 그 거짓말을 신뢰하면서, 그것을 진지하게 취급하면서, **진지하게 거짓말했다**. 이 역설 자체는 아주 진지하게 취급되어야 하는데, 왜냐하면 그것은 이데올로기적 진술의 유효성의 핵심 요소를 가리키고 있기 때문이다. 다시 말해서 클린턴의 거짓말이 큰 타자에 의해 지각되지/등록되지 않는 한에서, 그가 (대통령의 '존엄'의) 외양을 유지하는 것이 가능한 한에서, 그가 거짓말하고 있다는 것을 우리 모두가 알고 있다(혹은 가정하고 있다)는 바로 그 사실은 일반 대중이 그와 동일화할 수 있는 추가적 토대로서 이바지한다―그가 거짓말하고 있으며 그와 모니카 르윈스키 사이에 실제로 무슨 일이 있었다는 것에 대한 일반 대중의 자각은 그의 인기를 손상시키지 않을뿐더러 심지어 적극 후원하기까지 한다. 지도자의 카리스마는 그것을 침식하는 것처럼 보일 수도 있는 바로 그 특징들(나약함이나 평범한 '인간성'의 표시들)에 의해 지탱된다는 점을 우리는 결코 잊지 말아야 한다. 히틀러는 이런 긴장을 교묘하게 조작했으며 그 극단까지 가지고 갔다. 대규모 군중 앞에서의 연설에서 그는 '냉정을 잃고' 히스테리적 행동화에 몰두하고, 주체 못하며 소리를 지르고 손을 흔드는 등의 행위를 규칙적으로 상연했다. 자신의 요구가 즉각 충족되지 않는다는 사실로 인해 좌절한 못된 아이처럼 말이다. 다시금, 지도자의 정열적 존엄에 모순되는 것처럼 보이는 바로 이런 특징들은 그에 대한 군중들의 동일화를 지탱했다.

이 모든 역설들은 사이버공간이 주체의 상징적 정체성에 영향을 미치는 방식과 근본적 관련이 있다. 암탉을 만난 불쌍한 미친 사람은 '내가 인간이란 걸 아주 잘 알고 있습니다. 하지만…… (큰 타자도 그걸 알고 있을까요?)'라는 태도를 취했다―요컨대 그는 정체성의 변화가 큰 타자에 의해 아직 등록되지 않았다고, 큰 타자에게 그는 아직 한 알의 옥수수라고 믿었다. 이제 좀더 흔한 사례로 한 소심하고도 내성적인 남자를 상상해보자. 그는 사이버공간에서 가상 공동체에 참여하는데, 거기서 그는 난잡한 여자의 스크린 페르소나를 택한다. 물론 그의 자세는 '나는 내가 실제로 단지 소심하고 신중한 놈이라는 걸 아주 잘 알고 있다. 따라서 왜 실제 생활에서 결코 할 수 없는 것들을 하면서 잠시나마 난잡한 여자 행세에 탐닉해서는 안 된단 말인가?'의 자세이다. 이 남자의 실제 생활의 페르소나(그가 채택하는 자기, 그가 현실적 사회 관계에서 행동하는 방식)가 일종의 이차적 '방어-형성물'이라면 어찌할 것인가? 그의 진정한 '내적 자기', 그의 환상적 정체성의 딱딱한 중핵—그것은 난잡한 여자임에 있는 것이며, 또한 그것의 배출구를 그는 사적인 백일몽이나 익명적 가상 공동체의 섹스 게임에서만 발견할 수 있다—을 '억압'하고 가로막기 위한 가면으로서 그가 택한 정체성이라면 말이다. 『세미나 XI』에서 라캉은 오래된 중국의 장자의 역설을 언급한다. 장자는 자신이 나비인 꿈을 꾼 후 깨어나서는, '나는 어떻게 내가 인간이 된 꿈을 지금 꾸고 있는 나비가 아니라는 것을 아는가?'라고 자문한다. 우리의 소심한 가상 공동체 회원의 경우도 마찬가지 아닌가? 사실 그는 신중한 남자가 된 꿈을 꾸고 있는 난잡한 여자인 것 아닌가?

여기서 피해야 할 유혹은, 우리는 어떠한 궁극적인 고정된 사회적-상징적 정체성도 가지고 있지 않으며 비일관적 자기들의 다양 속에서 이 '복마전'의 궁극적 일관성을 보증하는 여하한 통일의 작인도 없이 다소간 자유롭게 부유한다는 손쉬운 '후근대적' 결론이다. 큰 타자에 대한 라캉의 가설은 이 모든 상이한 부분적 동일화들이 그것들의 상징적 지위에 있어 동등하지 않다는 주장을 내포한다. 상징적 유효성이 들어앉는 하나의 층위가, 나의 사회적-상징적 입장을 규정하는 어떤 층위가 있다. 이 층위는 나의 상상력의 유희에 대립되는 바로서의 '현실'의 층위인 것이 아니다. 라캉의 요점은, 환상적 정체성들의 다양성 배후에 어떤 '실재적 자기'의 딱딱한 중핵이 있다는 것이 아니다. 우리는 어떤 상징적 허구를, 하지만 그 내적 본성과 아무런 관계도 없는 우연적 이유들 때문에 수행적 힘을 소유하는—사회적으로 작동적인, 내가 참여하는 사회적-상징적 현실을 구조화하는—허구를 다루고 있는 것이다. 큰 타자에 대한 관계 양태가 변화하는 순간, 동일한 사람의 지위가, 그/녀의 바로 그 '실재적' 특징들을 포함해서, 완전히 다른 빛깔로 외양할 수 있다.

그래서 오늘날의 문제는 주체가 이른바 자기동일적 자아의 좋았던 옛 시절보다 더 분산되어 있다는 것이 아니다. '큰 타자는 더 이상 존재하지 않는다'는 사실은 오히려 내 정체성의 한 층위에 수행적 지위를 부여하며 내 행위 가운데 어떤 것이 '상징적 유효성'을 드러내 보일 것인가를 결정하는 그 상징적 허구가 더 이상 온전히 작동하지 않다는 것을 함축한다. 아마도 이런 변동의 최고 사례는 기독교 내의 최근 조류에 의해 제공되는 것 같다. 고유의 기독교—예수의 부활에 대한 믿음—는 보편성의 매개로서의 상징적 허구의 힘에 대한 최고의 종교적 표현이다: '실재적' 예수의 죽음은 성령 속에서, 즉 신자들의 영적 공동체 속에서 '지양된다.' 성 바울에 의해 처음으로 표명된 기독교의 이 본래적 핵심은 오늘날 공격받고 있다. 위험은 뉴에이지 영지주의적/이원주의적 (오)독해라는 모습으로 나타나는데, 그것은 부활을 개별 영혼의 '내적' 정신적 성장의 은유로 환원시킨다. 그로써 잃은 것은 이미 헤겔에 의해 강조된 바 있는 기독교의 바로 그 중심 교의—죄와 벌이라는 구약 논리와의 단절, 즉 우리의 지난 죄를 사후적으로 '없었던 것으로 해주는' 은총의 기적에 대한 믿음—이다. 이것이 신약의 '복음good news'이다. 무로부터의 창조와 새로운 시작의 기적이,

'무로부터' 새 삶을 시작하는 기적이 가능하다. (물론 무로부터의 창조는, 오로지 상징적 우주 내부에서, 과거의 상징적 허구를 지우는 새로운 상징적 허구의 확립으로서 가능한 것이다.) 그리고 핵심적 요점은 이 새로운 시작이 신의 은총을 통해서만 가능하다는 것이다—그것의 추동력은 외부로부터 와야만 한다; 그것은 자신의 한계를 극복하고 자신의 영혼을 이기주의적 물질적 이해관계 너머로 고양시키려는 인간의 내적 노력의 결과가 아니다. 바로 이런 의미에서 고유하게 기독교적인 새로운 시작은 '영혼의 정화'라는 이단교적인 영지주의적 문제 설정과 절대적으로 양립불가능한 것이다. 따라서 바울의 공식 교의의 저변에 있는 일종의 '예수의 비밀 가르침'을 재단언하려는 최근의 뉴에이지 대중-영지주의적 시도들은 '사건-예수'를 취소시키고 그것을 선행하는 영지주의적 혈통의 연속으로 환원시키려는 노력이다.

기독교에 대한 이 영지주의적 (오)독해의 또 다른 중요한 측면은 예수의 추정된 무덤과/이나 (막달라 마리아와의 추정된 결혼에서 나온) 자녀에 대한 통속적 유사-과학의 점증하는 강박이다. 예컨대『성혈과 성배』나『신의 무덤』과 같은 베스트셀러들. 그것들은 프랑스 남부에 있는 르네 르 샤토 부근의 지역에 초점을 맞추며, 성배 신화, 카타르교, 템플기사단, 프리메이슨단 등을 거대하고 수미일관된 내러티브로 엮는다. 이런 내러티브들은 성령(신자들의 공동체)의 상징적 허구의 점점 줄어드는 힘을 예수와/나 그의 자손들의 **육신적 실재**를 가지고서 보충하고자 한다. 그리고 다시금 예수가 그의 육신이나 육신적 자손들을 뒤에 남겼다는 사실은 부활이라는 기독교적-바울적 내러티브를 침식하는 목적에 이바지한다: 예수의 육신은 실제로 부활한 것이 아니었다. '예수의 참된 메시지는 부활과 더불어 상실되고 말았다.'[18] 이 '참된 메시지'는 '씌어진 말에 대한 복종과는 구별되는바 자기

-결정의 길'을 장려하는 데 있다고 주장된다.19) 구원은 외부로부터 오는 용서 행위가 아닌 영혼의 내적 여행으로부터 결과한다. 즉 '구원'은 자기-정화의 여행에서 오는 내적 갱신/재생으로서 이해되어야 한다. 비록 이런 '실재의/에서의 회귀'에 대한 옹호자들이 자신들의 발견을 제도로서의 교회에 의해 오랫동안 억압된 이단교적이고 전복적인 비밀의 발굴로서 끌어올리기는 하지만, 우리는 다음과 같은 질문을 통해 이런 주장을 받아칠 수 있을 것이다. '비밀'의 바로 이와 같은 발굴이 기독교적 가르침의 참으로 외상적이고 전복적인 핵심인 부활과 사후적 죄의 사함이라는 스칸달론*skandalon*을—즉 부활이라는 사건의 그 고유한 특성을—'취소시키고' 제거하는 데 이바지한다면 어찌할 것인가?

이런 반전들은, 오늘날 큰 타자의 비존재가 한층 더 근본적 차원에 도달했음을 신호한다. 점증적으로 침식되고 있는 것은 일체의 회의적 자료에 대항해 존속하는 바로 그 상징적 신뢰이다. 아마도 큰 타자의 비존재의 이 새로운 지위에서 가장 눈길을 끄는 면모는 기술 발전이 점점 더 우리의 생활세계에 영향을 미치는 때 생겨나는 이른바 윤리적 딜레마에 대한 결정을 내리기 위한 '위원회들'의 급성장이다.20) 사이버공간뿐만 아니라, 한편으로 의학과 생명공학 그리고 다른 한편으론 성행위 규칙과 인권 보호와 같은 다양한 영역들에서 우리는 적절한 윤리적 행위의 기본 규칙을 만들어야 할 필요에 직면하는데, 이는 우리에게 어떠한 형태의 큰 타자도, 안전하고도 문제의 소지가 없는 도

---

18) Richard Andrews and Paul Schellenberger, *The Tomb of God*, London: Warner Books, 1997, p. 433.
19) 같은 글, p. 428.
20) Jacques-Alain Miller and Eric Laurent, 'L'Autre qui n'existe pas et ses comités d'éthique', in *La Cause freudienne* 35 (1997), Paris, pp. 7~20을 볼 것.

덕적 정박점으로서 이바지할 어떠한 상징적 참조점도 없기 때문이다.

이 모든 영역에서 갈등différend은 환원불가능한 것처럼 보인다. 다시 말해서 조만간 우리는 어떤 단일한 보편 규칙의 적용을 통해 물리칠 수 없는 안개로 덮인 회색 지대 속에 있는 우리 자신을 발견한다. 여기서 우리는 양자 물리학의 '불확정성 원리'에 대한 일종의 대위점과 조우한다. 예컨대 어떤 언급이 실제로 성적 괴롭힘이나 인종주의적 증오의 말에 해당하는 것이었는지를 결정함에 있어서 구조적 어려움이 있다. 그처럼 수상쩍은 진술과 대면할 때 '정치적으로 올바른' 급진론자는 불평하는 희생양을 선험적으로 믿는 경향이 있다(그 희생양이 그것을 괴롭힘으로 경험했다면 그건 괴롭힘이었다……). 반면에 완고한 정통 자유주의자는 고발당한 자를 믿는 경향이 있다(그가 진정으로 괴롭힐 의도가 없었던 것이라면 그는 사면되어야 한다……). 물론 요점은 이런 결정불가능성이 구조적이며 불가피하다는 것이다. 의미를 궁극적으로 '결정하는' 것은 바로 큰 타자이며 큰 타자의 질서는 정의상 열려 있으니까 말이다. 어느 누구도 그것의 효과를 지배하거나 규제할 수는 없다.

바로 그것이 공격적 표현을 '정치적으로 올바른' 표현으로 대체하는 것이 안고 있는 문제이다: '근시안인short-sighted'을 '시각적으로 장애가 있는visually challenged'으로 대체할 때 우리는 이런 대체 자체가, 자비의 가면을 쓰고 있기 때문에 오히려 더더욱 굴욕감을 불러일으키는 선심 쓰기와/나 반어적 거슬림의 새로운 효과를 낳지 않을지 결코 확신할 수가 없다. 이런 '정치적으로 올바른' 전략의 잘못은, 우리가 실제로 말하는 언어가 그것의 효과들, 특히 권력 관계를 내포하는 효과들에 대한 의식적 규제에 대해 저항한다는 점을 과소평가한 데 있다. 그래서 그 곤궁을 해결하기 위해 행위의 정확한 규칙들을, 궁극적으로는 임의적 방식으로, 정식화하기 위한 위원회를 소집한다……. 의학과 생명공학의 경우도 마찬가지며(어떤 지점에서 수용가능하고 심지어 바람직스럽기까지 한 유전학적 실험이나 개입이 수용-불가능한 조작으로 변하는가?), 보편적 인권의 적용에 있어서나(어떤 지점에서 희생양의 권리의 보호는 서구적 가치의 부과로 변하는가?) 성적 습속에 있어서도(유혹의 적절하고 비-가부장적 절차란 무엇인가?) 마찬가지다. 사이버공간이라는 명백한 경우는 말할 것도 없고 말이다(가상 공동체에서 성적 괴롭힘의 지위는 무엇인가? 여기서 어떻게 '단순한 말'과 '행동'을 구분하는가?). 이 위원회의 작업은 증상적 악순환에 붙잡혀 있다. 한편으로 그들은 가장 진보된 과학적 지식을 참조함으로써 자신들의 결정을 적법화하려 한다(낙태의 경우 그런 지식은 우리에게 태아는 아직 자기인식을 소유하고 있지 않으며 고통을 경험하지 않는다는 것을 말해준다. 치명적 환자의 경우 그런 지식은 어떤 문턱을 넘어섰을 때 안락사만이 유의미한 해결책이 되는 것인가를 정의한다). 다른 한편으로 그들은 본래적 과학적 충동에 제약을 가하기 위해 비과학적 윤리적 기준을 불러내야만 한다.

여기서 핵심적 요점은 특정한 규칙들을 창안해야 하는 이 필요를 프로네시스*phronesis*에 대한 표준적 필요와— 즉 아리스토텔레스에 의해 정식화된바, 어떻게 보편적 규범들을 구체적 상황들에 직접 적용하는 것이 가능하지 않은가(특수한 상황에 의해 보편적 규범에 주어지는 '뒤틀림'을 고려에 넣어야 할 필요가 언제나 있다)에 대한 통찰과— 혼동하지 않는 것이다. 이런 표준적 사례에서 우리는 우리의 선택의 지평을 제공하는 어떤 보편적으로 인정되는 '신성한' 텍스트(예컨대 기독교 전통에서는, 『성경』)를 참으로 수중에 가지고 있으며, 따라서 '해석'의 문제는 전통의 텍스트를 매번의 새로운 상황 속에서 재현실화하는 것이며, 어떻게 이 텍스트가 여전히 '우리에게 말하는가'를 발견하는 것이다. 오늘날에는 바로 이런 보편적으로 인정된 참조점이 빠져 있는 것이며, 그 때문에 우리는 근본적으로 개방적이며 끝이 없는 상징적 (재)협상과 (재)창안의 과정 속에 내던져진 것이다. 심지어는 어떤 일단의 선행하는 전제된 규범들의 유사물조차도 없이 말이다. 혹은—헤겔식으로 말하자면—내가 '따라야 할 규칙들'에 대해 말할 때 나는 나 자신(과 타인들)에게 어떤 규칙들을 부과함으로써 전략적으로 나 자신을 상황에 적응시키는 반성된 태도를 이미 전제하고 있다. 그와 같은 태도를 채택하면서 잃는 것은 헤겔이 사회적 실체라 부른 것, 즉 비록 개인들의 부단한 활동을 통해서만 살아 있는 상태를 유지하긴 하지만 그럼에도 개인들의 변성의 토대로서 언제나-이미 거기 있는 내 존재의 참된 실체로서의 '객관적 정신'이다. 따라서 사이버공간이 가상 공동체 생활의 모든 측면들에 대한 새로운 참여 규칙들을 시험할 우리의 윤리적 창안 능력에 대해 제기하는 도전을 가상 공동체의 지지자들이 열정적으로 기술할 때, 우리는 이 (재)창안된 규칙들이 **근본적 법/금지의 결여를 대신한다**는 것을 언제나 명심해야만 한다. 그것들은 나르시시즘적인 후-오이디푸스적 주체들을 위한 상호작용의 존속가능한 틀을 제공하고자 한다. 마치 대용품 '작은 큰 타자들'로서의 '윤리 위원회들'이 큰 타자의 결여를 대신하는 것과도 같다. 주체는 그런 작은 큰 타자들에게로 자신의 책임을 이항시키며 그것들로부터 자신의 곤궁을 해결할 공식을 얻기를 기대한다.

상징적·부성적 권위의 이와 같은 쇠락을, 아버지라는 실재적 인물을 그의 상징적 자리/기능으로부터 분리시키는 표준적인 오이디푸스적 틈새와 구분하는 것은 핵심적이다. 실재적 아버지는 현실적으로 자신의 상징적 위임에 걸맞게 살 수 없는 사기꾼인 것으로 언제나 판명난다. 잘 알려진 것처럼, 히스테리증자의 문제는 바로 거기에 있다. 그의 우주의 중심 형상은 '굴욕스러운 아버지'이다. 즉 히스테리증자는 실재적 아버지의 연약함과 실패의 표지들에 강박적으로 붙잡혀 있으며 그가 자신의 상징적 위임에 걸맞게 살지 않는다는 이유로 그를 끝없이 비난한다. 그리하여, 부성적 권위에 대한 히스테리증자의 반란과 도전 밑에는 갱신된 부성적 권위에 대한, 실제로 '진정한 아버지'이고 그의 상징적 위임을 적합하게 체화할 아버지에 대한 숨은 요청이 있는 것이다. 하지만 오늘날 끊임없이 침식당하고 있는 것은—즉 그 수행적 유효성을 상실하고 있는 것은—바로 아버지의 상징적 기능 그 자체이다. 그 때문에 아버지는 더 이상 **자아 이상**으로서, 상징적 권위의 (다소간 실패한, 부적합한) 담지자로서 지각되지 않으며, **이상적 자아**로서, 상상적 경쟁자로서 지각된다. 그리고 그 결과, 주체는 결코 실제로 '성장'하지 않는다. 오늘날 우리는 심적 경제의 측면에서 볼 때 자신들의 아버지와 경쟁하는 '미숙한' 청소년으로 남아 있는 삼사십대의 개인들을 대하고 있는 것이다.21)

---

21) 베르에그Paul Verhaeghe(그의 미출간 논문인 'The Collapse of the Father Function and its Effects on Gender Roles'를 볼 것)는 부성적·상징적 권위의 이와 같은 중지의 또 다른 흥미로운 특징에 주목한다: 부성적 권위가 상징적 우주 속으로 주체가 입장할 수 있게 해주는 '중계자'인 한에서, 오늘날 언어가 다른 유형의 기호들과 언어를 결합시키는 소통 양태들로 '퇴행'하는 것(예컨대, 글쓰기를 아이콘 기호들로 대체하는 것. 컴퓨터를 다룰 때, 명령어를 쓰는 대신에 점점 더 우리는 적당한 아이콘 기호에 단순히 마우스를 클릭함으로써 작업한다) 또한 부성적 권위의 중지에 대한 지표이지 않은가?

위험 사회와 그 적들

다양한 '윤리 위원회들'의 존재 속에 체화된 근본적 곤궁은 최근에 유명해진 '위험 사회' 이론의 초점이다.[22] 이 이론이 지칭하는 위험들의 전형적 사례는 지구 온난화, 오존층 구멍, 광우병, 핵 에너지 사용의 위험, 유전학을 농업에 응용하는 것의 예상치 못한 결과들 등등이다. 이 모든 사례들은 보통 '낮은 개연성, 중대한 결과'의 위험이라고 칭해지는 것을 예시한다. 아무도 그 위험이 얼마나 큰 것인지를 알지 못한다, 범역적 재앙의 개연성은 작지만 재앙이 정말로 일어날 경우 그야말로 끝장일 것이다. 생물학자들은 식품과 약품에서의 화학물질 사용 증가가 직접적인 생태학적 재앙 때문이라기보다는 단순히 우리의 생식력을 소멸시킴으로써 인류를 멸종시킬 수 있다고 경고한다―이런 결과는 개연성이 작아 보이지만 [만약 일어난다면] 재앙일 것이다. 그 다음의 핵심적인 특징은 이 새로운 위협들이 이른바 '제조된 위험'이라는 것이다. 그것들은 자연에 대한 인간의 경제적, 기술적, 과학적 개입으로부터 결과하는 것이며, 그런 개입은 자연 과정을 너무나도 급격히 붕괴시키기 때문에 자연 스스로 잃어버린 균형을 되찾을 길을 발견할 수 있도록 내버려둠으로써 책임을 회피하는 것이 더 이상 가능하지 않다. 과학에 반대하는 뉴에이지식 전회에 호소하는 것 또한 어리석은 것인데, 왜냐하면 대부분 이런 위협들은 과학의 진단 도구들이 없다면 볼 수도 탐지할 수도 없기 때문이다.

---

22) Ulrich Beck의 고전 *Risk Society: Towards a New Modernity*, London: Sage, 1992[국역본: 울리히 벡, 『위험 사회』, 홍성태 역, 새물결, 1997]와 Anthony Giddens의 *The Consequences of Modernity*, Cambridge: Polity Press, 1990을 볼 것. 이 이론의 좀더 대중적 개요를 위해서는 *The Politics of the Risk Society*, ed. Jane Franklin, Oxford: Polity Press, 1998을 볼 것.

생태학적 위협에 관한 오늘날의 모든 개념들은, 오존층 구멍에서 시작해서 비료와 화학 감미료들이 어떻게 우리의 생식력을 위협하고 있는가에 이르기까지, (보통은 가장 진보된 종류의) 과학적 통찰에 엄밀하게 의존하고 있다. 설사 '오존층 구멍'의 효과들을 관찰할 수 있다고 하더라도, 이 효과들에 대한 이 '구멍'을 참조한 인과적 설명은 하나의 과학적 가설이다. 즉 하늘 저 위에는 직접적으로 관찰할 수 있는 어떤 '구멍'도 없다. 그리하여 이 위험들은 일종의 자기-반성적 원환고리에 의해 생성된다. 즉 그것들은 (지구에 떨어지는 거대한 혜성 같은) 외적 위험들인 것이 아니라 자신들의 삶을 통제하고 생산성을 증대시키려는 개인들의 기술적·과학적 노력의 예기치 못한 결과다. 아마도 새로운 과학적 통찰이 단순히 자연에 대한 지배를 확대하는 대신에 새로운 위험과 불확실성을 낳게 되는 그 변증법적 반전의 최고 사례는, 10년이나 20년 후면 유전학이 개인의 완전한 유전적 유산을 확인할 수 있게 될 뿐만 아니라 바라는 결과나 변화를 초래하기 위해 (예컨대 암을 발생시키는 경향성을 근절하기 위해) 개별 유전자를 조작하기까지 할 것이라는 가망성에 의해 제공된다. 그렇지만 전적인 예측가능성 및 확실성으로 귀결되기는커녕 바로 이 자기-객관화 (유전 공식의 가장 속에서 내가 나의 '객관적' 존재와 대면할 수 있게 될 상황)는 그와 같은 지식과 그 지식의 적용이 낳을 현실적 심리사회적 효과가 무엇일 것인가에 관하여 한층 더 근본적인 불확실성을 생성할 것이다. (자유와 책임이라는 개념들은 어떻게 될 것인가? 유전자 조작의 예상치 못한 결과들은 무엇일까?)

낮은 개연성과 중대한 결과의 이 접속은 양 극단을 회피하는 표준적인 아리스토텔레스적 전략을 사실상 불가능하게 만든다. 즉 오늘날 과장하기(절박한 전인류적 재앙을 묘사하는 생태주의자)와 덮어감추기(위험을 축소하기) 사이에서 중용적인 합리적 위치를 떠맡는 것은 불가능한 것 같다. 축소하기 전략은 과장하기가 기껏해야 과학적 관찰에 완전히 근거하고 있지 않은 결론들을 확실한 것으로 간주한다는 사실을 언제나 강조할 수 있다. 반면에 과장하기 전략은 물론 완전한 확실성을 가지고서 재앙을 예측하는 것이 일단 가능해질 때면 그건 정의상 이미 너무 늦은 것이 될 것이라고 완전히 정당하게 응수할 수 있다. 문제는 [위험의] 존재와 정도에 관해 확실성을 획득할 어떠한 객관적 과학적 방법이나 그밖의 방법도 없다는 것이다. 그건 단지 위험을 축소하는 개발 회사들이나 정부 기관의 문제가 아니다. 위험의 정도를 확실하게 입증할 어떠한 방법도 사실상 없다. 과학자들과 투기꾼들 스스로도 최종적 답을 제공할 수가 없다. 우리는 매일 이전의 공통된 견해를 뒤집는 새로운 발견들로 폭탄세례를 받는다. 지방이 실제로 암을 방지하는 것으로 판명된다면 어찌할 것인가? 지구 온난화가 실제로는 자연적 순환의 결과라면, 이산화탄소를 대기 중으로 한층 더 많이 뿜어내야 하는 것이라면 어찌할 것인가?

과장하기의 '과잉'과 '당황하지 마라! 아직 결정적 결과가 나온 것이 아니다'의 우유부단한 꾸물거림 사이에는 어떠한 적절한 선험적 척도도 없다. 예컨대 지구 온난화와 관련하여 '양 극단을 피하자. 이산화탄소를 경솔하게 더 내뿜는 것도 피하고, 또한 수천 개의 공장을 성급하게 문닫는 일도 피하자. 점진적으로 나아가자'의 논리는 분명 무의미하다.[23] 다시금, 이 불가침투성은 한낱 '복잡성'의 문제가 아니며 반성

---

23) 바로 그 때문에 위험 사회에 의해 생성되는 불안은 초자아의 불안이다. 초자아를 특징 짓는 것은 바로 '적당한 척도'의 부재인 것이다. 우리는 초자아의 명령에 충분치 않게 그리고/또는 너무 많이 복종한다. 초자아의 문제는 그것의 명령이 따라야 할 실정적 규칙으로 결코 번역될 수 없다는 것이다. 명령을 내리는 **타자**는 우리에게서 무언가를 요구하지만 우리는 정확히 그 명령이 무엇인지를 추측할 위치에 결코 있지 않다…….

성의 문제다. 그 새로운 불투명성과 불가침투성(우리가 취하는 조치의 궁극적 결과와 관련된 근본적 불확실성)은 우리가 어떤 초재적·범역적 힘(운명, 역사적 필연, 시장)의 손 안에 있는 꼭두각시라는 사실에 기인하는 것이 아니다. 반대로 그것은 '담당자가 아무도 없다'는 사실에, 어떠한 그와 같은 힘도 없다는, 끈을 조종하는 어떠한 '**타자**의 **타자**'도 없다는 사실에 기인한다. 불투명성은 오늘날의 사회가 철저하게 '반성적'이라는, 우리가 의지할 수 있는 확고한 토대를 제공하는 어떠한 자연이나 전통도 없다는, 우리의 가장 내밀한 추동력(성적 지향 등등)조차도 점점 더 선택되어야 할 무언가로 경험된다는 바로 그 사실에 근거를 두고 있는 것이다. 아이를 어떻게 양육하고 교육시킬 것인가, 성적으로 유혹할 때 어떤 절차로 나아갈 것인가, 어떻게 그리고 무엇을 먹을 것인가, 어떻게 긴장을 풀고 기분 전환을 할 것인가—이 모든 영역들은 점점 더 반성성에 의해 '식민화'된다. 즉 학습되어야 하고 결정을 내려야 할 무언가로서 경험된다. 오늘날 예술에서 반성성의 궁극적 사례는 **큐레이터**의 결정적 역할이지 않은가? 그의 역할은 단순한 선택에 국한되지 않는다—자신의 선택을 통해 그는 오늘날 예술이란 무엇인가를 (재)정의한다. 다시 말해서: 오늘날의 미술 전시회는 적어도 전통적 접근방식으로 볼 때 미술과 아무런 상관도 없는 대상들을, 즉 인간 배설물과 죽은 동물까지도, 전시한다. 그러니 왜 이것이 예술로서 지각되어야 하는가? **왜냐하면 우리가 보는 것은 큐레이터가 선택한 것이기 때문에.** 그리하여 오늘날 전시회에 가서 우리는 직접적으로 예술작품을 보는 것이 아니다. 우리가 보는 것은 예술이란 무엇인가에 대한 큐레이터의 개념이다. 요컨대 궁극적 예술가는 제작자가 아니라 큐레이터이며, 그의 선택 행위이다.

위험 사회의 궁극적 곤궁은 인식과 결단 사이의, 이유들의 사슬과 딜레마를 해결하는 행위 사이의 (라캉식으로 하자면: S_2와 S_1 사이의) 틈새에 있다. 범역적 결과를 '실제로 아는' 어느 누구도 없다. 실정적 인식의 층위에서 상황은 근본적으로 '결정불가능'하며, 하지만 그럼에도 불구하고 우리는 **결단**을 내려야 한다. 물론 이 틈새는 내내 거기에 있었다. 결단의 행위가 이유들의 사슬에 스스로 근거할 때, 그 행위는 이 이유들을 언제나 사후적으로 '채색'하며 그리하여 그 이유들이 결단을 지지하게 되는 것이다—예컨대 자신의 믿음의 이유들이 이미 믿기로 결심한 자들에게만 이해될 수 있는 것임을 잘 알고 있는 신자(信者)들에 대해 생각해보라······. 그렇지만 현대의 위험 사회에서 우리가 조우하는 것은 훨씬 더 근본적인 어떤 것이다. 그것은 라캉이 말하는 표준적인 강제된 선택과는, 즉 내가 올바른 선택을 한다는 조건에서만 선택의 자유가 주어지며 결과적으로 내가 할 수 있는 것이라곤 여하간 나에게 부과된 것을 자유롭게 성취하는 듯한 공허한 제스처를 취하는 것뿐인 상황과는 반대되는 것이다.[24] 현대의 위험 사회에서 우리는 전적으로 다른 어떤 것을 다루고 있는 것이다. 선택은 실제로 '자유로운' 것이며, 바로 그렇기 때문에 한층 더 좌절감을 주는 것으로서 경험

---

[24] 공허한 제스처란 무엇인가? 슬로베니아에는 공화국의 수상과 대통령 사이에 긴장이 있다. 대통령은 헌법에 의해 그 역할이 의전적 기능으로 축소되어 있지만 그럼에도 불구하고 유효한 권력을 갖는 더 큰 역할을 하기를 원한다. 따라서 최근에 자크 시라크가 조직한 유럽 지도자 회의에 참석하는 슬로베니아 대표가 수상이 될 것이 분명했을 때, 대통령이 시라크에게 그가 불행하게도 정상 회담에 참여할 수 없기 때문에 수상이 그를 대신할 것이라는 편지를 썼다는 이야기를 저널리스트들은 듣게 되었다······. 이것은 가장 순수한 차원에서의 공허한 제스처이다. 슬로베니아를 대표하기 위해 수상이 프랑스에 가야 한다는 것은 분명했지만 그럼에도 불구하고 대통령은 수상이 간다는 사실이 마치 '자연스럽지' 않은 것이고 자신이 가지 않는 대신 수상을 대신 가도록 한 그의—대통령의—결정의 결과인 것인 양 행동했다. 이것은 패배를 승리로 전환시키는, 즉 자신이 여하간 갈 수 없다는 사실을 (철회하기 위해) 자신의 자유로운 결정의 결과로 변형시키는 방법이다.

된다—우리는 우리의 삶에 근본적 영향을 미칠 문제들에 대해 어떠한 적절한 인식적 토대도 없이 결정을 내려야 하는 입장에 끊임없이 놓여 있게 된다.

그리하여 울리히 벡이 '제2의 계몽'이라 부르는 것은, 이 핵심점과 관련하여, '제1의 계몽'의 목표—근본적 결단들이 그 '비합리적' 성격을 잃고 충분한 이유에(사물들의 상태에 대한 정확한 통찰에) 온전히 근거하고 있을 어떤 사회를 만드는 것—에 대한 정확한 반전이다. '제2의 계몽'은 우리들 각자에게 어떠한 적절한 인식상의 토대도 없이 우리의 바로 그 생존에 영향을 미칠 수도 있는 중대한 결단을 내리는 짐을 부과한다—전문 행정 위원단과 윤리 위원회 등의 일체는 이와 같은 근본적 개방성과 불확실성을 은폐하기 위해 있는 것이다. 다시금, 이처럼 자유롭게 결정을 내려야 한다는 강박은, 해방을 안겨주는 것으로서 경험되기는커녕, 불안을 야기하는 외설적 도박으로서, 예정predestination에 대한 일종의 반어적 반전으로서 경험된다: 나는 상황에 대한 적절한 인식 없이 내려야만 했던 결정들에 대해 해명해야 할 처지에 놓인다. '위험 사회'의 주체가 누리는 결정의 자유는 자신의 운명을 자유롭게 선택할 수 있는 사람의 자유가 아니라 결과를 알지 못한 채 끊임없이 결정을 내려야만 하는 사람의 불안을 야기하는 자유이다. 중대한 결정들의 민주주의적 정치화가, 수천 명의 관련된 개인들의 능동적 연루가 결정들의 질과 정확성을 필연적으로 향상시킬 것이고 그리하여 위험을 효과적으로 줄일 것이라는 어떠한 보장도 없다—여기서 우리는 가톨릭 교도들은 너무 어리석기 때문에 교황의 무류성無謬性을 믿고 있다는 무신론자의 자유주의적 비판에 대한 독실한 가톨릭 교도의 답변을 환기시키고만 싶다. '적어도 우리 가톨릭 교도는 한 명의 그리고 오직 한 명의 개인이 지닌 무류성을 믿는다.

민주주의는 대다수의 사람들이, 수백만의 사람들이 무류적이라는 훨씬 더 위험한 개념에 의지하고 있지 않은가?'

그리하여 주체는 카프카적 상황에 처하게 된다. 자신이 (혹시 죄를 지었다면) 무슨 죄를 지은 것인지도 모르고 유죄가 된 상황에 말이다: 나와 내가 사랑하는 모든 사람을 위태롭게 만들 결정을 내가 이미 내렸을지도 모를 가능성이 나를 영원토록 뒤따라 다니지만, 나는—혹시 그런 때가 있다면—이미 너무 늦은 것이 될 때에만 진리를 배우게 될 것이다. 여기서 포레스트 검프라는 인물을 생각해보자. 저 완벽한 '사라지는 매개자'이며 주인(사건을 지명함으로써, 사건을 큰 타자 속으로 기입함으로써 사건을 상징적으로 등록하는 자)의 정반대인 그를 말이다. 검프는 단지 자신이 행하는 것을 행함으로써 자기도 모르는 사이에 역사적 균형의 변동을 초래하는 순진한 구경꾼으로서 그려지고 있다. 축구를 하러 베를린에 방문해서 어쩌다가 벽 너머로 공을 던지는데, 그로써 그 벽이 무너지는 과정이 시작된다. 워싱턴을 방문해서 워터게이트 복합건물에 있는 방을 제공받았을 때 그는 한밤중에 뜰을 가로질러 있는 방들에서 무언가 이상한 일들이 진행중임을 목격하며 경비원을 부르게 되는데, 이로써 닉슨의 몰락에서 정점에 이르게 되는 그 사건들을 작동시키게 된다. 이것은 '위험 사회' 개념의 지지자들이 목표로 하는 그 상황, 즉 우리가 그 궁극적 결과를 파악하지 못한 채로 어떤 조치들을 취하지 않을 수 없는 어떤 상황에 대한 궁극적 은유이지 않은가?

정확히 어떤 방식으로 '위험 사회'라는 개념은 큰 타자의 비존재를 내포하는가? 어쩌면 가장 분명한 점은 오늘날 우리가 자연과 전통 이후에 오는 사회에 살고 있다는—벡과 기든스가 반복해서 강조하는—사실일지도 모른다. 즉 우리를 둘러싼 세계와의 능동적 연루 속에서, 우리는 더 이상 우리 활동의 항구적 토대이자 자원으로서의 자연에 의존할 수도 없으며(우리의 활동이 자연적 재생의 안정적 순환을 붕괴시키거나 교란시킬 위험이 상존하고 있다), 또한 우리 삶을 미리 결정하는 관습들의 실체적 형식으로서의 전통에 의존할 수도 없을 것이라는 사실 말이다. 하지만 단절은 보다 근본적이다. 모든 전통적 연결고리들의 해체라는 것이, 마르크스에 의해 반복적으로 기술된바, 19세기 자본주의적 근대화의 표준적 테마이기는 하다('단단한 모든 것이 공중 분해된다'라는 테마). 그렇지만 마르크스의 분석의 전체적 요점은, 일체의 전통적 형식들의 이와 같은 유래 없는 해체는 개인들이 자신들의 삶을 집합적으로 자유롭게 운영하는 사회를 초래하기는 커녕 시장 관계라는 모습으로 그 자체의 익명적 운명의 형식을 낳는다는 것이다. 한편으로 시장은 위험의 근본적 차원을 실제로 내포한다: 그것은 전적으로 예측불가능한 방식으로 정직한 노동자의 노력을 황폐화시키고 타락한 투기꾼을 부자로 만들 수 있는 침투불가능한 메커니즘이다—투기의 최종 결과가 무엇일지를 아무도 모른다. 그렇지만 비록 우리의 행위들이 예측하지도 의도하지도 않은 결과를 낳을 수 있다고는 해도, 그 행위들이 자유시장 이데올로기의 기본 전제인 저 유명한 '보이지 않는 시장의 손'에 의해 조정된다는 개념—즉 우리 각자는 자신의 특수한 이해를 추구하지만 다양한 개별 행위들이나 상충하는 의도들의 이와 같은 충돌과 상호작용은 궁극적으로 범역적 복리로 귀결된다는 개념—은 여전히 존속한다. '이성의 간지'라는 이 개념 속에서, 큰 타자는 우리 모두가 우리의 행위에 의해 참여하는 사회적 실체로서, 여하간 균형을 재확립하는 신비한 유령적 작인으로서 살아남는다.

물론 근본적인 마르크스주의적 관념은 큰 타자의, 소외된 사회적 실체의 이 형상—즉 운명의 근대적 형식으로서의 익명적 시장—이 폐지될 수 있으며, 사회적 삶이 인류의 '집단적 지성'의 통제하에 올 수 있다는 것이다. 이런 방식으로 마르크스는 '제1의 근대화'의 한계 내에 머물렀던바 그것의 목표는 '집단적 지성'에 의해 규제되는 자기-투명한 사회의 확립이었다. 이 기획이 현실적으로 존재하는 사회주의에서 도착적으로 실현되었다는 것은 결코 놀랄 일이 아니다. 그것은 —적어도 편집증적·정치적 숙청의 시절에, 개인들의 운명의 극단적 확실성에도 불구하고— 어쩌면 자본주의적 근대화에 속하는 불확실성을 중지시키기 위한 가장 근본적 시도였다. 현실 사회주의의 (소박한) 호소는 세르비아의 첫 '자유' 선거에서 슬로보단 밀로세비치의 사회당 선거 슬로건에 의해 가장 잘 예시된다: '우리와 함께 한다면 어떠한 불확실성도 없다!' 삶이 비록 가난하고 단조롭다고 해도 미래에 관해 걱정해야 할 아무런 필요도 없었다. 모든 이들의 소박한 생활은 보장되었다. 당이 모든 것을 돌보아 주었다. 즉 모든 결정들은 그들에 의해 내려졌다. 사람들은, 체제에 대한 경멸에도 불구하고, 반쯤 의식적으로 '그들'을 신뢰했으며, '그들'에게 의지했으며, 고삐를 붙잡고 모든 것을 돌보는 누군가가 있다고 믿었다. 책임의 짐을 **타자**에게로 옮길 수 있는 이와 같은 가능성에는 실로 도착된 유형의 해방이 있었다. 에바 호프만은, 젊었을 때 살았던 나라인 폴란드를 공산주의 이후에 여행했던 이야기를 들려주면서, 벽보도 네온등도 없는 넓은 거리의 우울한 콘크리트 건물이 늘어선 사회주의적 환경의 그 악명 높은 황량한 회색빛이 1990년에 어떻게 다르게 보였는지를, 어떻게 한층 더 억압적으로 보였는지를 이야기한다.

나는 이 회색빛을 알고 있다. 나는 그것을 사랑한 적도 있었다. 편안한 멜로디와 더불어 뼛속까지 스며든 이곳에서의 성장의 그 분위기와 기후의 일부로서 말이다. 그런데 왜 그것은 전보다 그토록 훨씬 더 황량하게 보이는가? 내 추측으로는, 내가 다른 더듬이를 가지고서, 체계의 방어적 필터들 없이 그것을 바라보고 있기 때문이다. 그 필터들은 그토록 많은 것에 대한—심지어는 그 회색에 대한—정당화였고 설명이었다. 실로 그 칙칙함은 부분적으로 **그들**이 행하는 것이었다. 단지 경제만의 문제가 아닌 고의적 엄격주의의 문제. …… 이제 이 이웃은 단지 있는 그대로일 뿐이며, 의미를 박탈당한 발가벗은 상태이다.[25]

여기서 우리는 현실적으로 존재하는 사회주의에서의 소외가 지닌 도착적으로 해방적인 측면을 만난다. 현실은 실제로 '우리의 것'(보통 사람들의 것)이 아니었으며, **그들**(당 노멘클라투라)에게 속하는 것이었다. 그것의 회색빛은 **그들**의 억압적 규칙을 증언했으며, 역설적이게도 이것은 삶을 견뎌내는 일을 훨씬 더 수월하게 만들었다. 일상적 곤란들에 대해, 비누와 화장지 같은 평범한 물건들의 부족에 대해 농담을 할 수가 있었다. 즉 이런 곤란들이 가져오는 물질적 결과들로 비록 고통을 당하긴 했지만, 그럼에도 불구하고 **그들**을 조롱하는 농담이 있었으며 또한 그 농담들을 면제되고 해방된 위치에서 할 수 있었다. 이제, **그들**이 권력을 잃은 지금, 우리는 갑작스럽고도 폭력적으로 이 칙칙한 회색빛을 떠맡지 않을 수 없게 된다. 그것은 더 이상 **그들**의 것이 아니라 우리의 것이다……. '후근대적' 위험 사회와 더불어 오늘날 발생하는 것은, 비록 맹목적일 수는 있지만 여하간 균형을 재확립시키는 '보이지 않는 손'의 메커니즘은 결코 없다는 것이다. 평가서들

---

[25] Eva Hoffman, *Exit Into History*, London: Minerva, 1993.

이 적절히 보존되는 어떠한 **다른 장면**도 없으며, 최후의 심판의 관점에서 우리의 행위가 적절하게 정위되고 설명될 어떠한 허구적 **다른 자리**도 없다. 우리의 행위가 사실상 무엇에 해당하는 것일까를 우리는 알지 못할 뿐만 아니라, 우리의 상호작용을 규제하는 어떠한 범역적 메커니즘조차도 없다—이것이 고유하게 '후근대적인' 큰 타자의 비존재가 의미하는 것이다. 푸코는 권력이 자신을 재생산할 때 사용하는 '주체 없는 전략들'에 대해 말했다. 하지만 여기서 우리는 그와 거의 정반대인 것을 만난다. 즉 주체들은 자신들의 행위들의 예측불가능한 결과들에 붙잡혀 있지만 그 행위들을 지배하고 규제하는 어떤 범역적 전략도 없다. 전통적 근대주의적 패러다임에 여전히 붙잡혀 있는 개인들은 안다고 가정된 주체의 위치로 적법하게 고양될 수 있을, 그리고 여하간 우리의 선택을 보증할, 또 다른 작인을 필사적으로 찾고 있다: 윤리 위원회, 과학적 공동체 그 자체, 정부 당국 등등에서 편집증적 큰 타자, 음모론의 은밀한 보이지 않는 주인에 이르기까지.

따라서 위험 사회 이론의 무엇이 잘못된 것인가? 그 이론은 큰 타자의 비존재를 완전히 시인하고 또한 그것으로부터 일체의 윤리-정치적 결과를 이끌어내지 않는가? 역설적이게도 문제는 이 이론이 너무 특수한 동시에 너무 일반적이라는 것이다. 위험 사회 이론은 '제2의 근대화'로 인해 어떻게 우리가 인간적 작인, 사회적 조직화 등등에서 성적 정체성에 관계하는 가장 내밀한 방식들에까지 이르는 옛 개념들을 변형시키지 않을 수 없는가를 강조하고 있기는 하지만, 그럼에도 불구하고 출현하는 새로운 사회적 논리가 주체성의 바로 그 근본적 지위에 미치는 충격을 과소평가한다. 다른 한편으로 위험들과 제조된 불확실성을 현대적 삶의 보편적 특징으로서 간주하면서 이 이론은 이들 위험의 구체적 사회경제적 뿌리들을 흐려놓는다. 그리고, 위험 사회 이론가들이 시대에 뒤떨어진 제1의 근대화 물결의 표현으로서 일반적으로 기각해 버리는 정신분석과 마르크스주의(침투불가능한 무의식을 조명하기 위한 합리적 작인의 싸움과 '공통 지성'에 의해 통제되는 자기-투명한 사회의 관념)가 이 두 가지 점에 대한 비판적 해명에 기여할 수 있다는 것이 나의 주장이다.

위험 사회 속의 불안

정신분석은 전통적 안정성과 지혜의 옛 양태들이 붕괴된 것을 탄식하면서 근대적 신경증의 원인을 그곳에 위치시키고 고대의 지혜나 심원한 자기-인식 속에서 우리의 뿌리를 발견해야만 한다고 하는 어떤 이론(융적 판본)이 아니다. 또한 정신분석은 어떻게 우리의 심적 삶의 내밀한 비밀들을 꿰뚫고 정복할 것인지를 우리에게 가르쳐주는 반성적 근대적 인식의 또 다른 판본에 불과한 것도 아니다. 정신분석이 초점을 맞추는 것, 정신분석의 고유한 대상은 오히려 리비도적 삶을 규제했던 전통적 구조들의 붕괴가 가져온 예상치 못한 결과들에 있다. 부성적 권위와 고정된 사회적·성적 역할의 쇠퇴는 왜 창조적인 '자기 배려'에 종사하고 자신들의 유동적인 다중적 정체성을 변동시키고 재형성하는 항구적 과정을 즐기는 놀라운 신세계Brave New World를 여는 대신에 새로운 불안들을 생성하는가? 정신분석이 할 수 있는 것은 위험 사회 속의 불안Unbehagen에 초점을 맞추는 것이다. (고정된 성 역할과 가족 구조와 같은) 개인적 책임성과 정체성의 옛 개념들을 고수하는 주체들과 유동적이고 변동하는 정체성들과 선택들의 새로운 상황 사이에 있는 긴장과 틈새의 결과로서 단순히 기각될 수만은 없는, 위험 사회에 의해 생성된 새로운 불안에 말이다.
 '위험 사회'의 도래로 영향을 받는 것은 단순히 전통이라든가 그밖의 어떤 다른 의지할 만한 상징적 참조들이 아니라, 상징적 질서의 작용이 지닌 훨씬 더 근본적인 의미에서 상징적 제도 그 자체이다: 위험 사회의 도래와 더불어 상징적 신뢰와 위탁의 수행적 차원은 잠재적으로 침식된다. 그리하여 위험 사회 이론가들의 문제는 그들이 이런 변화의 근본적 성격을 과소평가한다는 것이다. 오늘날의 위험 사회 속에서 어떻게 반성성이 보편화되며 그 결과 자연과 전통이 더 이상 존재하지 않게 되는가에 대한 일체의 강조에도 불구하고, 제1의 근대화 물결의 소박한 확실성을 폐지시키는 '제2의 계몽'에 관한 일체의 이야기에도 불구하고, 그들은 주체의 근본적인 주체성 양태를 손대지 않은 채로 둔다: 그들의 주체는 자유롭게 추리하고 반성할 수 있는, 자신의 규범 집합을 결정하고 선택할 수 있는 등의 근대적 주체로서 여전히 남아 있다. 이런 오류는 예컨대 오이디푸스 콤플렉스를 폐지하는 것을 원하면서도 오이디푸스 콤플렉스에 의해 생성된 주체성의 기본 형식(자유롭게 추리하고 결정하는 등의 주체)은 손대지 않은 채로 살아남기를 기대하는 여성주의자들의 오류와 같은 것이다. 요컨대, 옛 기준들을 가지고 새로운 세계를 측정하기 때문에 재앙적 결론에 이르게 되는 자들이 바로 후근대적 비관주의자들인 게 아니라면 어찌할 것인가? 오히려 반대로, 상징적 신뢰의 붕괴라는 조건에서 계몽의 반성적 주체가 여하간 불가해하게도 손대지 않은 채로 살아남는다는 사실에 아무런 문제의식 없이 의지하고 있는 자들이 바로 위험 사회 이론가들이라면 어찌할 것인가?
 큰 타자의 이와 같은 붕괴는 보편화된 반성성의 직접적 결과이다. '신뢰'와 같은 개념들은 모두가 상징적 제도에 대한 최소한의 비반성적 수용에 의존하고 있는 것이다—궁극적으로 신뢰는 언제나 신념의 비약을 내포한다: 내가 누군가를 신뢰한다면 그 까닭은 내가 그를 그의 말 그대로 받아들이기 때문인 것이지, 내게 그를 신뢰하라고 말하는 합리적 이유들 때문이 아니다. '나는 합리적 반성에 기초해서 너를 신뢰하기로 결정했기 때문에 너를 신뢰하는 것이다'라고 말하는 것은 '찬반의 이유를 따져보고 나서 나는 내 아버지에게 복종하기로 결정했다'는 진술과 동일한 역설을 내포한다. 기본적 신뢰의 붕괴의 증상은, 아주 적합하게도 스스로를 '약속의 이행자the Promise-Keepers'라 부르는 한 미국 기독교 부흥단의 최근 상승세이다. 그들의 좋은 구실은, 현대 생활의 스트레스에 대처할 수 없는 연약하고 히스테리적인 여성과 대조하여 남자들에게 그들에게 상징적으로 위임된 책임과 결정의 짐을 떠맡으라고 다시금 필사적으로 호소하는 것이다. 이에 반反하여 제기되어야 할 논점은, 그것이 성적 차이의 보수적·가부장적 재기입(유약한 히스테리 여성 대 다시금 자신의 말이 자신의 굴레가 되어야 하는 남자)이라는 사실만이 아니며, 약속의 이행에 대한 바로 이와 같은 명시적 강조가 이미 히스테리적 경제의 일부라는—이런 공적이고 의례화된 방식으로 재단언되어야 하는 신뢰는, 말하자면, 그 자체의 자격을 침식한다는—사실이다.

범역적 반성화의 모든 결과를 고려에 넣을 수 없는 위험 사회 이론의 그 무능력은 가족을 다룰 때 분명하게 식별할 수 있다. 이 이론은 전통적 가족에서 부모와 아이의 관계가 어떻게 우리 서구 사회에서 법적 예속의 마지막 보루였는가를 강조함에 있어서는 옳다: 사회의 광범위한 지층—미성년자—이 온전한 책임과 자율성을 부여받지 못했으며 (그들의 삶을 통제하고 그들의 행위에 책임을 지는) 부모들과의 관계에서 예속적 지위에 있었다. 반성적 근대화와 더불어 아이들 자신은 선택의 자유가 있는 책임 있는 주체로서 취급된다(예컨대 그들은 이혼 절차에서 어느 부모와 같이 살 것인지에 대한 결정에 영향을 미칠 수가 있으며 또한 자신들의 인권이 침해당하고 있다고 느낄 때 부모에 대항한 재판 절차를 개시할 수 있다). 요컨대 친자관계는 더 이상 자연적-실체적 개념이 아니며 어떤 면에서 정치화된다. 그것은 또 다른 반성적 선택의 영역이 된다. 하지만 가족 관계의 이런 반성화 —그 속에서 가족은, 자율적 주체가 아닌 구성원들로 이루어진 직접적-실체적 존재자라는 그것의 특성을 잃는다— 의 이면은 **점진적인 공적 직업적 삶 그 자체의 '가족화'**이지 않은가? 가족에 대한 해독제로서 기능할 것으로 가정되었던 제도들은 대용 가족으로서 기능하기 시작하며, 우리가 우리의 가족 의존성과 미성숙을 여하간 연장할 수 있도록 해준다. 예컨대 학교—심지어 대학—는 점점 더 치료적 기능을 떠맡으며, 회사는 새로운 가정을 제공한다. 그리하여 교육과 의존의 기간이 지나서 내가 성숙과 책임의 성인 세계로 입장할 수 있게 되는 표준적 상황은 이중으로 뒤바뀐다. 아이로서의 나는 이미 성숙한 책임 있는 존재로서 인정된다. 그리고 동시에 나의 아동기는 무기한 연장된다. 즉 가족을 뒤따르는 모든 제도들이 나의 나르시시즘적 노력들을 돌보는 환경을 제공하면서 대용 가족으로서 기능하기 때문에 나는 결코 실제로 '성장'을 강제당하지 않는다…….

이런 변동의 모든 결과들을 파악하기 위해서 우리는 가족, 시민사회(자신들의 반성적 자유를 누리는 개인들의 자유로운 상호작용), 국가라는 헤겔의 삼항조로 돌아가야 할 것이다. 헤겔의 건축물은 가족의 사적 영역과 시민 사회의 공적 영역 간의 구분에, 즉 가족적 삶 그 자체가 정치화되고 공적 영역의 일부로 화하고 있는 한에서 오늘날 사라지고 있는 그 구분에 기초하고 있다. 다른 한편 공적 직업적 삶은

'가족화'되고 있다. 즉 주체들은 책임이 있는 '성숙한' 개인으로서가 아니라 대 가족의 일원으로서 그것에 참여한다. 그래서 여기서 문제는, 대부분의 여성주의자들이 계속해서 주장하는 대로, 가부장적 권위와 그것에 대항한 해방적 투쟁인 것이 아니다. 오히려 문제는 가부장적 상징적 권위의 바로 그 몰락으로부터 생겨나는 의존의 새로운 형식들이다. 1930년대의 권위와 가족에 대한 연구에서 바로 막스 호르크하이머는 근대 자본주의 사회에서 부성적 권위의 점진적 붕괴의 애매한 결과들에 관심을 기울였다: 근대적 핵가족은, 단지 권위주의적 인성들의 기본적 세포이자 생성소에 불과했던 것이 결코 아니며, 동시에 자신의 윤리적 확신 때문에 지배적 사회 질서와 대결할 수 있는 '자율적' 비판적 주체를 생성하는 구조였으며, 바로 그 때문에 부성적 권위의 붕괴의 직접적 결과는 또한 사회학자들이 체제 순응적 '타자-지향적' 인성이라 부르는 것의 출현이다.[26] 오늘날, 나르시시즘적 인성을 향한 변화와 더불어, 이런 과정은 한층 더 강력하며 새로운 국면에 진입했다.

그러므로, 가부장제가 치명적으로 침식되고 그리하여 주체가 스스로를 여하한 전통적 제약들로부터도 자유로운 것으로서 경험하는, 주체가 어떠한 내면화된 상징적 금지도 결여하고 있으며 자신의 삶을 가지고 실험을 하고 자신의 삶-기획을 추구하고자 하는 등의 '후근대적' 배치(혹은 위험 사회 이론가들이 제2의 근대성과/이나 제2의 계몽을 특징짓는 반성적 근대화라 부르는 것—아마도 자신들이 후근대주의에 반대한다는 점을 지나치게 강조하는 그들의 모습은, 그들은 인정하지 않지만 그들이 그것에 근접해 있다는 것에 대한 부인으로서 읽혀

---

[26] Max Horkheimer, 'Authority and the Family', in *Critical Theory*, New York: Continuum, 1995를 볼 것.

져야 할 것이다27))와 관련하여 우리는 자연과/이나 전통의 제약들로부터 해방된 주체의 새로운 반성적 자유를 지탱하는 부인된 '열정적 애착들'에 관한 중대한 물음을 제기해야 한다. 즉 공적 ('가부장적') 상징적 권위의 붕괴가, 한층 더 강력한, 부인된, 복종에의 '열정적 애착'에 의해 그 대가가 치러진다면 (혹은 견제된다면) 어찌할 것인가? 예컨대 사도마조흐적 레즈비언 커플의 증가가 이를 보여주고 있는데, 여기서 두 여자의 관계는 엄격하고 혹독하게 실연된 주인/노예 모체를 따른다: 명령을 내리는 자는 '꼭대기'이고 복종하는 자는 '밑바닥'이며, '꼭대기'가 되기 위해서는 고된 도제 과정을 통과해야만 한다. 이 '꼭대기/밑바닥'의 이원성을 직접적인 '(남성) 침략자와의 동일화'의 기호로서 읽는 것은 잘못이지만, 그것을 가부장적 지배 관계에 대한 패러디적 모방으로서 지각하는 것 역시 못지않게 잘못이다. 오히려 우리는 심층적 리비도적 만족을 제공하는 자유롭게 선택된 주인/노예라는 공존 형식의 진정한 역설을 다루고 있는 것이다.

---

27) 물론 이것은, 후근대주의 이론과 제2의 근대성 이론의 차이가 단순히 명목상의 차이에 불과하다는 것을, 동일한 현상에 대한 다른 이름에 불과하다는 것을 함축하는 것은 결코 아니다. 우리가 여기서 다루고 있는 것은 오히려 오늘날 작동하고 있는 두 개의 근본적으로 양립불가능한 후근대주의 개념들 간의 내속적 분열이다. 그 하나는 후근대성이 근대성 논리가 지닌 일체의 잠재력을 배치시키는 가운데 근대성 논리를 그 종국에 이르게 한다는 관념(프레드릭 제임슨의 판본—후근대성에 대한 그의 규정들 가운데 다수가 제2의 근대성의 규정들과 일치한다는 것은 결코 놀랄 일이 아니다)이다. 다른 하나는 후근대성이 어떤 새로운 형식의 직접성을 지지하는 가운데 근대화의 기본적 특징(합리적 반성성)을 부정한다는 관념(뉴에이지식 전체론적 태도나 '후-데카르트적 패러다임'의 어떤 다른 판본)이다. 이런 맥락에서, 범역화globalization에 대한 최근 논의들이 어떻게 다시금 근대화라는 주제에 대해 그 다양한 측면에서 초점을 맞추고 있는가(예컨대, 범역화된 반성성이나 최후의 사회적 연계들의 해체 등등)는 흥미롭다. 우리는 점차로 '후근대주의'는 단지 가속화된 근대화와 타협하려는 노력이었다는 것을 깨닫고 있다. 경제적·문화적 '범역화'에서 가장 내밀한 영역의 반성화에 이르기까지 삶의 모든 영역에서 휘몰아치는 사건들은 우리가 어떻게 아직도 여전히 근대화의 실재적 충격에 대처하는 법을 배워야 하는가를 입증하고 있지 않은가?

그리하여 표준적 상황은 반전된다. 더 이상 (거드름 피우는 주인을 등 뒤에서 은밀하게 비웃을 때처럼) 해방적 위반의 은밀한 행위에 의해 위계와 억압과 혹독한 규제의 공적 질서가 전복되는 것이 아니다. 반대로 자유롭고 평등한 개인들 간의 공적 사회적 관계가 있는 것이며, 거기서 엄격하게 규제된 지배와 복종의 어떤 극단적 형식에 대한 '열정적 애착'은 리비도적 만족의 은밀한 위반적 원천이 되며, 자유와 평등의 공적 영역에 대한 외설적 보충물이 된다. 엄격하게 약호화된 주인/노예 관계는 삶의 모든 형태들이 생활 양식의 자유로운 선택의 문제로서 경험되는 사회에 살고 있는 주체들의 '내속적 위반'의 바로 그 형식으로서 나타난다. 그리고 이 역설적 반전은 정신분석의 고유 주제이다. 정신분석은 당신이 즐기는 것을 금지하는 엄격하고 권위주의적인 아버지를 다루는 것이 아니라 당신에게 즐기라고 명하는, 그리하여 당신을 훨씬 더 효과적으로 불능/불감증의 상태로 만드는 외설적 아버지를 다룬다. 무의식은 법에 대한 은밀한 저항이 아니다. 무의식은 금지의 법 그 자체이다.

그래서 우리 삶의 범역적 반성화라는 위험 사회 상투어에 대한 정신분석의 대답은, 그럼에도 불구하고 반성적 매개에 저항하는 무의식이라 불리는 어떤 선반성적 실체가 있다는 것이 아니다. 오히려 그 대답은 위험 사회 이론가들이 간과한 또 다른 양태의 반성성, 프로이트적 주체의 바로 그 중핵에 있는 반성성을 강조하는 것이다. 이 반성성은 자신의 정체성을 자유롭게 선택하고 재형성할 수 있는 후근대적 주체의 게임을 망쳐놓는다. 이미 본 것처럼 정신분석에는 이런 반성성의 수많은 변종들이 있다. 히스테리의 경우 욕망을 만족시키는 것의 불가능성은 반성적으로 불만족에 대한 욕망으로, 욕망 그 자체를 만족되지 않은 상태로 유지하려는 욕망으로 전환된다. 강박 신경증의 경우 우리는 욕망의 '억압적' 규제가 규제에 대한 욕망으로 반전되는 것을 대하게 된다. 이런 '마조히즘적' 반성적 전회—이를 통해 억압적 규제적 절차들 자체는 리비도 투여되며 리비도적 만족의 원천으로서 기능한다—는 어떻게 권력 메커니즘들이 기능하는가에 대한 열쇠를 제공한다: 규제적 권력 메커니즘들은 그것들이 '억압'하고자 하는 바로 그 요소에 의해 은밀히 지탱되는 한에서만 작동을 하는 상태로 남아 있다.

아마도 우리 삶의 보편화된 반성성을 (따라서, 큰 타자의 물러남을, 상징적 유효성의 상실을) 보여주는 궁극적 사례는 오늘날 대부분의 정신분석가들에게 알려져 있는 한 가지 현상일 것이다. 즉 정신분석적 해석이 점차로 그 효능을 잃어가는 현상. 전통적 정신분석은 반성되지 않은 '어두운 대륙'으로서의 무의식, 해석에 의해 힘들게 침투·반성·매개되어야 할 주체의 존재의 침투불가능한 '탈중심화된' 실체로서의 무의식이라는 실체적 개념에 여전히 의존했다. 하지만 오늘날 (꿈에서 히스테리성 증상들에 이르기까지의) 무의식의 형성물들은 확실히 그 순수함을 잃었다. 전형적인 고학력 분석자의 '자유 연상'은 대부분의 경우 자신들의 장애에 대한 정신분석적 설명을 제공하려는 시도로 이루어지며, 그렇기 때문에 증상들에 대한 융적, 클라인적, 라캉적 등등의 해석이 있는 것뿐만이 아니라 그 자체로 융적, 클라인적, 라캉적 등등인 증상들, 즉 증상의 현실이 어떤 정신분석적 이론에 대한 암묵적 참조를 내포하고 있는 그런 증상들이 있다고 말을 한다고 해도 제법 정당한 것이다. 물론, 해석의 이와 같은 범역적 반성화(모든 것이 해석이 된다, 무의식은 스스로를 해석한다……)의 불행한 결과는 분석가의 해석이 그것의 수행적 '상징적 유효성'을 상실하고 증상을 그 백치적 향유 속에 내버려둔다는 것이다. 다시 말해서 정신분석 치료에서 일어나는 일은, 왜 폭력을 행사하는지 그 이유를 대라는 압력을 실제로 받게 될 때 갑자기 사회 복지사나 사회학자나 사회심리학자들처럼 말하기 시작하며 그리하여 사회적 유동성의 감소, 불안정의 증가, 부성적 권위의 붕괴, 자신의 유년기의 모성적 사랑의 결핍 등을 끌어들여 이야기하는 신나치 스킨헤드의 (이미 주목한 바 있는) 역설과 유사하다. 우리의 사회적 존재의 실체로서의 큰 타자가 붕괴할 때, 실천과 그에 대한 내속적 반성의 통일성은 붕괴되며 적나라한 폭력과 그에 대한 무능하고 무효한 해석으로 화하고 만다.

해석의 이와 같은 무능함은 또한 위험 사회 이론가들이 환영해 마지 않는 보편화된 반성성의 필연적 이면들 가운데 하나이다: 이는 마치 우리의 반성적 힘은 그것으로 포착할 수 없는 어떤 최소한의 '선-반성적' 실체적 지지물에 의존하면서 그로부터 힘을 끌어오며 그리하여 그것의 보편화는 그것의 비유효성에 의해, 즉 반성적 해석으로는 침투 불가능하고 감지할 수 없는 '비합리적' 폭력의 야수적 실재의 역설적 재출현에 의해 그 대가가 치러지는 것과도 같다. 그리고 비극은, 자신들의 해석적 개입이 아무런 효능도 발휘 못하는 이와 같은 곤궁 상태에 직면하여, 그렇지 않다면 정신분석 고유의 영역을 포기하고 생화학이나 신체적 단련에서 피난처를 찾는 명백히 거짓된 해결책에 저항할 몇몇 정신분석가들조차도 곧바로 실재의 길을 택하는 유혹에 빠진다는 것이다. 즉 그들은 무의식이 이미 그 자체의 해석이기 때문에 정신분석가가 할 수 있는 전부는 **행위**라고 주장한다—그리하여 환자가 행위하고 (예컨대 실수행위들 *actes manqués*[망친 행위들]을 하고) 분석가는 환자의 행위를 해석하는 것이 아니라, 환자가 해석하고 그의 분석가는 (예컨대 세션을 끝내는) 행위로써 이런 해석의 흐름을 절단한다.[28]

그래서, 프랑크푸르트 학파를 가지고 말한다면, 우리가 제2의 근대성과 관련하여 대면하고 있는 선택은 다시금 아도르노/호르크하이머와 하버마스 사이의 선택이다. 하버마스가 단행한 아도르노/호르크하이머와의 결정적 결별은 계몽의 **변증법**이라는 그들의 근본적 개념을 거부하는 것이다. 하버마스에게 있어 전체주의적 정치 체제나 이른바 근대적 삶의 소외와 같은 현상들은 궁극적으로 근대성과 계몽의 기획 그 자체의 내속적 변증법에 의해 생성되는 것이 아니라, 그것의 필연적인 결과는 아닌 실현에 의해 생성된다—그것들은 근대성이 미완의 기획으로 남았다는 사실을 증언한다. 반대로 아도르노와 호르크하이머는, 어떤 범역적 기획의 실현 속에서 발생하는 성가신 과잉을 기획 전체의 진리가 출현하는 증상적 지점으로서 읽어내는 헤겔주의적이고 마르크스주의적인 옛 절차에 여전히 충실하다. 즉 어떤 개념이나 기획의 진리에 도달할 유일한 길은 이 기획이 잘못되는 지점에 초점을 맞추는 것이다.

---

28) (인터넷에서 구할 수 있는) *La fin de l'interprétation*[해석의 종결]에서 자크-알랭 밀레는 선상징적 (의미-)향유*jouis-sense*, 무의미한 지껄임, 조이스의 『피네간의 경야』의 리좀적 흐름과 같은 어떤 것의 층위에 분석가를 위치시킴으로써 이런 곤궁을 해결하려고 했다. 조이스에 대한 이와 같은 참조는 조이스가 반성적 예술가의 전형적 사례인 한에서 의미심장하다. 그의 작품들, 특히 『피네간의 경야』는 그것들에 대한 해석에 대해 단순히 외부적이지 않으며 그것들에 대한 가능한 해석들을 미리 고려에 넣으며 그 해석들과 대화를 나눈다. 예술작품에 대한 해석이나 이론적 설명은 그 대상을 '틀지으려는' 시도를 하기 때문에, 우리는 어떻게 틀이 언제나 틀지워진 내용 속에 포함되어 있는가를—그 내용의 일부인가를—보여주는 또 하나의 사례를 이 조이스적 변증법이 제공한다고 말할 수 있을 것이다. 작품에 대한 이론이 작품 속에 포함되어 있다. 작품은 그 자체에 대한 가능한 이론들에 대한 일종의 선제 공격이다. 따라서 해석의 S_2(인식의 사슬)가 해석된 기표의 S_1에 스스로를 덧붙이고 그것의 의미를 해명하는 대신에 『피네간의 경야』에서는 거대하고 다형적인 S_1이 해석적 S_2에 종속되는 것을 거부할 뿐만 아니라 어떤 면에서는 그 자신의 미친 향유의 춤 속으로 그것(그것의 해석들)을 삼켜버린다……. 그렇지만 이것은 실제로 유일한 출구인가? 이 해결책은 해석의 광란을 선상징적/선담론적 사물이라는 악몽 속의 몰입으로 대체하면서, 단지 나쁜 것에서 더 나쁜 것으로 나아가는 것 아닌가?

그것은 '정치'경제학이다, 멍청아!

'후근대적' 배치와 함께 가는 사회경제적 지배 관계와 관련하여 빌 게이츠의 공적 이미지는 언급할 만한 가치가 있다.29) 중요한 것은 사실적 정확성(게이츠는 실제로 그와 같은가?)이 아니라 어떤 하나의 형상이 어떤 환상적 구멍을 메우는 아이콘으로 기능하기 시작했다는 바로 그 사실이다—그 특징들이 '진짜' 게이츠와 일치하지 않는다면 오히려 그 때문에 더더욱 그것들은 기저의 환상적 구조를 표시하고 있는 것이다. 게이츠는 더 이상 가부장적 아버지-주인이 아닐 뿐더러, 더 이상 여러 비서들과 대리인들의 호위를 받으며 접근불가능한 꼭대기 층에 거주하면서 엄격한 관료적 제국을 운영하는 법인적 '빅 브라더'인 것도 아니다. 오히려 그는 일종의 '리틀 브라더'이다. 그의 평범함 그 자체는 그 정반대의 것에 대한, 즉 너무나도 섬뜩해서 더 이상 어떤 상징적 칭호의 가장 속에서 공적인 것으로 만들 수 없는 어떤 기괴한 차원에 대한 표시로서 기능한다. 우리가 여기서 매우 폭력적으로 맞닥뜨리고 있는 것은, 우리 같은 평범한 사람인 **동시에** 섬뜩하고 고유하게 기괴한 차원의 전조인 분신Double의 곤궁이다. 책 표제지나 그림이나 몽타주사진들이 게이츠를 묘사하는 방식은 이 점을 표시한다. 그는 평범한 녀석으로 묘사되지만 그럼에도 불구하고 그의 사악한 미소는 그의 평범한-녀석 이미지를 산산이 부수어 놓을, 재현을 넘어선 기괴성이라는 전적으로 다른 기저의 차원을 함축하고 있다.30) 이런 측면에

---

29) 여기서 나는 레나타 살례츨과의 광범위한 토론에 의존하고 있는데, 이 장에서 표명된 다수의 관념들은 그녀에게 빚지고 있는 것이다. Renata Salecl, (Per)Versions of Love and Hate, London: Verso, 1998을 볼 것. [국역본, 『사랑과 증오의 도착들』, 도서출판b, 2003.]

30) 1960년대와 70년대에 비키니나 정장을 입은 여자의 소프트 포르노 엽서를 구입할 수

서, 아이콘으로서의-게이츠가 지닌 또 다른 중요한 특징은 그가 그것을 만든 전직-해커(로서 지각된)라는 것이다—우리는 '해커'라는 용어에 거대한 관료적 법인체들의 원활한 작동을 교란시키길 원하는 사람이라는 일체의 전복적/주변적/반체제적 내포들을 부여해야 한다. 환상적 층위에서 볼 때 여기에는, 게이츠가 훌륭한 의장의 자리를 접수해서 스스로 그런 의장으로서 분장하는 전복적 주변적 훌리건이라는 관념이 그 기저에 놓여 있다.

그리하여 리틀 브라더인 빌 게이츠 속에서, 평범하고 못난 녀석은 우리 삶에 대한 총체적 통제를 목표로 삼는 사악한 천재의 형상과 일치하며 그런 형상을 포함한다. 예전의 제임스 본드 영화에서 이 사악한 천재는 아직은 괴팍한 인물이었으며, 이상한 분장을 하고 있거나 원-공산주의의 마오저뚱식 회색 제복을 입고 있었다. 게이츠의 경우 이런 우스꽝스러운 뻔한 몸짓은 더 이상 필요하지 않다. 사악한 천재는 옆집에 사는 평범한 녀석의 이면이다. 다시 말해서 빌 게이츠의 아이콘에서 우리가 조우하는 것은, 초자연적 힘을 부여받았지만 일상 생활에서는 평범하고 어수룩하고 서툰 녀석의 모습을 하고 있는 영웅(슈퍼맨의 경우가 그런데, 그는 일상 생활에서는 안경을 쓴 어수룩한 기자이다)의 테마를 반전시킨 것의 일종이다. 즉 여기서 이런 종류의 분리에 의해 특징지어지는 것은 바로 나쁜 녀석이다.[31] 그리하여 빌

있었다. 그런데 엽서를 조금 움직이거나 조금 다른 관점에서 바라보면 마법처럼 옷이 사라졌으며 여자의 나체를 볼 수 있었다. 빌 게이츠의 이미지에도 무언가 유사한 것이 있지 않은가? 그의 인자한 생김새들 역시 조금 다른 관점에서 볼 때 마법처럼 음흉하고 위협적인 차원을 획득하게 된다.

31) 이런 경향은 이미 브라이언 싱어의 탁월한 영화 <유즈얼 서스펙트>(1995)에서 식별할 수 있었다. 이 영화에서 비가시적인-전능한 주인-범죄자는 다름아닌 서툴고 겁에 질린 케빈 스페이시 캐릭터인 것으로 판명이 난다.

게이츠의 평범함은 전통적 부성적 주인의 이른바 평범한 인간적 특징들에 대한 강조와 동일한 심급에 있는 것이 아니다. 이 전통적 주인이 결코 자신에게 위임된 것에 걸맞게 살지 못했다는 사실—그가 언제나 불완전했으며, 어떤 실패나 연약함의 흔적을 내보였다는 사실—은 그의 상징적 권위를 훼손하지 않았을 뿐더러, 순전히 형식적인 상징적 권위의 기능과 그 자리를 차지하는 경험적 개인 사이의 구성적 틈새를 깨닫게 해줌으로써 그의 상징적 권위에 대한 지탱물로서 이바지하기까지 했다. 이런 틈새와는 대조적으로 빌 게이츠의 평범함은 권위의 다른 개념을, 즉 실재 속에서 작용하는 외설적 초자아의 개념을 가리킨다.

(대개는 사악한 마법사에 의해 조종되는) 부지런한 난쟁이들에 관한 유럽의 옛날이야기 주제가 있다. 그 난쟁이들은 밤에 사람들이 자고 있을 때 은신처에서 나와 일을 완수한다(집을 정돈하고, 식사를 준비하고 등등). 그리하여 아침에 일어나서 사람들은 자신들의 일이 마법처럼 이루어져 있는 것을 발견한다. 이 주제는 리하르트 바그너의 <라인의 황금>(잔혹한 주인 알베리히에게 혹사당하는, 지하 동굴에서 일하는 니벨룽엔들)을 경유해서 프리츠 랑의 <메트로폴리스>(노예가 된 근면한 노동자들은 지배자인 자본가들을 위한 부를 생산하기 위해서 땅 속 깊은 곳에서 살면서 일을 한다)에 이르기까지 존속하고 있다. 사악한 주인의 조종에 지배당하는 '지하' 노예라고 하는 이 모체는, 공적 상징적 주인과 배후 조종을 하고 있는 실세로서 밤에 일을 하는 은밀한 사악한 마법사라는 두 가지 양태의 주인의 그 해묵은 이중성으로 되돌아가게 해준다. 현재 미국을 운영하고 있는 두 명의 빌인 클린턴과 게이츠는 이 이중성의 궁극적 예시들이지 않은가? 주체가 상징적 권위를 부여받았을 때 그는 자신의 상징적 칭호에 대한

부속물로서 행위한다. 다시 말해서, 다름아닌 큰 타자가, 상징적 제도가 그를 통해서 행위하고 있는 것이다. 앞서 든 판사의 사례를 상기해 보자. 그는 불쌍하고 타락한 인간일지는 모르겠지만 그가 법복과 여타의 휘장을 걸치는 순간 그의 말은 법 그 자체의 말이다. 다른 한편 '보이지 않는' 주인(전형적 사례는, 공중의 눈에 보이지 않지만 사회생활을 배후에서 조종한다고 하는 '유대인'에 대한 반유대적 형상이다)은 공적 권위에 대한 일종의 섬뜩한 분신이다: 그는 환영과도 같은 유령적 전능함을 내뿜으면서 그림자 속에서 행위해야만 한다.[32]

그렇다면, 가부장적 상징적 권위의 붕괴, 아버지의 이름의 붕괴가 어떻게 우리와 똑같은 평범한 사람, 우리와 똑 같은 인간, 우리의 상상적 분신이면서 동시에—바로 그렇기 때문에—사악한 천재라는 또 다른 차원을 환영적으로 부여받은 새로운 주인 형상을 낳는가 하는 것, 바로 이것이 빌 게이츠 아이콘으로부터 도출해야 할 결론이다. 라캉식으로 말하자면: 상징적으로 동일화하는 특질인 자아 이상의 중지—즉 주인을 상상적 이상으로 환원하기—는 필연적으로 그것의 기괴한 이면을, 우리의 삶을 통제하는 전능한 사악한 천재라는 초자아 형상을 낳는다. 이 형상 속에서, 고유의 상징적 유효성의 중지 때문에, 상상적인 것(유사물)과 (편집증의) 실재적인 것은 겹친다.

우리가 빌 게이츠를 하나의 아이콘으로서 다루고 있다고 주장하는 것의 요점은, '실재적' 게이츠를 우리 모두에 대한 범역적 통제를 성취하기 위한 음모의 주모자 노릇을 하는 일종의 사악한 천재로 고양시킬 경우 신비화를 낳게 된다는 것이다. 그 어느 경우보다도 바로 여기서, 마르크스주의적 물신화의 변증법이 주는 교훈을 기억하는 것이 중요

---

[32] Slavoj Žižek, "'I Hear You with My Eyes"; or, The Invisible Master', in *Gaze and Voice as Love Objects*, Durham, NC: Duke University Press, 1996을 볼 것.

하다: 사람들 사이의 관계의 '물화'(사람들 사이의 관계가 환영적인 '사물들 사이의 관계'라는 형식을 취한다는 사실)는 언제나 겉보기에 정반대인 과정에 의해—사실은 객관적 사회적 과정인 것들의 거짓 '인격화'('심리화')에 의해—재배가된다. 카리스마적인 '사업의 천재'라는 개념이 어떻게—범역적 시장 관계가 완전한 지배력을 발휘하기 시작하고, 개인 생산자의 성공이나 실패를 그 개인의 통제를 전적으로 벗어나는 시장의 주기에 달려 있는 것으로 만든 바로 그 순간—'자생적 자본주의 이데올로기' 속에서 스스로를 재단언하게 되었고, 사업가의 성공이나 실패를 그가 소유하고 있는 어떤 신비한 *je ne sais quoi*[무엇인지 모르는 것]에 귀속시켰는지에 대해 프랑크푸르트 학파 이론가들의 첫 세대가 주목하게 된 것은 바로 1930년대였다.[33] 그리고, 우리의 삶을 조종하는 시장 관계의 추상화가 하나의 극단에 이르게 되는 오늘날에는 한층 더 그런 것 아닌가? 어떻게 하면 성공할 수 있는가, 어떻게 하면 우리의 동반자나 경쟁자를 이길 수 있을 것인가 등에 대한 조언을 제공하는—한 마디로 말해서, 우리의 성공을 우리의 적절한 '태도'에 달려 있는 것으로 만드는—심리학적 안내서들로 책시장은 넘쳐나고 있다.

따라서 어떤 면에서 우리는 마르크스의 유명한 공식을 역전시키고만 싶다: 현대 자본주의에서, 시장에서의 객관적인 '사물들 사이의' 관계'는 의사-인격화된 '사람들 사이의 관계'라는 환영적 형식을 취하는 경향이 있다. 빌 게이츠는 선하건 악하건 결코 천재가 아니다. 그는 단지 미친 듯이 날뛰는 자본주의적 체계의 계기와 결과를 어떻게 포착할

---

[33] 아도르노는 개인의 심리를 그 '대상'으로 삼는 '과학'으로서의 심리학의 출현 그 자체가 어떻게 경제적·정치적 삶에서의 비인격적 관계들의 지배에 엄밀히 상관적인가를 지적했다.

것인가를 알고 있었던 기회주의자에 불과하다. 문제는 '게이츠가 어떻게 그것을 했는가?'가 아니라 '자본주의 체계가 어떻게 구조화되어 있으며 어떻게 잘못되어 있기에, 한 개인이 그처럼 걸맞지 않은 권력을 획득할 수 있다는 말인가?'이다. 그리하여 빌 게이츠 같은 현상은 그 자체의 해결책을 표시하고 있는 것처럼 보인다: 일단 우리가 단일한 개인이나 법인이 형식적으로 소유하고 있는 거대한 범역적 연결망을 다루게 되면, 어떤 면에서 소유권은 그것의 작동과 무관한 것이 되어서(경쟁은 더 이상 가치가 없다. 이윤은 보장된다) 이 우두머리를 그냥 잘라내버리고 전체 연결망의 작동을 크게 어지럽힘 없이 그것을 사회화하는 것이 가능해진다는 것이 사실이지 않은가? 그와 같은 행위는 이미 사실상 한 곳에 속하는 것(개인들의 집합과 그들 모두가 사용하고 있는 범역적 소통 연결망)을—그리하여 개인들의 사회적 삶의 실체를 형성하는 것을—한 곳에 가져다 놓는 것에 불과한 순전히 형식적인 전환에 해당하는 것 아닌가?

이미 여기서 우리는 위험 사회 이론에 대한 우리의 비판적 거리의 두 번째 측면에 이르게 된다. 즉 그 이론이 자본주의의 현실에 접근하는 방식. 좀더 면밀히 검토해본다면 '위험'이라는 개념은 위험이 생성되는 협소하고 정확하게 정의된 영역—자본주의의 조건들하에서 과학과 기술이 아무런 통제 없이 이용되는 영역—을 표시하고 있는 것 아닌가? '위험'의 전형적 사례는, 많은 위험들 가운데 하나에 불과한 것이 아니라 위험 '그 자체'인 사례는, 적절한 민주적 공개 토론 없이 개인 법인에 의해 이용되면서 예기치 못한 장기적·재앙적 결과들의 유령을 탄생시키는 새로운 과학기술적 발명의 사례이다. 그렇지만 이런 종류의 위험은 시장과 이윤율의 논리가 사유 기업들로 하여금 자신들의 진로에 따르면서 과학기술적 혁신들을 사용하고(혹은 단순히 자신들의 생산을 확장하고) 그런 활동이 환경이나 인류의 건강 자체에 미칠 장기적 영향에 대해서는 현실적으로 아무런 고려도 하지 않도록 내몰고 있다는 사실에 뿌리를 두고 있는 것 아닌가?

그리하여—좌파와 우파, 자본주의 대 사회주의 등의 낡은 이데올로기적 딜레마들을 이제 던져버릴 것을 강요하는 '제2의 근대성'에 관한 일체의 이야기에도 불구하고—이끌어낼 결론이 있다면 그것은 다음과 같은 것이 아니겠는가? 즉, 공적 정치적 통제를 벗어난 사적 법인들이 우리 모두에게 영향을 미칠 수 있고 심지어 우리의 생존 기회에까지 영향을 미칠 수 있는 결정들을 내리고 있는 현재와 같은 범역적 상황에서 유일한 해결책은 생산 과정에 대한 일종의 직접적 사회화에—한 사회가 처분할 수 있는 생산적 역량을 어떻게 개발하고 사용할 것인가에 관련된 근본적 방향설정에 대한 범역적 결정들이 여하간 그와 같은 결정에 영향을 받는 사람들의 전체 집단에 의해 내려질 그런 사회를 향해 나아가는 데—놓여 있다는 것이 아니겠는가? 위험 사회 이론가들은 종종 '탈정치화된' 범역적 시장의 지배에 맞서 근본적 **재정치화**—그것은 (능동적 시민활동, 광범위한 공공 토론 등등의 재활성화를 통해) 중대한 결정들을 국가 입안자들이나 전문가들로부터 찾아와서 당사자인 개인들과 집단들의 손에 가져다 줄 것이다—를 향한 조치를 취해야 할 필요성을 일깨우곤 한다. 하지만 그들은, 오늘날 모든 당사자들이 인정하는 '중립적' 실재로서 점차 스스로를 부과하고 있으며 또한 그런 것으로서 점차로 탈정치화되고 있는 시장 관계와 범역적 자본주의의 익명적 논리의 기초에 대해서는 좀처럼 의문을 제기하지는 않는다.[34]

---

[34] 위험 사회 정치의 옹호자들 사이에서는, 우리가 '좌와 우를 넘어선' 새로운 시기로 진입하고 있다는 표시로서 어떻게 다름아닌 투기 자본의 화신인 조지 소로스가 시장의

구식의 노동계급 남성 정체성의 외상적 붕괴를 다루고 있는 최근의 두 영국 영화는 탈정치화의 이 곤궁에 대한 대립되는 두 판본을 표현하고 있다. <브래스트 오프>는 '실재적' 정치 투쟁(기술 발전이라는 명목으로 합법화된 폐광의 위협에 맞선 광부들의 투쟁)과 광부들의 '공동체', 그들의 브라스 밴드의 이상화된 상징적 표현 사이의 관계에 초점을 맞춘다. 처음에 그 두 측면은 대립되는 것처럼 보인다. 즉 경제적 생존을 위한 투쟁에 붙들려 있는 광부들에게 폐암으로 죽어가는 그들의 늙은 밴드마스터의 '음악만이 문제다!'라는 태도는 그 사회적 실체를 빼앗긴 공허한 상징적 형식에 대한 헛된 물신화된 고집처럼 보인다. 하지만 일단 광부들이 정치적 투쟁에서 패배하고 나면, '음악이 문제다'라는 태도, 전국 대회에 나가 연주하려는 그들의 고집은 반항적인 상징적 제스처로, 정치적 투쟁에 대한 충실성을 단언하는 본연의 행위로 바뀐다―그들 중 한 명의 표현대로, 아무런 희망도 없을 때, 오로지 따라야 할 원칙들만 있는 것이다……. 요컨대 우리가 이 교차점에 도달할 때, 혹은 차라리 층위들의 단락에 도달할 때, 그리고 그 결과 공허한 형식 그 자체에 대한 고집(우리는 무슨 일이 있더라도 우리의 브라스 밴드에서 연주하는 것을 계속할 것이다……)이 내용에 대한 (폐광에 맞서 광부들의 생활 방식을 지속하기 위한 투쟁에 대한) 충실성의 기호가 될 때, **행위**가 발생하는 것이다. 광부들의 공동체는 사라질 수밖에 없는 전통에 속한다. 하지만 그럼에도 불구하고 바로 여기서 우리는 그 광부들이 낡고 반동적인 남성-쇼비니즘적 노

무제약적 규칙이 공산주의적 전체주의보다 더 큰 위험을 제기하며 따라서 어떤 사회정치적 조치를 통해 통제되어야 한다는 통찰에 이르게 되었는가를 지적하는 것이 유행이다. 그렇지만 이 통찰이면 실로 충분한가? 오히려 우리는 이런 사실을 칭송하는 대신 이것이 정반대를―즉 '좌와 우를 넘어선' 새로운 정치는 자본의 지배에 실제로 위협을 제기하지 않는다는 것을―입증하고 있지는 않은지 자문해보아야 하지 않는가?

동계급의 생활 방식을 상징하고 있다고 비난하려는 덫에 걸려들지 않도록 조심해야 한다. 여기서 식별가능한 공동체의 원리는 그것을 위해 싸울 만한 충분한 가치가 있는 것이며, 결코 아무렇게나 적에게 넘겨줄 것이 아니다.

두 번째 사례인 <풀 몬티>는—<죽은 시인의 사회>나 <시티 라이트>처럼—전체 내러티브 라인이 그 마지막 정점을 향해 나아가는 그런 영화들 가운데 하나다. 이 영화의 경우 그 마지막 정점은 다섯 명의 실직한 남자들이 스트립쇼 클럽에서 '풀 몬티'로[몽땅 벗고서] 출연하는 장면이다. 그들의 이 마지막 제스처—꽉 들어찬 홀에 성기를 드러내는, '갈 때까지 가보는' 제스처—는, 비록 어떤 면에서는 <브래스트 오프>의 것과 대립되기는 하지만, 그럼에도 궁극적으로는 동일한 것, 즉 상실의 받아들임에 해당한다. <풀 몬티>에 나오는 마지막 제스처의 영웅성은 사회적 실체가 붕괴될 때 그 상징적 형식(밴드 연주)을 끝까지 고집하는 영웅성이 아니라, 오히려 반대로, 남성 노동계급 윤리의 관점에서 볼 때 궁극적 창피스러움으로 보일 수밖에 없는 것을 받아들이는—남성의 거짓 위엄을 기꺼이 내던지는—영웅성이다. (영화 초반부에 나오는 유명한 대화를 상기해보라. 남자주인공들 가운데 한 명이, 여자들이 선 자세로 오줌을 누는 것을 본 이후에 그들이 졌다는 것을, 그들—남자들—의 시대가 끝났다는 것을 마침내 이해하게 되었다고 말한다.) 그들이 처한 곤궁의 희비극적 차원은 (옷을 벗는) 카니발적인 쇼가 일반적인 경우처럼 현란한 스트립쇼 댄서들에 의해서가 아니라 점잖고 수줍어하는 평범한 남자들에 의해, 결단코 아름답지 않은 남자들에 의해 수행된다는 사실에 있다. 그들의 **영웅성**은 자신들의 신체적 외양이 적합하지 않다는 것을 알면서도 그 행위를 수행하는 데 동의한다는 것이다. 수행[공연]과 수행자들[공연자들]의 명백한 부적합성 사이에 존재하는 이 틈새는 그 행위에 고유한 숭고한 차원을 부여한다. 그들의 행위는 저속한 스트립쇼에서 거짓 자존심을 포기하는 일종의 정신적 훈련이 된다. (그들 중 가장 나이가 많은 그들의 전직 직공장은 쇼 직전에 새 일자리가 생겼다는 소식을 듣게 되지만 그럼에도 불구하고 동료들과 함께 충실하게 그 행위를 수행하기로 결정한다. 그리하여 그 쇼의 요점은 단지 절실하게 필요했던 돈을 버는 것이 아니라 원칙의 문제인 것이다.)

하지만 우리가 명심해야 할 것은 그 두 행위 모두가, <브래스트 오프>의 그것과 <풀 몬티>의 그것 모두가, 상실자들[패자들]의 행위라는 것이다. 다시 말해서 재앙적 상실과 타협하는, 상실한 내용에 대한 충실성으로서 공허한 형식을 고집하는('아무런 희망도 없을 때 오로지 원칙들만 남는다'), 거짓된 나르시시즘적 존엄의 최후의 흔적들을 영웅적으로 포기하고 괴상할 정도로 자신들에게 부적합한 행위를 완수하는 두 가지 양태라는 것이다. 슬프게도 이것은 어떤 면에서 오늘날 우리들의 상황이다. 오늘날, 자본주의 그 자체는 프롤레타리아트라는 모습으로 자본주의를 파괴할 힘을 생성한다는 마르크스주의적 개념의 붕괴 이후에, 자본주의에 대한 비판가들 가운데 어느 누구도, 이른바 범역화globalizaiton 과정이 우리를 몰아넣는 끔찍한 소용돌이에 대해 그렇게도 설득력 있게 진술하는 자들 가운데 어느 누구도, 자본주의를 어떻게 제거할 수 있는가에 대한 어떠한 명확히 정의된 개념도 가지고 있지 않다. 요컨대 나는 계급 투쟁과 사회주의 혁명이라는 옛 개념들로의 단순한 회귀를 설교하는 것은 아니다. 범역적 자본주의 체계를 침식하는 것이 어떻게 실제로 가능한가의 물음은 수사적인 물음이 아니다. 어쩌면 그것은, 적어도 예견할 수 있는 미래에는, 실제로 가능하지 **않을** 것이다.

따라서 두 개의 태도가 있다. 오늘날의 좌파는 혁명적 공산주의의 공식들이 되었건 복지 국가를 지향하는 개혁주의적 사민주의의 공식들이 되었건 그 낡은 공식의 의례적 주문을 회향적으로 탐닉하면서, 새로운 후근대적 사회에 대한 일체의 이야기를 오늘날의 자본주의의 가혹한 현실을 흐려놓는 공허한 유행의 지껄임으로 처리해버린다. 그렇지 않을 경우 오늘날의 좌파는 범역적 자본주의를 '마을의 유일한 게임'35)으로서 받아들이면서 피고용인들에게는 가능한 최대한의 복지 국가가 유지될 것임을 약속하는 한편 고용주들에게는 (범역적 자본주의의) 게임 규칙들이 온전히 존중될 것이고 피고용인들의 '비합리적' 요구들에 대한 단호한 대처가 있을 것임을 약속하는 이중 전술을 따른다. 따라서 오늘날의 좌파 정치에서 사실상 우리는 그 시절이 지나갔음을 잘 알면서도 낡은 (공산주의적이거나 사민주의적인) 곡조를 도도하게 원리원칙대로 고수하는 '견고한' 정통적 태도와 고유의 좌파적 담론의 마지막 흔적들을 벗어던지고 제거하면서 '풀 몬티'를 하러 가는 신노동당의 '급진 중도적' 태도 중 하나를 결국 선택해야 하는 것처럼 보인다……. 그리하여 역설적이게도 현실 사회주의 몰락의 궁극적 희생양은 우리 세기 대부분의 기간 동안 현실 사회주의의 역사적 대적大敵이었던 개혁주의적 사민주의 그 자체인 것이다.

그리하여 오늘날과 같은 '이데올로기 종언'의 후-정치적 시대의 빅 뉴스는 경제 영역의 근본적 탈정치화이다. 경제가 기능하는 방식(예컨대, 사회복지를 삭감해야 할 필요)은 사물들의 객관적 상태에 대한

---

35) [이 표현은 다음과 같은 일화로 설명해볼 수 있겠다. 빌이라는 도박꾼은 카드 게임으로 전 재산을 잃어가고 있었다. 한 친구가 다가와 그에게 '빌, 이 게임이 속임수라는 걸 몰라?'라고 하자 빌은 다음과 같이 답했다고 한다: '알고 있어. 하지만 마을의 유일한 게임이잖아'.]

단순한 통찰로서 받아들여진다. 그렇지만 경제 영역의 이 근본적 탈정치화가 받아들여지는 한에서, 능동적 시민권이나 책임 있는 집단적 결정을 이끌어낼 공개 토론 등에 관한 일체의 이야기는 종교적, 성적, 인종적 차이들이나 여타의 생활방식의 차이들에 관한 '문화적' 쟁점들에 제한될 것이고, 우리 모두에게 영향을 미치는 장기적 결정들이 내려지는 층위를 현실적으로 침식하지 않을 것이다. 요컨대 관계된 모든 사람들이 참여하는 공개 토론의 결과로서 위험한 장기적 결정들이 내려지는 사회를 효과적으로 이룩할 수 있는 유일한 길은 여하간 자본의 자유를 근본적으로 제한하고, 생산 과정을 사회적 통제에 종속시키는 것이다—근본적인 **경제의 재정치화**. 다시 말해서: 오늘날의 후-정치('사회적 사태의 관리')의 문제는 고유한 정치적 행위의 가능성을 점차로 침식하는 데 있다고 한다면, 이런 침식은 곧바로 경제의 탈정치화에 기인하는 것이며, 자본과 시장 메커니즘을 중립적 가용 도구/절차로서 모두가 받아들이는 데 기인하는 것이다.

이제 우리는 오늘날의 후-정치가 왜 고유하게 정치적인 보편성의 차원을 획득할 수 없는가를 볼 수 있다. 이는 그것이 경제 영역을 정치화로부터 말없이 제외시키기 때문이다. 범역적 자본주의 시장 관계의 영역은 '정체성 정치'나 여타의 후근대적 정치화 형식들의 파당들에 의해 옹호되는 이른바 시민사회의 재정치화의 **다른 장면**이다. 특수한 쟁점들(게이의 권리, 생태, 인종적 소수자들……)에 초점을 맞추면서 도처에서 터져 나오는 새로운 정치 형식들에 대한 이 모든 이야기, 유동적이고 변동하는 정체성들이 다양한 임시적 연합을 이루어내는 이 모든 끊임없는 활동에는 비본래적인 무언가가 있다. 그것은 궁극적으로 강박 신경증자를 닮았다. 강박 신경증자는 시간 내내 이야기를 하며, 그렇지 않을 경우에는 극도로 활동적인데, 이는 무언가(실제로 문제가 되는 것)가 교란되지 않고 고정된 상태로 남아 있는 것을 확실히 하기 위해서이다.[36] 따라서 '제2의 근대성'이 가져온 새로운 자유와 책임을 찬양하는 대신에 이 범역적 유동성과 반성성 속에서 동일하게 남아 있는 것, 이 유동성의 바로 그 원동력으로서 기능하는 것―즉, 냉혹한 자본의 논리―에 초점을 맞추는 것이 훨씬 더 중요하다. 자본의 유령적 현존은 상징적 큰 타자의 모든 전통적 체화물들이 붕괴될 때에도 여전히 작용할 뿐만 아니라 심지어 곧바로 이 붕괴를 야기시키기도 하는 큰 타자의 형상이다. 오늘날의 주체는 자신의 자유의 심연과 대면하기는커녕―즉, 전통이나 자연이라는 도움의 손에 의해 경감될 수 없는 책임의 짐을 떠맡고 있기는커녕―어쩌면 사실상 그의 삶을 조정하는 냉혹한 강박에 그 어느 때보다도 더 사로잡혀 있는지도 모른다.

역사의 아이러니는 동유럽 구-공산주의 나라들에서 이 교훈을 최초로 배운 것은 '개혁된' 공산주의자들이었다는 사실이다. 1990년대에 왜 그들 중 다수가 자유 선거를 통해 다시 권력으로 복귀한 것인가?

---

36) 따라서 '왜 우리는 자본의 논리라는 경제적 층위를 여타의 사회-상징적 삶의 영역들(정치적 과정들, 문화적 생산, 인종적 긴장들 등등)에 비해 특권화하는가? 이와 같은 특권화는 사회적 삶의 근본적 복수성을 부정하고 그것의 다양한 층위들이 그 작인들 가운데 어느 하나의 결정적 역할에 의존하는 것으로서 파악될 수 없다는 사실을 부정한다는 점에서 본질주의적이지 않은가?'라는 물음에 대한 답은 분명하다. 물론 우리는 오늘날 다양한 형식의 정치화(민주주의와 사회 정의를 위한 표준적인 투쟁뿐만이 아닌, 여성주의적, 동성애적, 생태적, 인종적, 소수적 등등의 정치적 행위자들의 그 모든 새로운 형식들)의 증식을 다루고 있다. 하지만 다양성의 이런 증식을 위한 바로 그 공간은 자본주의 발전의 최근 단계에 의해, 즉 그것의 후-민족국가적 범역화 및 '사생활'이나 실체적 직접성의 마지막 흔적들에 대한 반성적 식민화에 의해 지탱된다. 예컨대 오늘날의 여성주의는 최근의 몇 십 년 동안 가족 및 성생활 그 자체가 시장 논리에 의해 '식민화'되었으며 그리하여 자유로운 선택의 영역에 속하는 어떤 것으로서 경험된다는 사실에 엄밀히 상관적이다.

바로 이런 복귀는 이 국가들이 사실상 자본주의에 진입했다는 데 대한 궁극의 증거를 제공한다. 다시 말해서: 구-공산주의자들은 오늘날 무엇을 대표하는가? 새롭게 출현하는 자본가들(그들 대부분은 자신들이 한때 경영했던 회사들을 '사유화'한 구 노멘클라투라의 구성원들이다)과의 특권적 연계 덕분에 그들은 최우선적으로 대 자본의 당이다. 더 나아가 정치적으로 능동적인 시민 사회에 대한 짧지만 외상적이었던 경험이 남긴 흔적들을 지우기 위해서 그들은 대개가 신속한 탈이데올로기화를, 능동적 시민 사회 참여로부터 수동적이고 비정치적인 소비주의로의 퇴행을 격렬하게 옹호한다. 이 두 가지는 오늘날의 자본주의를 특징짓는 바로 그 두 특징들이다. 따라서 반체제자들은, 결국 이전과 동일한 계급이 새로운 가장 속에서 지배하는 사회주의에서 자본주의로의 이행 과정에서, 자신들이 '사라지는 매개자' 역할을 했다는 것을 발견하고는 놀란다. 그러므로 구-공산주의자들의 권력 복귀는 사람들이 자본주의에 실망해서 예전의 사회주의적 보장을 갈망하고 있음을 보여준다고 주장하는 것은 잘못이다. 일종의 헤겔식 '부정의 부정'으로서, 오로지 구-공산주의자들이 권력에 복귀할 그때에서야 사회주의는 사실상 부정되었던 것이다. 다시 말해서, 정치분석가들이 '자본주의에 대한 실망'이라고 (오)지각하는 것은, 사실은, '정상적' 자본주의 안에는 들어설 자리가 없는 윤리-정치적 열광에 대한 실망이다.37) 그리하여 우리는 '물화'에 대한 옛 마르크스주의의 비판

---

37) 그리하여 소급적으로 우리는 이른바 '반체제' 현상이라는 것이 얼마나 깊숙하게 사회주의 이데올로기의 틀 속에 삽입되어 있었던 것인가를—어느 정도로까지 '반체제'가 (사회적 연대나 윤리적 책임을 설교하는) 바로 그 유토피아적 '도덕주의' 속에서 사회주의의 부인된 윤리적 중핵을 제공했는가를—깨닫게 된다. 아마도 언젠가 역사학자들은—펠로폰네소스 전쟁의 진정한 정신적 결과는, 그것의 정신적 결말은 그것에 관한 투키디데스의 책이라고 헤겔이 주장했던 것과 동일한 의미에서—'반체제'라는 것이 현존 사회

을 재단언해야만 한다. 오늘날, '시대에 뒤떨어진' 이데올로기적 열정의 형식들로 간주되는 것에 반대하면서 탈정치화된 '객관적' 경제 논리를 강조하는 것이야말로 다름아닌 지배적인 이데올로기적 형식인데, 왜냐하면 이데올로기란 언제나 자기-지칭적이기 때문이며, 다시 말해서 그것은 언제나 '이데올로기적'이라고 기각되고 탄핵되는 어떤 **타자**에 대한 거리를 통해 스스로를 규정하기 때문이다.[38] 바로 그렇기 때문에—탈정치화된 경제는 후근대 정치의 부인된 '근본적 환상'이기 때문에—고유하게 정치적인 **행위**는 필연적으로 경제의 재정치화를 함축하게 될 것이다: 어떤 주어진 상황 속에서 하나의 제스처는 그것의 근본적 환상을 교란시키는('횡단하는') 한에서만 하나의 **행위**로서 간주되는 것이다.

블레어에서 클린턴에 이르기까지 오늘날 중도 좌파가 이 탈정치화를 온전히 받아들이는 한에서 우리는 이상한 역할 반전을 목격한다. 시장의 제어되지 않은 규칙에 계속해서 의문을 제기하는 유일하게 진지한 정치 세력은 포퓰리즘적인 극우파(미국의 뷰캐넌, 프랑스의 르펜)다. 월스트리트가 실업률 하락에 부정적으로 반응했을 때, 자본에게 좋은 것은 분명 인구 대다수에게 좋은 것이 아니라는 분명한 논점을 제시한 유일한 사람은 뷰캐넌이었다. 따라서, 극우파는 중도 우파가 은밀하게 생각하고는 있으나 감히 공개적으로 말하지는 않는 것(예컨대 인종주의에 대한, 강력한 권위의 필요성에 대한, '서구적 가치들'의 문화적 헤게모니에 대한 공공연한 단언)을 공공연하게 말한다고 하는 낡은 지혜와는 반대로, 우리는 극우파가 중도 **좌파**가 은밀히 생각하고는 있으나 감히 공개적으로 말하지는 않는 것(자본의 자유

주의의 진정한 정신적 결과라는 점에 주목하게 될 것이다······.
38) Slavoj Žižek, 'Introduction', in *Mapping Ideology*, London: Verso, 1995를 볼 것.

를 억제할 필요성)을 공공연하게 말하는 상황에 접근하고 있다.

우리는 또한 오늘날 우파의 생존주의survivalist 민병대가 1960년대의 극단적인 전투적 분리 집단들의 풍자화된 판본처럼 보인다는 것을 잊지 말아야 한다. 두 경우 모두 우리는 급진적인 반제도 논리를 다루고 있는 것이다─궁극적 적은 그 집단의 바로 그 생존을 위협하는 억압적 국가 장치(FBI, 군대, 사법부)이며 그 집단은 이 압력에 저항할 능력을 갖추기 위해서 엄격히 훈련된 단체로서 조직된다. 이에 대한 정확한 대척점은 피에르 부르디외 같은 좌파인데, 그는 범역화의 맹공에 대항하여 사회적 권리와 복지의 최소치를 보장하는 강력한 '사회적 국가'로서의 통합 유럽에 대한 생각을 옹호한다: 급진 좌파가 마르크스가 그렇게도 열렬히 칭송한 자본의 범역적 권력의 잠식작용에 대항해서 장벽을 쌓는 모습을 보는 것은 아이러니하지 않을 수 없는 일이다. 따라서 다시금 오늘날 역할은 반전된다. 좌파는 자본에 대항한 사회적이고 시민적인 자유를 위한 최후의 보증물로서 강력한 국가를 지지하며, 반면에 우파는 국가와 국가 기구들을 궁극적인 테러 기계로서 악마화시킨다.

물론 우리는 지금까지 비정치적이라 간주되었던 영역들(여성주의, 게이, 레즈비언의 정치와 생태, 인종적 소수자, 그밖의 이른바 소수자에 관한 쟁점들)의 후근대적 정치화가 초래한 엄청난 해방적 충격을 온전히 인정해야 한다: 이 쟁점들이 본래적으로 정치적인 것으로 지각되었을 뿐만 아니라 또한 새로운 형식의 정치적 주체화를 낳았다는 사실은 우리의 정치적·문화적인 조망을 철저하게 새로운 모습으로 바꾸어 놓았다. 따라서 요점은 이른바 경제적 본질주의의 어떤 새로운 판본으로 회귀하는 것을 지지하면서 이 엄청난 진전을 경시하는 것이 아니다. 오히려 요점은 경제의 탈정치화가 도덕적 다수파 이데올로기를 가진 포퓰리즘적 신우파를 낳는다는 것이다. 오늘날 이 신우파는 정치적 주체화의 후근대적 형식들이 초점을 맞추는 바로 그 (여성주의적, 생태론적 등등의) 요구들을 실현함에 있어 주요한 장애물인 것이다. 요컨대 나는 정치화의 후근대적 형식들이 제기하는 쟁점들을 손상시키기 위해서가 아니라 바로 여성주의적, 생태론적 등등의 요구들에 대한 보다 효과적인 실현 조건을 창출하기 위해서 '경제의 우선성으로의 복귀'를 항변하고 있는 것이다.

경제의 정치화에 대한 필요성을 한층 더 표시해주는 것은, 유사 독점적 권력을 루퍼트 머독이나 빌 게이츠 같은 단일한 개인이나 법인의 손에 집중하는 것이 내포하는 명백히 '비합리적인' 가능성이다. 만일 앞으로의 몇 십 년 동안 다양한 소통 매체들이 인터랙티브 컴퓨터, TV, 비디오폰과 오디오폰, 비디오와 CD 플레이어의 특징들을 재결합시키는 단일 장치로 통합된다면, 그리고 만일 마이크로소프트가 이 새로운 보편적 매체에 대한 유사-독점적 소유주가 되는 데 성공하여 그 매체에서 사용되는 언어뿐만 아니라 그것의 응용 조건들 또한 통제하게 된다면, 명백히 우리는 어떤 단일한 행위자가 공적 통제에서 벗어나 우리의 삶의 기본적인 소통 구조를 사실상 지배하게 되고 그 결과 어떤 면에서 그 어떤 정부보다도 더 강력해지는 터무니없는 상황에 이르게 된다. 이는 편집증적 시나리오의 가능성을 열어놓는다: 우리 모두가 사용하게 될 디지털 언어는 여전히 인간이 만든 것이고 프로그래머들에 의해 구성된 것일 터이므로, 어떤 기업이 그것을 소유하고 있으면서 그 속에 우리를 통제할 수 있게 해줄 어떤 특별한 비밀 프로그램 요소를 삽입하거나 그 기업의 조정에 의해 우리의 소통을 정지시킬 수 있는 바이러스를 삽입하는 것을 상상해볼 수 있지 않은가? 유전학 기업들이 우리의 유전자에 대한 특허권을 얻어 그에 대한 소유권을 주장할 때, 그들은 또한 우리 신체의 가장 내밀한 부분들을 소유하게 되고 그 결과 우리가 알아차리지도 못하는 사이에 우리가 이미 어떤 기업에 의해 소유되어지는 유사한 역설을 낳는다.

그리하여 우리가 대면하고 있는 가능성은 우리가 사용하는 소통 연결망과 우리를 구성하는 유전적 언어 양자 모두가 공적 통제에서 벗어나 기업들(혹은, 심지어 하나의 기업)에 의해 소유되고 통제될 가능성이다. 다시금, 이런 가능성의 바로 그 터무니없음—우리의 소통과 재생산의 바로 그 공적 토대에 대한, 우리의 사회적 존재의 바로 그 연결망에 대한 사적 통제—은 일종의 사회화를 유일한 해결책으로 부과하지 않는가? 다시 말해서, 자본주의에 대한 이른바 정보혁명의 영향은 '사회의 물질적 생산력들은 그 발전의 특정 단계에서, 지금까지 그것들이 그 내부에서 운동해왔던 기존의 생산 관계들 혹은 이 생산 관계들의 법률적 표현일 뿐인 소유 관계들과의 모순에 빠진다'[39]라는 마르크스의 옛 테제에 대한 궁극적 예시이지 않은가? 우리가 언급한 이 두 현상(사적 회사들이 내린 결정들의 예측불가능한 범역적 결과들, 그리고 개인의 게놈이나 개인들이 소통을 위해 사용하는 매체를 '소유'하는 것의 명백한 터무니없음)은—여기에다가 우리는 적어도 (지식이라는 것은 본성상 그것의 전파에 대해 중립적이므로, 다시 말해서 지식은 널리 퍼지고 보편적으로 사용된다고 해서 닳는 것이 아니므로) (과학적) **지식의 소유**라는 개념이 내포하고 있는 적대를 덧붙여야 한다—왜 오늘날의 자본주의가 **정보의 영역에서 희소의 경제를 지속**하고 그리하여 (예컨대, 디지털화된 정보에 대한 자유로운

---

39) Karl Marx, 'Preface to A *Critique of Political Economy*', in *Selected Writings*, Oxford: Oxford University Press, 1977, p. 389. [국역본: 칼 마르크스, 프리드리히 엥겔스, 『저작선집』 2, 박종철출판사, 1992, p. 478.]

복제를 방지하는 새로운 방법을 계속해서 창안함으로써) 자신이 풀어놓은 악마를 사적 소유와 시장 관계의 틀 속에 가두어놓으려는 점점 더 터무니없는 전략에 의존하지 않을 수 없는가를 설명해주지 않는가? 요컨대 정보화된 '지구촌'의 가능성이라는 것은, 적어도 디지털화된 정보의 영역에서, (정의상 희소의 논리에 기초하고 있는) 시장 경제의 **종말**을 신호하는 것 아닌가?

사회주의의 붕괴 이후 서구 자본주의의 궁극적 두려움은 또 다른 민족이나 인종적 집단이 자본주의적 생산성을 서구인에게는 이질적인 사회적 습속의 형식과 결합함으로써 서구식 자본주의를 타격할 것이라는 두려움이다. 1970년대에 두려움과 매혹의 대상은 일본이었다. 반면에, 동남아시아에 잠시 매혹되었던 막간 이후 이제는 자본주의를 공산주의 정치 구조와 결합시키고 있는 다음번 초강대국으로서의 중국에 관심의 초점이 맞추어지고 있다. 이런 두려움은, 궁극적으로, 생산성에서 서구를 능가하면서도 권위주의적 사회정치 구조를 유지하고 있는 중국의 이미지와 같은 순전히 환상적인 구성물들을 낳는다—우리는 이런 환상적 결합물을 '**자본주의적 생산의 아시아적 양태**'라고 지칭하고픈 유혹을 받는다. 이런 두려움에 대항하여 우리는 중국이 조만간 사회적 불안과 불안정의 새로운 형태로 그 고삐풀린 자본주의 발전에 대한 대가를 지불하게 될 것이라는 점을 강조해야 한다: 자본주의를 아시아적인 '폐쇄적' 윤리 공동체와 결합시키는 '승리의 공식'은 폭발할 운명에 놓여 있는 것이다. 그 어느 때보다도 지금 우리는 자본주의의 한계는 자본 그 자체라는 마르크스의 옛 공식을 재단언해야만 한다. 서구 자본주의에 대한 위험은 외부로부터, 우리가 만들어놓은 게임에서 우리를 타격하면서 우리에게서 서구적인 자유주의적 개인주의를 앗아가는 중국이나 어떤 다른 괴물로부터 오는 것이 아니다. 오히려 그 위험은, 줄곧 새로운 영역들(지리학적 영역뿐만이 아니라 문화적, 심리적 등등의 영역)을 식민화하며 비-반성적 실체적 존재의 마지막 저항 영역마저도 침식하는, 그리하여 더 이상 자본 그 자체의 외부에 자본의 배를 채울 어떠한 실체적 내용도 없게 되는 일종의 내파implosion로 끝을 맺고야 말, 서구 자본주의 자체의 과정이 갖는 내속적 한계로부터 오는 것이다.[40] 자본을 흡혈귀 같은 존재로 비유한 마르크스의 은유를 우리는 말 그대로 받아들여야 한다. 자본은 그 자신의 피를 공급하기 위해서, 그리하여 스스로를 재생산하기 위해서, 일종의 선반성적 '자연적 생산성'(예컨대 다양한 예술 분야의 재능이나 과학 분야의 발명가)을 필요로 한다. 순환이 폐쇄될 때, 반성성이 완전히 보편적이 될 때, 체계 전체는 위협을 받는다.

이런 방향을 지시해주는 또 다른 표지는, 아도르노와 호르크하이머가 *Kulturindustrie*[문화산업]라고 불렀던 영역에서 어떻게 생산과정의 탈실체화와/나 반성성이 범역적 내파와 더불어 체계 전체를 위협하는 수준에 도달했는가 하는 것이다. 고급 예술에서조차, 절단된 동물 신체까지도 포함해 '모든 것이 허용된다'는, 그런 것조차 예술 대상으로서 간주될 수 있다는 최근의 전시 풍조는 인간 주체성의 가장 극단적이고 병리적인 지층들조차도 자신의 회로 속에 식민화시키고 포함시켜야 할 자본의 이 필사적 요구를 드러낸다. 역설적이게도―그리고 아이러니가 없지 않게도―잠시 동안 '날조되어' 이용되고 나서 곧바로 (비틀즈나 롤링 스톤즈 같은 초기 록 음악처럼 계속적으로 살아남아 '고전'의 지위를 획득할 음악적 실체가 결여되어 있었기 때문에) 잊혀지게 되었던 최초의 음악 조류는 다름아닌 펑크였는데, 동시에

---

[40] 오늘날의 마르크스주의자 가운데, 이런 측면을 가장 일관되게 강조해온 사람은 프레드릭 제임슨이다.

그것은 노동 계급의 폭력적 항의가 주류 팝 음악으로 가장 강렬하게 침입함을 표시했다. 대립물들이 직접적으로 일치하는 헤겔적 무한 판단을 조롱하듯, 사회적 항의의 천연 에너지는, 자기 머리카락을 잡아 끌어올려서 늪에서 탈출하는 뮨치하우젠 남작처럼 이를테면 자신이 판매하는 대상을 그 자신으로부터 창조하기 때문에 어떤 '자연적 재능'이 출현하여 이를 이용해야 할 필요를 전혀 갖지 않는 새로운 수준의 상업적 짜맞추기와 일치했던 것이다…….

동일한 논리를 우리는 정치에서도 조우하지 않는가? 거기서도 요점은 일관된 범역적 프로그램을 따르는 것이 아니라 오히려 여론조사를 통해 '사람들이 무엇을 원하는가'를 추측하고 그들에게 그것을 제공하려는 노력에 있는 것이다. 이론의 영역에서도, 예컨대 앵글로색슨계의 문화연구들이나 바로 그 위험 사회 이론의 경우 동일한 것이 적용되고 있지 않은가?[41] 이론가들은 실질적인 이론적 작업에 점점 미루면서 최신의 이론적 조류들(예컨대 여성주의에서 총명한 이론가들은 급진적인 사회적 구성주의(젠더는 수행적으로 실연된다는 등등)도 한물 갔다는 것을, 사람들이 이에 대해서 지겨워한다는 것을 일치감치 깨달았으며, 정신분석을, 무의식을 재발견하기 시작한다. 또한 후식민주의 연구에서 최근 조류는 거짓 해결책으로서의 다문화주의에 반대하는 것이다……)을 따라가야 한다는 불안감을 대개가 드러내고 있는 짧은 '개입'의 글만을 쓰고 있다. 그리하여 요점은 문화연구나 위험 사회 이론이 단순히 그 내용 때문에 불충분하다는 것이 아니다. 미국이나 유럽의 학술적 좌파의 이른바 최신 형태라고 하는 것이 사회적으로

---

41) 적어도 문화연구와 관련하여 나는 여기서 외적 관찰자의 안전한 자리를 취하는 비평가의 짐짓 겸손한 척하는 위치에서 말하는 것이 아니라 문화연구에 참여했던 어떤 사람으로서 말한다. 이를테면 나는 '나 자신을 밖에서 포함시킨다'…….

작동하는 양태의 바로 그 형식 속에서 우리는 내속적 상품화를 식별할 수 있는 것이다. 바로 이 반성성이야말로, '제2의 근대성'의 핵심적 부분인 동시에, 반성적 위험 사회에 관한 이론가들이 고려에서 빠뜨리는 경향이 있는 그 무엇이다.42)

실재 속의 회귀

따라서 『계몽의 변증법』의 근본적 교훈은 오늘날 여전히 유효하다. 그것은 위험 사회와 반성적 근대화의 이론가들이 '제2의 계몽'의 도래라고 칭송하는 것에 직접적으로 관계가 있다. 주체들이 자연과/이나 전통의 무게에서 벗어나게 되는 이 제2의 계몽과 관련하여, 그들의 무의식적 '열정적 애착들'이라는 문제가 다시금 제기되어야 한다. 이

---

42) 장-클로드 밀네(*Le salaire de l'idéal*, Paris: Seuil, 1997을 볼 것)에 따르면, 동일한 반성성이 오늘날의 새로운 지배 계급인 '봉급 받는 부르주아지'의 지위를 결정한다. 지배 계급의 기준은 일차적으로 더 이상 재산에 있는 것이 아니며, '전문가'(매니저, 국가 행정가, 법률가, 교수, 저널리스트, 의사, 예술가……)로서 인정되고 그 때문에 평균적인 임금 소득자보다 더 많은 임금을 받는 사람들의 집단에 속한다는 사실이 점점 더 그 기준이 되고 있다. 밀네의 요점은, (대학교 학위증서 같은 것들의 거대한 연결망에 의해 지탱되는) 오도적 외양과는 반대로, 전문가 집단에의 이런 소속은 궁극적으로는 어떠한 '현실적' 자격들에 근거하고 있는 것이 아니라, 오히려 어떤 직업적 지층들이 특권적인 '봉급 받는 부르주아지'에 대한 입장권을 획득하기 위해 벌이는 사회정치적 투쟁의 결과라는 것이다. 우리는 여기서 자기-지칭적 폐쇄 회로를 대하고 있는 것이다. 다시 말해서 당신은, 당신이 더 많은 보수를 받아야 한다는 인상을 줄 수 있다면, 더 많은 보수를 받는다(TV 뉴스 앵커는 자신의 발명품이 산업적 전망 전체를 변화시킬 수 있는 일급 과학자보다 더 많은 보수를 받는다). 요컨대 마르크스가 역설적 예외(자신의 노래가 그만큼 큰 가치를 지니고 있기 때문에 그토록 높은 보수를 받는 것이 아니라 그토록 높은 보수를 받기 때문에 더 가치 있게 보여지는 오페라 가수와 같이, 가격이 가치를 단순히 표현하는 대신에 가치를 결정하는 이상한 경우)로서 들었던 것은 오늘날 규칙이 되었다.

'제2의 근대성'에 동반되는 이른바 '어두운 현상들'(근본주의, 신 인종주의 등의 출현)은 결코 한낱 퇴행적 현상들로서, 단순히 개인들이 제2의 근대성에 의해 그들에게 부과된 온전한 자유와 책임을 떠맡을 때 사라질 과거의 잔여물로 처리해버릴 수 없다.[43]

'제2의 계몽'에 대한 지지자들은 칸트를 칭송한다. 그래서 '칸트를 사드와 더불어'라는 물음이 다시금 떠오른다. 사드의 업적은 도구화의 공리주의적 논리를 내밀한 성 관계 그 자체로 확장시킨 것이었다: 성은 더 이상 공적인 직업적 삶의 공리주의적 잔혹함에서 면제되고 사적 영역에 한정되는 현상이 아니다. 그것 또한 헤겔이 시민 사회라 불렀던 것을 구조화하는 등가 교환의 공리주의적 규칙들의 일부가 되어야 한다. 이른바 제2의 근대성과 더불어, 이제까지는 사적인 삶에 대립되는 바로서의 공적인 삶을 위해서만 제한되어 있었던 태도(반성성, 그리고 전통에 의해 부과된 삶을 받아들이는 대신 자기 나름의 삶의 방식을 선택할 권리)는 가장 내밀하고 사적인 성적 영역 또한 관통하게 되었다. 이런 발걸음의 대가로서 성을 계약과 상호 이용의 영역으로서 무대올리는 '사디즘적' 관행들이 증가했다는 것은 놀랄 일이 결코 아니다. 그리고 바로 이 지점에서 우리는 위험 사회 이론에 대한 우리의 두 비판—그것은 너무 **일반적이며**(핵심적 위험 생성 요인을 자본주의 시장 경제의 특이성에 위치시키기를 회피한다) 동시에 **너무 특수하다**(큰 타자의 비존재가 주체성의 지위에 영향을 주는 방식

---

[43] 어떻게 여기서 제2의 근대성에 관한 이론가들이 하버마스를 따르고 있는가에 주목하는 것은 흥미롭다. 하버마스 역시 파시즘이나 경제적 소외와 같은 현상들을 계몽의 내속적 추세들의 결과로서가 아니라 계몽이 아직 '미완의 기획'이라는 데 대한 증거로서 처리해 버리는 경향을 가지고 있다. 이는 이미 사라진 사회주의적 체제들의 전략과 유사한데, 그런 체제들은 현재의 재난에 대한 일체의 책임을 '(부르주아적이거나 봉건주의적인) 과거의 잔재'로 돌렸다.

을 고려하지 않는다)는 비판—이 어떻게 수렴하는지를 볼 수 있다: 내밀한 영역들의 반성적 상품화의 바로 이 '특이한' 논리는, 그것이 주체성에 영향을 미치는 그 방식에 있어서, 근대의 자유로운 자율적 주체의 표준적 형상을 침식한다.[44]

그러므로 우리는 가부장적 오이디푸스적 질서로부터 후근대적인 (혹은, 제2의 근대성의) 다양한 우연적 정체성들로 나아가는 과정에 관한 내러티브를 거부해야 한다. 이 내러티브가 지워버리는 것은, '오이디푸스 몰락' 그 자체에 의해 생성된 새로운 지배 형식들이다. 바로 그렇기 때문에 아직도 적을 오이디푸스에 위치시키는 사람들은 어떻게 후근대성이 미완의 기획으로 남아 있는가에 대해, 어떻게 오이디푸스적 가부장제가 그 지하의 삶을 계속 영위하면서 우리가 후근대적인 자기-형성적 개성의 온전한 잠재력을 실현하는 것을 가로막고 있는가에 대해 강조하지 않을 수 없는 것이다. 오이디푸스적 과거와 단절하려는 이 고유하게 히스테리적인 시도는 위험을 잘못 위치시키고 있다. 위험은 과거의 잔여들 속에 있는 것이 아니라 주체성의 새로운 '후-오이디푸스적' 형식들 그 자체에 의해 생성되는 지배와 복종에 대한 외설적 필요에 있는 것이다. 다시 말해서 오늘날 우리는 성별화된 우주론(두 개의 우주적 원리로서의 남성성과 여성성)에 의해 곧바로 적법화되는 전근대적 가부장적 질서로부터 추상적-보편적 인간 개념을 도입한 근대적 가부장적 질서로의 이동에 못지않게 근본적인 어떤 변화를 목격하고 있다. 그런 단절들이 언제나 그러하듯, 우리는 새로

---

[44] 다른 방식으로 표현하자면: 제2의 근대성 이론은 이중적인 불가능성과/이나 적대적 분열—한편으로, 몸의 정치를 특징짓는바, 실체적 정체성의 진보적 반성화와 폭력적 회귀들 사이의 적대적 공모, 그리고 다른 한편으로, '후근대적' 주체를 특징짓는바, 반성적 자유와 복종에 대한 '비합리적' 필요 사이의 적대적 공모—을 지워버린다.

운 기준을 옛 것에 기대어 재단하는 덫을 피하기 위해 매우 신중해야 한다. 그런 맹목은 총체적 붕괴라는 재앙적 전망(출현하는 사회를 신뢰와 의무에 대한 어떠한 개념도 결여하고 있는 원-정신증적 나르시스트들의 사회로서 바라보는 것)으로 귀결되거나 아니면 후근대적 주체성 그 자체로부터 출현하는 새로운 지배 형식들을 설명하지 못하는, 새로운 후-오이디푸스적 주체성에 대한 못지않게 거짓된 찬양으로 귀결된다.

정신분석으로 인해 우리는 자연과 전통의 제약들로부터 해방된 반성적 주체의 이 외설적인 부인된 '보충물'에 초점을 맞출 수 있게 된다. 라캉의 말처럼, 정신분석의 주체는 근대 과학의 주체에 다름아니다. 소위 '불평의 문화'[45]라고 하는 것에서, 그것의 기저에 놓인 원한 ressentiment의 논리에서 시작해보자. 큰 타자의 비존재를 결코 기꺼이 떠맡지 않으면서 주체는 **타자**의 실패와/나 무능력을 비난한다. 마치 **타자가 존재하지 않는다**는 사실은 타자의 죄인 것인 양, 마치 무능력은 결코 변명이 되지 않는—큰 타자는 아무 일도 할 수 없었다는 바로 그 사실 때문에 책임이 있는—것인 양 말이다. 주체의 구조가 더 '나르시시즘적'일수록 그는 더더욱 큰 타자에게 비난을 돌리며 그리하여 자신이 그것에 의존하고 있음을 단언한다. '불평의 문화'의 기본적 특징은, 개입해서 사태를 똑바로 잡아달라는(상해를 입은 성적 혹은 인종적 소수자에게 보상을 하라는) 큰 타자를 향한 요청이다. 정확히 이것이 어떻게 이루어져야 하는가는 다시금 다양한 인종-법률 '위원회'를 위한 문제가 된다.

'불평의 문화'의 특징은 그것의 법률주의적 뒤틀림이다. 즉 불평을

---

[45] Robert Hughes, *Culture of Complaint*, Oxford: Oxford University Press, 1993을 볼 것.

나를 보상해야 한다는 **타자**(대개는 국가)의 법적 의무로 번역하려는 시도이다. 무엇을 위해서? 내게서 박탈된, 그리고 그 결여 때문에 내가 특권 없는 자라는 느낌을 갖게 만드는 바로 그 불가해한 **잉여-향유**를 위해서. 그러므로 '불평의 문화'는 히스테리의, **타자**를 향한 히스테리적인 불가능한 요구의, 주체는 자신의 존재를 자신의 불평에 근거지으므로 사실은 **거절되기를 원하는** 요구의, 오늘날식 판본이 아닌가?— '**타자**가 내 불행에 대해 책임을 지게 만들고/거나 **타자**에게 내 불행을 초래한 죄를 부과하는 한에서 나는 존재한다.' 불평하는 특권 없는 자들은, **타자**의 자리를 침식하는 대신에, **타자**에게 자신을 호소한다. 자신들의 요구를 법률주의적 불평의 용어로 번역함으로써 그들은 타자를 공격하는 바로 그 행위에 의해 타자의 자리를 굳혀준다.

[한편으로] 이 불평의 논리와 [다른 한편으로] **타자**에게 불평을 하고 **타자**가 행위하기를 기대하는—즉 행위의 필요를 **타자**에게 전치시키는—대신에 기존의 법률적 틀을 중지시키고 **스스로 그 행위를 성취하는** 진정한 '근본적'('혁명적') 행위 사이에는 극복할 수 없는 틈새가 존재한다.[46] 따라서 이 '불평의 문화'는 자기-불구화라는 사도마조흐

---

[46] 전통적 좌파에서 '후근대적' 좌파로의 이행은 대개는 '재분배redistribution에서 인정recognition으로'라는 모토를 통해 기술된다. 전통적인 사회민주주의적 좌파는 착취당하는-권력없는-특권없는 자들을 위해 부와 권력을 재분배하는 것을 목표로 했다. 반면에 오늘날의 '후근대적' 좌파는 특수한 (인종이나 생활양식이나 성적 지향이나 종교 등에 있어서의) 집단 정체성의 인정을 위한 다문화주의적 투쟁을 전면으로 내세운다. 그렇지만 양자 모두가 공통의 접두사인 're-[재-]'에 의해 표시/은폐되고 있는 것처럼 **원한**이라는 동일한 논리에 가담하고 있는 것이라면 어찌할 것인가? 양자 모두가 지배하는/부유한 자들에게 죄를 묻고 그들에게 변환을 요구하는 시도를 하는 가운데 특권없는/배제된 자들을 희생양으로 만들고 있다면 어찌할 것인가? 결론적으로, 구식의 마르크스주의적 비판이 조금이라도 여기서 적절하다면 어찌할 것인가: 즉 우리의 초점은 재분배로부터 '불공평한' 분배와 인정을 야기하는 생산 양식 그 자체로 이동해야 한다면 어찌할 것인가?

적 실천과 상관적이다: 그 둘은 법에 대한 교란된 관계맺음의 두 대립되면서 상보적인 측면을 형성하며, 히스테리와 도착증이 그러하듯 서로에게 관계한다. 사도마조흐적 실천은 **히스테리적 주체에게 외상을 주는** (굴욕감 주기, 강간, 희생양으로 만들기 등등의) **환상적 시나리오를 실연한다**. 히스테리로부터 도착증으로의 이 이행을 가능하게 만드는 것은 법과 향유의 관계에 있어서의 변화이다: 히스테리적 주체에게 있어서 법은 여전히 향유에 대한 접근을 가로막는 작인이다(그래서 그는 법의 형상 아래 숨어 있는 외설적 향유에 대해 단지 환상만을 품을 수 있다). 반면에 도착증자에게 있어서 법은 향유를 체화하는 바로 그 형상으로부터 발산한다(그래서 그는 향유의 도구로서의 이 외설적 **타자**의 역할을 곧바로 떠맡을 수 있다).47)

그리하여 큰 타자의 비존재에 있어서의 변전의—상징적 유효성이 점차로 무너진 것의—역설적 결과는 한낱 상징적 허구로서가 아니라 실재 속에 현실적으로 존재하는 어떤 큰 타자의 상이한 판본들의 증식이다. 실재 속에 존재하는 큰 타자에 대한 믿음은 물론 편집증에 대한 가장 간명한 정의이다. 그렇기 때문에 오늘날의 이데올로기적 자세를 특징짓는 두 가지 특징—냉소적 거리두기와 편집증적 환상에 대한 완전한 의존—은 엄밀히 공의존적이다: 오늘날의 전형적 주체는 그 어떤 공적 이데올로기에 대해서도 냉소적 거리를 보이면서도 아무런 거리낌 없이 음모와 위협과 **타자**의 향유의 과도한 형태들에 관한 편집증적 환상들에 탐닉하는 자이다. 큰 타자(상징적 허구의 질서)에 대한

---

47) 그리하여 마조히즘적인 자학적 상처는 히스테리와 도착증에 있어 상이한 목적에 기여한다. 히스테리에 있어서 목적은 거세를 부인하는 것이다(나는 거세의 상처가 이미 거기에 있다는 사실을 은폐하기 위해 나 자신에게 상처를 입힌다). 반면에 도착증에 있어서 나는 거세의 실패/결여를 부인하기 위해 나 자신에게 상처를 입힌다(즉 나는 법의 유사물을 부과하기 위해 그것을 한다).

불신은, '그것을 진지하게 받아들이기'를 주체가 거부하는 것은, '**타자의 타자**' 즉 실제로 '배후 조종'을 하면서 쇼를 진행하는 비밀스럽고 눈에 보이지 않는 전능한 행위자가 있다는—눈에 보이는 공적 권력 배후에 또 다른 외설적이고 눈에 보이지 않는 권력 구조가 있다는—믿음에 의존하고 있다. 이 숨겨진 다른 행위자는 라캉적 의미에서 '**타자의 타자**' 역할을, 큰 타자(사회 생활을 규제하는 상징적 질서)의 일관성에 대한 메타-보증인의 역할을 한다.

바로 여기서 우리는 최근의 내러티브화의 곤궁의, 즉 '거대 내러티브의 종말'이라는 주제의 뿌리를 찾아야 한다. 범역적이고 모든 것을 포괄하는 내러티브들('자유민주주의와 전체주의의 투쟁' 등등)이—문학이나 영화에서와 마찬가지로 정치나 이데올로기에서도—더 이상 가능해 보이지 않는 우리 시대에, 일종의 범역적인 '인지적 지도'를 획득하기 위한 유일한 길은 '음모론'이라는 편집증적 내러티브를 통하는 길뿐이다. 음모의 내러티브들을 근대화 과정에 위협을 느끼는 유명한 '중간 계급'의 편집증적 원-파시즘적 반응으로서 처리해버리는 것은 너무나도 단순한 것이다. 오히려 그런 내러티브들은 최소한의 인지적 지도를 획득하기 위해 상이한 정치적 선택들이 이용할 수 있는 일종의 부유하는 기표로서 기능한다. 그리고 그것들은 우익 포퓰리즘과 근본주의만이 이용할 수 있는 것이 아니라, 자유주의적 중도파 또한 이용할 수 있으며(케네디 암살의 '불가사의'[48]) 좌익적 경향들도

---

[48] 여기서 사례가 될 수 있는 것은 올리버 스톤의 <JFK>이다. 스톤은 오늘날 할리우드에서 으뜸가는 메타-국가주의자*meta-nationalist*이다. 나는 여기서 '메타-국가주의'라는 용어를 발리바르의 '메타-인종주의'(정반대의 것에 의해, 즉 인종주의적 폭발에 의해 정식화되는 인종주의라는 현대적 역설: '인종 집단들을 우리는 떼어놓아야 하는데, 이는 인종주의적 폭력을 방지하기 위해서다')라는 용어에 평행해서 사용한다. 스톤은 미국의 위대한 이데올로기-정치적 신화를 침해하는 것처럼 보인다. 하지만 그는 '애국적

이용할 수 있다(예전에 미국 좌파가 어떤 비밀 정부 기관이 국민의 행동을 규제할 힘을 제공할 수 있는 신경 가스를 실험하고 있다는 강박 관념을 가지고 있었던 것을 상기해볼 것).[49]

실재 속에서의 **타자**의 회귀에 대한 또 다른 판본은 우주에 대한 뉴에이지 융적인 탈성욕화라는 형태로 식별가능하다('남자는 화성에서 왔으며 여자는 금성에서 왔다'). 이에 따르면 오늘날의 역할과 정체성의 혼란스러운 소용돌이 속에서 일종의 안식처를 제공하는 깊숙이 정박된 기저의 원형적 정체성이 있다. 이런 관점에 따르면, 오늘날의 위기의 궁극적 기원은 고정된 성적 역할의 전통을 극복함에 있어서의 곤란에 있는 것이 아니라 근대적 인간man 속의 교란된 균형에 있는 것인바, 그는 남성적-이성적-의식적 측면을 과도하게 강조하며 여성적-동정적 측면을 소홀히 한다. 이런 경향은, 비록 반-데카르트적이고 반-가부장적 편향을 여성주의와 공유하고 있기는 하지만, 여성주의적 의사일정을 우리의 경쟁적·남성적·기계주의적 우주에서 억압된 원

방식에서 그렇게 하는 것이며, 따라서 보다 깊은 층위에서 본다면 그의 전복 그 자체는 미국적 애국심을 이데올로기적 태도로서 재단언한다.

49) 자유주의-좌파적 음모 영화의 두드러진 사례는 <바라쿠다>(1978)이다. 이 영화는 표준적인 자연 재난 공식에 교묘한 '나사 조이기'를 첨가시킨다: 왜 상어와 다른 물고기들이 목가적인 미국의 휴양 도시에서 수영하는 사람들을 공격하기 시작하는가? 도시 전체가 비밀 정부 기관을 위한 불법적 실험의 현장이었음이 밝혀진다. 이 기관은 상수도에 시험을 거치지 않은, 공격성 수준을 높이는 약물을 넣는다(이 실험의 목표는 1960년대 히피족의 탈도덕적 영향 이후에 미국인의 전투성을 끌어올릴 방법을 개발하는 것이다). 그리고 물고기들의 공격성은 바다로 내버려지는 그 물에 의해 야기된 것이었다.

<X-파일>은 이런 방향으로 한 걸음 더 나아가서 우리의 사회적 두려움이나 심적 두려움들 일체를 공격적 동물(상어, 개미, 새……)이나 이 모두를 체화하게 되는 초자연적 괴물로 교환하는 표준적인 이데올로기적 작용을 역전시킨다: <X-파일>에서 다양한 '초자연적' 위협들(늑대인간, 외계인……)의 배후에 숨어 있는 일종의 일반적 등가물로서 제시되는 것은 다름아닌 국가 음모—공적 권력 배후의 어두운 타자 권력—이다. 즉 일련의 초자연적 공포들은 소외된 사회적 사물로 교환된다.

형적 여성적 뿌리들에 대한 재단언으로 고쳐 쓴다. **실재적 타자**에 대한 또 하나의 추가적 판본은, 이른바 거짓 기억 증후군의 초점이기도 한, 어린 딸들의 성적 학대자로서의 아버지 형상이다. 여기서도 또한 상징적 권위의 행위자—즉 상징적 허구의 체현자—로서의 중지된 아버지는 '실재 속에서 회귀한다'(이런 논란이 발생하는 것은 어린 시절의 성적 학대의 재기억을 옹호하는 사람들의 주장 때문인데, 이에 따르면 아버지의 성적 학대는 한낱 환상에 불과한 것도 혹은 적어도 사실과 환상의 분리불가능한 혼합인 것도 아니며, 명백한 사실, 즉 대다수의 가정에서 딸의 아동기에 '실제로 일어난' 어떤 일이다. 이런 완고함은 '원초적 아버지'의 살해를 인류의 유사 이전에 실제로 일어난 사건이라고 한 프로이트의 못지않게 완고한 주장에 비교할만한 것이다).

여기서 거짓 기억 증후군과 불안 사이의 연계를 식별하는 것은 손쉬운 일이다. 거짓 기억 증후군은 주체로 하여금 부성적 **타자**-학대자와의 적대적 관계로 도피함으로써 불안을 회피할 수 있게 해주는 증상적 형성물이다. 다시 말해서: 우리는 프로이트의 경우와는 대조적으로 라캉에게 있어서 불안은 (자신의 음경이 제거될 것이라는 남성적 주체의 두려움을 으레 표현하는 '거세-불안에 대해서 이야기할 때나, 혹은 어머니로부터 분리되는 것에 대한 두려움을 표현하는 출생 불안에 대해 이야기할 때처럼) 욕망의 대상-원인이 상실될 때 출현하는 것이 아니며, 반대로 욕망의 대상-원인이 너무 가까이 있을 때(있다는 것을) 출현한다(표시한다)는 것을, 우리가 그것에 너무 가깝게 다가갈 때/다가간다면 출현한다는 것을 명심하고 있어야 한다. 우리는 여기서 라캉의 교묘한 책략을 감상할 수 있다. 두려움은 (우리가 두려워하는) 규정된 대상을 가지고 있으며 반면에 불안은 그 원인으로서 기능하는 어떠한 실정적인/규정된 대상도 결여하고 있는 어떤 기분이라는 표준적 개념과는 대조되게도, 라캉에게 있어서 두려움이야말로 그 오도적 외양과는 반대로 실제로는 규정된 대상-원인이 없는 것이며(나에게 개공포증이 있을 때 나는 개 그 자체를 두려워하는 것이 아니라 개 배후에 있는 표상불가능한 '추상적' 공백을 두려워하는 것이다), 반면에 불안은 규정된 대상-원인을 실로 가지고 있는 것이다—불안을 격발하는 것은 이 대상에 대한 바로 그 과잉접근이다……50)

이 점을 분명히 하기 위해서 우리는 라캉적 관점에서 욕망은 궁극적으로 **타자**의 욕망이라는 것을 다시 한번 명심해야 한다: 욕망의 물음-수수께끼는 궁극적으로 '나는 실제로 무엇을 원하지?'가 아니라 '타자는 실제로 나에게서 무엇을 원하지? 하나의 사물로서 나 자신은 **타자**에 대해 무엇이지?'이다—**타자**의 욕망의 대상-원인으로서 나 자신(주체)은 과잉접근할 때 불안을 격발하는 그 대상이다. 다시 말해서 불안은 내가 **타자**에 의해 교환/사용되는 대상의 자리로 환원될 때 출현한다. 동일한 논리를 따라서, 거짓 기억 증후군의 경우에, 부성적 학대자와의 적대적 관계는 나로 하여금 내가 부성적 욕망의 직접적 (근친상간적) 대상이라는—나는 그 자체로서의 나 자신을 **욕망한다는**—사실에 의해 생성된 불안을 회피할 수 있게 해준다.

마지막 사례. 미출판 논문 「이데올로기와 그 역설들」에서 글린 댈리는 오늘날의 대중 이데올로기에서 '암호 크래킹'이라는 주제에 관심을 기울인다. 미래의 인류 운명에 접근할 수 있게 해주는 어떤 유형의

---

50) 바로 이 때문에 불안은 임상적으로 볼 때 증상이 아니라 주체의 증상—주체가 외상적 대상에 대한 적당한 거리를 유지할 수 있도록 해주었던 형성물—이 해체되어 그 기능을 멈출 때 발생하는 반응이다. 주체가 자신의 증상의 완충 역할을 박탈당하여 사물에 곧바로 노출되는 그 순간, 불안은 사물에 대한 이 과잉접근을 표시하기 위해 출현한다.

근본적 암호(성경의 암호, 이집트 피라미드에 포함된 암호⋯⋯)를 해독하기 위해 컴퓨터 기술을 이용하려는 뉴에이지 유사-과학적 시도들에서, [남자] 영웅(혹은, 좀더 빈번하게는, <네트>에 나오는 산드라 블록 같은 여자 영웅)이 촉박한 시간에 쫓기면서 컴퓨터 앞에 앉아서 작업하면서 '접근 불가'라는 장애를 극복하여 (예컨대 자유와 민주주의를 침해하는 계획에 연루된 비밀 정부 기관의 작업이나 이에 상응하는 어떤 극악한 범죄에 관한) 극비 정보에 접근하는 사이버스페이스 스릴러물들의 전형적 장면에 이르기까지 말이다. 이런 주제는 큰 타자의 존재를 재단언하기 위한, 즉 우리의 혼돈스러운 사회적 삶의 배후를 실제로 조종하는 어떤 행위자의 존재를 증언하는 어떤 비밀 암호나 질서를 정립하기 위한 필사적 시도를 나타내고 있지 않은가?

빈 법

하지만, 어떤 메타-규범의 보증 없이 자신들의 공존 규칙을 (재)창안하지 않을 수 없는 주체들이라는 이른바 '해방적인' 개념 속에서 큰 타자에 대한 또 하나의 훨씬 더 섬뜩한 단언을 식별할 수 있다. 칸트의 윤리 철학은 이미 그 전형적 사례로서 이바지할 수 있다.『냉정함과 잔인성』에서 들뢰즈는 근본적으로 새로운 칸트의 도덕 법칙 개념에 대한 비길 데 없이 탁월한 정식화를 제공한다:

> ⋯⋯ 법은 더 이상 선에 의존하는 것이 아니라 오히려 선 자체가 법에 의존하게 된다. 다시 말해서 법의 토대가 어떤 상위의 원리에 근거하며 법의 권위는 그 원리로부터 유래하는 것이 아니라, 오히려 그 자체에

근거하며 자체의 형식에 의해 타당성을 가진다는 것이다. …… 칸트는 **법** 자체가 궁극적인 근거이며 원리임을 확립함으로써, 근대적 사유에 본질적 차원을 더했다. 법의 대상은 정의상 알 수 없는 것이며 난포착적인 것임을 말이다. …… 순수 형식으로 정의되는 바로서의 그 법은 실체도 대상도 혹은 그 어떤 규정도 없음으로 해서 어느 누구도 그게 무엇인지를 알지 못하며 알 수도 없는 그런 것이다. 그것은 스스로를 알리지 않으면서 작용한다. 이미 죄가 저질러진 곳에서, 그리고 무엇이 한계인지 모르는 채로 그 한계를 넘는 곳에서, 그것은 위반의 범위를 규정한다. 오이디푸스의 경우처럼 말이다. 심지어 죄와 처벌조차도 무엇이 법인지를 말해주지 않으며, 법을 비규정의 상태로 남겨둔다. 오로지 처벌의 극단적 특정성만이 필적할 비규정의 상태로 말이다.51)

그리하여 칸트적 법은 경험적 내용이 윤리적 타당성의 기준을 만족시키는가를 확인해보기 위해서 아무런 경험적 내용에나 적용되는 어떤 빈 형식에 불과한 것이 아니다—오히려 법의 빈 형식은 도래할 (혹은, 결코 도래하지 않을) 부재하는 내용의 약속으로서 기능한다. 이 형식은 상이한 경험적 내용들의 복수성의 중립적-보편적 주형이 아니다. 그것은 우리의 행위의 내용에 관련된 존속하는 불확실성을 증언한다—우리는 우리 행위의 특이성을 설명하는 규정된 내용이 올바른 내용인지의 여부를, 즉 우리가 실제로 법에 따라서 행위했으며 어떤 숨겨진 정념적 동기에 의해 인도된 것이 아닌지의 여부를 결코 알지 못한다. 그리하여 칸트는 카프카에게서 그리고 근대의 정치적 '전체주의'의 체험에서 절정에 달하는 법 개념을 선언한다: 법의 경우에 그것의

---

51) Gilles Deleuze, *Coldness and Cruelty*, New York: Zone, 1991, pp. 82-83. [국역본: 질 들뢰즈, 『매저키즘』, 인간사랑, 1996, 93-94쪽.]

Dass-Sein(법의 사실)은 그것의 Was-Sein(이 법의 무엇임)에 선행하기 때문에, 주체는 법이 있다는 것을 알지만 이 법이 무엇인지는 결코 알지 못하는 (그리고 선험적으로 알 수 없는) 상황에 처하게 된다―법 자체를 그것의 실정적 구현물들로부터 영원히 분리시키는 틈새. 그리하여 주체는 선험적으로, 그의 바로 그 실존에 있어서, 유죄이다. 즉 자신이 어떤 죄를 저지른 것인지를 알지 못하면서 (그리고 바로 그렇기 때문에) 유죄인 것이며, 법의 정확한 규정들을 알지 못하면서 법을 어긴다…….52) 철학의 역사에서 처음으로 여기서 우리는 무의식적인 것으로서의 법에 대한 단언을 본다. 내용 없는 형식의 경험은 언제나 억압된 내용의 표시이다. 주체가 빈 형식에 더 강렬하게 집착하면 할수록 억압된 내용은 더욱 더 외상적이 된다.

자신의 윤리적 행동의 규칙들을 재창안하는 주체라는 이 칸트적 판본을 후근대적 푸코적 판본으로부터 분리시키는 틈새는 쉽게 식별

---

52) 근대성에 관한 표준적 내러티브에 따르면, 근대성을 전근대적 법의 심지어 가장 보편적인 판본들(기독교, 유대교 등등)로부터도 구별시키는 것은 개인이 윤리적 규범들에 대해 반성적 관계를 유지한다고 가정된다는 점이다. 규범들은 단순히 받아들여지기 위해서 거기 있는 것이 아니다. 주체는 규범들에 반하는 자신의 행위들뿐만 아니라 이 규범들 자체의 타당성 또한, 즉 어떻게 그 규범들이 그것들의 사용을 적법화하는 더 높은 메타-규칙에 조응하는가 또한 평가해야 한다. 즉 규범들 자체가 진정으로 보편적인가? 그것들은 모든 인간(남자)을―그리고 여자를―동등하고도 존엄 있게 취급하는가? 그것들은 그들의 가장 내밀한 염원에 대한 자유로운 표현을 허용하는가? 그리고 등등. 이런 표준적 내러티브는 자신이 따른다는 결정을 내린 모든 규범들에 대한 자유로운 반성적 관계를 유지할 수 있는 주체를 우리에게 제공한다. 모든 규범들은 그 주체의 자율적 이성의 판단을 통과해야 하는 것이다. 그렇지만 하버마스가 은연중에 간과하고 있는 것은, 앞서 들뢰즈의 인용문에서 표현된바, 윤리적 규범들에 대한 이런 반성적 거리의 이면이나. 내가 따르는 어떠한 규범들과 관련하여, 나는 그것이 실제로 따라야 할 올바른 규범인지를 결코 확신할 수 없기 때문에, 주체는 이 규범들이 무엇what인지에 관한 아무런 외적 보증 없이 따라야 할 규범이 있다는 것that을 알고 있는 곤란한 상황에 사로잡힌다……. 이와 같은 선험적 유죄의 상황 없이는 보편적 규범들에 대한 직접적 복종으로부터의 어떠한 근대적 반성적 자유도 없다.

가능하다. 윤리적 판단은 궁극적으로 (보편 규칙을 특수한 상황에 단순히 적용하는 대신에, 각각의 고유한 구체적 상황에서 보편적 규칙을 (재)창안해야만 하는) 미적 판단의 구조를 드러낸다고 양자 모두가 주장하고 있지만, 푸코에게 있어서 이는 단지 주체가 어떠한 초월적 (초재적) 법의 지지도 없이 자신의 윤리적 기획을 형성해야만 하는 상황에 내던져진다는 것을 의미할 뿐이다. 반면에 칸트에게 있어서 (실정적 보편적 규범들의 한정된 집합이라는 특수한 의미에서의) 법의 이와 같은 부재 그 자체는 의무를 다하라는 순수하고 공허한 명령으로서의 도덕 법칙의 참을 수 없는 압력을 더더욱 느낄 수 있게 만든다. 따라서, 라캉적 관점에서 볼 때, 바로 여기서 우리는 창안되어야 할 규칙들과 그것들의 기저에 놓인 법/금지 사이의 핵심적 구분을 만난다: 실정적·보편적·상징적 규범들의 집합으로서의 법이 출현하는 데 실패하는 곳에서만 우리는 가장 근본적 차원에서의 법을, 무조건적 명령이라는 그 실재의 측면에서의 법을 만난다. 여기서 강조되어야 할 역설은 도덕 법칙이 함축하는 금지의 정확한 본성 속에 놓여 있다: 가장 근본적 차원에서 이 금지는 법을 위반하게 될 어떤 실정적 행위를 하는 것에 대한 금지가 아니라 '불가능한' 법을 여하한 실정적·상징적 명령과/이나 금지와 혼동하는 것에 대한, 즉 여하한 실정적 규범 집합에 대해 법 그 자체의 지위를 주장하는 것에 대한 자기-지칭적 금지이다. 궁극적으로 금지란 법의 자리 그 자체가 비어 있어야만 한다는 것을 의미한다.

이를 고전적 프로이트적 용어로 표현하자면: 푸코에게는 '쾌락의 활용' 속에서의 '자기 배려'를 규제하는 일단의 규칙들(요컨대, '쾌락 원칙'의 합리적 활용)이 있는 반면에 칸트에게서 규칙들의 (재)창안은 '쾌락 원칙을 넘어서'로부터 오는 명령을 따른다. 물론 이에 대한 푸코적/들뢰즈적 응답은 아마도 칸트가 궁극적으로 윤리적 규범들의 근본적 내재성(주체는 자율적으로, 자신을 희생시키면서, 그리고 자신의 책임으로, 비난받을 어떠한 **타자**도 없이, 자기 행동을 규제하는 규범들을 창안해야 한다는 사실)을 그 정반대로서 — 무조건적 명령으로 우리를 공포에 몰아넣는 불가해한 초재적 **타자**의 존재를 전제하는 동시에 그에 대한 우리의 접근을 금지하는, 근본적 초월성으로서 — (오)지각하도록 그를 이끄는 원근법적 환영의 희생양이라는 것이리라. 즉 우리는 우리의 의무를 이행하려는 강박하에 있지만 이 의무가 무엇인지를 명확히 알지 못하도록 영원히 방해를 받는다는 것이다……. 프로이트적 응답은 그와 같은 해결책(큰 타자의 불가해한 의무의 부름을 내재성으로 번역하는 것)이 무의식의 부인에 의존하고 있다는 것이다. 대개는 간과되고 마는 사실은 성욕에 대한 정신분석적 설명에 대한 푸코의 거부가 또한 프로이트적 무의식에 대한 전적인 거부를 내포한다는 점이다. 우리가 칸트를 정신분석적 용어로 읽는다면, 자기-창안된 규칙들과 그것들의 기저에 놓인 법 사이의 틈새는 우리가 따르는 (의식적으로 전의식적인) 규칙들과 무의식인 바로서의 법 사이의 틈새에 다름아니다. 정신분석의 기본적 교훈은 무의식이 그 가장 근본적인 차원에서 불법적인 '억압된' 욕망들의 축재蓄財인 것이 아니라 **근본적 법 그 자체**라는 것이다.

따라서 '자기 배려'에 헌신하는 나르시시즘적 주체의 경우에도 그의 '쾌락의 활용'은 초자아의 무의식적이고 무조건적인 즐기라는 명령에 의해 지탱된다 — 궁극적 증거는, 쾌락의 추구에 실패할 때 그를 따라다니는 죄책감 아닌가? 사람들이 — 대부분의 여론조사에 따르면 — 성행위에 대한 매력을 점점 잃어간다는 사실은 이런 방향을 가리키고 있는 것 아닌가? 강렬한 성적 쾌락에 대한 이 섬뜩한 무관심은 즉각적 만족과 쾌락추구에 열심인 바로서의 후근대적 사회라는 공식 이데올로기와 완전히 대조되는 것이다: 오늘날의 주체는 자신의 삶을 쾌락에 바치며 예비적 행위(조깅, 마사지, 선탠, 크림과 로션 바르기……)에 너무 몰두하기 때문에 자신의 노력의 공식적 목표의 매력은 시들어 버리는 것이다. 크리스토퍼 거리나 첼시를 조금만 걷다보면 수백 명의 게이들을 볼 수 있는데, 그들은 엄청난 에너지를 들여 보디 빌딩을 하고 있으며, 늙는다는 두려운 가능성에 강박적으로 사로잡혀 있으며, 쾌락에 헌신하고 있지만, 분명 항구적 불안 속에서 그리고 궁극적 실패의 그림자 속에서 살아가고 있다.

후-오이디푸스적 '허용적' 사회인 오늘날 침식되고 있는 것은 근본적 '열정적 애착'으로서의, 우리 삶이 돌아가는 중심인 욕망된/금지된 초점으로서의 성적 향유이다. (이런 관점에서, 부성적 '성적 학대자'의 형상조차도 아직은 '그것'을 즐길 수 있는 어떤 사람이라는 향수鄕愁적 이미지로 보인다.) 다시 한번 초자아는 그 책무를 성공적으로 이루어 냈다: '즐겨라!'라는 직접적 명령은 위반의 공간을 유지시키는 명시적 금지보다 훨씬 더 효과적으로 주체의 향유에 대한 접근을 가로막는 방법이다. 여기서 배울 교훈은 사회적 금지들의 '억압적' 연결망이 아니라 나르시시즘적인 '자기 배려'가 강렬한 성적 경험의 궁극적 적이라는 것이다. 성욕 너머의 새로운 개인 특유의 육체적 쾌락들을 추구하는 새로운 후-정신분석적 주체성의 유토피아는 그 정반대로 되돌아갔다. 우리가 그 대신 얻는 것은 무관심의 권태이다. 그리고 고통의 직접적 개입(사도마조히즘적 성행위)은 쾌락의 강렬한 경험을 위해 남아 있는 유일한 길인 것처럼 보인다.

『세미나 XI』의 바로 그 마지막 페이지에서 라캉은 '한 쪽 성이 다른 쪽 성과 지속가능하고 조절된 관계를 확립할 수 있는 그 어떤 은신처라도—정신분석이 우리에게 가르쳐주는바—부성적 은유라고 알려진 저 매개의 개입을 필요로 한다53)고 주장한다. 부성적 법은 그것의 실현을 방해하기는커녕 그것의 조건들을 보증해주는 것이다. 그렇다면, 큰 타자의, 상징적 법의 후퇴가 '정상적' 성욕의 몰기능과 성적 무관심의 발생을 함축한다는 것을 결코 놀랄 일이 아니다. 다리안 리더가 지적했던 것처럼54) <X-파일>에서 그토록 많은 것들이 '저기 밖에서' 일어난다(진리는 그곳에 거주한다. 그곳에서 외계인이 우리를 위협한다 등등)는 사실은 두 주인공(질리안 앤더슨과 데이빗 듀코브니) 사이에, 즉 '바로 여기에' 아무 일도 일어나지 않는다는—그들 간에는 어떠한 섹스도 없다는—사실과 엄밀히 상관적이다. (그 두 주인공 사이에서 섹스를 가능하게 해줄) 중지된 부성적 법은 '실재 속에서 회귀한다'. 우리의 일상적 삶에 개입하는 다양한 '산죽은' 유령적 환영들의 모습으로 말이다.

부성적 권위의 이런 붕괴는 두 개의 측면을 갖는다. 한편으로 **상징적 금지적 규범들**은 점차로 (사회적 성공이라든가 멋진 육체와 같은) **상상적 이상**들에 의해 대체된다. 다른 한편으로 상징적 금지의 결여는 사나운 초자아 형상들의 재출현에 의해 보충된다. 따라서 우리는 극도로 나르시시즘적인 주체를 갖는다. 그는 모든 것을 자신의 불확실한 상상적 균형에 대한 잠재적 위협으로서 지각한다(희생양 논리의 보편화를 예로 들어보자. 다른 인간과의 모든 접촉은 잠재적 위협으로서 경험된다. 타인이 담배를 피우면, 타인이 탐욕스럽게 나를 쳐다보면,

---

53) Jacques Lacan, *The Four Fundamental Concepts of Psycho-Analysis*, New York: Norton, 1977, p. 276.
54) Darian Leader, *Promises Lovers Make When It Gets Late*, London: Faber & Faber, 1997을 볼 것.

그는 이미 나에게 상처를 주고 있는 것이다). 이런 나르시시즘적 자기-폐쇄는, 교란되지 않은 균형 속에서 자유롭게 부유할 수 있게 해주기는커녕, 초자아의 즐기라는 명령의 부드러운 (것만은 아닌) 자비에 주체를 내맡긴다.

그리하여 이른바 '후근대적' 주체성은 고유한 상징적 금지의 결여에 의해 야기된, 일종의 상상적 이상의 직접적 '초자아화'를 내포한다. 여기서 전형적인 것은 '후근대적' 해커-프로그래머들, 즉 편안한 환경에서 자신들의 프로그램짜기 취미를 추구하기 위해 대기업에 고용된 이 엉뚱한 괴짜들이다. 그들은 자신들의 있는 그대로의 모습으로 일하라는, 복장과 행동에 대한 사회적 규범들을 무시하고 저마다의 내밀한 개성을 따르라는 명령하에 있다(그들은 서로의 독특한 개성에 대한 예의 바른 관용이라는 몇몇 기초적 규칙만을 따르면 된다). 그리하여 그들은 돈을 버는 소외된 직업과 주말에 쾌락을 위해 추구하는 사적 취미활동 사이의 대립을 극복한 일종의 원-사회주의적 유토피아를 실현하는 것처럼 보인다. 어떤 면에서 그들의 직업은 그들의 취미이며, 그 때문에 그들은 컴퓨터 스크린이 있는 작업장에서 주말에도 오랜 시간을 보내는 것이다. 자신의 취미 활동에 몰입한 대가를 지불 받을 때 그 결과는 좋았던 옛 시절의 '프로테스탄트적 노동 윤리'의 그것보다 비교할 수 없이 더 강한 초자아 압력에 노출되는 것이다. 바로 여기에 이 후근대적 '탈소외'의 참을 수 없는 역설이 있다. 더 이상 긴장은 나의 내밀한 개성의 창조적 추동력과 이를 인정하지 않거나 혹은 나를 '정상화'시키기 위해서 이를 분쇄하고자 하는 제도 사이에 있지 않다. 마이크로소프트 같은 후근대적 회사의 초자아 명령이 겨냥하는 것은 내 독특한 개성이 지닌 창조력의 바로 이 핵심이다. 내가 이 '도착적인 꼬마도깨비'를 잃기 시작하는 순간, 내가 나의 '대항문화적' 전복적 예리함을 잃고 '정상적인' 성숙한 주체처럼 행동하기 시작하는 순간, 나는 그들에게 쓸모없는 것이 된다. 그리하여 여기서 우리가 다루고 있는 것은 나의 개성의 반란적·전복적 핵심인 나의 '도착적인 꼬마도깨비'와 외부 회사 사이의 이상한 동맹 관계인 것이다.

남근에서 행위로

그리하여 큰 타자의 물러남은 두 개의 대립되지만 상관적인 결과를 갖는다. 한편으로 상징적 허구의 이 실패는 우리로 하여금 점점 더 상상적 시뮬라크르들에, 오늘날 온갖 곳으로부터 우리에게 포격을 가하는 감각적 스펙터클에 달라붙도록 유도한다. 다른 한편 그것은 신체 자체의 실재에서 폭력에 대한 필요를 격발한다(피어싱, 몸에 보철물을 삽입하기). 이 신체적 폭력은 상징적 권능 부여의 조건으로서의 거세의 구조에 어떻게 관계하는가? 로보캅에서 스티븐 호킹에 이르기까지 우리의 대중적 내러티브들 속에서, 인간은 말 그대로 그의 몸을 부수어 놓는 어떤 외상적 사고나 병의 희생양이 된 이후에 초자연적 권능을 갖는 영웅이 된다. 로보캅은 거의 치명적인 사고 이후에 신체가 인공적으로 재구성되고 보조 장치를 달게 될 때 완벽한 기계-경찰이 된다. '신의 마음'에 대한 호킹의 통찰은 분명 그의 불구적 병과 상관이 있다······. 로보캅에 대한 표준적 분석들은 '진보적' 요소들(인간과 기계의 구분을 중지시키는 사이보그)과 '퇴보적' 요소들(그의 절단난 신체에 대한 인공 보철물로서 기능하는 그의 금속성 장치의 명백하게 '남근적'이며 공격적-침투적인 성격)을 대립시키고자 애쓴다. 하지만 이런 분석들은 요점을 놓치고 있다. 엄밀하게 라캉적인 의미에서 '남근적인' 것은 신체의 상해를 보충하는 인공적-기계적 보충물의 바로 그 구조이다. 즉 기표로서의 남근 자체는 어떤 외상적 절단을 대가로 그 장착자에게 권능을 부여하는 그런 인공 보철물인 것이다.

여기서 기의로서의 남근('남근의 의미')과 남근적 기표의 구분을 유지하는 것은 핵심적이다. 남근적 기의는 부성적·상징적 질서 속으로 통합된 향유의 일부이다(남자다움, 침투 능력, 생산과 씨뿌림의 힘의 상징으로서의 남근). 반면에 기표로서의 남근은 남성 주체가 '남근의 의미', 남근의 기의를 떠맡기 위해서 치러야 하는 대가를 나타낸다. 라캉은 이 '남근의 의미'를 '상상적' 수(-1의 제곱근)로서, 그 값이 결코 실정화될 수 없지만 그럼에도 불구하고 '기능'하는 '불가능한' 수로서 특화한다. 즉 우리는, 어떤 개념과 관련하여 정확히 그 의미가 무엇인지 설명할 수는 결코 없지만 그럼에도 '이게 그것이다, 이게 진짜고 참된 의미다'라는 열렬한 느낌이 들 때 '남근의 의미'와 조우하는 것이다. 예컨대 정치적 담론에서, 주인기표(우리 국가Our Nation)는 의미의 불가능한 충만함을 나타내는 이와 같은 종류의 텅 빈 기표이다. 즉 그것의 의미는 그것의 내용을 실정화하는 것이 불가능하다는 의미에서 '상상적'이다. 당신이 국가의 한 구성원에게 그의 국가의 정체성이 무엇에 있는 것인가를 정의하라고 요청할 때 그의 궁극적 답변은 언제나 다음과 같을 것이다: '나는 말할 수 없다. 당신은 그것을 느껴야만 한다. 그것은 바로 그것, 우리의 삶이 실제로 관여된 것이다'…….

따라서 오늘날의 후근대적 시기에, '거세의 상처' 자체가 다시금 신체 속에, 신체의 살 그 자체에 난 상처로서 기입되는 것이 왜 필요한가? 근대적 주체성의 좋았던 옛 시절에 개인은 상징적 지위를 획득하기 위해서 (할례나 목숨을 건 입회 의식이나 문신 새기기와 같이) 자신의 육신의 일부를 희생할 필요가 없었다. 희생은 순전히 상징적이었다.

즉 모든 실정적·실체적 내용을 포기한다는 상징적 행위였다.[55] 이런 포기는 근대적 비극을 정의하는 '상실의 상실'의 정확한 구조를 보여준다. 최근의 세르비아 영화인 <야네즈>는 슬로베니아 족 출신의 유고슬라비아 군 장교의 운명을 다루고 있다. 그는 유고슬라비아가 붕괴하던 소란 속에서 붙잡힌 한 마케도니아 여인과 결혼했다. 독립을 주장하는 슬로베니아와 슬로베니아를 유고슬라비아에 계속 편입하려 했던 유고슬라비아 군 간의 갈등이 폭발할 때, 그 장교는 보편적 대의(유고슬라비아의 통합)에 대한 충실성을 위해 자신의 특수한 (슬로베니아) 인종적 뿌리를, 즉 자기 존재의 바로 그 실체를 희생한다. 하지만 그가 그에게 가장 중요했던 모든 것을 희생했던 까닭이었던 이 보편적 대의의 슬픈 현실이 슬로보단 밀로세비치의 국가주의 체제의 타락하고 가난한 세르비아라는 사실을 나중에 발견하고야 만다. 종결부에 우리는 홀로 남아 술에 취한, 도무지 어찌할 바를 모르는 주인공을 본다…….

이와 유사한―처음에는 모든 것을, 우리 존재의 바로 그 실체를 어떤 보편적 대의를 위해 희생하고, 그러고 나서 이 대의 자체의 공허함에 직면하지 않을 수 없게 되는―이중적인 포기의 운동은 근대적 주체성에 대해 구성적이다.[56] 그렇지만 오늘날 이와 같은 이중적인

---

55) 「로마서」 2장 26~29절에서 이 차이를 강조한 사람은 바로 성 바울이 않았는가?

…… 할례를 받지 않은 사람이 율법의 규정을 지키면, 할례를 받지 않아도 할례를 받은 것으로 여김받지 않겠습니까? …… 겉모양으로 유대 사람이라고 해서 유대 사람이 아니요, 겉모양으로 살에다가 할례를 받았다고 해서 할례가 아닙니다. 오히려 속이 유대 사람인 사람이 유대 사람이며, 율법의 조문을 따라서가 아니라, 성령을 따라서 마음에 받는 할례가 참 할례입니다.

56) '희생의 희생'의 이 이중적 운동에 대한 좀더 상세한 서술은 Slavoj Žižek, *The Indivisible Remainder*의 제2장을 볼 것.

포기의 운동은 더 이상 작동하지 않는 것처럼 보이는데, 왜냐하면 주체들이 점차 그들의 특수한 실체적 정체성을 고수하고 어떤 보편적 대의를 위해 그것을 희생하려 하지 않기 때문이다(이른바 '정체성 정치'라든가 인종적 '뿌리'에 대한 탐색은 바로 이것에 관련된 것이다). 따라서 바로 이 때문에 상징적 거세의 절제切除는, 주체의 상징적 권능 부여에 대한 대가로서의 어떤 끔찍한 불구화의 형태로, 다시금 신체 위로 기입되어야 했던 것인가?

여기서 핵심적인 것은 전통적 (전근대적) 신체 절제(할례 등등)와 후근대적 절제의 차이다.[57] 이 둘이 비록 겉보기에는 비슷하지만—즉, 후근대적 절제는 '신체에 표식을 남기는 전근대적 절차들로의 회귀'처럼 보이지만—그 둘의 내속적인 리비도적 경제는 대립된다. 이는 후근대주의의 경우와 유사하다. 후근대주의는 비록 전근대적 고대적 형식들의 회귀처럼 보일지라도 실제로는 이미 근대성에 의해 '매개'되어 있으며 식민화되어 있는 것이어서, 근대성이 더 이상 전통적 형식들과 싸울 필요가 없는 지점을, 그것들을 곧바로 활용할 수 있는 지점을 표시하는 것이다. 오늘날의 점성술가나 근본주의의 전도자는 그들의 활동 양태 그 자체에서 이미 근대성에 의해 표식되어 있다. 근대성에 대한 정의 가운데 하나는 상징적 공간 내부에서의 '자연적' 나체의 출현이다. 나체주의와 다른 형태의 나체성에 대한 찬양들은— (전근대 이교도 사회에서와 같은) 위반적 비밀 입회식의 일부로서가 아니라, 자연적인 신체의 '무구한' 아름다움을 단언하는 것에서 쾌락을 발견하는 것으로서—명백히 근대적 현상들이다.[58]

---

[57] 여기서 나는 레나타 살레츨에게 다시금 의존하고 있다. Selecl, (Per)Versions of Lover and Hate를 볼 것. [국역본: 『사랑과 증오의 도착들』, 도서출판b, 2003.]

[58] 여기서 우리는 사도마조흐적 자기-절제의 행위들과 문신 새기기를 비롯하여 신체

여기서 우리는 17세기에 자연이 미술의 주제로 갑자기 떠오른 것과 관련하여 헤겔이 성취한 제스처를 반복해야 한다. 정신이 그 자신에게로 돌아갔기 때문에, 즉 정신이 그 자신을 직접적으로 파악하고 더 이상 자연을 그것의 상징적 표현의 매개물로서 필요로 하지 않기 때문에, 자연은 정신적 투쟁의 상징으로서가 아니라 그 무구함 속에서, 즉자적인의 상태로, 아름다운 관조의 대상으로서 지각될 수 있는 것이다. 동일한 논지에서, 근대적 주체가 상징적 거세를 '상실의 상실'로 '내면화'할 때, 신체는 더 이상 거세의 짐을 질 필요가 없으며 그리하여 신체는 구제되며 쾌락과 아름다움의 대상으로서 자유롭게 찬양된다. 절제되지 않은 나체의 이와 같은 출현은 엄밀히 말해서 미셸 푸코가 상세하게 기술한 훈육 절차의 부과와 상관적이다. 근대성의 도래와 더불어 신체가 더 이상 표식되지 않고 그 위에 무언가가 새겨지지 않을 때, 신체는 신체를 적합하게 만들기 위해 고안된 엄격한 훈육적 규정들의 대상이 된다.

그리하여 우리는 '신체 속의 절제'의 논리의 네 단계를 구분할 수 있다. 첫째로, 선-유대교적 이교도적 부족 사회에서 '나는 표식된다. 그러므로 존재한다.' 즉, 내 신체 속의 절제(문신 등등)는 사회-상징적

표면에 무언가를 새기는 여러 방식들 사이의 차이를 강조해야 한다. 문신 새기기는 맨 살갗과 의복 덮개 사이의 관계를 내포한다. 다시 말해서 문신 새기기의 문제는 어떻게 맨 살갗 그 자체를 의복으로 변형시키고 그 둘의 틈새를 메워서 옷을 입고 있지 않는 동안에도 어떤 면에서는 이미 옷을 입고 있는 것이 되게 할 것인가이다. 다른 한편 사도마조흐적 자기-절제 행위는 살갗 표면을 절제하고 들어가 그 밑에 있는 날 살을 드러내는 것이다. 두 경우 모두 나체라는 개념, 즉 벌거벗은 살갗 표면이라는 개념이 위협당한다. 그것의 덮개 역할을 하는 직접적 상징적 새김에 의해서건, 아니면 그 밑에 있는 '날 살'로의 접근을 열어놓음으로써건 말이다. 요컨대 우리가 이 두 행위를 함께 놓음으로써 얻게 되는 것은 실제로 옷을 벗겨놓았을 때 더 이상 나체가 아니며 날 살 덩어리인 신체이다.

공간 속으로 내가 기입됨을 나타낸다. 그것 밖에서 나는 아무것도 아니며, 인간 사회의 일원이라기보다는 동물에 가깝다. 다음으로 할례라는 유대교적 논리가 온다. '모든 절제를 끝내기 위한 절제', 즉 이교도적인 다양한 절제들의 금지와 엄밀히 상관적인 예외적/부정적 절제. '죽은 자를 위해 너희 몸에 상처를 내지 말고 너희 몸에 문신을 새기지도 말라. 나는 여호와이니라'(「레위기」 19장 28절).59) 끝으로, 기독교와 더불어, 이 예외적 절제 그 자체가 '내면화'되며, 더 이상 어떠한 절제도 없다. 그렇다면 자신의 몸을 꾸미는 전근대적인 과도한 방법들(문신 새기기, 피어싱, 기관의 불구화……)과 네 번째 단계인 후근대적 '신-부족적' 신체 절제의 차이는 어디에 있는 것인가?

다소 단순화해서 이야기하자면: 전통적 절제는 **실재로부터 상징계로**의 방향인 반면에 후근대적 절제는 **상징계로부터 실재로**의 방향이다. 전통적 절제의 목적은 날 살 위에 상징적 형태를 새겨서 날 살을 '상류화'하는 것이었다. 즉 그것이 큰 타자 속에 포함됨을, 그것이 큰 타자에 복종함을 표식하는 것이었다. 하지만 후근대적인 사도마조흐적 신체 절제 관행들의 목적은 정반대다. 즉 '실존의 고통'을, 상징적 시뮬라크르들의 우주 속에서의 최소한의 신체적 실재를 보증하고 그에 대한 접근을 제공하는 것이다. 다시 말해서 오늘날 '후근대적인' 신체 절제의 기능은 상징적 거세의 표식으로서 이바지하는 것이 아니라 오히려 그 정반대로서 이바지한다. 즉 사회-상징적 법에의 복종에 대한 신체의 저항을 가리킨다. 여자가 귀나 볼이나 음순을 뚫어 고리

---

59) 이를 배경으로 해서 우리는 왜 (미출간된) 불안에 대한 세미나(1962/63)에서 라캉이 유대교의 할례 관습이 (통속적이고 소박한 연상이 내포하는 것과는 달리) 거세의 한 판본이 분명 아니며, 오히려 정반대라는 것을 강조하는지를 이해할 수 있을 것이다. 할례의 결과는 외상적 절제가 아니라 안도감이다. 즉 할례는 주체로 하여금 상징적 질서 내에서 자신에게 할당된 자리를 찾을 수 있게 해준다.

를 달 때, 이는 복종의 메시지가 아니며 '육신의 반항'이다. 그녀는 전통적 사회에서 전통이라는 상징적 큰 타자에 대한 복종의 양태였던 것을 정반대로, 그녀의 개체성에 대한 개인 특유의 전시展示로 바꾸어 놓는다.

  오로지 이런 방식으로 반성화는 철저히 범역적이다. 헤겔식으로 말하자면, 그것이 '그것의 타자성 속에서 자기 자신으로 머묾' 때, 즉 (전에는) 그것의 정반대물(이었던 것)이 그것의 표현으로서 기능하기 시작할 때 말이다. 예컨대 후근대적 건축이 그러한데, 거기서 전통 양식으로의 위조된 회귀는 반성적 개체성의 공상들을 보여준다. 변하면 변할수록 더욱 더 동일한 것이다(plus ça change, plus c'est la même chose)라는 옛 좌우명은 그 반대인 동일하면 동일할수록 더욱 더 변한다(plus c'est la même chose, plus ça change)에 의해 보충되어야 한다: 이 근본적 역사적 변화의 표시는, 한때 가부장적 성적 경제를 규정했던 바로 그 특징들이 이제 새로운 방식으로 기능하기 때문에 여전히 남아 있을 수 있다는 사실이다. '규칙 소녀들'이라는 현상을 상기해보는 것으로 족하다.[60] 겉보기에 우리는 유혹의 옛 규칙들을 재확립하려는 시도를 다루고 있는 것처럼 보인다(남자들은 여자들을 귀찮게 따라다니며, 여자들은 스스로를 접근불가능한 대상으로 만들어야 한다, 즉 난포착적 대상의 지위를 유지해야 하며 결코 자신이 끌리는 남자에 대한 적극적 관심을 드러내지 말아야 한다 등등). 그렇지만 이 '규칙들'의 내용이 비록 그 일체의 실천적 목적에 있어서 '가부장적인' 유혹 과정을 규제하는 옛 규칙들의 그것과 동일하지만, 주체적인 언표행위의 자리는 근본적으로 다르다: 우리는 전적으로 '후근대적인' 해방된

---

60) 이는 레나타 살레츨의 『사랑과 증오의 도착들』에서 분석되고 있다.

주체들을 다루고 있는 것인데 그들은 자신들의 쾌락을 증진시키기 위해서 일단의 규칙들을 반성적으로 채택하는 것이다. 따라서 여기서 다시금 과거의 절차의 채택은 '실체변환'되며, 그것의 정반대에 대한, 즉 '후근대적인' 반성적 자유에 대한 표현 수단으로서 복무한다.61)

이는 우리를 후근대적 개체성의 이율배반이라 부르고만 싶은 것으로 이끈다. '당신 자신이 되라'는, 주변의 압력을 무시하고 당신의 고유한 창조적 잠재력을 온전히 단언함으로써 자기-실현을 성취하라는 명령은, 조만간, 당신이 주변으로부터 완전히 격리될 때 당신에게 남는 것은 아무것도 없으며 순수하고 단순한 백치의 공백만 남게 된다는 역설과 마주하게 된다. 그러므로 '당신의 진정한 자기가 되라!'의 이면은 주체의 무한정적 유연성이라는 후근대적 가정에 맞추어 항구적인 다시-꾸미기를 연마하라는 명령이다……. 요컨대 극단적 개체화는 그 반대로 되돌아가며, 궁극적인 정체성 위기로 귀결된다. 주체들은 스스로를 근본적으로 불확실한 것으로서, 어떠한 '고유의 얼굴'도 없이 하나의 부과된 가면에서 또 다른 가면으로 변환하는 것으로서 경험한다. 결국 가면 뒤에 있는 것은 **아무것도 아닌 것**이고, 그들이 강박적 활동

---

61) 그리하여 전근대적 절제, 절제의 근대적 부재, 그리고 절제에로의 후근대적 회귀라는 이 삼중성은 '부정의 부정'이라는 일종의 헤겔적 삼중성을 유효하게 형성한다―후근대성 속에서 우리는 이른바 더 높은 수준에서의 절제로 회귀한다는 의미에서가 아니라, 훨씬 더 정확한 의미에서. 즉 전근대 사회에서 신체에 가해진 절제는 주체를 상징적 질서(큰 타자) 속으로 기입하는 일을 수행한다. 근대 사회에서 우리는 **절제 없이 작동하는 큰 타자**를 갖는다―즉 주체는 신체적 절제의 매개 없이 큰 타자 속으로 스스로를 기입한다(기독교의 경우가 이미 그러했던 것처럼, 절제는 포기라는 내적 제스처로 내재화-영화靈化된다). 반대로 후근대 사회에서 **절제는 있되 큰 타자는 없다**. 그리하여 오직 후근대 사회에서만 큰 타자(실체적 상징적 질서)의 상실은 완성된다. 거기서 우리는 첫 번째 국면의 특징으로 회귀하지만(다시금 신체적 절제가 있다), 이 절제는 이제 첫 번째 국면의 정반대를 나타낸다. 다시 말해서 그것은 큰 타자 속으로의 기입이 아니라 그것의 근본적 비존재를 신호한다.

을 통해서나 혹은 자신들의 개인적 정체성을 강조할 의도로 점점 더 개성적인 취미나 옷입기 방식으로 바꾸는 것을 통해서 미친 듯이 채우려고 노력하는 끔찍한 공백이니까 말이다. 여기서 우리는 어떻게 극단적 개체화(부과된 고정적 사회-상징적 역할들을 벗어나서 자신의 자기에 충실하려는 노력)가 그것의 정반대와, 즉 정체성의 상실이라는 섬뜩하고 불안을 촉발하는 느낌과 중첩되는 경향이 있는가를 볼 수 있다. 이것은 상징적 연결망 속에서의 근본적 소외를 받아들임으로써만 최소한의 정체성을 획득할 수 있고 '자기 자신이 될' 수 있다는 라캉의 통찰에 대한 궁극적 확증이지 않은가?

그리하여 철저한 나르시시즘적 쾌락주의의 역설적 결과는 향유 자체가 점차 외화된다는 것이다. 우리 삶의 철저한 반성성 속에서 우리의 경험에 대한 어떠한 직접적 호소라도 무효화된다. 다시 말해서, 나는 더 이상 내 자신의 직접적 경험을 신뢰하지 않으며 내가 어떻게 느끼는지를 **타자**가 나에게 말해주기를 기대한다. 두 행동주의자들의 대화에 관한 다음의 일화에서처럼 말이다. '오늘 내 기분이 어떤지 내게 말해주세요.' '좋아요. 그런데 난 어떻습니까?' 보다 정확히 말해서, 나의 내밀한 경험에 대한 이와 같은 직접적 외화는 통상적인 행동주의자의 환원에 비해 훨씬 더 섬뜩한 것이다. 요점은 단순히 나의 내적 느낌이 아니라 관찰가능한 외적 현실 속에서 내가 행동하는 방식이 중요하다는 것이 아니다. 내적 자기-경험의 행동주의적 환원과는 반대로 나는 참으로 나의 느낌들을 보유한다. 하지만 이 느낌들 자체가 **외화된다**. 그렇지만 개체화의 궁극적 역설은 타인들에 대한 이 완벽한 의존—내가 나인 것은 오로지 타인들과의 관계를 통해서이다('관계'라는 성질에 대한 후근대적 강박을 볼 것)—이 약물 의존이라는 반대 결과를 낳는다는 것인데, 그 속에서 나는 또 다른 주체에 의존하는 것이 아니라 과잉 향유를 직접적으로 제공하는 약물에 의존한다. 헤로인이나 크랙은 잉여-향유의 궁극적 형상—내가 꼼짝없이 걸려 있는, 큰 타자(즉, 일체의 상징적 연계들)를 중지시키는 과잉 향유 속에서 나를 삼켜버릴 위협을 가하는 대상—이지 않은가? 그러므로 약물 사용자의 약물에 대한 관계는 라캉의 공식 s-a에 대한 궁극적 예시이지 않은가?

이런 이율배반은 또한 **시뮬라크르**(내가 쓰는 가면들, 간주체적 관계의 게임 속에서 내가 맡는 역할들)와 **실재**(외상적 신체적 폭력과 절제들)의 이율배반으로서 정식화될 수 있다. 여기서 핵심 요점은 다시금 이 두 대립물 사이의 '사변적 동일성'을 단언하는 것이다. 시뮬라크르의 범역적 지배의 대가는 실체적 실재에 대한 극단적 폭력이다. (오래전에 라캉은 대립물의 이와 같은 역설적 일치에 대한 공식을 제공했다: 상징적 유효성이 중지될 때, 상상적인 것은 실재적인 것이 된다.) 따라서 우리는 이 악순환에서 어떻게 빠져나올 것인가? 오이디푸스적 상징적 권위로 회귀하려는 여하한 시도도 분명 자기-패퇴적이며 '약속의 이행자' 같은 우스꽝스러운 광경으로 귀결될 수 있을 뿐이다. 필요한 것은, 상상적 대응물과 더불어 악순환에 사로잡혀 있는 대신에 상상적인 것을 흩뜨려놓는 불가능성의 차원을 (재)도입하는 실재를 단언하는 것이다. 요컨대 필요한 것은 한낱 활동activity에 불과한 것에 대립되는 바로서의 **행위**, 즉 환상의 교란('횡단')을 내포하는 본래적 행위이다.

주체가 '활동적'일 때마다(특히 주체가 열광적 과도활동으로 내몰릴 때) 다음과 같은 물음을 던져야 한다: 이 활동을 지탱하는 기저의 환상은 무엇인가? 활동에 대립되는 바로서의 행위는 이 환상적 배경 그 자체가 교란되는 때에만 발생한다. 바로 이런 의미에서 라캉에게 행위는 기표('화행')에 대립되는바, 실재적인 것으로서의 대상의 편에 있다. 우리는 상징적 질서 속에서의 근본적 소외와 이 질서의 작동을 위해 필요한 환상적 지탱물을 받아들였을 때에만 화행을 수행할 수 있다. 반면에 실재적인 것으로서의 행위는 무로부터 발생하는, 그 어떤 환상적 지탱물도 없이 발생하는 사건이다. 그런 것으로서 대상으로서의 행위는 또한 주체에 대립되는 것일 수 있다. 적어도 '소외된' 분열된 주체라는 표준적인 라캉적 의미에서의 주체에 말이다. 행위에 대한 상관항은 분열된 주체이지만 이는 다음과 같은 의미에서, 즉 이 분열 때문에 행위는 언제나 실패이고 전치된 것이고 등등이라는 의미에서 그렇다는 것이 아니다. 오히려 외상적 투케*tuche* 속에서의 행위는 결코 그것을 주체화하고 '그 자신의 것'으로 떠맡고 스스로를 그것의 작자-행위자로서 정립할 수가 없는 그 주체를 분열시키는 바로 그것이다. 내가 성취하는 본래적 행위는 정의상 언제나 외래적 신체이며, 나를 유인/매혹하는 동시에 쫓아내는 침입자이며, 그리하여 내가 그것에 너무 가까이 간다면/갈 때 이는 나의 소멸(*aphanisis*), 자기-말소로 귀결된다. 행위에 주체가 있다면 그것은 주체화의 주체가 아니며, 행위를 상징적인 통합과 인정의 우주 속으로 통합시키는, 행위를 '나 자신의 것'으로 떠맡는 주체가 아니다. 오히려 그 주체는 섬뜩한 '무두적' 주체이며, 이러한 주체를 통해 행위는 '그 안에 있는 그 자신보다 더한' 것으로서 발생한다. 그리하여 행위는 '라캉적 주체'와 통상적으로 연합되곤 하는 근본적인 분열들과 전치들(언표행위의 주체와 언표된 것/진술의 주체 사이의 분열, 상징적 큰 타자와의 관계에서의 주체의 '탈중심화' 등등)이 순간적으로 중지되는 층위를 가리킨다. 행위 속에서 주체는, 라캉의 말처럼, **스스로를 자기 자신의 원인으로서 정립**하며, 더 이상 탈중심화된 대상-원인에 의해 규정되지 않는다.

바로 그렇기 때문에, 어떻게 사물 자체(예지적 신)에 대한 직접적 통찰은, 우리가 그것으로부터 무대적 심상(신성한 군주에 대한 매혹)을 제거하고 그것을 그 본질(어떠한 내적인 분규나 투쟁도 없이 자신이 '자동적으로' 행하는 것을 수행하는 존재자)로 환원시킬 때, 우리에게서 자유를 박탈할 것이고 우리를 생명 없는 꼭두각시로 만들 것이라는 칸트의 서술은 역설적이게도 (윤리적) 행위에 대한 서술과 완벽하게 조응한다. 이 행위는 예기치 않게 '단지 그냥 발생하는' 어떤 것이며, 행위자 그 자신 또한 (그리고 오히려 가장 많이) 놀라게 만드는 뜻밖의 발생이다(본래적 행위 이후에 나의 반응은 언제나 '나조차도 내가 그것을 할 수 있었다는 것을 알지 못한다. 그건 단지 그냥 발생한 것이다!'이다). 그리하여 역설은, 본래적 행위 속에서 최고의 자유는 최대의 수동성, 즉 맹목적으로 자신의 제스처를 수행하는 생명 없는 자동장치로의 환원과 일치한다는 것이다. 따라서 행위의 문제틀은 유한성의 근대적 개념 속에 내포된 근본적인 관점의 변화를 받아들일 것을 우리에게 강요한다. 받아들이기가 그토록 힘든 것은 예지적 차원과 현상적 차원이 일치하는 진정한 행위에 영원히 이를 수 없다는 사실이 아니다. 진정한 외상은 행위가 있다는, 행위가 실로 발생한다는, 우리가 행위를 감수해야 한다는 정반대의 깨달음에 있는 것이다.

그리하여, 이와 같은 행위 개념에 암묵적으로 내포되어 있는 칸트에 대한 비판에서 라캉은 헤겔에 가깝다. 헤겔 또한, 칸트에게서 무한히 연기된 예지계와 현상계의 통일은 바로 본래적 행위가 성취되는 때마다 발생하는 것이라고 주장했다. 칸트의 잘못은 적절하게 '주체화되는' 한에서만, 즉 순수 의지('정념적' 동기들로부터 자유로운 의지)로 성취되는 한에서만 행위가 있는 것이라고 전제한 것이었다. 그리고, 내가 행한 것이 사실상 유일한 동기로서의 도덕 법칙에 의해서만 촉발되었다는 것을 우리는 결코 확신할 수 없기 때문에(즉, 내 동료의 평가에서 쾌락을 발견하기 위해 도덕적 행위를 수행했다는 의혹이 언제나 잠복하고 있기 때문에) 도덕적 행위는 사실상 결코 발생하지 않으며(지구상에는 어떠한 성자도 없다) 오로지 영혼 정화의 무한한 점근선적 접근의 최종점으로서 정립될 수 있을 뿐인 어떤 것이 된다. 바로 그런 이유로, 다시 말해서 그럼에도 불구하고 행위의 궁극적 가능성을 보증하기 위해서, 칸트는 영혼의 불멸성에 대한 (사실상 그 정반대인 육체의 불멸성이라는 사드적 환상에 해당하는 것으로 증명될 수 있는[62]) 요청을 제안해야만 했다. 오로지 이런 방식으로만 우리는, 끝없는 접근 이후에 진정한 도덕적 행위를 성취할 수 있는 지점에 이를 수 있다는 것을 희망할 수 있는 것이다.

그리하여 라캉의 비판의 요점은 진정한 행위는—칸트가 오도적으로 자명하게 가정하고 있는—'행위의 층위에' 있는(예컨대, 온갖 정념적 동기들이 정화된 의지를 지닌) 행위자를 전제하지 않는다는 것이다. 행위자가 '행위의 층위에' 있지 않다는 것은, 행위자 자신이 '방금 한 미친 짓'에 불쾌해서 놀라며 또한 그것과 온전히 화합할 수 없다는 것은, 가능할 뿐만 아니라 불가피하기까지 하다. 뜻밖에도 이것은 영웅적 행위의 통상적 구조이다: 오랜 시간 동안 책략과 타협의 기회주의적 삶을 살아오던 사람이 스스로도 설명할 길이 없이 갑자기 어떠한 대가를 치르더라도 타협하지 않기로 결심을 한다—바로 이와 같은 방식으로 조르다노 브루노는 다소 비겁한 공격과 후퇴의 긴 내력 이후에 예기치 않게 자신의 견해를 고수하기로 결심을 했다. 그리하여 행

---

[62] Alenka Zupančič, 'The Subject of the Law', in *SIC 2*, ed. Slavoj Žižek, Durham, NC: Duke University Press, 1998을 볼 것. [독자들은 또한 알렌카 주판치치, 『실재의 윤리』(도서출판b, 2004)의 제5장을 참조해도 좋을 것이다.]

위의 역설은, 의식적으로 의지한다는 통상적인 의미에서 '의도적'이지 않음에도 불구하고 그 행위자에게 완전한 책임이 있는 어떤 것이라는 것이다. '나는 달리 어찌할 수 없다. 하지만 그럼에도 불구하고 나는 완전히 자유롭게 그것을 행하는 것이다.'

따라서, 이 라캉적 행위 개념은 또한 환원불가능한 유한성을 주장하는 해체주의적 윤리와 단절할 수 있게 해준다. 해체주의적 윤리에 따르면 우리의 상황은 언제나 구성적 결여에 사로잡힌 전치된 존재의 상황이며, 따라서 우리가 할 수 있는 전부는 이 결여를, 즉 우리의 상황이 침투불가능한 유한한 맥락 속에 던져진 존재의 상황이라는 사실을 영웅적으로 떠맡는 것이다.[63] 이로부터 귀결되는 결론은, 물론, 전체주의와 여타 재앙들의 궁극적 원천은 인간이 이런 유한성, 결여, 전치의 조건을 극복할 수 있으며 자신의 구성적 분열을 극복하면서 전적인 투명성 속에서 '신처럼 행위할' 수 있다고 가정하는 데 있다는 것이다. 이에 대한 라캉의 답변은 절대적/무조건적 행위들이 실로 발생하되, 그 행위를 온전히 의도하는 순수 의지를 가진 주체에 의해 수행되는 자기-투명한 제스처의 (이상주의적) 가장 속에서 발생하는 것은 아니라는 것이다. 반대로 행위들은 전적으로 예측불가능한 투케로서, 우리 삶을 흩뜨려놓는 기적적 사건으로서 발생한다. 이를 다소 정념적 용어로 표현하자면, 바로 이와 같은 방식으로 '신성한' 차원은 우리 삶에 현존하는 것이며 윤리적 배반의 상이한 양태들은 바로 행위-사건을 배반하는 상이한 방식들에 관계하는 것이다. 악의 진정한 원천은 신처럼 행위하는 유한한 인간이 아니라 신성한 기적이

---

[63] 이런 이유 때문에 라캉은 신학에 해체주의적 회전을 가하는 최근 유행하는 '후-세속적' 경향에 엄격히 대립되는 것이다. 이런 경향 속에서 신성한 것은 헤아릴 수 없는 **타자성**의 차원으로서, '해체의 해체불가능한 조건'으로서 재단언된다.

발생한다는 것을 부인하고 스스로를 또 하나의 유한한 존재로 환원시키는 인간이다.

우리는 라캉의 네 가지 담론 모체를 (분석가의) 행위의 외상과 타협하는 세 가지 양태로서 다시 읽어야 한다.[64] 그리고 행위를 부인하는 이 세 가지 전략에 네 번째 전략을, 고유하게 정신증적인 전략을 덧붙여야 한다: 본래적 행위는 더 나쁜 것에 대한 선택을 내포하므로, 그것은 정의상 (기존의 담론적 우주에 대해) 재앙적이므로, 이제 그렇다면 곧바로 재앙을 불러내자, 그러면 여하간 행위가 발생할 것이다(바로 여기에 이데올로기적 단꿈으로 잠잠해지는 대중들을 '깨우치려고' 노력하는 필사적인 '공포주의적[테러리즘적]' 행위가 있다. 1970년대 초 독일 적군파에서 유나바머에 이르기까지 말이다). 물론 이런 유혹에 저항해야 하지만 또한 우리는 행위를 그것의 내속적인 '재앙적' 결과로부터 분리시키는 다양한 양태의 정반대 유혹에도 못지않게 단호히 저항해야 한다.

탁월한 정치적 행위가 혁명인 한에서 두 대립하는 전략이 여기서 생겨난다. 우리는 혁명의 고상한 이념을 그것의 혐오스러운 현실로부터 분리시키려는 시도를 할 수 있다(프랑스 혁명이 유럽 전역의 계몽된 공중에게 불러일으킨 숭고한 느낌에 대한 칸트의 찬양을 상기해보라. 그것은 혁명적 사건들 자체의 현실에 대한 전적인 혐오와 손을 잡고 있다). 혹은 본래적 혁명적 행위 그 자체를 이상화하고, 유감스럽지만 불가피한 이후의 배반에 대해 탄식할 수 있다(테르미도르에 반대하면서, 즉 나중에 혁명이 새로운 위계적 국가 구조로 경직화된 것에 반대하면서, 노동자 평의회들이 전역에서 '자생적으로' 생겨났던 혁명

---

64) 3장 말미를 볼 것.

초기의 나날들에 대해 품었던 트로츠키와 다른 급진적 좌파들의 향수를 상기해보라). 이 모든 유혹들에 반대해서 우리는 행위를 그 일체의 결과에서 완전히 떠맡아야 한다는 무조건적 요구를 강조해야 한다. 충실성이란 원칙들이 현실화될 때 그 현실화의 우연적 사실성에 의해 배반되는 그 원칙들에 대한 충실성이 아니다. 오히려 그것은 (혁명적) 원칙들의 완전한 현실화가 함축하는 **결과들**에 대한 충실성이다. 행위에 선행하는 것의 지평 내에서 행위는 언제나 그리고 정의상 '나쁜 것에서 더 나쁜 것으로의' 변화로서 나타난다(혁명가에게 반대하는 보수주의자들의 통상적 비판: 그렇다, 상황은 나쁘다, 하지만 당신의 해결책은 한층 더 나쁘다……). 행위의 고유한 영웅성은 이 더 나쁜 것을 온전히 떠맡는 것이다.

선을 넘어서

이것이 의미하는 바는, 모든 진정한 행위 속에는, 즉 (행위자의 기본적 자기-동일성 자체를 포함해서) '게임의 규칙들'을 철저히 재정의하는 그것의 제스처 속에는, 본래부터 '공포주의적인' 무언가가 있다는 것을 의미한다—고유한 정치적 행위는 우리 존재의 바로 그 토대를 흩뜨려놓는 부정성의 힘을 자유롭게 풀어놓는다. 따라서 다른 면에서는 진지하고도 자비로웠던 제안들을 통해 결국 스탈린주의나 마오주의의 공포정치를 위한 토대를 놓는 것이라는 비난이 좌파에게 가해질 때, 그는 이런 비난을 액면 그대로 받아들여서 무죄임을 항변하는 자유주의적 덫('우리의 사회주의는 민주주의적일 것이다. 인권과 존엄과 행복을 존중할 것이다. 어떠한 보편적인 의무적 당 노선도 없을 것이다⋯⋯')에 빠지지 않는 법을 배워야 한다. 아니다, 자유민주주의는 우리의 궁극적 지평이 아니다. 불편하게 들릴지 모르겠지만 스탈린주의의 정치적 공포에 대한 끔찍한 경험 때문에 공포의 원리 자체를 포기하지는 말아야 한다—우리는 한층 더 엄중하게 '선한 공포'를 탐색해야 한다. 자유화liberation라는 진정한 정치적 행위의 구조는, 정의상, 강제된 선택의 구조이며, 그런 것으로서 '공포주의적'이지 않은가? 1940년에 프랑스 레지스탕스가 개인들에게 자신들의 대열에 합류하여 독일의 프랑스 점령에 능동적으로 대항할 것을 요청했을 때, 그 호소의 암묵적 구조는 '당신은 우리와 독일인 사이에서 자유롭게 선택할 수 있다'가 아니라 '당신은 우리를 선택해야 한다! 당신이 독일에 대한 협조를 선택한다면 당신은 당신의 자유 그 자체를 포기하는 것이다!'였다. 자유에 대한 본래적 선택에서 나는 내가 해야만 한다는 것을 알고 있는 것을 선택한다.

자신의 '교육극' 『조처』(1930)에서 행위라는 것을 철저한 자기-말소('두 번째 죽음')의 기꺼운 받아들임으로서 정의하면서 행위의 이와 같은 '공포주의적' 잠재성을 완전하게 전개한 것은 바로 베르톨트 브레히트였다. 혁명당원으로 가입한 이후에 고통을 겪는 노동자들에 대한 인간주의적 연민 때문에 혁명당원들을 위험에 빠뜨리는 젊은 동지는 자기 몸이 석회 구덩이에 던져져 흔적도 없이 분해되도록 하는 조처에 동의를 한다.[65] 여기서 혁명은 소박한 인간주의적 잔재에 의해—즉 다른 사람들을 단지 계급 투쟁 속의 인물들로서가 아니라 또한, 그리고 일차적으로, 고통을 겪는 인간 존재로서 지각하는 것에 의해

---

65) 브레히트의 『조처』에 대한 상세한 독서를 위해서는 Slavoj Žižek, *Enjoy Your Symptom!*, New York: Routledge, 1993의 제5장을 볼 것. [국역본: 지젝, 『당신의 징후를 즐겨라!』, 한나래, 1997.]

―위험에 처한다. 직접적 연민의 감정에 이처럼 의존하는 것에 반대하면서 브레히트는 공포 그 자체의 마지막 흔적들을 지우기 위해 필요한, 혁명적 주체의 공포와의 '배설물적' 동일화를 제안하며, 그리하여 그 주체 자체의 궁극적 자기-말소에 대한 필요성을 받아들인다. '당신은 누구인가? 악취가 난다. 청소한 방에서 나가라! 당신이 제거해야만 했던 그 오물 가운데 마지막 오물이 당신이었으면 좋겠다!'[66]

하이너 뮐러는 유명한 소극 『마우저』(1970)[67]에서 브레히트에 대한 변증법적 반박을 제시하고자 한다. 그는 인간주의적 연민 때문에 혁명을 배반한 이 인물('나는 혁명의 적들을 죽일 수 없는데, 왜냐하면 그들에게서 또한 아무것도 모르면서 고통을 당하는 인간 존재를, 역사적 과정에 사로잡힌 무기력한 희생양을 보기 때문이다')을 정반대의 인물과, 즉 자신의 잔인한 과업과 과도하게 동일화하는 혁명 집행자(자신의 살인 행위가 고통스러운 일이기는 하지만 살인이 더 이상 필요하지 않을 국가를 만드는 데 필요한 조처라는 것을 알고서 무표정하게 적들을 처형하는 대신에 그는 혁명의 적들에 대한 살인을 목적 그 자체로 고양시키며 파괴의 난장판 그 자체에서 임무를 찾는다)와 맞세운다. 그리하여 극 종반부에 당 합창대가 혁명의 적으로서 선언하고 처형을 선고하는 대상은 인정 많은 인간주의자가 아니라 살인 기계가 된 혁명 집행자이다. 그렇지만 『마우저』에 나오는 혁명 집행자 그 자신에 대한 처형 집행은 단순히 『조처』를 그 변증법적 역 사례를 가지고서 침식하는 것과는 거리가 멀다. 오히려 그것은 '제거되어야만 했던 오물 가운데 마지막 오물'에 대한 완벽한 예를 제공한다. 혁명은

---

66) Bertolt Brecht, 'The Measure Taken', in *The Jewish Wife and Other Short Plays*, New York: Grove Press, 1965, p. 97.
67) Heiner Müller, 'Mauser', in *Revolutionsstücke*, Stuttgart: Reclam, 1995를 볼 것.

혁명을 작동시키기 위해 필요했던 과잉인 '자기 아이들을 잡아먹을 때'(배반당하는 것이 아니라) 성취되는 것이다. 다시 말해서 궁극적인 혁명적 윤리적 자세는 혁명에 대한 단순한 헌신과 충실의 자세가 아니라 오히려 '사라지는 매개자'의 역할을, 혁명이 궁극적 목표를 성취할 수 있도록 ('반역자'로서) 처형 집행되어야 할 과잉적 집행자의 역할을 기꺼이 받아들이는 자세이다.

좀더 정확히 말해서 『마우저』에서 집행자 자신이 처형 집행되는 것은 단순히 그가 혁명을 위한 살인을 목적 그 자체로서 즐긴 것 때문이 아니다. 그는 일종의 (자기-)파괴의 유사-난장에 사로잡혀 있지 않다. 오히려 요점은 그가 '바로 그 죽은 자들을 다시 죽이려고' 하기 때문이다. 그는 죽은 자들을 역사적 기억에서 철저하게 지워버리고 그들의 신체를 분해시키고 그들이 완전하게 사라지도록 만들어서 새로운 세기가 백지 상태인 영점에서 시작할 수 있게 하기를 원한다. 요컨대 라캉이 사드를 따라서 '두 번째 죽음'이라 불렀던 것을 초래하려 한다. 그렇지만 역설적이게도 브레히트의 『조처』에 나오는 세 명의 혁명가들이 목적하는 바는 바로 이것이다. 그들의 젊은 동지는 단지 죽어야만 하는 것이 아니라 그의 사라짐 그 자체가 사라져야 하며 그에 대한 어떠한 흔적도 남지 말아야 하며 그의 죽음은 **철저해야** 한다. 젊은 동지는 '사라져야 한다. 그것도 철저하게.'[68] 따라서 세 명의 혁명가가 젊은 동지에게 그의 운명에 대해 '네!'라고 말할 것을 요청할 때, 그들은 그가 이 철저한 자기-말소를, 즉 자신의 두 번째 죽음 그 자체를 자유롭게 시인하기를 원한다. 『조처』의 이와 같은 측면은 뮬러의 『마우저』가 다루고 있지 못한 부분이다. 브레히트가 씨름하고 있는

---

68) Brecht, 'The Measure Taken', p. 106.

문제는 혁명의 적들의 철저한 소멸이나 '두 번째 죽음'인 것이 아니다. 오히려 그것은 혁명가 그 자신에게 주어진 끔찍한 과제, 즉 그 자신의 '두 번째 죽음'을 시인하고 '그 자신을 그림에서 철저하게 지워버리는 것'이다. 또한 바로 그렇기 때문에 더 이상 우리는 (뮐러가 그랬던 것처럼) 희생양의 철저한 파괴적 말소를, 혁명을 위해 죽은 희생양을 정중하게 배려하고 살인의 짐을 온전히 떠맡는 것과 대립시킬 수 없다. 『조처』의 끝부분에 나오는 피에타를 떠올리는 장면에서 세 명의 동지가 젊은 친구를 부드럽게 팔에 안고 있을 때, 그들은 그를 내던질 낭떠러지로 그를 옮기는 중이었다. 즉 그들은 바로 그의 철저한 말소를, 그의 사라짐 그 자체의 사라짐을 이행하고 있는 중인 것이다…….

따라서 인간주의적인 히스테리적 행위 기피와 행위에 대한 도착적인 과잉동일화 사이에는 제3의 길이 있는 것인가? 혹은, 우리는 과거와 근본적으로 단절하려는 혁명적 시도 그 자체가 과거의 최악의 자질들을 재생하는 폭력의 악순환에 사로잡혀 있는 것인가? 브레히트에 대한 뮐러의 전치轉置는 바로 여기에 있는 것이다: 브레히트가 설교하는 자기-말소의 혁명적 행위는 작동하지 않는다. 과거에 대한 혁명적 부정은 그것이 부정하는 것을 되풀이하는 순환고리 속에 붙잡혀 있고, 따라서 역사는 치명적인 반복 강박에 지배당하는 것처럼 보이는 것이다. 『마우저』에서 당 합창대가 지지하고 있는 제3의 길은 멋진 역설을 내포한다: 당신이 당신 자신을 큰 타자의 도구로서 생각하는 한에서만, 즉 큰 타자―역사―가 당신을 통해 곧바로 행위를 한다고 생각하는 한에서만, 당신은 스스로 행하는 혁명적 폭력의 행위(혁명의 적들을 죽이는 것)에 대해 거리를 유지할 수 있는 것이다. 직접적인 과잉동일화(폭력적 행위는 목적 그 자체로서의 (자기-)파괴적 난장으로 변한다)와 스스로를 역사라는 큰 타자의 도구와 동일화하는 것(폭력적 행위는 그런 행위가 더 이상 필요하지 않을 조건을 창출하는 수단처럼 보인다) 사이에 있는 이와 같은 대립은, 남김이 없는 것이기는커녕, 윤리적 행위의 고유한 차원을 피하는 두 가지 길을 지칭하는 것에 다름아니다. 행위는 목적 그 자체로서의 (자기-)파괴적 난장과 혼동되지 말아야 하지만, 큰 타자 속에서의 여하한 보증도 박탈된다(행위는, 정의상, '그 자체에 의해서만 권위를 부여받는다'. 행위는 어떠한 자기-도구화도, 큰 타자의 형상에 대한 참조를 통한 어떠한 정당화도 배제한다)는 의미에서 '목적 그 자체'이다. 더구나 만일 정신분석으로부터 배울 교훈이 있다면 그것은 직접적 과잉동일화와 자기-도구화가 궁극적으로 일치한다는 것이다. 도착적인 자기-도구화(자기 자신을 큰 타자의 도구로서 정립하는 것)는 필연적으로 목적 그 자체로서의 폭력이 된다. 이를 헤겔식으로 표현하자면, 큰 타자의 도구로서 자신의 행위를 완수하고 있는 것이라는 도착증자의 주장의 '진리'는 그 정반대이다. 그는 자신의 행위들의 파괴적 난장으로부터 얻는 향유를 은폐하기 위해서 큰 타자의 허구를 무대올리는 것이다.

따라서 오늘날 악은 어디에 있는가? 지배적인 이데올로기적인 공간은 두 대립되는 답을 내놓고 있는데, 하나는 근본주의적인 것이고 다른 하나는 자유주의적인 것이다. 첫 번째 답에 따르면 클린턴은 (최근에 CNN 원탁 토론에서 누군가 주장했듯이) 사탄이다. 공공연히 사악한 것이 아니라, 우리의 도덕적 기준들을 교묘하게 좀먹으면서 결국 무의미한 것으로 만든다는 의미에서 말이다: 경제가 호황인데 거짓말을 한다거나 위증을 한다거나 정의에 어긋나는 행위를 한다는 것이 무슨 문제란 말인가? 이런 관점에서 볼 때 진정한 도덕적 재앙은 잔인한 폭력의 직접적 분출이 아니라, 모든 것이 잘 돌아가기만 하는 풍족한 소비주의 사회에서 도덕적 정박점들이 조금씩 상실되는 것이다.

악의 공포는 그것이 전혀 공포스럽게 보이지 않는다는 것이며, 우리를 안심시켜서 무의미한 쾌락의 삶을 살게 한다는 것이다. 요컨대 보수적 근본주의자에게 있어서 클린턴은 어떤 면에서 히틀러보다 더 나쁜 것인데, 왜냐하면 히틀러(나치즘)는 곧바로 악으로서 경험되는 악이었으며 도덕적 격분을 불러일으켰던 반면에 클린턴의 추잡함은 우리를 부지불식간에 도덕적 나태함으로 이끌고 가기 때문이다.

이런 태도는 자유주의적 좌파의 입장에서는 전적으로 낯선 것으로 보일지 모른다. 하지만 이미 내가 주목했듯이 오늘날의 좌파 자유주의자들조차도 미국의 뷰캐넌이나 프랑스의 르펜 같은 인물들을 보면서 이상한 안도감을 경험한다는 것이 사실 아닌가? 여기서 적어도 우리는 자유주의적 합의 절차가 처한 궁지를 공공연히 깨부수고 혐오스럽기만 한 자세를 열정적으로 지지함으로써 우리로 하여금 진정한 정치적 투쟁에 참여할 수 있게 해주는 어떤 사람과 마주하고 있는 것이다 (이런 자세 속에서 히틀러의 집권에 대한 구좌파의 자세가 반복되고 있음을 확인하는 것은 손쉬운 일이다: 독일 공산당에게 나치는 부르주아 의회 체제나 사민주의자들보다 훨씬 더 좋은 것이었는데, 왜냐하면 나치와 함께라면 적어도 우리가 어디에 서있는 것인지를 알았기 때문이다. 다시 말해서 나치는 노동계급으로 하여금 의회 자유주의의 마지막 환영을 제거하고 계급 투쟁을 궁극적 현실로서 받아들이도록 강제했기 때문이다). 이런 입장과는 대조적으로 자유주의적 판본은 악의 형상을 근본주의적이고 광신적인 차원에서의 선 그 자체에 위치시킨다: 악이란 자신들의 선과 진리의 틀에 맞지 않는 일체의 태도와 관행을 근절하고 금지하고 검열하려는 근본주의자의 태도이다.

이 두 대립되는 판본이 때로는 동일한 사건을 '사악한' 것으로 비난하는 데 이용될 수도 있다. 메리 케이 르투어노 사건을 상기해보자.

서른여섯 살인 학교 교사가 열네 살인 제자와 열정적으로 사랑한 일 때문에 감옥에 갔다. 이는 섹스가 본래적인 사회적 위반과 아직 연결되어 있는 최근의 위대한 러브 스토리 가운데 하나다. 이 일은 도덕적 다수파 근본주의자들에 의해 (외설적이며 위법적이라고) 비난을 받았을 뿐만 아니라 정치적으로 올바른 자유주의자들에 의해서도 (아동에 대한 성적 학대의 사례로서) 비난을 받았다.

그리하여, 악은 보는 사람의 눈 속에 있다는, 악은 모든 곳에서 악을 보는 그 관점 속에 있다는 헤겔의 오래되고 종종 인용되기도 하는 금언은 오늘날 이중으로 확증되고 있다. 그 두 대립되는 자세들(자유주의적 자세와 보수주의적 자세) 각각은 궁극적으로 악을 반성된 범주로서, 즉 자신의 반대자에게(서) 악을 투사(지각)하는 잘못된 응시로서 규정한다. 오늘날의 다문화주의적 관용적 자유주의자들에게 악이란 모든 곳에서 도덕적 타락을 지각하는 바로 그 강직한 보수적 응시이지 않은가? 도덕적 다수파 보수주의자들에게 악이란 모든 열정적 편들기와 투쟁을 배타적이며 잠재적으로 전체주의적인 것으로서 선험적으로 비난하는 바로 이 다문화주의적 관용이지 않은가? 다시금, 선과 악이 이처럼 서로 뒤섞여 있는, 즉 악이 그것을 지각하는 관찰자의 바로 그 눈 속에 반성적으로 거주하는 고르디우스의 매듭을 자를 수 있도록 해주는 것은 다름아닌 행위이다. 우리가 윤리를 선으로만 정의하는 한, 이 고르디우스의 매듭은 우리의 숙명이다. 만약 우리가 '근본적'이길 원한다면, 우리는 조만간 근본적 악이나 악마적인 악에 대한 어떤 기만적이고 거짓 낭만적인 매혹으로 끝을 맺고 말 것이다. 이로부터 빠져나올 유일할 길은 **선과 윤리적 행위의 영역 사이의 이접성**disjunction을 주장하는 것이다.(69) 라캉의 말대로 고유의 윤리적 행위는, 정의상, '선을 넘어서'—'선악을 넘어서'가 아니라 단순히 선을 넘어서─나아가는 조처를 내포한다.

　오늘날에도 여전히 행위가 가능하다는 사실을 메리 케이 르투어노 사건은 입증해준다. 메리 케이의 행위의 진정한 윤곽을 식별하기 위해서 우리는 그것을 성적 사랑의 운명을 결정하는 범역적 좌표들 속에 위치시켜야 한다. 오늘날 반성화와 새로운 직접성의 대립은 과학이라는 체제하의 성욕과 뉴에이지 자발성 사이의 대립이다. 양쪽 편 모두 고유한 성욕의, 성적 열정의 종말로 귀결된다. 첫 번째 선택항─성욕에 대한 직접적인 과학-의학적 개입─을 가장 잘 예시하고 있는 것은 심리적 억제로 인한 일체의 문제를 간과하면서 순전히 생화학적 방식으로만 남성 발기 능력의 회복을 약속하는 정력제인 그 유명한 비아그라다. 비아그라가 그 약속을 현실적으로 이행한다면 그것의 심적 효과는 무엇일 것인가?

　여성주의가 남성성에 대한 위협을 풀어놓았다(가부장적 지배로부터 해방되어 성관계에서의 주도권을 갖기를 원하면서 동시에 남성 파트너에게서 완전한 성적 만족을 요구했던 해방된 여성들로부터의 항상적 공격 때문에 남성의 자신감이 심각하게 침식되었다)고 주장하는 사람들에게 비아그라는 이 스트레스 주는 곤경에서 벗어날 수 있는 손쉬운 길을 열어놓는다. 남자들은 더 이상 걱정할 필요가 없다. 그들은 자신들이 이제 잘 해낼 수 있을 것이라는 것을 알고 있다. 다른

---

69) 선과 윤리적 행위의 이 이접은 또한 우리로 하여금 다음과 같은 막다른 골목에서 빠져나올 수 있게 해준다: 우리가 '악마적인 악'(칸트적인 윤리적 의무의 지위로까지 고양된, 즉 여하한 정념적 이득을 위해서가 아니라 원칙을 위해 수행된 악)이라는 개념을 받아들인다면, 이와 같은 선과의 평행성은 어느 정도로까지 유효한 것인가? 근본적 악에 대한 우리의 의무를 다하지 않았을 때 우리를 유죄로 만드는 어떤 '사악한 양심의 목소리'도 있을 수 있는 것인가? 끔찍한 범죄를 수행하지 않았다는 이유 때문에 우리가 죄책감을 느낄 수도 있는 것인가? 우리가 고유의 윤리적 영역과 선(과 그것의 그림자-보충물로서의 악)이라는 문제틀 간의 연계를 절단하는 순간 문제는 사라진다.

한편으로 여성주의자들은 비아그라가 마침내 남성의 능력에서 그 신비스러움을 벗겨내고 그리하여 사실상 남성을 여성과 동등하게 만든다고 주장할 수 있다……. 그렇지만 이 두 번째 논변에 대항해서 최소한 우리는 그것이 남성의 능력이 현실적으로 기능하는 방식을 단순화하고 있다고 말할 수 있다. 남성의 능력에 신화적 지위를 현실적으로 부여하는 것은 불능의 위협이다. 남성의 성적인 심적 경제에서, 항존하는 불능의 그늘 속에서, 나의 음경이 다음 번 성관계에서 발기하기를 거부할 것이라는 위협은 남성의 능력이 무엇인지에 대한 바로 그 정의에 핵심적이다.

여기서 발기의 역설에 대해 내 자신이 기술했던 것을 상기해보겠다. 발기는 전적으로 나에게, 내 마음에 달려 있다(농담에도 있듯이, '세상에서 가장 가벼운 대상은 무엇인가? 음경이다. 음경은 단순히 생각으로만 일으킬 수 있는 유일한 것이다!'). 하지만 동시에 발기는 내가 궁극적으로 전혀 통제할 수 없는 것이다(적당한 분위기에 있지 않다면 아무리 의지력을 발휘해도 발기를 성취하지 못할 것이다. 바로 그 때문에, 성 아우구스티누스에게 있어서 발기가 내 의지의 통제를 벗어난다는 사실은 인간[남자]의 오만과 무례에 대한, 우주의 주인이 되려는 욕망에 대한 신의 형벌이다). 이를 상품화와 합리화에 대한 아도르노의 비판을 빌어 표현하자면: 발기는 본래적 자발성의 마지막 잔여물들 가운데 하나이며, 합리적-도구적 절차들을 통해 완전히 지배될 수 없는 어떤 것이다. 이 최소 틈새 ─ 발기를 자유롭게 결정할 수 있는 것이 결코 곧바로 '나', 나의 자기가 아니라는 사실 ─ 는 핵심적이다. 능력 있는 남자가 어떤 매혹이나 선망을 이끌어내는 것은, 그가 의지대로 그것을 할 수 있기 때문이 아니라, 발기를 (의식적 통제 너머에서라도) 결정하는 그 불가해한 X가 그에게 아무런 문제도 제기하지 않기 때문이다.

 여기서 핵심적인 것은 음경(발기성 기관 그 자체)과 남근(능력의 기표, 상징적 권위의 기표, 권위와/나 능력을 나에게 부여하는—생물학적이 아닌 상징적—차원의 기표)을 구분하는 것이다. (이미 주목한 바 있듯이) 그 자체로는 보잘것없는 개인일지도 모르는 판사가 그에게 법적 권위를 부여하는 휘장을 두르는 순간, 즉 그가 더 이상 단지 스스로 말하는 것이 아니고 법 그 자체가 그를 통해 말하는 순간 권위를 발휘하는 것처럼, 남성 개인의 능력은 또 다른 상징적 차원이 그를 통해 활동한다는 표지로서 기능한다: '남근'은 나의 음경에 온전한 능력의 차원을 부여하는 상징적 지탱물을 지칭한다. 이런 구분 때문에, 라캉에게 있어서 '거세 불안'은 음경을 잃을지도 모른다는 두려움과는 아무런 관련도 없다. 오히려 우리를 불안하게 만드는 것은 남근적 기표의 권위가 사기로 드러날 것이라는 위협이다. 바로 이런 이유로 인해 비아그라는 거세의 궁극적 작인이다. 남자가 그 약을 삼키면 그의 음경은 기능한다. 하지만 그는 상징적 능력의 남근적 차원을 박탈당한다. 비아그라 덕분에 성교를 할 수 있는 남자는 음경은 있지만 남근은 없는 남자인 것이다.

 따라서 우리는 발기를 직접적인 의학적-기계적 개입(알약의 복용)을 통해 성취될 수 있는 어떤 것으로 변화시키는 것이 성적 경제에 어떻게 영향을 미칠 것인가를 실로 상상할 수 있는 것인가? 이를 다소간 남성-쇼비니스트적 용어로 옮기자면: 남성에게 마땅히 매력적이고 남성을 유효하게 일깨우는 존재로서의 여성이라는 개념에 무엇이 남겠는가? 더구나, 발기나 발기부전은 우리의 진정한 심적 태도가 무엇인지를 우리로 하여금 알게 해주는 일종의 신호이지 않은가? 발기를 기계적으로 성취될 수 있는 상태로 변화시키는 것은 고통을 느끼는 능력을 박탈당하는 것과 유사한 어떤 것이다. 남성 주체는 자신의 진정한 태도가 무엇인지를 어떻게 알게 되겠는가? 단순한 불능의 기호가 박탈될 때 그의 불만족이나 저항은 어떤 형식들 속에서 배출구를 발견할 것인가? 성적 욕구가 대단한 남자를 전형적으로 일컬어, 정욕이 지배할 때 머리로 생각하는 것이 아니라 음경으로 생각하는 자라고 한다. 하지만 전적으로 머리가 지배할 때 무슨 일이 일어나는가? 통상 '감성 지능emotional intelligence'의 차원이라고 지칭되는 것에로의 접근은 더 멀어지고 어쩌면 결정적으로 가로막히지 않겠는가? 우리가 심적 외상들과 더 이상 싸우지 않아도 된다는 사실을, 숨겨진 두려움과 금지가 더 이상 우리의 성적 능력을 방해할 수 없을 것이라는 사실을 찬양하는 것은 쉬운 일이다. 그렇지만 이 숨겨진 두려움과 금지는, 바로 그 때문에, 사라지지 않을 것이다. 그것들은, 단지 주 배출구만을 빼앗겼을 뿐 아마도 훨씬 더 폭력적이고 (자기-)파괴적일 방식으로의 폭발을 기다리면서, 프로이트가 '다른 장면'이라고 불렀던 곳에서 존속할 것이다. 궁극적으로 발기를 이처럼 기계적 절차로 바꾸어놓는 것은 성교 행위를 단순히 **탈성욕화할** 것이다.

스펙트럼의 반대쪽 끝에서 뉴에이지식 지혜는 이런 곤궁에서 벗어날 길을 제공하는 것처럼 보인다. 그렇지만 그것은 현실적으로 무엇을 우리에게 제공하는가? 그것의 궁극적인 대중적 판본인 제임스 레드필드의 초베스트셀러인 『천상의 예언』을 보자. 『천상의 예언』에 따르면 인류의 '영적 깨달음'에 길을 열 최초의 '새로운 통찰'은 어떠한 우연한 조우도 없다는 깨달음이다: 우리의 심적 에너지는 삼라만상의 행로를 은밀하게 결정하는 우주의 에너지에 참여하고 있기 때문에, 우연한 외적 조우들도 언제나 구체적 상황 속의 우리에게로 어떤 전언을 보낸다. 그것들은 우리의 요구들과 물음들에 대한 응답으로서 발생한다(예컨대 내가 어떤 문제로 걱정을 하고 있는데—오랫동안 잊고 있었던 친구가 방문을 한다든지 무언가 일이 잘못 돌아간다든지 하는—예기치 않은 어떤 일이 발생한다면, 이 사건은 내 문제와 관련이 있는 어떤 전언을 분명 포함하고 있는 것이다). 그리하여 우리는 모든 것이 의미를 갖는 우주 속에 있는, 실재의 바로 그 우연성 속에서 이 의미를 식별할 수 있는 원-정신증적 우주 속에 있는 우리 자신을 발견한다. 그리고 특별히 관심을 끄는 것은 이 모두가 간주체성에 대해 초래하는 결과들이다. 『천상의 예언』에 따르면 오늘날 우리는 동료 인간들과의 거짓 경쟁에 사로잡혀 있으며, 그들에게서 우리가 결여하고 있는 것을 구하며, 이 결여에 대한 우리의 환상들을 그들에게로 투사하며, 그들에게 의지한다. 그리고 궁극적 조화란 불가능하기 때문에, 타인들은 우리가 찾고 있는 것을 결코 제공하지 않기 때문에, 긴장은 해소 불가능하다. 그렇지만 영적 갱생 이후에, 우리는 헛되이 타인(자신의 남성 혹은 여성 보완자)에게서 찾고 있었던 것을 **우리 자신에게서 발견하는 법을 배우게 될 것이다**. 개개의 인간 존재는 타인(지도자나 사랑의 파트너)에 대한 배타적 의존에서 해방되고 그/녀로부터 에너지를 끌어와야 할 필요에서 해방된 플라톤적 완전 존재가 될 것이다. 그리하여 진정으로 자유로운 주체가 또 다른 인간과 파트너 관계를 맺을 때 그는 타자에 대한 열정적 애착을 넘어선다. 그의 파트너는 그에게 단지 어떤 전언의 운반자에 불과하다. 그는 타자 속에서 그 자신의 내적 진화와 성장에 관련된 전언들을 식별하려고 한다……. 여기서 우리는 뉴에이지 정신주의적 고양의 필연적 이면과 조우한다. **타자**에 대한 열정적 애착의 종결, 자기-충족적 자아(그의 **타자**-파트너는 더 이상 주체가 아니며 한낱 그에 관련한 메시지의 운반자에 불과하다)의 출현.

정신분석에서도 우리는 전언의 운반자의 위치와 조우한다. 주체는 자신이 어떤 전언을 체화하고 있다는 것을 깨닫지 못한다. 이는 몇몇 탐정 소설들에 나오는 상황과 유사하다. 어떤 사람의 삶이 갑자기 위협을 받는다. 비밀 스파이가 그를 죽이려고 한다. 분명 그 주체는 알지 말았어야 할 어떤 것을 알고 있는 것이며 어떤 금지된 지식(예컨대 마피아 두목을 감옥에 보낼 수도 있는 비밀)을 갖게 된 것이다. 여기서 핵심은 이 지식이 무엇인지를 주체가 전혀 깨닫지 못하고 있으며 단지 알아서는 안 되는 어떤 것을 알고 있다는 사실만을 알고 있을 뿐이라는 것이다……. 그렇지만 이 자리는 **타자**를 나와 관련이 있는 어떤 전언의 운반자로서 지각하는 뉴에이지 이데올로기의 정반대이다: 정신분석에서 주체는 (잠재적) 독자가 아니며, **타자**에게 보내진 따라서 원리상 주체 그 자신에게는 접근불가능한 전언의 운반자이다.

레드필드에게로 다시 돌아가 보자. 나의 요점은 영적 지혜의 최고 통찰이라고 주장되는 것이 우리의 가장 평범한 일상 경험과 중첩된다는 것이다. 영적 성숙의 이상적 상태에 대한 레드필드의 서술을 문자 그대로 취할 때, 이미 그것은 후기 자본주의의 상업화된 일상적 대인관계 경험에도 해당하는 것이다. 거기서 고유한 열정들은 사라지며, **타자**는 '내 안에 있는 나 자신보다 더한' 것을 은폐하고 공표하는 불가해한 심연이 더 이상 아니며 자기-만족적인 소비주의적 주체를 위한 전언의 운반자이다. 뉴에이지를 주장하는 사람들은 상업화된 일상적 삶에 대한 이상적 영적 보충물조차도 우리에게 제공하지 않고 있다. 그들이 제공하는 것은 이 상업화된 일상적 삶 그 자체의 영화靈化된/신비화된 판본이다.

그렇다면 이런 곤궁에서 벗어날 길은 무엇인가? 우리는 과학적 객관화와 뉴에이지 지혜 사이에서, 비아그라와 『천상의 예언』 사이에서 다소 우울하게 동요할 수밖에 없는 것인가? 아직은 탈출구가 있다는 것을 메리 케이 사건은 보여주고 있다. 이 고유한 열정적 연애 사건을 한 여인이 미성년자를 **강간한** 사건으로 규정하는 것에 대한 비웃음을 눈치 채지 못할 리가 없지만 그럼에도 불구하고 그녀의 행위의 윤리적 존엄을 감히 공적으로 옹호하려 한 사람은 아무도 없었다. 두 유형의 반응이 나왔다. 한쪽은 단순히 그녀를 사악하다고 비난하고, 자제를 잃고 6학년 학생과 연애를 함으로써 기본적인 의무감과 품위를 망각한 데 대한 전적인 책임을 져야 한다고 주장했다. 다른 한 쪽은—그녀의 변호사처럼—정신치료적 횡설수설에서 은신처를 찾았으며, 그녀의 사례를 의학화하고 그녀를 병자로 취급하고 그녀를 '양극성 장애'(조울증 상태에 대한 새로운 용어)를 앓고 있는 사람으로 묘사했다. 조증인 상태에서 그녀는 자신이 처한 위험을 단지 깨닫지 못하고 있는 것이다. 혹은—최악의 반-여성주의적 상투어를 반복하면서 그녀의 변호사가 말하는 것처럼—'매리가 어떤 위험을 가하는 유일한 사람은 매리 자신입니다. 그녀는 그녀 자신에게 가장 큰 위험입니다'(여기서 다음과 같이 덧붙이고만 싶다: 이런 변호사라면 누가 기소를 필요로 하겠는가?). 메리 케이를 '감정'했던 정신과 의사 줄리 무어 박사는 동일한 취지에서 메리 케이의 문제는 '심리학적인 것이 아니라 의학적인 것입니다'라고, 그녀의 행동을 안정시킬 약으로 다루어야 할 문제라고 단호히 주장했다: '메리 케이에게 있어서 도덕성은 알약과 더불어 시작됩니다.' 메리 케이의 열정을 무지막지하게 의학화하고 그녀에게서 진정한 주체적 자세의 존엄을 박탈한 이 의사의 말을 듣고 있는 것은 다소 거북한 일이었다. 이 의사는 메리 케이가 소년에 대한 사랑에 대해 이야기할 때 그 이야기는 전혀 심각하게 받아들여지지 말아야 한다고 주장했다. 그녀는 그녀의 사회적 환경의 요구들과 책무들에서 단절된 어떤 천상으로 옮겨진 것이다.

두 번의 오프라 윈프리 쇼로 유명해진 '양극성 장애'라는 개념은 흥미롭다. 그 기본적 주장에 따르면 이 장애를 앓는 사람은 여전히 옳고 그름의 차이를 알고 있으며, 여전히 무엇이 그녀(이 환자들은 대개 여자다)에게 옳고 좋은 것인지를 알고 있지만, 조증 상태가 되면 망설임 없이 충동적 결정을 내리고, 무엇이 그녀에게 옳고 좋은 것인지를 말해주는 합리적 판단 능력을 중지시킨다. 그렇지만 그런 중지는 진정으로 사랑에 빠지는 본래적 행위라는 개념의 구성요소이지 않은가? 여기서 핵심적인 것은 자기 자신의 선에 배치된다는 것을 아주 잘 알고 있었던 어떤 일을 성취하려는 메리 케이의 무조건적 강박이었다. 그녀의 열정은 단지 너무 강했던 것이다. 그녀는 모든 사회적 책무들 너머에서 그녀의 존재의 바로 그 핵심이 거기 걸려 있는 것임을 충분히 잘 알고 있었던 것이다……. 이 곤궁은 행위와 인식의 관계를 명기할 수 있게 해준다. 오이디푸스는 자신이 무엇을 하고 있는지(자신의 아버지를 죽이는 것) 알지 못했지만 그럼에도 그것을 했다. 햄릿은 무엇을 해야 하는지 알고 있었으며, 바로 그 때문에 그는 망설였으며 행위를 성취할 수 없었다.

그렇지만 제3의 입장이 있다. 예컨대 폴 클로델의 희곡 『볼모』[70]에 나오는 쿠퐁텐의 시뉴의 입장, 즉 *je sais bien, mais quand même*(난 잘 알고 있다. 하지만 그럼에도 불구하고……)의 한 판본. 시뉴는 자신이 이제 막 행하려 하는 것의 끔찍한 현실을 잘 알고 있었다. 하지만 그럼에도 불구하고 그것을 했다. (누아르 주인공 역시 마찬가지 아닌가? 그는 팜므파탈에게 단순히 속은 것이 아니다. 그는 그녀와의 접촉

---

[70] 클로델의 『볼모』에 대한 상세한 독해는 Žižek, *The Indivisible Remainder*, 제2장을 볼 것.

이 전적인 재앙으로 끝날 것임을, 그녀가 그를 배신할 것임을 잘 알고 있다. 하지만 그럼에도 불구하고 그는 망설임 없이 자신을 그녀에게 내맡긴다.) 시뉴의 이 공식이 냉소주의의 공식과 일치한다는 사실 때문에 속는 일이 없어야 한다. 시뉴의 행위는 냉소주의의 정반대를 나타낸다. 그리하여 우리는 여기서 헤겔적인 사변적 판단의 구조를 다루고 있는 것이다. 이 진술은 상반되는 두 가지 방식으로 읽힐 수 있다. 가장 저열한 냉소주의로서 읽혀질 수도 있고('나는 내가 이제 막 하려는 것이 가장 저열한 악행임을 알고 있다. 하지만 도대체 무슨 상관이란 말인가? 난 바로 그걸 할 것이다……'), 가장 고상한 비극적 분열로서 읽혀질 수도 있다('나는 내가 이제 막 하려는 것의 재앙적 결과를 잘 알고 있다. 하지만 나는 그것을 피할 수가 없다. 그것을 하는 것은 나의 무조건적 의무이며, 따라며 나는 계속 그것을 할 것이다……').

최근에 독일의 다비도프 담배 광고 포스터는 앎과 행위의 이런 틈새를—행위 속에서 앎의 이런 중지를, 이 '내 행위의 재앙적 결과를 잘 알고 있음에도 불구하고 나는 그것을 할 것이다'를—교묘하게 조작하는데, 이는 모든 담배 광고 밑에 의무적으로 넣는 ('흡연은 당신의 건강을 해칠 수 있습니다'라는 식의) 경고 문구의 효과에 대응하기 위해서다: 담배를 피우고 있는 경험 많은 남자의 이미지 옆에 '더 많이 알수록'이라는 문구가 있는데, 이는 다음의 결론을 암시하고 있는 것이다: 당신이 진정으로 대담한 사람이라면, 흡연의 위험에 대해 더 많이 알수록 당신은 위험을 무릅쓰고 계속 담배를 피움으로써—즉 당신 자신의 생존을 걱정하는 이유 때문에 흡연을 포기하는 것을 거부함으로써—더더욱 당신의 대담함을 보여주어야 한다……. 이 광고는 오늘날의 나르시시즘적 개인을 특징짓는 건강과 장수에 대한 강박에 대한 논리적 상대물이다. 그리고 이 비극적 분열의 공식은 또한 메리 케이의 곤궁을 완벽하게 표현하지 않는가?

그렇다면 이것은 우리 후기 자본주의 관용적 자유주의 사회의 슬픈 현실이다. 행위의 능력 그 자체는 무지막지하게 의학화되며, '양극성 장애'의 유형 내에 있는 조증의 발병으로서 취급되며, 그런 것으로서 생화학적 치료에 따라야 할 것이 된다. 여기서 우리는 반대자들을 정신적 장애로 진단하려는 (모스크바의 악명높은 세르브스키 연구소에서 집중적으로 행해진) 구 소련의 시도들에 대한 우리 자신의 서구적 자유민주주의적 대응물과 만나는 것 아닌가? 그렇다면 메리 케이가 받아야 하는 선고의 일부가 치료였다는 것은 결코 놀랄 일이 아니다 (변호사는 그녀의 두 번째 위반—풀려난 날 한밤중에 차에서 그녀의 연인과 함께 있는 것이 발견되었는데, 이로 인해 그녀는 6년 이상의 무지막지한 형을 선고 받았다—이 이 만남에 바로 앞선 며칠 동안 그녀에게 처방된 약물 치료가 규정대로 이루어지지 않았다는 사실에서 기인하는 것이라고 설명하기조차 했다.)

자신의 토크쇼 중 한 회를 메리 케이에게 헌사했던 오프라 윈프리 자신은 여기서 최악이었다. '양극성 성격'에 대한 이야기를 쓸데없는 법정의 이야기라고 하면서 거부한 것은 옳았다. 하지만 그녀는 그것을 잘못된 이유로 거부했다. 즉 메리 케이로 하여금 무책임하게 행동한 그녀의 근본적인 죄를 회피할 수 있게 해주는 단순한 구실이라고 하면서 거부한 것이다. 비록 오프라가 중립적이고 편을 들지 않는 체했지만, 그녀는 이야기 내내 메리 케이의 사랑에 대해 조롱하듯 거리를 두는 방식으로 언급했으며('그녀가 사랑이라고 **생각했던 것**' 등등), 마침내는 그녀의 동료와 남편과 이른바 점잖은 보통 사람들에게 놀란 듯한 목소리로 질문을 던졌다: '어떻게 그녀는 자기 행위의 재앙적 결과들에 대해 생각해보지도 않고 그런 행위를 할 수 있었던 거지요?

어떻게 그녀는 자신의 삶의 바로 그 실체를 형성한 모든 것을—세 아이가 있는 그녀의 가족과 그녀의 직업적 경력을—위험에 빠뜨릴 뿐만 아니라 사실상 포기하고 저버릴 수 있는 거지요?' 그렇지만 '충분이유율'의 이와 같은 중지야말로 행위에 대한 바로 그 정의이지 않은가? 틀림없이 가장 우울한 순간은 재판 도중에 주변 여건의 압력 때문에 메리 케이가 눈물을 흘리면서 자신이 법적으로나 도덕적으로 잘못된 어떤 일을 하고 있다는 것을 알고 있었다고 시인할 때였다—'자신의 욕망을 타협하기'라는 바로 그 의미에서 둘도 없는 윤리적 배반의 순간. 다시 말해서 그 순간 그녀의 죄는 바로 자신의 열정을 포기한 것에 있었다. 나중에 그녀가 (자신에게 진실되고 충실하게 남는 법을 배웠다고 존엄 있게 진술하면서) 사랑에 대한 무조건적 충실성을 재단언했을 때 우리는 주변 여건의 압력에 거의 굴복할 뻔하다가 결국 자기 죄를 극복하고 욕망을 타협하지 않기로 결심함으로써 윤리적 평정을 되찾는 어떤 사람의 분명한 사례를 보는 것이다.

오프라 쇼에서 한 심리학자가 내놓은 메리 케이에 대한 궁극적 거짓 논박은 성별 대칭을 이용한 것이었다: 정반대의 경우로 열세 살 제자와 관계를 맺은 서른네 살 남자 교사의 사건인 '롤리타' 사건을 한번 상상해보자—이 경우 그 남자 교사의 죄와 책임을 훨씬 더 분명하게 우리가 주장할 것이라는 것은 사실이지 않은가? 이런 논변은 오도적이면서도 잘못된 것인데, 이는 긍정적 활동(특권 없는 소수자들을 돕는 것)을 전도된 인종주의의 사례리는 이유로 빈대하는 자들의 논변이 잘못된 것과 동일한 이유에서(사실 남자가 여자를 강간하는 것이며 그 역이 아니다……)만 그런 것이 아니다.71) 보다 근본적인 층위에서

---

71) 메리 케이 사건을 나보코브의 롤리타와 상세하게 비교분석해보면('실생활'의 사건을 허구적인 것과 비교하는 것이 용서된다면) 이런 차이를 집어내는 데 즉각 도움이 된다.

우리는 본연의 윤리적 행위가 지닌 그 고유성, 절대적 특유성을 주장해야 한다—그런 행위는 '그것을 올바른 것으로 만드는' 그것 자체의 내속적 규범성을 내포한다. 우리가 어떤 단일 사례에 적용함으로써 사전에 그것의 윤리적 지위를 결정할 수 있게 해줄 어떠한 중립적 외적 기준도 없다.

따라서 우리의 궁극적 교훈은 '두 죽음 사이'라는 라캉적 개념을 '두 죽음 충동 사이'를 가지고 보충해야 한다는 것이다. 궁극적 선택은 직접적으로 두 죽음 충동 사이의 선택이다. 죽음 충동의 첫 번째 측면은 초자아 향유의 파괴불가능한 어리석음이다. 이 백치적 초자아 강박의 최고 사례는 찰스 러셀의 영화 <마스크>(1994)에 의해 제공된다. 짐 캐리가 출연한 이 영화는 나약하고 평범한 은행 직원에 대한 이야기인데, 그는 동료와 여인들에게 계속 창피를 당한다. 그러다 그는 도시 해변에서 발견한 신비한 낡은 가면을 쓸 때 놀라운 힘을 얻게 된다. 일련의 세부사항들이 이야기의 배경에 핵심적이다. 가면이 해변 위로 던져질 때 그것은 끈적끈적하고 썩어가는 시체의 잔여물에 달라붙는데, 이는 가면과 완전하게 동일화한 이후에 '가면 뒤의 사람'에게 무엇이 남아 있는가를 증언하고 있다. 그것은 포의 이야기에서 죽음에

『롤리타』에서 험버트 험버트는 롤리타에게서 '님페트'를, 즉 **잠재적으로** 한 명의 여인인 아홉 살에서 열네 살 사이의 소녀를 발견한다. 님페트의 매력은 그녀의 형체가 아직 확실히 정해지지 않았다는 바로 그 점에 있다. 그녀는 성숙한 여인보다는 남자 아이를 닮았다. 따라서 여성인 메리 케이가 그녀의 젊은 연인을 성장한 파트너로서 취급했던 반면에, 롤리타의 경우에 험버트 험버트에게 있어서 롤리타는 자위적 환상이며, 그의 유아론적 상상의 산물이다. 소설 속에서 험버트는 이를 다음과 같이 표현하고 있다: '내가 미친 듯이 소유했던 것은 그녀가 아니었으며 나 자신의 피조물이었으며, 상상 속의 또 다른 롤리타였다······.' 결과적으로 그들의 관계는 괴롭히는—착취적인 것이며, 양쪽 편 모두에서 잔인한 것이다(그녀는 그에 대해 잔인한 아이이다. 그는 그녀를 자신의 자위적 유아주의적 상상력의 학대받는 대상으로 환원시킨다). 이는 메리 케이와 그녀의 어린 연인의 진지한 열정과 대조를 이룬다.

서 소생할 때의 발드마르 씨의 그것과 같은 형태 없는 점액질, 즉 실재의 이 '불가분의 잔여'이다. 또 다른 핵심적 특징은 가면을 얻기 전에 주인공이 강박적인 TV 만화광으로서 그려지고 있다는 것이다: 초록색 나무 가면을 쓰고 가면이 그를 점령할 때, 그는 '실제 삶'에서 만화 주인공처럼 행동한다(총알을 피하고, 광적으로 춤추거나 웃고, 흥분할 때면 눈과 혀를 머리 밖 멀리까지 내밀고). 요컨대 그는 '산죽은' 상태가 되며, 무제약적 도착의 유령적 환영적 영역으로, 어떠한 죽음(이나 섹스)도 없으며 신체 표면의 유연성이 어떠한 물리적 법칙에 의해서도 더 이상 제약을 받지 않는 영역으로 들어간다(얼굴은 무한정 잡아 늘일 수 있다. 내 몸 속에 박힌 총알을 뱉어낼 수 있다. 고층 빌딩에서 떨어져서 도로 위에 큰 대자로 뻗지만, 다시 몸을 조립해서 걸어간다……).

이 우주는 내재적으로 강박적*compulsive*이다: 그것을 관찰하는 자들조차도 그것의 주문에 저항할 수 없다. 아마도 영화 속에 나오는 최고의 장면을 상기하는 것으로 충분할 것이다. 초록 가면을 쓴 주인공은 경찰(수십 대의 경찰차, 헬리콥터)에 쫓겨 궁지에 몰린다. 이 궁지에서 벗어나기 위해서 그는 그에게 집중된 빛을 무대 위의 스포트라이트로서 취급하며 유혹적인 라틴 노래의 격렬한 할리우드판 곡으로 노래하고 춤추기 시작한다. 경찰은 그 주문에 저항할 수 없다. 그들 또한 뮤지컬 곡 안무의 일부인 양 움직이고 노래하기 시작한다(한 젊은 여자 경찰은 눈물을 흘리면서 가면의 힘에 역력히 저항하고 있지만 그럼에도 불구하고 그것의 주문에 굴복하며 대중적인 송앤댄스 곡을 주인공과 함께 한다……). 여기서 핵심적인 것은 이런 강박의 내속적 어리석음이다. 그것은 우리 각자가 백치적 향유의 풀 수 없는 주문에 사로잡혀 있는 방식을 나타낸다. 우리를 따라다니는 멜로디의 어떤 통속적 대중 가요를 휘파람 부는 것에 저항할 수 없을 때처럼 말이다. 이 강박은 고유하게 외밀적이다. 즉 외부로부터 부과되었지만 오로지 우리의 내밀한 변덕을 실현할 뿐이다. 그리하여 주인공 자신은 필사의 순간에 이렇게 말한다: '내가 가면을 쓸 때 나는 통제력을 잃는다. 나는 내가 원하는 무엇이건 할 수 있다.' 그리하여 '나 자신에 대한 통제력을 갖는 것'은 단순히 우리의 의도들을 실현하는 데 대한 장애물이 없다는 사실에만 달려 있는 것이 결코 아니다. 내가 나 자신에 대한 통제력을 발휘할 수 있는 것은 오로지 어떤 근본적 장애물 때문에 '내가 원하는 무엇이건 하는 것'이 불가능해지는 한에서다. 이 장애물이 떨어져 나가는 순간, 나는 악마적인 강박에 사로잡히고 '내 안에 있는 나 자신보다 더한 어떤 것'의 변덕에 내맡겨진다. 가면—죽은 대상—이 우리를 사로잡음으로써 살아날 때, 우리에 대한 그것의 장악은 사실상 '산주검'의 장악이며, 우리에게 스스로를 부과하는 기괴한 자동장치*automaton*의 장악이다. 이로부터 이끌어낼 교훈은 우리의 근본적 환상, 우리 존재의 중핵 그 자체가 그와 같은 기괴한 사물이며 향유의 기계라는 것 아닌가?72)

---

72) 이 영화의 또 다른 멋진 특징은 영화의 대단원에서 '가면 뒤에 있는 진짜 인간'이라는 표준적인 통속성을 피하고 있다는 것이다. 말미에 주인공이 가면을 바다로 다시 던져버린다. 하지만 가면의 주문에 걸려 있을 때 그가 행했던 것의 요소들을 그의 현실 행동 속에 통합하는 한에서 그는 그렇게 할 수 있는 것이다. 바로 거기에 우리의 '성숙해짐'이 있는 것이다. 단순히 가면을 버린다는 것에가 아니라 가면의 상징적 유효성을 '신용만으로' 받아들인다는 것에 말이다. 법정에서 판사가 그의 가면(그의 공식 휘장)을 걸칠 때 사실상 우리는 그가 마치 그를 통해 말하는 상징적 법 제도의 주문에 걸려 있는 것인 양 그를 대한다……. 그렇지만 가면은 상징적 유효성의, 상징적 권위에 의해 우리에게 발휘되는 장악력의 보다 '원시적인' 판본에 불과하다는 결론을 이로부터 이끌어내는 것은 잘못일 것이다: 엄격히 '은유적' 차원에서 작동하는 고유한 상징적 권위와 가면의 외설적 '토템적' 축자성*literality* 간의 구분을 유지하는 것은 중요하다. 주인공이 가면을 쓰고 있을 때 종종 동물의 얼굴을 취하는 것은 전혀 놀랄 일이 아니다. 만화의 환상적

다른 한편으로 우리의 후기 자본주의적 경험의 도착적 우주를 점점 더 지배하고 규제하는 이 어리석은 초자아의 즐기라는 명령에 반하여 죽음 충동은 정반대의 제스처를 가리킨다. 즉 '산죽음'은 영생의 손아귀에서 벗어나기 위한, 향유의 끊임없는 반복적 순환에 사로잡힌 끔찍한 운명에서 벗어나기 위한 필사적 시도를 가리킨다. 죽음 충동은 우리의 우연적이고 시간적인 실존의 유한성과 관계하는 것이 아니라, 전통 형이상학이 **불멸성**의 차원이라고 기술한 차원, 즉 죽음 너머에서 존속하는 파괴불가능한 삶을 피하려는 시도를 가리킨다. 죽음 충동의 이 두 양태를 분리시키는—스크린에 펼쳐지는 비디오 게임에 정신이 팔린 아이들이 예시해 주는바 점점 더 강렬한 쾌락을 반복하려는 맹목적 강박에 대한 굴복을 환상의 횡단이라는 전혀 다른 경험과 분리시키는—선은 종종 가늘고 거의 지각불가능하기까지 한 선이다.

따라서 우리는 라캉의 말대로 두 죽음 사이에 거주하는 것뿐만인 것이 아니며, 우리의 궁극적 선택이 곧바로 두 죽음 충동 사이에서의 선택인 것이다. 향유의 어리석은 초자아 죽음 충동에서 벗어날 유일한

공간에서 동물들(톰, 제리 등등)은 바로 동물 가면과/이나 옷을 걸치고 있는 인간으로서 지각된다(동물의 살갗이 긁히는 전형적 장면을 보면, 그 뒤에서 나타나는 것은 보통의 인간 살갗이다).

그리하여, 레비 스트로스의 말을 빌려 표현하자면, <마스크>가 우리에게 제시하는 것은 사실상 '오늘날의 토템 숭배'의 사례이며, 오늘날의 공적 사회적 공간에서 작동하지 않는 토템적 동물 가면의 환상적 유효성의 사례이다. 주인공이 가면에 대한 베스트셀러를 썼던 심리학자와 만날 때 그 심리학자는 단지 은유적 의미에서만 우리 모두가 가면을 쓴다는 취지로 주인공의 질문에 조용히 답한다. 영화의 중요한 장면들 중 하나인 뒤이어지는 장면에서 주인공은 자신의 경우 가면이 **실제로** 마법적 대상이라는 것을 그에게 납득시키려고 한다. 하지만 그가 가면을 쓸 때 그것은 죽어 있는 조각된 나무로 남아 있다. 마법적 효과는 발생하지 않으며, 따라서 주인공은 가면의 주문에 걸렸을 때 멋지게 수행할 수 있는 그 난폭한 제스처들을 우스꽝스럽게 모방하는 자로 전락하고 만다⋯⋯.

길은 환상을 횡단하는 파열적 차원에서의 죽음 충동을 받아들이는 것이다. 죽음 충동은 죽음 충동으로만 물리칠 수 있다. 따라서 다시금 궁극적 선택은 나쁜 것과 더 나쁜 것 사이의 선택이다. 그리고 고유하게 프로이트적인 윤리적 자세에 있어서도 동일한 것이 적용된다. '즐겨라!'라는 초자아 명령은 궁극적으로 '전체주의적' 주인의 어떤 형상에 의해 지탱된다. 독일의 무지방 육류 제품 상표에 적힌 문구인 *'Du darfst!'/You may!*([먹어도] 괜찮습니다!)는 어떻게 '전체주의적' 주인이 작용하는가에 대한 가장 간명한 공식을 제공한다. 다시 말해서: 우리는 오늘날의 새로운 근본주의를 후기 자본주의의 '허용적' 자유주의 사회에서의 과도한 자유의 불안에 대항한 (강력한 금지들을 제시함으로써 우리에게 확고한 정박점을 제공하는) 반응으로 설명하는 표준적 방식을 거부해야 한다. '자유로부터 도피하여' 닫힌 질서의 전체주의적 피난처로 들어가는 개인들에 관한 이 통속적 설명은 몹시 오도적인 것이다.

우리는 또한 전체주의적(파시스트적) 주체의 리비도적 토대를 이른바 '권위주의적 인성' 구조—자발적 성적 충동을 억압하고 불안정과 무책임을 두려워하면서 권위에 강박적으로 복종하는 것에서 만족을 찾는 개인—로 보는 표준적인 프로이트-마르크스적 테제를 거부해야 한다. 전통적 권위주의에서 전체주의적 주인으로의 이행은 여기서 핵심적이다. 표면상으로는 전체주의적 주인 또한 우리에게 쾌락을 포기하고 어떤 더 높은 의무를 위해 우리 스스로를 희생할 것을 강요하면서 엄격한 명령을 부과하지만, 그의 명시적 말들의 행간에서 식별할 수 있는 그의 실제 명령은 그 정반대, 즉 구속받지 않고 제어되지 않은 위반에 대한 요청이다. 무조건 복종해야 하는 확고한 일단의 규준들을 우리에게 부과하기는커녕, 전체주의적 주인은 (도덕적) 처벌을 중지시키는 작인이다. 다시 말해서 그의 은밀한 명령은 '괜찮습니다!'(*You may!*)이다. 사회 생활을 규제하고 최소한의 품위를 보증해주는 것처럼 보이는 금지들은 궁극적으로 쓸모없는 것이고 보통 사람들을 궁지에 빠뜨리는 장치에 불과한 반면에, 당신이 나를 따르는 한에서 당신은 적을 죽이고 강간하고 약탈할 수도 있으며 마음껏 과도하게 즐길 수 있으며 평상의 도덕적 금지들을 위반할 수도 있다. 그리하여 주인에 대한 복종은 당신으로 하여금 일상적 도덕 규칙들을 거부하거나 위반할 수 있도록 허락해주는 작용소이다. 당신이 꿈꾸고 있었던 모든 외설적인 더러운 것들, 당신이 전통적인 가부장적 상징적 법에 복종할 때 포기해야 했던 모든 것들—이제 처벌 없이 그 모든 것들을 탐닉하는 것이 당신에게 허용된다. 건강을 해칠 어떠한 위험도 없이 먹을 수 있는 무지방 독일 육류처럼 말이다…….

그렇지만 바로 여기서 우리는 피해야 할 마지막 치명적 덫을 만난다. 정신분석적 윤리가 이 전체주의적 '괜찮습니다!'에 대립시키는 것은 어떤 기본적인 '안 됩니다!'(*You mustn't!*), 무조건 존중되어야 할 어떤 근본적인 금지나 제한(이웃의 자율과 존엄을 존중하라! 그의/그녀의 내밀한 환상 공간을 폭력적으로 침해하지 말라!)이 아니다. 최근의 생태-인도주의적 판본(생명유전공학과 클로닝에 관여하지 마라! 자연 과정에 지나치게 간섭하지 마라! 신성불가침의 민주주의적 규칙들을 위반하고 폭력적 사회적 봉기를 감행하려 하지 마라! 다른 인종적 공동체들의 관습과 습속을 존중하라!)을 포함하여 그 모든 판본에 있어서의 (자기-)제한과 '침입 금지!'의 윤리적 자세는 궁극적으로 정신분석과 양립불가능하다. 우리는 재앙을 각오하지 않고는 포기할 수 없는 것으로 가정되어지는 일단의 확고한 윤리적 규준들을 참조함으로써 '전체주의'와 싸우는 통상적인 자유주의-보수주의적 게임을 거부해야 한다. 아니, 홀로코스트와 굴락은 사람들이 인간적 품위의 기본 규칙들을 망각하고, '자신들 속에 있는 야수성을 풀어 놓고', 자신들의 잔인한 충동을 아무런 제약 없이 멋대로 실현하게 내버려두었기 때문에 발생한 것이 아니다. 따라서─다시 한번, 그리고 마지막으로─선택은 나쁜 것과 더 나쁜 것 사이의 선택이다. 프로이트적 윤리가 '괜찮습니다!'라는 '나쁜' 초자아 판본에 대립시키는 것은, 어떠한 주인의 형상에 의해서도 더 이상 보증되지 않는 한층 더 근본적인 또 하나의 '괜찮습니다!'(*You may!*)이며 하나의 *Scilicet*('당신에게는…… 하는 것이 허용됩니다'─1970년대 초 라캉이 편집한 연감의 제목)이다. '당신의 욕망을 타협하지 마라!'라는 라캉의 준칙은 당신에게 자유로울 것을 명령하는 화용론적 역설을 온전히 승인한다: 그것은 당신에게 감행할 것을 권고한다.

옮긴이 후기

이제 정확히 언제였는가도 기억나지 않는 여러 해 전 어느 때 나는 이제는 친한 벗이 되어버린 어느 낯선 말하는 존재에게서 이 책의 번역에 대한 제안을 받았다. 나는 그때 아직 지젝이 누구인지도 잘 모르고 있었거나, 아니면 이제 막 알기 시작하고 있었다. 그리고 이제 나에게 오랜 '지연의 시간'이 지나고 '출판의 시간'이 왔다. 언제나 그렇듯이, 다시금 촉박함의 양태로 말이다. 또한 적어도 이 책의 경우라면, 독자의 오랜 기다림과 역자의 날 상태의 부끄러움이 정면으로 조우하는 시간이 말이다.

　이 시간은 또한 독자들이 지젝의 중핵과 대면할 수 있는 시간, 즉 독서를 위한 시간이기도 하다. 이 책에서 두드러지는 지젝의 모습은 무엇보다도 '독자'로서의 지젝의 모습이다. 이 책의 각 부의 첫 장의 제목에는 각각 '칸트의 독자로서의 하이데거', '성 바울의 독자로서의 바디우', '프로이트의 독자로서의 버틀러'라는 표현이 포함되어 있다. 하지만 그곳(들)에서 또한 우리가 조우하는 것은 '하이데거의 독자로서의 지젝'과 '바디우의 독자로서의 지젝'과 '버틀러의 독자로서의 지젝'이다. 그곳(들)에서 지젝은 알베르토 하라리가 라캉에게 선사한 바로 그 명칭, 즉 '독서의 마스터'라는 명칭에 자신 역시 부합함을 증명하고 있다. 지젝은 무엇보다도 먼저 정교한 독서를 통해 대결한다.

이러한 정교한 독서를 통해서 지젝이 '물고늘어지는' 문제는 다름아닌 주체의 문제다. 그 주체를 지젝은 책 제목에서 '까다로운 주체'로, 혹은 '다루기 힘든 주체'로 수식했다. 왜 '까다로운'인가? 혹은 이 까다롭다는 것이 또한 무엇을 설명하는가? 그것은 예컨대 서양철학사가 어떤 근본적 통찰에 대한 망각의 역사라는 것을 설명한다. 어쩌면 발견되자마자 곧 닫아버려야만 했던 어떤 섬뜩한 심연이나 간극에 대한 통찰 말이다. 철학 안에서 억압되어 있는 그것을 라캉은 근본적으로 자리매김할 수 있게 해주는데, 이는 또한 왜 슬로베니아 학파의 철학적 해독의 힘에 그토록 섬뜩한 그 무엇이 들어 있는가를 동시에 설명해주는 것이기도 하다. 이는 유럽의 지성계가 철학과 정신분석의 만남을 통해 양자 모두를 구원할 수 있는 한 가지 유력한 길을 발견했다는 것을 의미할 수도 있다.

오늘날 우리는 우리 스스로 던져야 할 물음들이 어떤 한계의 지점에 다다르고 있다는 것을 직감한다. 포스트모던 이후는 무엇일까? 주체 이후에는 무엇이 올까? 오이디푸스는 단지 몰락한 것인가? 혹은, 자본주의 이후를 상상하는 것이 가능한가? 새로운 철학적 사유의 가능성과 정치적 실천의 가능성이 모두 소진된 듯한 오늘날, 천국과 지옥이

바로 이 지상에서 점차로 실현되고 있는 것처럼 보이는 오늘날, 이러한 근본적 물음들은 정확히 불가능한 것의 영역에서 제기된다. 칸트부터 헤겔까지를 철학사의 정점이라고 과감하게 선언하면서 철학계에 진입했던 지젝은 이 책에서 인상적인 기획에 도전한다. 이른바 서구 철학의 주요한 세 지리학적 영역인 독일철학, 프랑스철학, 그리고 영미철학과 대결하면서 그는 끄집어내지 말았어야 했던 주체성의 심연을 끄집어내고 있으며, 그로써 새로 획득된 근본성의 깊이에서 현대의 주요한 쟁점들을 다루고 있다. 이 모든 것은 이 책의 출간이 왜 하나의 사건인지를 증언하고 있는 것이며, 따라서 마르크스를 즐겨 인용하는 사람이 내릴 수 있는 유일하게 일관된 결론은, 오늘날 지젝이라는 유령이 학계를 배회하고 있다는 것이 될 것이다.

오늘날 강단 철학의 한 특징은, 혹은 지성계 일반의 한 특징은 자신이 하고 있는 바로 그것을, 그러니까 그 철학 혹은 그 지적 작업을 하찮은 것으로 보는 것이다. 그것을 너무 진지하게 다루는 사람들에게서 틀림없이 어떤 광기를 읽어내고야 마는 사람들의 시선은 또한 '혹시 당신 그것을 진짜로 믿고 있는 건 아니지요?'라는 냉소적인 말을 던지는 것을 잊지 않을 것이다. 이러한 자조적인 우울증은 한낱 심리적 심약성의 층위에 머무는 것이 아니라, 윤리적인 문제를 안고 있다. 라캉의 말대로 그것은 윤리적인 의미에서의 죄악이다. 정확히 그들은 세미나 시간에 논쟁했던 주제를 술자리까지 끌어오는 것을 참을 수 없는 것이다. 역설적이게도 바로 그렇기 때문에 우리는 다시 한 번 주체란 무엇인가의 문제를 던져볼 기회를 갖게 되는 것일지도 모른다. 이 책은 지젝의 유물론적 진지성이 그의 작업에 어떻게 투여되는가를 증언할 것이다.

이 책의 번역은, 이 책이 온전한 번역인 한에서, 많은 사람들에게 빚을 지고 있다. 우선 나는 헤겔의 번역에서 도움을 준 김소영, 이덕하 님께 고마움을 전한다. 그리고 이 책의 후반부를 읽고 조언을 해준 나의 동지 박제철 님께 고마움을 전한다. 먼 곳에 있으면서도 인터넷을 통해 이 책의 전반부에서 몇 가지 중요한 오류를 잡아준 아이온 님께 나는 먼 곳까지도 이를 수 있는 고마움의 판본을 전한다. 이 책의 중요성을 알아보고 번역을 권유한 김정한 님은 이 번역서의 탄생에 나와 공동으로 책임이 있을 것이다. 그리고 이 책을 편집해준 백은주 님께는 그동안 함께 한 힘든 작업들이 사랑으로 이어지지 않기를 바란다는 한 마디를 남기고 싶다.

번역자가 종종 남기는 상투적인 말들 가운데 하나는, 돈이 되지 않을 것이 뻔한 이 책을 흔쾌히 출간하자고 한 출판사 대표 누구누구에게 감사를 드린다는 그 유명한 말이다. 이 말은 보기보다 모호한 말인데, 왜냐하면 언제나처럼-오늘날 출판사 대표의 자리에 번역자 자신을 집어넣어도 못지않게 말이 되기 때문이다. 따라서 오늘 나는 돈이 되지 않을 것이 뻔한 것임을 피차간에 잘 알고 있으면서도 출간하자는 데 서로 동의했던 조기조 대표와 나, 우리 둘의 '그래도 혹시'를 위해 술 한 잔 하자고 제안하겠다. 현대성에 조금 못 미치는 바로 그 향유를 위해서, 하지만 그 둘 각각의 아내에게 '그래도 오늘은'이라는 투명해진 구실을 대면서 말이다.

2005년 봄

찾아보기

(ㄱ)

『감시와 처벌』 (푸코) 402~404
『게으를 수 있는 권리』 (라파르그) 405
게이츠(Gates, Bill)   577
   리틀 브라더/사악한 천재 아이콘 561, 562
『계몽의 변증법』 (아도르노와 호르크하이머)   22, 83, 582
고르바초프(Gorbachev, Mikhail)   530
골드윈(Goldwyn, Samuel)   186
『광기의 역사』 (푸코) 412
괴벨스(Goebbels, Joseph)   338
굴락 3부작 (솔제니친) 376
<그들이 산다>(They Live) (영화)   95
그레이(Gray, John)
   『화성에서 온 남자와 금성에서 온 여자』 439
그린(Greene, Graham) 231
   <육모장>   231
<금지된 세계>(The Forbidden Planet) (영화)   491
기든스(Giddens, Anthony)   13, 546
길리엄(Gilliam, Terry) 253
   <여인의 음모>   253, 254
『김나지움 강연』 (헤겔)   177

(ㄴ)

<내 사랑 루시>(I Love Lucy) (텔레비전) 130

『냉정함과 잔인성』 (들뢰즈) 592~593
<네트> (영화)   592
『논리학』 (헤겔)   163, 242
   4중적 논리   132~137
니체
   니체에 대한 전통적, 근대적, 후근대적 독해   275
   니체와 성 바울   245
   『도덕의 계보』   181
   바그너 비판   23
   의지   185

(ㄷ)

『다리 없는 강』 (스미이)   307
다이아나 공주   528
댈리(Daly, Glyn)   591
덩샤오핑 324
데리다(Derrida, Jacques)   259
   데카르트의 자기 안으로의 철회 63
   순수한 선물의 개념 102
   아브라함의 희생   517
   『정신에 관하여』   20
   존재론 대 유령학   391
   하이데거에 대하여   19~21
데카르트(Descartes, René)
   데카르트적 주체라는 유령   9
   『여섯 가지 반대에 대한 답변』 196
   자기 안으로의 철회   63
   주의주의   196, 513
   코기토의 보편성   170

『도덕의 계보』(니체) 181
도스토예프스키(Dostoevsky, Fyodor) 245
도일(Doyle, Arthur Conan) 100
둔스 스코투스, 요하네스(Duns Scotus, Johannes) 512
드 발레라(de Valera, Eamon) 364, 507, 508
드골(De Gaulle, Charles) 371
드 만(de Man, Paul) 112~113
들뢰즈(Deleuze, Gilles) 35, 122, 341, 361, 401, 454
　『냉정함과 잔인성』 592~593
　탈영토화 122, 341
디오게네스 523

(ㄹ)

<라인강의 감시>(Watch on the Rhine) (영화) 364
<라인의 황금>(Rhinegold) (바그너) 563
라캉(Lacan, Jacques)
　「구의 조롱」 492
　근본적 환상과 상징적 동일화 426~433
　기괴한 타자성 94
　기표의 논리 136, 138, 357
　나비 꿈 532
　남근 600~603, 625
　네 가지 담론 312, 614
　도착증 대 히스테리아 395~398
　두 죽음 사이의 공간 236
　라멜르 251~253, 268
　라캉과 헤겔 127~128
　마조히즘 455~456
　목소리 512
　바디우와의 차이 12, 259~269
　본래적 행위 611~613
　부성적 법 597~598
　부정적 크기 182
　상징적 거세 518~519
　성 바울 242, 248~251
　성적 관계는 존재하지 않는다 461~464
　성적 실행의 형태들 399
　성적 차이 440~451
　소외와 정체성 608~610
　실재 272~274, 446~447
　악 622~623
　정상성 64~65
　오이디푸스 콤플렉스 470, 501~503
　왜상적 왜곡과 현실 131~132
　욕망과 환상 481~482
　욕망의 대상-원인의 근접성 591
　잉여-향유 178, 180
　부활 347
　저항과 버틀러의 비판 419~425
　주인기표 194, 251, 260
　주체와 주체화 261
　주체의 생활세계 110
　죽음 충동 261~263, 473, 477~478, 634
　진리사건 266
　철학에 대한 항거 400~401
　충동의 목적과 목표 138
　큰 타자 147, 467, 504, 532~533
　하이데거의 이용 22
　호명/주체화 415
　환상과 현실 90~91
라클라우(Laclau, Ernesto) 170, 259, 261, 438
　가독성 289~290
　근본적 민주주의 281
　등가의 논리 287
　『마르크스주의 이론에서의 정치와 이데올로기』 207
　보편자와 특수자 사이의 틈새 290~292

성적 차이 438
알튀세르의 영향 207
주체성 295~297
『헤게모니와 사회주의 전략』(무페와 공저) 207
헤겔적인 규정적 부정 286
라파르그(Lafargue, Paul)
『게으를 수 있는 권리』 405
라플랑슈(Laplanche, Jean) 456, 460, 467
랑(Lang, Fritz)
<메트로폴리스> 563
랑시에르(Rancière, Jacques) 12, 259
랑시에르와 알튀세르 206~207
민주주의와 경제적 착취 사이의 틈새 317
반-료타르적 료타르주의자 278
보편성 374
불화(mésentente) 384
전체주의 313
정치 303~304, 338
치안 구조 377, 381~382, 385, 389
프롤레타리아트 대중들의 반란 279~280
후-정치 327, 398
래더(Rather, Dan) 338
래쉬(Lasch, Christopher) 361
러셀(Russell, Bertrand) 230
오톨라인 여사에 대한 고백 96
러셀(Russell, Charles)
<마스크> 634~636
레닌(Lenin, Vladimir Ilych)
결과를 떠맡음 389
유물론과 관념론 70
레드필드, 제임스(Redfield, James)
『천상의 예언』 626~628

레베(Reve, Karel van het) 167
레빈슨(Levinson, Barry)
<스피어> 491~494
로고진스키(Rogozinski, Jacob) 68, 73, 77, 87, 107
<로스트 하이웨이>(Lost Highway) (영화) 488~489
롤즈(Rawls, John) 276
료타르(Lyotard, Jean-François) 276, 278
루이니(Luini, Bernardino)
<세례 요한의 목을 얻은 살로메> 499
루카치(Lukács, Georg)
『역사와 계급의식』 222
루터(Luther, Martin) 256, 331
르뇨(Regnault, François) 401
르윈스키(Lewinsky, Monica) 530~531
르투어노(Letourneau, Mary Kay) 621, 623
르펜(Le Pen, Jean-Marie) 343, 352, 575, 621
르포르(Lefort, Claude) 313
리더(Leader, Darian) 184, 191, 354, 598
린치(Lynch, David) 98
<로스트 하이웨이> 488~489
<사구> 101, 129~130, 488
선존재론적 현상과 현실 101
<엘리펀트 맨> 101
<이레이저헤드> 94
<트윈 픽스> 101, 488
링컨(Lincoln, Abraham) 100

(ㅁ)

마르크스(Marx, Karl)
남성적 추상적 보편성 170
등가 379

러셀의 기각 230
마르크스와 사회주의자들　449
메타-정치　308, 312
물신화 564~565
보편주의 371
필수적 독서로서의 헤겔　149
부정의 부정　121~122
『브뤼메르 18일』과 역사의 창조 148
상품으로서의 노동자 256~257
시장의 폐지　547~548
예외는 규칙이다　174
이데올로기적 추상 446
이론에서 혁명으로 281
자본주의의 결과로서의 파시즘　25
종교적 내러티브　84~85
착취와 인권　290
『프랑스에서의 계급투쟁』　354
프롤레타리아라는 살아 있는 모순　368
프롤레타리아트와 노동계급 222~223
흡혈귀로서의 자본 580
『마르크스주의 이론에서의 정치와 이데올로기』(Politics and Ideology in Marxist Theory) (라클라우)　207
마르틴 루터 킹(King Jr, Martin Luther) 331
<마스크>(The Mask) (영화)　634~636
마오(저뚱)　273, 359, 562, 615
『마우저』(Mauser) (뮬러)　617~619
막스(Marx, Groucho) 520
말리노프스키(Malinowski, Bronislaw) 121, 403
말브랑슈(Malebranche, Nicolas)　170, 524
　은총　197~200
매카시(McCarthy, Joseph)　521
<메트로폴리스>(Metropolis) (영화) 563
모렐(Morrell, Lady Ottoline)　96

『모세와 일신교』(프로이트)　266, 509
모차르트(Mozart, Wolfgang Amadeus) 172
몰로토프(Molotov, Vyacheslav Mikhailovich) 316
『몰타의 매』(The Maltese Falcon) (해미트) 335
무어(Moore, Dr Julie)　629
무페(Mouffe, Chantal)
　『헤게모니와 사회주의 전략』(라클라우와 공저)　207
뮬러(Müller, Heiner)
　『마우저』　617~619
미드(Mead, Margaret) 121, 403
밀레(Miller, Jacques-Alain)
　성적 차이　478
밀로세비치(Milosevic, Slobodan)　548, 602

(ㅂ)

바그너(Warner, Richard) 23, 473~475
　<라인의 황금>　563
바댕테(Badinter, Robert)　217
바디우(Badiou, Alain)
　기독교와 정신분석 236~247
　라캉과의 차이　12, 259~269
　미국과 로마제국　344
　반-공동체주의적 공동체주의자　277
　사건의 결정불가능성　219~228
　선의 너머　264
　실체로의 복귀　341
　알튀세르의 영향　207
　이데올로기와 진리사건　228~235
　존재와 진리사건　208~218, 389~390
　주인/히스테리증자/대학　269~270
　진리사건에의 충실성　269, 277
　진리사건의, 보편자로의 변형 257~258

틈새는 주체인가? 259
바르톡(Bartók, Béla) 173
발리바르(Balibar, Étienne) 12, 327
　과잉 폭력 329
　반-하버마스적 하버마스주의자 278
　발리바르와 알튀세르 205~206
　보편성의 세 층위 347
　시빌리테 280
　평등자유 304, 338, 347, 381
버틀러(Butler, Judith) 13
　결단에 대하여 36~37
　동성애 투쟁 369
　성적 차이 443~444
　열정적 애착 426~433, 457, 468~469
　우울증 메커니즘과 동성애 433~440, 452
　　저항 418~425
　　주체성과 성 413~415
　　헤겔과 푸코 406
베토벤 172
벡(Beck, Ulrich) 13, 545, 546
벤야민(Benjamin, Walter)
　반복으로서의 혁명 38
　「역사철학 테제」 222
　혁명적 응시 151
보쉬(Bosch, Hieronymus) 65, 89, 92
보쉬에(Bossuet, Jacques Bénigne) 201
『볼모』(클로델) 630
부르디외(Bourdieu, Pierre) 576
『부정의 변증법』(아도르노) 150
<분노의 저격자>(Blood Simple) 189
<불멸의 이야기>(The Immortal Story) (영화) 465~466
뷰캐넌(Buchanan, Patrick) 343, 352, 361, 575, 621
브라운(Brown Wendy)

『상처의 국가』 120
브람스(Brahams, Johannes) 173
<브래스트 오프>(Brassed Off) (영화) 494, 568~570
브레히트(Brecht, Bertolt) 387
『조처』 616~619
브루노(Bruno, Giordano) 612
『브뤼메르 18일』(마르크스)
　역사의 창조 148
블레어(Blair, Tony) 324, 575
<블루 벨벳>(Blue Belvet) (영화) 488
블릭슨(Blixen, Karen) 465

(ㅅ)

<사구>(Dune) (영화) 101, 129~130, 488
사드(Sade, Marquis de) 583
「사이렌의 침묵」(카프카) 498
『상처의 국가』(States of Injury) (브라운) 120
『새로운 음악의 철학』(아도르노) 400
성 바울 533
　기독교와 정신분석 236~247
　법과 욕망의 연계 248~251
　보편주의 371
　진리사건 230, 232
성 아우구스티누스 624
『성의 역사』(Henrich, Dieter) 404~406
셸링(Schelling, Friedrich W.J. von) 41~42, 164, 205
　순수 의지 511~512
　신성한 실존과 근거 148
　실존의 근거 97~98
　자기의 밤 63
소포클레스

『안티고네』　　　87~88, 424
<솔라리스>(Solaris) (영화)　　491
솔제니친(Solzhenitsyn, Alexander)
　　굴락 3부작　　376
쇤베르크(Schoenberg, Arnold)　400
『순수이성비판』(칸트) 58
　　반형이상학적 잠재성　82~90
쉬르만(Schürmann, Reiner)　　20
슈레버(Schreber, Daniel Paul)　197
슈만(Schumann, Robert)　　173
　　<사육제>　　91
슈미트, 칼(Schmitt, Carl) 192~196
스미이 스에
　　『다리 없는 강』　307
스키너(Skinner, Quentin)　　293
스탈린(Stalin, Joseph) 214
　　공개 재판　　373, 516
　　공포　616
　　전체주의　　315
스트라빈스키(Stravinsky, Igor)　400
<스피어>(Sphere) (영화)　491~494
『실천이성비판』(칸트) 48
『심판』(카프카)　　132

(ㅇ)

아도르노(Adorno, Theodor)
　　『계몽의 변증법』　22, 83, 582
　　문화산업(Kulturindustrie)의 영역　580
　　바이올린 대 피아노 172
　　『부정의 변증법』　150
　　『새로운 음악의 철학』　　400
　　하버마스와의 결별 560
아렌트(Arendt, Hannah)　　311
아리스토텔레스
　　『영혼에 관하여』　45~46

프로네시스(phronesis) 537
아순(Assoun, Paul-Laurent)　　522
『아틀란티스에서 스핑크스까지』(윌슨) 117
『안티고네』(소포클레스)　87~88, 424
알튀세르(Althusser, Louis) 12, 259
　　알튀세르의 영향　205~207, 380~381
　　이데올로기적 호명　207, 229, 413, 428
　　중층결정[과잉결정] 174
<앱솔루트 파워>(Absolute Power) 529
<야네즈>(Yanez) (영화)　　602
<언더 파이어>(Under Fire) (영화) 364
에이젠슈타인(Eisenstein, Sergei)　61
<엘리펀트 맨>(The Elephant Man) (영화) 101
『여섯 가지 반대에 대한 답변』(데카르트) 196
<여인의 음모>(Brazil) (영화)　253~254
『역사와 계급의식』(루카치)　　222
『역사철학 강의』(헤겔)　　67
「역사철학 테제」(벤야민)　　222
『영혼에 관하여』(아리스토텔레스)　45~46
예수
　　은총에 대한 말브랑슈의 견해　197~200
　　진리사건　　211, 232, 237
　　현대적 재해석　534~535
요사(Llosa, Mario Vargas)
　　훌리건 334
웰즈, 오손(Welles, Orson)
　　<불멸의 이야기>　465~466
윈프리, 오프라(Winfrey, Oprah)　630, 632
윌슨, 콜린(Wilson, Colin)
　　『아틀란티스에서 스핑크스까지』
　　117~119
윌콕스, 프리드(Wilcox, Fred)
　　<금지된 세계>　491
<육모장>(The Potting Shed) (그린) 231

융(Jung, Carl G.) 435
「이데올로기와 그 역설들」('Ideology and its Paradoxes') 591
<이레이저헤드>(Eraserhead) (영화) 94
이스트우드(Eastwood, Clint) 428~429
『인륜성의 체계』(헤겔) 159~160
<일 포스티노> (영화) 528

(ㅈ)

『자본』(마르크스)
    부정의 부정 121~122
『자아와 이드』(프로이트) 469
<적과의 동침>(Sleeping with the Enemy) (영화) 189
『정신에 관하여』(On the Spirit) (데리다) 20
『정신현상학』(헤겔) 56, 127, 144, 313, 320
    남근적 은유 155
    완강한 애착 175
    지성 161
제임슨(Jameson, Fredric) 275, 300
    진정한 좌파 38
조단(Jordan, Neil)
    <크라잉 게임> (영화) 437
『조처』(브레히트) 616~619
『존재와 시간』(하이데거) 22, 40~41
    폐쇄/개방성 42~47
    후설의 비판 110~112

(ㅊ)

『천상의 예언』(The Celestine Prophecy) (레드필드) 626~628

『철학노트』(레닌) 242

(ㅋ)

카가노비치(Kaganovich, Lazar Moiseyevich) 316
<카바레>(Cabaret) (영화) 225~226
카스토리아디스(Castoriadis, Cornelius) 45~47
    칸트, 하이데거와 상상력의 심연 45~47
카시러(Cassirer, Ernst) 51, 267
카프카(Kafka, Franz)
    '사이렌의 침묵' 498
    『심판』 132
칸트(Kant, Immanuel)
    초월적 공공성 원칙 385
    근본적 환상 105~107
    내용 속에 포함된 형식 191~192
    너머에 대한 헤겔의 비판 142~145
    도덕 법칙 72~73, 78, 82, 87, 452~453, 592~595
    도래할 정치적 이상들 391~392
    반우주론 82~90
    비전통적 형이상학 267
    상상력 개념 52~62
    상상력의 폭력 75~77
    형이상학적 세계 개념 113~115
    『순수이성비판』(칸트) 58, 83, 89, 142
    실재 447~448
    『실천이성비판』 48
    예지계와 현상계 322
    유물론과 관념론 68~70
    이성의 도식화 108
    자기의식 497
    자연과 문화 66~67
    제2의 계몽 583

주체성 79~82
초월적 도식론　283
추상적 보편성　153
칸트와 바디우　271~274
『판단력비판』　73, 108
프랑스 혁명　226
하이데거와 상상력의 심연　42~52
『칸트와 형이상학의 문제』(하이데거)
　　42~43, 51, 82~83
케네디(Kennedy, John F.)　376, 588
코엔 형제
　<분노의 저격자>　189
콜린스(Collins, Michael) 507~509
<크라잉 게임>(The Crying Game) (영화)
　　437
크리스(Kris, Ernst)　184~185
클로델(Claudel, Paul)　230, 264, 424, 515
『볼모』630
클린턴(Clinton, Bill)　324, 530~531
　사탄으로서의 클린턴　620~621
키에르케고르(Kierkeggard, Søren)　195, 229
　근대성 편에 있는 기독교　344~345
　의무의 두 얼굴　517
　죽음에 이르는 병　475~477
키플링(Kipling, Rudyard)　387

(ㅌ)

타르코프스키(Tarkovsky, Andrei)
　<솔라리스>　491
테레사 수녀　528~529
테일러(Taylor, Charles)
147~149, 163, 276
『토템과 타부』(프로이트) 266
　오이디푸스 콤플렉스　504~505

<트윈 픽스>(Twin Peaks) (텔레비전)
　　101, 488
『티마이오스』(플라톤)　97

(ㅍ)

<파라오>(Pharaoh) (영화)　430
『판단력비판』(칸트)　73
　이성의 도식화　108
포(Poe, Edgar Allan)　147, 252
포시(밥 Fosse, Bob)
　<카바레>　225~226
포퍼(Popper, Karl)　167
푸코(Foucault, Michel)
　『감시와 처벌』　402~404
　『광기의 역사』　412
　권력에 대한 저항　421
　성과 권력　402~407
　『성의 역사』　404~406
　주체 없는 전략　550
　참조점으로서의 푸코　280
　쾌락의 활용　595~596
　훈육\절차　604
<풀 몬티>(The Full Monty) (영화)
569~570
『프랑스에서의 계급투쟁』(마르크스)
　　354
프랑크(Frank, Anne)　521
프로이트(Freud, Sigmund)
　기괴한 타자성　94
　꿈-사고와 무의식적 욕망　299
　『모세와 일신교』　266, 509
　무의식 395~397
　성욕화 456~458
　'세 가지 소원' 동화 494
　슈레버 분석　64

슬픔과 우울증　　433
　　심적 현실　　442
　　오이디푸스 콤플렉스　501~510
　　운명/충동　　495
　　원초적 아버지의 살해　　505
　　유아의 무력함　　467
　　『자아와 이드』　　469
　　제1의 자연과 제2의 자연 137
　　죽음 충동　　65, 114~115, 267, 478
　　쾌락 원칙　　595
　　『토템과 타부』　266, 504~505
　　히스테리　　398
플라톤
　　영원한 이념　　51, 215
　　최고선　86
　　『티마이오스』　　97
피콘(Piccone, Paul)　361
피핀(Pippin, Robert)　49, 471
피히테(Fichte, Johann Gottlieb)
　　주체성/Anstoss　　79~81
필즈(Fields, W.C.)　　126

(ㅎ)

하버마스(Habermas, Jürgen)　137, 176, 178
　　아도르노와 호르크하이머와의 결별　　560
　　하이데거의 주체성 21
하벨(Havel, Václav)　335
하이데거(Heidegger, Martin)　233
　　결단과 선택　　32, 35~38
　　기괴성 82~90
　　도식론의 분석　　108
　　세계 경험의 우연성 115

　　전체주의와 주체성 22
　　『존재와 시간』(하이데거)　22, 30~35
　　『존재와 시간』의 폐쇄/개방성　42~47
　　주체성 10, 11~12, 109
　　죽음을 향한 존재　267
　　『칸트와 형이상학의 문제』 42~43, 51, 82~83
　　파시즘 연루　　23~42
　　현존재의 분석론　　45
　　『형이상학입문』　26, 87
　　후근대적 사유와의 관계　19~22
해미트(Hammett, Dashiell)
　　『몰타의 매』　　335
『헤게모니와 사회주의 전략』(Hegemony and Socialist Strategy) (라클라우와 무페)　　207
헤겔(Hegel, Georg W.F.)
　　4중적 논리　　132~137
　　8개의 행성　　523
　　가족　　554
　　개념파악된 필연성으로서의 자유 78
　　구체적 보편성　　166~175, 329
　　권력과 저항　　409~500
　　규정적 부정　　286
　　『김나지움 강연』　177
　　남근 은유 155
　　내용 속에 포함된 형식　191~192
　　『논리학』　　163, 242
　　논리학과 형이상학의 관계　138~145
　　레닌의 추천　　242
　　부정의 부정　　121~129
　　상징적 표현　　604
　　생성 속의 보편성　32
　　성(욕)　139~140, 406
　　세계의 밤　11, 55~56, 62~65, 98
　　실체로서의 자기　379
　　실체와 주체　　127, 132, 146~151

악 244
『역사철학 강의』 67
완강한 애착 175~184
이집트인의 비밀 461
이차적 동일화 151~152
인륜성의 체계 159~160
인식론 대 존재론 98~99
『정신현상학』 56, 127, 144, 313, 320
정치 383, 391~392
『종교철학 강의』 179
주인과 노예 413~414
주체성 131, 175
초감성적인 것의 얼굴 320
추상적 보편성 200
칸트의 너머에 대한 비판
칸트의 비우주론에 대한 수용 107
헨리히(Henrich, Dieter) 22
헬만(Hellman, Lillian) 364

<현기증>(Vertigo) (영화) 465, 489
『형이상학입문』(하이데거) 26, 87
호르크하이머(Horkheimer, Max)
　가족 구조의 결과들 555
　『계몽의 변증법』(아도르노와 공저)
　　22, 83, 582
　문화산업의 영역 580
　하버마스와의 결별 560
호프만(Hoffman, Eva) 548
호프만(Hoffmann, E.T.A.) 91
홉스(Hobbes, Thomas) 194
『화성에서 온 남자와 금성에서 온 여자』(그레이) 439
회슬레(Hösle, Vittorio) 135, 138, 146~147
후설(Husserl, Edmund)
　『존재와 시간』에 대한 비판 110~112
히치콕(Hitchcock, Alfred)
　<현기증> 465, 489
히틀러(Hitler, Adolf) 531, 621

슬로베니아학파 총서 5
까다로운 주체

초판 1쇄 발행 • 2005년 4월 25일
    4쇄 발행 • 2015년 9월 25일

지은이 • 슬라보예 지젝
옮긴이 • 이성민
펴낸이 • 조기조

기획 • 이성민, 이신철, 이충훈, 정지은, 조영일,
편집 • 백은주, 김장미
표지디자인 • 미라클인애드
인쇄 • 상지사 P&B
펴낸곳 • 도서출판 b

등록 • 2003년 2월 24일 제12-348호
주소 • 151-899 서울특별시 관악구 신림11동 1567-1 남진빌딩 401호

전화 • 02-6293-7070(대)
팩시밀리 • 02-6293-8080
홈페이지 • b-book.co.kr
이메일 • bbooks@naver.com

정가 • 28,000원

ISBN 89-954593-9-5   03100

* 이 책 내용의 일부 또는 전부를 재사용하려면 저작권자와 도서출판 b 양측의 동의를 얻어야
  합니다.
* 잘못된 책은 교환해 드립니다.